Ángeles con caras sucias

Ángeles con caras sucias

La historia definitiva del fútbol argentino

Jonathan Wilson

Traducción de Juan Bender
y Julio Nakamurakare

CÓRNER

Título original: *Angels with Dirty Faces*

© 2016, Jonathan Wilson

Primera edición: octubre de 2018

© de la traducción: 2018, Juan Bender y Julio Nakamurakare
© de esta edición: 2018, Roca Editorial de Libros, S.L.
Av. Marquès de l'Argentera 17, pral.
08003 Barcelona
actualidad@rocaeditorial.com
www.editorialcorner.com

Impreso por LIBERDÚPLEX, S.L.U.
Sant Llorenç d'Hortons (Barcelona)

ISBN: 978-84-944183-9-6
Depósito legal: B. 20.141-2018
Código IBIC: WSJA; WSBX

RC18396

Una cigarrería sahumó como una rosa
el desierto. La tarde se había ahondado en ayeres,
los hombres compartieron un pasado ilusorio.
Solo faltó una cosa: la vereda de enfrente.

JORGE LUIS BORGES, *Fundación mítica de Buenos Aires*

Índice

Utopías y sus descontentos
1535-2015

*E*l resultado no debe de haber estado nunca en los cálculos, pero sucedió. Argentina había derrotado a Brasil, había creado oportunidad tras oportunidad y había rematado una y otra vez, pero fue solo a tres minutos del final cuando Humberto Maschio, el recio mediapunta de Racing, finalmente puso el 2-0. En la ola de alivio que prosiguió, el extremo de Independiente, Osvaldo Cruz, añadió un tercero, y Argentina, muy superior, fue campeona sudamericana de 1957, su undécimo título en la Copa América. Mientras los jugadores lo celebraban en el campo, después del silbato final en el estadio Nacional de Lima, le pasaron un micrófono al defensa de River Plate, Federico Vairo, para que pudiera dirigirse a la multitud. Aunque era un líder, era un jugador cuya cara apacible sugería preocupación la mayor parte del tiempo; en esta ocasión, sus emociones lo sobrepasaron. Trató de componerse, tomó el micrófono con más firmeza, pero cuando empezó a hablar, su voz se quebró: «Es… —dijo inseguro—, es todo gracias a estos caras sucias, a estos cinco sinvergüenzas», dijo, y su voz se desvaneció y le devolvió el micrófono al cronista que se lo había dado. Había logrado decir solo una frase, pero con ella le dio a ese equipo el nombre por el que la historia los conocería. Ahí encapsuló el espíritu del fútbol argentino.

Nadie tenía dudas sobre a quién se refería. La línea delantera de Omar Orestes Corbatta, Humberto Maschio, Antonio Angelillo, Omar Sívori y Osvaldo Cruz había resultado demoledora a lo largo del torneo, jugando un fútbol habilidoso y fluido, haciendo las delicias de los aficionados. ¿Qué mejor nombre para los cinco jugadores que inspiraron a Argentina en la Copa América que «los ángeles con caras sucias»? Un guiño a la película de 1938 protagonizada por James Cagney y Humphrey Bogart, así como un reconocimiento tanto a la impudicia de su estilo como a la manera despreocupada en la que jugaron, que se extendió a una actitud menos que rigurosa hacia el entrenamiento. «Sívori volvió loco a [el entrenador Guillermo] Stábile —dijo el mediocampista zurdo Ángel, *Pocho*, Schandlein—. Si el colectivo salía a las ocho para entrenar, Sívori nunca estaba y llegaba a las diez en un taxi. A Sívori le gustaba dormir...»

Con el tiempo, los carasucias (como se abrevió su apodo) llegaron a representar el gran pasado perdido del fútbol argentino, una era dorada en la que la habilidad, la picardía y la diversión dominaron la escena, antes de que llegaran los tiempos de la responsabilidad y la negatividad. La imagen del pasado puede haber sido idealizada, pero el sentido de pérdida cuando desapareció fue bien real; en esa nostalgia por un pasado ilusorio, cuando el mundo todavía se estaba formando y el idealismo no había sido subyugado por el cinismo, se escribe todo el psicodrama del fútbol argentino, tal vez de la propia Argentina.

En 1535, don Pedro de Mendoza partió a través del Atlántico desde Sanlúcar de Barrameda, Cádiz, con trece barcos y dos mil hombres, tras ser nombrado gobernador de Nueva Andalucía por Carlos V, emperador del Sacro Imperio Romano Germánico y rey de España. Mendoza y aquellos que en la corte imperial le concedieron la mitad del tesoro de cualquier jefe local conquistado y nueve décimos de cualquier rescate recibido, soñaban con una tierra de inmensa riqueza. Lo que encontró fue una vasta pradera poblada por tribus hostiles, cuya cultura parecía primitiva cuando se la comparaba a los refinados y ricos imperios de México y Perú.

Toda la expedición fue un fiasco. La flota de Mendoza fue dispersada por una tormenta frente a Brasil; luego su teniente, Juan de Osorio, fue asesinado; algunos dicen que Mendoza ordenó que lo mataran porque sospechaba su deslealtad. Aunque Mendoza navegó por el Río de la Plata y, en 1536, fundó Buenos Aires en una ensenada conocida como Riachuelo; cualquier sentido de logro duró poco. Mendoza estuvo confinado en la cama durante largos periodos debido a la sífilis, mientras que la cooperación inicial con los querandíes locales derivó en rencor. La pared de adobe de un metro que rodeaba el asentamiento se desmoronaba cada vez que llovía y, sin la ayuda de los pobladores locales, los primeros colonos debieron luchar por la comida y terminaron comiendo ratas, serpientes y sus propias botas antes de recurrir, finalmente, al canibalismo. A medida que la población disminuía, muertos por los indígenas, las enfermedades o el hambre, Mendoza decidió regresar a España para buscar ayuda de la corte. Murió en el viaje de regreso al otro lado del Atlántico.

Finalmente, la ayuda llegó, pero fue insuficiente y tardía. En 1541, los pocos supervivientes de la misión de Mendoza abandonaron Buenos Aires rumbo al norte, hacia Asunción. Dejaron, sin embargo, siete caballos y cinco yeguas que, duplicando su población aproximadamente cada tres años, se convirtieron en un factor esencial en la cultura gaucha que dominó Argentina tres siglos más tarde.

Desde el principio, Argentina, la tierra de la plata, fue un mito, un ideal al que la realidad no podía satisfacer de ninguna manera.

Yo solía vivir, por temporadas, en un departamento muy cerca de la avenida Pueyrredón, donde el barrio de Recoleta empieza a convertirse en Palermo. Si doblaba a la izquierda al salir y, pasando el hospital, seguía cuatro manzanas más, pasando por el negocio de *delicatessen* cuyo dueño se lamentaba en inglés de que solamente los europeos entendían realmente el queso, y luego doblaba a la derecha, subiendo, llegaba al cementerio donde están enterrados dieciocho presidentes, los escritores Leopoldo Lugones y Adolfo Bioy Casares, y Eva Perón, quizá el más grande de todos los mitos argentinos.

Pero mucho más frecuentemente salía hacia la derecha e iba por Pueyrredón hacia el sur. Cruzaba el movimiento comercial de la avenida Santa Fe y seguía, dejando atrás la zona de clase media. Cuando llegaba a Once (donde unos pícaros trataban de venderme monedas por más de su valor nominal porque había escasez y eran necesarias para tomar autobuses) la influencia boliviana se volvía más pronunciada. Estaba allí si la necesitaba, iba a comprar cilantro, hierbas extrañamente difíciles de encontrar en Buenos Aires. Pasando la estación, continuaba, siguiendo la línea H del subte (el metro), a través de Balvanera hasta Parque Patricios, un barrio de casas bajas que fue alguna vez conocido por los herreros mencionados en el tango *Sur*. Para entonces, Pueyrredón ya cambió de nombre, primero por Jujuy y después por Colonia, y allí, a una hora a pie del apartamento, se encuentra el estadio Tomás Adolfo Ducó.

Puede que no sea tan aclamado como el Monumental o la Bombonera, pero hay algo notable en la casa de Huracán. Fue inaugurado en septiembre de 1947 y todavía se siente auténticamente de los años cuarenta, con sus asientos rojos de hormigón y la torre que se erige desde la tribuna principal, aparentemente en homenaje a la Torre (mucho más grande) del Centenario en Montevideo, haciendo que parezca a lo lejos un crucero antiguo.

Con una capacidad para casi cincuenta mil espectadores, el estadio es demasiado grande para Huracán, pero el sentido de grandeza desvanecida captura la imaginación. De hecho, ha atraído a cineastas. Es el Ducó el que aparece en la famosa escena del *travelling* de la película de 2010 de Juan José Campanella, *El secreto de sus ojos*, ganadora de un Óscar. Empieza con una imagen nocturna de Buenos Aires, acercándose lentamente al estadio con las luces encendidas, donde Huracán está jugando contra Racing, antes de bajar detrás de una de las porterías, en la popular,[1] donde está de pie uno de los perso-

---

1. Las canchas argentinas se dividen generalmente en dos secciones: la platea (la zona sentada, que normalmente corre a lo largo de los lados largos) y la popular (más barata, una terraza de pie por lo general situada detrás de las porterías). La diferencia es esencialmente la misma que entre un *stand* y un *end* en la terminología comúnmente usada en Gran Bretaña antes de la ola de reconstrucción en los años noventa.

najes principales esperando divisar a un asesino. El estadio también ha sido usado como telón de fondo para escenas de *Pasión dominguera*, de Emilio Ariño (1971), y de *La peste*, de Luis Puenzo (1992).

Durante el tiempo que pasé en Buenos Aires, Huracán solía jugar los viernes. Se volvió un hábito ir paseando hasta allí y ver un partido con amigos antes de dirigirme a Palermo o al Microcentro para comer algo. Con pintura roja sobre un fondo blanco descascarillado a lo largo de la parte superior de la platea están escritos los nombres de algunas leyendas de Huracán: Carlos Babington, René Houseman, Alfio Basile, Miguel Ángel Brindisi, un recordatorio de que esta no es precisamente la bella y desgastada cancha de otro equipo de fútbol fracasado de Buenos Aires, sino que fue aquí, en 1973, cuando César Luis Menotti manifestó la contrarrevolución frente al antifútbol que había dominado el pensamiento futbolístico argentino desde la Copa del Mundo de 1958. En ese equipo estaba la semilla del éxito de 1978 y del choque entre las escuelas opuestas de Menotti y de Bilardo, el debate entre idealismo y pragmatismo que ha dominado el juego argentino desde entonces. Tuve la suerte de que mi temporada de ir a ver a Huracán coincidiera con la era de Ángel Cappa. Él predicó una doctrina de fútbol habilidoso que atrajo a los tradicionalistas. Para Cappa, el fútbol ofrece una oportunidad para que los más pobres asciendan en la escala social, una forma de salir de la pobreza, tanto metafórica (un jugador dotado puede lograr algún tipo de trascendencia artística, independientemente de su origen) como literalmente (un buen jugador puede ganar enormes sumas de dinero y obtener respeto).

Un decepcionante periodo subsecuente con River Plate ha deteriorado la imagen de Cappa, pero a principios de 2009 esto se veía estimulantemente *retro*, el ataque a la naturaleza corporativa del fútbol moderno, generando empatía en una liga empobrecida. Y, por supuesto, significaba aún más porque él estaba supervisando este fútbol emocionante en Huracán, el club más apropiado para su romanticismo. Ese equipo era tremendamente entretenido para mirar, hermoso en el mediocampo, derrochador frente al arco contrario y catastrófico en defensa. Nunca fue un equipo fiable, pero de alguna manera llegó al último partido del Clausura 2008-09[2] en la cima de la tabla, con Vélez Sarsfield, su rival en esa fecha final, a un punto.

El enfrentamiento por el título siempre sería dramático, pero el partido en el Fortín, el compacto estadio de Vélez en el barrio de Liniers, pronto tomó tintes épicos. Al delantero de Huracán, Eduardo Domínguez, le anularon erróneamente un gol por posición adelantada; luego, a los diecinueve minutos de juego, estalló una tormenta de granizo tan feroz que el partido tuvo que detenerse mientras los hinchas corrían a los pasillos para protegerse. Los coches estacionados en las calles de alrededor del estadio quedaron con los techos y los capós abollados, mientras en toda la zona sonaban alarmas. Diez minutos después de reanudar el juego (tras una hora de parón), Domínguez estrelló una pelota contra el travesaño y Gastón Monzón detuvo un penalti a Rodrigo López de Vélez. Era Huracán el que quedaba en la cima y parecía relativamente cómodo mientras Vélez se impacientaba cada vez más en la segunda mitad. Pero a siete minutos de que Huracán se asegurara su segundo campeonato con un empate, Monzón chocó con Joaquín Larrivey cuando iba a buscar un centro. La mayoría consideró que era falta, pero no así el árbitro: Maxi Morález marcó a puerta vacía (y luego fue expulsado, después de recibir una segunda tarjeta amarilla por quitarse la camiseta en la celebración del gol). El sueño se había frustrado en el final y, como es habitual en el fútbol argentino actual, los mejores jugadores de Huracán pronto estuvieron camino de clubes más adinerados. Dos años más tarde, descendieron.

Incluso después de quedar fuera de la primera división, el atractivo simbólico del estadio es obvio. Cuando Coca-Cola filmó allí un anuncio protagonizado por la modelo Mariana Nannis, en ese momento esposa del delantero Claudio Canig-

2. La estructura del campeonato argentino cambia de forma permanente y es interminablemente confusa, pero entre 1990-91 y 2011-12 cada temporada se dividió en dos campeonatos, cada equipo jugando con todos los demás una vez (el Apertura y el Clausura). En esa primera temporada, los ganadores del Apertura y del Clausura jugaron por un desempate; posteriormente, se adjudicaron dos campeonatos cada temporada.

gia, el director creativo Maximiliano Anselmo explicó que lo había elegido porque era un «estadio universal». Además de la torre, no tenía las características individuales de algunos otros estadios, sino que daba la sensación de una Buenos Aires de los años cuarenta. Daba una sensación, en otras palabras, de un momento en que Argentina todavía era un país optimista, cuando Juan Domingo Perón ofrecía esperanzas de una república de trabajadores, cuando la gente creía que estaban construyendo un futuro mejor. En este sentido, el Ducó funciona como un escenario de renacimiento a dos niveles: tanto en su construcción física como en el fútbol que albergó a principios de los años setenta. No es casualidad que fuera allí donde Cristina Kirchner, tan entusiasta del simbolismo como cualquier otro líder mundial, lanzó su campaña para la reelección a la presidencia en 2011 en su primer compromiso oficial tras la muerte de su esposo, el expresidente Néstor Kirchner.

El sentido de grandeza desvanecida y las esperanzas frustradas no se limitan al Ducó. Tampoco se limitan al fútbol. Argentina es una tierra de deseos frustrados: es el sueño utópico que nunca llegó a suceder, ya que fue empeorando con un régimen represivo tras otro, con la hiperinflación y, en última instancia, con el desplome de 2002, que destrozó el nivel de vida y añadió otra capa de desilusión a una acumulación ya importante. Pero cuando el presente es tan decepcionante, siempre está el pasado.

Todo Buenos Aires tiene un aire de desear que el pasado no haya terminado nunca. La única pregunta es: ¿qué pasado? El tramo desde el pudiente barrio de Belgrano hacia el sureste, hasta la mugre bohemia de San Telmo, está salpicado de edificios imponentes, de plazas y parques sorprendentes, súbitos bulevares en los que es fácil imaginar a hombres con sombrero paseando con un paraguas en un brazo y una mujer con un sombrero enrevesado en el otro. Hoy en día, muchos de los edificios más impresionantes están cubiertos de mugre y grafitis, mientras que las aceras se hallan en un estado lamentable de deterioro, rotas, desiguales y decoradas con mierda de perro. En un día brillante de primavera, cuando los jacarandás están en flor, Buenos Aires puede ser una ciudad de notable belleza, pero nunca se está lejos de pensar en lo mucho más bonita que sería si alguien la limpiara, recompusiera los adoquines y le diera una mano de pintura. Varios jefes de gobierno han prometido hacer precisamente eso, pero una vez que están en el cargo encuentran invariablemente que el presupuesto ya ha sido asignado para darle un aumento a los maestros o a los recolectores u otros empleados públicos, y, con huelgas y protestas diarias, pronto abandonan la lucha. Rápidamente llegué a la conclusión de que las constantes manifestaciones callejeras que al principio tomé como indicadores de un impresionante nivel de compromiso político son en realidad un signo de disfuncionalidad. Si hay gente marchando con carteles cada vez que uno va a la plaza de Mayo, si las calles son cortadas regularmente por piquetes, si los canales de noticias de veinticuatro horas muestran constantemente un sector u otro de profesionales enfrentándose a la policía,[3] eso pronto se convierte en ruido de fondo y los detalles de cada protesta se pierden en un mar de desacuerdo. Por otra parte, en un país que tiene tales recuerdos traumáticos recientes de la supresión del disenso, tal vez el vigor con el que se ejerce el derecho a la protesta debería celebrarse.

Sin embargo, un recuerdo popular de los días de glamur parece negarse a desaparecer y hay una clara nostalgia por la primera parte del siglo pasado. Buzones ingleses rojos tradicionales han sobrevivido, a pesar de todo, en partes de Palermo, mientras que el orgullo por lo que Buenos Aires era se ve en la preservación de cafés de estilo antiguo y en la asombrosa prevalencia de fotografías sepia de la ciudad en los lugares más inesperados. Por ejemplo, a dos manzanas al sureste de Pueyrredón, en la calle French, en un supermercado Coto, que de lo contrario pasaría inadvertido, las paredes a los lados de la cinta transportadora que lleva al piso superior están decoradas no con anuncios y ofertas, sino con fotos antiguas de la ciudad. Pero nada habla tan fuertemente del amor de Buenos Aires por su propio

---

3. Los más ridículos que presencié fueron los enfrentamientos entre la policía y los camareros, todos vestidos con camisas blancas y delantales negros, lo que tenía un aire de *sketch* de Monty Python.

pasado como la vigente obsesión con el tango, danza que se originó en la ciudad y en Montevideo en la década de 1890, y cuya popularidad se difundió por su uso en teatros y por los organilleros en la calle.

La nostalgia es comprensible. A comienzos del siglo XX, Argentina era tan optimista que el poeta nicaragüense Rubén Darío describió a los argentinos como «los *yankees* del sur». En la década de 1920, Argentina era políticamente estable y económicamente próspera, una nación joven y floreciente, a menudo comparada favorablemente con Canadá o Australia. En 1928, su producto nacional bruto per cápita era el octavo más alto del mundo. Para 2012, de acuerdo con las cifras del Fondo Monetario Internacional, había caído al puesto sesenta. En 1930, Argentina había disfrutado de setenta años de gobiernos civiles ininterrumpidos. Luego vino el primer golpe militar. Durante los siguientes cuarenta y seis años, habría otros trece gobiernos que surgieron de golpes de Estado o de formas menos directas de persuasión militar. Como señaló un artículo del *New Statesman* en 1978, «el fracaso de Argentina como nación es el mayor misterio político de este siglo».

Y aun así estuvo muy cerca de tener éxito. Después de las masacres de su población indígena a lo largo del siglo XIX, Argentina se convirtió, por lo menos para los teóricos, en una *tabula rasa*. Eso alentó un utopismo, una sensación de que esta era una tierra en la que se podría crear una sociedad nueva y mejor. Los principios, sin embargo, chocaban siempre con la realidad y con los intereses creados, y el efecto más duradero de ese utopismo no fue para generar un mundo mejor, sino para fomentar un modo de pensar que buscaba siempre establecer ideales y absolutos, y luego, en respuesta al inevitable fracaso de cumplir con esos ideales, una creencia casi nihilista de que no puede haber nada más que pragmatismo. El fútbol argentino, sin duda, está poblado por un número inusual tanto de románticos como de cínicos, y algunos que parecen casi ver romanticismo en el cinismo extremo.

Después del fracaso de la expedición de Mendoza, otros

siguieron. En 1580, Juan de Garay refundó Buenos Aires. A él también lo sedujo una búsqueda mítica, y así pasó gran parte de los dos años posteriores en busca de la legendaria Ciudad de los Césares, un asentamiento de riquezas incalculables fundado, según la versión de la historia que uno quiera creer, por los supervivientes de un naufragio español, los últimos incas, fantasmas o gigantes, y supuestamente perdido en algún lugar de los Andes patagónicos.

Garay murió en 1583, asesinado por un grupo de indios querandíes a orillas del río Carcarañá. Los primeros colonos encontraron una tierra que resistía los planes que tenían para ella y, alejados de su patria, comenzaron a construir una nueva identidad basada en ese malestar y la falta general de seguridad: no había instituciones estatales, por lo que todos tenían que arreglárselas solos. Y aun cuando esas instituciones comenzaron a surgir y se impusieron las leyes nacionales, fueron vistas como intrusivas, como un recorte de la libertad que el Nuevo Mundo debía representar.

Como resultado, nunca se confió en las leyes, nunca se vieron como un código benigno que traía seguridad, sino como algo a evadir. Y debido a esa sensación omnipresente de inestabilidad, cualquiera con dinero, poder o influencia buscaba inmediatamente proteger su posición, y la sensación de inseguridad solo aumentaba con un ejército sin enemigo.

El historiador e intelectual José Luis Romero escribió que «el alma de Argentina es un enigma», argumentando que la nación era un mito, una quimera, una tierra en la que la identidad aún debía ser inventada.[4] Esa búsqueda (y su casi inevitable falta de cumplimiento) tiene consecuencias, como han articulado varios escritores argentinos. En *La hipocresía*

---

4. El libro de Bruce Chatwin de 1974 *En la Patagonia* es el encapsulado de eso: al viajar por el sur argentino, describe encuentros con una serie de inadaptados, soñadores y excéntricos, muchos de los cuales hicieron ajustes significativos a sus historias para crear una nueva vida para sí mismos. El libro marcó la reinvención de Chatwin después de abandonar su trabajo en el *Sunday Times* para escribirlo, y representó también la reformulación de todo el estilo de las crónicas de viajes. Posteriormente se supo que muchos de los episodios que Chatwin relata eran, en cierto modo, reinvenciones de los recuerdos de sus personajes.

argentina, por ejemplo, el ensayista y economista Enrico Udenio explica que «Argentina está compuesta por una sociedad neurótica en la que sus habitantes se sienten frustrados y obligados a actuar de manera autodestructiva... Es una sociedad que construye sueños, y cuando no se hacen realidad, mira fuera de sí buscando explicaciones y culpables».[5]

La visión de Udenio es extrema, pero es cierto que un sentimiento de lo que podría haber sido pende sobre Argentina: la frustración y la tristeza por las glorias esperadas que nunca se materializaron. Eso quizás explique por qué hay una mayor demanda de psicoanálisis freudiano en Buenos Aires que en cualquier otra ciudad del mundo, con la excepción de Nueva York. Prácticamente, la única esfera en la que Argentina ha cumplido su promesa es en el fútbol, que es probablemente la razón principal por la que ha adquirido un significado tan inmenso.

El sentido del mito, de los ideales del pasado que se vuelven a invocar lo tiñe todo. Los argentinos suelen lamentar que los hinchas ya no conozcan su historia, y tal vez muchos realmente no la conozcan, pero en términos de cobertura de diarios y televisión, ningún otro país está tan asombrado de su pasado. Antes de partidos importantes, los canales de televisión transmiten fragmentos de partidos anteriores entre esos equipos. Y para un país de solamente 44,8 millones de habitantes, Argentina tiene una historia casi incomparablemente rica. Han ganado dos Mundiales y han perdido tres finales; han ganado catorce copas América (seis más que Brasil). Sus clubes han levantado la Copa Libertadores veinticuatro veces (siete más que Brasil). Han producido, con Diego Maradona, a uno de los dos únicos candidatos realistas a ser considerado el mejor jugador de todos los tiempos; con Lionel Messi, pueden haber producido un tercero, y pocos pondrían a Alfredo di Stéfano muy atrás (y siendo Argentina, hay toda una lista de candidatos de la era pretelevisiva que tienen sus defensores: Manuel Seoane, Antonio Sastre, Adolfo Pedernera, Omar Sívori ...).

Pero no se trata solo de éxito o pasión. Ningún país intelec-

5. Estoy agradecido a Guillem Balagué por acercarme el trabajo de Udenio.

tualiza tanto su fútbol ni ama tanto sus teorías y sus mitos. El fútbol en Argentina es abiertamente cultural, abiertamente político. Los presidentes conocen su poder y buscan aprovecharlo; los sin escrúpulos movilizan las barras bravas en su apoyo. Los filósofos, mientras tanto, descartan títulos, generaciones enteras de éxito, porque se ganaron «de la manera equivocada».

Este es un libro grande, uno que tardó mucho más tiempo de lo previsto en ser escrito. A veces me sentía como si fuese uno de los cartógrafos del cuento de Borges «Del rigor en la ciencia», creando «un mapa del imperio que tenía el tamaño del imperio». Quise incluir la teoría y ubicar el deporte en su contexto social, económico y político, y quise incluir a las personas, a los jugadores y a los entrenadores cuyas vidas son tan extraordinarias que parecen haber salido de una novela de realismo mágico, pero no quise escatimar en el fútbol, los partidos y los goles que, en realidad, nos hacen ver, en primer lugar, cosas sobre la cultura que proporciona la moneda con la que se negocia gran parte de la vida argentina.

Y si bien esta es ante todo una historia del fútbol, tan entrelazados están los ámbitos político y socioeconómico, tan inextricablemente está el fútbol ligado a toda la vida pública, que este es también un libro sobre Argentina.

PARTE 1

El nacimiento de una nación
1863-1930

1

Este juego inglés

*D*iríjase al noreste por la avenida Sarmiento desde la estatua de Garibaldi en la plaza Italia, manteniendo la izquierda a través del césped irregular hacia la plaza Holanda. La pista alrededor del lago tiene marcas cada cien metros para los corredores que dan vueltas esquivando patinadores y a los gansos cuando no están atacando los botes a pedal en el lago. Sálgase del camino y vaya entre los árboles hasta la avenida Figueroa Alcorta: si doblase a la izquierda siguiendo la avenida, pasaría por el lago de remo y el hipódromo antes de llegar al Monumental. Pero si cruzase Alcorta, sobre el césped más espeso que rodea el planetario, encontraría, junto a unas tablas verdes de madera que señalan rutas para ciclistas por la ciudad, una piedra gris blancuzca de un metro y medio de altura que no llama la atención. Los lados están pintados con pintura roja. En la parte posterior, en azul, está garabateado «CMB 2011», y alrededor de eso, en pintura negra, otros garabatos.

El frente, sin embargo, está libre de grafitis y lleva una inscripción que proclama que este es un «lugar histórico». Hay otra piedra más pequeña junto a la principal. Si alguna vez tuvo algo escrito, se borró hace tiempo. El monumento fue erigido por la Comisión Nacional de Museos y Lugares Históricos: «Aquí se instaló el primer campo de deporte del Buenos Aires Cricket Club 8-XII-1864», dice el texto central. Curiosamente, dado el relativo interés por los deportes en Buenos Aires, no menciona el fútbol en absoluto, pero fue allí, el 20 de junio de 1867, cuando dieciséis miembros de la comunidad empresarial de la ciudad (todos de Gran Bretaña, excepto William Boschetti, que había nacido en Santa Lucía) se reunieron para jugar el primer partido de fútbol organizado en suelo argentino.

Las leyes del juego de la Football Association (FA), redactadas en diciembre de 1863, habían llegado a Buenos Aires y habían sido publicadas en el *Standard,* un diario en inglés, a principios de 1867. Destinado a una población que en 1880 alcanzaba las cuarenta mil personas, y la británica era la más numerosa (o más bien británica e irlandesa, ya que la mayoría venía de lo que hoy es la República de Irlanda) de todos los países que formaban su Imperio. Tan significativa era la influencia británica que a veces se sentía como si Argentina fuese parte del Imperio, como un titular de *The Times* declaró en 1806. Los británicos dirigían el sistema bancario, desarrollaron el ferrocarril y exportaban pieles, lana y carne; en ese momento, Gran Bretaña era, en cierta medida, el mayor socio comercial de Argentina.

Los británicos en Argentina habían hecho lo que hicieron en todas partes: crear una versión en miniatura de su hogar, estableciendo escuelas, hospitales, iglesias y clubes deportivos. Inicialmente, esos clubes tendían a centrarse en el críquet, el tenis y, dados los excelentes caballos disponibles, el polo; pero algunos de sus miembros debían haber jugado al fútbol o algo parecido en la escuela o en la universidad. Ya en 1840, los marineros británicos habían estado jugando algún tipo de fútbol en los muelles. Fue una práctica que parece haber provocado confusión entre los habitantes locales, como demuestra un artículo en *La Razón,* que, con dudas, explicó que el pasatiempo «consistía en correr detrás de una pelota».

Llevar el juego adelante y comenzar su propagación requería organización, y eso fue misión de Thomas (o Tomás) Hogg. Su padre había sido dueño de una fábrica textil de Yorkshire antes de trasladarse a Buenos Aires, donde no solo trabajó en sus intereses comerciales, sino que fundó un centro comercial británico, una biblioteca británica, una escuela británica y, en 1819, un club de críquet. Su hijo no era menos activo. Organizó el Club de Natación Dreadnought, que celebró sus primeras competiciones en 1863. Se encargó del squash tres años más tarde; con su hermano James, creó la Sociedad Atlética de Buenos Aires en 1867. En algún momento en la década de 1860, fundó el primer club de golf en el continente. Fue un pionero en casi todos los campos deportivos, pero fue su trabajo en el fútbol el que ganaría la mayor parte de las adhesiones, a pesar de que pronto abandonó este deporte para dedicarse al rugby.

El 6 de mayo de 1867, Hogg había publicado un anuncio en el *Standard* con el título «Foot Ball». El texto decía: «Una reunión preliminar se celebrará el jueves por la noche, a las 19.30 horas, en la calle Temple, frente al número 46, con el propósito de acordar las reglas y reglamentaciones para los partidos de *foot-ball*, que se jugarán en el campo de críquet, durante el invierno. Se ruega a todas las personas interesadas que asistan».

El primer partido había sido programado para el 25 de mayo, pero se tuvo que posponer casi un mes debido a la inundación del campo en la estación de tren de Boca Junction. En aquella fresca tarde de junio, después de un breve retraso, mientras se discutía si era apropiado usar pantalones cortos delante de las damas, un equipo con gorros rojos (los Colorados) y capitaneado por Hogg jugó contra un equipo con gorros blancos (los Blancos) dirigido por William Heald (un amigo de Hogg). Se disputaron dos tiempos de cincuenta minutos, con equipos de ocho jugadores. Y así, en un área del centro de Buenos Aires más alejada que cualquier otra de un estadio de fútbol (como si los clubes de hoy fuesen demasiado respetuosos para acercarse mucho al terreno sagrado), el fútbol llegó a Argentina.

Heald parece no haber disfrutado demasiado de la experiencia. En su diario[6] relata haber tomado el tren de las diez a Palermo con Hogg y haber marcado el terreno de juego con banderas antes de parar un rato para ir a la confitería a comer pan con queso y beber *porter* (cerveza negra), mientras esperaban al resto de los jugadores. La escasez de futbolistas hizo muy difícil el trabajo; al final, Heald estaba completamente agotado.

6. Citado en *¡Golazo!* de Andreas Campomar (Quercus, 2014).

Ese no fue el único efecto negativo: «Mi espalda me dolía mucho y parecía haberme quitado todo el apetito, pues apenas probé bocado durante la cena».

Los Colorados ganaron 4-0 y pronto se arregló un segundo partido; Heald fue reemplazado como capitán de los Blancos por H. J. Barge (Argentina nunca ha tenido mucha paciencia con los líderes responsables de las derrotas, aunque, por lo que parece, Heald tenía pocas ganas de jugar de nuevo). Esta vez los Colorados ganaron 3-0. El fútbol había establecido potenciales raíces. En el plazo de tres años, *El Nacional*, un periódico en castellano, se refirió a «este juego inglés» y predijo que «no pasará demasiado tiempo antes de que nos acostumbremos a él».

Al fútbol le faltó poco tiempo para crecer. Inicialmente era solo un juego más entre los muchos que practicaba la comunidad británica, pero alrededor de 1880 era el deporte predominante. Se extendió rápidamente, en parte por su sencillez (no requería de equipamiento más allá de una pelota, que se podía improvisar con trapos y hojas de papel de diario, y sus leyes eran lo suficientemente sencillas para que cualquiera pudiera captarlas casi instantáneamente), y en parte porque lo impulsaban las escuelas británicas que, siguiendo a sus homólogos en las islas, veían al fútbol como una forma de promover las poderosas virtudes cristianas de la disciplina, la fuerza y la resistencia. Además, los deportes de equipo se veían como un medio de prevenir el solipsismo que podría conducir al más debilitante de los vicios, la masturbación: una obsesión en las escuelas victorianas.[7]

El mayor predicador del fútbol argentino fue Alexander Watson Hutton. Nació en Gorbals en 1852, hijo de un comerciante que había muerto junto a su esposa cuando el niño tenía cinco años. Fue educado por su abuela materna y luego en la escuela del hospital Daniel Stewart en Edimburgo. Watson Hutton también era un aficionado al fútbol: una fotografía de alre-

---

7. Este tema ha sido explorado al detalle por David Winner en *Those Feet: A Sensual History of English Football* (Bloomsbury, 2005), pero, para tomar solo un ejemplo, el reverendo Edward Thring, director de Uppingham, insistió en un famoso sermón en que la masturbación conduciría a «tumbas tempranas y deshonrosas».

dedor de 1880 lo representa como un hombre delgado pero atlético, con la frente amplia y un bigote exuberante.

En 1880, le ofrecieron a Watson Hutton un trabajo en la Escuela St. Andrew's Scots en Buenos Aires. Obtuvo un título de segunda clase en Filosofía en la Universidad de Edimburgo en 1881; más tarde, ese mismo año, zarpó desde Liverpool para ocupar el puesto, aunque no llegó a Argentina hasta el 25 de febrero de 1882. A él, tal vez porque había perdido a dos hermanos por la tuberculosis, el fútbol le parecía más que un juego: era algo que podía mejorar la preparación física y prolongar la vida.

Pocos en la comunidad de expatriados habrían estado en desacuerdo con él, pero se inclinaban por el rugby, menospreciando el fútbol como un «juego animal», como lo calificó un artículo del *Herald*. El directorio del St. Andrew's era igualmente escéptico y hubo desacuerdos durante algún tiempo sobre la importancia que debía darse al fútbol en el plan de estudios, hasta que Watson Hutton renunció después de que rechazaran su solicitud de ampliar campos y tener un gimnasio.

Un hombre de menor determinación podría haberse arrepentido o considerado un regreso a Gran Bretaña, pero Watson Hutton estaba comprometido con su idea y fundó la English High School, que abrió sus puertas el 2 de febrero de 1884.

Al cabo de dos años, con el fútbol en un lugar central del plan de estudios, tenía cincuenta alumnos internos y quinientos alumnos de día. Así, debió trasladarse a instalaciones más grandes.

Como las escuelas británicas atendían no solo a los alumnos de las familias expatriadas, sino también a la élite argentina, el juego comenzó a difundirse en la comunidad local.

Las raíces de Watson Hutton en Edimburgo permanecieron firmes durante su vida en Buenos Aires. En marzo de 1885 se casó con Margaret Budge, exmaestra de la escuela en la que había trabajado, en la iglesia presbiteriana de St. Andrew's. Al año siguiente nació el primero de sus tres hijos, Arnold: él mismo tendría un papel importante en los primeros años del juego argentino. En julio de 1886, reapareció un viejo conocido: William Waters, hijo de la casera de Watson Hutton en Edimburgo, que llegó a Buenos Aires para ocupar un puesto en la

English High School y trajo consigo una bolsa con balones de cuero. La leyenda dice que los funcionarios de la aduana en el puerto quedaron perplejos al ver las pelotas desinfladas. Inicialmente pensaron que eran recipientes para vino o tapas de cuero, y finalmente las anotaron como «artículos para los ingleses locos». Waters se convertiría más tarde en un exitoso importador de artículos deportivos en Sudamérica, pero su impacto más inmediato fue sobre la cancha.

Y cuando Watson Hutton estaba poniendo el fútbol en un lugar central del plan de estudios, y otras escuelas seguían su ejemplo, llegó una cuadrilla de trabajadores ferroviarios de Gran Bretaña que ya estaban familiarizados con el juego. La combinación de viejas manos y recientes conversos resultó ser una mezcla potente y el fútbol creció rápidamente. En 1888, llegó la primera prueba de Argentina en el fútbol internacional cuando un grupo de expatriados británicos en Buenos Aires organizó un partido contra sus pares de Montevideo para celebrar el cumpleaños de la reina Victoria. El acontecimiento se repitió cada año hasta 1894. Alrededor de 1890, incluso Rosario, a casi trescientos kilómetros al noroeste de Buenos Aires, contaba con dos equipos: el Athletic para los empresarios y el Central para los trabajadores. Al año siguiente, el fútbol organizado en Argentina dio un gran salto hacia delante cuando un grupo de inmigrantes liderado por Alec Lamont, un maestro escocés en St. Andrew's, reunió a representantes de cinco equipos (Old Caledonians, Buenos Aires y Rosario Railways, Buenos Aires Football Club, Belgrano Football Club y St. Andrew's Scots Athletic Club) para fundar la Liga de Fútbol de la Asociación Argentina (AAFL, en sus siglas inglesas). Waters fue capitán y entrenó a St. Andrew's, que ganó el campeonato inaugural: el primer torneo de fútbol disputado fuera de Gran Bretaña. El equipo de Waters se componía totalmente de escoceses, al igual que el conjunto que terminó segundo, Old Caledonians, con su equipo formado en gran parte por los empleados de una empresa británica de cañerías, Bautaume & Peason, que habían sido contratados para instalar un sistema de alcantarillado en Buenos Aires.

El torneo se derrumbó al año siguiente, debido a la falta de recursos y liderazgo. Su salvación fue Watson Hutton, quien intervino y lo relanzó el 21 de febrero de 1893. Desde entonces se ha disputado un campeonato argentino cada año; el órgano que lo supervisó es considerado como la federación de fútbol más antigua de Sudamérica y la octava más antigua del mundo. Watson Hutton permaneció como presidente de la AAFL hasta 1896, arbitrando partidos ocasionalmente y continuando con la supervisión de la English High School.

Cinco equipos jugaron ese campeonato de 1893, ganado por Lomas, una institución británica establecida por viejos licenciados de la escuela Bedford. Una fotografía de los primeros campeones muestra a doce jugadores sentados alrededor de A. Leslie, un hombre de apariencia apacible y con bigote gris, vestido con traje oscuro, con un moño y un pañuelo que sale extravagantemente del bolsillo del pecho. De los trece, solo uno tiene un nombre que obviamente no es británico o irlandés: F. Nobili.

Según un libro publicado en 2006 para celebrar los 115 años del club, más de quinientas personas fueron a ver jugar a Lomas contra Flores en esa primera temporada; una fotografía de la época muestra espectadores subidos a los árboles mirando por encima de las cabezas de los fans en tres o cuatro hileras a lo largo de la banda. En otra fotografía, del partido contra English High School, es el árbitro quien capta la mirada, el arco de su bigote se refleja en la cadena de su reloj mientras corre en camiseta, chaleco, pantalón blanco ancho y gorra plana.

Lomas se mantuvo dominador y ganó cinco de los primeros seis títulos; su único fracaso llegó cuando cayó derrotado por su propio equipo reserva, Lomas Academicals. La decadencia, una vez iniciada, fue rápida. Cuando se introdujo la modalidad del descenso en 1908, evitaron la caída por un puesto, pero la temporada siguiente descendieron de la primera división, un emblema de la disminución del poder de los viejos clubes británicos cuando el juego se extendió a otras comunidades y comenzó a surgir una conciencia argentina.

Hacia 1930 habían abandonado el fútbol totalmente, aunque el club todavía existe; se centraron en el rugby, usando los colores verde, escarlata y oro, establecidos en 1896.

El fin de la hegemonía de Lomas se produjo justo cuando el resto del fútbol argentino dio un gran salto adelante: en abril de

1898, el Ministerio de Justicia y Educación Pública hizo obligatoria la educación física en todas las escuelas. A pesar de la desconfianza inicial del gobierno respecto al fútbol y el pánico provocado a comienzos de la década, cuando circuló un informe que decía que el fútbol había causado más de cuatrocientos muertos y heridos en Gran Bretaña (las compañías de seguros empezaron a anunciar políticas específicas para los participantes, mientras que el *Standard* instaba a los padres a no permitir que sus hijos jugaran un juego tan violento), todo señalaba que el juego había ganado aceptación.

Tras confirmar su creencia de que el fútbol arraigaría en Argentina, Watson Hutton compró un campo deportivo en el norte de Buenos Aires y fundó el Club Atlético English High School para alumnos, licenciados y docentes. Un año más tarde, entraron en un equipo en la segunda división de la AAFL y terminaron un punto por detrás del campeón, Banfield. Bajo el nombre de Alumni, adoptado dos años más tarde, después de la implementación de una regla que impedía el uso de nombres de establecimientos educativos con el pretexto de que era publicidad, se convertirían en el equipo dominante en el fútbol argentino de la primera década del siglo XX, ganando la primera división diez veces entre 1900 y 1911. Watson Hutton se había retirado como jugador hacía mucho tiempo, pero su hijo (Arnoldo, tal y como se hizo conocido) debutó como extremo izquierdo en Alumni en 1902, a la edad de quince años. La verdadera fuerza de Alumni, sin embargo, no estaba en la progenie de Hutton, sino en los descendientes de otra familia escocesa, una que había dejado las islas mucho antes y que tenía raíces mucho más profundas en Argentina. James Brown fue uno de los doscientos veinte escoceses del Symmetry, uno de los barcos que partieron desde Leith y Greenock hacia Buenos Aires en 1825, con su pasaje pagado por dos terratenientes nacidos en Roxburghshire, John y William Parish Robertson, que habían recibido permiso del Gobierno argentino para establecer una «comunidad agrícola experimental» en Monte Grande, al sur de Buenos Aires.

Al cabo de cuatro años se había hecho evidente que el experimento había fracasado, pero pocos de los colonos regresaron a casa. Brown compró su propia parcela de tierra y se convirtió en un agricultor exitoso. Su hijo menor, también llamado James, tuvo nueve hijos, siete de los cuales (Jorge Gibson, Ernesto, Eliseo, Alfredo, Carlos Carr, Tomás y Diego Hope) jugaron para Alumni.

Alumni fue el último de los grandes equipos anglo-argentinos; insistían en que su objetivo era defender los valores británicos tanto como ganar y «jugar bien sin pasión». En una celebrada ocasión contra Estudiantes, los jugadores del Alumni se negaron a lanzar un penalti que habían pitado a su favor por mano. Sería engañoso sugerir que Alumni era un equipo popular solamente entre la comunidad británica. Eran campeones, capaces de jugar muy buen fútbol; su atractivo era casi universal. Como tal, los políticos hicieron esfuerzos para que los vieran con ellos; en una ocasión, José Figueroa Alcorta abrazó a Alfredo Brown, un acontecimiento que el novelista Osvaldo Soriano calificó como «la primera vez que un presidente usó el fútbol con fines populares».

Mientras Alumni dominaba, el paisaje estaba cambiando. Buenos Aires estaba creciendo rápidamente, en parte debido a la urbanización, a medida que habitantes de zonas rurales abandonaban las antiguas haciendas para ocupar puestos de trabajo en las fábricas y las plantas industriales que brotaban en la metrópoli, y en parte debido a la inmigración del otro lado del Atlántico, la mayoría de Italia y de España, pero también muchos judíos de Polonia y Rusia, así como alemanes, bretones y «turcos» (el nombre genérico dado a cualquier persona de Oriente Medio). En 1914, el ochenta por ciento de los nacidos en Argentina eran descendientes de inmigrantes que habían llegado desde 1860.

El fútbol creció a medida que la ciudad se hacía mayor. Se agregó una segunda división en 1895, una tercera en 1899 (pensada inicialmente para los sub-17 que asistían a jornada completa a alguna de las escuelas) y una cuarta en 1902: para entonces, hacía cierto tiempo que aquel juego había dejado de ser un refugio de expatriados británicos. Una investigación de Julio Frydenberg muestra que en 1907 había al menos trescientos clubes fuera del campeonato oficial. Algunos representaban profesiones o sectores específicos de la sociedad, pero la mayoría correspondía a barrios específicos: un fenómeno que solo surgió con la urbanización masiva y la electrificación. Una vez que las casas pudieron ser iluminadas por electricidad, en vez de por gas, podrían construirse mucho más altas, dando lugar a los bosques de edificios de apartamentos que caracterizan hoy Buenos Aires. Los equipos pueden, en parte, ser vistos como parte de un anhelo general por una búsqueda de identidad. Como dice la antigua teoría,[8] todos los países necesitaban un ejército, un banco y un equipo de fútbol, por lo que, a la gente de un barrio, el club deportivo les trajo un motivo para reunirse y una proyección de su área, y por extensión de sí mismos, a una escala mayor. No es casualidad que la gran mayoría de los clubes del torneo argentino de hoy se fundaran entre 1887 y 1915, justo cuando comenzaba a formarse la conciencia nacional argentina.

La institución específicamente argentina más antigua en formar un equipo de fútbol fue Gimnasia y Esgrima de La Plata, una ciudad a poco más de cincuenta kilómetros del centro de Buenos Aires. El club fue fundado en 1887 y adoptó el fútbol en 1901, mientras que los «cinco grandes» del fútbol argentino se establecieron en la primera década del siglo xx. Los inmigrantes en la zona portuaria fundaron River Plate en 1901 y Boca Juniors en 1905; inmigrantes franceses de las fábricas de Avellaneda[9] establecieron el Racing Club en 1903; mientras Independiente fue fundado por los hispanohablantes del club deportivo City of London Stores en 1905; y en 1908, un sacerdote en Almagro fundó San Lorenzo como un lugar seguro para que jugara la juventud local.

El fútbol internacional propiamente dicho comenzó en mayo de 1901 cuando un equipo formado en gran parte por jugadores de Lomas y de Alumni fue a Montevideo y venció a

---

8. Es una cita atribuida a menudo a Henry Kissinger, aunque no he encontrado ninguna evidencia de que alguna vez lo haya dicho o escrito.

9. Avellaneda es técnicamente una ciudad separada de Buenos Aires en el lado sur del Riachuelo, aunque en la práctica es en estos días un distrito industrial más de la capital.

Uruguay por 2-3.[10] Uruguay ganó por el mismo marcador en Buenos Aires un año después, y desde su siguiente encuentro, en 1905, hubo una copa de plata que disputarse, donada por Thomas Lipton, el magnate del té, quien había nacido a un par de calles de Watson Hutton, en Gorbals, en 1848.

En 1905, el torneo tenía setenta y siete clubes que entre ellos jugaron más de quinientos partidos por temporada. El 1 de junio de ese año, por ejemplo, jugaron cincuenta y dos equipos, con una asistencia total de más de cinco mil personas. Pronto, un número de cuatro cifras de espectadores se hizo común y los diarios en inglés y en castellano comenzaron a informar regularmente sobre el torneo. En 1912, el *Herald* insistía en que la prensa necesitaba lugares especiales en las canchas y no recibir asientos en la tribuna.

La mayor atracción fueron los equipos de gira, cuya presencia era en sí misma la confirmación de la credibilidad del torneo argentino.

Fue el Hippic Club, una sociedad deportiva de la élite social encabezada por el barón Antonio de Marchi, el que organizó la primera gira, en la que se invitó al Southampton de visita, allá por 1904. El presidente de la República, Julio Roca, apareció para el primer partido, contra Alumni, un indicador de la importancia social (quizá no aún deportiva) de la ocasión. Southampton era un equipo completamente profesional y, aunque todavía jugaba en el torneo del Sur (Southern League), había llegado a la final de la Copa FA en 1900 y 1902. Eran claramente el mejor equipo: vencieron a Alumni por 3-0, y continuaron ganando los cuatro partidos restantes en Argentina por un parcial total de 29-4, antes de cruzar el Río de la Plata y vencer a un once uruguayo por 8-1. La clara superioridad del Southampton confirmó a los británicos en Buenos

10. Ya que el equipo local incluyó a nueve jugadores del club Albion, a menudo se dice que no era una verdadera selección nacional de Uruguay; si se acepta ese argumento, el primer partido internacional argentino tuvo lugar en Montevideo el 13 de septiembre de 1901; se venció a Uruguay por 6-0.

Aires que el viejo país y los viejos valores eran todavía supremos, al tiempo que dejaron tal impresión que, incluso en 1923, el *Herald* todavía elogiaba su «magnífico trabajo con la cabeza y los pies, su hábil mezcla de cerebros y botas».

El Nottingham Forest lo siguió en 1905. Impresionó tanto que Independiente abandonó sus camisetas blancas por el rojo de Forest, aunque continuaron con sus pantalones azul marino. Los equipos argentinos habían sido incapaces en aquel momento de igualar a equipos ingleses incluso mediocres (Forest había terminado decimosexto de dieciocho equipos en la primera división en 1905, y descendería la temporada siguiente), pero quienes visitaban Argentina en 1906, dieron indicios de cómo el país se comparaba con el resto del mundo. El equipo de Sudáfrica que viajó a Argentina era *amateur* y tenía en su equipo ocho jugadores británicos y siete nacidos en Sudáfrica (no era en ningún sentido una selección nacional), pero ofreció una muestra de vida fuera de la patria madre del fútbol. Los sudafricanos derrotaron a San Martín por 6-0 y a un equipo de estudiantes por 14-0, antes de un partido que sin duda fue el más importante jugado en Argentina hasta ese momento.

El público en Sociedad Sportiva no era probablemente tan grande como el que había visto al Alumni derrotado por el Forest el año anterior, pero no estaba muy lejos, y esta vez vio a un equipo de Alumni, con Arnoldo Watson Hutton[11], ganar 1-0: fue la primera victoria de un club argentino sobre un equipo extranjero visitante. El *Herald*, con su sobriedad característica, señaló que Alumni había tenido suerte, pero eso no hizo que se ahorrara en festejos.

El gol fue celebrado por los espectadores «hasta que quedaron roncos; sombreros, bastones y papeles volaron por el aire; miembros de la comunidad muy respetables, rollizos y usualmente tranquilos, bailaron con alegría». Después del pitido final, la multitud se lanzó al campo de juego y llevó en volandas a los jugadores de Alumni. Los sudafricanos continuaron ganando sus ocho encuentros restantes en Argentina, pero la

11. Él se guardó el *wicket* del equipo argentino de críquet en su fabulosa victoria sobre el Marylebone Cricket Club en 1912.

victoria de Alumni había sido un gran logro. Ni siquiera las abultadas victorias del Everton y el Tottenham, durante sus giras por Argentina en 1909, borraron la sensación generalizada de que ya no había un abismo que separase a los equipos argentinos de los clubs ingleses de primera clase. Esos partidos, particularmente aquellos contra el Tottenham, también mostraron la creciente división en las concepciones de cómo debía jugarse al fútbol, con la hinchada local irritada por el uso de la carga con el hombro por parte de los equipos ingleses. Era una diferencia de interpretación que tendría consecuencias graves.

2

«Oíd el ruido de rotas cadenas»

Martín Fierro, el poema épico de José Hernández, fue la primera gran obra de la literatura argentina. Cuenta la historia de Fierro, un gaucho empobrecido, reclutado para defender la frontera interna en un fuerte[12] contra los pueblos indígenas. Para las generaciones posteriores, Fierro se convirtió en la imagen del gaucho como un hombre solitario y masculino que cabalgaba por la pampa, tratando con la naturaleza y los nativos (que por definición no eran argentinos) con igual valor y aplomo. Él era, sin embargo, una figura particular. El poeta Leopoldo Lugones, que estaba tan fascinado por el carácter gaucho como para escribir la novela *La guerra gaucha*,[13] dijo que *Martín Fierro* era la gran epopeya argentina. Pero por toda la nostalgia de los gauchos que existía en la Buenos Aires de comienzos del siglo XX, también hubo un reconocimiento que describía un tiempo y un código cultural que habían terminado; de hecho, el crítico Calixto Oyuela, uno de los líderes del *boom* cultural de principios del siglo XX en Argentina, sostuvo que, incluso cuando se publicó por primera vez, *Martín Fierro* era esencialmente un lamento por un modo de vida que estaba desapareciendo.

Eso tuvo profundas consecuencias sociales y políticas. Las

---

12. A lo largo del siglo XIX, la frontera entre las tierras coloniales y aquellas todavía ocupadas por indígenas se fue moviendo lentamente hacia el sur y el oeste desde Buenos Aires. En la época descrita en el *Martín Fierro*, la frontera se encontraba casi en el mismo lugar donde hoy están los límites de la provincia de Buenos Aires..

13. Publicada en 1905, su adaptación para el cine en 1942 se convirtió en una de las películas más exitosas de la historia argentina.

provincias del Río de la Plata se independizaron de España entre 1810 y 1816. El gran héroe de la victoria fue el general José de San Martín, quien en 1812 había renunciado al ejército español y había regresado a Buenos Aires, donde desempeñó un papel destacado en varias batallas importantes. Una vez lograda la independencia, condujo a cinco mil hombres en una gran marcha desde Argentina, cruzando por los Andes hasta Chile, y siguiendo luego hacia el norte, hasta Perú, para continuar la lucha contra los españoles.

Cada ciudad argentina tiene una estatua de San Martín y su retrato sigue siendo familiar; su legado es complicado, su imagen es usada por líderes y políticos posteriores para apoyar su propia agenda: numerosos presidentes y candidatos descubrieron que les convenía retratar a San Martín como el gran libertador, cuya guerra en el Perú demostró el poder militar argentino.

Que es más que probable que su campaña fuera planeada y financiada por los británicos es algo que suele olvidarse convenientemente. Y más aún se olvida, cómo fue la política argentina en el siglo XX, su oposición frontal a la participación de los militares en política.

Los años posteriores a 1820 fueron un tiempo de conflicto casi perpetuo entre los federales, en su mayoría terratenientes provinciales, que querían que el país fuese una federación de provincias gobernadas independientemente, y los unitarios, que favorecían un gobierno centralizado con sede en Buenos Aires y que representaban los intereses comerciales e intelectuales de la ciudad. La guerra civil terminó con un tratado que estableció una confederación argentina que no tenía un jefe de Estado común, pero que delegó ciertos poderes clave en Juan Manuel de Rosas, gobernador de la provincia de Buenos Aires.[14]

14. Mucho de lo que sabemos de Rosas proviene de la primera historia de Argentina, escrita por el aristócrata Bartolomé Mitre, quien fue presidente entre 1862 y 1868, y fundó el diario conservador *La Nación*. Luchó contra Rosas en la guerra y tenía una clara animosidad contra él; pero su interpretación de la historia fue dominante hasta los años cincuenta. Ha habido desde entonces intentos de rehabilitar a Rosas, retratándolo no tanto como la figura tiránica descrita por Mitre, sino como casi un proto-Perón.

Rosas era un rico estanciero que había luchado en la Guerra de la Independencia. A medida que su poder crecía, organizó lo que fue esencialmente un ejército privado de gauchos y se convirtió en la quintaesencia del caudillo, un hombre fuerte o líder local, arquetipo central de la cultura argentina como el gaucho. Rosas tomó el poder en 1829 y, aparte de un breve hiato, gobernó Argentina como un dictador hasta 1852. Exigió el sometimiento absoluto a su gobierno, expulsando a los jesuitas cuando se negaron a unirse al resto de la Iglesia católica para apoyarlo, y llevando adelante un programa de terrorismo de Estado contra sus oponentes. Todos los documentos oficiales exhibían el lema «Mueran los salvajes unitarios», mientras que cualquier persona en la nómina del Estado debía portar una insignia roja con la frase «FEDERACIÓN O MUERTE», y todos los hombres debían adoptar un aspecto «federal», con un gran bigote y patillas gruesas. Rosas promovió su idea de una Argentina de vastas estancias dirigidas por gauchos bajo la dirección de caudillos locales.

La preferencia de Rosas por el estilo del estanciero de hacer las cosas no solo estaba enraizada en la política. Con la agricultura sedentaria en riesgo por los ataques de los indígenas, la ganadería y su culto al caudillismo fueron durante mucho tiempo la forma más eficiente de trabajar la tierra. El ataque a ese modo de vida no era solo político,[15] sino también tecnológico. El cercado de alambre se introdujo en Argentina de la mano de Richard Newton en 1844; su impacto se incrementó cuando el alambre de púas llegó en la década de 1870. El alam-

---

15. Fue condenado como «bárbaro» por Domingo Faustino Sarmiento, quien se convertiría en 1868 en el séptimo presidente argentino, en su obra de 1845 *Facundo o civilización y barbarie en las pampas argentinas*. Promovió la «civilización» europea, en la cual el deporte, insistió, era un componente clave. Se convirtió en miembro honorario del Club de Cricket de Buenos Aires en 1875 y, en su carta de agradecimiento, sugirió que era la disciplina del deporte la que había permitido a los británicos resistir el motín indio de 1857. «Cuando vi que los estudiantes de Oxford y Cambridge compiten por sus famosos premios de remo, y los partidos viriles de críquet, atletismo y otros juegos que los jóvenes practican en Inglaterra para ejercitar y desarrollar su fuerza física, he comprendido cómo veinte mil dependientes o empleados civiles hicieron frente en la India a doscientos mil cipayos sublevados, manteniendo el dominio británico sobre ciento cincuenta millones de habitantes hasta la llegada de la línea de tropas.»

brado significaba que, en lugar de vagar libre bajo el ojo del gaucho, el ganado podía ser domesticado: un cambio tan radical como habían sido los corrales en Inglaterra en el siglo XVI. Las viejas habilidades ecuestres se volvieron menos importantes. El gaucho pasó de ser un experto necesario a poco más que una mano de obra contratada. El cercado adecuado también posibilitó la cría selectiva, algo que hizo volar tanto la imaginación que *Tarquin*, un toro premiado importado de Gran Bretaña, se convirtió en una celebridad nacional. El desarrollo de las cámaras frigoríficas en 1876 conllevó que la carne vacuna podía criarse para la exportación: ahí fue cuando los británicos comenzaron a tener verdadero interés. Al mismo tiempo, la pampa fue quedando cada vez más bajo el control de inmigrantes europeos, en gran parte debido a las acciones armadas contra las poblaciones nativas de la Patagonia. Lo salvaje estaba volviéndose menos salvaje. Con solo pocas décadas como nación independiente y atormentada por conflictos civiles, Argentina era una entidad inestable; casi todo sobre ella (sus fronteras, su gobierno, sus leyes, su sentido de identidad) eran inciertos y puestos en cuestión, lo que quizá explique muy bien por qué se invirtió tanta energía en la autodefinición en el siglo XIX y a principios del XX. ¿Cómo podrían reconciliarse el pasado europeo y el presente americano?

3

Un segundo nacimiento

La AAFL había sido rebautizada como Argentine Football Association en 1903 y, aunque se afilió a la Football Association de Londres, decidió que a partir de entonces realizaría reuniones en español, un signo claro de la criollización del juego. En 1912 volvió a cambiar su nombre, esta vez por Asociación Argentina de Football, afiliada a la FIFA. Para entonces, los jugadores con herencia británica eran minoría: como señaló un artículo del *Standard* en junio de ese año, Porteños, San Isidro y River Plate tenían tres *anglos* cada uno; Gimnasia y Esgrima (Buenos Aires) y Estudiantes (La Plata) tenían uno cada uno; Racing no tenía ninguno.

Otra prueba de la fuerza local creciente del fútbol, en la cancha y fuera de ella, llegó en 1910, cuando Argentinos derrotó a Británicos 5-1 en el acto final de lo que había sido un partido de exhibición anual entre las dos comunidades. En parte, el partido se suspendió porque se estaba volviendo muy desigual, pero por otra parte la AFA tenía planes más ambiciosos. Ese año, para celebrar el centenario del primer gobierno autónomo argentino, la AFA trató de organizar un campeonato sudamericano de cuatro equipos. Brasil rechazó la invitación, pero Chile y Uruguay enviaron equipos para lo que probablemente fuera en aquel momento el torneo internacional más importante jugado fuera del campeonato local británico.

En el partido de apertura, Argentina se enfrentó a Chile y ganó cómodamente 3-1, con un gol de Arnoldo Watson Hutton, pero otros dos detalles son reveladores. Primero, que el informe del *Herald* incluyera el detalle de que la señora G. D. Ferguson había proporcionado los tés, lo que indicaba que eso era todavía un evento social británico. Y, en segundo lugar, que Argentina falló un penalti: había sido una falta dudosa y hubo gritos desde la multitud instando al lanzador a que lo echara fuera. Si quien lo lanzó fuera lo hizo intencionadamente, es algo imposible de determinar. Fuera como fuera, el hecho que al menos algunos espectadores pensaran que el juego justo demandaba que no lo transformara en gol dice mucho sobre las costumbres predominantes.

Ese espíritu de juego limpio se manchó cuando se anunció el equipo uruguayo que iba a enfrentarse a Chile: presentaba, en Buck y Harley, a dos jugadores nacidos en el Reino Unido. A pesar de lo británico que pudieran sonar los apellidos en el equipo local, todos los jugadores habían nacido en Argentina. La multitud, con la rivalidad de vecinos ya dispuesta contra Uruguay, se irritó más por eso y apoyó notoriamente a Chile, gritando de disgusto cuando les invalidaron dos goles. Uruguay ganó 3-1, pero fue el portero chileno quien fue llevado en volandas desde el campo de juego.

La final, afirmó el *Herald* en su nota previa, era el «partido de fútbol oficial más importante jugado en este país». Diez mil personas pagaron para asistir; otros mil observaron desde el terraplén del Ferrocarril Central Argentino. Argentina se impuso por 4-1. Arnoldo Watson Hutton anotó de nuevo, pero la influencia de su familia y de los anglo-argentinos en general estaba disminuyendo.

Cuando Alumni ganó su título de 1911, Alexander Watson Hutton tenía cincuenta y ocho años y estaba cansado de las exigencias de dirigir el club. Muchos de sus jugadores estaban envejeciendo y crecía la sensación de que los equipos de veteranos no podían competir en una era en la que el dinero estaba desempeñando un papel cada vez mayor a medida que aumentaba la venta de entradas. El voluntario amateurismo del equipo tuvo como consecuencia que no se cuidaran las condiciones del terreno de juego. Muchas veces alquilaban los terrenos a otros equipos, mientras que aquellas ganancias que pudieran obtener iban generalmente a obras de caridad. Al reconocer que Alumni no podía continuar de esa forma y esperar tener éxito, Watson Hutton se retiró y disolvió el club. Siguió viviendo en Buenos Aires y allí murió en 1936 y fue enterrado en el cementerio británico de Chacarita. Su papel es recordado: la biblioteca de la sede central de la Asociación del Fútbol Argentino lleva su nombre, y una película de 1950, *Escuela de campeones*, relató la historia de Hutton y su equipo de Alumni. Es considerado como el padre fundador del fútbol argentino. Después de la disolución de Alumni, casi todos sus jugadores se trasladaron a Quilmes, que, después de haber terminado último en la primera división de nueve equipos en 1911, ganó el título al año siguiente.

El torneo fue, en cierto sentido, una víctima de su propio éxito. Las giras de clubes extranjeros habían resultado ser muy lucrativas para aquellos que se consideraban dignos de jugar contra equipos visitantes; los que no lo eran no solo se quedaron sin esos ingresos, sino que también se les prohibió jugar partidos el mismo día que hubiera uno de visitantes, para no restarles espectadores. El dinero se convirtió en una motivación cada vez mayor y los clubes que no habían mejorado sus campos a tiempo se encontraron doblemente en desventaja: eran incapaces de acoger a las grandes multitudes que proveían ingresos significativos, y sin esos ingresos no podían costear la construcción de un estadio, sobre todo porque el precio de la tierra aumentaba a medida que la ciudad se expandía.

Las quejas financieras cristalizaron en un descontento más generalizado. En 1912, Richard Aldao, abogado, empresario, miembro del Comité Olímpico Internacional y presidente de Gimnasia y Esgrima de Buenos Aires, estableció un organismo gobernante rival, la Federación Argentina de Football. El resultado fue desastroso. El campeonato de la AAF sufrió retiros y anulaciones. Para julio, se jugaban dos campeonatos al mismo tiempo. Quilmes ganó el torneo de seis equipos de la AAF, mientras que el campeonato de la FAF siguió adelante con ocho equipos. Independiente llegó a la final del torneo rebelde; necesitó ganarle a Argentino de Quilmes por más de un gol para arrebatarle el título a Porteño por promedio de goles. Independiente ganó 5-0, pero parece que, al reconocer que Argentino de Quilmes (que al estar en la mitad de la tabla tenía poco estímulo para jugar) había puesto en la cancha un equipo débil, Independiente le ofreció a Porteño jugar un desempate por el título. O tal vez (y es difícil poder determinar esto desde la distancia) Porteño protestó y, viendo el potencial de un partido con buena recaudación en la cancha de Gimnasia y Esgrima, la FAF presionó a Independiente para que jugara el partido.

Sea como fuere, habría sido posible presentar el desempate como un gesto noble que confirmara que las mejores tradiciones de caballerosidad no habían muerto con Alumni y que había prevalecido un sentido de justicia y de corrección; por el contrario, fue escenario de las escenas más vergonzosas de la historia del fútbol argentino hasta ese momento. Pedro Rithner, hermano del gran portero Juan José Rithner, puso a Porteño en ventaja, pero Bartolomé Lloveras empató. Luego, a tres minutos del final del partido, Independiente creyó haber anotado el gol del triunfo, pero el árbitro Carlos Aertz solamente concedió un córner. Las protestas fueron tan feroces que tres jugadores fueron expulsados, tras lo cual los ocho restantes decidieron que no querían seguir jugando. La FAF dio por ganado el partido (y por ende el campeonato) a Porteño.

En medio del caos, el equipo de Swindon Town había llegado para una gira que al menos dio al público local la oportunidad de ver algo de fútbol en junio, mientras la AAF y la FAF se peleaban. Sin otros partidos para distraerlos, ambos partidos superaron los veinte mil asistentes. El entrenador de Swindon, Sam Allen, se sorprendió por el entusiasmo por el fútbol: «En todas partes —le dijo al *Daily Chronicle*—, uno ve el entusiasmo que ha despertado en la gente. Chicos en las calles, en la costa, en callejones, soldados en los cuarteles: todos tienen la fiebre». Eso solo alimentó las llamas que ya comenzaban a encenderse.

El cisma fue el resultado de una disputa por dinero. Los jugadores también empezaron a preguntarse por qué no estaban beneficiándose de las miles de personas que pagaban por verlos jugar. No era un gran secreto que durante años se habían ofrecido incentivos a los jugadores. Ya en 1906 hubo quejas en los diarios de Buenos Aires sobre el número de jugadores uruguayos, de los que nadie pensaba que vinieran solo por amor al juego. En 1913, *La Nación* hablaba explícitamente de un profesionalismo disfrazado. Aquel año fue el primero en que hubo un campeón genuinamente criollo, ya que los títulos, tanto de la AAF como de la FAF, fueron conquistados por equipos que poco tenían que ver con la comunidad de expatriados británicos. El campeonato de la FAF fue para Estudiantes de La Plata, mientras que la AAF, buscando despertar emoción e interés, elaboró una confusa estructura de campeonato, y así comenzó uno de los males endémicos del fútbol argentino.

Racing se enfrentó a San Isidro por el título tres días después de Navidad y ganó 2-0, con dos goles anotados por el mediapunta derecho Alberto Ohaco, hijo de uno de los obreros españoles que habían fundado el club.

Una mirada a los equipos dice mucho sobre la cambiante estructura del fútbol argentino: de los veintidós jugadores de esa final, solo tres (Wilson, Goodfellow y Hulme de San Isidro) tenían apellidos británicos.

Para Racing fue el comienzo de una era de oro en la que ganaron siete campeonatos sucesivos. Perdieron solamente un punto durante el campeonato de la AAF que ganaron en 1914 (afortunadamente, de nuevo en un esquema de todos contra todos), a la vez que Porteño ganaba el campeonato de la FAF. Su dominio continuó después de que los torneos se reunificaran en una división de veinticinco equipos. Jugaban un fútbol limpio, inteligente y progresivo, con lo que se ganaron el apodo de «la Academia».

Ohaco, que siempre jugó con una gorra blanca, fue el máximo goleador del torneo durante cuatro temporadas seguidas, de 1912 a 1915; cuando se retiró con treinta y nueve años en 1923, había marcado 244 goles en 278 partidos con el Racing. Es todavía el récord del club.

Borocotó, el editor de *El Gráfico*, más tarde lo describió como una «orquesta de un solo hombre del fútbol argentino, jugando bien en cualquier posición».

Mientras el torneo tenía lugar, la AAF se comunicó con sus vecinos. Los partidos contra Uruguay ya estaban bien establecidos; en 1914 llegó el primer partido internacional contra Brasil, un amistoso que Argentina ganó 3-0. En 1912, funcionarios de la AAF se reunieron con delegados de la Liga de Rosario y la Liga de Uruguay para discutir la formación de una federación de fútbol del Río de la Plata. Ese fue el comienzo de un lento proceso que ganó impulso en 1915 cuando Héctor R. Gómez, profesor y parlamentario uruguayo, y el presidente de Montevideo Wanderers comenzaron a hacer campaña por una confederación sudamericana. Argumentaban que ayudaría a terminar con los bandos que habían dividido al fútbol argentino. Al año siguiente, mientras la AAF organizaba un torneo para celebrar el centenario de la declaración de independencia de Argentina, Gómez tomó una decisión importante. La Confederación Sudamericana de Fútbol (Conmebol) se fundó el 9 de julio de 1916 fecha emblemática ya que se cumplían exactamente 100 años de la independencia argentina. Audazmente, anunciaron las fechas de cuatro campeonatos sudamericanos, con el primero empezado siete días antes.

Solo pasó una semana hasta que la Conmebol se enfrentó a su primera crisis. Argentina y Uruguay derrotaron a Chile pero Argentina solo pudo empatar con Brasil, mientras que Uruguay les ganó 2-1. Eso significaba que el partido final entre Uruguay y Argentina era un partido decisivo. Uruguay solo necesitaba un empate para levantar el título inaugural. El partido se programó para el 16 de julio en el estadio de Gimnasia y Esgrima. Se sobrevendieron entradas y, con los espacios sobrepasados y riñas entre la muchedumbre, el partido se suspendió a los cinco minutos. Mientras los jugadores abandonaban el campo, los hinchas reaccionaron con furia. Algunos robaron gasolina de los automóviles estacionados cerca del estadio y la usaron para encender fuego en las gradas. El incendio duró cuatro horas y solamente el pabellón central se salvó de los daños.

El partido se reprogramó para el día siguiente en el estadio de Racing en Avellaneda y terminó, para decepción de todos, con un empate sin goles y la gloria uruguaya.

Uruguay seguiría dominando los primeros años del campeonato. Como locales, en 1917 derrotaron a Argentina en la final, arrebatándole el título una vez más. Aunque Brasil ganó en 1919 como anfitrión, al año siguiente en Valparaíso se restauró el orden habitual: Uruguay primero, Argentina segundo, Brasil tercero (Argentina falló esta vez por no haber vencido al eterno cuarto, Chile).

Para entonces, el fútbol argentino estaba sufriendo otro cisma, que esta vez provenía de la insatisfacción por cómo se controlaba el juego y cómo se ponían en práctica las reglas. Los problemas comenzaron hacia finales de 1918 con una disputa sobre la validez de un jugador que Columbian había hecho jugar para enfrentarse a Ferro Carril Oeste. Al mismo tiempo, en el torneo intermedio, la segunda división, a Vélez le descontaron ocho puntos por poner en la cancha a un jugador suspendido. Argumentaron que no, que no era cierto, que el jugador en cuestión era en realidad el hermano del que estaba suspendido, explicación que la AAF aceptó: les devolvieron los puntos. Varios equipos protestaron. La AAF convocó una asamblea especial, pero fue desactivada por una táctica dilatoria que terminó pareciendo algo intencional para resaltar las fallas de la organización.

Lo que sucedió al año siguiente fue aún más caótico. Con seis de los diecinueve equipos suspendidos, el torneo se abandonó en julio sin que ningún equipo hubiera jugado más de ocho partidos. Aunque Boca, Estudiantes de La Plata y Huracán permanecieron fieles, trece clubes, entre ellos Racing, River Plate, San Lorenzo e Independiente, se escindieron y junto con Vélez crearon la Asociación Amateurs de Football (AAmF). Al parecer, corroborando las quejas de los clubes rebeldes sobre la ineptitud de la AAF, el campeonato de seis equipos que intentó instituir se prolongó al año siguiente y fue abandonado el 21 de enero. El nuevo campeonato de la AAmF, mientras tanto, transcurrió casi sin problemas; a pesar de algunos abandonos en la ronda final de partidos, finalizó el

6 de enero, después de que cada equipo hubiera jugado (o el ente federativo hubiera determinando su resultado) trece partidos. Racing, que había ganado seis y empatado dos en el torneo AAF antes de la secesión, ganó trece de los trece: un final perfecto para un periodo extraordinario en el que habían ganado siete títulos consecutivos, sin haber perdido un solo partido a lo largo de la temporada. En esos siete años perdieron solo cinco partidos. Ambos entes federativos declararon un campeón al año siguiente. El reinado de Racing fue interrumpido por River Plate en el campeonato de AAmF, mientras que Boca conservó su título de la AAF. Huracán y Boca ganaron cada uno tres de los siguientes seis campeonatos de la AAF, mientras que el título de la AAmF se lo llevaron San Lorenzo, Independiente y Racing dos veces cada uno. Los equipos grandes de Argentina comenzaban a afirmarse.

4

La etapa global

Los jugadores de la selección de Uruguay viajaron a los Juegos Olímpicos de París en 1924 como completos desconocidos; regresaron habiendo redefinido el fútbol. La final fue casi un trámite, ya que Uruguay, jugando con una fluidez y un entusiasmo revolucionarios, le ganó cómodamente 3-0 a Suiza, llevándose las medallas de oro que parecían aseguradas para ellos casi desde su primer partido en el torneo. Para el fútbol sudamericano en su conjunto, ese fue el momento de ruptura. Habían tomado un juego nacido en los descampados y los patios de escuelas públicas inglesas y lo habían llevado a niveles inimaginados de refinamiento. La mayoría de países europeos (Gran Bretaña era una notable excepción) celebró su virtuosismo. Viejas películas restauradas nos muestran una sorprendente modernidad en su juego: era menos frenético entonces, pero los pases de un solo toque y la fluidez que se generaba al mover la pelota por los espacios libres, difiere de los fundamentos del juego del siglo XXI solamente en el ritmo. «La principal cualidad de los vencedores fue un maravilloso virtuosismo al recibir la pelota, controlarla y manejarla», escribió Gabriel Hanot, quien terminaría editando L'Équipe, pero que en aquel momento estaba llegando al final de una distinguida carrera como jugador. «Tienen una técnica tan completa que también cuentan con el tiempo necesario para observar la posición de los compañeros. No se quedan quietos esperando un pase. Están en movimiento, lejos de los marcadores, para facilitarles la tarea a sus compañeros de equipo.»

La historia de Uruguay fue realmente notable. Si la leyenda, tal como ha sido propagada por el poeta y analista político Eduardo Galeano, es creíble, ese era un equipo de verdaderos *amateurs*, incluidos un marmolista, un almacenero y un vendedor de hielo. Puede haber alguna licencia poética en esa descripción, pero lo cierto es que Uruguay tenía recursos limitados; viajaron a Europa en tercera clase y pagaron el pasaje jugando una serie de amistosos; incluso habían ganado nueve partidos en España antes de llegar a París después de treinta horas de viaje en tren. Pocos parecían entusiasmados cuando llegaron: solo unos tres mil espectadores fueron a verlos jugar contra Yugoslavia en su primer partido.

«Hemos fundado la escuela de fútbol uruguayo sin entrenadores, sin preparación física, sin medicina deportiva, sin especialistas», dijo Ondino Viera, quien luego se encargaría de dirigir la selección nacional. En su opinión, el juego rioplatense había nacido en contraposición al enfoque más estructurado de los clubes británicos.

Solo nosotros en los campos de Uruguay, corriendo detrás del cuero de la mañana a la tarde, y luego bajo la luz de la luna. Jugamos durante veinte años para convertirnos en jugadores, para convertirnos en lo que deben ser los jugadores: maestros absolutos de la pelota…, apoderándonos de la pelota y no perdiéndola por ninguna razón… Era un fútbol salvaje nuestro juego. Era un estilo de fútbol empírico, autodidacta y nativo. Era un fútbol que aún no estaba dentro de los cánones de la gestión en el Viejo Mundo, ni remotamente… Ese fue nuestro fútbol, y así fue como formamos nuestra escuela de juego, y así se formó la escuela para todo el continente del Nuevo Mundo.

«Partido tras partido —escribió Galeano—, la multitud se agolpaba para ver a aquellos hombres escurridizos como ardillas, que jugaban al ajedrez con la pelota. La escuela inglesa había impuesto el pase largo y la pelota alta, pero estos hijos desconocidos, engendrados en la remota América, no repetían al padre. Ellos preferían inventar un fútbol de pelota cortita y al pie, con relampagueantes cambios de ritmo y fintas a la carrera.»

Uruguay completó su éxito con una victoria sobre Suiza y regresó a casa para ser recibido en los muelles por la multitud que les vitoreaba. «Se vendieron millones de mapas en París a la gente que quería saber exactamente dónde quedaba ese paisito que era el hogar de los artistas del fútbol», informó emocionadamente *El Gráfico*. «Pronto habrá clubes argentinos y uruguayos que irán a Europa, al igual que los ingleses venían a Sudamérica para mostrarnos y enseñarnos el fútbol. Argentinos y uruguayos han disfrutado de la victoria de Uruguay como si fuera para ambos. No había muchos aficionados de América del Sur, superados en número por lo menos tres a uno, pero eran tan ruidosos que alentaban más que los europeos.»

Se declaró un día de fiesta nacional en Uruguay y se emitieron sellos conmemorativos. Inmediatamente se reconoció que ese éxito deportivo tenía grandes ramificaciones: era también un éxito cultural y una prueba de que el nuevo mundo podía competir con el viejo.

Los uruguayos estaban contentos, pero los argentinos estaban divididos entre el respeto y los celos. Mientras Uruguay ganaba en los Juegos Olímpicos, Argentina entretenía al Plymouth Argyle, que acababa de terminar segundo en la tercera división (Sur) y cuyo capitán, Moses Russell, trajo consigo un *bulldog* como mascota del equipo. Los visitantes comenzaron con un triunfo 1-0 sobre el once de Argentina, un resultado que provocó una respuesta fastidiada de *El Gráfico*. «Siguiendo nuestra costumbre habitual —señalaba en una frase que todavía se repite con pequeñas variantes—, la selección porteña[16] no fue más que un puñado de hombres que individualmente destacan en sus respectivos clubes, pero que se conocen poco entre ellos, por lo que carecen de un juego coordinado que solo se puede lograr después de una práctica prolongada con el mismo personal.»

La gira fue un éxito, aunque el técnico del Plymouth, Bob

---

16. El término «porteño» se puede usar para cualquier habitante de una ciudad portuaria, pero se usa específicamente para el área del puerto de Buenos Aires, considerada por algunos como el corazón espiritual de la ciudad; por extensión, ha terminado usándose para cualquier nativo de Buenos Aires.

Jack, levantó polémica con un comentario sobre la falta de destreza física del juego argentino. «Lo curioso —prosiguió el informe— es que ellos [Jack y un director, un tal señor Waling] censuran la excesiva finura del estilo de nuestros muchachos.... ¿Es esa una característica buena o mala del fútbol rioplatense? Respetamos las sabias palabras del señor Jack, pero preferimos continuar con nuestra escuela. Porque cuando gana, su superioridad no se cuestiona; por el contrario, deja recuerdos inolvidables como sucedió con los uruguayos en París. La ciencia prevalece sin ser acompañada por la rudeza.» Todo se remontaba a los Juegos Olímpicos y al pensamiento tácito de qué habría sucedido si hubiese habido más de un equipo rioplatense en París. «Los partidos olímpicos ganados en París han traído alegría a los argentinos, porque la impresión es que sus victorias también son nuestras», dijo el portero de Boca Juniors, Américo Tesoriere.

Otros eran menos magnánimos, más tendenciosos. Ausentándose de los juegos olímpicos, el equipo argentino parecía querer señalar que, de haberse presentado, los habrían ganado sin lugar a dudas. Pero en la ecuación olvidaban incluir que, en seis de las siete Copas de América disputadas hasta entonces, Uruguay había terminado por delante de Argentina. Así que Argentina desafió a Uruguay a un enfrentamiento de ida y vuelta para determinar cuál era realmente el mejor equipo. Al ver las posibilidades financieras de ser campeones olímpicos y probablemente poner un poco menos de énfasis en el juego que sus rivales, Uruguay aceptó.

Uruguay incluyó a nueve de sus medallistas de oro, pero Argentina obtuvo un empate en la ida en Montevideo. «El marcador 1-1 refleja claramente que no hay superioridad como algunos pensaron», dijo el informe en *El Gráfico*. El partido de vuelta había sido organizado en la cancha del Sportivo Barracas en Buenos Aires la semana siguiente. Hubo gran emoción, gran expectativa, una multitud y los problemas habituales. Cuando los aficionados invadieron el terreno de juego, sacaron a los jugadores al cabo de cinco minutos. La policía y los soldados dispersaron a los hinchas, pero Uruguay se negó a seguir jugando y el partido se suspendió.

«Elementos revoltosos», como tituló el *Herald*, derrumbaron los puestos donde se vendían las entradas y trataron de causar destrozos en el estadio. Fueron controlados, pero antes de que el partido se reprogramara para el jueves siguiente, se erigió una valla de alambre de cuatro metros de altura entre el campo y las tribunas: la primera separación física en Sudamérica entre los hinchas y el partido. Pronto sería aceptada como una necesidad a lo largo y ancho del continente.

No es que la cerca hiciera algo para calmar a la multitud. Alrededor de treinta y cinco mil personas se amontonaron para el partido reprogramado, con cinco mil que se quedaron fuera, aunque *La Nación* sugirió que unos cincuenta y dos mil se las arreglaron para llegar a la tribuna. Vieron un partido feroz, con ambos equipos protestando posteriormente por la supuesta rudeza del otro y, a los quince minutos, uno de los goles más famosos de la historia argentina. Cesáreo Onzari, un musculoso extremo izquierdo de Huracán, lanzó un córner desde la derecha que eludió a todos y se metió en la portería. La Junta Internacional había decidido hacía poco (el 14 de junio concretamente) que los goles se podían marcar directamente desde la esquina; el árbitro uruguayo Ricardo Vallarino alegó que la confirmación oficial del cambio no había sido formalmente comunicada a la federación uruguaya: no obstante, validó el gol, que se escribió en la historia como «el gol olímpico», aunque su única conexión con los Juegos Olímpicos fue que Argentina quería hacer hincapié en que eran ellos los que deberían haber sido medallistas de oro en París. Como consecuencia, todos los goles marcados directamente desde el córner se conocen en todo el mundo como «goles olímpicos». Cea empató justo antes de la media parte. El juego se volvió cada vez más áspero, y el lateral derecho argentino Adolfo Celli sufrió una fractura doble en una pierna y fue reemplazado por Ludovico Bidoglio (las reglas de los amistosos en aquellos días permitían a cada equipo un cambio por lesión si ocurría en el primer tiempo). El central de Boca Juniors, Domingo Tarasconi, repuso la ventaja de Argentina a ocho minutos del final, lo que llevó a Uruguay a ser más agresiva. Eso irritó a la multitud, que empezó a tirar piedras a la tribuna contraria. El árbitro detuvo el juego, pero Tesoriere, el capitán de Argentina, calmó a los hinchas lo suficiente como para retomar el juego. Cuando le quedaban cuatro minutos al partido, Vallarino no concedió un penalti cuando José Andrade, el primer héroe negro del fútbol uruguayo, empujó a Onzari por detrás. Entonces «una lluvia de piedras, cayó sobre el moreno infractor», según informó el *Herald*. Los jugadores uruguayos devolvieron el fuego; cuando Vallarino les dijo que no lo hicieran, se alejaron. Siguieron tirando piedras contra la multitud. La policía tuvo que intervenir. Scarone pateó a un policía y fue detenido, aunque más tarde lo pusieron en libertad sin cargos. Los jugadores argentinos permanceieron sobre el césped, dejando a Vallarino sin la opción de suspender el partido. Argentina aceptó alegremente la victoria por 2-1 (un total de 3-2) e insistió en que habían demostrado que habrían sido campeones olímpicos si hubiesen participado.

El Gráfico, sin embargo, vio poca gloria en la victoria. «Las escenas de combates de guerrilla entre los campeones olímpicos y el público, Scarone peleando contra oficiales de policía —escribió—, no tienen precedentes en los partidos rioplatenses. ¿Cómo puede suceder esto? ¿Cómo lograron ambos equipos y los hinchas generar esto?»

Cuando el equipo uruguayo se embarcó para Montevideo al día siguiente, una multitud se reunió para despedirlos. Allí siguió lo que el *Herald* denominó «un intercambio de carbón» entre el buque y la costa. Pero eso no fue el final: diez días más tarde, comenzó la Copa América, jugada en Uruguay después de que Paraguay, donde se había decidido organizar el torneo, se opusiera con el argumento de que no contaba con suficiente infraestructura, aunque técnicamente el torneo todavía estaba en manos de los paraguayos. Argentina se enfrentó a Paraguay en el partido de apertura en el Parque Central ante una multitud que, aunque no fuera enorme, apoyaba claramente a los paraguayos. Después de un empate sin goles, invadieron la cancha y llevaron a los paraguayos en volandas como triunfadores. Uruguay venció a Paraguay 3-1. Y como ambos equipos le ganaron a Chile, un empate 0-0 cuando se enfrentaron el 2 de noviembre aseguró a Uruguay su quinto título sudamericano.

Esa noche, un grupo de hinchas argentinos se reunieron frente al hotel Colón en Montevideo, donde se alojaba el equipo argentino. Los jugadores salieron al balcón y fueron aclamados hasta que un borracho uruguayo en la calle comenzó a insultarlos. Los jugadores le respondieron arrojándole botellas; cuando la cosa se iba poniendo fea, otro transeúnte uruguayo, Pedro Demby, se sacó la chaqueta y se fue contra los argentinos. Se cuenta que un argentino de la multitud, José Pedro Lázaro Rodríguez, sacó un arma y le disparó a Demby en el cuello y la garganta. Murió al día siguiente: fue la primera víctima mortal de la violencia del fútbol argentino. Rodríguez, un fan de Boca y amigo de Onzari, escapó en la confusión de la noche y, al parecer, al día siguiente partió en el mismo barco que los jugadores, que salieron una hora antes para evadir a la policía. Dos días después, la policía uruguaya identificó a Rodríguez por una fotografía que apareció en el diario argentino *Crítica*: se le veía cenando con jugadores argentinos. Rodríguez fue detenido posteriormente, pero nunca lo extraditaron.

5

Argentinidad

Además de despertar envidia en los argentinos, la otra gran consecuencia de los Juegos Olímpicos de París fue generar una demanda europea de fútbol rioplatense. En 1925, tres equipos sudamericanos recorrieron Europa, incluido Boca Juniors, que jugó principalmente en España, pero que también ganó cinco partidos en Francia y Alemania. Los partidos tuvieron amplia cobertura en la prensa argentina; el sentimiento de orgullo nacional por sus logros fue palpable y se reflejó en el hecho de que el himno nacional argentino fue cantado después de los partidos.

Ese sentimiento de patriotismo formaba parte de una tendencia mayor a medida que la demografía argentina se transformaba. En cincuenta años, la sociedad criolla había pasado de ser rural y agraria a urbana e industrial, mientras que la inmigración masiva desde Europa despertó presiones políticas.

El sufragio masculino universal se introdujo en 1912 y puso fin a la hegemonía de las élites conservadoras de terratenientes, quienes disputaron las elecciones, pero fueron derrotados abrumadoramente por la votación de las clases media y obrera urbanas. Al mismo tiempo, hubo un claro cambio en la actitud hacia Gran Bretaña. Como sostuvo el historiador Charles A. Jones,[17] «el sentimiento público [en Argentina] sufrió un brusco cambio en el último cuarto del siglo XIX, pasando de un

17. En su ensayo, *El capital británico en la historia argentina: estructuras, retórica y cambio.*

apoyo entusiasta a los británicos a una hostilidad apenas velada». El capital británico había sido inicialmente considerado como alentador de liberalismo y progreso, pero ahora se veía como negación de la nacionalidad y la autonomía.

En 1916, la populista Unión Cívica Radical (UCR) ganó las elecciones generales, encabezada por Hipólito Yrigoyen, a quien se apodaba «el padre de los pobres» y que había forzado las reformas de 1912 al boicotear las elecciones. Era un reformista y bajo su presidencia se vio un aumento en el nivel de vida de la clase obrera, pero su poder todavía emanaba de fuentes conocidas: cinco de los ocho ministros en su primer gabinete eran ganaderos o estaban conectados con el sector exportador. Yrigoyen era un hombre extraño que parecía cultivar deliberadamente un aire de misterio. Durante mucho tiempo se negó a dar discursos públicos y en su lugar hacía que sus acólitos leyeran los textos que él escribía. Se opuso a que se le tomaran fotografías, alegando que ofendía sus creencias religiosas[18] (al menos hasta que le explicaron los beneficios propagandísticos de una campaña fotográfica nacional ante las elecciones de 1916). Yrigoyen también era muy promiscuo. Engendró por lo menos una docena de niños con varias amantes, y era propenso, de vez en cuando, a desaparecer durante horas para entretener a jóvenes viudas que iban al Congreso para pedir ayudas del Estado.

Con las mujeres y los inmigrantes aún privados del derecho a voto y la economía en crisis al terminar la Primera Guerra Mundial, Yrigoyen se enfrentó a una oposición importante de aquellos que desde la izquierda pensaban que no había ido lo suficientemente lejos. El descontento condujo a muchos a los extremos: el anarquismo, el sindicalismo violento y el unionismo radical. Una huelga general nacional en 1918 tuvo una extensa adhesión. La UCR, cansada de los disturbios, ordenó a la policía y al ejército reprimir las protestas, lo que a veces hicieron brutalmente. El socialismo, sin embargo, no fue fácil de

---

18. Yrigoyen siguió las enseñanzas del filósofo alemán Karl Christian Friedrich Krause, quien creía que Dios era el universo y que el conocimiento se alcanzaba a través del yo interior y su contacto con Dios, lo cual explica en parte la severa introversión de Yrigoyen.

erradicar y se convirtió en un desafío creciente para los gobiernos durante los años veinte. La intranquilidad tuvo dos orígenes: por un lado, una sensación de desesperación entre los más pobres; por el otro, la creciente autoconfianza de la clase obrera cuando las consecuencias de la democracia y el poder que habían recibido se hicieron evidentes. Eso a su vez derivó en una cultura vibrante en cuyo corazón se encontraba el fútbol.

El principal dilema ideológico de UCR fue tratar de encontrar una manera de reunir su apoyo disperso. Debían dar con un tema que unificara a la población atravesando clases, y así descabezar los intentos de la extrema izquierda de acorralarla. La manera obvia era usar la única característica que los unía a todos: un sentido común de identidad nacional. Eso, sin embargo, no era fácil de definir. Estaba la vieja Argentina de desterrados y gauchos, como la caracterizada en el *Martín Fierro*, y que ciertamente tenía sus partidarios. Fue Leopoldo Lugones,[19] el poeta preeminente de su época, quien hizo explícito el vínculo en una serie de conferencias impartidas en el teatro Odeón en 1913 (más tarde publicadas como *El payador*), a las que asistió el presidente Roque Sáenz Peña. «El gaucho —dijo Lugones— fue el actor más genuino del país cuando nuestro sentido de la nacionalidad estaba siendo moldeado... Y así lo aceptamos de todo corazón como nuestro antepasado, creyendo que podemos escuchar un eco de sus canciones en la brisa pampeana cada vez que sopla en el pasto.»

En la década que siguió, el sentido de identificación con el

19. Lugones se fue acercando cada vez más a las filosofías políticas de derecha y, en 1924, pidió un retorno al militarismo en su discurso «La hora de la espada». Apoyó el golpe de 1930, pero al parecer se desilusionó por su resultado y, en 1938, se suicidó en la localidad de veraneo del Tigre bebiendo whisky con cianuro. Nunca quedó claro si la causa fue su frustración política o si la depresión después de que su hijo, Polo, le hiciera romper una relación que mantenía con una estudiante que había asistido a sus conferencias universitarias. Polo Lugones se convirtió en jefe de la policía bajo la dictadura de Uriburu y, según se dice, fue el primero en utilizar la picana como instrumento de tortura. Se suicidó en 1971. La hija menor de Polo, Susana, *Pirí*, Lugones, fue detenida por la Junta en diciembre de 1978 y desapareció. Su hijo Alejandro también se suicidó, como su bisabuelo, en el Tigre.

gaucho se intensificó. En los años veinte, Borges y otros estetas publicaron una revista llamada *Martín Fierro*, mientras que los inmigrantes italianos instalaron clubes gauchescos, vestidos con bombachas,[20] y prepararon asados[21] en un intento de identificarse con la encarnación tradicional de la argentinidad. Los cuentos de gauchos eran muy populares. Mientras que algunos intelectuales propagaban entusiásticamente el culto al gaucho y otros, como Borges, mantenían un interés divertido, otros eran abiertamente despectivos. El novelista Adolfo Bioy Casares, por ejemplo, argumentó que los gauchos, tal y como se los había retratado, nunca habían existido realmente; señaló que los trajes de muchas sociedades revivalistas tenían más que ver con las películas de Rodolfo Valentino que con lo que habían vestido los hombres de la pampa argentina en el siglo XIX.

E incluso aquellos que se dedicaban a rescatar la imagen del gaucho debieron aceptar que los ideales románticos de la pampa tenían poco que ver con la vida en una metrópoli en expansión en los años veinte. Había una necesidad tanto de héroes más accesibles y cercanos como de arquetipos alrededor de los cuales pudiera construirse un nuevo nacionalismo. Solo había un elemento cultural con suficiente atractivo para llenar la brecha: el espacio que los gauchos habían ocupado a mediados del siglo XIX vino a ser ocupado por futbolistas.

Esos «intelectuales orgánicos», que tomaron el fútbol porteño e hicieron de él todo un mito nacional, eran en su mayoría periodistas que trabajaban para *El Gráfico*, que en los años veinte y treinta era posiblemente la revista de fútbol más influyente que haya existido jamás. Se había fundado en 1919 como un semanario general de noticias para hombres, que abarcaba política, crímenes, deportes e historias de celebridades, pero al cabo de dos años terminó centrándose únicamente en el deporte, principalmente en el fútbol. En 1930, vendía cien mil ejemplares semanales, no solo en Argentina, sino en toda América Latina.

20. La bombacha era un pantalón de rodilla holgada similar al *knickerbocker* tradicionalmente usado para montar a caballo.
21. Los asados siguen siendo muy populares en Argentina. Son barbacoas, pero el término inglés da apenas una mínima indicación de la importancia social con la que se vincula esta práctica.

El Gráfico, cuyo editor era el uruguayo Ricardo Lorenzo Rodríguez, más conocido por su seudónimo de *Borocotó*, no ofrecía solo simples crónicas de partidos o reportajes. «Su tono —como escribió David Goldblatt en *The Ball is Round*— era a menudo moralista, generalmente educativo y conscientemente moderno. Sobre todo, desarrolló un modelo de periodismo deportivo que fue histórico y comparativo.» Tenía una conciencia de la historia del fútbol y moldeaba el discurso examinando dónde debían ubicarse los eventos contemporáneos según el canon de grandes equipos, jugadores y partidos. Mientras las publicaciones europeas todavía tendían a considerar el fútbol como «solo» un deporte, algo para mantener a las masas entretenidas en la tarde de un sábado o de un domingo, *El Gráfico* se aseguró de que el fútbol fuese visto como una faceta vibrante de la cultura: trataba a los jugadores y los partidos como las revistas literarias habrían tratado a los escritores y sus obras. Dada esa mentalidad, era inevitable que Borocotó formulara una teoría del desarrollo histórico del fútbol rioplatense. «Es lógico —escribió en 1928— que, a medida que pasaron los años, toda la influencia anglosajona en el fútbol haya ido desapareciendo, dando paso al espíritu menos flemático e inquieto del latino… Es diferente al británico en que es menos monocromático, menos disciplinado y metódico, porque no sacrifica el individualismo por el honor de los valores colectivos.»

En la década de 1940, con el gran equipo de River Plate conocido como «la Máquina», la idea del fútbol como algo mecánico habría alcanzado connotaciones muchísimo más positivas, pero, de todos modos, hay ironía en la teorización de Borocotó al describir el fútbol británico como industrial y relacionar el fútbol criollo con la artesanía preindustrial. En un contexto argentino que lo vincula a los ideales del gaucho, una conexión plasmada en el hecho de que el término «gambeta», el estilo de finta tan idolatrado en Argentina, deriva de la literatura gauchesca y se refiere al movimiento de un avestruz. Como tal, el desarrollo del fútbol tenía una relación inversa con el desarrollo de la sociedad como conjunto.

La influencia británica disminuyó con la urbanización y la industrialización, pero al mismo tiempo el fútbol argentino se volvió menos industrial y resaltó más al individuo. El rol del fútbol en la Argentina de las décadas de 1920 y 1930 quizá fue análogo al del Hollywood en los Estados Unidos de la Depresión, al ofrecer un medio de escape, con estadios que eran un lugar de color y emoción en el que los sueños podían jugarse y los individuos podían liberarse de las rutinas sofocantes de la vida en una fábrica.

La conciencia de la diferencia entre los enfoques inglés y criollo en el fútbol se había ido construyendo a lo largo de la primera década del siglo xx. En 1929, cuando el Chelsea recorrió Argentina, las variaciones de estilo eran obvias. Sus partidos, pronto se hizo evidente, serían enfrentamientos mucho más igualados que los de giras anteriores. Antes del cuarto partido, contra un once de Capital, el *Herald* advirtió de que el Chelsea, que acababa de terminar noveno en la segunda división, se enfrentaría a jugadores que tenían «un conocimiento sólido de las complejidades de un partido no intrincado». El Chelsea perdió por 3-2 y el partido terminó anticipadamente en medio de «escenas de desorden» provocadas por un *tackle* (una entrada) del capitán del Chelsea Andrew Wilson.[22] Cuando los hinchas invadieron el campo, uno golpeó a Wilson en la cara. Nuevamente se abuchearon las cargas con el hombro. Por su parte, Luis Monti le había dado un puntapié en los testículos a George Rodger, obligándolo a salir del campo. El entrenador del Chelsea, Charles Crisp, se quejó posteriormente de que un jugador local pateó un vidrio de la puerta del vestuario después del pitido final. El *Herald* se mostró indignado, despachándose contra la falta de gracia de los aficionados locales y los aplausos a las partes violentas del partido. Sin embargo, no solo el periódico anglo pensó que las cosas habían ido demasiado lejos: *La Nación*, *La Época* y *El Diario* criticaron al conjunto de la capital. Cuando la gente del Chelsea finalmente se sintió a salvo para salir del vestuario, noventa minutos después del final, se encontraron con los

---

22. Wilson, un delantero centro que se unió al Chelsea de Dunfermline en 1921; siempre llevaba un guante para proteger su mano, que había quedado destrozada por la metralla durante la guerra.

neumáticos de su camioneta pinchados. «¡Que vergüenza!», exclamó *La Época*. «¡Qué desgracia!»

La violencia era un fenómeno cada vez más común en los partidos en Argentina. Ese mismo año, cuando hinchas rivales se enfrentaron después de un partido de segunda división, dos personas murieron y una anciana resultó herida en una posterior riña con armas de fuego.

El ambiente era muy distinto cuando el Ferencvarós hizo una gira un par de meses después. No había, por supuesto, ninguna razón histórica para que los argentinos sintieran antipatía hacia los húngaros, como sí había motivos claros para despreciar a los británicos; pero también parece que se apreció el juego fluido y de toque del fútbol húngaro, que era mucho más cercano al modelo argentino que al inglés.

No era solo en el estilo de juego en lo que divergían los estilos anglo y criollo: había una enorme diferencia en la forma de entender el juego, algo que el historiador Julio Frydenberg exploró:

> Había un modelo: los valores del deporte inglés [...] La juventud admiraba a los graduados y a los caballeros. Sin embargo, en realidad, el fútbol había tomado su forma de la práctica de la competencia diaria y había una tensión constante entre la idea de un juego limpio y la explosión de la rivalidad con ciertas dosis de violencia [...] Mientras los nuevos futbolistas impregnaban sus vidas con los valores de la rivalidad y la enemistad, los creadores del juego limpio promovían la costumbre del «tercer tiempo», un momento de confraternidad entre los jugadores una vez terminado el juego. En la práctica de la competencia, los grupos populares tuvieron dificultades para imaginar relaciones amistosas entre oponentes una vez que el partido terminaba.

Los británicos no estaban convencidos ni por el modo criollo de jugar ni por el enfoque del juego. El *Standard* denostó a las multitudes que silbaron a los visitantes del Tottenham y del Everton, mientras que, en 1914, Arthur Chadwick, el entrenador del Exeter City, señaló que los lugareños eran «astutos para la gambeta y rápidos, pero su punto débil es que son individualistas y tratan de destacarse por encima de sus compañeros. Nunca lograrán un verdadero éxito hasta que entiendan que para hacer un gol se necesitan siete jugadores».

Para *El Gráfico*, el fútbol argentino tenía efectivamente dos pilares. Estaba el británico, con sus buenos modales, su estilo monótonamente mecánico, su sentido del juego limpio y los tés de la señora Ferguson, y estaba el criollo de la pasión, la furia, las mañas y el modo incendiario, cuyo precursor fue el éxito de Racing en el campeonato de 1913.

«El fútbol que cultivé —escribió la estrella del Alumni Jorge Brown en esa revista en 1921— fue una verdadera demostración de habilidad y energía. Un juego más brusco, pero viril, hermoso, vigoroso.» A mediados de los años veinte, Borocotó se hizo cada vez más estridente al defender los méritos del estilo criollo. En un texto escrito en 1926, por ejemplo, todavía tenía cuidado de reconocer la primacía de los británicos, diciendo simplemente que el fútbol rioplatense está «casi a la altura» del juego en Inglaterra. «Estamos convencidos —escribe— de que nuestro juego es técnicamente más competente, rápido y preciso. Tal vez carezca de efectividad debido a las acciones individuales de nuestros grandes jugadores, pero el fútbol que los argentinos y, por extensión, los uruguayos juegan es más bello, más artístico, más preciso porque el trabajo de acercamiento al área del rival se hace no por medio de pases largos en profundidad, que terminan en un instante, sino a través de una serie de acciones cortas, precisas y colectivas; gambeta hábil y pases muy delicados.» Como observó Borocotó, en parte el estilo criollo fue el producto del entorno. En 1928 sugirió por qué los jugadores criollos aprendían a jugar en los descampados, en las superficies irregulares de los lotes vacíos de un Buenos Aires urbano, en vez de en los campos de juego de las escuelas. Su método estaba más enraizado en la habilidad técnica precisa y en la astucia necesaria para prevalecer en un juego en el que no había espacio, a diferencia de las carreras requeridas para jugar en una amplia extensión de césped.

Pero también apareció otra idea de que había algo innato en el estilo criollo de juego. Chantecler, otro crítico de *El Gráfico*, también abordó el tema a través de una serie de artículos en

1928. Para él, la capacidad de la gambeta del criollo nació de la astucia necesaria para sobrevivir en las partes más ásperas de la ciudad. Los británicos, insistió, eran «un pueblo frío y matemático» que practicaba «un fútbol más estudiado que espontáneo», mientras que el criollo jugaba con mayor calidez. Puede haber cierta verdad en eso, aunque la distinción atribuya a los británicos un amor a la teoría e ignore el atolondramiento que tan frecuentemente perjudica, de la peor forma, al fútbol inglés.

Más apropiada fue la distinción que hizo entre los estilos argentino y uruguayo, al retomar un hecho que Hanot había notado después de observar a Uruguay en los Juegos Olímpicos de 1924. Los argentinos, dijo Chantecler, jugaban con el corazón, su fútbol era pasional, mientras que los uruguayos jugaban con la cabeza y eran más tranquilos.

Detrás de la discusión sobre los estilos nacionales había una pregunta incómoda, para la que no había una respuesta simple, y que de alguna manera sustentaba la utilidad del fútbol como herramienta patriótica: ¿qué era un argentino? ¿Por qué el hijo de inmigrantes británicos era menos argentino que el hijo de inmigrantes italianos? El término «criollo» tapaba un poco la complicación, pero solo una parte. Hasta cierto punto, un argentino se definía como alguien que apoyaba a Argentina en el fútbol. Borocotó puede haberlo reconocido. En 1950, luchando por mantener su definición del fútbol argentino como algo único, había aceptado la noción de Argentina como un crisol y seguía insistiendo (no demasiado convincentemente) en que las características distintivas del fútbol argentino eran más ambientales que innatas. Si ese no fuera el caso, dijo, entonces ¿por qué los españoles e italianos de ascendencia argentina no jugaban como los argentinos? (También podría haber preguntado por qué argentinos de una gran diversidad de orígenes juegan de la misma manera.) Concluyó en que lo que hacía que los argentinos jugaran como argentinos eran la pampa, el asado y el mate.

Ese argumento suena débil, pero sí demuestra de qué modo la identidad argentina había llegado a identificarse con la cultura del gaucho, que a su vez fue percibida (incluso cuando la verdad histórica era bastante más compleja) en oposición al control británico.

El primer número de la revista infantil *Billiken* en 1919 no describió con el título «El campeón de esta temporada» a un niño limpio y educado (que, como la investigadora Mirta Varela describe en su trabajo sobre la revista, sigue siendo la imagen hegemónica a través de los años), sino un pibe[23] desaliñado con ropa de futbolista: una imagen diseñada para ser simpática a la creciente clase obrera urbana.

En última instancia, el verdadero corazón del fútbol argentino yacía en los descampados y en la explosión de autoconfianza cultural y de creatividad en los años veinte que también inspiraron el surgimiento del tango, aunque Martínez Estrada lo describiera como «el baile del pesimismo, de la pena de todos los miembros». Como dijo Galeano «una manera propia de jugar al fútbol iba abriéndose paso, mientras una manera propia de bailar se afirmaba en los patios milongueros. Los bailarines dibujaban filigranas, floreándose en una sola baldosa, y los futbolistas inventaban su lenguaje en el minúsculo espacio donde la pelota no era pateada, sino retenida y poseída, como si los pies fueran manos trenzando el cuero. Y en los pies de los primeros virtuosos criollos, nació el toque: la pelota tocada como si fuera una guitarra, fuente de música».

«El *football* es el deporte colectivo del criollo —escribió Borocotó—. El tango es su música. La primera constituye un placer estético asociado a una cuestión de intereses afectivos, de tradiciones de clubs y de barrios; la otra es la parte netamente sentimental o con algo de sensualismo. Los otros estilos de música son al tango lo que otros deportes son al fútbol. Pueden atraer a algunas personas, pero las masas no están ahí, porque el tango y el fútbol son pasiones argentinas.» Los orígenes importaban y dicen que el mejor ejecutante del estilo criollo en el fútbol era aquel jugador que era más criollo de origen. El fútbol de los solares lo jugaban mejor los de los solares, los que habían aprendido el juego en míticos partidos de callejones ásperos y concurridos. En 1928, Borocotó propuso levantar un monumento al inventor del *dribbling*, diciendo que debería representar:

---

23. Literalmente «niño», aunque el término también tiene un sentido de «niño pobre».

A un pibe de cara sucia, con una cabellera que le protestó al peine el derecho a ser rebelde; con los ojos inteligentes, revoloteadores, engañadores y persuasivos, de miradas chispeantes que suelen dar la sensación de la risa pícara que no consigue expresar esa boca de dientes pequeños, como gastados de morder el pan «de ayer». Unos remiendos unidos con poco arte servirán de pantalón. Una camiseta de rayas argentinas, demasiado decotada y con muchos agujeros hechos por los invisibles ratones al uso. Una tira atada a la cintura, cruzando el pecho a manera de banda, sirve de tirador. Las rodillas cubiertas de cascarones de lastimaduras que desinfectó el destino; descalzo o con alpargatas cuyas roturas sobre los dedos grandes dejan entrever que se han efectuado de tanto *shotear*. Su actitud debe ser característica, dando la impresión de que está realizando un *dribbling* con la pelota de trapo. Eso sí: la pelota no puede ser otra. De trapo, y con preferencia forrada con una media vieja. Si algún día llegara a instalarse este monumento, seríamos muchos los que ante él nos descubriríamos como ante un altar.

A pesar de algunas dudosas afirmaciones de Borocotó sobre la nacionalidad, esa descripción parece captar la esencia del fútbol argentino: al fin se establece al pibe como una figura limítrofe, el niño pobre que hará su camino en la vida con una combinación de encanto y astucia. Al mismo tiempo, el fútbol se establece como una actividad por la cual se puede demorar el crecimiento; es el terreno del niño pobre. De esta forma, los que lo juegan están exentos de responsabilidad, casi alentados a no pasar nunca a la edad adulta.

Lo que es más sorprendente, por supuesto, es que, casi medio siglo antes de que el más grande futbolista argentino (y el más «argentino») hubiera debutado, Borocotó hizo, con extraordinario detalle, un retrato de Diego Maradona.

6

La llegada del dinero

$\mathcal{A}$sí como se peleaba por el espíritu y el estilo del fútbol argentino, también se hacía por su estructura. En total, ese tercer cisma entre la AAF y la AAmF continuó durante ocho temporadas, con cada vez más clubes afiliándose a los rebeldes, hasta que, en su último año, el torneo no oficial incluía a veintiséis equipos importantes. Al final, solo la intervención personal del presidente de la República, Marcelo Torcuato de Alvear, pudo reunificar las dos facciones. Se decretó que, para marcar el nuevo espíritu de unidad, los ganadores de los dos torneos, Boca e Independiente, jugarían un desempate para determinar el campeón de 1926. Después de una suspensión por invasión de terreno y un empate a cero, se decidió que probablemente era mejor proseguir en 1927.

El primer campeonato reunificado jugado bajo el auspicio de la Asociación Amateur Argentina de Fútbol (AAAF) contó con treinta y cuatro equipos. Se jugaba una vez contra cada uno. En el primer ejemplo de los muchos intentos de mantener a ciertos equipos favorecidos en la primera división se determinó que los equipos podían descender solo si terminaban entre los cuatro del fondo de la tabla dos veces. Era algo difícil de manejar y tal vez ilógico, pero esto fue el comienzo de la edad de oro: prevaleció el fútbol ofensivo y los virtuosos fueron idolatrados.

El fútbol británico había sido transformado por el cambio de 1925 de la regla del *offside*, que significaba que un delantero solo necesitaba dos defensas (o el defensa más el portero) para quedar habilitado, en vez de tres, como venía sucediendo. Un buen número de equipos experimentó retrasando al mediocentro para convertirlo en defensa central, llevando a finales de la década al desarrollo de la WM de Herbert Chapman en el Arsenal. En Sudamérica, sin embargo, el cambio en la ley tuvo poco impacto y la mayoría de los equipos continuaron con el 2-3-5 que había prevalecido desde el comienzo del torneo, aunque con los mediapuntas ligeramente retrasados para crear una forma de W chata.

Hubo, sin embargo, una variación intrigante, tal vez expuesta en su mejor forma en Independiente con los cinco delanteros Zoilo Canavery, Alberto Lalín, Luis Ravaschino, Manuel Seoane y Raimundo Orsi, donde los extremos eran los jugadores más adelantados, los mediapuntas estaban un poco más atrás que ellos y el delantero centro era un «director de orquesta» que creaba juego en la parte posterior de una línea atacante en forma de V. Su rol parecía simbolizar la diferencia entre las concepciones del nuevo y del viejo mundo sobre el juego: la dirección británica, buscando llegar directo al gol; la argentina favoreciendo algo más sutil, prefiriendo generar patrones en el centro del campo, en vez de simplemente llegar con la pelota al área. Es ese equipo de Independiente el que figura en la novela *Sobre héroes y tumbas*, de Ernesto Sábato, cuando el personaje Julien d'Arcangelo le cuenta al héroe, Martín, un incidente que involucra a Lalín y Seoane, a quien llamaban tanto «la Chancha» como «el Negro». «Te voy a contar una anécdota ilustrativa —dice D'Arcangelo a Martín—. Una tarde, al intervalo, la Chancha Seoane le decía a Lalín: "Cruzámela, viejo, que entro y hago gol". Empieza el segundo jastáin [*half time* o mediotiempo en argot popular], Lalín se la cruza, en efecto, y el negro la agarra, entra y hace gol, tal como se lo había dicho. Volvió Seoane con el brazo abierto, corriendo hacia Lalín, gritándole: "Viste, Lalín, viste", y Lalín contestó sí, pero yo no me divierto. Ahí tené, si se quiere, todo el problema del *fóbal* criollo.»

A ojos modernos, Seoane parecería un poco gordo para ser atleta. Los cordoncillos del escote de la camiseta comprimían su torso amplio y una sonrisa sugestiva lucía en su cara ancha. Mirándolo, es difícil imaginar cómo en un juego asociado podría ser él el pragmático. Al igual que muchos de los héroes pioneros del fútbol argentino, fue apreciado no solo por sus habilidades, sino porque parecía muy representativo del club y de sus hinchas. El padre de Seoane tenía una fundición y había emigrado de Galicia, viviendo primero en Rosario y luego en Avellaneda. Hay confusión en cuanto a cuándo y dónde nació Seoane: aunque el registro oficial menciona el distrito de Piñeyro, en Avellaneda, en marzo de 1902, el propio Seoane dijo en una entrevista en la revista *Imparcial* que había nacido en Rosario cuatro meses antes. Fue aprendiz en la cristalería Papini y luego trabajó en la fábrica textil Campomar, jugando en el equipo de la empresa. En 1918, Seoane se unió al Club Progresista en el distrito de La Mosca, donde fue creciendo la fama de sus buenas gambetas, sus cabezazos y un sentido de la anticipación que compensaban su escasez atlética natural.

Independiente lo fichó en diciembre de 1920. En su primer partido, jugando en el equipo intermedio contra CA Students, anotó tres goles que cimentaron inmediatamente su lugar en el afecto de los hinchas. Siempre tuvo tendencia a subir de peso, pero lo usaba a su favor: Seoane raramente podía superar a alguien, pero podía usar su corpulencia para contener a los oponentes, mostrando una notable capacidad para pasar por espacios estrechos. Más que nada, metía goles: una notable marca de cincuenta y cinco tantos en cuarenta partidos cuando Independiente ganó el torneo en 1922 (veintitrés más de lo que nadie había anotado la temporada anterior; ocho más que nadie hasta ese momento). Arsenio Erico, que siguió a Seoane a Independiente en la década siguiente, es el otro único jugador que ha anotado más de cuarenta goles en una temporada.

Un año más tarde, cuando el título se le escapó a Independiente (terminaron a tres puntos del campeón, San Lorenzo), Seoane fue uno de los cuatro jugadores de Independiente que atacaron al árbitro durante un partido que jugaron de locales ante River Plate. Forzaron su retiro.

Fue suspendido. Durante ese tiempo, jugó para El Porvenir en la liga de la AAF, y después para Boca Juniors en su gira europea de 1925, antes de reincorporarse a Independiente en 1926. Hizo veintinueve goles en esa temporada, e Independiente ganó el torneo de nuevo: solo perdieron cuatro puntos.

En el momento en que el amateurismo llegó a su fin, Seoane había marcado un récord de doscientos siete goles, pero su peso comenzaba a ir en su contra y su estado físico no lo ayudó cuando, jugando en un día caluroso en Concepción, durante una gira por Chile en 1931, tomó un trago de una botella de aguarrás creyendo que era jugo de naranja. Durante dos días pareció que no sobreviviría, pero, aunque lo superó, una lesión grave sufrida jugando contra Quilmes en 1932 lo complicó todo aún más. Se retiró en 1933 y sigue siendo el quinto mayor goleador en la historia del torneo argentino. Terminada su carrera, regresó a la fábrica de Campomar, donde trabajó como clasificador de lanas.

En la edad de oro, siempre había un relieve del estilo, al menos tanto como de la sustancia. El resultado es que la discusión de ese periodo (y en cierta medida también del fútbol argentino en su conjunto) tiende a centrarse menos en las copas ganadas que en cómo jugaba un equipo. Los partidos que definían títulos con claridad importaban en esa época, como lo sugiere la regularidad de los problemas con los hinchas en esos partidos, pero los detalles se han desvanecido rápidamente. Lo que queda es una impresión general. El legado de la edad de oro y del periodo que la precedió inmediatamente se distingue menos por las estadísticas de los títulos ganados y perdidos (o de los goles a favor y en contra) que por el folclore impresionista en el que los clubes determinaron sus identidades.

Boca, fundado por cinco inmigrantes italianos que habían aprendido a jugar con Paddy McCarthy, un boxeador irlandés que emigró a Argentina en 1900, quedó en el corazón de la ciudad y seguía siendo el equipo de la comunidad italiana y de los trabajadores, el equipo de las masas, la mitad más uno[24] de la que el club todavía se jacta. En el presente, es fácil dejarse seducir por el romance de La Boca y pensar que las casas pintadas de colores vivos, los tangueros y los bares italianos en la peatonalizada Caminito son representativos; pero más allá de esas pocas manzanas, que en realidad celebran un pasado idealizado para

24. Es decir, más que la mitad, una mayoría.

los turistas, La Boca es un barrio muy deteriorado y la delincuencia es un problema importante.

Las famosas camisetas azules con la franja amarilla horizontal fueron adoptadas en 1913 después de siete años de jugar con una banda diagonal amarilla. Cuando Boca se fundó, sin embargo, parecen haber usado camisetas blancas con una raya negra y delgada; luego cambiaron al azul pálido y más tarde a camisetas de rayas otra vez. El mito dice que, en 1906, jugaron un partido contra el Nottingham de Almagro y descubrieron que usaban colores casi idénticos. Se decidió que el ganador del partido podría mantener su camiseta y que el perdedor debería cambiarla. Derrotado, Boca decidió adoptar los colores de la bandera del primer barco que vieran entrar en el puerto: fue el carguero *Drottning Sophia*, un barco sueco con la cruz amarilla sobre fondo azul.

River fue hacia Núñez en busca de sus aspiraciones, lejos de los *docks*, en el límite de los barrios de clase media de Palermo y Belgrano, y fueron vistos primero como arribistas y luego como aristócratas arrogantes, porque daban mayor importancia al estilo que al sudor y las mañas de Boca. Independiente permaneció arraigado en la mugre y la industrialidad de Avellaneda hacia el sur, tal vez sin el glamur de Racing, que venía de un pasado similar, pero que tuvo su década de dominio, lo que les permitió presentarse como los padres del juego argentino.

La identidad de San Lorenzo era más compleja. Un grupo de chicos solía jugar al fútbol en la esquina de México y Treinta y Tres Orientales: una manzana al norte de la avenida Independencia. Un cura llamado Lorenzo Massa vio que un tranvía casi atropellaba a un niño cuando jugaba y temió por la seguridad a medida que aumentaba el tránsito. Así les ofreció usar el patio de la iglesia para jugar con la condición de que todos fueran a misa los domingos. En 1908 hubo una reunión en Almagro para fundar el club. Era una zona de transición al oeste del centro de la ciudad, en la que se mezclaban clase media con clase trabajadora y salones de tango junto a talleres.

Se decidió llamarlo San Lorenzo en honor del cura (aunque él trató de rechazarlo), de san Lorenzo y de la batalla de San Lorenzo, una batalla clave en la Guerra de la Independencia.

7

La supremacía rioplatense

*E*l crecimiento en las cifras, tanto de jugadores como de espectadores, continuó en los años posteriores a la Primera Guerra Mundial. Además del torneo oficial (o los torneos, en los años del cisma), había innumerables organizaciones menores dirigidas a miembros de profesiones específicas u orientaciones políticas. La asistencia excedía regularmente los diez mil espectadores, lo que significaba aún más dinero que ingresaba al juego (que al mismo tiempo elevaba los estándares). «Los hombres que componen nuestros principales equipos locales —anunció el *Herald* en mayo de 1926— son tan profesionales como los más duros de las grandes ligas de Inglaterra. Los futbolistas argentinos juegan en invierno y en verano, y entrenan todos los días [...] nominalmente todos están comprometidos en trabajar para caballeros interesados financieramente en los equipos grandes.»

Muchos de esos caballeros también tenían peso político. Desde los primeros partidos de equipos extranjeros visitantes, los políticos se habían relacionado con el juego, pero a partir de la década de 1920 empezaron a involucrarse con el manejo del día a día de los clubes. Aldo Cantoni, por ejemplo, era senador por la provincia de San Juan y presidente tanto de la AAF como de Huracán, mientras que Pedro Bidegain era presidente de San Lorenzo y una figura destacada de la UCR. Que Alvear, presidente de la República, sintiera que era necesario intervenir para acabar con el cisma, dice mucho sobre el peso político que había adquirido el fútbol. Uno de los dos órganos rectores podría haber incluido la palabra «amateur» en su nombre, pero en el momento de la reunificación habría sido una farsa obvia. En 1926, *El Gráfico* publicó un artículo en el que, sin dar nombres, dejó claro que un buen número de jugadores estaban recibiendo pagos. Es posible que en algunos casos no se haya pasado dinero en mano, pero los jugadores recibían indumentaria deportiva y trajes de calle, y fueron asociados gratuitamente a sus clubes. Sin contratos formales, los futbolistas tenían todo el poder y podían cambiar de club a su antojo. El *Buenos Aires Herald*, con su estilo altanero, describió la noción de que el fútbol argentino era *amateur* como «un chiste criollo».

Los clubes europeos, que eran abiertamente profesionales y cada vez más dispuestos a demostrar su poderío financiero, habían sido alertados sobre el potencial del fútbol rioplatense a partir de la actuación de Uruguay en los Juegos Olímpicos de 1924; pronto empezaron a tener interés en jugadores argentinos. En 1925, el delantero de Newell's Old Boys, Julio Libonatti, de veinticuatro años, con el pelo peinado hacia atrás y una nariz grande y torcida, fue descubierto por Enrico Maroni, un industrial italiano que era dueño de la compañía de bebidas Cinzano y del club de fútbol Torino, y lo convenció para convertirse en el primero de los *oriundi*, los sudamericanos de origen italiano que regresaban al viejo país. Libonatti había sido internacional por Argentina; anotó ocho veces en quince apariciones y formó parte del equipo que ganó la Copa América de 1921, pero en Italia tuvo un éxito aún mayor. Era alegre y carismático, conocido por sus camisas de seda y su vestimenta generalmente extravagante (era tan imprudente con sus gastos que, cuando decidió regresar a Argentina en 1938, su club de entonces, el Libertas Rimini, tuvo que pagarle el billete de barco). Pronto se convirtió en un ídolo en Turín, ganándose el apodo de *Matador*. Libonatti anotó veintiún goles en 1926-27, cuando el Torino ganó el título, aunque se lo quitaron en medio de acusaciones de que Luigi Allemandi, lateral izquierdo de la Juventus, había sido sobornado para perder el clásico de Turín. En la temporada siguiente, cuando Torino ganó el *scudetto* de verdad, fue el máximo goleador.

Quizá más significativo sea que Libonatti fue convocado

por la selección nacional de Italia en octubre de 1926, después de haber recibido la doble nacionalidad para superar la Carta di Viareggio, una ley aprobada en 1926 que efectivamente prohibió jugadores extranjeros.

Después de Libonatti, las puertas quedaron abiertas. Italia ofrecía salarios altos, una cultura que no era especialmente extraña para los argentinos, y la posibilidad de gloria internacional. Raimundo Orsi, después de impresionar en los Juegos Olímpicos de 1928, fue tentado para jugar en la Juventus con un salario de ocho mil liras por semana, más un pago de diez mil liras y un Fiat 509. El delantero había ganado tres títulos de la Asociación Amateur con Independiente y ganó cinco *scudetti* con la Juventus. También fue uno de los tres jugadores nacidos en Argentina, junto con el exdelantero de Estudiantes Enrique Guaita y al gran capitán y líder de Argentina, Luis Monti, que jugaron en el equipo de Italia que ganó la Copa del Mundo de 1934. El técnico Vittorio Pozzo fue criticado por seleccionar extranjeros (o, como el gobierno fascista designaba a aquellos de ascendencia italiana que regresaban al país, *rimpatriati*), pero este argumentó que, si estaban sujetos a reclutamiento, era absurdo que no pudieran ser elegidos para la selección nacional. «Si pueden morir por Italia —dijo—, pueden jugar para Italia.» De hecho, Guaita intentó pasarse a Francia en 1936 con sus compañeros *oriundi* Alejandro Scopelli y Ángelo Sormani, por temor a que pudieran ser convocados para la campaña abisinia de Mussolini.

El éxodo de varios jugadores a través del Río de la Plata había hecho poco para debilitar el dominio uruguayo en el campeonato sudamericano. Cuatro meses después del éxito olímpico, como local, Uruguay ganó su quinta Copa América. El campeonato se lo aseguró tras un empate sin goles ante Argentina.

Sin embargo, Argentina terminó el torneo con un auténtico héroe, el portero de Boca Juniors Américo Tesoriere, quien mantuvo la portería invicta durante el torneo y fue llevado en volandas por los hinchas uruguayos después de la final. El incidente fue representado en la película de 1949 *Con los mismos colores*, que contó con el guion de Borocotó y que fue dirigida por Carlos Torres Ríos. Como señala Pablo Alabarces en *Fútbol y Patria*,[25] la personificación de Tesoriere en la película creó un héroe nacional, incluso en la forma en que se rodó la escena clave: «Un perfil de tres cuartos a distancia media, el héroe [...] mirando hacia el futuro, a la derecha». Más de dos décadas después, con Perón en el apogeo de su poder, Borocotó miraba hacia los años veinte en su creación del mito nacional.

Argentina ganó la Copa América de 1925 en Buenos Aires, pero solo después de que Uruguay y Chile se retiraran, para dejar solo tres participantes. En Santiago, en 1926, se volvió al esquema tradicional: Uruguay quedó campeón; Argentina, segunda; en 1927, en Lima, Argentina por fin logró superar a la Celeste, 3-2, con un gol en el minuto ochenta y cinco: alzó su tercer título. Lo que realmente querían, sin embargo, era alcanzar a Uruguay ganando la medalla de oro en los Juegos Olímpicos.

Tan desesperada estaba Argentina para ir a Ámsterdam en 1928 con un equipo lo más fuerte posible, que la federación estaba dispuesta a pasar por alto un ocasional pago ilegal. En las naciones británicas, donde el profesionalismo había sido reconocido abiertamente durante casi cuarenta años, se inclinaban por que los Juegos Olímpicos permanecieran *amateurs*. La FIFA se encontró en una incómoda posición de árbitro, tratando de apaciguar a Gran Bretaña y al Comité Olímpico Internacional sin enemistarse con los países sudamericanos y europeos, que consideraban que los pagos eran esenciales para estimular a los jugadores a comprometerse con los torneos que requerían que se mantuviesen alejados de sus trabajos por varias semanas. En consecuencia, propuso regular las «compensaciones por licencia deportiva» (*broken-time payments*), con los que las federaciones nacionales podían pagar a los juga-

25. Se publicó en español como *Fútbol y patria*, pero todas las citas en este texto se toman de su tesis doctoral «*Football and Patria: Sport, National Narratives and Identities in Argentina 1920-1998*», publicada por la Universidad de Brighton en 2001.

dores los montos que habrían ganado en sus empleos mientras se dedicaban al fútbol internacional. Las naciones británicas, al ver esto como un profesionalismo solapado, abandonaron la FIFA para dejar claro su desacuerdo. Fue en febrero de 1928. Henri Delaunay, presidente de la Federación Francesa de Fútbol, ya había reconocido que la división era irreconciliable. «El fútbol internacional —dijo en el Congreso de la FIFA en 1926— ya no puede mantenerse dentro de los confines de los Juegos Olímpicos; y muchos países donde el profesionalismo es ahora reconocido y organizado ya no pueden estar representados allí por sus mejores jugadores.» Avanzó entonces un plan para una Copa del Mundo organizada por la FIFA; estaría exenta de la exigencia de amateurismo del movimiento olímpico. El 26 de mayo de 1928, un día antes del primer partido en los Juegos Olímpicos de 1928, se anunció que el torneo tendría lugar en 1930.

Solo hubo diecisiete participantes en los Juegos Olímpicos de 1928, cinco menos que en el torneo anterior, pero se percibía que la calidad era mejor. Se esperaba que Italia y España desafiaran a Uruguay y Argentina. Por un tiempo, pareció que Argentina no llegaría a Holanda. La organización fue caótica, los fondos para permanecer en Ámsterdam fueron asegurados poco más de una semana antes del comienzo de los Juegos. Una gira previa al torneo había salido mal: un empate en Lisboa, una estrecha victoria en Madrid y una derrota en Barcelona (en un partido presenciado por Carlos Gardel).[26]

26. Gardel había nacido en Toulouse, en 1890, hijo de una lavandera soltera, Berthe Gardes. Temiendo el estigma de criar a un niño nacido fuera del matrimonio, huyó a Buenos Aires y vivió en Abasto mientras su hijo iba a la escuela en Almagro. Su talento pronto surgió cuando cantaba en bares y fiestas privadas. En 1920, solicitó la ciudadanía uruguaya, alegando en el consulado de Buenos Aires que había nacido en Tacuarembó en 1887. El motivo exacto no está claro, pero la teoría más convincente es que estaba buscando evitar problemas con las autoridades en Francia, a donde estaba a punto de viajar, al no haber cumplido con su obligación legal de registrarse en la milicia francesa durante la Primera Guerra Mundial. Se le otorgó un carné de identidad argentino que lo declaraba ciudadano uruguayo; en 1923 se convirtió en ciudadano argentino. Cuando murió en un accidente de avión en 1935, Gardel era probablemente la mayor celebridad que Argentina hubiera conocido. Dada la naturaleza de nación emergente y la búsqueda de la argentinidad, parece muy apropiado que fuera argentino solo durante el último cuarto de su vida.

A medida que comenzaron a entrenar en medio de la tranquilidad de Bloemendaal, en las afueras de Ámsterdam, Argentina empezó a afianzarse. Un partido inaugural fácil hizo que tomaran confianza temprano. Goleó a Estados Unidos por 11-2 (cuatro goles de Domingo Tarasconi, tres de Roberto Cerro y dos de Nolo Ferreira y de Raimundo Orsi: cuatro nombres que dan una idea de la extraordinaria capacidad de ataque de Argentina).

En Buenos Aires, los hinchas estaban desesperados por cada pizca de información. Durante los partidos se instalaron altavoces fuera de las redacciones de los diarios para transmitir los cables telegráficos de los enviados especiales a Ámsterdam. Durante ese primer partido, el corresponsal de La Prensa envió telegramas de quince palabras por un valor de diez mil francos. Si tenían la cantidad, La Nación afirmó tener la velocidad: una noticia tardaba solo cincuenta y dos segundos en viajar por el Atlántico desde Holanda.

Uruguay comenzó más calmadamente, aunque había más de cuarenta mil personas apiñadas para verlos vencer a los holandeses 2-0. En los cuartos de final, Argentina se enfrentó a Bélgica y se puso en ventaja 3-0 en diez minutos, con dos goles de Tarasconi y otro de Ferreira. Bélgica, quizás aprovechando la complacencia argentina, se recuperó lentamente y empató a los ocho minutos de la segunda mitad con un gol de Jacques Moeschal. Argentina, sin embargo, volvió a alejarse, con Tarasconi anotando dos goles más: 6-3 al final del partido. Uruguay pasó los cuartos de final venciendo a Alemania 4-1 en un partido áspero, en el que Petrone anotó tres tantos. José Nasazzi y dos alemanes fueron expulsados. A Argentina le resultó mucho más fácil el partido de semifinales: Tarasconi anotó tres y Ferreira dos en un 6-0 demoledor ante Egipto. Uruguay, por su parte, participó en un clásico: estuvo en desventaja ante Italia, que había vencido a España, pero terminó ganando 3-2. Y así Ámsterdam tuvo la final que había esperado y que la mayoría de los neutrales querían: un choque entre Uruguay y Argentina a once mil kilómetros de su casa. Hubo más de un cuarto de millón de solicitudes para las cuarenta mil entradas disponibles, mientras que en Buenos Aires la multitud fuera de los locales de *La Prensa* se extendía dos manzanas en todas las direcciones. El *Herald* informó:

> En medio de los episodios transmitidos intermitentemente, la multitud era bulliciosa, pero apenas se oía de nuevo el sonido de los altavoces el público hacía silencio, y habría sido algo cercano al suicidio atreverse a decir palabra hasta que el reporte hubiese terminado... Un silencio sepulcral, roto solamente por el zumbido monótono del parlante o por alguna bocina lejana, dominaba esas cuadras.

Petrone puso a Uruguay en ventaja en la mitad del primer tiempo, pero Ferreira empató cinco minutos después del descanso: el partido terminó 1-1. Se enfrentaron de nuevo tres días después. Una vez más, Uruguay tomó la delantera y nuevamente Argentina empató. La albiceleste parecía ser superior, pero Nasazzi y Pedro Arispe estuvieron excelentes en la defensa uruguaya; además, el portero Andrés Mazali estuvo inspirado. Cuando faltaban diecisiete minutos, Héctor Scarone anotó el gol que le dio a Uruguay su segunda medalla de oro olímpica consecutiva. En Argentina, se extendió un sentimiento resignado de frustración.

Hubo por lo menos algún consuelo en la Copa América que se celebró en Buenos Aires el año siguiente y que no se había organizado en 1928 debido a los Juegos Olímpicos de Ámsterdam.

Una victoria por 2-0 sobre Uruguay les dio el título. Habían ganado sucesivos campeonatos continentales, pero Uruguay había ganado el que realmente importaba y estaba claro que representaría la mayor amenaza para las esperanzas de Argentina de ganar la Copa del Mundo inaugural.

Desde un punto de vista futbolístico, Uruguay fue una elección totalmente lógica para ser anfitrión del torneo, pero también hubo razones económicas sólidas.

Montevideo seguía siendo una ciudad próspera incluso después del crac de Wall Street, mientras que las celebraciones del centenario de la Independencia ofrecían una causa emotiva para llevar el torneo a la ribera norte del Río de la Plata. Y quizá más significativamente, el gobierno uruguayo acordó financiar la construcción de un estadio con capacidad para noventa y tres mil personas y correr con los gastos de cada nación participante. Eso no fue suficiente para tentar a muchos europeos a tomar un barco para cruzar el Atlántico: Hungría, Austria, Italia, Alemania y España se quedaron en casa, al igual que Inglaterra y Escocia, todavía enojados por su derrota en la pelea por el amateurismo. Al final, solo cuatro equipos se molestaron en hacer el viaje desde Europa.

Rumanía fue a cumplir una promesa hecha por el rey Carol en 1928, aunque su equipo estaba compuesto en gran parte por trabajadores empleados por las compañías petroleras británicas en Ploieşti, liberados de sus labores diarias por la intervención personal de la amante del rey, Magda Lupescu. Francia fue presionada a viajar por el presidente de la FIFA, Jules Rimet, pero su entrenador, Gaston Barreau, y su delantero principal, Manuel Anatol, se quedaron en Europa. El vicepresidente belga de la FIFA, Rudolf Seedrayers, persuadió a su equipo nacional para ir, pero estaban debilitados porque su jugador más importante, Raymond Braine, no estaba disponible después de haber abierto un café: algo que violaba la definición belga de amateurismo.[27] Solamente Yugoslavia pareció cruzar el Atlántico con algo cercano al entusiasmo por la nueva competición. Pocos ponían en duda que Argentina y Uruguay eran los dos mejores equipos en el mundo. Su encuentro en la final parecía predefinido casi desde el momento del sorteo.

Las fuertes lluvias retrasaron la construcción del estadio Centenario, que fue levantado en solo seis meses. Por eso Argentina no jugó su primer partido de la Copa del Mundo allí, tal y como se había programado, sino en Parque Central, sede del Nacional. Y además, se enfrentaron a Francia, que ya

---

27. Un problema de este tipo eran los jugadores propietarios de cafés sobre quienes la federación belga había detallado regulaciones que estipulaban que los jugadores podrían administrar cafés solo si sus padres habían poseído uno durante más de cinco años; Braine había abierto un café en diciembre de 1929, poco antes de que se introdujeran las reglas, y, en lugar de venderlo, decidió irse al Sparta de Praga, después de que su transferencia al Clapton Orient fracasara por la falta de un permiso de trabajo.

había jugado su primer partido del torneo dos días antes: habían vencido a México por 4-1.

Dada la falta de descanso, Francia podría haber sido un equipo agotado, pero su tarea se hizo aún más difícil cuando Lucien Laurent, que había anotado el primer gol de la Copa del Mundo, cayó lesionado en el tobillo tras una entrada de Monti: jugó cojeando el resto del partido. El portero de Francia, Alexis Thépot, había sufrido una lesión en el partido inaugural, cosa que había hecho que el extremo derecho Augustin Chantrel tomara su puesto a última hora, y cuando este se lesionó. Francia se quedó con solo nueve jugadores aptos para las últimas tres cuartas partes del partido.

Lucharon duramente contra una Argentina carente de ataque. Nolo Ferreira trató de adaptarse a la petición de que jugara más como un delantero centro ortodoxo, mientras que el mediapunta izquierdo Roberto Cerro, por lo general una figura dominante en el juego aéreo, sufrió la reacción de un medicamento tranquilizante. Resistieron hasta el minuto ochenta y uno. A Argentina se le concedió un tiro libre al borde del área. Francia, en lugar de colocar una barrera, alineó a tres jugadores en el área chica: solo sirvió para obstruir la visión del portero; Monti anotó el gol con un disparo directo. Tres minutos más tarde, el árbitro brasileño Gilberto de Almeida Rêgo, pitó el final del partido, justo cuando Francia había montado un contraataque desesperado en busca del empate. El árbitro fue persuadido a reanudar el partido y jugar los últimos seis minutos, pero el ímpetu de Francia se había perdido y Argentina comenzó la Copa del Mundo con una victoria que había sido ampliamente anticipada, pero que fue abucheada por los muchos uruguayos entre la multitud de 23.409 personas. Tan hostil fue la reacción que Argentina amenazó con retirarse del torneo. Solo aceptaron jugar después de que el presidente de la República diera una garantía personal de seguridad.

Ferreira había regresado a Buenos Aires para hacer un examen de Derecho, lo que dio una oportunidad como centro delantero a Guillermo Stábile, un goleador de Huracán de 1,68 de altura y cuyo bigote delgado y ojos rasgados hacían que tuvieras la impresión de que contemplaba el mundo con un aire de distensión divertida y posiblemente letal. Anotó dos veces en los primeros diecisiete minutos para que Argentina liderara por tres goles y, aunque Óscar Bonfiglio le paró un penalti a Fernando Paternoster, Argentina ganó 6-3 cuando Stábile completó el segundo *hat-trick* de la Copa del Mundo (dos días después del primero: el del estadounidense Bert Patenaude). Stábile consiguió dos más con los que Argentina aseguró su lugar en la semifinal en un reñido triunfo 3-1 sobre Chile. Las fotografías muestran, cuando menos, a treinta policías en el campo en una pelea masiva provocada por un choque entre el mediocampista diestro de Chile, Arturo Castro y Monti. El primero había reaccionado a una falta por parte del último con un fuerte puñetazo en la nariz. Frente a miles de personas que habían cruzado el Río de la Plata, Estados Unidos luchó por contener a Argentina en la semifinal. Ralph Tracey desaprovechó dos oportunidades al comienzo, pero una vez que Monti puso a Argentina por delante después de veinte minutos, el resultado nunca estuvo en duda, sobre todo después de que los estadounidenses sufrieran dos bajas por lesión: Tracey tuvo que retirarse en el descanso con su rodilla dislocada, mientras que el portero Jim Douglas se lesionó una pierna en la segunda mitad. Alejandro Scopelli anotó un segundo gol después de cincuenta y seis minutos; Stábile y Carlos Peucelle añadieron dos cada uno contra unos oponentes agotados, perjudicados aún más cuando el asistente Jack Coll ingresó a la cancha y derramó una botella de cloroformo que dejó temporalmente ciego al mediocampista Andy Auld. Jim Brown logró marcar un gol en el último minuto, pero el 6-1 final fue una victoria convincente.

Cualquier hazaña que Argentina pudiera lograr, Uruguay podía por lo menos igualarla: vencieron a Yugoslavia por 6-1 en semifinales y aseguraron que la primera Copa del Mundo tuviera la final que todos esperaban, el enésimo clásico rioplatense.

Probablemente fue el partido más grande e importante jugado hasta el momento. Su resultado sigue resonando. «Si hay un partido que no me gustaría recordar, es el de Uruguay-Argentina en la final de la Copa del Mundo —dijo el interior derecho argentino Pancho Varallo, pocos meses antes de su muerte en 2010—. Sin embargo, siempre viene a mi mente. Está en mi mente. Haría cualquier cosa para volver allí y jugar de nuevo.» Varallo tuvo una carrera de gran éxito, ganó tres ligas con Boca Juniors, pero, aún a la edad de cien años, se irritaba por su clara convicción de que Argentina había sido el mejor equipo. «La cosa es que estábamos ganando cómodamente, realmente, muy cómodamente. En el descanso, el marcador estaba 2-1 para nosotros, pero podría haber sido más. Les estábamos dando un baile.»

El jefe de Correos contrató un buque de carga para cruzar el estuario con sus amigos, parte del éxodo de alrededor de quince mil argentinos, que se apiñaron en vapores y transatlánticos que se detenían en Montevideo de camino a Europa. El clima adverso significó que muchos quedaran detenidos por la niebla y llegaran a su destino el día después de la final. Muchos miles más hicieron cola en los muelles de Buenos Aires para despedirlos cantando: «¡Argentina sí, Uruguay no!». Las oficinas cerraron por la tarde, aunque muchos trabajadores se quedaron para escuchar el partido por la radio. General Motors detuvo sus líneas de producción y la Cámara de Diputados abandonó su sesión de la tarde. Hubo un desfile de banderines optimistas y unas cincuenta mil personas se reunieron fuera de las redacciones de los diarios para escuchar las noticias del partido por los altavoces. La final fue un evento que atrajo celebridades. El día antes del partido, Carlos Gardel visitó a la escuadra argentina en su campo de entrenamiento. Prefería las carreras de caballos al fútbol y, al menos en público, mantuvo una escrupulosa neutralidad entre su supuesta tierra de nacimiento y el país cuya ciudadanía había aceptado, pero hay pocas dudas de que en privado quería que Argentina ganara. «¿Estás preocupado por el partido? —le preguntó Varallo—. Vení a ver qué apasionados que somos. Y lo llevé a un cuarto donde dos de nosotros estaban durmiendo la siesta…, y dormían con la camiseta argentina puesta. Como cuando decís: "Me gusta tanto esta camiseta que la uso hasta para dormir…". Bueno, en nuestro caso era cierto.»

La asistencia oficial a la final fue de 68.346 personas, aunque en realidad probablemente haya habido más de ochenta mil. Y muchos más llenaron las calles alrededor del estadio Centenario. Se controló que los hinchas que ingresaban no portaran armas. Por su parte, el árbitro, el experimentado belga John Langenus, puso en marcha un plan de escape que le permitiese llegar a su barco rápidamente al finalizar el partido. Posteriormente, dijo haber sentido auténtico miedo. Y Monti recibió una amenaza de muerte. Inicialmente se negó a jugar, lo que causó consternación en el equipo argentino, especialmente teniendo en cuenta que el experimentado mediocampista Adolfo Zumelzú, quien podría haberlo reemplazado, había quedado excluido por una lesión. Después de que todos los intentos de persuadir a Monti hubieran fracasado, se decidió que sería reemplazado por Alberto Chividini, quien había jugado hasta el momento solo tres veces para su país. Sin embargo, Monti declaró la misma mañana del partido que estaba listo para jugar. Pero la moral había quedado dañada: por primera vez, el hombre duro había sido intimidado, algo que Varallo no pudo perdonarle nunca, incluso ochenta años después.

Los uruguayos nos ganaron porque fueron más astutos. Se aprovecharon de ser los anfitriones. Algunos de mis compañeros tenían miedo de las consecuencias. Luis Monti era un gran jugador, pero ese día estaba pálido. Monti parecía tan asustado que cuando un uruguayo caía, él lo levantaba. Había recibido cartas con amenazas, aparentemente, pero a mí no me importaba nada. Había un defensor uruguayo que me gritó: «Soltá la pelota porque voy a matarlo». Y no me importó. Entonces, otro se acercó y me dijo: «No le prestes atención, está loco».

De la manera en que lo describió Varallo, él nunca habría sido tan débil como Monti.

Mi primo, que solía ir a Uruguay para organizar partidos para Estudiantes y Gimnasia, viajó ese día y visitó el hotel uruguayo antes del partido. Cuando algunos lo vieron, le preguntaron qué estaba haciendo allí. «Vine a ver a mi primo, Varallo», respondió. «Ah, él es al primero que tenemos que sacar», dijeron. ¡El problema es que mi primo me dijo esto recién cuando estábamos de vuelta en Argentina! No mencionó nada en ese momento. Pero yo tenía carácter: no me importaba la intimidación.

Ni tampoco el dolor.

Como yo estaba lesionado, nunca pensé que jugaría en ese partido final. Pero esa mañana probé algunos remates en un gallinero cerca de nuestro hotel en Santa Lucía y mi rodilla respondió bastante bien. Los miembros más experimentados del equipo decidieron entonces que yo debía estar en la alineación titular. En aquellos días, los jugadores más grandes tomaban las decisiones. Teníamos un técnico, claro, pero no era importante: ni siquiera puedo recordar su nombre.[28] Yo estaba ansioso por jugar; no te imaginas cuánto quería ganarles a los uruguayos. El clásico real de América del Sur era Argentina-Uruguay. Teníamos los mejores jugadores y enfrentarse a Brasil no era realmente un problema en aquel momento.

La leyenda cuenta que el entrenador Francisco Olazar explicó su táctica en el cemento fresco de la pared del vestuario y que esas líneas que marcó todavía pueden verse hoy. Casi seguro que es falso, no tanto porque parece inverosímil que Olazar hubiera dado cualquier tipo de instrucción táctica, sino porque la voluntad generalizada de creer en el relato dice mucho acerca del estatus legendario que el juego había tomado a ambos lados del estuario: de la misma manera que se dice que los surcos en las formaciones rocosas o las hendiduras en el suelo fueron hechas por colas de dragones o que son las huellas de gigantes, hay un deseo de ver que el juego deja una marca en el ambiente.

Varallo no tenía ninguna duda de la magnitud del partido o de lo que sus compatriotas esperaban del equipo.

Estábamos en el vestuario antes del partido y un asistente me

---

28. Había dos: Francisco Olazar, un defensor en el gran equipo de Racing de la segunda década del siglo, y Juan José Tramutola, que, como director técnico oficial, sigue siendo el entrenador más joven de la Copa del Mundo, con veintisiete años y doscientos sesenta y siete días cuando Argentina jugó su primer partido contra Francia.

entregó una pila de telegramas, todos deseándome suerte para el partido. Enviados por familiares, médicos, amigos y muchas personas que no conocía en La Plata, mi ciudad natal. Leer esas líneas fue una experiencia tan conmovedora que para la mayoría de nosotros fue difícil contener las lágrimas y mantener el enfoque.

La emoción pronto llegaría a un punto aún más alto cuando el árbitro Langenus, usando su gorra habitual y sus pantalones de golf, guio a los equipos a la cancha.

Fue un momento especial, viendo a la inmensa multitud atestando las tribunas. La mayoría eran uruguayos insultándonos, pero también había algunos de nuestros compatriotas, aunque muchos barcos no habían podido cruzar el Río de la Plata por la niebla. Mi padre estaba en las gradas y tuvo que salir del estadio disfrazado con una bandera uruguaya porque algunos uruguayos habían descubierto que había una presencia argentina alrededor y estaban tratando de encontrar argentinos para golpearlos. Nunca olvidaré toda la experiencia. Desde el mejor momento hasta el peor, todo ocurrió ese día.

Hay que decir que el registro fílmico que sobrevive (con un extraño color pálido en el que parece que el campo de juego estaba cubierto de arena o serrín) no sugiere un público particularmente hostil, sino muchos hombres con traje que agitan sus sombreros en el aire; pero dada la preocupación de Langenus, los temores presumiblemente no fueron infundados.

El primer momento de disputa había llegado un par de horas antes cuando ambos equipos exigieron usar una pelota hecha en su propio país.

Langenus, mostrando su acostumbrada autoridad y buen juicio, decretó que se usaría una pelota argentina en la primera mitad y una uruguaya en la segunda.

No obstante, fue Uruguay quien tomó la delantera. Cuando Paternoster bloqueó el disparo de Scarone a los doce minutos, la pelota llegó a Héctor Castro. La llevó a la derecha y Pablo Dorado picó para mandar el balón debajo del cuerpo del portero Juan Botasso, que había reemplazado a Bossio después de la fase de grupos. El gol, extrañamente, pareció afianzar a Argentina, aunque no a Monti, quien, según el reportaje de *El Gráfico*, «estaba parado en el *field* sin alma para la lucha, sin ser el gran animador que en circunstancias normales hubiese sido». El aplomo retornó al juego de Argentina y empataron ocho minutos después, cuando Juan Evaristo, con una boina de color claro, intercambió pases con Monti y le pasó la pelota a Nolo Ferreira, que había regresado de sus exámenes de Derecho antes de la semifinal para ocupar un puesto como interior izquierdo. Liberó al extremo derecho Peucelle, quien se le escapó a Álvaro Gestido y disparó un tiro alto junto al segundo palo. Ocho minutos antes del descanso, Argentina tomó la delantera cuando José Nasazzi, quien fuera de este episodio hizo un torneo excepcional como líbero, juzgó mal el pase largo de Monti y permitió que Stábile marcara su octavo gol del torneo.

Al final del primer tiempo Argentina parecía controlar el juego, pero el segundo tiempo trajo un arranque de Uruguay, una manifestación de la garra que siempre habían manifestado tener como componente clave del carácter nacional, ayudados por el hecho de que Varallo, Botasso y Evaristo habían sufrido golpes. Argentina tuvo la oportunidad de ponerse dos goles por delante: Stábile perdió una buena oportunidad; luego llegó el momento en que Varallo vio la historia volverse en su contra:

> Recuerdo que recibí la pelota en un contraataque, disparé y vi cómo pasó al portero, derecho hacia el ángulo superior… y golpeó el travesaño… El estadio estaba en silencio. Golpeó el ángulo y salió. Lo peor es que el remate fue tan violento que me lesioné la rodilla. Seguí jugando rengo. Ese gol habría cambiado todo.
>
> De casi haber estado 3-1, de repente estábamos 2-2, y yo no podía jugar más. Me fui hacia un borde y seguí jugando como *winger*, pero, en realidad, debería haber salido de la cancha. El problema es que no había cambios. Así que jugué con el dolor. Después de eso, todo se convirtió en una experiencia infernal.

El empate llegó a los doce minutos de la segunda mitad. El mediocampista Lorenzo Fernández, jugando más adelantado después del descanso, lanzó un tiro libre a Castro que encontró a Scarone de espaldas a la portería a cinco metros de distancia. Enganchó la pelota por encima de su hombro y pasó a los dos defensas, José Della Torre y Paternoster, para que Cea la empujara a la red.

En el lateral, Varallo fue anulado por Ernesto Mascheroni, que lo superó después de sesenta y ocho minutos; avanzó y deslizó un pase al zurdo Santos Iriarte. Su disparo bajo pareció tomar por sorpresa a Botasso y la pelota ya estaba detrás de él mucho antes de que se tirara.

Según Varallo, «en el segundo tiempo, perdimos porque nos faltaron huevos, nos faltó coraje. Algunos de nuestros jugadores sintieron la intimidación y se volvieron gallinas». Sin embargo, el coraje puede conducir a errores de juicio. Muchos han dado a entender que Varallo nunca debería haber jugado, dado el riesgo de que su rodilla se resintiera de nuevo. Aun así tuvo otra oportunidad hacia el final, que fue despejada por José Andrade. En el último minuto, el manco Castro[29] aseguró la victoria de Uruguay, superando a Della Torre tras un centro de Pablo Dorado y dirigiendo la pelota a la red con un cabezazo sobre Botasso.

El gran periodista e historiador italiano Gianni Brer escribió: «Argentina juega al fútbol con mucha imaginación y elegancia, pero la superioridad técnica no puede compensar el abandono de las tácticas. Entre los dos equipos rioplatenses, las hormigas son los uruguayos, las cigarras son los argentinos».

Jules Rimet entregó el trofeo a Raúl Jude, presidente de la Federación Uruguaya de Fútbol y, como se había declarado fiesta nacional, Langenus llegó a salvo a su barco. En su informe para *El Gráfico*, Alfredo Rossi se mostró insensible.

El árbitro belga Langenus dejó ir impunes a los uruguayos por sus jugadas violentas, mientras que los argentinos estaban haciendo lo que se había acordado previamente: no cometer faltas violentas y jugar limpiamente. También me quejo del comportamiento fuera de campo de los uruguayos, amenazando a jugadores con llamadas y cartas anónimas durante y después del partido contra Francia, de los

---

29. A los trece años perdió la mano derecha en un accidente con una sierra eléctrica.

artículos de la prensa que desmoralizaron a Monti y del error de los delegados que decidieron obligarlo a jugar, y que eligieron a un Varallo lesionado sobre un Scopelli en buen estado.

En Argentina, el clima se puso feo rápidamente. La embajada uruguaya sufrió varios ataques y la marcha esperanzada que había precedido al partido fue replicada con otra marcha donde se llevaron solo banderas argentinas, a media asta, como de luto. Se publicó que dos personas recibieron disparos por negarse a rendir tributo al paso de la marcha, mientras que una mujer que tontamente agitó una bandera uruguaya desde un balcón frente a la plaza de Mayo fue apedreada. Petulantemente, la Federación Argentina de Football Amateur (que continuó controlando el equipo nacional por un tiempo hasta la llegada del profesionalismo en 1931) rompió relaciones con Uruguay.

Un editorial de *La Nación* condenó la mala educación de aquellos que tomaron tan mal la derrota, mientras que *La Prensa* redireccionó su enfado respecto a los uruguayos hacia aquellos que habían defraudado a la nación:

> Los equipos argentinos enviados al exterior para representar el prestigio de la nación en cualquier tipo de deporte no deberían estar compuestos por hombres que tengan algún problema... No necesitamos hombres que caigan al primer golpe, que estén en peligro de desmayarse en el primer ataque, aun si son habilidosos con sus pies... Estos «jugadores-señorita» deberían ser eliminados.

El Gráfico fue aún más lejos con su editorial: cuestionó la idea de los torneos internacionales:

> La Copa del Mundo ha terminado. Triunfantemente para Uruguay y felizmente para todos porque, hay que decirlo, el desarrollo de esta competición trajo no solo un ambiente desagradable, sino uno ingrato. El epílogo no podría haber sido más desgarrador [...] El fútbol ha sido de nuevo (como tantas veces antes) un vehículo de grandes demostraciones de falta de cultura, comportamiento violento, pasión e insultos. La Copa del Mundo abandona el exagerado significado de su título y un recuerdo triste y devastador en nuestros corazones.

Con una sorprendente falta de autocrítica, dada la frecuencia con que sus propios escritores usaban el fútbol para crear una noción de argentinidad, el editorial condenó a aquellos que veían el fútbol como una manifestación de orgullo nacional, en lugar de cómo un simple juego. Así añadieron:

> La mala educación deportiva de los directores de fútbol ha creado esta actitud en los aficionados. Parecía como si en estos veintidós hombres tratando de patear la pelota en el arco rival residiera el futuro de la nación, el progreso o la felicidad de un barrio.

Ocho de los jugadores que disputaron la final nunca más representaron a Argentina; los cuatro partidos de Stábile en la Copa del Mundo, en los que anotó ocho goles, fueron sus únicas apariciones para su país. Solo parte de eso, sin embargo, se debió a la frustración por el resultado. Hubo otras presiones. El fútbol estaba cambiando radicalmente. Monti, que, por muy mal que hubiera jugado en la final, seguía siendo uno de los jugadores más emblemáticos de Argentina, dejó San Lorenzo para trasladarse a Italia y jugar en la Juventus. Los jugadores estaban advirtiendo su valor y reparando en las recompensas ofrecidas a los futbolistas en el resto del mundo. Eso generó presión para aumentar los ingresos locales y evitar una fuga de talentos, mientras que una estructura doméstica cada vez más extensa daba un nuevo impulso a la reforma. El fútbol argentino nunca volvería a ser el mismo.

PARTE 2

La edad de oro
1930-1958

8

Días de gloria

No hay equipo en la historia argentina tan reverenciado como la Máquina, el conjunto de River Plate de la década de 1940. Nombrar a sus cinco delanteros (Juan Carlos Muñoz, José Manuel Moreno, Adolfo Pedernera, Ángel Labruna y Félix Loustau) es evocar un pasado mítico en el que se valoraban la belleza y el estilo, cuando los aficionados argentinos no dudaban de que su fútbol era el mejor del mundo. Incluso en aquel momento parecía imposible considerarlos de otra forma que con un asombro romántico. «Uno juega contra la Máquina con toda la intención de ganarle —dijo Ernesto Lazzatti, mediocampista de Boca Juniors—, pero como gustador del fútbol a veces preferiría quedarme en la tribuna viéndola jugar».

Su estatus legendario los precedió y los definió; el mito a veces fue más potente que la realidad, algo insinuado por el hecho de que esa delantera legendaria jugó de forma conjunta como quinteto en solamente diecinueve ocasiones. Había una percepción de la Máquina no solo como el pináculo del fútbol argentino hasta ese momento, sino como una encarnación de la cultura argentina en su conjunto. En la Máquina, el tango y el fútbol se unieron: se convirtieron en un destilado del ideal criollo. «El tango —sostuvo Muñoz— es el mejor entrenamiento: llevás el ritmo, manejás todos los perfiles, hacés trabajo de cintura y de piernas.» Y así como los jugadores practicaban el tango, los músicos rendían homenaje a la Máquina, como, por ejemplo, en el tango de Justo Pablo Bonora *La Maquinita*.[30]

El individualismo dominante en la década de 1920 puede haberse moderado al reconocer la necesidad del trabajo en equipo; además, hubo un elemento pasajero, basado en la posesión, en el juego de la Máquina.

Pero esto era todavía, al menos en lo que respecta al resto del mundo, un estilo de fútbol pasado de moda, basado en la habilidad y en la técnica, en el que lo físico y las tácticas defensivas organizadas no tenían cabida. Los jugadores tenían tiempo con la pelota y licencia para divertirse dentro y fuera del campo. «Los domingos al mediodía —escribió Galeano— [Moreno] se devoraba un plato enorme de guiso de pollo y se vaciaban varias botellas de vino tinto. Las autoridades de River le ordenaron que abandonara sus costumbres agitadas [...] Hizo todo lo posible. Durante una semana durmió de noche y no bebió nada más que leche. Así jugó el peor juego de su vida. Cuando volvió al carrete, el equipo lo suspendió. Sus compañeros de equipo se declararon en huelga en solidaridad con ese bohemio incorregible.» La historia parece basarse en un incidente ocurrido en octubre de 1939, cuando Moreno fue suspendido después de que River perdiera un partido vital 3-2 con Independiente. Como tantas veces, sin embargo, Galeano no ha reproducido tanto los hechos sino una ficción inspirada en la realidad. Embellecido como pueda estar el relato, esta era la esencia del fútbol argentino de la época: pícaro, encantador, brillante y complaciente al final. Entre 1930 y 1958, ningún jugador profesional argentino participó en la Copa del Mundo, al menos no para Argentina. Nadie podía considerar que el equipo que Argentina envió a la Copa del Mundo de 1934 fuera un equipo de primera. No solamente todos los jugadores eran *amateurs*, sino que solo dos, el lateral izquierdo Arcadio López y el delantero centro y capitán Alfredo Devincenzi, habían sido convocados antes. Se pusieron

---

30. El equipo conocido como la Máquina fue a menudo llamado por su diminutivo «la Maquinita». Posteriormente, «la Maquinita» se usó para referirse al River Plate de una década más tarde, que jugaba un estilo similar al de la Máquina, aunque sin alcanzar nunca su mismo nivel.

con ventaja dos veces en el partido de primera ronda contra Suecia, pero perdieron 3-2. Argentina quedó fuera después de un solo partido y no volvería a las finales hasta veinticuatro años después. Sin embargo, dejaron una imagen de su fútbol.

Alberto Galateo, que anotó el segundo gol, con su cara larga y lúgubre, con sus ojos tristes, puede no haber sido un jugador clásico, pero su comportamiento y su dominio de la gambeta eran típicos de la escuela más pensante de la creatividad argentina, y atravesado por un sentido característico de la tragedia. Como adolescente, jugó para San Lorenzo de Santa Fe, que funcionó efectivamente como un semillero para uno de los dos principales clubes de la ciudad: Colón. Sin embargo, con la llegada del profesionalismo, a él y a su amigo Antonio Rivarola les ofrecieron contratos del gran rival de Colón: Unión. Eso había sido suficientemente polémico, pero la situación se volvió aún más delicada por el hecho de que las novias de Galateo y de Rivarola eran las hijas de un tal señor Desimone, fundador de San Lorenzo de Santa Fe e hincha fanático de Colón. Tan pronto como se enteró de lo que él consideró una traición, Desimone los echó de su casa. Rivarola devolvió el dinero que había recibido de Unión, se quedó en Colón y se comprometió; Galateo no. Él se convirtió en una estrella local y, después de jugar el Mundial, pasó a Nacional de Rosario, antes de conseguir finalmente su oportunidad en la liga de Buenos Aires con Huracán. Sin embargo, no era feliz y comenzó a beber más y más. Pasó a Chacarita Juniors en 1937, donde jugó al costado de Ernesto Duchini, quien después lo describiera como el mejor gambeteador que hubiera visto. Su alcoholismo empeoró y, después de haberse retirado, los vecinos decían oírlo discutir con su familia regularmente. El 26 de febrero de 1961 amenazó a su esposa y a su hija con un cuchillo. Su hijo David se apresuró a defenderlas sacando un revólver del 38. Disparó tres veces y Galateo cayó muerto.

Durante su ausencia de los campeonatos del mundo, Argentina continuó compitiendo en la Copa América, que dominaba. Esencialmente, el fútbol argentino creció aislado, sin depredadores naturales, lo que llevó al desarrollo de un estilo de juego idiosincrásico pero vulnerable, basado en la técnica individual y el ataque, y seguido con una devoción que ningún otro país había igualado hasta el momento. Era la edad de oro, cuando las multitudes eran enormes, *El Gráfico* estaba en su apogeo y todo el país seguía ávidamente a la selección como si fuese una telenovela deportiva. Recordando en 1954 una visita a Buenos Aires en los años treinta, Jules Rimet habló de «los tranvías y los ómnibus, de todos los tamaños, llenos de pasajeros colgando de los escalones, del parachoques trasero o de cualquier lugar sobre el que pudieran apoyarse dos pies, mientras que algunos jóvenes trepaban al techo de los tranvías. Al volver de los partidos (no al ir) a veces desconectaban los cables de alimentación del tranvía, lo cual generaba caos en el tráfico y creaba un ruido ensordecedor».

El *boom* se produjo por la convergencia de varios factores. Desde un punto de vista económico, el colapso de Wall Street de 1929 y la Gran Depresión (junto con el creciente nacionalismo que siguió) disminuyeron la demanda europea de jugadores argentinos, que, junto con la llegada del profesionalismo y las retribuciones económicas que posibilitaba, hizo que los mejores jugadores se quedaran en casa. A medida que las condiciones financieras empeoraban con el colapso del mercado de exportación, el fútbol ofreció una forma de escapismo. Todo lo demás fracasaba y el fútbol se mantenía constante.

Pero también había otras razones. Buenos Aires tenía suficientes barrios con identidades bien diferenciadas como para que hubiera hinchadas para los equipos locales, incluso de personas que no necesariamente habrían estado muy interesadas en el fútbol. La primera línea de la red subterránea, el Subte, que iba desde la plaza de Mayo hacia el oeste hasta la plaza Miserere, se inauguró en 1913 y se extendió a través de Almagro hasta Primera Junta al año siguiente (lo que ahora es la línea A y que hasta 2013 conservó los mismos vagones). En 1930 se inauguró una segunda línea, que se extendía hacia el oeste desde Callao (parte de la actual línea B), con trabajos posteriores en los años treinta, incluida, más decisivamente para el fútbol, la que ahora es la línea C, desde la estación de Constitución a un par de kilómetros de La Boca, hacia Diagonal Norte y luego, desde febrero de 1936, hasta Retiro. Había, en otras palabras, una red de transporte público que podía llevar fácilmente a los aficionados a los encuentros desde la mayoría de los lugares de la ciudad. A medida que los partidos se convirtieron en grandes eventos, los aviones sobrevolaban los estadios soltando globos con publicidad. Fuera de los estadios, sus empleados se empujaban para entregar muestras de cigarrillos y de golosinas.

Luego llegó la radio, que, quizá más que nada, fue la responsable de la dominación cultural de Buenos Aires sobre las ciudades en el resto de Argentina. Alrededor de los años treinta, la red se extendía desde el trópico en el norte hasta el extremo helado del sur y hasta los Andes en el oeste, llevando las transmisiones desde los salones de tango y los estadios de fútbol, y concentrando la atención del país en la capital. La cobertura radiofónica fue tan aceptada que era común que los partidos comenzaran con retraso porque los reporteros buscaban una última palabra de los jugadores. Los oyentes, desde Tucumán a Tierra del Fuego, fueron seducidos por las orquestas de tango de Héctor Varela y Osvaldo Pugliese, así como por los comentarios futbolísticos de Fioravanti, nombre usado por Joaquín Carballo Serantes. Nacido en Uruguay, se mudó a Santa Fe de niño y se convirtió en una de las voces más reconocibles de Argentina. La frase «¡atento, Fioravanti!», usada por el director del estudio para interrumpir al comentarista si había una novedad durante otro partido se convirtió en una de las primeras frases eslogan de la radio argentina.

La gente de provincias empezó a ser seguidora de equipos de Buenos Aires y el atractivo de la metrópoli llevó a muchos a emigrar hasta allí. La afluencia transatlántica del cambio de siglo se redujo drásticamente, pero el proceso de urbanización iniciado por su llegada fue completado por aquellos que procedían de los remansos rurales de Argentina.

9

La llegada del profesionalismo

*H*ipólito Yrigoyen, imposibilitado constitucionalmente para un segundo periodo consecutivo como presidente, fue reelegido por amplia mayoría cuando la presidencia de Marcelo Torcuato de Alvear llegó a su fin en 1928. Su primer periodo en el cargo se había caracterizado por una expansión gradual de los derechos de los trabajadores, el impulso a la independencia energética a través de la petrolera estatal Yacimientos Petrolíferos Fiscales (YPF) y un enorme auge posterior a la Primera Guerra Mundial, cuyas ganancias solo se vieron moderadamente afectadas por una alta inflación. Su segundo mandato no estuvo ni cerca de ser tan productivo, socavado por un creciente malestar social casi desde el principio.

En diciembre de 1928, Yrigoyen recibió la visita del presidente electo estadounidense Herbert Hoover, quien sobrevivió a un intento de asesinato cuando un anarquista, que intentó poner una bomba en las vías al paso de su tren, fue arrestado antes de que pudiera detonarla. Yrigoyen viajó con Hoover desde entonces para garantizar su seguridad, pero resultó que el anarquista era solo una parte extrema de un descontento más general.

Yrigoyen se vio atrapado entre la izquierda radical y los terratenientes conservadores; sus intentos de forzar a las bases tradicionales del poder a comprometerse, fomentando motines en las fuerzas armadas, solo prepararon el terreno para su propio derrocamiento.

A finales de 1929, Yrigoyen estaba terriblemente desconectado de la realidad: el deseo de privacidad que siempre había sido una característica de su personalidad lo dejaba aislado de lo que realmente estaba sucediendo. Los asesores de Yrigoyen le escondían información y lo protegían de diarios y de radios, por lo que no comprendió el impacto real de la caída de Wall Street. A medida que la situación económica se agravaba, la clase media que había apoyado a los radicales se alejó, dividiéndose en grupos rivales, algunos de los cuales tomaron las calles. Se inició un ciclo de violencia política del que Argentina tardaría más de medio siglo en salir. Yrigoyen sobrevivió a un intento de asesinato el 24 de diciembre de 1929, pero hubo conspiraciones permanentes contra él, dirigidas por elementos fascistas y conservadores del ejército, así como por la compañía Standard Oil de Nueva Jersey, que se oponía a YPF (Yacimientos Petrolíferos Fiscales, compañía petrolífera del estado argentino) y a los intentos de Yrigoyen de impedir el contrabando de petróleo entre la provincia de Salta y Bolivia.

El 6 de septiembre de 1930, Yrigoyen fue depuesto por un golpe militar y el general José Félix Uriburu se instaló como nuevo presidente. Yrigoyen pasó sus últimos años bajo arresto domiciliario en Buenos Aires y en el exilio en la isla de Martín García. Murió en 1933. Uriburu dejó su cargo en febrero de 1932, después de que se le diagnosticara cáncer de estómago: murió dos meses después. Lo sucedió Agustín Pedro Justo, un oficial militar y diplomático que había servido como ministro de Guerra de Alvear y que al menos fue, nominalmente, elegido democráticamente, aunque hubo acusaciones de fraude electoral.

Este fue el comienzo de la llamada «década infame», durante la cual una coalición de grupos conservadores conspiró en lo que se conoció como «fraude patriótico» para evitar que los radicales tomaran el poder.

El fútbol había sido parte de los movimientos radicales dirigidos por obreros que los conservadores habían suprimido (las presiones para el profesionalismo fueron otra parte de las reformas laborales de los años veinte), aunque el ímpetu final para el cambio parece haber sido generado más que por cualquier otra cosa por el reconocimiento de que el campeonato de liga se había vuelto muy difícil de manejar. En 1930, había treinta y seis equipos en la primera división, e incluso con cada equipo enfrentándose a cada uno de los otros una sola vez, la temporada se extendería hasta el verano, obligando a los futbolistas a jugar con altas temperaturas. Los miedos se materializaron de forma trágica cuando en la temporada de 1930-31 Héctor Arispe, capitán de Gimnasia de La Plata, murió de insolación después de un partido contra Sportivo Barracas. Difícilmente podía negarse que un abismo separaba en términos de calidad a los de arriba (Boca Juniors, que perdió solo tres veces, anotó ciento treinta y tres goles y sumó sesenta y un puntos) de los de abajo (Argentino del Sud, que perdió treinta y dos de treinta y cinco, y encajó cien goles). Había un claro imperativo financiero para concentrar la calidad y organizar más partidos entre los mejores equipos. La temporada 1930 terminó finalmente el 12 de abril de 1931, con la temporada 1931 programada para comenzar un mes más tarde. Sin embargo, pronto se hizo evidente que no comenzaría, o al menos no sin grandes cambios. Una delegación de jugadores que exigía la libertad de contratación (una admisión tácita de que eran profesionales) marchó a Buenos Aires para presentar su caso al presidente de la República, Uriburu, que le pasó el asunto al intendente de Buenos Aires, José Guerrico. Este señaló lo que había sido obvio durante mucho tiempo: el verdadero problema era el del profesionalismo.

El 9 de mayo, un día antes de que la temporada 1931 comenzara, doce equipos (Atlanta, Boca Juniors, Chacarita Juniors, Estudiantes, Ferro Carril Oeste, Gimnasia y Esgrima de La Plata, Lanús, Platense, Racing, San Lorenzo, Talleres y Tigre) se fueron de la Asociación Amateurs y se autodeclararon profesionales. Al día siguiente, cuatro de los diecisiete partidos programados no se jugaron, mientras que Atlético Estudiantes y Sportivo Palermo declararon que su partido era un amistoso.

River Plate e Independiente se unieron rápidamente a los clubes profesionales. Así, el 31 de mayo nació la Liga Argentina de Football, de dieciocho equipos, aunque llevaría seis décadas más que los jugadores alcanzaran finalmente la libertad de contrato que habían buscado.

No es que el *establishment* del fútbol se opusiera en modo

alguno al nuevo régimen, sino que más allá de la demanda por mejores salarios o condiciones de trabajo que pudiera haber entre los jugadores, entre los propietarios y administradores había una aceptación pragmática de las nuevas circunstancias. Los tentáculos de la coalición se adentraron en todas las áreas de la vida (y eso incluía el fútbol). Muchos de los clubes pequeños y medianos estaban, a finales de los años treinta, manejados por dirigentes motivados principalmente por el orgullo local, pero entre los clubes más grandes había un nexo claro de interés político. El presidente Justo, por ejemplo, apoyaba abiertamente a Boca; su hija Otilia se casó con Eduardo Sánchez Terrero, que pasó a ser presidente del club de 1939 a 1946. Fue bajo su liderazgo cuando Boca consiguió un préstamo para construir su estadio en 1940. Inicialmente tenía dos niveles. Cuando completaron un tercero, en 1953, lo apodaron la Bombonera. Cuando Ramón Castillo asumió la presidencia en 1942, su hijo, del mismo nombre, ya había sido presidente de la AFA durante un año. El fútbol fue reconocido como una poderosa fuerza social y, por lo tanto, algo que los políticos necesitaban, si no para manejarlo, al menos para ser vistos en relación con él.

También es una conjetura bastante aceptada que, se hubieran dado cuenta o no, los líderes se beneficiaron del poder del fútbol como un opiáceo durante la década infame. Mientras decenas de miles de personas fueran a ver los partidos cada domingo y cientos de miles los escucharan atentamente por la radio, las charlas en los cafés y en las fábricas tendían a ser de fútbol y no tanto de socialismo radical o anarquía. Argentina no se vio tan afectada por la depresión como Estados Unidos o Europa Occidental, pero una caída en las exportaciones implicó un inevitable aumento del desempleo: cifras oficiales de 1932 sugieren que cuatrocientas mil personas estaban sin trabajo, aunque la verdadera cifra podría haber sido hasta ocho veces mayor. La falta generalizada de ingresos excedentes podía verse en cómo el número de entradas de teatro vendidas en Buenos Aires cayó de 6,9 millones en 1925 a 3,4 millones en 1935: una caída que no puede atribuirse solamente a la llegada del cine.

El fútbol, sin embargo, continuó siendo desvergonzadamente popular.

Cuando Borges y Adolfo Bioy Casares colaboraron en el cuento *Esse est percipi* en 1967, no es casualidad que hicieran referencia al fútbol de treinta años atrás. Cuando el Monumental desaparece un día, el narrador de la historia descubre que ya nadie juega al fútbol, que no hay más jugadores ni partidos. «El último partido de fútbol —le dijo el presidente de un club— se jugó en esta capital el día 24 de junio del 37. Desde aquel preciso momento, el fútbol, al igual que la vasta gama de los deportes, es un género dramático, a cargo de un solo hombre en una cabina o de actores con camiseta ante el *cameraman*». La carrera espacial se revela como una «coproducción *yankee*-soviética» con los mismos fines: «La humanidad está en casa, sentada cómodamente, atenta a la pantalla, al comentarista deportivo o a la prensa amarilla».

El cambio más obvio en la era profesional fue que se hizo mucho más fácil para los clubes contratar jugadores, atrayéndolos con ofertas públicas de salarios mayores. El efecto fue aumentar el dominio de los grandes: Huracán había ganado el torneo en 1928 y Gimnasia y Esgrima de La Plata en 1929, pero al comenzar la era profesional pasarían treinta y seis años hasta que el título lo ganara un equipo que no fuese uno de los cinco grandes: Boca, River, Independiente, Racing y San Lorenzo.

La primera gran transferencia siguió precisamente esa tendencia cuando Pancho Varallo dejó Gimnasia y Esgrima de La Plata para unirse a Boca Juniors. Nacido en Los Hornos, un suburbio de La Plata, Varallo tenía catorce años cuando empezó a jugar para su equipo local: el 12 de Octubre. «Mis tíos también estaban en el equipo —dijo—. Empecé como defensor. "Voy a cuidar al portero", me gustaba decir. La trampa del *offside* todavía no existía para nosotros. Luego, a medida que progresaba, uno de mis tíos me puso a jugar de ocho.» Era un mediapunta jugando a la derecha de un delantero centro y era tan efectivo que pronto se ganó el apodo de «Cañoncito» por la fuerza de su remate. A los dieciocho años, Varallo tuvo un juicio con Estudiantes, que quería contratarlo, pero los directores de su club eran fans de Gimnasia y Esgrima, e insistieron en que se pasara por allí. Ganó el torneo con ellos en 1929; al año siguiente, lo llamó la selección nacional, mientras que Vélez lo pidió en préstamo para una gira panamericana en la que anotó dieciséis goles. Y luego, a principios de 1931, vino la oferta de Boca. «Me ofrecieron cuatro mil pesos —dijo Varallo—. No te imaginás lo que era eso. Mi padre nunca había visto un billete de cien pesos antes. Pero la gente de Gimnasia lo tomó muy mal. Atacaron mi casa. Tiraron piedrazos. Tuve que mudarme [a Buenos Aires] porque volver a La Plata era una pesadilla. Una vez, me vieron bajar de un tren y me emboscaron. Me pegaron, me patearon. Llegué a casa sangrando y llorando». Varallo vivió en la casa que compró hasta su muerte, ochenta años después.

El segundo partido de Boca de la era profesional fue en La Plata contra Gimnasia y Esgrima. Perdió 3-2, lo que los dejó con solo un punto después de dos partidos. Sin embargo, no pasó mucho hasta que Varallo armara una asociación formidable con Roberto Cerro (o «Cherro», siguiendo la pronunciación italiana), con quien había jugado en la selección nacional. «Me vio jugar el Mundial en Montevideo —contó Varallo— y me dijo: "Vení a Boca y vas a ser un rey".» Entre los dos marcaron una catarata de goles: Cherro 221 goles en 305 partidos oficiales; Varallo 181 en 210. Respectivamente, se convirtieron en el máximo goleador total y en el máximo goleador de la era profesional en Boca, hasta que Martín Palermo superó ambos récords. Un par de semanas después de lograrlo, Varallo murió.

Para Varallo, la pelota pesada usada en aquel momento era una ventaja. «Sacaba lo mejor de Cañoncito —dijo—. Los mejores días eran cuando la pelota estaba mojada. Absorbía el agua y quedaba como una piedra. "Pancho, está todo preparado para vos", decían mis compañeros. Entonces yo pateaba y toda el agua salía cuando la pelota tocaba la red. En aquel entonces, los arqueros no podían hacer mucho para detener esas pelotas. Tenían que ser valientes para poner las manos en el camino.»

Pero el impacto frecuente con una pelota pesada tuvo su costo para Varallo. El problema de rodilla que sufrió durante la Copa del Mundo de 1930 fue un presagio de las lesiones que vendrían, aunque incluso usó su fama de lesionado para su provecho. «La cojera del perro, le decían —explicó—. Tenías que ser vivo. Yo fingía que tenía la rodilla lesionada y caminaba con dificultad, entonces los defensores no se me acercaban demasiado. Luego, cuando Cherro recibía la pelota, de repente yo empezaba a correr tan rápido como podía, para recibir un pase rápido. Cuando rengueás, los defensores nunca esperan que reacciones tan rápido. De todos mis goles, creo que ciento cincuenta fueron asistencias de Cherro. Él sabía todo de mí. Me conocía mejor que mi madre.»

A veces, sin embargo, la cojera era real. Y Varallo tuvo que ser engañado para jugar. Tal como recordaba, «teníamos un entrenador llamado Mario Fortunato que era increíble. Me daba confianza incluso en las peores situaciones. Una vez tenía el cartílago tan lastimado que no podía caminar bien. "Jefe, creo que no podré jugar —le dije—. Me duele la rodilla derecha. Creo que es el cartílago." Y me dijo: "Pancho, entonces no hay nada que temer porque solamente tenés cartílago en la rodilla izquierda". No solamente le creí, sino que jugué y metí un gol».

En 1939, sin embargo, el dolor se había vuelto intolerable. «Tenía solo veintinueve años cuando decidí retirarme —dijo Varallo—. Esa temporada fue una pesadilla. Terminaba de jugar y tenía la rodilla hinchada. Tenía que descansar durante toda la semana, sin entrenar, para poder volver a jugar el domingo siguiente. Me untaban grasa de pollo para mejorar. Mi madre me decía: "Por favor, no juegues más. Mira cómo sufrís".»

Boca ganó el campeonato de nuevo en 1934 y 1935, pero lo que Varallo valoraba más que los títulos, dijo, era «el espíritu deportivo que existía, el profundo sentido de ser compañeros de equipo, amigos y colegas. No entiendo por qué patean a los oponentes tanto [en el juego moderno], el roce constante que se ve en cada acción, en los córneres o los tiros libres. Es un fútbol diferente [...] y corren mucho. A veces me pregunto por qué corren tanto y piensan tan poco. En los años treinta y cuarenta, cada equipo tenía ocho o nueve jugadores con gran técnica. Ahora hay dos o tres». El lamento se oye frecuentemente en Argentina: el fútbol era mejor en aquel tiempo, en los días en que la técnica y la inteligencia tenían espacio para prosperar en medio de la corpulencia.

Era una opinión compartida por Cherro: «Me gustaba el fútbol como era antes —dijo poco antes de morir de un ataque al corazón en 1965, cuando tenía cincuenta y ocho años—, sin pizarras ni cruces, sin círculos o tácticas. El fútbol era arte, teatro, música, y esos tiempos ya se habían ido cuando me retiré». Cherro nació en 1907, en Barracas, un barrio al suroeste de La Boca a lo largo del Riachuelo. Su hermano Felipe lo llevó al Sporting Barracas en 1922 y comenzó a jugar para la quinta división. Dos años más tarde, se convirtió en jugador para Quilmes y Ferro Carril Oeste simultáneamente, cosa que estaba permitida por las regulaciones de la época. Fue después de su pase a Boca en 1926, sin embargo, cuando su carrera despegó. Era talentoso y carismático, ganándose los apodos del Apilador y Cabecita de Oro, lo que refleja su capacidad técnica y su inteligencia futbolística. También era fuerte. Hay fotografías que muestran su torso ancho dentro de su camiseta ajustada, así como los pelos rizados del pecho saliendo sobre el cuello de la camiseta. Independientemente de su físico, Cherro era un pibe clásico, de pelo oscuro y cara ancha y arrugada que parecía siempre al borde de una sonrisa.

Para él, el fútbol nunca fue más que un juego: abrazaba a sus rivales y compañeros de equipo tanto antes como después de los partidos. En un encuentro contra el Sporting Barracas insistió en que lo pusieran como volante derecho para no tener que jugar directamente contra su hermano. Como dijo un obituario de *La Nación*: «Él estuvo en el borde entre dos eras, la era romántica y la era material. Jugó en el momento en que el fútbol se jugaba para la gloria del amor, y también fue parte del tiempo en que el fútbol se jugaba por el amor a la gloria».

10

El ascenso de River

*N*o solamente Boca aprovechó las nuevas reglas para obtener ventajas de sus recursos. River Plate también estaba creciendo, como desde su fundación en 1901. Si la historia de Boca era una historia de inmigración, los hinchas de River dicen que la suya refleja lo que sucedió a continuación, cuando los inmigrantes trataron de mejorar. El club se fundó por la fusión de otros dos clubes, Santa Rosa y La Rosales en Dársena Sur (literalmente Dock Sud) en Puerto Madero, que limita con La Boca. El nombre de River supuestamente deriva de un incidente: un miembro del club vio trabajadores de las Carboneras Wilson yéndose a jugar al fútbol y abandonando los contenedores que debían mover; en esas cajas estaban impresas las palabras «River Plate». El club se mudó a La Boca, luego a Sarandí (en la otra orilla del Riachuelo, cerca de donde hoy juega Arsenal). Hubo dificultades en el comienzo. Para que el estadio fuera habilitado por la AFA tenía que tener agua corriente, y la nueva cancha de River al principio no la tenía. Sí tenía, sin embargo, la instalación sanitaria preparada, por lo que, cuando el inspector de la AFA fue a revisar la fonanería, un jugador, Alfredo Zanni, estaba en el techo con baldes de agua, echándola por las tuberías al recibir una señal ya convenida. Luego volvieron al puerto y a La Boca. La expansión de River fue veloz. Jugaron su primer partido oficial en 1905.[31]

---

31. Contra un equipo de la Facultad de Medicina que incluía a Bernardo Houssay, quien ganaría un Premio Nobel en 1947 por su descubrimiento del papel de las hormonas pituitarias en la regulación del azúcar en sangre en los mamíferos.

En 1908, tenían cien socios, pero en 1911 ese número se había expandido a cuatro mil. Rápidamente, el clásico contra Boca se convirtió en una competencia intensa.

River volvió a mudarse en 1923, esta vez a la lustrosa Recoleta; a su nuevo estadio, diseñado por Bernardo Messina, que había sido un centrocampista creativo y el primer capitán y presidente del club. Para simbolizar el vínculo con el pasado del club, unas palmeras que habían crecido en las Carboneras Wilson fueron trasplantadas al nuevo hogar de River.

Ese reconocimiento de su pasado, sin embargo, no hizo nada para acallar las críticas de los hinchas de Boca, que veían a River como un equipo inflexiblemente trepador, decidido a dejar atrás sus orígenes inmigrantes. Esa impresión se confirmó cuando se prepararon para la primera temporada de la era profesional contratando al extremo derecho del Sportivo Buenos Aires Carlos Peucelle, veterano de la Copa América de 1929 y del Mundial de 1930: pagaron la enorme suma de diez mil pesos. River terminó cuarto en 1931, seis puntos detrás de Boca, y la siguiente temporada rompió el récord de transferencias: pagaron treinta y cinco mil pesos para contratar al delantero centro Bernabé Ferreyra, de Tigre. Fue una cantidad de tal magnitud que pasarían veinte años hasta que cualquier club argentino pagara tanto por un jugador: nació el apodo de «millonarios» y fue bien merecido. Para entonces, River tenía más de quince mil socios.

Ferreyra era rudo y explosivo. Algunas fotografías muestran un torso casi caricaturesco, un ceño perpetuamente fruncido y una frente ancha y plana bajo una masa de pelo negro desordenado y con raya al medio. Después de los capitanes de los años veinte, él tenía un estilo mucho más británico de delantero centro, bueno en el juego aéreo; poderoso y poseedor de un remate feroz, producto de la práctica interminable cuando era un niño en Rufino, provincia de Santa Fe: «Mis hermanos no paraban de decirme que tenía que ser el más fuerte en la ciudad. Me hicieron patear la pelota de la mañana a la tarde, todos los días. Me alentaban gritando: "Más, ¡practicá más!"». Aquello funcionó: pronto fue apodado el Mortero de Rufino, por el poder de su remate. En 1930, fue en préstamo a Vélez para una gira por Chile, Perú, México, Cuba y Estados Unidos. Anotó treinta y ocho goles en veinticinco partidos, pero tanto más importantes fueron las leyendas que crecieron a su alrededor. En un amistoso en Perú, por ejemplo, se dice que un portero se desmayó tras un pelotazo suyo; al visitarlo después en el hospital después, el guardameta le pidió que, si alguna vez volvían a enfrentarse, le avisara antes de chutar. Efectivamente, se enfrentaron en el sur una vez más. Esta vez, Ferreyra señaló adónde iba a patear y marcó. El portero le dio las gracias después de haberse alejado bien del recorrido de la pelota.

En otra ocasión, un árbitro le hizo volver a chutar un penalti tres veces. «Siga», se dice que le dijo mientras el cuarto disparo entraba en la portería, igual que los tres anteriores: «Siga que puedo meterla adentro una semana seguida». Ferreyra anotó dos veces en su debut en el campeonato para River, al vencer a Chacarita por 3-1. Después del partido, cuando Hugo Marini, periodista de *Crítica*, abandonó el campo, supuestamente oyó a un chico que le preguntaba a un anciano qué pensaba del nuevo delantero centro: «No es un hombre. Es una fiera», respondió. Y así nació el segundo de los apodos de Ferreyra: «Fiera». Se convirtió en un fenómeno, anotando cada semana: *Crítica* ofreció una recompensa para el primer portero que pudiera detener a Ferreyra. Finalmente, después de diecinueve goles en doce partidos, Cándido de Nicola de Huracán se llevó el premio, aunque su equipo solo empató 1-1.

Al llegar al partido final de la temporada de 1932, River iba un punto por detrás de Independiente. Entonces, los resultados de otros partidos eran retransmitidos al público en los estadios por medio de grandes tableros de la revista *Alumni*; aunque Independiente perdía de local con Racing, sus jugadores sabían que River iba perdiendo contra San Lorenzo. Pensando que el título era suyo, no se esforzaron en empatar, ya que el tablero siguió mostrando a San Lorenzo ganando 1-0. El operador del tablero, sin embargo, era hincha de River; así pues, cuando River igualó, se demoró en cambiar el tablero hasta que el pitido final hubo sonado. Mientras los jugadores e hinchas de Independiente celebraban el título, la amarga verdad se materializó. Debían enfrentarse en un desempate por el título.

Era un partido solamente, jugado en la cancha neutral de San Lorenzo, y se definió en el primer tiempo. Ferreyra y Peucelle, los dos grandes fichajes, anotaron en el primer cuarto de hora, antes de que el lateral izquierdo Ricardo Zatelli anotara el tercero a los treinta y ocho minutos. Terminó 3-0. River Plate obtuvo su primer título. Ferreyra fue el máximo goleador con cuarenta y tres goles: la inversión del club quedó justificada.

Al igual que Varallo, Ferreyra era particularmente eficaz cuando la humedad ponía la pelota pesada. En River, se decía, cosían una carcasa dentro de otra y luego remojaban la doble pelota hasta durante cuarenta y ocho horas antes de los partidos, para hacerla lo más pesada posible y aprovechar al máximo la potencia de su remate. En 1932, el portero de Boca, Juan Yustrich, se desmayó al recibir un pelotazo en el estómago que acabó en gol de River; en 1935 el guardameta de Independiente Fernando Bello se convirtió en el primer jugador en atajar un penalti de Ferreyra; eso sí, acabó con las dos muñecas rotas.

Y, como sucedió con Varallo, las hazañas físicas de Ferreyra también afectaron a su cuerpo. Tuvo que retirarse en 1939, a los treinta años: había marcado 187 goles en 185 partidos para River. Fue probablemente la primera superestrella del fútbol argentino. Por ejemplo, cuando River iba de gira por el interior, el precio de la entrada variaba según si Ferreyra jugaba o no. Fue nombrado en tangos y apareció en cuatro películas; después de su muerte, en 1972, una calle de Rufino y otra en Junín recibieron su nombre a modo de homenaje. «Nunca va a haber un héroe como Bernabé —dijo la estrella del tango Aníbal Troilo—. Puede que haya habido mejores jugadores, pero no ha habido ídolos como él.»

Para River, eso fue solo el comienzo.

11

La modernidad y «el carnicero de Budapest»

El hombre que llevó a River y, en general, al fútbol argentino a la edad moderna de la táctica fue, para usar el nombre que parece que recibió al nacer, Imre Hirschl. Imre fue posteriormente alemanizado a Emerich, y luego hispanizado a Emérico, pero su nombre es el menor de los misterios que lo rodean.

El fútbol había estado cambiando en Europa desde la enmienda de 1925 de la ley de fuera de juego, que en Inglaterra había llevado al desarrollo de la WM. En la Europa central estaban menos enamorados del tercer defensa como *stopper*, pero el mediocampo, sin embargo, fue más profundo a medida que los años veinte avanzaban. Si bien mantuvo más responsabilidad creativa que su equivalente inglés, a principios de los años treinta, una versión de la defensa M (confusamente conocida a menudo como el sistema W) era común en todo el continente. En aquella época, el debate táctico más sofisticado se daba en los cafés de Austria y Hungría, donde los intelectuales usaban las mismas técnicas analíticas para discutir de política, de música o de literatura que para diseccionar el fútbol.

De la cuenca del Danubio salió una segunda ola de pioneros que cruzó el Atlántico para revolucionar el juego sudamericano: inyectaron un nuevo rigor táctico a la interpretación local del deporte que habían dejado los británicos. Mientras que la primera ola había estado conformada mayoritariamente por jóvenes británicos en busca de aventura y oportunidades económicas, la segunda ola fue mayoritariamente judía y buscó, sobre todo, escapar del creciente antisemitismo en Europa.

Quien introdujo la defensa M en Argentina fue el citado judío húngaro Imre Hirschl, una figura misteriosa a la que nombraron entrenador de Gimnasia y Esgrima de La Plata en 1932, a pesar de no tener experiencia en el fútbol de alto nivel. Se supone que él había sido parte del equipo de Ferencváros que había recorrido Argentina con gran aclamación en 1929; varias fuentes argentinas aseguran que debutó con ellos en 1916, antes de retirarse a los veintinueve años, después de esa gira. Pero no hay una sola referencia a él en ningún documento en el museo del club Ferencváros: nunca jugó un partido oficial para el club. Tampoco Ferenc Rudas: en 2014, cuanto tenía noventa y dos años y era el jugador vivo más viejo de los que habían jugado en Ferencváros, aseguró que no tenía recuerdo alguno de él. Hirschl era un hombre de ninguna parte.

Si, como sostuvo el historiador José Luis Romero, Argentina es un lugar en el que los hombres pueden inventarse una nueva identidad, pocos han tomado ese desafío con tanto entusiasmo como Hirschl.

Sí parece cierto que Hirschl nació en Apostag, una pequeña ciudad a unos cien kilómetros al sur de Budapest, el 11 de julio de 1900, pero casi todo lo demás que hizo creer a los argentinos acerca de él era mentira. Tiene una hija, Gabriela, que aún trabaja como psicoanalista en Buenos Aires. Dijo que su padre rara vez hablaba de su pasado, pero que siguió a sus hermanos a Palestina durante la Primera Guerra Mundial, donde mintió acerca de su edad y se alistó en una unidad bajo mando británico. Permaneció en Palestina después de la guerra para luchar con los nacionalistas judíos contra el Imperio otomano. Una granada le dejó cicatrices en la cadera y también sufrió una herida de bala en la muñeca.

Gabriela tiene una gran colección de recortes de diarios argentinos, brasileños y uruguayos sobre su padre. Algunos dicen que jugó para el Ferencváros, algunos que jugó para el Athletic Club de Budapest y algunos que lo hizo para el Hakoah de Viena o el Hakoah de Nueva York, mientras que otros sugieren un vínculo con el Racing Club de París. Una revista uruguaya de 1949, cuando trabajaba con Peñarol, incluso afirma que él era «uno de los mejores jugadores del mundo».

Gabriela dice que su padre le contó que había jugado en Checoslovaquia, pero el único club en cuyos registros aparece su nombre como jugador fue el Húsos FC, el equipo semiprofesional de la industria de la carne que jugaba en la segunda división húngara y que en 1925 fue suspendido del campeonato durante un año por amañar partidos. Eso parece corroborar el detalle ofrecido por Béla Guttmann,[32] otro judío húngaro que se ganó un lugar perdurable en la historia del fútbol como un entrenador irascible pero brillante (el punto culminante de su carrera peripatética fue ganar dos Copas de Europa con el Benfica) y que aseguró que el trabajo principal de Hirschl era el de carnicero. Gabriela, aunque reconoció que su padre sabía cómo cortar la carne de una vaca y era experto en hacer salchichas, sugiere que eso era común en aquel momento y que su padre provenía de una familia rica: no era carnicero profesional.

Cuenta la historia que, en 1929, Hirschl había estado en París tratando de conseguir un visado para Nueva York cuando, por casualidad, conoció al conde Materazzo, el hombre más rico de Brasil y presidente de Palestra Italia, el club de São Paulo que se convertiría en el Palmeiras. Hirschl lo convenció de que lo contratara como entrenador.

Parece que Hirschl se acercó a Guttmann en São Paulo a finales de junio o principios de julio de 1930 y le dijo que estaba buscando trabajo. En aquel momento, Guttmann jugaba para Hakoah, que estaba de gira por Latinoamérica como parte de su misión de propagar la ideología del judaísmo muscular. «Dijo que estaría agradecido si pudiera trabajar para nuestro equipo como masajista, ya que tenía manos fuertes y un agarre firme —explicó Guttmann—. Lo probé ahí mismo y me dio un masaje espectacular.»

Hakoah tomó a Hirschl como masajista y viajó con ellos durante un mes aproximadamente mientras se dirigían a Argentina. O al menos esa es la versión de Guttmann. La versión de Hirschl, o más bien las versiones, ya que nunca parece haber dicho lo mismo dos veces, era bastante diferente. «Estu-

32. En *Régi gólok, edzősorsok* (Goles del pasado. Destino de entrenadores), las memorias de György Orth y Béla Guttmann compiladas por Tibor Hámori.

dié en la Universidad de Budapest, donde jugué para el primer equipo y descubrí que me gustaba ser entrenador —dijo a *La Tribuna* en 1939—. Era parte del Athletic Club de Budapest. Mi debut como entrenador, después de visitar países como jugador, tales como Checoslovaquia, la India, África [sic], Inglaterra, Francia y Alemania, fue en París, con Racing Club. Desde allí me mudé a los Estados Unidos, donde seguí practicando fútbol con el equipo Hakoah.»

«Al final de la gira —dijo Guttmann—, el equipo estaba quedándose sin dinero, así que nos despedimos de él en Buenos Aires.[33] Nos fuimos de la ciudad, pero él se quedó allí e hizo correr el rumor de que trabajaba para Hakoah como asistente del entrenador. Como lo habían visto mucho cerca del equipo, su historia era verosímil y le dieron un trabajo poco después.«»

El problema es que Guttmann era un fabulador, alguien que estaba siempre tejiendo historias, y además, alguien que siempre estaba pelándose con la gente y permitiendo que la antipatía personal coloreara sus anécdotas. «Su plan original —prosiguió Guttmann— era conseguir que lo despidieran lo antes posible, obtener una indemnización y usar ese dinero para que su esposa y su hijo viajaran desde Budapest.[34] ¿Cómo puede un entrenador hacerse echar rápidamente? Decidió reestructurar el equipo tanto como pudiera. Los hinchas consideraron que era un gran entrenador, lo que le hizo cambiar de opinión y empezar a enfocarse en el fútbol como un "verdadero entrenador".»

A pesar de perder sus primeros tres partidos de la temporada 1932 (y ganar solo tres de sus primeros dieciséis), Gimnasia terminó en un muy respetable séptimo puesto. Aprovecharon ese ímpetu en la nueva temporada ganando sus primeros cinco partidos y liderando la tabla a mitad del torneo, con el delantero Arturo Naón en excelente estado de forma.

---

33. Referencia cruzada con la historia de Gunnar Persson, de Hakoah, *Stjärnor på flykt* (Estrellas en carrera); parece probable que esto fuera alrededor del 10 de agosto de 1930.

34. El destino de la primera esposa e hijo de Hirschl está lejos de ser claro. Gabriela cree que murieron de tuberculosis, probablemente antes de que Hirschl saliera de Hungría, aunque es posible que Hirschl y su primera esposa se hubieran separado antes de su muerte.

Hirschl parece haberse mantenido reservado al comienzo, algo que le facilitó la prensa con su hábito de fijarse en los grandes y excluir a los demás.

«El cambio en Gimnasia es asombroso —señaló *El Gráfico* en mayo de 1933—. Los jugadores no pueden haber cambiado tanto por casualidad. Su influencia es evidente.» Sin embargo, Hirschl mantuvo su modestia. «Lo primero es lo primero: yo no enseño fútbol —dijo—. Sería ridículo pretender enseñar fútbol en el país donde se juega el mejor fútbol. Jugadores como los argentinos no se encuentran en ningún otro lugar. Los criollos tienen potencial: todo lo que hago se basa en aprovecharlo.»

Según el artículo, antes de tomar el puesto, Hirschl había visto al equipo jugar en tres partidos, después de lo cual les habría dicho a los directivos que él podría crear un equipo decente, usando los jugadores que ya estaban en el club, sin necesidad de presupuesto para fichajes. Les prometió que, si lo contrataban, para 1933 Gimnasia estaría peleando por el título. La directiva le dio el puesto, pero pronto hubo roces cuando Hirschl reemplazó a jugadores del primer equipo por otros de la reserva. «Los dirigentes protestaron porque pensaron que estos jugadores serían inútiles […] Pero en su contrato decía que tenía carta blanca para tomar decisiones, por lo que estos jugadores permanecieron. Hoy, está claro que su promesa de estar entre los clubes que pelean por el título se cumplirá.»

Esos jugadores «inútiles» eran Arturo Naón (un delantero centro que sigue siendo el máximo goleador de Gimnasia), Alberto Palomino, el interior derecho Óscar Montañez y el portero Atilio Herrera, quienes se convirtieron en titulares en un equipo conocido como «el Expreso». La estrella del equipo, sin embargo, era José María, *Pepe*, Minella. Había comenzado como delantero centro; llamó por primera vez la atención a los dieciséis años, cuando jugó para una selección local en Mar del Plata, su ciudad natal, en una victoria 1-0 sobre la tripulación del HMS Repulse. Fue un partido organizado para celebrar la visita del Príncipe de Gales, más tarde Eduardo VIII, a Argentina en 1925. Minella empezó a jugar para Gimnasia en 1928 y anotó once goles en veintisiete partidos en la prolongada gira postemporada del club en 1930-31, cuando lo convocaron para jugar de 5 en lugar de Pedro Chalú, lesionado. Nunca volvió a la línea delantera y pasó a redefinir el rol de un mediocampista. «La historia se dividirá en la época anterior a Minella y la posterior a Minella», escribió el periodista Juvenal, el principal comentarista táctico de su época. Con Montañez a su derecha y Ángel Miguens a la izquierda, Minella fue el corazón de un mediocampo apodado «las tres emes».

«Les ofrecí ser amigo de cada uno —continuó Hirschl—, para que pudiéramos mejorar nuestras responsabilidades. No habría necesidad de demostrar mi autoridad mientras yo viera que todo marchaba según lo planeado. Al principio, tuve que imponer algunas multas, pero después no más. Ha sido algo así como seis meses que no ha habido multas de cinco pesos por nada. El criollo, a pesar de su aparente falta de disciplina, se adapta fácilmente a la dirección.»

Leído lo que dijo Guttmann, es imposible que no salten dudas a partir de cada frase que diga Hirschl: la línea que divide la profundidad de un genio y los lugares comunes de un impostor es siempre muy fina. En un momento dado, si la palabra de Guttmann se toma como el Evangelio, Hirschl incluso parece estar explicando el arte del estafador. «Todo está basado en explicaciones claras, acercándose a los jugadores con una actitud afectuosa. Si las cosas se dicen de buena manera, es más fácil hacer tratos.» Pero tal vez eso sea injusto: quizás esto sea solo la sabiduría mundana de un carnicero que, de repente, advierte que tiene el poder de hacer que los jugadores crean en un sueño. Era extraordinariamente carismático: en cada fotografía suya con un grupo de jugadores, él es claramente la figura dominante (y no solo por su altura: 1,96). Gabriela recuerda que, en bancos, negocios o estaciones de tren, podía llamar la atención y reunir una audiencia solamente hablando.

Finalmente, el cinismo debe disminuir. Cualesquiera que hayan sido los motivos de Hirschl cuando tomó el puesto (y solo está la palabra de Guttmann de que hubiera algo que no fuese noble), pronto se convirtió en un entrenador inspirador. «Mi primera tarea fue cohesionar al equipo desde un punto de vista físico. Tenían que estar en buena forma. Para lograrlo tuve que pensar qué tipo de ejercicios necesitaba cada jugador y cuánto tenían que practicarlos. No se puede exigir el mismo esfuerzo de once hombres, porque lo que para algunos es un buen nivel, para otros no es suficiente y para otros es excesivo.» Introdujo la «gimnasia sueca y la gimnasia estadounidense combinadas, e insistió en una mezcla de *sprints*, carreras largas, baloncesto y fútbol en el entrenamiento. Delovo y Naón, según él, no necesitaban entrenar y se preparaban para los partidos con nada más que «una ducha caliente y masajes». «La intensidad varía dependiendo de cuándo entrenamos —prosiguió Hirschl—. Es más pesado antes del inicio del torneo. El esfuerzo a mediados de semana, durante el torneo, tiene que ser más liviano.» Es una perspectiva que suena asombrosamente moderna, y su eficacia fue clara. *El Gráfico* destacó que en las victorias sobre Independiente y San Lorenzo, el Expreso había superado a sus rivales gracias a una mayor resistencia física.

Hirschl puede haber dicho las cosas adecuadas sobre el juego criollo y su virtuosismo, pero, como Guttmann haría más tarde con gran efecto en São Paulo, introdujo un enfoque más directo con mayor énfasis en el pase que en la habilidad individual.

La otra gran innovación de Hirschl, y una que insinúa su agudeza financiera al mismo tiempo que parece indicar que veía un futuro a más largo plazo en Gimnasia de lo que Guttmann admitiría, fue pagar el mismo salario a todo el equipo «para que hubiera un sentido común del sacrificio».

Agregado a su salario básico, el once titular recibía un porcentaje de las entradas: el resultado fue que, en lugar de ganar entre 120 y 300 pesos al mes, todos los primeros jugadores (y Hirschl) se llevaban a casa más de 700.

Todo iba perfectamente hasta finales de septiembre, cuando Gimnasia fue a Boca en la vigesimosexta ronda del torneo de treinta y cuatro partidos. Los superaban en dos puntos en la cima de la tabla. En el descanso ganaban 1-2, pero el árbitro pitó un penalti muy discutible para el equipo local, que transformaron en gol. Unos minutos más tarde, Boca añadió un tercero a pesar de que se le reclamó fuera de juego. Los jugadores y los simpatizantes de Gimnasia estaban furiosos. La organización del torneo escuchó las quejas de Gimnasia y suspendieron al árbitro, pero el resultado se mantuvo.

Gimnasia se esforzó para vencer a Independiente en su siguiente partido, pero lo que sucedió en San Lorenzo la semana posterior fue aún peor. Gimnasia estaba 2-1 abajo cuando pareció que le habían concedido un penalti, pero el árbitro, Alberto Rojo Miró, decidió que la falta había sido fuera del área. Poco después, concedió un gol de San Lorenzo, a pesar de que el portero de Gimnasia parecía haber evitado que cruzara la línea. Angustiados, los jugadores de Gimnasia organizaron una sentada mientras San Lorenzo hacía cuatro goles más antes de que el árbitro abandonara el partido. Las derrotas consecutivas con River y Racing, en dos de sus cinco últimos partidos de la temporada, acabaron con las oportunidades de Gimnasia. En su opinión, dos árbitros les habían robado el título.

En esa temporada de 1933, Gimnasia y Esgrima anotó noventa goles, cuatro más que Boca; recibió elogios por su fútbol ofensivo (también tuvieron cincuenta y cinco en contra, el peor récord de los siete primeros equipos). Había una simpatía generalizada por ellos. Muchos reconocían que los cinco grandes eran demasiado poderosos, y que el tamaño y la vehemencia de sus hinchadas, además de su influencia política, intimidaba a los árbitros para que tomaran decisiones a su favor. Que los colegiados temían pitar cosas decisivas quedó claro al año siguiente, cuando señalaron solamente treinta y cuatro penaltis en todo el torneo. Guttmann, sin embargo, sugirió que Hirschl y Gimnasia tampoco eran inocentes. «Tenía un truco famoso —dijo Guttmann—. Hirschl hacía entrenar a sus jugadores con una pelota pesada, similar a las que se usaban en Inglaterra. En ese momento, en América del Sur era costumbre jugar el primer tiempo con la pelota del equipo local y con la del equipo visitante en el segundo. Sin embargo, Hirschl tuvo la idea de dar un anillo con púas a su portero para que pinchara la pelota en el momento adecuado y que pudieran usar su pelota especial, la pesada, con la que el equipo ya se había acostumbrado a usar en los entrenamientos. Era un sinvergüenza, te digo.» ¿Es posible que fuera la misma pelota pesada, empapada en agua y con una doble carcasa, que, después de que Hirschl se hubiera pasado a River, se convirtió en parte del mito de Bernabé Ferreyra?

River, atraído por el estilo ofensivo de Hirschl, buscaba un entrenador de fútbol especializado, mientras continuaban con su programa de inversiones. Contrataron a Hirschl en 1934. Comenzó lentamente, o así lo manifestó él. Es difícil dar con pruebas que lo corroboren, pero implementó la defensa en M, reubicando al central para que juegue, no como defensa puro como se hacía en Inglaterra, sino como un mediocampista muy profundo, como era habitual en la concepción danubiana de la posición: un jugador que defendía, pero que también ayudaba a crear el juego desde atrás. Después de un año, contrató a Minella de Gimnasia para ocupar ese puesto.

Aunque haya empezado como un mentiroso, el éxito de Hirschl como entrenador es indiscutible. En 1936, cuando el fútbol argentino pasó por otra de sus desconcertantes reestructuraciones, él llevó a River a la Copa Campeonato (el torneo regular, en definitiva, solo que los equipos jugaban una vez con cada uno): ganó trece de diecisiete partidos y anotó cuarenta y nueve goles. Hirschl tenía mucha fe en la juventud e hizo debutar al gran Adolfo Pedernera a los dieciséis años en 1935; puso en la mediapunta izquierda a José Manuel Moreno, de dieciocho años, como titular. Moreno se convertiría en un mediapunta que estaba igualmente cómodo en ambos lados del campo. Había crecido en la Boca, había apoyado a Boca Juniors y había estado desesperado por jugar con ellos, pero lo rechazaron después de una prueba. Juró que haría que lamentaran el desdén y, cuando la nariz rota lo convenció de abandonar una carrera prometedora en el boxeo, ingresó en el River. Su gran oportunidad llegó en una gira por Brasil en 1934, cuando demostró una confianza sobrenatural. «Tranquilos, muchachos —dijo antes de un partido contra Vasco da Gama—. A estos les hacemos cinco. Miren lo que es el que me tiene que marcar a mí, es muy feo. Lo voy a bailar.» En efecto, River ganó 5-1.

Pedernera, que creció en Avellaneda, era un fanático de Racing, pero su padre, que le había tirado ya la pelota cuando tenía cuatro años, había jugado para River. Él, como Moreno, aprendió mucho de Ferreyra. En 1938, por ejemplo, cuando aún se afianzaba en el equipo, permitieron a Pedernera ejecutar una falta directa. Trató de combarla, pero le pegó débilmente y el portero detuvo fácilmente su disparo. Ferreyra lo llamó a un lado. «Si te dejo patear un tiro libre —dijo—, pegale bien, no como un flojito, ¿de acuerdo?» «Por supuesto, entendido», dijo Pedernera. Y con el tiempo confesó que, después de eso, cada vez que se paraba junto a la pelota para lanzar una falta directa, se acordaba del consejo de Bernabé.

En otra ocasión, Pedernera recordó a Ferreyra llegando al vestuario con las piernas lastimadas y con moratones, sintiendo su edad después de recibir una patada de su marcador. «La culpa la tiene Watson Hutton por haber inventado el fútbol.» A partir de entonces, Ferreyra empezó a ir más y más atrás, alejándose de la línea defensiva rival para recibir la pelota con más espacio. Fue en esa posición en la que Pedernera prosperó, jugando como los conductores de los años veinte. Él era «Adolfo Divino», el piloto de la Máquina, capaz de imprimir gran potencia a los tiros de largo alcance con una carrera corta, o de jugar paredes con Moreno, o de calibrar pases precisos para los piques de Labruna, o, como hizo en una memorable ocasión contra San Lorenzo, amagando un pase y creando un sombrero flotante sobre el portero.

Moreno y Ferreyra formaron una dupla devastadora. En 1936, Ferreyra fue el máximo goleador de River en el campeonato: anotó quince goles en diecisiete partidos; pero, en la Copa de Honor, fue Moreno quien encabezó la tabla de anotadores con trece. Al año siguiente, cuando el campeonato volvió a un formato más ortodoxo, Moreno metió treinta y dos, y Ferreyra, veinticinco para que River alcanzara fácilmente el título, con ciento seis goles a favor y perdiendo solo tres de sus treinta y cuatro partidos; terminó seis puntos por encima de un Independiente igualmente prolífico, inspirado por el gran delantero paraguayo Arsenio Erico. «Ningún otro entraba a la cancha con la preparación que distinguía a River —dijo *El Gráfico*, reconociendo el papel de Hirschl en su éxito—. Ningún otro equipo podría igualar su entrenamiento físico.»

Con el campeonato ya ganado, River se enfrentó a Boca Juniors en la penúltima jornada de la temporada. Habían perdido ante ellos en el mismo torneo y en un amistoso. No podía haber consuelo: River estaba desesperado por acabar con la «paternidad» de Boca. Fue un partido feo y agresivo que River ganó 3-2. La violencia se extendió al campo de juego y a la tribuna, a pesar de que el encuentro fue uno de los primeros que arbitró Isaac Caswell, un *referee* inglés traído precisamente para intentar evitar que los partidos se les fueran de las manos.

El torneo podía haberse vuelto profesional en 1931, pero los árbitros no. A medida que avanzaban los años treinta, los árbitros fueron puestos en duda cada vez más. En 1932, por ejemplo, cuando Vicente de Angelis anuló un gol para Estudiantes cuando estaban 0-1 por debajo del líder, River, los jugadores, furiosos, se le echaron encima y lo obligaron a huir al vestuario. Quince minutos más tarde reapareció para reanudar el juego y convalidó el tanto, lo que provocó rumores de que había sido amenazado con una pistola por el presidente de Estudiantes. Se conoció como «el gol de la casilla» o «el gol del vestuario».

La AFA, mostrando su acostumbrada anglofilia (o complejo de inferioridad cultural, dependiendo de cómo se mire), decidió que la solución era volcarse en Gran Bretaña y traer un árbitro británico para establecer estándares y entrenar a los jueces locales. Caswell era consejero laborista en Blackburn. Se había jubilado recientemente como árbitro. Llegó a Buenos Aires en octubre de 1937. No hizo caso de las advertencias de ciertos pasajeros en el barco, que le dijeron que estaba «emprendiendo una tarea peligrosa». Pasó sus primeras tres semanas mirando partidos, aprendiendo sobre las condiciones y acerca de cómo los árbitros argentinos hacían su trabajo.

El cuadro que pintaba era inquietante.

> Los recintos más grandes están rodeados por un muro alto [...] Rodeando el campo de juego, hay un alambrado de tres metros de altura... con púas en la parte superior. La policía montada está de servicio fuera y, en algunos casos, dentro del terreno, mientras que la policía a pie está en reserva y, a veces, los bomberos también [...] Había juego fuerte, incesantes pitidos de los árbitros, interrupciones frecuentes por lesiones (acompañadas a menudo por una docena de personas corriendo dentro del campo para darle agua al jugador), constantes discusiones con el árbitro, peleas en el campo e intervenciones de la policía. A menudo había riñas entre los espectadores, algunos de los cuales esperaban hasta después del partido para amenazar o lanzar piedras al árbitro. Durante seis meses, mi trabajo fue descorazonador.

En Argentina, el comportamiento de las multitudes había sido un problema desde que se empezó a jugar. En 1905, un partido entre Belgrano y Quilmes tuvo que ser suspendido después de una invasión del campo. Cinco años más tarde, los hinchas de Boca forzaron el abandono de un partido de segunda división contra Ferro Carril Oeste después de que uno de sus jugadores atacara a un juez de línea y otro, al árbitro. En 1923, en un partido entre un combinado escocés y una selección provincial, un jugador escocés fue obligado a cambiar un córner por un saque de puerta después de que los hinchas, considerando que le habían dado el córner erradamente, se alinearan frente a él. Pero esos incidentes, perturbadores como suenan, eran aislados. Las cosas se volvieron mucho peores cuando los hinchas comenzaron a organizarse y a armarse. En su artículo «Ayer vi ganar a los argentinos», escrito para *El Mundo* en 1929, el novelista y periodista Roberto Arlt describe a los hinchas llevando naranjas y botellas con la intención de arrojarlos a sus rivales, mientras que había muchachos vendiendo ladrillos, cuyo propósito era fácil de imaginar. Los temores de Caswell acerca de la seguridad se confirmaron en 1939 cuando un policía disparó contra la multitud mientras los enojados fanáticos de Boca amenazaban con invadir el terreno de juego y se observaban escenas de pugilismo entre los jugadores en un partido contra Lanús. Dos personas murieron, las primeras víctimas de la violencia futbolística en un estadio argentino.

El cambio, como pensó Caswell sensatamente, llevaría su tiempo. Pero hubo un punto de inflexión, creyó, que llegó en septiembre de 1938 en un partido entre Boca y Racing, cuando expulsó a Roberto Cerro por discutir. Aunque Caswell fue apedreado por los hinchas al final del partido, el jugador fue suspendido un mes. «Mi firmeza en este partido —dijo Caswell—, y el hecho de que demostró que yo estaba imponiendo disciplina y no iban a detenerme la fama de un jugador o un club, causó impresión y cambió la situación». Caswell volvió a casa en 1940. Aparentemente había conseguido el respeto de mucha gente.

River anotó ciento cinco goles en treinta y dos partidos en la temporada siguiente, 1938, pero no fue suficiente. Independiente, con Erico en un nivel supremo nuevamente, acumuló ciento quince y selló el título en la última jornada de la temporada con una victoria por 8-2 sobre Lanús. Erico puede haber hecho los goles, pero la verdadera estrella de ese equipo fue Antonio Sastre, un jugador aclamado por César Luis Menotti como el más grande que vio y que en 1980 fue votado como uno de los cinco mejores jugadores argentinos de todos los tiempos, capaz de jugar en diferentes posiciones. Eso era parte de lo que lo hacía tan peligroso: con el rival ocupado en Erico y en su compañero Vicente de la Mata, Sastre se adentraba en profundidad, rompiendo las estructuras tradicionales del juego para recoger la pelota cerca del arco y crear la jugada.

Nacido en Lomas de Zamora en 1911, Sastre, al igual que tantos otros, alcanzó cierta fama en el Progresista, en el barrio de La Mosca, en Avellaneda. Debutó en 1931, reemplazando al lesionado Lalín como volante izquierdo, aparentemente bajo la instigación de Seoane, cuyo lugar ocupó finalmente. Alto y potente, Sastre pudo haber terminado jugando como un delantero centro ortodoxo, pero se desplazó a la izquierda después de que Independiente incorporara al gran goleador uruguayo Roberto Porta. Demostró que la versatilidad era una de sus cualidades clave. En total, jugó trescientos cuarenta partidos para Independiente, anotó ciento doce goles y ganó el campeonato en 1938 y 1939, antes de mudarse a São Paulo en 1941, donde ayudó a ganar tres campeonatos paulistas; allí, incluso erigieron una estatua en su honor.

«Si alguna vez hay un premio Nobel del fútbol —dijo el presidente del club, Décio Pacheco Pedroso—, no hay duda de que todo Brasil votaría por Sastre.»

Hirschl abandonó River al final de la temporada 1938, después de terminar en segundo lugar. Regresó brevemente a Gimnasia antes de trasladarse a Rosario Central, con el que cayó derrotado por 6-0 en el Monumental en 1939. Hirschl reconoció que había cosechado lo que había sembrado. «He venido personalmente a recoger los frutos de mis enseñanzas —dijo—. Esos seis goles fueron anotados por mis muchachos.»

Pasó a San Lorenzo, luego a Banfield, y a San Lorenzo otra vez, antes de que su carrera terminara abruptamente en 1944. El acta de la séptima edición de la agenda del tribunal disciplinario de la AFA, celebrada el 13 de enero, señala que Florencio Sola,[35] presidente de Banfield, intentó sobornar al portero de Ferro Carril Oeste Sebastián Gualco[36] antes de un partido entre Banfield y Ferro en septiembre de 1943 (terminó 1-1 y Gualco no jugó). Otros figuran como parte de la conspiración, incluido Hirschl, quien había «intervenido en el intento de soborno al jugador Gualco por la suma de 2.000 pesos». Hirschl fue uno de los nueve[37] condenados por «amoralidad deportiva» y suspendido permanentemente para desempeñar cualquier actividad directa o indirecta con la AFA o clubes afiliados a la AFA.

La prohibición fue anulada por la Inspección General de Justicia el 10 de mayo de ese año, aunque quedó cierto estigma. Sería peligroso sacar conclusiones firmes, pero es como mínimo una coincidencia intrigante que, veinte años antes, Hirschl hubiera dejado Hungría después de que Húsos estuviera implicado en un escándalo por arreglo de partidos.

Impedido para trabajar en Argentina, Hirschl fue primero a Brasil, donde dirigió a Cruzeiro, y luego a Uruguay, donde logró dos títulos con Peñarol. Se le atribuye haber inculcado el pensamiento táctico que llevó al inesperado éxito de Uruguay en la Copa del Mundo de Brasil en 1950.

Sin embargo, por todo eso, puede haber poco que discutir sobre su genialidad o poner en duda que, en el contexto del fútbol argentino, era un adelantado a su tiempo.

Cómo Hirschl logró su éxito, su innovación táctica, solo fue reconocido realmente en 1939. Que Hirschl era, como dijo Guttmann, un embaucador, parece indudable. Pero lo que no queda claro es dónde estaba la estafa: ¿su engaño consistió en asegurar haber implementado la táctica antes de lo que realmente fue, o en disfrazar lo que estuvo haciendo durante casi cuatro años? De cualquier manera, fue él quien llevó la táctica del fútbol argentino a la edad moderna.

35. El estadio de Banfield lleva su nombre.
36. Su segundo nombre, lo suficientemente inapropiado, era Inocencio.
37. El excentrocampista de Boca Juniors, Domingo Tarasconi, una leyenda de los aficionados, era otro.

12

«Los Caballeros de la Angustia»

$\mathcal{M}$ientras el tiempo pasaba y sin demasiadas convicciones buscaban un sustituto de Hirschl, el siguiente paso de River fue la construcción del Monumental, el primer estadio moderno de Argentina, y según el portero Amadeo Carrizo, pagado con el aumento en la venta de entradas debido al atractivo de Ferreyra. Construido de hormigón y acero, se inauguró el 25 de mayo de 1938 en presencia del presidente, Roberto María Ortiz, con una victoria demoledora sobre Peñarol. Más significativo, sin embargo, fue lo que el estadio simbolizaba. Contenía una escuela y un centro médico, así como instalaciones para socios; por lo tanto, se podría decir que estaba adelantado a su tiempo al reconocer las formas en que podía usarse un estadio fuera de los días de partido. Ángel Labruna, que debutó en el primer equipo en 1939, fue uno de los muchos socios que pasaban la mayor parte de su tiempo libre allí. Jugaba al fútbol, al pimpón, al tenis, todo lo que el club tenía para ofrecer, aparte de la natación, porque, como decía, «me gusta vivir». Fue allí donde conoció a la mujer que se convirtió en su esposa. Ese aspecto social fue usado para justificar los términos increíblemente generosos del préstamo que River recibió del Gobierno, pero, en realidad, esto era simplemente otra señal del entrecruzamiento del fútbol y la política, del cortejo explícito de los hinchas por parte de la élite.

Después de terminar segundo en 1939 (con solo cien goles anotados en esta ocasión, mientras que Independiente anotó ciento tres y se llevó el título por seis puntos), River optó en 1940 por otro húngaro, el exportero del Barcelona Ferenc

Plattkó. Sus intentos de introducir la defensa M dieron pésimos resultados y fue despedido en julio: River había perdido siete de sus primeros doce partidos de la temporada. Pero quizá su breve paso por el cargo representara un periodo de transición necesario. «Su fracaso —dijo Carlos Peucelle, el gran extremo derecho de los años treinta, que se convirtió en director técnico de River— fue debido sobre todo a una ignorancia del ambiente deportivo».

Peucelle, sin embargo, reconoció la importancia de la breve temporada de Plattkó en el club para el desarrollo de las ideas dejadas por Hirschl. «Él no pudo hacerlas funcionar, pero dejó la semilla del cambio», dijo Peucelle. Esa semilla la haría germinar Renato Cesarini, que había sido parte clave de los equipos campeones de Hirschl de 1936 y 1937, pero que había comenzado su educación en la táctica europea mucho antes.

Cesarini nació en Senigallia, cerca de Ancona, en la costa este de Italia, en 1906, pero su familia emigró a Argentina cuando tenía pocos meses. En 1929, la Juventus lo convenció de abandonar Chacarita Juniors y unirse al éxodo de los *oriundi* de vuelta a Europa. Tuvo mucho éxito en Italia: ganó cinco títulos consecutivos de la Serie A y desarrolló tal habilidad para anotar goles en los últimos minutos de los partidos que incluso ahora en Italia cuando se gana sobre el final se dice que se anotaron los goles en la zona Cesarini. Pero Cesarini no se limitaba a los goles. También tenía un manual específico para marcar al jugador más creativo del equipo rival, una idea que trajo de vuelta con él a Argentina en 1935, primero con Chacarita y luego con River, donde encontró las teorías de Hirschl en sintonía con lo que había aprendido en Italia.

«Era un hombre fundamental para el estilo de River —dijo el lateral izquierdo de Boca, Silvio Marzolini, que jugó bajo el mando de Cesarini con la selección nacional—. Y Cesarini llevó a los jugadores a pescar. ¡A pescar![38] Era muy inteligente, siem-

---

38. Los jugadores de Boca de principios de los sesenta parecían tener una extraña afición por la pesca, como si fuese una actividad ineludible. «Tengo una lancha y me gusta navegar —dijo Antonio Rattin—. Salgo un par de días y vuelvo. Ojo, solo navegar, no pescar. Pero si me quedo a la noche tiro una línea y a la mañana veo si pesqué algo.» Esto quizá (solo es una teoría tentativa) esté ligado a la peculiaridad

pre creando esta relación especial con los jugadores. Pero también era muy irritante, porque cuando te veía hacer el menor movimiento que no fuera lo que él quería, te lo decía.»

Adaptando el estilo de marca que había aprendido en Italia, Cesarini puso a Norberto Yácono como marcador central derecho muy defensivo y, al final, como lateral derecho. Eso tuvo un impacto profundo sobre qué números se asociarían con qué posiciones en Argentina. Cuando se introdujeron los números en las camisetas a principios de los años treinta, todavía era habitual, siguiendo la práctica británica, ver a un equipo alineado como un 2-3-5: numerados por su posición en la cancha. El portero fue el 1; el defensa derecho, el 2; el defensa izquierdo, el 3; el centrocampista por la derecha, el 4; el famoso *centrojás* argentino, el 5; el centrocampista por la izquierda, el 6; el extremo derecho, el 7; el mediapunta derecho, el 8; el delantero centro, el 9; el mediapunta izquierdo, el 10; y el extremo izquierdo, el 11. En la época de la Máquina, Yácono se había movido a la derecha, así se convirtió en el 4; los dos delanteros habían retrocedido hacia el centro del campo, creando efectivamente un 3-2-2-3 (la misma forma que la WM de Chapman en Inglaterra) que fue numerado, de derecha a izquierda: 4, 2, 3; 5, 6; 8, 10; 7, 9, 11. Por esa razón, en Argentina un 5, incluso hoy, es el centrocampista defensivo. En Inglaterra, cuando se crearon los tres defensas de la WM, fue el 5, el *centrojás*, el que organizaba entre los defensas puros, razón por la cual un 5 en Inglaterra era tradicionalmente un defensa central; por eso, *center-half* se usa a menudo en Gran Bretaña como sinónimo de zaguero central.

En retrospectiva, se puede ver que la Máquina nació el 19 de octubre de 1941, el penúltimo día de la temporada. La semana anterior, Boca, que defendía el título, había derrotado a San Lorenzo por 2-1, lo que permitió que River, que venció a Tigre por 2-0, tuviera una ventaja de dos puntos en lo alto de la tabla.

---

de la gastronomía argentina que se centra casi enteramente en la carne vacuna a pesar de tener una enorme costa y abundante suministro de pescado: muchos de los inmigrantes italianos que se establecieron allí, de quienes Boca obtuvo la mayor parte de su apoyo, habían sido pescadores en Italia, y había una asociación latente entre pescado y pobreza. En el Nuevo Mundo, la carne, la comida del hombre rico, era abundante, así que ¿para qué volver a pescar?

Boca no tenía ninguna posibilidad de ganar el título, pero fueron al Monumental buscando por lo menos perturbar a sus rivales. River ganaba 3-0 en el descanso y terminó ganando 5-1. *El Gráfico* dedicó catorce páginas a la victoria.

La siguiente temporada mejoraron aún más. River llevaba ganados seis y empatado uno de sus siete partidos iniciales cuando visitaron a Chacarita Juniors el 7 de junio. Boca venció a Tigre 11-1 ese día, pero fue la exhibición de River en una victoria por 6-2 la que capturó la imaginación. Borocotó, editor de *El Gráfico*, los apodó «la Máquina», y esta vez el apodo perduró. En los años veinte su revista había criticado la naturaleza mecanicista del juego británico; ahora el maquinismo se celebraba por su refinamiento, por la maravilla de ensamblar tantas piezas que trabajan armoniosamente. Los hinchas cantaban la belleza de sus movimientos: «Sale el sol, sale la luna, centro de Muñoz, gol de Labruna».

Fue Moreno la estrella de la victoria por 5-1 sobre Boca, y la historia probablemente lo juzgue como el mejor dotado técnicamente de esa línea delantera. Realmente, era representativo de la época, con su llamativo bigote y pasando sus noches en bares y clubes de milonga, insistiendo, como Muñoz, en que el tango era el mejor entrenamiento que un futbolista podía tener. El gran delantero de Boca, Pancho Varallo, creía que si Moreno hubiese entrenado correctamente y se hubiese cuidado, podría haber superado incluso a Maradona (y cuando un jugador es considerado más disoluto que Maradona, hay que decir que debe de haber disfrutado de una vida social muy vibrante).

Su compañero de equipo de River, Loustau, contó la historia de un partido contra Racing: a Moreno, después de una noche de juerga, los médicos le advirtieron de que si jugaba veinte minutos, moriría; por supuesto, no solo jugó, sino que fue la figura del partido. ¿Era una historia verdadera? Tal vez no estrictamente, pero encerraba una verdad mayor, al igual que la historia de un amistoso jugado en Tucumán, cuando la multitud era tan grande y la seguridad tan estricta que un policía montado se interpuso en el camino de Loustau hacia la portería; cuenta la historia que, sin inmutarse, mandó la pelota entre las patas del caballo, pasó agachado bajo su vientre y corrió para meter el gol. La Máquina no era solamente un gran equipo, sino un espejo en el que los argentinos veían reflejada su imagen idealizada: hábil e inteligente, impúdica y atrevida, elegante y brillante, poco convencional y sin restricciones hasta el punto de la irresponsabilidad. «El más grande, mejor que Pelé, era Moreno —dijo el uruguayo Walter Gómez, que fichó por River en 1950—. ¡Qué dominio de la pelota, qué fuerza, qué precisión, qué estilo!»

Había dureza y agresividad detrás de su arte. En 1947, por ejemplo, se enfrentó a un grupo de hinchas de Estudiantes que habían invadido el campo para protestar contra el árbitro, levantando los puños en recuerdo de sus días como boxeador. Más tarde, ese mismo año, los hinchas de Tigre le pegaron una pedrada en la cabeza. Enojado, rechazó al personal médico de River cuando fueron a asistirlo. «¿Para qué me voy a hacer atender antes? ¿Para darles el gusto a esos y que después canten por ahí que se la dieron a Moreno? ¡No, viejo! Cuando me atiendan en la cancha, es porque me van a sacar en camilla.»

La fabulosa delantera de cinco era muy móvil, gracias en gran parte al hecho de que Ángel Labruna, el delantero centro titular, tendía a moverse hacia la izquierda, creando espacios para las incursiones de Moreno desde una posición de interior derecho, y para que Muñoz saliera del costado.

«Ningún director técnico generó eso —dijo Peucelle—. Los jugadores lo generaban.» Hijo de un relojero que lo castigaba por perder el tiempo jugando al fútbol, Labruna debutó en 1939 cuando el primer equipo se declaró en huelga en apoyo de Moreno, y se mantuvo como titular durante las dos décadas siguientes, anotando para el club un récord de 315 goles. A la izquierda estaba Félix Loustau, «el Ventilador», cuya entrega daba aire al mediocampo y reducía la responsabilidad de Pedernera. «No es fútbol moderno, es fútbol antiguo lo que estamos jugando —insistió Labruna—. Un equipo que tiene jugadores preparados solamente para una función no puede llegar muy lejos.» La Máquina ganaba, pero no eran implacables. Ganaron el torneo en 1941 y 1942, pero terminaron segundos detrás de Boca en 1943 y 1944, ya que los xeneizes[39] se beneficiaron al adoptar la defensa M bajo la dirección de su exdelantero Alfredo Garasini, antes de obtener el título nuevamente en 1945. «Nos llamaban los "Caballeros de la Angustia" porque no buscábamos el gol —dijo Muñoz—. Nunca pensamos que no pudiéramos anotar contra nuestros rivales. Nosotros entrábamos a la cancha y jugábamos a nuestro modo: tomala vos, dámela a mí, una gambeta, esto, lo otro y el gol llegaba solo.»

Carrizo hizo su debut en 1945, aunque se mantuvo como segunda opción detrás del portero peruano José Soriano. Último miembro sobreviviente de la Máquina cuando falleció a los noventa y tres años en 2011. Su recuerdo era el de un equipo que, dentro de lo posible, simplemente jugaba: «Los jugadores escuchaban al técnico con respeto, porque no es que Moreno o Pedernera no escucharan, al contrario. A veces había una pizarra de tácticas y todo el mundo prestaba atención. Pero, cuando llegábamos al túnel, algunos de ellos siempre decían: "Bien, muchachos, hagamos la nuestra:[40] la nuestra es la que cuenta, ¿eh?". Era una expresión que se repetía con frecuencia.»

---

39. Xeneizes es un apodo de Boca derivado del dialecto genovés para el término liguriano «zeneize» que significa genovés. Muchos de los primeros hinchas del club eran inmigrantes de Génova.
40. Un estilo de juego basado en la habilidad individual y la autoexpresión.

13

El surgimiento de Juan Perón

*L*a Década Infame podía durar solo cierto tiempo: era tanta la ineficiencia que, por momentos, el gobierno casi parecía paralizarse. En 1937, por ejemplo, el Congreso aprobó solo tres mociones: una autorizaba al gobierno a incrementar el gasto, y dos le daban permiso al presidente para dejar Buenos Aires para salir de vacaciones. Para el año 1943, el modo en que se mantenía la hegemonía conservadora había provocado un descontento generalizado, propiciado en gran medida por los desastrosos intentos de reconstruir la economía mientras los efectos de la Gran Depresión destruían los medios de vida de miles de pequeños propietarios de tierras. La crisis se materializó con la formación de un grupo de oficiales disidentes del ejército, el Grupo de Oficiales Unidos (GOU), que se sentía frustrado por la incoherencia de la política exterior de Argentina durante la Segunda Guerra Mundial y la mentalidad provinciana de los gobernantes.

El GOU se puso en contacto con el general Arturo Rawson para pedirle que le proveyera tropas, y el 4 de junio de 1943 marchó al frente de diez mil hombres sobre Buenos Aires para deponer a Ramón Castillo, quien había cumplido la función de primer mandatario después de que Roberto Ortiz enfermara en agosto de 1940 (finalmente, lo reemplazó en junio de 1942). El Congreso fue disuelto, los políticos fueron expulsados de los ministerios y se prohibieron los partidos políticos. Rawson se autoproclamó presidente y nombró un gabinete que casi con seguridad habría dado su apoyo a los aliados en la Segunda Guerra Mundial. Sin embargo, otros líderes del GOU deseaban permanecer neutrales y obligaron a Rawson a renunciar el 7 de junio. Lo reemplazó Pedro Pablo Ramírez. Ramírez duró ocho meses y medio en sus funciones, antes de ser sustituido por su vicepresidente, Edelmiro Farrell. La figura más significativa del nuevo gobierno, sin embargo, resultó ser el ministro de Trabajo, Juan Domingo Perón, quien había observado el impacto de las posibilidades de la socialdemocracia cuando estudiaba tácticas de guerra de montaña en los Alpes italianos en 1939. A lo largo de dos años, lanzó un extraordinario programa de reformas sociales e industriales, y como resultado se granjeó una inmensa popularidad. De todos modos, Argentina se estaba industrializando rápidamente, y su economía se estaba tornando más urbana.

El crecimiento de la alfabetización, junto con el aumento de los ingresos provocado por la recuperación, no solo condujo al *boom* cultural de comienzos de los años cuarenta, sino que también dio como resultado el surgimiento de una clase con educación y políticamente activa que aguardaba a ser movilizada. Esta clase encontró a su líder en Perón, un hombre que, más allá de su educación y entrenamiento militar, tenía raíces genealógicas en una aborigen. Al graduarse de la academia militar, su padre le obsequió con tres libros, incluido el *Martín Fierro*, «para que nunca olvides que, por sobre todas las cosas, sos un *criollo*», como rezaba la dedicatoria.[41]

Los oficiales superiores estaban tan preocupados por la personalidad magnética de Perón que lo hicieron arrestar, pero esto no hizo más que confirmar sus temores cuando el 17 de octubre de 1945 cientos de miles de manifestantes, los descamisados,[42]

41. Los otros dos libros eran las *Vidas*, de Plutarco, y las *Cartas a su hijo*, de lord Chesterfield.
42. El término ha sido objeto de mucho debate. Surgió de la novela de Victor Hugo *Los miserables*, donde lo emplean despectivamente los Borbones franceses acerca de los revolucionarios sociales españoles, comparándolos desfavorablemente con los *sans culottes* de la Revolución francesa. En Argentina, comenzó a ser utilizado por las clases medias como término despectivo, pero no tardó en ser adoptado. No existe consenso sobre si los manifestantes de la plaza de Mayo del 17 de octubre de 1945 se quitaron las camisas porque hacía mucho calor o si marchaban sin camisa porque eran demasiado pobres para adquirir tal prenda. Perón le puso el nombre *El Descamisado* al tren que utilizó en la siguiente campaña electoral.

cruzaron el Riachuelo desde los suburbios industriales del sur y se congregaron en la plaza de Mayo para exigir la liberación del coronel. Según el novelista Ernesto Sábato, era como «una fuerza enorme y silenciosa, casi subterránea, que se había puesto en movimiento»: el culto al peronismo, mal definido desde el comienzo, había nacido.

En 1946, con el retorno de la democracia en Argentina, Perón fue elegido presidente por un margen de alrededor del once por ciento, en la última elección antes de que las mujeres obtuvieran el derecho al voto. El viejo consenso conservador fue hecho trizas cuando la clase trabajadora accedió al poder por primera vez, y, sin embargo, como sostiene el historiador norteamericano Robert D. Crassweller,[43] el ascenso de Perón era «una renuncia a los lazos espirituales con Europa y un clamor de los verdaderamente indígenas por la realidad y el mito criollos, por el espíritu de *Martín Fierro*». Era el retorno del caudillo.

El estilo de liderazgo de Perón, mientras tanto, también cambió las actitudes hacia la presidencia. Aunque fue elegido democráticamente, el hábito de vestir uniforme militar tal vez contribuyó a erosionar la noción de democracia civil en Argentina, lo cual tendría profundas consecuencias en las tres décadas siguientes.

Al comienzo, los principios básicos de Perón de justicia social e independencia económica le permitieron transitar un camino intermedio durante la Guerra Fría. El gobierno tendía a apoyar a los sindicatos durante las huelgas, dando lugar a un salto de los salarios muy por encima de la tasa de inflación, mientras que los precios de los bienes de consumo clave (y el fútbol) se mantenían bajos. El gobierno también nacionalizó industrias clave: los ferrocarriles de las compañías británicas, los puertos de las firmas francesas y la telefonía en manos estadounidenses. El control de las tasas de cambio y del comercio exterior implicaba que las reservas podían utilizarse para proyectos de redistribución. El producto industrial bruto creció un sesenta por ciento entre 1941 y 1948, mientras Perón

43. En *Perón and the Enigmas of Argentina*.

cumplía sus promesas con respecto a los derechos de los trabajadores. Se instauraron las vacaciones pagadas y el aguinaldo de fin de año, así como la indemnización por despido. Los salarios aumentaron un cuarenta por ciento en términos reales entre 1943 y 1951. Se construyeron escuelas y hospitales, las universidades recibieron subsidios y se erradicó la tuberculosis. Mientras nadie preguntase de dónde provenían los fondos para esta ola de construcción y reparto, Argentina parecía ser un modelo de Estado del bienestar.

Mientras Europa Occidental se reconstruía después de la guerra, Argentina disfrutaba un *boom* basado en las exportaciones. Se canceló la deuda nacional, lo cual le permitió a Perón proclamar que se había logrado un estado de independencia económica. Sin embargo, fue algo ilusorio: Argentina mantuvo su postura neutral durante la Segunda Guerra Mundial y rechazó la solicitud de los Estados Unidos de romper vínculos con las potencias del Eje tras el ataque a Pearl Harbor. Esto provocó la imposición de sanciones económicas que, a su vez, alentaron una actitud de aislamiento. Argentina, según aseguraron líderes posteriores, podía mantener su política.

El fútbol argentino, que vivía dentro de su propia burbuja, también fue alentado a mantener una posición similar de falso bienestar. Dos semanas antes de la elección de Perón, Argentina se había enfrentado a Brasil en el decisivo partido de la Copa América (una de las ediciones adicionales que, pese a ser oficial, no otorgaba ningún trofeo). Existía animosidad desde que se jugara la Copa Julio Roca en 1945 en Brasil dos meses antes. Aunque Argentina había ganado el primero de los tres partidos 4-3 en Sâo Paulo, el equipo fue aplastado 2-6 en Río, con Heleno de Freitas[44] en su esplendor jugando para los anfitriones. En el tercer y último encuentro, disputado tres días más tarde,

---

44. Bien podría decirse que Heleno fue el delantero más grande de su época, pero la Segunda Guerra Mundial le impidió participar en los Mundiales de 1942 y 1946, y para 1950 su estilo de vida había comenzado a afectar a su talento. Heleno bebía, fumaba y era adicto al juego y al éter, que inhalaba de un pañuelo humedecido, y era un mujeriego empedernido. Llegó incluso a correr el improbable rumor de que tuvo un *affair* con Eva Perón durante un desafortunado paso del jugador por Boca. Enfermo de sífilis, Heleno falleció en un asilo a los treinta y nueve años.

Ademir le fracturó una pierna a José Pedro Batagliero en el primer tiempo y Brasil ganó 3-1. Parece que el episodio fue accidental, pero, cuando Argentina fue al encuentro de Brasil en ese partido decisivo de la Copa América, los hinchas tenían ánimo de revancha: los vendedores callejeros ofrecían peras sin madurar para arrojar a los brasileños. Aunque solo necesitaba un empate para retener el título que había obtenido en Chile el año anterior, Argentina puso el marcador 2-0 a los veinte minutos. Ambos goles fueron obra de Norberto, *Tucho*, Méndez,[45] aquel delantero de Huracán con esa melena negra engominada y aquel pulcro bigote, y que sería el máximo goleador del torneo. Justo antes de la media hora, sin embargo, el capitán de Argentina, José Salomón, cortó una jugada de Jair. Las piernas de los jugadores se entrecruzaron y Salomón cayó al suelo con fractura de tibia y peroné. Sus compañeros de equipo agredieron a los brasileños y los hinchas invadieron la cancha en busca de venganza. La policía intervino de modo indiscriminado: transcurrió una hora antes de que se pudiera reanudar el partido. El colegiado, en lo que constituía más bien un gesto simbólico, expulsó a un jugador de cada equipo (Chico y Vicente de la Mata), y el partido se desarrolló en un ambiente de silenciosa hostilidad. Argentina ganó el campeonato gracias al triunfo de 2-0, pero Salomón nunca volvió a participar en torneos internacionales. «Le rompiste la pierna al mejor defensor de la Argentina», afirmó el entrenador argentino Guillermo Stábile al ver a Jair después del encuentro.

«Es un disparate —se dice que respondió el delantero—. Los mejores defensores argentinos son De Zorzi y Valussi.»

Mucho se ha dicho sobre el impacto del éxito deportivo nacional durante las elecciones. El caso más notable, tal vez, sea la afirmación de que la derrota sorpresiva de Harold Wilson en las elecciones generales de 1970 en el Reino Unido fue parcial-

---

45. Méndez fue uno de los tres personajes del film de 1949 *Con los mismos colores*, que detalla las carreras de Méndez, Mario Boyé y Alfredo di Stéfano, desde el barrio hasta llegar a la primera división. Es tentador asignarle importancia al hecho de que, cuando los tres héroes se reunían para jugar en la selección, su oponente nunca se especificaba en el aislado mundo del fútbol argentino, porque carecía de importancia: se trataba, simplemente, de Argentina y el resto.

mente causada por la consternación generada por la derrota de Inglaterra ante Alemania Occidental en los cuartos de final de la Copa del Mundo cinco días antes, pero poco ha sido probado. Es imposible afirmar que la derrota de Brasil supuso algo en la victoria de Perón, pero ciertamente es verdad que una dosis de sentimiento patriótico no debió de venir mal.

Un año más tarde, Argentina retenía el título con un equipo que incluía a Moreno, Méndez, Mario, *el Atómico*, Boyé, Loustau y Di Stéfano. La selección ganó seis partidos y empató uno en su imparable marcha hacia la gloria en un torneo que no incluía a Brasil. Parecía ser una época de autoconfianza y orgullo para Argentina, tanto en el fútbol como en los aspectos más generales, lo que se reflejaba en el lanzamiento, en 1948, del film por excelencia sobre el deporte argentino, escrito por Borocotó (¿quién si no?) en colaboración con otro guionista. *Pelota de trapo* cuenta la historia de Eduardo Díaz, apodado «Comeúñas», un pibe que aprende a jugar con una pelota de trapo en un descampado de barrio. El pibe se convierte en un jugador de primera línea y en un héroe de las tribunas. En el momento clave, sin embargo, justo antes de una final internacional contra Brasil (que había reemplazado a Uruguay como principal rival de Argentina) le informan de que sufre una enfermedad cardiaca crónica y de que si juega corre el riesgo de morir. Su representante le ruega que no juegue, pero la multitud insiste y lo lleva al campo de juego. En el momento de crisis, Comeúñas mira la bandera argentina y decide jugar: «Hay muchas maneras de dar la vida por tu país, y esta es una de ellas», dice. El jugador se pone la albiceleste y marca el gol del triunfo. Aunque los dolores de pecho de Comeúñas continúan, el jugador logra sobrevivir: visión romántica de la cultura del «pibe» y «la Nuestra», pero también una llamada descaradamente nacionalista a los porteños para que miren más allá del barrio y sus preferencias de equipo para tener en cuenta a Argentina y a la selección nacional.

Transcurrido un año, sin embargo, ningún Comeúñas de la vida real llegaría a arriesgar la vida jugando para su país. Argentina, alegando problemas técnicos, no envió ningún equipo a la Copa América de 1949 ni al Mundial de 1950. Hacía falta poca imaginación para darse cuenta de que se trataba, simplemente, de más proteccionismo: para Perón era indispensable que no se cuestionase la superioridad argentina. En *Casa tomada*, el cuento de Julio Cortázar de 1946, una casa burguesa se ve lentamente ocupada por fuerzas desconocidas y sin explicación, mientras los dueños lo permiten a regañadientes, pero sin oponer verdadera resistencia (una metáfora bastante transparente de la Argentina peronista). El narrador habla de trajinar librerías para «... preguntar vanamente si había novedades en literatura francesa. Desde 1939, no llegaba nada valioso a la Argentina». Lo mismo, podría decirse, sucedía con el fútbol argentino: una vez bajadas las cortinas del aislamiento, el intercambio de ideas que podría haber salvado al país de su autosuficiencia fue bloqueado.

El deporte no se había convertido simplemente en una manifestación clave de su creación de la imagen de autoconfianza y empuje de Argentina, sino que era también parte de la mística personal de Perón. Perón fusionó el Comité Olímpico Argentino con la Confederación Argentina de Deportes y puso a la institución bajo control estatal, y se autoproclamó presidente del nuevo ente. Fue lanzado con una campaña que proclamaba «Perón apoya el deporte» y lo elogiaba como «el primer deportista». Él mismo era adepto a la caza y era un buen esgrimista, pero era bien consciente del papel del fútbol en la construcción de la nación, y eso significaba que la posibilidad de la derrota no podía ser consentida. De modo crucial, se diferenció de sus antecesores al otorgarle al deporte, para usar la frase de Alabarces, el estatus de «un nuevo (y legítimo) símbolo patriótico».

Ello implicaba, sin embargo, cierto grado de reescritura del pasado. *Escuela de campeones*, el *biopic* sobre Alexander Watson Hutton dirigido por Ralph Pappier, parece demostrar cierta preocupación por los orígenes británicos del fútbol. Watson Hutton mismo aparece durante buena parte del film luciendo un gorro de cazador, presumiblemente basado en la deducción lógica de que, si Sherlock Holmes lo usaba, todos los hombres británicos de la época debían hacer lo mismo. Pero, dejando de lado ese cliché, es significativo que sus invencibles discípulos se describen erróneamente como un equipo británico que se convirtió en argentino.

Al mismo tiempo, existía una sobreprotección hacia el fútbol porque persistía el temor de que el fútbol argentino no fuese tan bueno como aparentaba. Los cinco grandes habían amenazado con transformarse en dos grandes. Pero tras seis años durante los cuales Boca y River compartieron el título, su dominio llegó a su fin en 1946 a manos de San Lorenzo, que obtuvo el campeonato en la final con una victoria por 3-1 contra Ferro Carril Oeste, mientras Boca perdía contra Vélez Sarsfield.

La fuerza del equipo residía en «el Terceto de Oro»: el interior derecho Armando Farro, un intrigante alto y delgado que lo daba todo para crear peligro; el delantero centro René Pontoni, con su pelo claro peinado cuidadosamente, su bigote bien atildado y su estrategia goleadora; y el moreno y poderoso interior izquierdo Rinaldo Martino. El equipo, que comenzó a ser conocido como «el Ciclón», consagró su leyenda en una gira por España y Portugal en diciembre y enero. A pesar del «frío, la nieve y la intensa lluvia de ese invierno», dijo *El País*, San Lorenzo «causó sensación».

Pero las autoridades seguían temerosas, particularmente tras ver el golpe fatal sufrido por Brasil en el Mundial del cual era anfitrión, al fallar en el último momento y cederle el título a Uruguay. El atletismo, menos popular y con menores oportunidades de despertar grandes pasiones, se percibía como una opción más segura. El gobierno aportó los fondos para que un equipo grande participara en los Juegos Olímpicos de Londres de 1948, evento considerado ampliamente exitoso para Argentina, que finalizó en el decimotercer lugar en el medallero (dos medallas de oro en boxeo y otra en la maratón masculina). Los deportistas ganadores, además, recibieron medallas otorgadas por Perón en una ceremonia que tuvo lugar en el Monumental en 1949. Ese mismo año, Buenos Aires perdió por un solo voto contra Melbourne en la votación para elegir la sede de los Juegos Olímpicos de 1956.[46]

---

46. La candidatura de Argentina fue frustrada por la delegación chilena, que votó por Melbourne porque, según cuenta la leyenda, ellos ya habían estado en Buenos Aires muchas veces y deseaban visitar un lugar nuevo.

Mientras que el gobierno peronista mantuvo las distancias con el fútbol internacional, hizo todo lo posible para dominar el deporte internamente. Perón se encargó personalmente de nombrar a Óscar Nicolini y Valentín Suárez como presidentes de la AFA, mientras que Huracán (1947) y Vélez Sarsfield (1951) continuaron el camino trazado por River en cuanto a obtener apoyo oficial para la construcción de sus estadios. A cambio, el gobierno obtuvo el control: cada club tenía en algún lugar clave del poder un *padrino* vinculado a la red de Perón.

El fútbol también desempeñó un rol significativo en la política social de Perón, más notablemente a través de los Campeonatos Evita, que comenzaron en 1950. Abiertos a cualquier equipo de niños que se presentara en las oficinas de la Fundación Eva Perón, los campeonatos funcionaron eficazmente como un organismo de bienestar que proveía los equipos deportivos y enviaba a los jugadores a exámenes médicos obligatorios, vacunaciones y rayos X. Las finales se realizaban en Buenos Aires y eran precedidas por el himno nacional y una marcha dedicada a Eva Perón, antes de que ella misma hiciera el saque de honor.

Los torneos eran significativos no solo en sí mismos, en las oportunidades que brindaban a los jóvenes talentos argentinos y en la utilización del fútbol como herramienta de desarrollo social, sino también porque la celebración de la infancia es importante para la imagen del fútbol argentino. «En su noción del pibe —escribió el sociólogo Sergio Levinsky—,[47] Borocotó no solo señaló su juventud, sino también su frescura, espontaneidad y libertad, valores asociados con la infancia que a menudo se pierden en la madurez, al asumir responsabilidades.»

En este sentido, parece muy sugestivo que haya sido Eva Perón quien se pusiera al frente de los torneos infantiles. Eva, que había llegado a Buenos Aires desde el interior con la ilusión de convertirse en actriz en la década de 1930, se casó con Perón en 1945[48] y logró reinventarse. Hizo falsificar su parti-

---

47. En un artículo publicado en el número doce de *The Blizzard*.
48. Evita fue la segunda esposa de Perón. Perón había contraído matrimonio por primera vez con Aurelia Tizón, apodada *Potota*, en 1929, dos meses después de la muerte de su padre. Su mujer falleció de cáncer de útero en 1938, a la edad de treinta y seis años. Notablemente, la biografía de Perón escrita por Enrique Pavón Perey-

da de nacimiento para que pareciera que sus padres estaban casados cuando ella nació. Así fue como Eva Ibarguren (el apellido de soltera de su madre), nacida en 1919, se convirtió en Eva Duarte (el apellido de su padre), nacida en 1922. Argentina seguía siendo una tierra donde cualquiera podía reinventarse, y si lograrlo conllevaba un poco de pillería y de viveza, pues estupendo.[49] Evita trabajaba con energía prodigiosa y solía dormir solo dos o tres horas por día, porque dirigía muchas de las organizaciones sociales y de caridad de Perón, con lo que se granjeó la idolatría de las masas. A finales de la década de 1940, Eva poseía una juvenil vitalidad, una frescura que, para bien o para mal, significaba que ocupaba un espacio liminal similar entre la infancia y la adultez, al igual que el pibe. «En muchos sentidos —escribió el embajador británico en Buenos Aires—, Evita Perón era una escolar ambiciosa, voluntariosa y en busca de sí misma que nunca había crecido. Argentina... seguía siendo un país adolescente.»

Y siguió siendo por siempre joven. El 9 de enero de 1950, Evita sufrió un desmayo en público. Tres días más tarde, fue sometida a una operación; aunque se anunció que le habían practicado una apendicectomía, en realidad le habían diagnosticado cáncer del cuello uterino. Después de la reelección de Perón en 1951, Evita se sumó a su marido en un desfile en automóvil descubierto por Buenos Aires. Para ese momento ya estaba demasiado frágil para mantenerse en pie, pero la mantuvieron erguida con un armazón de alambre y yeso oculto debajo de un abrigo largo de piel, un acto de considerable fuerza de voluntad que, con el tiempo, llegaría a ser visto como una imagen grotesca del estado de la economía: un cuerpo gravemente enfermo sostenido por un apoyo invisible y arti-

---

ra en 1952, que se convirtió en el libro de referencia, no menciona a Aurelia, presuntamente porque el sentimiento generalizado era que la existencia de Potota, de algún modo, debilitaba el mito de Evita.

49. Las triquiñuelas de Evita con respecto a su fecha de nacimiento remiten a las artimañas de Helenio Herrera, el gran entrenador del Barcelona y del Internazionale y amante del *catenaccio*, quien nació probablemente en Buenos Aires en 1910, pero de quien se dice que modificó su partida de nacimiento para que se leyera 1916: para ese entonces ya estaba en Casablanca, adonde sus padres habían emigrado en 1914.

ficial. Falleció el 26 de julio de 1952. Su muerte dio lugar a una extraordinaria manifestación pública de dolor. La mañana de su fallecimiento, cuando su cuerpo fue trasladado al Ministerio de Trabajo, ocho personas perecieron en la avalancha y otras dos mil fueron hospitalizadas: la primera prueba de que el culto por Evita sobreviviría durante mucho tiempo tras su muerte.[50]

50. La primera víctima del culto fue el hermano de Evita, Juan Duarte, quien el 9 de abril de 1953, tres meses después de ser suspendido de su cargo de secretario privado de Perón, debido a acusaciones de corrupción, se acostó en la cama donde ella había fallecido frente a una foto de su hermana y se disparó en la cabeza. Su cuerpo fue trasladado a su propia cama, un intento torpe de proteger la memoria de Evita que dio lugar a especulaciones que apuntaban a que Juan Duarte había sido asesinado.

14

El Dorado

*E*l poder cada vez mayor de los sindicatos se sentía también en el fútbol. El advenimiento del profesionalismo había postergado el problema, pero no lo había resuelto: los jugadores de todo el continente estaban frustrados por los malos salarios y la falta de seguridad. En 1939, José Nasazzi encabezó una huelga de jugadores en Uruguay. Cinco años más tarde, el establecimiento de una liga profesional en México atrajo jugadores de Uruguay y de Argentina cansados de las condiciones locales. Ese mismo año se fundó el primer sindicato argentino de jugadores: Futbolistas Argentinos Agremiados. En 1948 demandaba el reconocimiento de las autoridades, la búsqueda de un salario mínimo y libertad de contrato. Al principio, los clubes simplemente ignoraron al sindicato, pero, cuando se convocó una huelga para abril de 1948, obtuvieron reconocimiento oficial. Eso pospuso la disputa, pero los problemas subyacentes se mantuvieron y la huelga fue convocada nuevamente en julio. El fútbol, ante la incredulidad general, paró. El gobierno intervino y estableció un tribunal de arbitraje. Eso le permitió continuar, pero las conclusiones del tribunal no satisficieron a los sindicatos y los jugadores volvieron a la huelga en noviembre.

En otro momento, los clubes podrían haberse mantenido firmes y los jugadores podrían haber abandonado, pero la huelga coincidió con eventos importantes que ocurrieron a cinco mil kilómetros al noroeste. A la una en punto del 9 de abril de ese año, el abogado Jorge Eliécer Gaitán, líder del Partido Liberal y firme oponente al uso de la violencia en la política, abandonó su oficina en la calle Séptima en Bogotá. A las dos tenía una reunión con un ambicioso abogado cubano de veintiún años llamado Fidel Castro, pero antes quiso almorzar. Junto con su amigo Plinio Mendoza Neira, Gaitán partió hacia el hotel Continental, a cinco minutos a pie. Nunca llegó. Un asesino se acercó, sonaron cuatro disparos y, cinco minutos antes de la hora programada para encontrarse con Castro, Gaitán fue declarado muerto en un hospital local. Durante la década que siguió, alrededor de trescientos mil colombianos murieron en las réplicas del asesinato.

Las autoridades colombianas vislumbraron el problema que se avecinaba y buscaron desesperadamente una solución. «El fútbol era lo único en lo que el gobierno podría pensar para controlar y calmar a la población después de la muerte de Gaitán», dijo Guillermo Ruiz Bonilla, el más respetado historiador del fútbol de Colombia, al periodista Carl Worswick.[51] «No había nada más que se acercara siquiera», añadió. Las autoridades argentinas no podían haberlo anticipado, pero el nuevo torneo tuvo un efecto profundo. El Dorado, como pronto lo llamaron, era una alternativa viable al torneo local, ofrecía sueldos elevados y estaba reclutando jugadores ávidamente.

A medida que la relación entre la liga colombiana y su propia federación empeoró, quedaron desafiliados. Lejos de ser el golpe que se esperaba que fuese, la expulsión fue como una liberación. Significaba que la liga colombiana ya no formaba parte de la FIFA, y eso a su vez implicaba que sus clubes tenían carta blanca para contratar a quien quisieran porque no había autoridad que los detuviese.

A principios de 1949, Millonarios nombró al exdefensa de Platense y Quilmes, Carlos *Cacho* Aldabe, como su jugador-mánager. Al darse cuenta de que era amigo de Pedernera, todavía uno de los mejores jugadores del mundo en ese momento, aunque para entonces ya había pasado de River a Huracán, Senior envió a Cacho a Buenos Aires para que lo contratara.

Cacho tomó el avión con una maleta con cinco mil dólares; Senior admitió más tarde que estaba aterrorizado de que no volviera. Cacho se encontró con Pedernera, quien, a los treinta años

---

51. En un artículo en el número siete de *The Blizzard*.

y con la huelga sin mostrar signos de solución, estaba preocupado por no volver a jugar. Pedernera dijo su precio: cinco mil para firmar, más un salario mensual de doscientos. Eran cifras astronómicas y Cacho no estaba seguro de que ni tan siquiera los Millonarios pudieran llegar. Le envió un telegrama a Senior y recibió una respuesta inmediata: «Tráelo». Nadie se molestó en avisar a Huracán, y mucho menos en indemnizarle. «Era como una bomba explotando» le dijo a Worswick Efraín, el Caimán Sánchez, un portero colombiano que había llegado a San Lorenzo en 1948. «Los argentinos consideraban que su fútbol era el mejor del mundo, y perder a sus estrellas les dolía mucho.»

Mientras en Argentina se enojaban, cientos de fans saludaban a Pedernera en el aeropuerto de El Dorado. Al día siguiente, Millonarios se enfrentó al Atlético Municipal de Medellín. Debido a la huelga, Pedernera estaba fuera de forma y no jugó, pero aparecieron quince mil para darle la bienvenida. Senior ganó diecisiete mil dólares con las entradas, y así cubrió el salario anual de Pedernera en una tarde. Pedernera debutó contra Deportes Caldas el 26 de junio de 1949, manejando el juego para la victoria de Millonarios por 3-0.

Pronto, sin embargo, se hizo evidente que la relativa falta de calidad de sus compañeros de equipo lo estaba limitando, por lo que Senior envió a Pedernera de vuelta a Argentina para reclutar a más estrellas descontentas. Regresó con Néstor Rossi y Alfredo di Stéfano. Millonarios promedió casi cuatro goles por partido y ganó el título de 1949.

Para Di Stéfano, el movimiento tuvo ramificaciones profundas. Su abuelo paterno había emigrado a Argentina desde Capri, mientras que su madre era de ascendencia francesa e irlandesa. Nació en el barrio de Barracas en 1926 y debutó con River once días después de cumplir diecinueve años. Aunque su potencial era obvio, ese fue el único partido que Di Stéfano jugó con River en esa temporada; al año siguiente fue cedido a Huracán. De regreso en River, marcó veintisiete goles en treinta partidos, y el equipo terminó segundo detrás de Independiente. Además, anotó seis en seis partidos con la selección nacional al ganar la Copa América de 1947 en Ecuador. Es más que probable que, de no haber habido huelga, se hubiera convertido en una de las grandes estrellas de River y de Argentina. Se fue a Colombia, donde triunfó. Cuando Millonarios venció al Real Madrid por 4-2 en un amistoso en 1952, llamó la atención de varios clubes españoles, y después de una disputa legal entre el Barcelona y el Madrid, terminó uniéndose a este en 1953. Allí, la Saeta Rubia fue reconocido como uno de los mejores jugadores de todos los tiempos. Él fue uno de los tres jugadores en disputar las cinco Copas de Europa sucesivas que el Madrid ganó al final de la década. Nunca volvió a jugar en Argentina y, aunque regresó para dirigir tanto a River como a Boca, siempre quedó una sensación de que su genio se vivió en la distancia.

El éxodo en Argentina continuó y la furia de los argentinos aumentó. Pero como tanto las autoridades como el sindicato se negaban a ceder, no se podía culpar a los jugadores por abandonar la huelga para buscarse la vida en Colombia. Aunque el campeonato argentino continuaba, a pesar de las dificultades, en 1951 había ciento treinta y tres argentinos jugando en Colombia, lo que tuvo consecuencias devastadoras para la calidad del torneo argentino. Ese año, Pedernera fue nombrado jugador-mánager de Millonarios. Aplicó las lecciones que había aprendido con la Máquina a su equipo de estrellas y los resultados fueron impresionantes. Millonarios ganó veintiocho de treinta y cuatro partidos en esa temporada. Sin embargo, fue el estilo con que lo hicieron, la mezcla de lo técnico y lo artístico, lo que los hizo legendarios. Ese fue el Ballet Azul, el apogeo de la estética argentina que se desarrolló en Bogotá.

Sin embargo, en 1951 llegó el comienzo del fin para El Dorado. Ese agosto, la liga llegó a un acuerdo con la FIFA: se levantó la suspensión de Colombia, pero solo con la condición de que los jugadores regresaran en 1954 a sus antiguos clubes o se pagara por los traspasos. Entonces, Argentina prohibió los traspasos. Millonarios ganó el título en 1952 y 1953, pero a medida que los jugadores comenzaron a irse, el campeonato se desinfló y la guerra civil se intensificó. «Fue terrible: sin fútbol, la violencia explotó», dijo el historiador Guillermo Ruiz. A medida que El Dorado decaía y los jugadores regresaban a casa, el torneo argentino también comenzó a volver a la normalidad y pudo retroceder a su cómoda creencia de ser el mejor del mundo.

15

Volver a casa

$\mathcal{A}$ medida que en 1948 la amenaza de la huelga de jugadores se había intensificado, en vez de resolver la cuestión de los salarios, la AFA se preocupó por el arbitraje. Tanto éxito había tenido Isaac Caswell (y, por ende, tan bajo era el nivel de los árbitros argentinos) que en 1948 la AFA reclutó a ocho árbitros británicos para que se hicieran cargo de los partidos más importantes, asignándole a cada uno de ellos un intérprete para ayudarlos a completar los informes de los partidos.

El plan no fue un éxito indiscutible, y los árbitros británicos no siempre evitaban la controversia. Después de que uno le concediese un penalti a cada equipo en los últimos cinco minutos de un partido entre Racing y Platense, fue apedreado por la multitud y tuvieron que sacarlo en una furgoneta de la policía. «Saquen al señor Bob Turner y la mala suerte [sic]», tituló un diario local, y lo tradujeron al inglés en un intento de que el mensaje llegara.

Inicialmente, el fútbol que los árbitros británicos dirigieron estuvo condicionado en gran parte por la huelga. En medio del éxodo hacia Colombia, el único club que no perdió jugadores fue Racing, el equipo respaldado por Ramón Cereijo, ministro de Hacienda de Perón, que ganó el campeonato tres años seguidos entre 1949 y 1951. Incluso se rumoreaba que se había advertido a los jugadores de que cualquier solicitud de pasaporte para emigrar sería rechazada.

La reputación de Guillermo Stábile como técnico sufrió graves daños en la Copa del Mundo de 1958, pero en la década anterior tuvo un gran éxito; creó un equipo de Racing agresivo y emocionante, basado en la gambeta y el remate de Norberto, *Tucho*, Méndez, que había llegado al club desde Huracán en 1947. «He tenido tres amores en mi vida —dijo Méndez después de retirarse—: Huracán fue mi novia, Racing fue mi esposa y Argentina fue mi pasión.»

En cualquier caso, Racing fue aún más fuerte en la temporada siguiente, cuando se trasladaron al estadio Presidente Juan Domingo Perón, conocido más popularmente como El Cilindro, ese gran coloso de hormigón en Avellaneda y que sigue siendo su estadio. El antiguo extremo de Boca Mario Boyé regresó de Génova tras pasar por Colombia para ocupar una posición a la izquierda, donde formó un dúo muy efectivo con el tenaz Ernesto Gutiérrez. Racing aún perdió diez partidos, pero terminó con ocho puntos de ventaja sobre Boca, marcando ochenta y seis goles (nueve más que San Lorenzo y diecisiete más que cualquier otro en esa temporada).

El tercer título fue el más peleado, ya que Racing y Banfield terminaron igualados. El partido de ida del desempate terminó 0-0; el de vuelta lo ganó Racing 1-0 con un gol de Mario Boyé. Esos son hechos simples, pero este es un caso en el que los hechos simples son una fracción de la historia.

Los mitos y los rumores han crecido alrededor del fútbol. Se dijo que Evita, gravemente enferma de cáncer en ese momento, era hincha de Banfield y estaba desesperada por que su equipo ganara; hizo su primera aparición pública después de una intervención quirúrgica el día antes del partido de vuelta, caminando por los jardines presidenciales; dos días después del partido, dio su primer discurso radiado tras la operación. Racing era supuestamente el equipo de Perón, aunque hay pocas pruebas de que le importara demasiado el fútbol como deporte. Se ha rumoreado que se cambiaron las reglas para negarle el título a Banfield, pero el reglamento era claro: si los equipos en la cima de la tabla estaban igualados en puntos, jugarían un desempate, como lo habían hecho River Plate e Independiente en 1932. Hubo otras historias: de Cereijo buscando favores para Racing, de automóviles ofrecidos a rivales, pero parecen haber surgido más tarde.

Lo que es cierto es que la mayor parte del apoyo popular fue para Banfield. «Gran vencedor y gran vencido», fue el titular del artículo de *Clarín*. «El chico que pretendía interferir con el prolongado monopolio de los grandes era ya un campeón después de treinta y cuatro días de partido. Ya estaba consagrado y continúa siéndolo a pesar de su derrota de ayer.»

Quince años más tarde, con Evita muerta y Perón en el exilio, el defensa de Banfield Luis Bagnato comenzó a insinuar que las fuerzas oscuras habían estado trabajando. «¿Te imaginás lo que estaba en juego? —dijo en una entrevista con *El Gráfico*—. Nuestras esperanzas se terminaron y también las de muchos que querían ver campeón a un chico [...] Prefiero no entrar en controversias, pero puedo asegurar que pasaron algunas cosas entre bambalinas. Nos quedamos con la satisfacción de ser campeones morales.»

«Evita quería que Banfield ganara», confirmó el exdelantero de Banfield Miguel Converti en 2011. «Ella tenía empatía con nosotros y estaba del lado del más débil contra el equipo poderoso que había ganado los dos campeonatos anteriores. El triunfo del más humilde iba con el peronismo por razones políticas, para poder llegar a las clases más pobres, aunque se dijo que Perón apoyaba a Racing.»

Es posible que Evita haya apoyado a Banfield, y parece que el secretario presidencial de prensa Raúl Apold visitó Banfield mientras se preparaban para el partido y les ofreció a cada uno un coche por la victoria, pero hay poca prueba de la conspiración real. De hecho, es probable que los rumores de la manipulación hayan surgido solo a mediados de los años sesenta, momento en que los recurrentes golpes de estado y la turbulencia política habían fomentado una atmósfera general de paranoia: el rumor de la conspiración apareció solo después de que la sociedad argentina fuera condicionada para ver conspiraciones en todas partes, debido a las repetidas conspiraciones en los más altos niveles gubernamentales.

16

Nuestro modo de ser

*L*a confianza del fútbol argentino en su propia superioridad se vio reforzada por una sucesión de buenos resultados internacionales a medida que el país comenzaba a salir de su aislamiento. Los hechos más significativos fueron una serie de encuentros contra Inglaterra, que continuó siendo, al menos en el imaginario argentino, el desafío más importante. Argentina fue invitada a jugar un amistoso contra Inglaterra en 1951 como parte del Festival de Gran Bretaña, la primera vez que los dos equipos se encontraban en un partido oficial internacional, con un acuerdo de reciprocidad por el que Inglaterra jugaría en Buenos Aires dos años más tarde. Un vistazo a la prensa británica sugiere que el encuentro era considerado algo cotidiano, tan solo otro pequeño paso en el camino hacia la normalización después de la Segunda Guerra Mundial. Para Argentina, sin embargo, era una oportunidad de realizar un ajuste de cuentas cuasi-colonial, de un modo cultural que le importaba a toda la nación.

El Gráfico insistía en que Argentina había «estado esperando cincuenta años». En Buenos Aires, la cobertura de los diarios comenzó semanas antes del encuentro y los medios publicaron una extraordinaria cantidad de gráficos y diagramas junto con disecciones profundas de las sesiones de entrenamiento y análisis de la alimentación de los jugadores (carne, mayormente). Existía, según aseguraba *El Gráfico*, una necesidad urgente y real de vencer a «esos que se jactan de ser los padres y los maestros de nuestro fútbol; esos que vinieron a nuestras tierras a mostrarnos cómo se juega el fútbol». Es un párrafo muy extraño que habla mucho más elocuentemente sobre las inseguridades de Argentina que acerca de la arrogancia de Inglaterra. La idea de que los ingleses dominaban a Argentina en particular porque les habían enseñado el deporte es absurda: les habían enseñado el fútbol a todos. La actitud y el fraseo, más bien, parecen recordar el discurso del propio *El Gráfico* en la década de 1920, cuando creó una identidad para el fútbol argentino (y hasta cierto punto para Argentina misma) en contraposición a los británicos.

Las informaciones previas de *La Nación* mantenían el foco sobre el contraste entre dos culturas. El partido, decía, presentaría «dos estilos de juego completamente diferentes; los pases largos, los marcajes estrictos y el contraataque que distinguen al fútbol inglés de lo que verán frente a ellos; el excelente *dribbling* y el veloz movimiento de los argentinos». Varios jugadores argentinos le temían a la destreza física de Inglaterra, y el portero Miguel Ángel Rugilo decidió que buscaría golpear la pelota en lugar de atraparla, por miedo a que un delantero inglés se le viniese encima.

Y si bien Argentina puede que no haya ido a jugar el partido con un gran sentido de inferioridad técnica, había algo del turista con ojos encandilados frente al equipo y el gran número de medios que cubrían su visita en Londres. Los jugadores se compraron indumentaria, aspiradoras y neveras para traer de regreso. Santiago Vernazza, el delantero de River Plate que fue suplente ese día, manifestó su sorpresa por lo verde que era el césped en Wembley en comparación con las polvorientas canchas de Argentina.

Inglaterra comenzó el partido mucho mejor, con Jackie Milburn haciendo lucir a Rugilo y Stan Mortensen cabeceando justo antes de conseguir un córner tras dieciocho minutos de juego. Rugilo no pudo ni atrapar ni despejar la pelota. No sabía ni dónde estaba. Pero tuvo suerte ya que el balón rebotó en el segundo palo y Labruna lo despejó. Rubén Bravo, con una volea de talón, le devolvió la pelota velozmente a Labruna, quien dribló al guardameta inglés Bert Williams. Luego levantó el balón sobre la portería para que

Mario Boyé cabeceara a gol. Más tarde, Boyé lo describió como el más grande momento de su vida. Por un segundo, pareció abrumado, sin poder creer lo que había hecho, como dijo Geoffrey Green en *The Times*, «pleno de excitación, volvió corriendo hacia el centro como si hubiese conquistado el mundo», brincando y saltando con una alegría sin límite. Lentamente, Argentina fue echándose hacia atrás. Rugilo, con su bigote saturnino y sus pantalones inusualmente cortos, comenzaba a perfilarse como el héroe, porque había salvado varias pelotas y se deleitaba jugando para la multitud, balanceándose colgado del travesaño mientras los disparos pasaban por encima y haciendo una reverencia tras atrapar la pelota. En dos ocasiones, Milburn remató al el poste antes de que, finalmente, once minutos antes de concluir el partido, Inglaterra lograra igualar en su córner número catorce. Harold Hassall recogió el centro de Tom Finney y Mortensen desvió la pelota cerca de la portería. Poca cosa pudo hacer Rugilo.

Ahí estaba la debilidad aérea que Argentina había temido tanto. Siete minutos más tarde, Ramsey centró desde la derecha, Mortensen cabeceó hacia abajo y Milburn, libre de marca, empujó la pelota sobre la línea de gol. Rugilo estaba fuera de sí.

Era un partido que parecía satisfacer a ambos bandos. El respeto mutuo era evidente cuando los jugadores abandonaron el terreno de juego al finalizar el partido. Inglaterra había conservado su condición de invicta en Wembley. Además, aunque había estado por detrás en el marcador hasta el minuto setenta y nueve, podían decir que había dominado el partido. Por su parte, Argentina volvía a su país con honor: durante once minutos había ido ganando.

Pocos días más tarde, Argentina vencía 1-0 en Irlanda y retornaba triunfante: enormes multitudes esperaron a la selección en Ezeiza. «No podemos competir con la extraordinaria preparación del fútbol inglés y la actitud colectiva de sus jugadores, su precisión y los detalles planeados —dijo Valentín Suárez, presidente de la AFA—. Luego de observar el fútbol inglés de primera mano, sigo creyendo que el fútbol argentino es mejor para observarlo, y si podemos adoptar algunas de las virtudes del juego inglés, como al competir por primera vez, sería un ejemplo para el mundo.»

El viaje de Inglaterra a Argentina en 1953 debía incluir dos partidos, el primero promocionado como un *match* de un once la Liga de Buenos Aires contra otro de la FA; el segundo, un encuentro internacional. Nuevamente había una clara sensación de temblor cultural, como indicaba la descripción de Inglaterra, hecha por *Clarín*, como «gigantes de otro mundo». Había algo de tensión respecto a la cordialidad que hubo durante la visita de Argentina a Londres. El equipo inglés fue invitado a realizar los habituales *tours*: visitó el hipódromo de San Isidro, puso una ofrenda floral en la tumba de Eva Perón y asistió a una recepción en la residencia presidencial, pero Perón deliberadamente avivó el sentimiento nacionalista, sacando el tema de las islas Malvinas por primera vez.

En el primer tiempo del partido, los locales estuvieron cerca del gol en un par de ocasiones. Sin embargo, cuando faltaban cuatro minutos para el descanso, su vulnerabilidad en el juego aéreo quedó de nuevo en evidencia: Tommy Taylor marcó de un cabezazo a la salida de un córner lanzado por Jack Froggatt. Solo pasó un minuto antes de que Argentina igualara gracias a un disparo que llegó a ser conocido como «el gol imposible». Carlos Lacasia levantó la pelota en el medio del campo y le hizo un pase corto a Carlos Cecconato, quien envió largo a la izquierda a Ernesto Grillo. Este dejó atrás a Billy Wright, giró alrededor de Tommy Garrett, antes de dejar a Malcolm Barras en el suelo con una finta. Al llegar al área, Ted Ditchburn, el portero, salió a su encuentro, pero se tiró demasiado pronto, cosa que permitió a Grillo elevar la pelota sobre él y hacia el ángulo superior. Sigue siendo un gol tan icónico que una enorme impresión del mismo cuelga en el vestíbulo del Players Union.

Desde ese momento, el once de Buenos Aires se volvió imparable: un gol de Rodolfo Micheli y un segundo de Grillo completaron una victoria por 3-1. Mientras Inglaterra le restaba importancia a una derrota en lo que era para ellos solo un precalentamiento, Perón declaró que el aniversario del éxito, el

14 de mayo, sería de ahí en adelante conocido como Día del Futbolista.[52] «Nosotros decimos que es el día en que nació el fútbol», comentó Micheli.

Tres días más tarde, domingo, llegó el partido internacional. Inglaterra, subrayando el diferente nivel de seriedad con el que se tomaba los dos encuentros, introdujo siete cambios. Argentina solo dejó fuera al lesionado Cecconato; lo reemplazó Tucho Méndez. El día amaneció cálido y seco, lo que llevó a Billy Wright a comentar que le encantaría una gota de lluvia. Para las 13.25, su deseo se hacía realidad. A las 14.00, los cielos se habían oscurecido y arreciaba una tormenta torrencial. Para la hora de comienzo del partido, las 15.00, había charcos en la cancha, y a las 15.22, el árbitro, Arthur Ellis, decidió sacar a los jugadores del campo. Un poco más de diez minutos después, suspendió el partido oficialmente. La multitud, que se había preparado para el encuentro con tanta anticipación, estaba furiosa y arrojó una lluvia de naranjas tanto a las autoridades futbolísticas como a los jugadores.

En su frustración, Argentina se aferró al primer partido, que elevó al estatus de partido internacional oficial. La FIFA se puso del lado de Inglaterra, al reconocer solamente el segundo. Oficial o no, era una victoria de importancia simbólica enorme para Argentina. «Ganamos el partido con una demostración de calidad —dijo *Clarín*—. El estilo criollo siempre puede superar el método inglés. Sabemos cómo vencer las tácticas europeas; nuestro estilo es el mejor para nuestra idiosincrasia. No necesitamos ideas extranjeras: los hinchas argentinos desean virtuosismo, belleza y glamur». Se reivindicó el estilo criollo, y la gloria de «la Nuestra» fue realzada: «el nuestro», el estilo que había vencido a los gringos.

---

52. En Argentina existe una obsesión por dedicar un día a diversas profesiones. Los trabajadores de pizzerías y restaurantes de pasta, por ejemplo, celebran su día el 12 de enero; los cerveceros, el 19 de enero; la policía aeroportuaria, el 22 de febrero; los decoradores y cristaleros, el 12 de abril; los periodistas, el 7 de junio; los cartógrafos, el 26 de junio; los historiadores, el 1 de julio; los peluqueros, el 25 de agosto, y los árbitros y subastadores, el 11 de octubre. En total hay más de ciento cincuenta «días» oficialmente reconocidos.

17

El cénit y más allá

$\mathcal{A}$ pesar de toda la positivismo alrededor del fútbol argentino a principios de los años cincuenta, la AFA no envió un equipo a la Copa del Mundo de 1954. Oficialmente, la AFA mantenía un conflicto con la FIFA, pero hubo sospechas de que Perón había vetado el ingreso cuando las autoridades de la AFA admitieron que no podían garantizar el éxito. La desolación que había sufrido Brasil cuando perdió la Copa del Mundo de 1950 como anfitriona fue terrible: las noticias de suicidios en masa pueden ser fantasiosas, pero el trauma psicológico de la derrota ante Uruguay en el partido final fue bastante real. Como describió el dramaturgo Nelson Rodríguez, el Maracanazo fue la primera gran tragedia nacional de Brasil. Teniendo esto en cuenta, la prudencia de Perón quizás fuera comprensible, pero vista en perspectiva parece una oportunidad perdida. Los comienzos de los años cincuenta representaron el punto más alto tanto para Perón como para el fútbol; la interconexión fue clara por la forma en que el presidente de Boca, Alberto J. Armando, dedicó el triunfo de su equipo en 1954 al presidente de la nación, «al hombre que había sabido dar al deporte argentino el contenido y la vitalidad con que se encuentra en el momento, con repercusiones internacionales que lo han reconocido como el primer deportista del mundo».

En 1954, la venta de entradas alcanzó un récord al que nunca volvió, a la vez que Perón perdía el control de la economía. Una vez que las reservas del país se agotaron, su programa redistributivo tuvo que desacelerarse. La producción agrícola estaba

157

cayendo, perjudicada por una serie de infortunios meteorológicos entre 1950 y 1952, que destruyeron cantidades significativas de cultivos. En respuesta, Ramón Cereijo reorientó la economía hacia las exportaciones. En 1952 se introdujo un Plan Nacional de Austeridad para intentar recuperar el capital, pero ese proceso se vio obstaculizado por una cláusula de la Constitución de 1949 que prohibía la reexportación de ganancias. En 1953, la inflación estaba en alza, pero no los salarios. Mientras tanto, el celo reformista de Perón había comenzado a sacudir los pilares del *establishment* argentino. En 1953, una turba peronista incendió el Jockey Club argentino, un ataque al centro social de las clases altas, y destruyó el retrato de don Antonio de Porcel, obra de Goya, entre muchas otras pinturas, y unos cincuenta mil libros. Cuando alguien llamó a los bomberos, respondieron: «No tenemos instrucciones de apagar un incendio en el Jockey Club». Al año siguiente, Perón puso su atención en la Iglesia católica,[53] que le retiró su apoyo cuando ignoró su oposición a legalizar el divorcio y a poner las escuelas religiosas bajo control estatal. Nuevamente, las franjas extremistas que lo apoyaban se volvieron pirómanas e incendiaron las iglesias.

El papa respondió excomulgando a Perón y a su gobierno. En 1954, Perón estaba agotado. Se acercaba a los sesenta años, había desarrollado un tic nervioso en su ojo derecho y tenía una compañera de catorce años, Nelly Rivas.[54] Más que nunca, estaba seduciendo a los sindicatos y los salarios aumentaban rápidamente. La consecuencia fue el aumento de la inflación, lo que combinado con los ataques a la Iglesia resultó demasiado.

En junio de 1955, el almirante Samuel Toranzo Calderón organizó un intento de golpe, pero el mal tiempo retrasó su

---

53. Aunque insistió en que era católico y dijo que creía en «la palabra de Cristo», Perón también dijo que rechazaba los «ritos» de la Iglesia porque han sido «hechos por los hombres», un argumento que solía usar para tratar de debilitar el poder político de la Iglesia, sin darse cuenta de que de ese modo estaba definiéndose esencialmente como protestante.

54. Crassweller observa que la relación de Perón con Rivas era «más paternal que concupiscente», y parece que generalmente en sus relaciones con las mujeres ha buscado compañerismo en lugar de erotismo, pero, aun así, no se puede negar que «Perón [...] se aprovechó de una joven e inexperta adolescente [...] y ciertamente había un elemento carnal en el enlace».

intento de bombardear la Casa Rosada,[55] de modo que Perón se había ido de allí cuando se lanzó el ataque. Con soldados de la marina combatiendo en las calles, murieron alrededor de doscientas personas. Perón se dirigió a las masas de simpatizantes reunidos en la plaza de Mayo con palabras que se han vuelto más escalofriantes con el paso del tiempo, cuando ya conocemos la historia de los veinticinco años siguientes.: «A la violencia le hemos de contestar con una violencia mayor. Con nuestra tolerancia exagerada nos hemos ganado el derecho de reprimirlos violentamente. Y desde ya establecemos como una conducta permanente para nuestro movimiento: aquel que en cualquier lugar intente alterar el orden en contra de las autoridades constituidas o en contra de la ley o de la Constitución, ¡puede ser muerto por cualquier argentino! [...] ¡Y cuando uno de los nuestros caiga, caerán cinco de los de ellos!»

Pero las fuerzas organizadas contra él eran demasiado poderosas. El 20 de septiembre, un núcleo conservador de los líderes militares e industriales envió un ultimátum a Perón: renunciar o enfrentarse a un golpe. Hubo quienes instaron a Perón a reunir a los sindicatos y resistir, pero, temiendo un baño de sangre, huyó al exilio en Paraguay.[56] Perón fue reemplazado primero por el general nacionalista católico Eduardo Lonardi,[57] quien insistió en que estaba dirigiendo una «revolución libertadora contra un tirano», con el eslogan «Cristo vence». Pero, al cabo de dos meses, enfermo del corazón, fue depuesto y reemplazado por el general de línea dura Pedro Aramburu. Cuando, en 1956,

55. La Casa Rosada es la sede ejecutiva y la oficina (pero no la residencia) del presidente de la República Argentina. Situada en el extremo este de la plaza de Mayo, fue inaugurada oficialmente en 1898 bajo la presidencia de Julio Roca.

56. Se dice que uno de los generales le dijo a Perón: «Si yo fuese el presidente, no me rendiría. Insistiría en luchar», a lo que se supone que Perón respondió: «Yo haría también eso si fuese solamente un general».

57. Lonardi también había reemplazado a Perón como agregado militar en la embajada argentina en Santiago en 1938. Perón había establecido una pequeña red de inteligencia durante su estancia en el cargo y había acordado obtener planes de contingencia chilenos para una eventual guerra con Argentina. Antes de irse, ya se había vuelto sospechoso, pero no se dio cuenta, o no advirtió a Lonardi, quien fue vergonzosamente aprehendido en el acto de fotografiar esos documentos junto con el dinero para pagar a su informante. Lonardi fue expulsado rápidamente de Chile; tal vez por eso guardara rencor a Perón.

leales peronistas dentro del ejército lanzaron una contrarrevolución, Aramburu autorizó la detención ilegal y la ejecución de disidentes. El partido peronista fue prohibido y se convirtió en delito mencionar siquiera los nombres de Juan o Evita Perón como parte de un proceso de desperonización concertada.

Para el fútbol, acostumbrado a los préstamos blandos, los padrinos y una perspectiva cautelosa cuando se trataba de competencias internacionales, eso implicó cambios profundos.

La creciente confianza de Perón había llevado a un mayor contacto internacional (de lo cual los partidos contra Inglaterra eran el signo más obvio), y tras haberse saltado la Copa América de 1949 y 1953, Argentina volvió a competir en Chile en 1955. No hizo nada para disimular su sentido de superioridad. Solo Perú consiguió quitarles un punto. Así pues, ganaron su décimo título y el cuarto consecutivo de los torneos en los que habían participado. Con seis de ventaja sobre Uruguay, hicieron un total de dieciocho goles en cinco partidos (ocho de Micheli, tres de José Borello y tres de Ángel Labruna). Su victoria fue aplastante. Lo que plantea una pregunta obvia: dado que Argentina era tan buena, tan claramente mejor que todos los demás en el continente, ¿de qué estaba tan asustado Perón? Es casi como si Argentina se hubiera acostumbrado tanto a ganar que la posibilidad de la derrota era más alarmante que las posibles recompensas de la victoria: mejor permitir que se asuma la superioridad que soltarla al mundo para ponerla a prueba.

El éxito de Argentina llegó a su fin en Uruguay un año después. Comenzaron la Copa América de 1956 con tres victorias antes de enfrentarse a Brasil por primera vez desde el final de la carrera de Salomón, en la final del torneo de 1946. Luizinho anotó el único gol cuando faltaban dos minutos y consiguió la primera victoria de Brasil sobre Argentina en el torneo desde 1922. Una victoria sobre los anfitriones en la final habría asegurado el título a Argentina, pero la selección volvió a perder 1-0. Había pruebas de que la hegemonía de Argentina no era tan segura como antes.

En cierto sentido, el fracaso por un margen estrecho solo hizo que lo que pasaría después fuera más agradable, ya que

Argentina recuperó la corona en Perú. La victoria de los carasucias fue la apoteosis de «la Nuestra». No solo fue otro campeonato. La manera en que Omar Orestes Corbatta deslumbró como *wing* (o extremo) y el Trío de la Muerte de Humberto Maschio, Antonio Angelillo y Omar Sívori marcó gol tras gol fue una perfecta demostración de los ideales del fútbol argentino. Sívori, de River Plate, tenía veintiún años, era un regateador explosivo con una cabeza grande (su tamaño le valió el apodo del Cabezón), lucía una pelambrera negra, huecos entre los dientes y una sonrisa torcida. Era la imagen del pibe, el chico pobre y autodidacta que Argentina idolatró como el ejemplo perfecto de cómo jugar. Angelillo, delantero centro de Boca Juniors, tenía diecinueve años y lucía un bigote fino y un cabello bien arreglado. Maschio, de Racing, *el Bocha*[58] (como lo llamaban), era el más viejo del trío a los veinticuatro años, con raya en medio y mirada penetrante. Juntos eran imparables.

Pero no era solo el Trío de la Muerte, algo que a Maschio le gustaba aclarar. Estaba su compañero de Racing, Omar Orestes Corbatta, un brillante driblador, con su vida aún lejos del alcohol que más tarde lo superaría, y en el otro extremo Osvaldo Cruz, de Independiente, que entró en el equipo cuando Antonio Garabal dejó Ferro Carril Oeste para irse a España y jugar en el Atlético de Madrid.

Y en el centro, quizás el más importante de todos, estaba Néstor, *Pipo*, Rossi, el gran caudillo. La mística de los carasucias creció porque sus hazañas existieron en gran medida en la imaginación del público: se convirtieron en un mito, en algo inaccesible, en un ideal de ensueño. «Nadie en Argentina tuvo la oportunidad de ver a ese equipo», dijo Maschio. No había televisión. Solo podían oírnos en la radio. La única oportunidad que la gente tuvo para vernos fue en tres partidos amistosos [antes del torneo] y fueron muy halagadores. Superamos a una selección del interior por 8-1, luego ganamos a Huracán por 3-1 y más tarde vencimos a otro equipo del interior por 6-0, lo que ayudó a crear una cierta fama.» Fue en esos partidos cuando el

---

58. La palabra argentina para una madera usada en cuencos; se refiere a la forma de su cabeza.

técnico Guillermo Stábile, quien había sido el máximo goleador en la Copa del Mundo de 1930, empezó a darse cuenta de que se estaba formando algo especial, como le dijo a *El Gráfico* años después.

En las prácticas teníamos la sensación de que estábamos viendo una línea de ataque excepcional. Se entendían como si siempre hubiesen jugado juntos. Su fuerza estaba en la combinación: viejas virtudes con un ritmo moderno. Y detrás de ellos tenían un bloque defensivo experimentado y eficiente [...] el eje del equipo, sudando calidad e inyectando fútbol, era la voz cantante, *Pipo* Rossi: «Corré, *Bocha*, no te quedes, *Zurdo*, levantá la cabeza, no te muestres demasiado. Enrique, pasala, los otros también pueden jugar. *Corbatita*, ¿a quién estás marcando? Marcá a alguien, ¿me querés muerto?»

Stábile no solo se concentraba en el fútbol, algo que se hizo evidente en Perú: «Solía quitarnos las chicas —dijo Maschio, cuyo interés por las mujeres era legendario—. Sívori empezó a salir con la telefonista del hotel y yo salía con una de sus amigas. Y cuando las chicas nos llamaron, nos dijo: "Dame el teléfono. Quiero hablar con ellas". Siempre trató de robarnos las conquistas. Era muy guapo. No teníamos chance».

El estilo que Argentina mostró en los partidos previos continuó en Lima, donde empezaron con una victoria por 8-2 sobre Colombia. Siguieron venciendo a Ecuador 3-0 y a Uruguay 4-0. Una victoria por 6-2 sobre Chile significó que un triunfo sobre Brasil en el penúltimo partido aseguraría el título. Brasil era la favorita antes de comenzar el torneo y había acumulado veintitrés goles en sus primeros cinco partidos gracias a la creatividad de Didí y a las definiciones de Evaristo. «Ese fue el partido más importante», dijo Maschio. Angelillo puso en ventaja a Argentina mediado el primer tiempo. Luego, el informe de *El Gráfico* dice: «Brasil mostró sus garras tratando de igualar. Argentina se atrincheró tras los gritos de su comandante Rossi. Corbatta siguió corriendo y distrajo a Didí. Sívori siguió gambeteando y la frialdad de Maschio aguardaba un contraataque letal». Y, finalmente, después de numerosas oportunidades de definir el partido, llegaron esos dos goles en los últimos tres minutos. La reacción en Brasil fue salvaje. «El equipo no hizo nada —dijo el dramaturgo y periodista de fútbol Nelson Rodrigues—. Absolutamente nada. Terrible técnica, táctica y psicológicamente, nos salvamos, sin duda, de una paliza astronómica.»

Todavía quedaba un partido por jugar (de hecho, terminaron siendo dos) «El embajador argentino en Perú se llamaba general [Roberto Tomás] Dalton», recordó Maschio.

Cuando vencimos a Brasil por 3-0 ya habíamos ganado el campeonato, pero todavía nos quedaba el último partido contra Perú el sábado. El jueves, Stábile nos dijo que teníamos libres los días antes de ese partido. Todo el equipo salió a celebrar, excepto Dellacha, Angelillo y yo. Compartíamos una habitación. Dellacha era como un padre para nosotros: nos cuidaba y no nos dejaba salir. Acababa de presentarnos a unas amigas en la playa. Perdimos 2-1 ante Perú y Dalton estaba furioso. Él pensó que porque éramos campeones era imposible que perdiésemos, así que organizó una revancha. Stábile dijo que los que quisieran irse eran libres de hacerlo, pero el resto de nosotros vivíamos como si estuviéramos enclaustrados. Desayunábamos en el hotel, practicábamos en El Revolver Club, luego el almuerzo, después entrenábamos de nuevo por la tarde. Después de eso, cenábamos y nos íbamos a la cama. Ganamos el segundo partido 4-1.

Aunque fueron brillantes (Pedro Escartín, el árbitro y periodista español, postuló a los argentinos como los favoritos para el Mundial de 1958), la selección no tuvo una gran acogida al volver a casa. «Recuerdo que unas pocas personas fueron a darnos la bienvenida al aeropuerto —dijo Maschio—. No pasó nada como lo que pasaría hoy en día, ni punto de comparación con la cantidad de personas que fueron cuando ganamos la Copa Intercontinental con Racing. No fue algo especial. Solo hubo unos cuantos hinchas, periodistas y nuestras familias.» Sin embargo, pronto se convirtió en algo especial: en retrospectiva, la victoria de los ángeles carasucias en Perú fue el último gran florecimiento de «la Nuestra», el estilo de juego elaborado y de ataque libre que el fútbol argentino llegó a ver como característica de su edad de oro. Al cabo de un año, estaba acabado, con la humillación ante Checoslovaquia en la Copa del Mundo en Helsing-borg, que trajó a Argentina una espiral de autorreflexión de la que nunca ha escapado del todo. El ideal de «la Nuestra», como tantos sueños argentinos, no podía resistir la realidad.

El fútbol argentino puede, como el propio país, ser un mundo de ideales imposibles e ilusorios, pero esta fue una ocasión en la que la realidad no anduvo lejos. Era eficiente técnicamente, un fútbol ofensivo jugado por un grupo de jugadores que se pasaban cada partido con un ojo puesto en la diversión nocturna y que barrió con lo mejor de lo que el resto del continente tenía para ofrecer. El fútbol argentino jamás volvería a ser tan bueno (o al menos no tan bueno mientras se mantuvo fiel a los ideales bohemios de la edad de oro).

18

El último de los ángeles

*H*umberto Maschio tenía ochenta años cuando nos reunimos en un café rodeado del crecimiento industrial de Avellaneda. Él había sugerido reunirnos a las 10.30, pero yo, preocupado por el tráfico, llegué alrededor de las 9.45. Él ya estaba sentado a una mesa frente a una cestita de medialunas.[59] Era evidente que los camareros y los otros clientes lo conocían y tuve la impresión de que pasaba mucho tiempo en ese bar, donde recibía en audiencia y flirteaba. Horas más tarde, de pie en la acera, tratando de dilucidar qué autobús tenía que tomar para volver a la capital, un camarero salió del bar corriendo. Maschio, me dijo, quería que volviera para presentarme a alguien; resultó ser Juan Carlos Rulli, su compañero de equipo en Racing, que acababa de llegar. Sentarse en cafés a hablar de fútbol, esa es su vida. «Después de cada partido en Avellaneda, venimos todos a comer pizza en este bar», dijo. Dado el nivel alcanzado por su club cuando Maschio estaba en su apogeo, hay algo conmovedor en el modo en que él y su círculo de amigos se preocupen tanto porque Racing, y el fútbol local en general, hayan sufrido una declinación tan obvia. Sin embargo, distan de ser atípicos.

Maschio pudo haberse ido de Avellaneda. Se crio allí, pero cuando fue a jugar a Italia le habría resultado muy fácil pegar el salto; a su regreso, en buena posición económica, pocos podrían haberlo culpado si hubiese elegido vivir en Buenos Aires. Pero

---

59. Variante más pequeña y dulce de los cruasanes.

no lo hizo. «No podría haberme ido de acá —dijo—. Solamente me voy cuando viajo a Córdoba a visitar a mi familia.» Lleva Avellaneda en la sangre.

«Nací acá —dijo, haciendo un gesto que abarcaba la ventana mientras una ráfaga de viento azotaba las filas de automóviles—. Pero usted sabe, estoy acá como resultado de un milagro. Mi abuelo ya había llegado a Argentina (desde Italia) y mi padre tenía que traer a sus hermanas a Buenos Aires para que no tomaran el barco solas. Pero como jugaba al fútbol para la Sampdoria, envió a un amigo a llevar a las chicas al *Mafalda*, que se hundió. Dos de las chicas se salvaron, pero la menor murió de un ataque cardíaco en la costa de Brasil. Mi padre vino más tarde y por eso es un milagro que yo esté acá. Y empecé a jugar al fútbol en la calle. En aquella época, no había tráfico. El único medio de transporte era el tranvía. Para mí y mis amigos, mi casa era como un vestuario, y había un descampado cerca con cuatro o cinco canchas. A la noche, bajo los postes de luz, jugábamos a las cabezas [juego de dos contra dos en el que se comienza cabeceando sobre la portería contraria].»

Maschio entró en el Racing en 1954, pero el grueso del equipo, que había ganado tres campeonatos consecutivos entre 1949 y 1951, aún seguía allí, así que inicialmente le costó abrirse paso. Sin embargo, transcurrido el año, después de que Juan José Pizzuti firmara por Boca, Maschio se convirtió en jugador habitual.

Cuando Pizzuti regresó después de un año, después de que Angelillo se fuera a Boca, se convirtió a los veintiséis años en el líder del equipo. Formaron una sociedad increíble. Maschio desempeñaba el rol de mediocampista ofensivo, dando pases para el delantero más veterano. «Me acuerdo de Corbatta —dijo—. Era verdaderamente generoso con todos y tenía un gran corazón. Lamentablemente, mucha gente se aprovechó de él y terminó perdido por el alcohol.»

La historia de Corbatta es trágica y tristemente típica. Lo peor es que no hubo ningún evento raro que precipitase la tragedia, ningún accidente automovilístico o asesinato, ninguna traición ni un momento de mala suerte catastrófica: era simplemente un hombre con un talento majestuoso que lo propulsó a una esfera que no estaba preparado para controlar. En el fútbol era un genio, en la vida, un desastre.

Nacido en Daireaux, un pequeño pueblo de la pampa húmeda a poco menos de quinientos kilómetros al sudoeste de Buenos Aires, se mudó con su familia a La Plata a edad temprana, tras la muerte de su padre. Nunca aprendió a leer ni escribir, hecho que lo avergonzaba: años más tarde comentó lo humillado que se sentía cuando los compañeros de equipo hablaban sobre algo que habían leído en un diario o una revista, pero en aquel entonces disimulaba su analfabetismo poniendo un diario junto a él durante las entrevistas. Finalmente, Dellacha le enseñó a garabatear su firma.

Corbatta comenzó en Estudiantes, pero el club prescindió de él a los catorce años, después de que se lesionara el tobillo. Pasó a jugar para Juverlandia de Chascomús, donde su gran habilidad para regatear y su poderoso remate persuadieron a Racing de que lo contratara en 1955. Incluso cuando alcanzó la fama (se dice que los hinchas de otros clubes se hacían socios de Racing tan solo para ver jugar a Corbatta), el jugador seguía siendo patéticamente tímido, particularmente con las mujeres. Apiadándose de él, sus compañeros de equipo le presentaron a una mujer rubia groseramente descrita como «una chica que hace la calle», pensando que un breve *affaire* mejoraría la autoconfianza de Corbatta. Inesperadamente, el jugador se enamoró de ella, se casaron y se mudaron a Banfield. Pero un día de 1959 Corbatta volvió a su casa y descubrió que ella se había marchado y la casa había sido desvalijada.

«No quedó ni siquiera una araña», dijo.

Finalmente, logró superar su timidez ante las mujeres. Tita Mattiussi, la legendaria encargada de la residencia de equipos inferiores de Racing, contó la anécdota de que una vez Corbatta saltó el muro de la concentración[60] a las seis de la mañana tras una ajetreada noche de juerga. Mattiussi lo sumergió

---

60. Desde la década de los cuarenta en adelante, los clubes argentinos reunían a sus jugadores en concentraciones (tanto un campo de entrenamiento como un hotel) la noche anterior a los partidos para asegurarse de que se concentrasen en el fútbol.

en un baño frío tres veces, pero aun así pudo oír a Corbatta decirles a sus compañeros que no recurrieran a él porque estaba tan mareado que no estaba seguro de poder incorporarse. «Pero cuando se levantó —dijo Mattiussi—, jugó como una bestia y anotó dos goles.» Como sucede con tantas otras leyendas, los detalles son algo vagos, pero incluso si se incluye alguna licencia, se puede asumir con certeza que la anécdota es verdadera en líneas generales. No por nada Corbatta fue una vez descrito como «el Garrincha argentino».

Su vida privada puede haber sido un desbarajuste, pero en la cancha era donde prosperaba, jugando con el humor que caracterizaba a la edad de oro, con ese mundo de anécdotas perdurables. En una ocasión, durante un clásico contra Independiente, Corbatta se encontró con que lo marcaba Alcides Silveira. Seguido por todas partes, no lograba meterse en el partido, así que salió velozmente de la cancha y se ocultó brevemente detrás de la policía, frente a las plateas. En un encuentro de la selección nacional contra Uruguay, en 1956, exasperó tanto a Pepe Sasía con su talento para el espectáculo que el delantero uruguayo esperó a que le hicieran una falta, corrió hacia él y lo pateó en el rostro. Corbatta perdió dos dientes; nunca se los hizo reemplazar.

Corbatta destacó como especialista en chutar penaltis; era famoso por hacer que el portero se tirara hacia el lado equivocado. De los sesenta y ocho que tiró en su carrera, convirtió sesenta y cuatro: «En los penaltis —dijo en una entrevista en *El Gráfico*—, los mataba a todos. Me plantaba cerca de la pelota para que el portero no pudiese reaccionar. Nunca directamente detrás de la pelota, siempre al costado. Le pegaba en el medio con el lado interior del pie, siempre con un golpe certero. Y siempre agachaba la cabeza, cosa de que el portero no supiese de qué lado iba a patear, y cambiaba cuando veía lo que él hacía. Y cuando se movía, era hombre muerto».

En 1963, Boca compró el pase de Corbatta por doce millones de pesos, suma que Racing invirtió en la expansión del estadio y en el desarrollo de su centro de entrenamiento. Pero la bebida ya estaba comenzando a tener consecuencias en la salud del jugador. Durante una gira por Europa, el defensa Carmelo Simeone fue designado para vigilar a Corbatta. Estaba seguro de poder mantenerlo alejado del alcohol, hasta que un día miró debajo de la cama del jugador y halló una pila de botellas de cerveza vacías.

Corbatta jugó solo dieciocho partidos de liga con Boca, antes de sumarse a Independiente de Medellín en los años postreros de la liga de El Dorado. En Colombia, su segunda esposa lo abandonó, el jugador se quedó sin dinero y se volvió aún más dependiente del alcohol.

A su regreso a Argentina a los treinta y cuatro años, era una sombra del jugador que había sido. Jugó para San Telmo en la segunda división y luego para Italia Unidos y Tiro Federal de Río Negro en las ligas inferiores, mientras que la necesidad económica y su carencia de otras habilidades lo obligaron a postergar el retiro tanto como fuese posible. «En el fútbol no existen los amigos —dijo—, especialmente cuando te va mal. Todos se esfuman.» Muchos dirían que no quería dejarse ayudar. Sin dinero, dormía en un bar cerca del hospital Fiorito, bajo el mostrador, sobre dos cajones ensamblados.

«Mi hermana vino a buscarme —dijo—, pero yo no quería volver a La Plata. De noche, agarraba una revista, miraba las fotos y eso me distraía hasta dormirme. Me gasté todo lo que tenía. Regalé un montón sin fijarme a quién se lo daba.»

A los treinta y ocho años, cuando finalmente se retiró del fútbol profesional, se mudó a Benito Juárez, una ciudad pequeña justo al sur de la capital, donde vivió en un ranchito, jugando ocasionalmente para dos equipos locales. Borracho, sin techo y sin dinero, con cuatro matrimonios fallidos, Corbatta terminó durmiendo en un vestuario en el Cilindro, pagando el alojamiento con su trabajo con las categorías inferiores. Su caso se convirtió en un devastador recordatorio de la naturaleza fugaz de la gloria futbolística. Falleció a los cincuenta y cinco años, en 1991. Dos años más tarde, la calle que lleva al estadio recibió su nombre.

Racing terminó como subcampeón en 1955 (detrás de River) y finalizó en cuarto lugar en 1956, a cuatro puntos del primer clasificado (mientras que River se quedó con el título).

Para entonces, Maschio era una auténtica estrella y un jugador de nivel internacional, un creador agresivo y esforzado que conseguía goles; durante esa temporada, se habló de que lo contrataría la Juventus. «Era el mejor jugador de fútbol de Argentina», dijo.

Maschio permaneció en River otro año más, pero a comienzos de 1957 los cazatalentos italianos estaban nuevamente a la pesca. Entonces, Angelillo, Sívori y él decidieron partir tras la Copa América. El presidente del club, Santiago Saccol, le dijo a Maschio en marzo que las negociaciones estaban avanzadas y que jugaría para el Bolonia. «El asistente del presidente, que había nacido en Uruguay, me dijo que me gustaría —declaró Maschio—. Era una ciudad que había sido destruida en la guerra, pero la gente era muy amigable. Eran felices y los hombres solo hablaban de tres cosas: política, fútbol y mujeres. Las mujeres tenían un poco más de curvas, pero eran realmente bonitas. El primer año en Italia fue verdaderamente duro porque realmente extrañaba a mi familia. Llamar por teléfono era imposible. Realizar la conexión demoraba cuatro o cinco horas. Mi madre me escribía dos veces por semana, los lunes y los viernes.»

Mientras que Maschio firmó para el Bolonia, Angelillo se sumó al Internazionale y Sívori pasó a jugar para la Juventus. A Maschio le resultó «difícil» jugar como punta junto al gran delantero yugoslavo Bernard Vukas; tras dos temporadas, pasó al Atalanta. «Llegué para la pretemporada y tuve que entrenar mucho, antes del almuerzo y por la tarde. Sentía que me moría. Después de cenar, el preparador físico nos daba una hora libre y mis compañeros salían. Yo simplemente dormía.» En esa afirmación había una advertencia de lo que le sucedería a Argentina en el Mundial al año siguiente.

«Y yo era un jugador más lento y me marcaban individualmente. Además, Ferruccio Valcareggi (el entrenador del Atalanta que fue preparador físico de Italia de 1966 a 1974) me dijo que si quería mejorar debería cambiar mi estilo de juego. Yo jugaba en el área chica y me dijo que jugara a más distancia, para poder leer los movimientos de los otros jugadores con más facilidad. Me convertí en mejor jugador. Estaba en una posición dominante y podía decidir adónde ir. No me volví más rápido, pero podía evitar a los marcadores, como Riquelme. Fui nombrado mejor jugador de todos los tiempos.»

Maschio no fue el único carasucia que se enfrentó a dificultades al comienzo. «Sívorí lo pasó mal en Italia al principio —dijo Maschio—. Extrañaba mucho, como yo, tanto que Umberto Agnelli, el presidente de Juventus, le dio una sorpresa con una cena especial, con una orquesta que tocaba tangos. El lugar estaba lleno de argentinos.»

Angelillo, mientras tanto, convirtió treinta y nueve goles durante la temporada 1958-59, una marca que desde entonces no ha sido superada en la primera división italiana. Aun así, el Inter terminó tercero. Sin embargo, y con el transcurso del tiempo, creció la frustración por sus desiguales actuaciones. «Angelillo es un actor —dijo el presidente del Inter Angelo Moratti—. Cuando quiere, es el mejor actor de todos; cuando no quiere, se oculta.» Su estilo de vida, tal como sucedía con muchos argentinos de su generación, implicaba que nunca se dedicaba por completo al fútbol.

«Angelillo decayó un poco hacia el final de su etapa en el Inter —dijo Maschio—, porque comenzó a salir con una muchacha diez años mayor que él. Recuerdo que solíamos juntarnos, y yo empecé a salir con una amiga de ella. Yo iba en auto de Bolonia a Bérgamo, ida y vuelta.» Otros le echaban la culpa a un *affaire* con una cantante italiana de alto perfil. Sea como fuese, era improbable que su comportamiento mujeriego le cayera bien al puritano Helenio Herrera, quien se hizo cargo del Inter en 1960. En el verano de 1961, Angelillo fue vendido a la Roma, donde jugó cuatro años antes de que su carrera comenzara a declinar hacia el retiro antes de cumplir dos temporadas en el AC Milan, otra en el Lecce y un destello final en el Genoa. Concluyó su carrera en 1969 y pasó las dos décadas siguientes como preparador físico en las ligas menores en Italia y luego en Marruecos. Según creen muchos, nunca pudo volver a su país porque no había cumplido el servicio militar.

Al redescubrir su estado físico y su preparación en Atalanta, Maschio comenzó a sentirse más a gusto. Incluso terminó jugando para Italia, porque los tres carasucias, abandonados por

Argentina, se procuraron un lugar en el fútbol internacional por otros medios. Angelillo y Sívori habían jugado para Italia en las eliminatorias para el Mundial de 1962. Cuando Giampiero Boniperti sufrió una lesión poco antes del torneo, Maschio fue convocado. No participó en el primer partido de Italia, un empate 0-0 contra Alemania Occidental, pero fue alineado para el segundo encuentro, contra Chile, la muy sonada «Batalla de Santiago», durante la que dos italianos fueron expulsados. «Realmente, me la dieron —dijo Maschio—. Me rompieron la nariz en los primeros veinte minutos y luego me patearon el tobillo. Jugué todo el partido totalmente incapacitado físicamente porque no había suplentes.» Chile ganó 2-0. Aunque Italia venció después a Suiza, quedó fuera del campeonato.

Después de dos exitosas temporadas en el Atalanta, Maschio fue vendido en 1962 al Inter, en ese momento dirigido por Helenio Herrera, quien había nacido en Buenos Aires y era hijo de inmigrantes españoles que luego se trasladaron a Casablanca cuando aún era un niño. Maschio nunca se llevó bien con HH. Aunque el Inter ganó el *scudetto* en la primera temporada, lo vendieron a la Fiorentina. Jugó tres años en Florencia, antes de volver finalmente a Argentina y a Racing en 1966, a los treinta y cinco años. El mundo al que regresaba Maschio era muy diferente del que había dejado, porque el sentido de superioridad del fútbol argentino había quedado hecho trizas como resultado de la Copa del Mundo de 1958.

PARTE 3

Después de la caída
1958-1973

19

La muerte de la inocencia

*L*a gloriosa victoria argentina en la Copa América de 1957 en Perú apuntaló una confianza en sí mismos que nunca tuvo mucha necesidad de refuerzo. Al año siguiente fueron a la Copa del Mundo en Suecia con buenas expectativas de éxito, pero las señales de advertencia eran evidentes para quien estuviera atento. El golpe más obvio se produjo con la partida del Trío de la Muerte hacia Italia, lo que significó que ninguno de ellos podría ser considerado para el equipo nacional. Guillermo Stábile supo inmediatamente qué clase de revés era ese. «Por unos pocos millones de pesos, perdimos todo lo que habíamos ganado en Lima», dijo el entrenador.

Las eliminatorias para la Copa del Mundo de 1958, la primera que jugaban desde 1934, hicieron poco para afectar la autoconfianza argentina. Tres de los carasucias se habían ido, pero la magia se mantenía, incluso al comenzar con una derrota por 2-0 contra Bolivia en La Paz. La altura siempre fue excusa, pero cuando los goles de Norberto Menéndez y Norberto Conde le dieron a Argentina la victoria por 0-2 en Chile, la selección volvió a acomodarse. Como locales, destrozaron a Chile por 4-0, con doblete de Corbatta. El segundo de ellos fue uno de los goles más celebrados de la historia nacional. Argentina ya ganaba 2-0 cuando Corbatta superó a su marcador, dejó atrás al portero, esperó a otro chileno que se acercase para regatearlo y, luego, ante la insistencia de la hinchada por terminar la jugada, con el portero y otros dos defensas volviendo a la carga, amagó el remate dejando a los tres en el suelo antes de marcar finalmente acariciando la pelota sobre la línea.

El Gráfico lo calificó como «la jugada más inverosímil de la historia». Una victoria en casa por 4-0 sobre Bolivia, con Corbatta y Menéndez nuevamente como goleadores, confirmó la clasificación de Argentina para el Mundial de Suecia.

El público argentino, condicionado por la fuerza aparente de su liga y por la propaganda que les decía que ese era el mejor fútbol del mundo, generalmente creyó que iban a la Copa del Mundo como favoritos. Durante media hora, la autoconfianza argentina pareció estar justificada. Jugaron el partido de apertura del torneo ante treinta y un mil espectadores en Malmöe y se pusieron por delante contra Alemania Occidental, el campeón que defendía su título. A los tres minutos, Corbatta se lanzó desde la derecha para superar a Fritz Herkenrath con un tiro al primer palo. Pero la superioridad física y futbolística de Alemania pronto comenzó a notarse. Helmut Rahn, el héroe de la final cuatro años antes, había sido convocado nuevamente solo después de reducir su consumo de cerveza, y ese detalle pareció ser una lección para Argentina. Empató a los treinta y dos minutos con un derechazo de treinta metros; luego, después de que Uwe Seeler apareciera para poner a los alemanes por delante tres minutos antes del descanso, redondeó la victoria por 3-1 con un zurdazo combado desde fuera del área. «No estamos acostumbrados a un fútbol tan violento», dijo Stábile, y su comentario parecía hacer referencia tanto al ritmo de juego como a alguna agresión manifiesta por parte de los alemanes.

La respuesta de Stábile a esa violencia fue ubicar a Ángel Labruna, entonces de treinta y nueve años, por la izquierda para el segundo partido contra Irlanda del Norte en Halmstad. El centrocampista Jimmy McIlroy describió al equipo argentino como «un montón de gorditos barrigones, sonriéndonos y señalando y saludando a las muchachas de la tribuna». Parecía haber una perplejidad general sobre la actitud relajada de Argentina, ya que silbaban y cantaban antes del saque inicial. Irlanda del Norte tomó la delantera: Danny

Blanchflower asistió de tacón a Billy Bingham para lanzar el centro que Peter McParland convertiría en gol.

Poco a poco, Argentina comenzó a regresar al partido. Hubo suerte en el empate a los treinta y siete minutos, cuando el centro de Ludovico Avio rozó el muslo de Dick Keith y tocó su mano. El árbitro sueco, Sten Ahlner, pitó penalti, que Corbatta convirtió. Sin embargo, Irlanda del Norte tuvo sus oportunidades y debió tomar ventaja cuando Wilbur Cush amagó con tirar el centro a McIlroy para dejar a Fay Coyle libre a pocos metros del gol, pero este falló su tiro. Fue la primera de las tres ocasiones desperdiciadas en lo que resultó ser su último partido internacional. Menéndez aprovechó un caño de Avio para poner por delante a Argentina. Por su parte, Avio cabeceó un tercer gol que dio una sensación de comodidad tal que al final los jugadores de Argentina estaban haciendo jueguitos, regates y firuletes. «Jugando al tiki-tiki», como dijo McIlroy. Pero la verdad era que no había sido fácil y el abismo entre los equipos que muchos argentinos habían anticipado simplemente no existía.

Las debilidades en el juego argentino habían sido evidentes en la era de El Dorado, en la liga de Colombia. Cuando Neil Franklin regresó a Gran Bretaña después de su mal paso por Independiente de Santa Fe, insistió en que había sido condenado al ostracismo por una camarilla de argentinos que temían una invasión británica. «Se pusieron enfermizamente celosos —dijo— porque se dieron cuenta de que los jugadores británicos entrenaban y entrenaban duro. El entrenamiento no era el punto fuerte de los argentinos. Eran muy buenos jugadores técnicamente, muy buenos exhibicionistas, pero eran increíblemente vagos en los entrenamientos.»

La advertencia fue ignorada y la edad de oro del fútbol argentino llegó a un final amargo y escandaloso en Helsingborg contra un equipo checoslovaco que luego perdería un *play-off* contra Irlanda del Norte y ni siquiera avanzaría en su propio grupo. «Estábamos acostumbrados a jugar realmente despacio y ellos eran rápidos —dijo José Ramos Delgado, que formó parte del plantel del torneo, pero no jugó—. No habíamos jugado partidos internacionales[61] desde hacía mucho tiempo, así que cuando salimos pensábamos que teníamos mucho talento, pero nos dimos cuenta de que no habíamos seguido el ritmo del resto del mundo. Nos habían dejado atrás. Los equipos europeos jugaban más sencillamente y eran precisos. Argentina era buena con la pelota en los pies, pero no iba hacia delante.»

Milan Dvořák abrió el marcador con un remate bajo y esquinado desde fuera del área a los ocho minutos, y luego una defensa que daba facilidades premió a Zdeněk Zikán con un segundo tanto. El mismo jugador anotó un tercero justo antes del descanso, cuando Carrizo falló con las manos. Aunque Corbatta redujo diferencias con otro penalti, al final del partido la derrota resultó inapelable. Jiří Feuereisl hizo el 4-1, luego Václav Hovorka anotó dos veces en los últimos diez minutos, primero eludiendo a Carrizo para anotar el quinto, y luego empujando un centro bajo a la red para redondear la victoria: 6-1. Hasta ese momento, era la peor derrota que Argentina hubiera sufrido jamás.[62] El relato del portero Amadeo Carrizo transmite el desconcierto general:

Si tuviera que buscar una explicación para explicar un desempeño tan malo, lo resumiría con una sola palabra: desorganización. Viajamos a Suecia en un vuelo que tardó como cuarenta horas. No era la mejor manera de empezar. Compare eso con Brasil, que fue en un avión privado y después de hacer una gira en la que el equipo adaptó su táctica y plan de juego. El fútbol también estaba desorganizado. No sabíamos nada de nuestros rivales. Los checos me hicieron cuatro goles idénticos. Tiraban un centro atrás y era gol. Otro centro atrás, otro gol. Se cansaron de hacer goles de esa manera. Salimos del avión pensando que todo iba a ser fácil para nosotros. Volvimos habiendo hecho todo fácil para los demás.

Cuando los jugadores llegaron al aeropuerto de Ezeiza, los

61. Con esto quiere decir fútbol contra rivales no-sudamericanos. A pesar de que Argentina se había retirado de los campeonatos sudamericanos de 1949 y 1953, volvieron a la competición en 1955 y volvieron a participar en 1956.

62. Igualaron la diferencia de ese 6-1 al perder con Bolivia, en La Paz, durante la clasificación para la Copa del Mundo de 2010.

fanáticos furiosos les arrojaron de todo. «Fue terrible —recordó Ramos Delgado—: en todos los estadios, todo el mundo nos castigó; incluso a aquellos de nosotros que no habíamos jugado. Hubo que hacer cambios en el equipo nacional. Se buscó un tipo diferente de jugador, más fuerte en el sacrificio que en el juego. Después de eso, el fútbol se volvió menos artístico.»

Lo que pasó en Suecia fue tan aplastante que llegó a ser casi incomprensible. Hubo conmoción y hubo enojo cuando, tres años después del golpe contra Perón, otra de las grandes certezas de la vida fue barrida: la complaciente creencia en la superioridad de Argentina se hizo añicos. Es demasiado simplista, por supuesto, decir que un partido cambió la dirección del fútbol argentino, pero en aquel momento sin duda se sentía así.

Después del 6-1, nada podría volver a ser lo mismo. «Es una lástima —señaló *El Gráfico*— que Brasil que fue barrido de la cancha [en Lima] por la tormenta albiceleste, resucitara y ganara la Copa del Mundo en Suecia, mientras nosotros, presentados como contendientes fuertes, desarmamos el equipo después de esa victoria, nos quedamos sin carasucias, perdimos la alegría por un fútbol que fue amado por la hinchada y caímos en la noche de la historia.»

La reacción en Argentina fue previsiblemente feroz. Su fútbol había sufrido exactamente el tipo de humillación que Perón había temido: la misma política que había sido diseñada para mantenerlo (la de aislacionismo deportivo) ayudando a fomentar la complacencia y el estancamiento, fue en última instancia un enorme factor que contribuyó a que sucediese lo que sucedió. Y porque fue tan inesperado, por supuesto, el choque y la furia fueron mucho mayores. A los jugadores les arrojaron frutas y monedas en Ezeiza, Stábile fue despedido y el país empezó a cuestionarse cada principio de fútbol que había apreciado. Si «la Nuestra» no era la respuesta, ¿cuál era?

Y si la creencia en la superioridad argentina era una mentira, ¿qué más era? Parte de esa actitud autocomplaciente era la forma en que los seleccionadores argentinos se perjudicaban al negarse a elegir a cualquiera de los carasucias. Se creó la tesis de que porque Maschio, Sívori y Angelillo se habían trasladado a Italia no podían ser elegidos para jugar con Argentina, pero eso no tiene sentido: cambiaron de selección porque Argentina no los quería.

Se suponía que el fútbol en Argentina era tan fuerte y que su liga era tan rica en jugadores talentosos que podía permitirse despreciar a los que se habían ido, y fue una mentalidad similar la que llevó a creer que Argentina podría simplemente desarrollar su juego sin necesidad de preocuparse demasiado sobre los rivales. El proceso de selección de los jugadores era, en el mejor de los casos, rudimentario.

Más allá del malestar y el dolor iniciales por la eliminación de Argentina, hubo un problema más profundo. Desde la década de 1920, conscientemente, Argentina había equiparado su forma de jugar al fútbol con el carácter nacional: la identidad y el prestigio del país estaban vinculados con los resultados de la selección nacional. Si Argentina era humillada como equipo, si su estilo resultaba expuesto como inadecuado, ¿qué implicaba esto para Argentina como país?

El peronismo puede haber acumulado problemas para el futuro del país, pero generalmente había sido bueno para el fútbol. El nuevo régimen terminó con la práctica de dar préstamos favorables a los clubes, poniendo fin a lo que efectivamente había sido un subsidio estatal para el fútbol. Al mismo tiempo, el crecimiento de la clase media (en sí mismo, un resultado de la política económica peronista) y la transmisión del fútbol por televisión llevó a una caída en el número de asistentes a los estadios, algo que fue exacerbado por la sensación de desilusión que siguió a Helsingborg. Con los ingresos reducidos, las apuestas crecieron y el juego se convirtió cada vez menos en espectáculo que en necesidad de ganar. El enfoque en la belleza, el hacer las cosas de la manera correcta, ya no existía y Argentina notó una vez más, como en tantos otros contextos, que cuando el sueño terminó, el cinismo surgió en su lugar. Después de la edad de oro, llegó la era del antifútbol, iniciada en parte por el disgusto de lo que había sucedido en Suecia, y su consecuente falta de confianza, y en parte por la economía.

«Fue entonces cuando apareció la disciplina europea —dijo el filósofo Tomás Abraham—. Esa fue la manera en que la modernidad, que implica disciplina, entrenamiento físico, higiene, salud, profesionalismo, sacrificio, o sea, todo el *fordismo*, entró en el fútbol argentino. Llegaron estos métodos de preparación física que daban importancia a la defensa. ¿A quién le importaba la defensa antes? Es extraño que llegara más tarde, paralelamente con el triunfo brasileño, que realmente debería ser algo sobre lo que discutir en nuestro fútbol local.»

20

El inconformista y el crecimiento del antifútbol

*P*or supuesto, nada nace de la nada: el antifútbol no emergió puramente a partir del trauma de Helsingborg. Más bien, esa derrota planteó interrogantes sobre los preconceptos que prevalecían (así como otras áreas de la sociedad argentina comenzaban a cuestionar lo que había ocurrido antes) y llevó a que los líderes del juego buscaran maneras de jugar que no fuesen solamente habilidades y trucos y que no compartiesen el énfasis ofensivo de «la Nuestra».

Siempre había existido una tendencia contraria en el fútbol argentino y uno de sus principales impulsores, Victorio Spinetto, fue nombrado junto con José Della Torre y José Barreiro (posteriormente a la Copa del Mundo de 1958) para estudiar a la selección nacional a lo largo de la Copa América de 1959. En el país había un ardiente deseo de corregir lo que había salido mal en Suecia. Del equipo que había perdido ante Checoslovaquia, solo Corbatta y el mediocampista de Independiente José Varacka permanecieron para jugar en el partido inaugural ante Chile. Frente a setenta mil personas en el Monumental, Argentina ganó 6-1: Pedro Manfredini y el experimentado Juan José Pizzuti anotaron dos veces.

Bolivia, Perú y Paraguay fueron eliminados por dos goles antes del encuentro con Uruguay, que era uno de los tres favoritos a hacerse con el torneo. Pero este era un equipo uruguayo inmerso en el caos, en guerra consigo mismo y con el mundo. Cayeron eliminados 4-1, con dos goles cada uno para el dúo de Racing formado por Raúl Belén y Rubén Héctor Sosa.

Eso significaba que un punto contra Brasil en el partido final aseguraría el título: Pizzuti puso en ventaja a Argentina antes de que Pelé, con apenas dieciocho años, empatara con su octavo gol del torneo. Pero los anfitriones consiguieron el empate que necesitaban. Argentina fue campeona. El dolor de Helsingborg se alivió hasta cierto punto, pero no se erradicó, y todavía existía una conciencia de que, estilísticamente, no todo estaba bien.

Se ha pintado a Spinetto como un ultrapragmático, pero, a su manera, era tan romántico como cualquiera en el fútbol argentino; solo que su romanticismo tomó una forma diferente al de la mayoría de sus contemporáneos. No le importaba el espectáculo, no consideraba al fútbol como una especie de prueba de mérito artístico o estético: solo se preocupaba por su Vélez, y por ganar. Cuestionó los valores de «la Nuestra» y como resultado fue acusado de jugar antifútbol, pero su concepción del juego era mucho menos violenta y mucho menos cínica que la de los equipos a los que se aplicó el término posteriormente.

Spinetto no era un muchacho de descampado, o si lo era, fue por elección y no de nacimiento. Nació en junio de 1911 en el barrio de clase media de Flores y creció allí. Asistió al renombrado Colegio Nacional de Buenos Aires. «Yo era un chico de buena familia, cheto», le contó a *El Gráfico* en 1971. Sus abuelos habían sido ricos, pero a su padre le gustaba vivir bien y gastar mucho de lo que habría sido la herencia de los Spinetto.

Sus padres pudieron haberle pagado una buena educación, pero Spinetto nunca se preocupó mucho por los libros. «Yo estaba bien desarrollado para mi edad y me gustaban las demostraciones de fuerza y audacia», dijo. Cada tarde iba al aparcamiento frente a la estación de Belgrano para encontrarse con repartidores de diarios. «Yo era el chetito al que invitaban a jugar, tal vez porque yo sabía patear y porque nunca rechazaba una invitación a pelear», aseguró.

A medida que el dinero se le acababa, la familia de Spinetto iba mudándose. De Flores se fueron a Quilmes, y allí fue donde Spinetto se unió a un club por primera vez: firmó un contrato con Honor y Patria de Bernal. Al poco tiempo, la familia de Spinetto regresó al oeste de Buenos Aires, a La Paternal. Él jugó allí para un equipo local de segunda división. Entonces, un año después de la llegada del profesionalismo, firmó con Platense. Spinetto era un mediocentro prometedor, pero encontró su camino a la primera división bloqueado por dos mediocampistas de calidad: Roberto Devoto y Manuel Fleitas Solich.[63] Después de seis meses se fue, como él mismo dijo, «el club que se convirtió en mi vida». Era Vélez Sarsfield.

Vélez fue fundado oficialmente el 1 de enero de 1910. Unas semanas antes, la lluvia había interrumpido un partido informal que se jugaba cerca de la estación de trenes Vélez Sarsfield (ahora Floresta). Mientras se refugiaban en la estación, tres de los jugadores, Julio Guglielmone, Martín Portillo y Nicolás Marín Moreno, decidieron fundar un club para poder tomarse más en serio el fútbol. Inicialmente usaban camisetas blancas porque eran fáciles de conseguir, pero en 1912 cambiaron a azul marino, y luego, en 1916, para reflejar la herencia italiana de muchos de sus jugadores, a rayas rojas, verdes y blancas. Un año después de que Spinetto fichara por el club, cambiaron otra vez: adoptaron el blanco con un escudo azul después de que un fabricante les ofreciera un lote de camisetas que había hecho para un club de rugby que nunca fue a buscarlas.

En Vélez, Spinetto destacó pronto por su habilidad para hacer goles en veloces apariciones desde atrás y, sobre todo, por su determinación. Era el clásico mediocentro *caudillo*, duro pero refinado; era el indiscutible líder del equipo.

Spinetto se quedó en Vélez seis temporadas, se fue a Independiente y regresó después de un año. En la década de los treinta, Vélez había sido un equipo de mitad de la tabla, pero en 1940 descendió. No era uno de los grandes, como River o Boca, pero había estado entre los primeros clubes que se profesionalizaron y se consideraban a sí mismos como parte de la élite. Nunca antes habían descendido y la humillación fue un golpe durísimo para Spinetto, quien, con treinta años y luchando con las lesiones, decidió retirarse, aunque jugó algunas veces para

---

63. Solich, paraguayo, se convertiría en un entrenador exitoso e influyente, que ayudó a desarrollar la defensa de cuatro durante varias temporadas con el Flamengo. También estuvo un corto tiempo como técnico del Real Madrid, en la temporada 1959-60.

Acassuso en la segunda división, en 1942. Hablando en una conferencia en 2006, Pablo Policastro, un socio de Vélez, recordó haber visto a Spinetto el día del descenso. «Yo tenía ocho años y todavía me conmueve —dijo—. Lo vi caminando por la calle Escalada y me di cuenta de que estaba llorando.»

Spinetto sentía que había decepcionado al club, pero fue muy de su fuerte personalidad que no solo se comprometiera a reparar el daño, sino que cumpliera su promesa. Abandonó Acassuso cuando José Amalfitani,[64] que había retomado la presidencia de Vélez en 1941, le ofreció el puesto de entrenador. «Me dijeron que estaba bloqueado con lo que tenía, que tenía que arreglármelas con los jugadores y el dinero que había», dijo Spinetto.

Como no podía traer nuevos jugadores, Spinetto se orientó a las inferiores. En su primera temporada, debutó con el extravagante portero Miguel Rugilo, que más tarde se hizo famoso como «el León de Wembley». También estuvieron por ahí el delantero Juan José Ferraro, que se convertiría en el segundo de los grandes goleadores de la historia del club, así como el extremo Alfredo Bermúdez. Vélez perdió solo tres veces esa temporada y ganó el campeonato de segunda división con siete puntos de ventaja respecto al segundo clasificado: Unión de Santa Fe.

Spinetto restableció a Vélez como un equipo de alto nivel. En 1953, lo convirtió en el segundo equipo fuera de los cinco grandes tradicionales (después de Banfield dos años antes) en estar entre los dos primeros.[65] En cierto sentido, sus catorce años al frente se definieron menos por la posición en el campeonato que por darle un estilo a Vélez y una identidad distinta a la de los otros clubes de Buenos Aires.

---

64. Aunque se lo conoce como 'el Fortín', el nombre oficial del estadio de Vélez es José Amalfitani, al que la AFA reconoció póstumamente sus logros al declarar la fecha de su muerte, 14 de mayo, como el Día del Dirigente Deportivo. Por coincidencia, porque murió exactamente dieciséis años después de la victoria 3 a 1 de Argentina sobre Inglaterra, es también ese el Día del Futbolista.

65. Huracán había terminado empatado con River en segundo lugar en 1939. Se terminó jugando un desempate en Chacarita en noviembre de 1941 y terminó 3 a 3 después del tiempo adicional. No se jugó ningún partido de vuelta, convirtiéndolo en el único momento en la historia de la Primera División en que un campeonato fue compartido.

Amalfitani trasladó el club a Liniers, un poco más al oeste de Floresta, un barrio comercial cuyos bordes ásperos y su atmósfera encajaban perfectamente con la imagen del club: eran buscavidas y luchadores, nacidos sin las ventajas de los grandes, pero preparados para darles pelea de todos modos. Spinetto imbuyó a Vélez de autoestima y garra o para usar el término que él prefería, «fibra», sugiriendo dureza, resistencia y determinación. Seis décadas más tarde, serían un equipo de la talla de Racing y San Lorenzo, únicamente diferenciados por la tradición y no por algo más concreto.

La rudeza por la que Vélez se hizo conocido vino directamente del técnico. Spinetto vivía el juego como ningún entrenador en Argentina lo había hecho antes: en pie con su indumentaria deportiva (o posteriormente con una chaqueta azul con una T de técnico en el bolsillo, hecha con cinta), con una toalla sobre el hombro, la pierna derecha levantada, el pie en el borde del banco, el codo derecho apoyado sobre la rodilla derecha para tener un soporte para su cabeza.

Se burlaba de sus jugadores, de los adversarios y del árbitro. Fue expulsado varias veces en un tiempo en que eso no era nada habitual. «Los jugadores lo querían muchísimo, se mataban por él —dijo Adolfo Mogilevsky, que trabajó con Spinetto en Atlanta y luego en la selección nacional—. Tenía fama de malo, aunque era cariñoso y siempre resaltaba los valores humanos.»

«¿Qué pensarían sus madres si perdieran? —les decía a los jugadores en el descanso—. Un jugador que no entra a la cancha para defender su posición con miedo a la deshonra no debería estar en la cancha —decía—. El fútbol es un juego de hombres.» En la conferencia de 2006, Antonio Settino, otro socio vitalicio, recordó un partido en Lanús en el que Vélez perdía 2-0 en el primer tiempo: «Don José Amalfitani fue al vestuario y les dijo a los jugadores: "Muchachos, cuiden sus piernas, un jugador vale mucho". Quería que se lo tomaran con calma. Apenas don José se fue, Spinetto gritó: "¡Maricas! ¡Tenemos que ganar este partido!". Y Vélez ganó y los jugadores tuvieron que esperar hasta las 10 de la noche para irse del estadio porque los contrarios querían lincharlos. Don Victorio ganó ese partido, y eso demostró la garra y la pasión que tenía por Vélez.

El enfoque era casi calculadamente opuesto a los ideales de «la Nuestra», cuyo romanticismo dejaba frío a Spinetto. «Por supuesto, importa si un jugador tiene talento técnico o no, pero, si no tiene fibra, no puede convertirse en un grande.»

Aunque el término antifútbol terminó asociado con las mañas en la cancha y la violencia de Estudiantes en particular, cuando se aplicaba a Spinetto se trataba más del hecho de que él se fijaba en el espíritu del equipo y en el compromiso, en vez de en la habilidad individual. «Él era un hombre que trabajaba mucho con los jugadores en psicología, porque un jugador tiene que ser un poco agresivo —dijo el centrocampista ofensivo Norberto Conde—. Si es frío, si es lento o si no lo da todo, no tiene el objetivo que otros tienen.»

Se deleitaba en ser impredecible. «Más de una vez, cuando había jugado mal —recordó el delantero Ernesto Sansone—, me aplaudía como si hubiese jugado muy bien, y cuando había jugado bien y sabía que había jugado bien, me machacaba como si hubiese jugado mal.»

El legado de Spinetto llegó mucho más allá de Vélez. Tal vez sería exagerado considerarlo un revolucionario táctico, ya que sus teorías no eran para nada radicales, como las que sí se probaban e implementaban en Brasil y Europa al mismo tiempo, pero por el solo hecho de pensar en tácticas y desafiar los principios de «la Nuestra» se volvió extraño en Argentina.

Tal vez el más hereje de todos, Spinetto no se limitaba a que los delanteros atacaran. Les exigía que jugaran un partido completo. Su mayor éxito vino con Osvaldo Zubeldía, un número 10 que estaba preparado para llegar más allá de lo que se esperaba de un jugador como él. En 1953, cuando Vélez terminó como subcampeón, Spinetto lo hacía jugar desde atrás, recorriendo todo el campo, como un centrocampista moderno. Si eso fue idea de Spinetto o de Zubeldía, es imposible de saber: tal vez sea mejor verlo como una simbiosis entre la inteligencia del jugador y la voluntad del entrenador de probar algo diferente.

Como entrenador, Zubeldía sería reconocido mundialmente como el sumo sacerdote del antifútbol.

21

La ratonera

Conocí a José Sanfilippo en un café en Caballito, el centro geográfico de Buenos Aires, pero él rechazó el café y prefirió un zumo de naranja. «Solo tomo café antes del mediodía», dijo, dejando claro por su tono que era una decisión tanto moral como médica. Mantenerse en forma fue siempre una obsesión para él, y ha sido muy crítico con los futbolistas que beben o fuman. El rigor subyace en todo lo que hace. «Yo no como panificados —dijo—, me cuido el hígado. Para mí, la dieta era importante cuando era jugador, pero nadie me escuchaba. Soy un hombre autoprogramado: hago lo mismo todos los días. Soy como un inglés. Como los ómnibus ingleses... Y así tiene que ser. Mis compañeros no lo entendían. Después de los entrenamientos, desaparecían y yo me quedaba.»

Sanfilippo tiene la reputación de ser un hombre difícil, raro, un comentarista de televisión adepto a la polémica. Hay que decir que tiene una alta idea de sus opiniones. Mientras estábamos ahí sentados, me preguntó cuánto tiempo había estado trabajando como escritor de fútbol y manifestó una indignación poco disimulada cuando se lo dije. «¿Catorce años tratando de entender la historia del fútbol y recién ahora venís a verme?», protestó.

Él dice que simplemente exige lo máximo de todos, pero a nadie más que a sí mismo, a quien su compromiso de mejorar siempre hizo que se convirtiera en el quinto jugador más prolífico en la historia argentina, con doscientos goles en doscientas sesenta apariciones para San Lorenzo y veintiuno en veintiuna participaciones con la selección nacional. Dice que inventó el «sanfigol»:

> Una jaula grande con una pared del tamaño de un arco que usaba para practicar y que estaba dividida en cuadrados de ochenta por ochenta centímetros. Las esquinas más importantes eran las de abajo, la ratonera. Practicar todos los días era fundamental. Darles a los rincones de abajo es más seguro que a los ángulos superiores, pero se necesita afilar la precisión porque se le está dando seis metros y medio al portero. Así que hay que saber cómo apuntar y acertarles a esas esquinas inferiores, desde todos los lugares.
>
> Dondequiera que encontraba un poco de espacio, armaba mi sanfigol para mejorar mi técnica y ser un jugador más completo. Si no sabés cómo usar las dos piernas y cómo cabecear, estarás regalando el setenta por ciento de tus posibilidades de meter un gol. También les pedía a mis compañeros que me tiraran diferentes tipos de centros, porque, si siempre usas una pelota fija, después no es lo que va a pasar en los partidos. Hoy en día, hay futbolistas que le yerran al arco, no solo a los ochenta centímetros en los que yo practicaba a acertar, sino al arco entero.

Tenía setenta y nueve años cuando lo conocí y claramente se sentía orgulloso de poder pasar por mucho más joven. En un momento, me estranguló en broma; cuando sus manos se cerraron alrededor de mi tráquea y no las soltó de inmediato, tuve un pánico momentáneo de que pudiera seguir apretando y de que, si lo hacía, probablemente no fuera capaz de resistir. Con su cabello obviamente teñido y el anillo con sus iniciales grabadas en diamantes, tenía el aire de un capo de la mafia envejecido en una película de Scorsese. Lo más notable de su aspecto, sin embargo, eran sus uñas, que estaban muy pulidas, las puntas largas, blancas y cuadradas en las esquinas. El acicalamiento no es infrecuente entre los argentinos de su generación que provienen de la clase obrera, pero a los que les ha ido bien: las uñas bien cuidadas muestran que ya no se tiene que trabajar con las manos.

Sanfilippo creció a veintidós manzanas del estadio del

Gasómetro de San Lorenzo, en Boedo, una zona de la clase trabajadora conocida por su influencia en el tango; en los años veinte, fue el hogar de un grupo de escritores izquierdistas argentinos y uruguayos. Él era aficionado y soñaba con jugar allí, aunque la gloria era solo una parte: «Yo tengo un origen humilde —dijo—. Sabía que era el único que podía sacar a mi familia lejos de ahí y necesitaba mejorar para hacerlo.» Y así entrenó sin descanso, incluso antes de inventar su sanfigol. «Cuando no se tiene un físico imponente, uno debe desarrollar otras habilidades. Comencé a practicar con una pelota un poco más grande que una pelota de tenis, hecha de plástico y caucho. Y usaba las aceras para practicar paredes. Empecé cuando tenía seis años y lo hice hasta que cumplí los veinte.» Hoy exige una dedicación similar a los que lo rodean. Uno de sus hijos, dijo con orgullo, se había graduado como cirujano plástico, el otro era contable, mientras que su esposa acababa de terminar sus exámenes de Derecho. «En lo de los Sanfilippo, nadie descansa», dijo.

Tenía dieciocho años cuando firmó su primer contrato profesional con San Lorenzo, en 1953, pero había estado entrenando en el club durante varios años antes de eso. Los días del Ciclón pueden ya ser pasado, pero eran un equipo que terminaba generalmente entre los seis primeros. «San Lorenzo tenía un estilo establecido —dijo Sanfilippo—. Y yo logré lo que muchas personas no logran. Cuando tenía dieciséis años, jugué en primera». Incluso antes de la desgracia de Helsingborg, Sanfilippo predicaba una doctrina de abstinencia y autoperfeccionamiento, bastante en desacuerdo con aquellos ideales bohemios de la edad de oro.

De todos los técnicos que tuve, ninguno me enseñó nada. Lo aprendí todo por mí mismo. Solo necesitaba la pelota en el suelo. Esa era mi única condición: centros o pases, pero no me tiren pelotas altas. Sabía dónde estaba mi fuerte. Para cada deportista, la prioridad número uno es descansar: de medianoche a 8 am. No de 6 am a 2 pm, ¿eh? La segunda cosa es la dieta: mantener el hígado sano, para tener energía en la cancha. Y la tercera es el entrenamiento físico. Si tu cuerpo está descansado y bien alimentado, vas a estar como nuevo si entrenás. Y entonces necesitás tener una buena vida sexual. Tenés dieciocho años, querés todo, podés tenerlo todo y lo tenés, así que, si no tenés orden en esa área, los primeros tres pasos no sirven para nada, porque tu vitalidad no termina en la cancha, sino en la cama. Ahí es donde fui inteligente. La vida útil de un jugador de fútbol es un periodo de diez años, de los diecinueve a los veintinueve, a veces más temprano o más tarde, pero no podés desperdiciar eso. Tenés el resto de tu vida para comer lechón, papas fritas, lo que quieras. Jugué veinte años en primera, y eso no es común, pero es porque cuidé mi cuerpo. A los mentirosos y a los borrachos... no los quiero cerca.

Al comienzo, San Lorenzo no era un equipo que peleara por los títulos, pero a finales de los años cincuenta estaban mejorando. Sanfilippo terminó como máximo goleador del torneo en cuatro temporadas consecutivas entre 1958 y 1961, y después de terminar segundo en 1957 y 1958, San Lorenzo finalmente ganó el título por cuarta vez en la era profesional en 1959. Sanfilippo anotó treinta y un goles.

Para entonces, había reducido su juego a lo esencial. «Muchos se preguntaban por qué nunca me lesionaba —dijo—. Es porque nunca agarraba la pelota e intentaba pasarte. Mi función estaba en el remate, en recibir la pelota y saber de antemano lo que tenía que hacer. Siempre tenía *in mente* dos opciones diferentes de resolver una situación, así que no tenía que pensar. La gambeta solo es necesaria cuando sentís que te rodean.» Sanfilippo siempre se respaldaba a sí mismo.

En octubre de 1962, Boca llegó al Gasómetro como líder claro de la tabla. «Estos tipos tienen miedo», les dije a mis compañeros, fuerte, para que todos oyeran. «No quieren salir del túnel.» Entonces [el portero Antonio] Roma me dice: «Enano, en cuanto te acerques a mí, te reviento». Y yo le dije: «Tano, soñé que te metía dos goles. Uno al principio, así que preparate». Salimos a la cancha y la pelota está lista para el saque inicial. «Vamos, muchachos», dice el árbitro. Pero todos nos quedamos ahí. Le dije: «Espere, *réferi*, estoy pensando en cómo hacer este gol». [Los delanteros de Boca] Menéndez y Valentim estaban frente a mí y se reían. Le dije a mi compañero [Elvio] Capdevila: «Tirá un pelotazo largo hacia adelante donde está [el defensor brasileño de Boca] Orlando, pero que no entre al área». Y él hizo eso, un gran pase. Piqué hacia delante cuando le pegó y me quedó un poco atrás, así que mi única alternativa era usar el taco, pero la agarré perfectamente y la mandé al ángulo superior sin tocar el suelo. ¡Qué golazo! Menéndez y Valentim ya no se reían. Así que agarré la pelota, corrí de vuelta. Y ellos seguían allí, esperando para sacar. Les dije: «¡Sanfilippo cumple su palabra!».

Mantuvo su palabra sobre un segundo gol también: anotó un penalti para empatar 2-2.

Aun con algunos problemas disciplinarios que lo mantuvieron fuera de los últimos partidos de la temporada, Sanfilippo fue el segundo mejor goleador en 1962. Luis Artime de River Plate le quitó su corona. San Lorenzo terminó en un decepcionante undécimo lugar. Sanfilippo decidió marcharse y firmar por Boca.

22

El mercado abierto

$\mathcal{A}$rturo Frondizi ganó las elecciones de 1958. Había sido candidato a vicepresidente en la lista de Ricardo Balbín contra Perón en 1951, pero tras la derrota rompió con Balbín para formar el ala «intransigente» de la Unión Cívica Radical, la UCR. Así, los radicales se dividieron en dos, pero también lo hicieron los socialistas, mientras que los conservadores se escindieron en tres bandos. El caos y los enfrentamientos reinaban entre las diferentes facciones.

Durante el camino hacia las elecciones de 1958, sin embargo, Frondizi se aseguró el apoyo de Perón a través de su soporte más cercano, el hombre de negocios Rogelio Frigerio y subió al poder con el apoyo de los peronistas que simplemente no querían desperdiciar sus votos. Pero el mandato de Frondizi fue débil y durante toda su presidencia sufrió los obstáculos de la influencia continua de las fuerzas conservadoras. En 1959, con la inflación en alza, se vio obligado a imponer medidas de austeridad poco populares, que le costaron el apoyo de Perón.

Prohibirle a la gente pronunciar el nombre de Perón no bastaba para erradicar el peronismo, y los sindicatos se convirtieron en un partido peronista *de facto*, manteniendo vivos sus ideales. Los militares —decididos a evitar una reforma de la coalición de la clase trabajadora que había sostenido al peronismo y que ellos reconocían que, tal vez, podría sembrar el camino para su retorno— ganaron más y más visibilidad en la calle y en los círculos políticos.

Después de Perón, la preeminencia de la clase trabajadora decayó y en su lugar surgió una nueva clase media urbana, gran parte de ella empleada en el sector servicios y en la cultura. «Era la época —escribió el historiador John King acerca del periodo entre 1958 y 1965— durante la cual se gastaban sumas considerables en publicidad, las consultas a los psicoanalistas se volvieron una parte integral de la vida de la clase media de Buenos Aires, la gente acudía en bandada a ver las películas de Ingmar Bergman y contribuía a crear un *boom* de la narrativa latinoamericana comprando miles de ejemplares de obras de ficción.»

El fútbol argentino, mientras tanto, se convirtió en una forma de arte menos cohibidamente. La modernización de la industria y de la economía se reflejaba a medida que las teorías científicas y tecnocráticas comenzaban a prender: el deporte se transformó menos en una cuestión de permanencia y más en una cuestión de resultados, mientras las teorías antifútbol tendían a prevalecer. Al mismo tiempo, los argentinos, al menos en comparación con lo que había sucedido antes, comenzaron a vivir una vida menos pública. Si bien Bergman era aclamado, la televisión reemplazó al cine como la forma de entretenimiento más popular. En 1953, había cinco mil aparatos de televisión en Argentina; eran ochocientos mil en 1960; fueron 3,7 millones en 1973.

Tal vez de modo más significativo, como el fútbol comenzó a ser televisado a partir de mediados de los sesenta, muchos argentinos empezaron a optar por mirar los partidos en su casa, en lugar de ir al estadio. En los diez años transcurridos desde 1954, la concurrencia promedio a los partidos de la liga argentina cayó un cuarenta por ciento.

El escepticismo con respecto al fútbol era general. Por ejemplo, la película de 1960 *El crac*, de José Martínez Suárez, es mucho más ambivalente acerca del rol del fútbol comparado con, digamos, *Pelota de trapo*, estrenada hacía doce años. Se describía el fútbol como un negocio cínico interesado solo en el dinero. El año siguiente, René Múgica dirigió *El centro forward murió al amanecer*, basada en la obra teatral de Agustín Cuzzani de seis años atrás. Es una obra extraña y parcialmente alegórica en la que un millonario compra artistas y científicos para reproducirlos y mejorar la especie. Al futbolista del título le asignan como pareja a una estrella del ballet, pero se enamora de ella, rechaza su futuro como semental, mata al millonario y es condenado a muerte. Muchos lo interpretaron como una crítica hacia el peronismo, y puede ser cierto. Sin embargo, lo que de verdad hace es plantear interrogantes a una sociedad en la que artistas y científicos (y futbolistas) se transformaban en *commodities*, cual caballos o ganado. De modo significativo, la obra fue escrita tres años antes del desastre de Helsingborg; la incomodidad provocada por el rumbo que estaba tomando el fútbol no era tan solo una reacción a esa situación vergonzosa.

La disminución del número de espectadores en los estadios era de por sí bastante perjudicial para el fútbol argentino. No obstante, tras perder el apoyo del Estado, comenzó además a afrontar los desafíos de un mercado global. Mientras los clubes luchaban para mantenerse a flote, Boca y River, en particular, buscaban atraer a las multitudes nuevamente con exotismo, trayendo jugadores y entrenadores de Uruguay, Perú y Brasil. En 1961, por ejemplo, Boca nombró como entrenador a Vicente Feola, el hombre que había llevado a Brasil a la victoria en el Mundial de 1958. Poco más que un jugador normalito, Feola había logrado el campeonato paulista para São Paulo en 1949. Y, después de renunciar como preparador físico, trabajó como asistente del gran entrenador húngaro Béla Guttmann. Feola era un hombre enorme de piernas pequeñas y contundentes, un *bon vivant* impenitente que, según se rumoreaba, se dormía en el banco durante los partidos. Ruy Castro, sin embargo, sostiene en su biografía de Garrincha que Feola sufría problemas coronarios provocados por el exceso de peso; en ocasiones, sentía un dolor punzante en el pecho. Había aprendido que el mejor modo de lidiar con ello era cerrar los ojos, bajar la cabeza y esperar a que pasase el espasmo, gesto que la prensa histérica, con el apoyo de los *paparazzi*, interpretaba como dormidas. Pero de acuerdo con Antonio Rattin, al menos en una ocasión sí se durmió: «Todas las sesiones de entrenamiento terminaban con un partido. Un día, muy caluroso, comenzamos a jugar y seguimos jugando y jugando. Estábamos esperando que tocase el pitido del segundo tiempo, pero él simplemente siguió sentado. Lo seguimos mirando, esperando que hiciera algo. Terminamos por ir hasta donde se encontraba, y estaba roncando. Había estado dormido todo el tiempo».

Pese a lo poco agraciado, Feola fue un revolucionario táctico. Había visto la eficacia de la defensa de cuatro jugadores mientras se desarrollaba en Brasil en los años cincuenta, y fue su empleo del sistema lo que le otorgó la victoria a la *seleção* en Suecia. Naturalmente, quería jugar de ese modo en Boca, utilizando dos centrales para llevar a los laterales al ataque. Y, sin embargo, hay aquí una paradoja que no es fácil de resolver. Si el resultado de Helsingborg, como dijo el filósofo Tomás Abraham, había sido alejar al fútbol argentino de un estilo sudamericano «tradicional» justo en el momento en que el éxito de Brasil parecía convalidar esa forma de jugar, ¿qué estaba haciendo Boca, un equipo que históricamente se enorgullecía de su garra, al contratar al arquitecto de la victoria brasileña? Tal vez, la respuesta más convincente es que simplemente reinaba la confusión: lo que había sucedido en Helsingborg había hecho añicos el consenso sobre cómo debía jugarse al fútbol sin ofrecer ninguna respuesta clara en cuanto a qué estrategia debía emplearse.

Tras una decepcionante temporada en 1960 en la cual terminó en quinto lugar con José D'Amico, cuatro puntos por debajo del campeón (Independiente), Boca estaba desesperado por el éxito y vio al entrenador que acababa de ganar la Copa del Mundo como el hombre que debían traer, sin pensar demasiado en cómo el preparador físico lo lograría. Además, la idea de Feola como portentoso maestro de la diversión se prestaba a confusiones. Puede haber una cuota de verdad con los jugadores que había tenido en Suecia, pero en Boca se adaptó al estilo local. «No hablaba mucho, pero lo que decía tenía totalmente sentido —dijo el gran lateral izquierdo Silvio Marzolini—. Él creó un equipo; nos dio espíritu de equipo. Estableció el Boca moderno, un equipo fuerte basado en una defensa sólida, de modo que cuando hacíamos un gol, el partido terminaba.»

Boca volvió a terminar quinto, esta vez doce puntos por

debajo del campeón, Racing. Feola volvió a Brasil y D'Amico retornó a su puesto. «Feola no tuvo suerte —insistió Rattin—. Con él seguíamos golpeando el poste o errando penales, y luego D'Amico ganó el campeonato con el mismo equipo».

Además de obtener el título, esa formación de Boca también produjo la primera celebridad auténtica del fútbol argentino. Silvio Marzolini era el galán de su época, el primer futbolista argentino que realmente explotó su potencial comercial; después de nuestra entrevista, insistió en firmarme una de sus fotos de publicidad (y para la abuela de uno de los periodistas que me habían acompañado, quien quedó estupefacta cuando supo que su nieta lo iba a conocer en persona). La foto mostraba a Marzolini con la camiseta argentina, el pelo rubio cuidadosamente peinado y los ojos azules mirando seductoramente a la cámara; la única publicidad era un logo pequeño rojo y azul en el extremo inferior izquierdo, de una compañía que vendía alpargatas. Marzolini sigue teniendo esos ojos azules; el pelo, aunque ya cano, mantiene su lustre dorado. Hoy tiene una silueta más bien rellena, pero aún posee su encanto sencillo y su generosidad de espíritu.

Cuando lo conocí, Marzolini acababa de entregar la camiseta que había intercambiado con Bobby Charlton después del cuarto de final de la Copa del Mundo de 1966 (y que había usado como parte superior de pijama) para ser exhibida en un museo. Dos días después de hablar con él durante una hora y media en su departamento del barrio de Belgrano, apareció en la entrevista en compañía de Antonio Rattin en la Bombonera, contando anécdotas y tomándole el pelo al hombre que había sido su capitán en Boca y luego en la selección nacional.

Marzolini nació en octubre de 1940 en Barracas, un barrio del sudeste de Buenos Aires que había albergado a numerosas familias ricas en el siglo XIX, pero que para el siglo XX se había convertido en una zona de clase trabajadora donde predominaban las fábricas; era el lugar elegido por los inmigrantes italianos. Marzolini comenzó a jugar en Deportivo Italiano, un club local fundado por la colectividad italiana y con el cual ganó los Torneos Evita en 1952. Marzolini aún conserva un trofeo de ese éxito en un estante del recibidor.

Mediada su adolescencia, Marzolini obtuvo un trabajo en el puerto como dibujante para una compañía subcontratada por Fiat, mientras jugaba para la academia de Ferro Carril Oeste, al que se había sumado en 1955.

Marzolini jugó para Fiat en un torneo para italianos en Argentina; cuando su equipo triunfó, fue invitado a sumarse a la academia de la Juventus. Ferro, sin embargo, se negó a darle autorización y le sancionó con tres años de suspensión. El asunto fue rápidamente olvidado cuando se hizo evidente que, habiendo sido promovido nuevamente a primera, el primer equipo necesitaba desesperadamente un lateral izquierdo. «Ganaba un buen sueldo en el trabajo, así que la empresa no podía entender por qué quería comenzar de cero en el fútbol, considerando que me habían dicho que tenía un buen futuro con mis dibujos —recordó Marzolini—. Pero la prueba que me tomaron salió bien y les dije que quería irme. "Te vas a arrepentir", me dijeron.»

Las *performances* de Marzolini fueron tan buenas que lo convocaron con la selección argentina para el Campeonato Panamericano de Costa Rica en 1960; cuando Argentina obtuvo el título, Boca lo contrató.

El cambio a la estrategia de cuatro defensas lanzada por Feola alentó a Marzolini a continuar subiendo, pero fue después de la contratación de Alberto González en 1962 cuando su rol cambió realmente. «Lo compraron porque necesitaban un número 11 —dijo Marzolini—. Argentina aún estaba sufriendo las consecuencias del desastre de 1958 en Suecia, y Atlanta, donde estaba jugando González, era un equipo muy duro, corrían todo el tiempo, funcionaban como una unidad táctica muy completa. González llevaba la número 11, pero, a decir verdad, era un mediocampista. Así que cuando comenzó a jugar en Boca no lo hacía como un verdadero 11, y yo siempre encontraba el corredor abierto, sin nadie en el lugar. Eso me alentó a ir adelante incluso con más frecuencia. En Chile, en 1962, y en Inglaterra, en 1966, jugué así, gracias a Juan Carlos Lorenzo, que fue un entrenador muy importante en mi carrera.»

La otra gran influencia de Marzolini mientras se transformaba en uno de los miembros del gran trío de laterales zurdos atacantes de la época, junto con Nílton Santos de Brasil y Giacinto Facchetti de Italia (al igual que Facchetti en el Inter, lo liberó poder jugar en un equipo que daba prioridad a la defensa), fue Bernardo Gandulla,[66] que fue entrenador de Boca en 1957 y 1958, y que permaneció en el *staff* durante los años sesenta. «Recuerdo que cometí un error del que nadie más se había percatado —dijo Marzolini—. Si el extremo lateral hubiese corrido más rápido, yo me habría quedado allí, pensando: "Carajo, ahora cruza y hacen un gol". Pero Gandulla me dijo: "No es necesario que seas testigo: si estás fuera de la acción, tenés que correr al área y ver si conseguís esa pelota suelta". Y tenía razón: los errores están allí para ser corregidos».

66. Gandulla, que había sido delantero en Ferro Carril Oeste y en Boca, es probablemente más recordado por su etapa como jugador en el club brasileño Vasco da Gama. Rara vez formaba parte del primer equipo y durante los partidos se pasaba el tiempo corriendo de un extremo a otro de la línea atrapando la pelota cuando salía del campo de juego; «gandula», la palabra brasileña que designa al que recoge la pelota, es una deformación de su apellido.

23

La consagración del pragmatismo

Como la victoria se volvió un objetivo imperativo y las consecuencias del fracaso eran nefastas, el fútbol argentino se tornó más duro y más cínico; las perspectivas, más defensivas. A su vez, esto alentó las primeras punzadas de nostalgia por la edad de oro, tal vez expresada de un modo más que evidente en la película de Armando Bó, de 1963, *Pelota de cuero*. El guion fue escrito por Borocotó, y el título dejaba en claro que el film debía considerarse como complementario de *Pelota de trapo*, de hacía quince años: la pelota de trapo ahora convertida en algo mucho más profesional. El astro Marco Ferreti es reemplazado por un jugador en ascenso, interpretado por Antonio Rattin, centrocampista en la vida real. Ferreti insiste en que no podría jugar para ningún otro equipo y se suicida mientras Boca se enfrenta a River, el primer partido sin el astro desplazado.[67] Es un film sobre la lealtad y la pertenencia que el fútbol debería promover (pero que ya no lo hacía). Además, es un ataque más generalizado contra la modernidad.

Cerca del final, Ferreti reacciona enfurecido ante un entrenador europeo que explica las tácticas sobre un pizarrón. Se trata de nostalgia clásica por la época dorada; además, como

---

67. El film está libremente basado en *Juan Polti, half-back*, un cuento del escritor uruguayo Horacio Quiroga, a su vez inspirado en el caso de Abdón Porte, un jugador de Nacional que se mató en el estadio, en 1918, después de que lo dejaran fuera del equipo. El escritor Eduardo Galeano narra su historia en estilo típicamente romántico en *Muerte en la cancha*, una de las piezas del volumen *El fútbol a sol y sombra*.

señala Alabarces, sugiere que la carrera hacia la modernización inevitablemente se cobrará víctimas.

A pesar de la renuencia de algunos sectores del fútbol argentino, la modernidad ya se avizoraba y llegó de manera indiscutida con Independiente. Después de los días de Sastre y Erico, quienes dejaron el club en 1941 y 1942 respectivamente, Independiente se había acomodado a una rutina familiar. Su rol, aparentemente, era flotar alrededor de los estratos más altos de la tabla; ocasionalmente, registraba una victoria mayor, pero rara vez ganaba algo. Fue después de que Manuel Giúdice reemplazara a Armando Renganeschi como preparador técnico cuando comenzó la revolución.

Incluso como jugador, Giúdice tenía reputación de pensador profundo sobre el juego y había acumulado una vasta colección de libros y artículos sobre táctica y teoría técnica al convertirse en entrenador. Su carrera como preparador lo llevó primero a Perú, donde obtuvo un título de la liga con Centro Iqueño; luego a Uruguay, donde trabajó con Roberto Scarone cuando Peñarol obtuvo una serie de tripletes y dos Copas Libertadores. Más tarde regresó a Argentina, contratado por Independiente, en 1963.

Para entonces, su estilo estaba bien consolidado y era muy distinto de los ritmos de pase en ataque de la Máquina: sus equipos se asentaban profundamente, acumulaban jugadores detrás del balón y buscaban la delantera en el contraataque, una versión argentina del *catenaccio*.[68] «El jugador se debe adaptar al equipo, y no el equipo al jugador», dijo en una entrevista a *El Gráfico* en 1964. Tal vez era una idea no tan rara vista hoy; sin embargo, en el contexto de Argentina de esa época, era un manifiesto radical. Habló de apuntar a «un fút-

---

68. *Catenaccio* era un estilo de juego desarrollado en Italia en la década de los cincuenta y los sesenta que incluía un líbero que jugaba detrás de la línea de tres defensas. Desarrollado a partir del *verrou* practicado inicialmente por Karl Rappan en el Servette de Ginebra, su pionero en Italia fue Gipo Viani en la Salernitana, supuestamente tras ver cómo las barcas de los pescadores utilizaban una red de reserva para capturar los peces que se habían deslizado de la red principal. La práctica fue llevada a nuevos niveles de sofisticación, primero por Nereo Rocco en el AC Milan y luego por Helenio Herrera en el Inter.

bol asociado». «Desde este estilo hay una verdad, que nadie trabaja para sí mismo. Respetar este fútbol del compañerismo, la modalidad del equipo, sería, por supuesto, con las características de los diferentes jugadores que conforman la escuadra, respetando, por cierto, la inspiración individual de cada uno.» En otras palabras, no es que todos tuvieran que seguir el mismo libreto, sino un libreto en que los atributos individuales se aprovechaban para el bien colectivo.

Los equipos de Giúdice estaban siempre muy bien preparados, en gran medida gracias a la tarea pionera de Horacio González García, un preparador de *fitness* que lideró las ciencias del deporte en Argentina. Formaron también un equipo con un espíritu feroz, simbolizado por la costumbre de salir antes de los partidos y alzar los brazos al mismo tiempo ante la multitud. Fue un gesto concebido por su capitán, Jorge Alberto Maldonado, un tenaz centrocampista defensivo al que apodaban «Chivita», por su perilla recortada en el mentón.

Independiente solo encajó veinticinco goles en veintiséis partidos al obtener el título en 1963 y seguir invicto hasta la segunda mitad de la temporada siguiente. En una gira después de la temporada, aplastaron al Santos 5-1 y al Peñarol 5-0; en la temporada siguiente, prolongaron su condición de invictos a cuarenta partidos, antes de caer ante Boca Juniors, que ganó el campeonato. Para entonces, sin embargo, quedaba claro que la Copa Libertadores era la prioridad para todos.

El torneo había comenzado en 1960 y su credibilidad creció rápidamente. Hubo intentos de establecer una competición internacional de clubes de Sudamérica desde 1913, cuando Estudiantes, campeón de la disidente Federación Argentina de Fútbol, debía jugar contra el campeón uruguayo, River Plate de Montevideo. No está claro si el partido llegó o no a jugarse, y el torneo se disputó de modo irregular. La edición final fue en 1955, tras ocho años sin celebrarse, y River Plate venció al Nacional de Montevideo para igualar su marca de seis victorias.

En 1948, hubo una iniciativa para extender el campeonato con la Copa de Campeones, con equipos de Argentina, Bolivia, Brasil, Chile, Ecuador, Perú y Uruguay reunidos en Santiago para jugar un formato de todos contra todos durante seis semanas. La experiencia, sin embargo, nunca se repitió.

Finalmente, en 1959, los planes para la Copa Libertadores fueron aprobados por la Conmebol; solamente Uruguay, temeroso del impacto internacional que el fútbol de clubes podría tener sobre la Copa América, votó en contra. La Libertadores no interesó inmediatamente al público argentino. Cuando Peñarol llegó a Buenos Aires para el partido de vuelta de la semifinal contra San Lorenzo, después del empate 1-1 en la ida, se encontró con una ciudad que en general ignoraba que el partido fuera a jugarse. Solamente quince mil personas presenciaron aquel empate sin goles. Hubo que jugar un partido en Montevideo para desempatar: Peñarol ganó por 2-1.

Defendieron la corona al año siguiente, cuando el representante de Argentina, Independiente, cayó ante el Palmeiras en cuartos de final. Sin embargo, son los grandes campeones los que le dan vida a un torneo, y por más talentoso y obcecado que fuese Peñarol, no mantenía ningún parecido con el glamur del equipo que conquistara el título en 1962.

El Santos de Pelé, Gilmar, Zito y Coutinho iba camino de convertirse en el club más famoso del mundo, tan celebrado, que en 1967 se declaró un alto al fuego en la guerra civil de Nigeria para que ambas facciones pudieran verlos jugar un amistoso mientras estaban de gira por ese país. El equipo se movió con seguridad y arrogancia durante la fase de grupos, y marcó veinte goles en sus cuatro partidos.

Hizo falta que la Libertadores llegara a su cuarto año de vida para que un club argentino realmente se comprometiera con el torneo. El presidente de Boca, Alberto Armando, estaba decidido a que su equipo se convirtiera en el primero de Argentina en ganar la nueva copa continental. «Puso (a la Libertadores) como prioridad —dijo Marzolini—, por lo que, en 1963, prácticamente no participamos en el campeonato local porque viajábamos a la Libertadores. No teníamos un equipo lo suficientemente grande para encarar ambas competencias.»

Boca había contratado a José Sanfilippo, de San Lorenzo, a pesar de que ya contaba con un goleador, el enormemente popular Paulo Valentim. Eso significaba que Sanfilippo jugaría más retrasado; él y Norberto Menéndez actuarían por detrás para organizar los ataques. Como resultado, solo logró meter siete goles en veinte partidos de liga. Boca terminó tercero en 1963. Sin embargo, sí consiguió marcar el gol de la victoria contra River en el penúltimo partido de la temporada: una victoria de 1-0 que le dio el campeonato a Independiente. «Hoy levantamos un pagaré firmado hace treinta años», dijo el presidente de Boca, Alberto Armando, en referencia al partido final de la temporada de 1933, cuando River derrotó a Boca y le dio el título a San Lorenzo.

Su estado físico durante el campeonato puede que fuera decepcionante, pero Sanfilippo destacó en la competición continental, donde marcó un gol sorpresa contra Universidad de Chile para seguir en el grupo. Luego volvió a marcar en el partido de ida de la semifinal, cuando Boca dejó fuera a Peñarol.

En la final, Boca tuvo un encuentro con los campeones, el Santos, equipo que había aplastado a Botafogo 1-0 y 1-4 en su semifinal. «Íbamos a perder de todas maneras, porque ellos eran el mejor equipo del momento, y era como si Maracaná tuviese doscientos metros de largo y cien metros de ancho. Eran los mejores contra los mejores, y el mejor de los mejores era el Santos de Pelé», dijo Marzolini. Su agudeza permitió a Sanfilippo meter tres goles en los dos partidos, pero no fue suficiente porque Santos ganó 3-2 en São Paulo y 1-2 en la Bombonera.

Boca terminó la temporada en tercer lugar. Había signos de que, en la Libertadores en particular, Sanfilippo estaba comenzando a encajar en su papel en el equipo. Su permanencia en el club, sin embargo, estaba por llegar a su fin.

En marzo de 1964, Boca se enfrentó a San Lorenzo por la Copa Jorge Newbery, un torneo de pretemporada. Sanfilippo, comprensiblemente, estaba desesperado por jugar contra su exclub, pero el director técnico, Aristóbulo Deambrossi, un delantero de la Máquina de River, lo dejó en el banquillo. El reglamento establecía que solo se podía hacer cambios en el primer tiempo y en caso de lesión (fácil de fingir si era necesario). «Yo era el goleador —dijo Sanfilippo—. El que había convertido contra todos los grandes equipos en la Libertadores. San Lorenzo estaba un punto más arriba en la cabeza de la tabla, así que, si los derrotábamos, el campeonato era nuestro». Sentía que debía estar en el campo de juego. Poco antes del descanso, percatándose de que si iba a entrar tendría que ser pronto, Sanfilippo le preguntó a Deambrossi cuánto quedaba.

«Cuatro minutos», me dijo. Y yo pensé: «Al diablo con este tipo». Todo el estadio entonaba mi nombre. Yo todavía pensaba que iba a entrar. Nada. Final del primer tiempo, nada. Él comienza a ir hacia el centro de la cancha, y yo corro en su dirección, persiguiéndolo.

«¿Por qué hiciste eso?», le pregunté. «Porque los técnicos pueden hacer lo que se les cante.». Y eso fue todo. ¡Pum! Lo noqueé. Y mientras lo tenía en el piso, le dije: «¡Podrás decir que no hiciste entrar al gran goleador Sanfilippo, pero también vas a tener que hablar de esta piña!». Y fue por eso por lo que tuve que irme a jugar para Nacional de Montevideo.

Pero no fue solo eso. También atacó a Adolfo Pedernera, por entonces el ayudante de Deambrossi, y repudió la decisión de dejarlo fuera del equipo por ser «un capricho». Pocos de sus compañeros de equipo se mostraron decepcionados cuando el presidente Armando mostró su apoyo al director técnico y decidió que Sanfilippo debía ser vendido. «En la historia del fútbol —dijo el habitualmente genial Marzolini—, hubo tres jugadores verdaderamente grandes: Pelé, Maradona y Messi, pero solo un gran hijo de puta: Sanfilippo.»

Por más buen rematador que fuera Sanfilippo, difícilmente puede negarse que Boca prosperó sin él. Obtuvo el título en 1964 concediendo solo quince goles en treinta partidos (solo seis en sus últimos veinticinco) y convirtió unos treinta y cinco. Un año más tarde, jugando de un modo ligeramente más arriesgado (cincuenta y cinco goles marcados, treinta concedidos) Boca retuvo la corona.

Ese mes de mayo, Argentina se enfrentó a Perú en el estadio Nacional de Lima en el torneo clasificatorio para los Juegos Olímpicos de ese año. Los anfitriones parecían haber empatado casi al final, pero el gol fue anulado, ante lo que los hinchas treparon el cerco perimetral, aparentemente con la intención de atacar al árbitro. Pero la policía los contuvo y los golpeó gravemente, lo que desató la violencia en las tribunas. Los hinchas encendieron fogatas y lanzaron ladrillos al terreno de juego, y la policía arrojó gases lacrimógenos a las gradas. El resultado fue de pánico cuando los hinchas corrieron hacia las puertas de salida y se encontraron con que estaban cerradas. En total, murieron más de trescientos aficionados y más de quinientos resultaron heridos, la mayoría aplastados en las escaleras. Los disturbios se extendieron al exterior del estadio y tres policías fueron asesinados.

Con la suspensión de toda actividad futbolística en Perú, el partido de Independiente como visitante contra Alianza se reprogramó en Avellaneda. Una disputa entre la Conmebol y la Federación Colombiana tuvo como resultado que tampoco tuviesen que jugar como visitantes contra Millonarios; como resultado, se clasificaron para la semifinal sin disputar un partido que no fuese de local en su estadio, la Doble Visera.[69]

En la semifinal, Independiente se enfrentó al más difícil de los desafiantes, el Santos, que iba camino de obtener un tricampeonato.

En Maracaná, el Santos barrió para llevar la delantera con dos goles en treinta y cuatro minutos. Pero cuatro minutos después, Mario Rodríguez cabeceó un centro de Raúl Savoy. Un minuto antes del descanso, con el Santos debilitado ante sus oponentes, que estaban en mejor estado físico, Raúl Bernao convirtió un tiro desde el flanco derecho que podría haber sido un centro. El juego del Santos regresó al comienzo del segundo

---

69. El estadio, a pocos cientos de metros del Cilindro de Racing en Avellaneda, fue construido originalmente en 1928. Fue el primer estadio de hormigón de Sudamérica. El apodo «la Doble Visera» alude a la forma de sus tribunas dobles.

tiempo, pero Independiente tenía ventaja física. A sabiendas de que un empate les daría el control del partido, podían relajarse, absorber la presión y convertir cuando faltara un minuto para ir al descanso, su modo preferido de jugar. Pero terminaron con más que un empate. En el minuto final, Savoy tiró otro peligroso centro cruzado, y esta vez fue Luis Suárez quien marcó. Independiente se convirtió en el primer club extranjero en conseguir una victoria en Maracaná.

En la final, el encuentro fue contra Nacional de Montevideo: un empate que llegó a ser considerado como la apoteosis de la concepción de Giúdice del fútbol. Independiente fue al Centenario y forzó las tablas sin goles. De vuelta en la Doble Visera, ante ochenta mil espectadores, ganaron 1-0 con una actuación de inmaculada disciplina defensiva. El único gol llegó diez minutos antes del descanso. Argentina había logrado su primera Copa Libertadores. Defendieron el título exitosamente al año siguiente: de modo significativo, habían ganado jugando del modo que llegaría a ser reconocido como el estilo argentino moderno.

24

De vuelta al caballo

Giúdice fue uno de los pioneros de lo que vagamente podría denominarse estilo italiano en el fútbol argentino; el otro era un entrenador cuyos vínculos con Italia eran mucho más evidentes: Juan Carlos *Toto* Lorenzo. Como jugador, Lorenzo había sido un talentoso centrocampista y delantero, primero para Chacarita y luego para Boca. Se incorporó a la Sampdoria en 1947, cuando tenía veinticuatro años, antes de pasar por el Nancy, el Atlético de Madrid, el Rayo Vallecano y el Mallorca. Finalizó su carrera como jugador en 1958, cuando fue designado entrenador del Mallorca, entonces en la tercera división española.

Lorenzo estaba fuertemente influido por las ideas de Helenio Herrera. El Herrera de finales de los años cincuenta quizá no era tan cauteloso como acabaría siendo, pero su estilo todavía se habría percibido en Argentina como antifútbol. Fue un abordaje al que Lorenzo se aferró, llevando al Mallorca a dos ascensos consecutivos. Regresó a Argentina con San Lorenzo en 1961; al año siguiente, fue nombrado entrenador de la selección nacional. «Lorenzo nos hizo entender lo que estaba pasando en el mundo —dijo Marzolini, que jugó bajo su dirección en la selección nacional y más tarde en Boca—. No solamente lo que podíamos leer en los diarios sobre buenos jugadores, sino descripciones de cómo jugaban y porqué jugaban de una forma u otra, basándose en alguna estrategia.»

Representaba una dosis de modernidad que muchos sentían que se necesitaba imperiosamente. A medida que Argentina se acercaba a la Copa del Mundo de 1962, la sensación de autoflagelación continuaba. Se habían clasificado con facilidad, superando a Ecuador 6-3 y 5-0 en diciembre de 1960, pero ese año también jugaron con Brasil cinco veces. A pesar de que Argentina ganó en un par de ocasiones, sufrió una goleada 5-1 en el último de esos partidos. En una entrevista con *El Gráfico* el siguiente enero, Pelé fue inusualmente franco en su evaluación de Argentina: «Hay mucha lentitud, demasiados pases laterales y no tienen profundidad... Usar un mediocampista central lento y jugar "lateralmente" ya es un error táctico, y especialmente cuando se espera que marque a un jugador rápido». También fue mordaz acerca de su condición física: «¿Se los imagina en una cancha pesada? Sería un desastre». En otra época, sus comentarios podrían haber provocado un escándalo; pero esa vez estaban en sintonía con lo que también se hablaba en Argentina.

Tres semanas después de la entrevista con Pelé, *El Gráfico* pidió reformas radicales en el juego local, tanto en términos tácticos como de organización: «Durante mucho tiempo, se ha dicho que estamos jugando con una pelota distinta y que tenemos que adaptarnos a "la que se usa allá". Es como tantas otras cosas que decimos que deberíamos hacer pero nunca hacemos. Y después lloramos». En junio de 1961, preparándose para el Mundial, Argentina fue de gira por Europa. Venció a Portugal por 2-0 en Lisboa, pero luego perdió 2-0 ante España, con el segundo gol marcado por el naturalizado Alfredo di Stéfano. Siguió una derrota 4-1 ante Italia, y empates contra Checoslovaquia y la URSS.

Se miraba con recelo al equipo que viajaba al Mundial de 1962. La herida de 1958 todavía estaba fresca, y eso llevó a un enfoque que era conscientemente más pragmático y más conservador que antes. Que Argentina hubiera desarrollado una actitud fuerte desde la vergüenza de Helsingborg se hizo evidente incluso desde el partido en el torneo contra Bulgaria en Rancagua, cuando Lorenzo seleccionó un equipo con una altura media de más de un metro ochenta. Misteriosamente, se anunció en la semana anterior al partido que Rattin jugaría solamente si había poca humedad; llovió y lo dejó fuera, un indicio de la tensión que había entre ellos y que socavaría el ánimo argentino. Rattin era mordaz con Lorenzo, y más tarde declaró que el equipo de 1962 fue el peor equipo en el que jugó.

Marzolini se hizo delantero en el minuto cuatro para obtener un centro que Marcelo Pagani tocó para Héctor Facundo, quien anotó. A partir de ese momento, Argentina se echó para atrás para resistir la presión, dificultar el juego y cometer faltas. Ivan Kolev, extremo izquierdo de Bulgaria, sufrió constantes infracciones, mientras que Hristo Iliev y Todor Diev padecieron lesiones tan graves que no pudieron volver a jugar durante el resto del torneo. «Un triunfo como este deja un sabor amargo», señaló con descontento *El Gráfico*.

Inglaterra, que había comenzado con una derrota ante Hungría, vio el planteamiento físico de Argentina y decidió responder al fuego con fuego. Walter Winterbottom, estudioso y meticuloso, dejó de lado la pizarra y las analogías de Xenophon, y aconsejó a su equipo que «saliera a morder». Rattin volvió cuando Lorenzo adoptó un extraño esquema 4-2-2-2, formación en la que ninguno de los jugadores parecía cómodo.

La idea era que Rattin marcara a Johnny Haynes y que Vladislao Cap se encargara de Charlton, pero el plan fracasó e Inglaterra rápidamente se puso por delante en el marcador: 3-1. *Clarín* atribuyó la derrota a la «fuerza y velocidad» de Inglaterra; con lo que tal vez indicaba que el fútbol argentino debía moverse aún más en esa dirección. Si Argentina hubiese pasado a la segunda fase en 1962, habría necesitado un mejor resultado contra Hungría en el último partido del grupo que el que obtuvo Inglaterra contra Bulgaria. A Hungría le quedaban tres delanteros y se quedó con diez hombres cuando János Göröcs quedó tocado por una dura entrada argentina, pero el equipo luchó hasta el final. El partido acabó sin goles.

Después de que Inglaterra también empatara 0-0 en lo que Bobby Moore calificó como «uno de los peores partidos internacionales de la historia», Argentina quedó fuera, protestando vanamente, argumentando que habían sido eliminados por una conspiración europea y que Bulgaria había dejado pasar a Inglaterra.

25

El Caudillo

En estos días, a sus más de setenta años, Rattin vende seguros, lo que parece una profesión extrañamente prosaica para un hombre que sigue siendo uno de los grandes ídolos de Boca y que, para los fanáticos de Inglaterra de cierta edad, representó la cara oscura del fútbol argentino. Tanto él como Marzolini transmiten la historia que Bobby Charlton una vez les contó acerca de madres inglesas que asustaban a sus hijos diciéndoles que, si no comían verduras, Rattin iría a buscarlos. Charlton tal vez estaba usando alguna licencia poética, pero en Rattin, con su andar encorvado y sus rasgos lúgubres, hay algo del hombre del saco. Eso, sin embargo, es solo una fracción de la historia de un jugador que durante un tiempo fue probablemente el mejor mediocampista defensivo del mundo.

Rattin nació en mayo de 1937 en Tigre, un pequeño pueblo construido en una isla en el delta del Paraná, a veintisiete kilómetros al norte de Buenos Aires. El padre de Rattin era lanchero. «Mi viejo nunca fue al estadio a verme jugar —dijo—. Decía que el fútbol era para vagos. Él quería que estudiara. No importaba qué; solo quería que yo estudiara.»

Su corazón, sin embargo, estaba puesto en jugar para Boca, aunque su ídolo era el 5 de River, *Pipo* Rossi. «Realmente, lo admiraba —dijo—. Trataba de imitarlo en todo.» Rossi vivía en Beccar, no lejos de Tigre, por lo que Rattin lo veía con relativa frecuencia, aunque nunca se atrevió a tratar de entablar una conversación. «Un sábado —dijo Rattin—, el día que hice mi debut con la quinta división de Boca, yo estaba en el tren, en el asiento trasero, y en la estación de Beccar él se subió al mismo vagón. Apenas lo vi, me paré y me acerqué, no para hablar con él, sino para estar más cerca. Me senté detrás de él. Llegamos a Retiro y ambos combinamos con el subte. Se bajó en avenida de Mayo y yo seguí hacia Lanús, donde se jugaba el partido, la primera vez que usé la camiseta de Boca en mi vida. Pero fue genial, porque pude verlo, comprobar lo alto que era,[70] mirar cómo caminaba, todo.»

Cuando llegó, resultó que el utillero no tenía botines de la talla de Rattin, por lo que debutó en Boca con sus zapatos de calle.

La gran oportunidad de Rattin llegó en septiembre de 1956, cuando fue convocado para enfrentarse a River Plate. Eso significaba ir al Club Hindú[71] en Don Torcuato, donde Boca tenía su concentración. El presidente del club, Miguel de Riglos, lo acercó en el coche. «Paramos en mi casa para buscar mi mochila y mi ropa —recordó Rattin—. El problema fue que el presidente me pidió pasar al baño. Para eso, tenía que atravesar un pasillo angosto, todo de madera. El baño tenía paredes, porque acabábamos de terminarlas, pero todavía no tenía las cañerías bien instaladas ni ninguna otra cosa. Cuando volvió, me dijo: "Conseguí una previsión para hacer la instalación del baño". "Bueno, señor." Veinte días después, le entregué el presupuesto: treinta y dos mil pesos. Él pagó los azulejos, el agua caliente, la bañera, el bidé […] Jugué toda una temporada por eso.»

River iba directo al campeonato, pero Rattin estaba decidido a no achicarse. Antes del inicio del partido, se acercó a Rossi y le preguntó si se podía sacar una foto con él. «Todavía la tengo —dijo—. Yo realmente quería eso. Pipo se convirtió en mi mánager más tarde. Era mi ídolo, un verdadero ídolo. Tenía esa voz gruesa y penetrante, y en la cancha era como un comentarista, gritando y dando órdenes todo el tiempo.»

70. Medía 1,85. Rattin medía cinco centímetros más.
71. El Club Hindú fue fundado en 1919 por exalumnos del colegio La Salle, cuyo club de teatro era conocido como «Hindustánicos». Ahora es un club polideportivo, conocido por su equipo de rugby.

Una vez que el partido empezó, una entrada a Ángel Labruna dio el tono no solo para el resto del partido, sino también para la carrera de Rattin. «En el minuto cinco lo pateé muy fuerte al *Feo*, una patada muy fuerte. Estaba tirado en el suelo y desde ahí me dijo: "Tranquilo, pibe: vas a jugar muchos partidos más en primera." Y le respondí [con una vocecita aguda y de disculpa falsa]: "*Nooooo*, perdón, Ángel, fue sin querer".» Boca ganó 2-1. «Por ese partido me dieron cuatro lucas (cuatro mil pesos). Me dieron dos mil en efectivo y dos mil en la cuenta bancaria. Solo por ganarle a River», dijo Rattin.

La primera sensación real de que el nuevo estilo tenía un efecto positivo en todo el país llegó en 1964 cuando Argentina, dirigida por Spinetto y con Rattin como figura central, fue a Brasil a jugar la Taça das Nações, un torneo que se disputaba para celebrar el quincuagésimo aniversario de la Federación Brasileña de Fútbol. Brasil venció a Inglaterra 5-1 en el primer partido en el Maracaná. Inglaterra le había dejado espacio a Pelé, pero Argentina lo encerró, usando a José Mesiano como marca personal. Aunque difícilmente esta táctica le haya resultado novedosa, Pelé reaccionó mal, enojándose tanto que, después de media hora, le dio un cabezazo a Mesiano y le rompió la nariz. El árbitro no vio el incidente y el golpe de Pelé pasó desapercibido, pero parecía tan angustiado por lo que acababa de hacer que apenas se le vio durante la hora que le quedó al partido.

Le dije a Spinetto: «Traiga a [Roberto] Telch, y yo voy a agarrar a Pelé». Telch estaba comiendo un pancho y no tenía los botines puestos. Le dio el pancho a alguien y entró. Inmediatamente, hubo un córner. Me acerqué a Pelé y me dijo: «Rattin, con la pelota, sí; sin la pelota, no». «No hay problema —le dije—. Si te pateo, te pateo con la pelota. Vos solamente jugá.» Lo marqué uno a uno en toda la cancha. Telch hizo dos goles. Y los bailamos después de eso: era tan vergonzoso que los hinchas brasileños hacían «olé, olé, olé», cuando nos pasábamos la pelota uno al otro. Fue una humillación y eran muy duros consigo mismos. Pelé cerró los ojos y no volvió a abrirlos. Probablemente se sentía mal por lo que le había hecho a Mesiano.

Defendiendo bien replegados, Argentina metió tres goles en contraataques rápidos. Los equipos regresaron a Río. Argentina, sabiendo que un empate sería suficiente para ser campeones, puso a sus hombres detrás de la pelota, dedicados a entorpecer, mantener la posesión y dejar pasar el tiempo. Inglaterra, como «un montón de campesinos tratando de escapar de un laberinto», como dijo Desmond Hackett en el *Daily Express*, se sintió desconcertada.

En el *Daily Mail*, Brian James aceptó de mala gana la efectividad de la táctica argentina. «Si no te importa un pito el juego, y estás preparado para dejar el entretenimiento para las salas de conciertos, puedes ganar cualquier cosa —escribió—. Argentina simplemente tomó la lógica y la llevó al límite. Su política se basa en que "si no meten goles, no perdemos" [...] Solo en sus momentos más salvajes de temeridad estuvieron dispuestos a abrirse».

Los días de «la Nuestra» habían desaparecido ya hacía tiempo, no era algo que le importara a nadie en el equipo argentino. «Al día siguiente, nos invitaron a la cena de gala —contó Rattin—. Cada uno de los brasileños recibió un reloj de oro. Y a nosotros, que habíamos ganado el puto campeonato, nos dieron unas lapiceras miserables con una inscripción que decía Taça das Nações. ¡Hijos de puta!»

26

La victoria moral

$\mathcal{A}$ pesar de todos los problemas que tuvo con la economía, la caída de Frondizi como presidente llegó por la política exterior, cuando, después de una reunión con el Che Guevara, trató de mediar entre John F. Kennedy y Fidel Castro. Ello, sumado a la decisión de levantar la prohibición de los partidos peronistas con vistas a las elecciones de 1962, causó alarma entre los militares. El 29 de marzo, el jefe del ejército, el general Raúl Poggi, ordenó el golpe de Estado. El presidente del Senado, José María Guido, fue elegido para suceder a Frondizi. Al principio rechazó la propuesta alegando lealtad al expresidente, pero aceptó cuando Frondizi se lo pidió: así se convirtió en el único civil de la historia argentina en subir a la presidencia por medio de un golpe militar.

La presidencia de Guido se caracterizó por una batalla por el poder en los círculos militares, entre los moderados (los azules) liderados por Poggi y el ala dura (los rojos), encabezados por el comandante de los cuerpos de caballería, el general Enrique Rauch. Culminó en abril de 1963 cuando la armada, apoyada por facciones del ejército y de la fuerza aérea, montó un golpe para tratar de impedir las elecciones programadas para ese mes de julio. El intento fue sofocado tras dos días de lucha con un saldo de veinticuatro muertos.

Arturo Illia, el candidato de la UCR, ganó las elecciones de julio y durante tres años trazó un camino difícil e incierto entre generales e industriales en la derecha, y los sindicatos y los vestigios del peronismo en la izquierda. La presidencia de Illia tuvo problemas desde el comienzo, y la naturaleza fragmentada del Gobierno era evidente en cómo su mayoría en el Senado contrastaba con la falta de apoyo en la cámara de diputados.

Los militares albergaban sospechas, mientras que los controles de precios, particularmente en la industria farmacéutica, pusieron a los líderes del sector de negocios en contra de Illia. Al principio, los sindicatos apoyaron la política expansiva de Illia, pero cuando los planes encubiertos para que Perón retornara del exilio se volvieron más verosímiles, los sindicatos empezaron a volverse en contra del presidente. Se convocó una huelga general ya en mayo de 1964, y al año siguiente los líderes de la Confederación General del Trabajo (CGT) comenzaron a señalar que estarían a favor de un golpe de Estado. Que contemplasen semejante medida apenas dieciocho meses después de las elecciones democráticas, y con la economía aparentemente en resurgimiento, da una idea de cuán desbordada estaba la institución democrática en Argentina.

La revista de noticias *Confirmado* pidió el golpe abiertamente con la publicación de una encuesta que supuestamente demostraba el apoyo público al levantamiento. Los militares rara vez necesitaban mucha persuasión. El general Julio Alsogaray, comandante de la primera división del ejército, con el apoyo de los militares, sectores de los medios y numerosos políticos, entre ellos Frondizi, se presentaron en la oficina de Illia a las cinco de la mañana del 28 de junio de 1966 y lo invitaron a renunciar. Illia se negó, en un principio, pero cuando un grupo de oficiales armados tomó su oficina, se rindió a las 7.20. Al día siguiente, el general Juan Carlos Onganía fue nombrado presidente.

No era, sin embargo, un golpe de Estado más. Mientras que los levantamientos anteriores habían sido medidas de corto plazo para estabilizar el país antes de restaurar el control civil, el golpe de 1966 apuntaba a algo más permanente. Onganía suspendió los partidos políticos e impuso un sistema de «participacionismo» bajo el cual recibía el consejo de comités que representaban a varios grupos de intereses, que, por supuesto, él mismo se encargaba de nombrar. Sus intelectuales, según su mensaje, eran una fuerza positiva; otros debían ser considerados con sospecha. En julio de 1966, los directores de todas las universidades fueron despedidos. La resistencia en la Universidad de Buenos Aires provocó lo que se conoce como «la Noche de los Bastones Largos», cuando policías armados con cachiporras desalojaron a los manifestantes de las facultades, a lo que siguió la persecución de científicos y académicos. Muchos huyeron del país.

Cuando ocurrió el golpe, la selección nacional ya estaba en Europa, preparándose para el Mundial, que comenzó el 11 de julio. Sin tomar en consideración el trasfondo político, los preparativos habían sido caóticos. Para disgusto de Rattin, Lorenzo fue restituido como entrenador seis semanas antes del comienzo del torneo, aunque Argentina solo había perdido uno de los trece partidos disputados con José María Minella en 1964 y 1965. Lorenzo, tras ver la eficacia del *catenaccio*, como entrenador de la Lazio y de la Roma en Italia, quería jugar con un líbero, pero sus intentos de explicar el sistema en los entrenamientos solo generaron confusión, aunque le puso una camiseta de color diferente al líbero. Los jugadores, comprensiblemente, preguntaban por qué se les pedía que adoptaran un sistema radicalmente nuevo en vísperas de un torneo.

«Cuando jugábamos antes del Mundial, pensábamos que estábamos haciéndolo con una réplica de la pelota que se iba a usar —recordó Marzolini—. La había hecho un argentino. Pero cuando llegamos, la pelota era completamente diferente, mucho mejor.» La gira de preparación por Italia difícilmente podía haber ido peor. La organización era precaria, los jugadores se peleaban con los delegados (de los que había un gran número según hicieron notar varios diarios argentinos), los delegados se peleaban con el personal técnico y Rattin golpeó al centrocampista reserva José Pastoriza. «Cuando estábamos en Turín, le pedimos a la AFA que nos enviara otro entrenador y dijeron que no», dijo Rattin.

Los rumores sobre un motín eran tan preocupantes para Valentín Suárez, el presidente de la AFA, que tomó un vuelo a Europa para tratar de calmar las aguas; cuando el equipo argentino llegó a Inglaterra, Rattin insistió en que todo se había solucionado y que estaba satisfecho. Sin embargo, nunca se sintió del todo feliz fuera de Buenos Aires y había llevado una grabación de su mujer y sus dos hijos para que le ayudara a superar la nostalgia. «Si pudiese redactar mi propio contrato futbolístico en este nivel —dijo a *La Razón*—, le aseguro que incluiría una cláusula que dijera que solamente tendría que jugar en Buenos Aires, y nunca volvería a irme del país otra vez.» La sensibilidad parece incongruente con la imagen de Rattin, pero ese malestar, sumado a su descontento con la desorganización de la AFA, tal vez explica por qué, durante ese Mundial, los fusibles del jugador siempre parecían prontos a estallar.

Los preparativos mejoraron escasamente una vez que pusieron pie en Inglaterra. La escuadra argentina tenía su base de operaciones cerca de Birmingham y trataba de llevar a cabo una sesión secreta de entrenamiento en Lilleshall. El autobús se perdió camino de Lilleshall, tardó dos horas en cubrir aproximadamente cuarenta y ocho kilómetros; una vez en el lugar, resultó que nadie había embalado el equipamiento, lo que obligó a los jugadores a arreglárselas con lo que encontraron en un gimnasio local. Según Marzolini (aunque Rattin asegura que no recuerda el episodio), el capitán lideraba la escuadra entonando cánticos contra Lorenzo en el camino de regreso.

Sin embargo, la negligencia más grande de los empleados de la AFA tal vez sucedió poco antes de los cuartos de final. Argentina había luchado para mantenerse en el grupo. El *Daily Mirror*, en tono de aprobación, hizo notar que era «una raza guerrera», tras la victoria de 2-1 contra España, en un partido en el cual Luis Suárez[72] terminó cojeando. Más tarde, eso fue utilizado como prueba contra Argentina, pero parece que había recaído de una vieja lesión y que no había sido víctima de ninguna trampa.

Fue en el segundo encuentro, contra Alemania Occidental en Villa Park, cuando las perspectivas comenzaron a cambiar. Fue un partido agresivo y tenso que finalizó sin goles; resultó memorable principalmente por el incidente a los veinte minutos del segundo tiempo, cuando Rafael Albrecht fue expulsado por

---

72. Había jugado con el Internazionale en su victoria contra Independiente (en el desempate por la Copa Intercontinental de 1964). Los italianos contaban en sus filas con Luis Suárez.

el árbitro yugoslavo Konstantin Zecevic tras hacerle una dura entrada a Wolfgang Weber. Podía expulsarlo,[73] y el tiempo que Albrecht tardó en abandonar el terreno de juego poco hizo para despertar consideración, pero del mismo modo es comprensible que Argentina se preguntase por qué esa falta en particular fue sancionada en un partido en que hubo muchas infracciones. ¿Y por qué no se hizo nada cuando Albrecht, aparentemente, fue golpeado mientras estaba en el suelo después de una falta? «¿Por qué la toman con Argentina? —preguntó Lorenzo—. ¿Por qué nos tratan como al chivo expiatorio?» La multitud, mayormente inglesa, reaccionó con abucheos, mientras que la FIFA le advirtió a Argentina acerca de su juego «falto de ética».

La reputación de Argentina estaba tan mancillada en Inglaterra que fueron abucheados en el campo en Hillsborough en el partido final del grupo, una victoria de 2-0 contra Suiza en la que cada falta, cada pase retrasado y todo lo que pudiese ser visto como pérdida de tiempo fue objeto de burla.

Como dijo David Downing en su libro sobre la rivalidad entre Inglaterra y Argentina: «Los argentinos captaron el mensaje…, los ingleses no los querían».

Pero Argentina cometió menos infracciones que Inglaterra en la fase de grupos; las estadísticas fueron publicadas sin comentarios en unos cuantos diarios. Eso irritó aún más a Argentina: ¿por qué eran ellos los considerados como un equipo que jugaba sucio? ¿Y qué pasaba con Nobby Stiles, que había sido amonestado por la Football Association (FA) después de una falta particularmente fea contra el francés Jacky Simon? Solo podía ser, parece haber sido la conclusión, que los europeos del norte la habían tomado con ellos. Tal vez, en un mundo en el que la intriga política nunca se detenía, en el cual uno nunca se hallaba más que a un par de años de un golpe, cierta paranoia era comprensible.

Las dudas sobre el árbitro y un posible arreglo se sumaron a

---

73. *Goal!*, el film official de la FIFA sobre el Mundial de 1966, comete un error con el incidente, porque dice que Albrecht es apartado a empujones desde atrás, pierde el equilibrio, se cae sobre Weber y aparentemente es expulsado con dureza por esa colisión. Ese, sin embargo, fue un incidente aparte.

la elección. La FIFA montó una reunión en el hotel Royal Gardens en Kensington para decidir qué árbitros y jueces de línea participarían en los cuartos de final; llegaron a una decisión antes de que los delegados de Argentina llegaran al encuentro. Marzolini sugirió que simplemente llegaron tarde, mientras que Juan Santiago, que encabezó la delegación de la AFA, insistió en que le habían indicado mal la hora de comienzo de la reunión. La asignación de árbitros por parte de la FIFA probablemente fue una decisión poco feliz, pero no siniestra, y es fácil entender por qué un país sospechaba de una conspiración, pues un alemán, Rudolf Kreitlein, había sido nombrado para el partido de Inglaterra contra Argentina, mientras que un inglés, Jim Finney, se encargó de dirigir el encuentro entre Alemania Occidental contra Uruguay. Incluso si no hubiera sospechas de connivencia, era lógico pensar que un árbitro europeo, más dispuesto a permitir que el juego físico no fuera penalizado, suponía una ventaja para un equipo europeo. Las diferentes interpretaciones de las reglas habían originado constantes fricciones entre los equipos europeos y sudamericanos durante el torneo.

La percepción de Argentina de que todo se le había puesto en contra fue aún mayor el día anterior al partido, cuando los empleados del estadio de Wembley se negaron a permitirles los veinte minutos de entrenamiento en la cancha a los cuales tenían derecho; alegaron que interferirían con la carrera de galgos de la noche. Dado que había dos horas entre el final programado del entrenamiento y la primera carrera, parece sorprendente e indignante, si es que realmente es lo que sucedió; para entonces, el sentido de victimización de Argentina era tan profundo que es fácil imaginar por qué el menor malentendido cobró proporciones de disputa enconada.

Con la perspectiva que da el tiempo, el rencor con que concluyó el encuentro parece inevitable, porque todo conspiró tan prolijamente para elevar las tensiones. El día anterior al partido, Suárez advirtió a los jugadores que no reaccionaran excesivamente ante los hechos en el campo de juego, y también (incorrecta y fatídicamente) le dijo a Rattin que tenía derecho a un intérprete si necesitaba discutir algo con Kreitlein. «Lo que realmente esperamos tener —dijo Lorenzo en su conferencia de

prensa final— es un réferi que no sea presionado por la multitud de Wembley.»

El partido en sí fue pobre y rutinario, sobre todo debido a la
puntillosidad de Kreitlein, pero nunca derivó en la clase de violencia, digamos, del partido de Argentina en la fase de grupos
contra Alemania Occidental; no se trató de la batalla campal que
cuenta la leyenda. El incidente por el cual el partido destacó
ocurrió tras treinta y cinco minutos, cuando Rattin fue expulsado, aunque lo que realmente hizo dista de estar claro. Le habían
llamado la atención pocos minutos antes por sujetar los talones
de Bobby Charlton; la mirada ansiosa que le echó a Kreitlein
tras obstruir a Geoff Hurst pocos minutos más tarde sugiere
que era consciente de que estaba pisando terreno peligroso. Sin
embargo, la expulsión en sí, después de que la pelota saliera
inocuamente del terreno de juego para un saque de puerta,[74]
resultó chocante. «Repentinamente —escribió Geoffrey Green
en *The Times*—, se vio que Rattin, lejos del juego que se estaba
desarrollando en ese momento, pero adyacente al árbitro alemán, estaba siendo expulsado del terreno de juego.» En otras
palabras, tras disponer de todo un domingo para comprender lo
que había sucedido, uno de los principales comentaristas de fútbol de Gran Bretaña no conseguía explicar lo que había pasado.
En el *Sunday Telegraph*, David Miller insistió en que Rattin
había sido «expulsado por discusión persistente y obstrucción al
desarrollo del partido», lo que probablemente sea cierto. Pero,
mirando el vídeo, no se puede explicar por qué Kreitlein reaccionó como lo hizo.

Rattin, sin lugar a dudas, era uno de los grandes protestones
de los años sesenta, siempre quejándose a los colegiados, con las
manos fijas sobre el pecho, usualmente inclinándose para poner
los ojos al nivel de los árbitros, que eran invariablemente más
bajos que él. Pero, en esta ocasión, a menos que sus protestas
hayan tenido lugar fuera de cámara, parece haberse comportado
de un modo relativamente contenido. Incluso cuando fue expulsado, su reacción parece haber sido de incredulidad.

---

74. Desconcertantemente, cuando el partido se reanudó, fue con un tiro libre
para Inglaterra en el círculo central.

Rafael Albrecht, Roberto Perfumo y Ermindo Omega apuntaron al árbitro. Perfumo, en un momento dado, le agarró el brazo, pero Rattin simplemente se quedó de pie, con las manos en las caderas, como divertido, sacudiendo suavemente la cabeza. Mientras sus compañeros de equipo protestaban, Rattin caminó hasta donde se encontraba Lorenzo en el banco, aparentemente para pedirle consejo. «Durante la conversación previa al *match* —dijo—, me dijeron que, si surgía algún problema, yo, como capitán, tenía derecho a pedir un intérprete, y eso fue lo que hice. Pero el árbitro interpretó mi actitud de mal modo. La primera vez le pregunté si fingía ser sordo, y la segunda vez le señalé el camino a los vestuarios.» Esa excusa fue ampliamente ridiculizada por las anécdotas británicas; a oídos modernos realmente suena absurda, pero es coherente con sus acciones. «Querían que abandonara el campo y me negué —dijo Rattin—. ¿Qué carajo quieren? No insulté a nadie, no pateé a nadie, así que ¿por qué carajo tengo que abandonar el campo? ¿Simplemente porque pedí un traductor capaz de hablarle a ese concha alemán? Porque estaba arreglado, oh, sí, un alemán aquí y un inglés allá.»

Como Rattin se negaba a dejar el campo, Ken Aston, jefe del comité de árbitros, se acercó al terreno de juego para brindarle su apoyo a Kreitlein. Esa noche, mientras conducía a su casa, Aston se detuvo frente a unos semáforos y le vino un toque de inspiración: la idea de usar tarjetas rojas y amarillas para ayudar en la comunicación entre árbitros y jugadores. Sin embargo, no hubiese sido de mucha ayuda en este caso: Rattin era plenamente consciente de que había sido expulsado; simplemente, no podía creerlo. Por extraño que parezca, la explicación más plausible de su comportamiento es un sincero sentimiento de tristeza, aunque desacertado. Desconfiando de su propia federación, pero convencido de que había una conspiración contra Argentina, su exceso de celo para asegurarse de que su equipo no fuera estafado lo llevó a oponerse a la única autoridad que podría haber hecho algo al respecto. Aunque, luego, por supuesto, esa persona se convirtió, para Rattin, en otro cómplice del contubernio.

Por un instante, parecía que podría hacer que todos sus jugadores abandonaran la cancha, pero ocho minutos después de ser expulsado, Rattin comenzó la larga caminata hacia el túnel, que entonces no estaba detrás de la portería. La película oficial del torneo, *Goal!*, sigue su recorrido, con el partido fuera de foco en el plano principal, con una música inspirada en Fellini que le otorga una extraña dignidad a su partida.

Al pasar el banderín de córner, una miniatura de la bandera del Reino Unido con el logo de la Copa del Mundo en el centro, Rattin la alzó con la mano derecha y deslizó brevemente los dedos sobre la tela. El incidente desató varias interpretaciones: algunos dicen que se estaba refregando la mano en la tela, simbólicamente, ensuciando el emblema del Estado británico, mientras que otros dicen que estaba indicando que se trataba de un Mundial británico y que, en consecuencia, era de esperar que el ganador fuese británico. «No estoy muy seguro de lo que estaba diciendo en ese momento —comentó Bobby Charlton, interpretando el gesto como de arrepentimiento—, pero sospecho que debió de entender que la aventura más excitante de su carrera había terminado, y por su culpa.»

Por un momento, Rattin se detuvo, puso las manos sobre los labios y contempló la cancha, tal vez pensando en algún otro gesto de protesta o simplemente considerando la ruptura de sus sueños. Al llegar al túnel, el asistente argentino que lo había escoltado comenzó a sacudir el puño en el aire, aparentemente como reacción a los abucheos de los hinchas ingleses. Rattin parecía indiferente. Bajando al túnel, pasó al lado de un pequeño poni, una mascota de regimiento con una manta marrón adornado con un emblema dorado. Ni siquiera reparó en el animal antes de desaparecer en la oscuridad. Tal era su estado emocional. Si se le pregunta hoy por el incidente, se muestra perplejo.

El partido fue suspendido durante veinte minutos y pico. Le hablé a los miembros del consejo y finalmente me dijeron: «Esto no puede seguir. Tenés que irte». «Pero yo no hice nada», les contesté. Pero la decisión estaba tomada. Estaba afuera. Así que fui y me senté, no a propósito, sobre la alfombra roja, de seis metros de largo y cuatro de ancho, donde estaban ubicados los asientos de la reina. La reina no estaba presente, pero la alfombra estaba ahí. Era una alfombra muy bonita, ¿no? Me senté ahí y observé el partido durante seis o siete minutos. Y después me paré y empecé a caminar junto a la línea lateral. Y me arrojaban misiles, pero era chocolate, chocolate Aero. Agarré un par, los abrí y los saboreé. Era algo realmente novedoso para mí: nosotros no conocíamos el chocolate Aero. Me comí una barra de chocolate, otra barra más de chocolate y, cuando finalmente llegué al banderín del córner, lo estrujé y me desquité, insultándolos. [Hizo un gesto de apretujón, aunque no queda muy claro por qué ese gesto debía ser considerado un insulto.] Después casi me dan con un vaso lleno de cerveza. Así que tuve que apurarme.

Al igual que gran parte del partido, la escena de Rattin comiendo el chocolate, el gesto al lado del banderín y cuando le arrojan cerveza no se ven en el vídeo. Bobby Charlton está seguro de que la expulsión fue la decisión correcta. «En mi opinión, era incuestionable que finalmente la única opción era expulsar a Rattin...», escribió en su autobiografía. «Rattin me hizo falta dos veces en pocos minutos; en la segunda, me detuvo con un salto bastante flagrante. Yo estaba cerca de Rattin cuando le hicieron la advertencia y pude ver, por la expresión de su rostro, que estaba a punto de estallar, cosa que ciertamente hizo cuando su compañero de equipo Alberto González fue el siguiente al que el árbitro le leyó la cartilla. En ese punto, parecía que Rattin había perdido todo interés en el desarrollo del partido».

La mayoría, sin embargo, se mostró mucho más comprensiva. Brian Glanville no tardó en cuestionar a Kreitlein, a quien describió en el *Sunday Times* del día siguiente como «un hombre pequeño que se desplaza portentosamente por la cancha, calvo, con la cabeza marrón resplandeciente bajo el sol, (quien) puso un nombre argentino detrás de otro en su libreta. A uno le recordaba a un colegial que anota los números de las locomotoras. Por último, posiblemente porque ya no le quedaban más páginas, de un modo abrupto y poco claro, expulsó a Rattin». Incluso eso, sin embargo, es misterioso: Bobby Charlton dijo que al día siguiente descubrió que tanto él como su hermano habían sido amonestados, pero el informe oficial enviado a la FIFA contabiliza solo tres amonestados: Solari, Rattin y Artime. Fuese lo que fuese lo que Kreitlein estaba escribiendo en su libreta, no eran los nombres de los jugadores a los que había amonestado; para aclarar la confusión, el sistema de tarjetas de Aston habría sido de gran utilidad.

Parte del problema era que nadie sabía realmente por qué Rattin había sido expulsado. Kreitlein tampoco fue de mucha ayuda al día siguiente, cuando los periodistas lo encontraron en una tumbona en Kensington Gardens. «El aspecto del rostro de Rattin fue más que suficiente para comprender lo que decía y lo que quería expresar —dijo—. No hablo español, pero su aspecto lo decía todo. Me siguió por toda la cancha y me enfurecí. No me quedó otra que expulsarlo.» Rattin mismo, al menos si ha de darse credibilidad a una fotografía publicada en el *Mirror*, se pasó el día posterior a la desgracia paseando, tomando alegremente instantáneas de los guardias del palacio de Buckingham. Recuerda que fue a Harrods. «El chófer del taxi desde el hotel no me cobró —dijo—. Y en Harrods la gente me pedía autógrafos y decían que lo lamentaban. Yo no entendía un cuerno de lo que decían, lamentablemente, pero era evidente que se sentían avergonzados por lo que había pasado.»

Una vez que se reanudó el partido, Argentina se reagrupó y actuó bien en defensa, con solidez y frustrando a Inglaterra como lo habían hecho en Río dos años atrás, antes de caer finalmente derrotada cuando Hurst marcó de un cabezazo en el minuto setenta y ocho tras un centro de Ray Wilson. Sin embargo, lo que ha quedado en la memoria es otra serie de cosas. «Ni una sola vez había participado en un encuentro que degradara tan profundamente el verdadero significado del fútbol... —dijo Bobby Charlton—. Me habían derribado, hecho zancadillas, me habían dado patadas y me habían escupido, pero nunca antes había experimentado tantas malas artes aplicadas tan intensa y despiadadamente».

El defensa George Cohen, mientras tanto, habló de «la palmada en el hombro que resulta ser el tirón de orejas; agarrarte los pelos cortitos de la nuca, escupirte en la cara». Mirando hoy el vídeo, es difícil estar seguro de que esas cosas sean ciertas o si han sido exageradas con el correr del tiempo, en parte por cómo se deterioraron las relaciones con el paso del tiempo. Hay un momento en el primer tiempo en el que se puede ver a Stiles que topa con Onega, alza la mano para disculparse y se limpia la cara con los dedos y sacude algo con disgusto, como si le hubiesen escupido desde un ángulo fuera de cámara, pero esa es la única prueba al respecto. Dicho esto, es muy difícil capturar en imagen un escupitajo con modernas cámaras HD, así que con una filmación de hace cincuenta años...

En su momento de gloria, Ramsey cometió el más grave de sus errores. Victorioso, podía ser cortés, pero por una vez permitió que sus emociones, su irritación ante la actitud de Argentina, cobraran protagonismo. Primero trató de impedir que sus jugadores intercambiaran camisetas con los de Argentina: una medida que se veía grosera y que arruinó lo que, por lo menos, pudo haber sido un momento simbólico de espíritu deportivo, tras todas las situaciones desagradables. En la infame fotografía en la que tira de la camiseta de Cohen mientras el defensa trata de pasársela a González parece mezquino, incluso un poco infantil. «Cuando se tomó la famosa foto, tras terminar el partido, yo estaba por intercambiar camisetas con este tipo —dijo Cohen—. Insistía en cambiarla. Alf vio lo que estaba pasando y se acercó corriendo. Dijo: "No puedes intercambiar camiseta con él". O unas palabras a tal efecto. Para ese momento la manga de esa camiseta debía tener unos noventa centímetros de largo.» Pero Ramsey no podía estar en todas partes, así que sí que hubo intercambio de camisetas. Y Marzolini terminó con la de Bobby Charlton.

Aun así, de parte de Ramsey, había cosas peores por venir, cuando permitió que lo azuzaran durante una entrevista televisiva por una pregunta sobre la supuesta negatividad de Inglaterra. «Nuestro mejor fútbol —dijo— se dará contra el tipo correcto de oposición, un equipo que viene a jugar al fútbol, no a comportarse como animales.» Decir algo semejante fue descortés y estúpido; la famosa incomodidad de Ramsey ante un micrófono no sirve de excusa; además, no debería haberse permitido que un comentario hecho de pasada (como sucedió posteriormente con directivos y periodistas argentinos) justificara retroactivamente lo que ya había sucedido (tampoco para décadas de animosidad).

Ramsey no fue el único que perdió el control después del pitido final. Los recuerdos se han desvanecido y las historias distan de ser claras, pero parece que un grupo de jugadores y empleados de la selección argentina se metieron con Kreitlein mientras abandonaba la cancha. Uno de ellos (aunque nadie parece saber con certeza de quién se trata) intentó golpearlo, pero la policía se lo impidió. Por su parte, Harry Cavan, el delegado de la FIFA de Irlanda del Norte, sostiene que lo escupieron. Existen informes no corroborados de que un jugador argentino orinó en el túnel. De lo que no cabe duda es de que el vestuario de Argentina quedó dañado. Bobby Charlton describió cómo golpeaban la puerta de Inglaterra y sostiene que su hermano y Wilson instaron a los empleados a que «los dejen entrar». Pero ¿de quién se trataba? Suponía que eran jugadores en busca de pelea, pero eso lo niegan categóricamente Marzolini y Antonio Roma, dos fuentes que parecen fiables. La explicación más plausible, tal vez, la ofrece Neil Clack en *Animals!*: sugiere que es probable que se tratara de periodistas argentinos desesperados por obtener una declaración posterior al partido, algo que, en esa época, era ajeno a la cultura futbolística británica.

Los diarios, previsiblemente, se dividieron con respecto a las cuestiones de nacionalidad. Inglaterra, según la conclusión de *Clarín*, había estado «sumergida en el fango de la impudicia por su director técnico, vendedor de mentiras, un individuo aterrorizado que perderá su puesto si su equipo no obtiene el campeonato. El país reconoce esto e Inglaterra celebra su victoria tímidamente… La verdadera Inglaterra está avergonzada, el público lo celebra con un sabor amargo». El diario envió un avión a una de las Islas Malvinas, donde su periodista plantó una bandera simbólicamente.

Fernando Menéndez, un directivo de la AFA, insistió en que Kreitlein había estado «absolutamente tendencioso a favor de Inglaterra», y sostuvo que él y «los que lo seleccionaron» (es decir, Stanley Rous y el comité de la FIFA) eran «los responsables de los problemas». La FIFA no se mostró comprensiva y le impuso a la AFA la multa máxima: ochenta y cinco libras. Ferreiro y Onega fueron suspendidos con tres partidos; Rattin, con cuatro. Por su parte, a la AFA le comunicaron que podría participar en el Mundial de 1970 solamente si daba garantías de que podía controlar a sus jugadores. La Conmebol, la confederación sudamericana, apeló inmediatamente; la FIFA dejó silenciosamente que el asunto se fuera diluyendo.

La selección volvió a Argentina y fue recibida por multitudes jubilosas en Ezeiza. Rattin fue envuelto en la bandera, se esgrimió un globo para simbolizar cierta especie de victoria moral y el equipo fue trasladado a una recepción con Onganía, quien elogió «su *performance* brillante, su coraje y su espíritu de lucha». Y tal vez en el espíritu de Argentina podía verse algo positivo de lo que había nacido en 1958. «Este equipo —escribió Juan Sasturain en su historia de Argentina en la Copa del Mundo—, a diferencia de los anteriores, aguantó, como aguanta un piloto bajo la lluvia, como jugó a aguantar Uruguay por décadas: parar el ritmo, "esconder" la pelota.»

Casi cinco décadas más tarde, Rattin sigue pensando sin dudar que la Copa del Mundo de 1966 estaba amañada.

Es necesario entender, cuando se habla de Copas del Mundo, que hay Copas del Mundo antes de la televisión por satélite y Copas del Mundo después del satélite. Antes del satélite, a la nación anfitriona siempre le iba bien, porque el único modo que tenía la FIFA de recaudar era a través de la venta de entradas. Recuerdo que en ese partido del 66 no había un solo anuncio en el estadio [en esto tiene toda la razón; las plateas de Wembley tenían enfrente paredes blancas]. Por lo tanto, al país anfitrión tenía que irle bien. Hasta 1970, el país organizador del Mundial, o lo ganaba, o llegaba a la final. Suecia jugó la final. ¿Quién carajo es Suecia en el fútbol? Chile obtuvo un tercer puesto. Italia se convirtió en campeona. Todo era diferente, no había reemplazos, no había televisión, no había nada. Y los estadios estaban vacíos, a menos que jugasen los anfitriones. Tras la llegada del satélite, se pudo obtener dinero de la transmisión televisiva, así que ya no fue tan importante el papel del país organizador.

O tal vez los anfitriones hacían un mejor papel en el pasado porque viajar solía ser mucho más arduo de lo que es hoy, porque los equipos visitantes se sentían menos cómodos.

27

Una gloria peculiar

Casi sin que nadie lo notase, Racing fue mejorando: terminó quinto en 1965, invicto hasta el final de los catorce partidos de la temporada. Ese año, Juan José Pizzuti, que se había retirado como jugador en 1963, volvió al club como entrenador. Y antes del comienzo de la temporada de 1966, Humberto Maschio también retornó, después de tres temporadas en la Fiorentina como consecuencia de su altercado con Herrera en el Inter. Maschio se encontró con que el fútbol argentino era mucho más parecido al estilo italiano que cuando él abandonó el país nueve años antes. «Noté un enorme cambio en el aspecto físico, no en táctica», dijo.

Maschio tenía sus dudas en cuanto a jugar para un entrenador que había sido su compañero de equipo, pero sus dudas no tardaron en disiparse. «Tenía una forma de pensar muy articulada —dijo—. Como decimos acá, no se casaba con nadie. Éramos amigos, pero me trataba como si fuese cualquier otro futbolista. Era estricto. No sé si hoy podría aplicar las mismas reglas. Por ejemplo, nos sancionaba si maldecíamos o insultábamos a alguien.»

La mayoría daba por sentado que Maschio, que por entonces tenía treinta y tres años, volvía a su país por razones sentimentales para jugar una o dos temporadas finales antes de retirarse, pero pronto se hizo evidente que, cinco años después del título anterior del equipo, algo se estaba preparando en Avellaneda. «Al comienzo, nos descartaron por completo —dijo el delantero Juan Carlos Cárdenas, que tenía veinte años al comienzo de la temporada de 1966—. Nos veían como una mezcla de viejos y jóvenes que no podían ganar nada. En ese momento, a los treinta años, ya eras un dinosaurio. Decían que éramos las sobras, que Racing estaba terminado. Tenías que aceptarlo, porque finalmente Racing era viejo y experimentado. Rulli había jugado en Boca, Rodríguez en Nacional, Maschio venía de Europa... Los pibes éramos Díaz, Basile, Cejas, Perfumo y yo.»

En estos días, Cárdenas tiene un negocio inmobiliario en el barrio de Floresta, en el centro geográfico de la capital, en algún momento el hogar de la radiofonía en Argentina, a unos cinco minutos del estadio de All Boys, del que fue entrenador.

Al igual que a muchos que venían de las provincias del norte de Argentina, le llamaban «Chango», y sigue siendo conocido por ese apodo. Hoy tiene el cabello gris, el rostro arrugado y cierto aire cansado, pero el recuerdo de esos días tempranos despierta una risa ahogada. «Cuando veíamos a Maschio, un gran tipo, le tomábamos el pelo. "Corré, viejo, corré." Teníamos dieciocho, diecinueve años..., así que teníamos confianza de que tendríamos más resistencia que él. Comenzamos a correr alrededor del campo, cinco vueltas a toda velocidad: una, OK; dos, todavía posible; tres, cuatro, estábamos exhaustos y el viejo decrépito seguía corriendo. No podíamos soportarlo, paramos y le gritamos: "¡Vos, viejo! ¡Andá a buscarte una mina! No viste una mina en años...".» Se interrumpió, riendo, porque la idea de Maschio sin una mujer era demasiado ridícula para siquiera considerarla.

Racing venció a Atlanta 2-0 en la apertura de la temporada, luego empató como visitante en campo de Vélez Sarsfield antes de derrotar a Newell's y a Quilmes. Cuando derrotaron a Chacarita Juniors 1-0, su condición de invictos se extendió a veinte partidos. «Simplemente comenzamos a jugar y a ganar, y de repente teníamos este invicto —dijo Cárdenas—. Los neutrales y los hinchas del fútbol en general se volvieron más y más curiosos con respecto a Racing, con respecto al equipo de José. "¿Qué tienen estos tipos? ¿Cómo es que no pierden?" Así tuvimos hinchas de otros clubes: hoy eso sería imposible.»

La razón principal del éxito era Pizzuti. «Era capaz de ver

cada atributo en particular de cada jugador y tenía razón», dijo Maschio. «El equipo revolucionó el fútbol en Argentina» —afirmó Cárdenas.

Teníamos un entrenador que desempeñaba un rol principal, que tenía experiencia en Boca y River, y que ya había ganado campeonatos en Racing. Así que no tenía miedo y quería que fuésemos los protagonistas. «Quiero esta clase de equipo», nos dijo. En ese momento, había equipos con grandes nombres, pero el concepto reinante era: «No corras demasiados riesgos». Entonces diseñó un nuevo esquema táctico completamente diferente comparado con lo que era normal esos días. Boca ganó el campeonato de primera división en 1965, en todos los casos por 1-0 y 0-0: nadie podía golearlos, pero era más bien aburrido. Entonces aparecimos nosotros. Yo era el número 9, el típico centro-*forward* dentro del área con la mentalidad de «si convierto, he jugado bien; si no convierto, he jugado mal». Pero Pizzuti me sacó de esa posición y me hizo recorrer toda la línea frontal sin posición fija. «No quiero verte más esperando dentro del área», dijo. Y ese fue uno de los aspectos claves del equipo. El número 7 o el número 11 podían terminar en el área. Los tres delanteros rotaban mucho, y eso era una sorpresa.

La época bohemia, los años en que los jugadores se tambaleaban al ingresar en la cancha tras tomarse un par de botellas de vino, puede que haya pasado, y la Copa Intercontinental de 1967 demostró que Racing podía ser tan duro y pragmático como cualquier otro de esos días. Pero Maschio insistía en que algo del antiguo espíritu persistía. «Tuvimos un invicto de treinta y nueve partidos y después perdimos contra River —dijo—. Nunca pensábamos en los resultados. Nos divertíamos más. La única vez que pensamos en el resultado siguiente fue contra River y perdimos. Teníamos poco miedo y jugamos realmente mal.»

Ese partido, sin embargo, llegó en la ronda veintiséis de la temporada, y para entonces Racing ya estaba al frente de la tabla de posiciones. Selló el título con un empate sin goles, pero las estadísticas generales cuentan la historia: esa temporada, Racing hizo setenta goles en treinta y ocho partidos; la temporada anterior Boca había ganado el campeonato con cincuenta y cinco goles en treinta y cuatro partidos, y la temporada anterior a eso, con treinta y cinco tantos en treinta encuentros. Racing había comenzado el proceso de recuperar un perfil de ataque para el fútbol argentino.

La temporada siguiente trajo consigo el primer cambio importante en la estructura del campeonato desde 1937. Los intentos de Onganía de equilibrar las cuentas dieron como resultado una reducción de los subsidios, que afectó a las provincias en mayor proporción que a Buenos Aires. En Tucumán, por ejemplo, las plantaciones de azúcar se hundieron. Eso produjo desocupación y descontento, lo que, a su vez, llevó a Onganía a pedirle a la AFA que incorporara a las regiones, porque no existía opio más grande que el fútbol. Se instituyó un programa de dos campeonatos: el Metropolitano para clubes de Buenos Aires, La Plata, Santa Fe y Rosario, que presentó dos grupos de ocho equipos; los dos mejores pasaban a las semifinales; y el Nacional, una liga de dieciséis equipos en la que todos competían contra todos, una vez que se incorporaron todos los clubes del interior del país.

Para Racing, la temporada comenzó bien. Estaban en la cima del grupo Metropolitano y derrotaron a Independiente en la semifinal antes de perder contra el emergente Estudiantes en la final. En la Libertadores, Racing atravesó la primera ronda, ganó ocho y perdió solo uno de sus diez partidos para llegar al grupo de la semifinal que también incluía a River Plate, a un equipo chileno (Colo-Colo) y a otro peruano (Universitario). Para entonces, atento a los trucos de la Libertadores, Pizzuti había comenzado a llevar a cuarenta boxeadores con el equipo como medida de seguridad.

«Cuando llegamos a Chile —dijo Cárdenas, mofándose de lo absurdo de todo el asunto—, José los presentó a todos como fotógrafos, pero ninguno tenía la nariz en el lugar correcto, tenían cuellos robustos y rostros majestuosos. Cuando bajábamos del avión, un periodista corrió a hacerle una pregunta y, ¡BAM!, un puñetazo en la cara. "No era mi intención hacer nada malo…", dijo. "Perdón", respondió el fotógrafo. "Me dejé llevar." Era caótico, pero así eran las cosas: uno esperaba lo peor.»

Racing llegó a la final tras derrotar a Universitario de Lima en un desempate celebrado en Santiago, tras compartir el primer lugar en el grupo semifinal. Eso llevó a una final contra Nacional de Montevideo. La primera vuelta, en el Cilindro, terminó sin goles. La atmósfera en el Centenario para el partido de vuelta era tensa. «Cuando ingresamos al campo contra Nacional, (Óscar) Martín, el capitán, y el resto de nosotros llevábamos una bandera uruguaya grande y nos sacaron una foto. Después de eso, la bandera cayó al piso. Un policía le dijo a Martín que la levantara, pero él no quiso. El policía lo golpeó con una cachiporra y Martín corrió al policía», contó Maschio. Finalmente lo aplacaron, pero el partido fue un asunto feo. «Jugar contra Nacional fue terrible», dijo Cárdenas.

Ellos lo tenían a (Luis) *Peta* Ubiña, que era como un cazador. En un punto, yo estaba preparando un gol y corría y miraba detrás de mí, preocupado de que quisiera golpearme. Al final me las arreglé para evitar la patada, pero todo el estadio gritó «Oooooohhhh», porque se me vino encima volando para romperme las piernas, pero yo salté y toqué la pelota apenas hacia la derecha, y él pasó como un avión antes de terminar en el piso, girando. No goleé, pero sobreviví. «Sos un animal», le grité dirigiéndome hacia él. «Sos carne de paloma.» Y él gritó: «Te voy a matar, con la próxima te voy a matar». Fue así. Algunos de los *stoppers* eran realmente asesinos. «Somos colegas», decía uno, y ellos respondían: «Vos ocupate de tus asuntos que de los míos me ocupo yo».

Racing estaba muy feliz de terminar el encuentro con un empate a cero, lo que daría lugar a otro desempate en Santiago. Esta vez hubo goles. João Cardoso se inclinó para desviar una falta directa cerca del poste, peinando la pelota hacia atrás, a los catorce minutos. Por su parte, Norberto Raffo, tras dejar pasar a Montero Castillo, convirtió el segundo justo antes del descanso. Milton Vieira remontó un gol cuando quedaban once minutos. Hubo más violencia cuando Roberto Sosa le tiró una trompada a Rubén *Panadero* Díaz cuando el defensa trató de evitar que sacara la pelota fuera de la red para que el partido se reanudara con rapidez, pero Racing aguantó esperando la victoria.

Como la fatiga empezaba a hacerse sentir, Racing casi no le prestó atención al Metropolitano y terminó ganando solamente dos de sus quince partidos. Tenían el foco en la final de la Copa Intercontinental contra los campeones europeos, el Celtic, y en convertirse en el primer equipo argentino en obtener un título mundial.

El Celtic jugó de local el partido de ida, en Hampden Park, en Glasgow, en octubre. Racing voló a Río de Janeiro, recargó combustible y luego cruzó el Atlántico antes de cambiar de avión en Londres. «Allí, en el avión, apareció Sean Connery, James Bond en persona —dijo Cárdenas—. Como hincha de los Rangers, no quería que ganara el Celtic, así que hinchó por nosotros.» Connery no fue la única celebridad británica en volverse hincha temporal de Racing, aunque el otro personaje es más sorprendente. John Lennon raramente demostró interés en el fútbol,[75] pero en Argentina suele contarse que deseaba que Racing ganara ese partido. «Recuerdo que John Lennon fue entrevistado y dijo que el gol que más había festejado había sido el de Racing, porque eso significaba que los escoceses no se llevaban el campeonato», dijo Cárdenas.

Dado lo que sucedió posteriormente, la atmósfera parece haber sido muy relajada, muy lejos de la tensión y la paranoia

---

75. El padre de Lennon era hincha de Liverpool. Hace referencia a Matt Busby en *Dig It*; aparentemente fue responsable de que Albert Stubbins apareciera en la cubierta del álbum *Sergeant Pepper*, y en la portada de su álbum solista de 1974 *Walls and Bridges* se ve un cuadro de un partido de fútbol pintado por él a los once años, con fecha de junio de 1952; o sea, que es posible que Lennon tuviese un interés mayor por el fútbol, ciertamente al comienzo de su vida, de lo que comúnmente se cree. El partido ilustrado es claramente la final de la Copa FA de 1952 entre Newcastle United y Arsenal, el último encuentro que sería televisado antes de que él comenzara el dibujo, realizado con enorme cuidado con respecto a los pequeños detalles como la indumentaria, los cuellos largos puntiagudos de las camisetas de Arsenal. «La importancia de la ilustración para el Lennon adulto —hacía notar un artículo en runonplay.com de 2008— era probablemente que el futbolista con la espalda hacia nosotros lleva el número 9, y para Lennon el número 9 tenía algo especial: *Revolution 9*, *The One After 909* y *#9 Dream*, incluido en *Walls and Bridges*.» Lo que eso significa es que al jugador que cabecea el gol se lo puede identificar como Jackie Milburn, mientras que el guardameta es George Swindin. De hecho, no hace falta buscar mucho en Google Images para hallar una fotografía que probablemente sirvió de base para el dibujo, aunque Lennon le agregó un jugador extra a cada lado.

que había rodeado a los partidos de la Copa Libertadores, en la que durante mucho tiempo una regla básica era no beber nunca de una botella abierta, por si le habían puesto algo. Explicó Cárdenas:

Era una cultura diferente. No era solamente la Libertadores. Uno viajaba a Santa Fe incluso para el campeonato argentino y la gente en el aeropuerto te repartía alfajores[76] y luego uno se agarraba una diarrea porque los hijos de puta le habían puesto un laxante.

Nunca me olvidaré de que todo el estadio (en Glasgow) silbaba nuestro himno. Pocos minutos antes de eso, mientras nos cambiábamos, Sean Connery entró en el vestuario. ¡Habíamos estado bromeando con él, imagínate! Pero cuando estás con todo un equipo hay más probabilidades de hacer bromas que si estás solo. Se lo veía tan alto y poderoso: «Vení y jugá con nosotros», le dijimos.

Aparte de silbar el himno, la atmósfera en Hampden Park no le pareció a Cárdenas tan intimidante. «Por supuesto, mientras cantaban juntos —dijo—, los mirábamos y nos decíamos: "Vamos a aplastar a estos hijos de puta". Pero eso es normal antes de un encuentro, para motivarse. Sentíamos que estábamos representando a Argentina, no solamente a un club.» Y, por supuesto, después de lo que había sucedido el verano anterior en Wembley, representar a Argentina en el Reino Unido (la distinción exacta entre Inglaterra y Escocia poco significaba para aquellos que habían crecido escuchando las historias de cómo Racing había depuesto la hegemonía británica) tenía un significado adicional, aunque, en realidad, Perfumo era el único jugador de Racing que había estado en la escuadra del Mundial de 1966.

El Celtic se puso por delante a los sesenta y nueve minutos: Billy McNeill se elevó sobre Basile para cabecear un córner de John Hughes. «Nos ganaron en la jugada colectiva y nos ganaron bien», dijo Cárdenas. Tras marcar, McNeill se lo refregó con

---

76. Un postre tradicional sudamericano, normalmente dos tapas de galletitas rellenas con un dulce. Supuestamente fueron introducidas en España por el general árabe Musa ibn Nusair en el año 712.

unas pocas palabras a Basile, señal de lo irritado que ya estaba por el planteamiento de Racing. Bertie Auld, a quien Cárdenas, con su frente baja y sus anteojos, ha llegado a parecerse, ya se había llevado un cabezazo de Martín en la nariz. La huida culposa de Martín después del incidente sugiere que no fue un accidente. Por su parte, Jimmy Johnstone fue víctima de una agresión horrible de Juan Carlos Rulli.

Quince días después, en el Cilindro, la atmósfera era mucho más tensa, exacerbada por la presencia de hinchas uruguayos en el estadio. El incidente que había disparado el malestar ocurrió antes del pitido inicial, cuando el portero de Celtic, Ronnie Simpson, fue herido por un objeto. Sigue sin quedar claro qué objeto era: las historias de Argentina suelen hacer referencia al proyectil como una moneda, mientras que sir Robert Kelly, en su historia del Celtic de 1971, lo describe como «una barra chata de hierro», y sugiere que fue disparada con un tirador y no simplemente arrojada con la mano.

Simpson no pudo jugar. Lo sustituyó su suplente, John Fallon, que había sido titular durante dos años, antes de la llegada de Simpson desde el Hibernian. Cárdenas, sin embargo, se mostraba escéptico en cuanto a la dimensión real del daño.

Como sucede siempre en la Argentina, hubo un idiota que arrojó algo al campo. Pero no era un ladrillo, ¿eh? Tuvo la mala suerte de que la moneda tocara la cara del jugador. No creo que lo haya golpeado con toda la fuerza, pero las monedas no eran pequeñas y la velocidad hizo que una le provocara un corte bajo el ojo. Fui a ver cómo se encontraba, y a mi parecer no era tan grave. No estoy diciendo que no sucedió, pero me sorprendió que decidiera no jugar. Pienso que tal vez se asustó y se preguntó: «¿Y después qué viene?». Pero nuestra mentalidad es completamente diferente. Somos carnívoros: nada podría hacerme perder una final, ni siquiera con cinco puntos de sutura. Se trata de mi vida. El tema se fue agrandando fuera de toda proporción. Ni siquiera necesitó una sutura.

De regreso, Racing no lograba volver a su estilo de juego natural, más atacante. «Era como jugar como un espejo —dijo Cárdenas—: dos equipos vencedores, dos equipos que disfrutaban el ataque más que la defensa». A mitad del primer tiempo, el Celtic tomó la delantera, Johnstone fue derribado por Cejas mientras corría al lado izquierdo del área y Tommy Gemmell marcó el penalti pegado al poste. «Fue terrible —dijo Cárdenas—. Y los hinchas hicieron lo suyo: era como si estuviesen inyectándote la idea de que "es posible, ganemos este partido"». Diez minutos antes del descanso, Norberto Raffo le ganó la espalda a la línea de cuatro del Celtic, cabeceó un centro desde la derecha y batió a Fallon. McNeill no daba el brazo a torcer e insistía vehementemente en que era fuera de juego, pero las imágenes no lo dejan claro.

Tres minutos después del descanso, Cárdenas se coló entre los defensas y convirtió con eficacia un centro ante la salida de Fallon: 2-1 para Racing. «Cuando estábamos ganando, pegaron un pelotazo en el poste —dijo Cárdenas—. Si ese tiro hubiese entrado, habría sido el fin. Pero no entró. Nosotros merecíamos ganar acá; ellos merecían ganar allá.» Con el marcador global igualado, al igual que en tres de las anteriores finales, hubo que jugar un partido de desempate, que se disputaría tres días después en el estadio Centenario de Montevideo.

El Celtic no estaba muy motivado. «Ellos iban en busca de actos violentos —dijo McNeill—. Iban a por el delito, realmente. No les importaba de qué forma iban a ganarlo.» Cuando el equipo del Celtic abandonaba el Cilindro, los hinchas rodearon el autobús y, mientras la policía observaba, comenzaron a sacudirlo de un lado a otro. Jim Craig recordó una voz procedente de la parte posterior del vehículo (no está seguro de quién) que gritaba: «Jefe, por el amor de Dios, deles la copa». Johnstone estuvo de acuerdo: si tanto la querían, dijo, estaba contento de permitir que se la llevaran. La directiva de Celtic, parece, consideró seriamente la posibilidad de renunciar a disputar el partido, temiendo el tipo de violencia que finalmente siguió, pero el entrenador Jock Stein no estaba dispuesto a ceder: quería que el partido se jugara y que el Celtic fuera el primer equipo británico en ganar la Copa Intercontinental.

Sin embargo, el Racing también se tomó el desempate con un aire de aprensión, temerosos del recibimiento que les darían en Uruguay. Los jugadores del Celtic parecían ignorar esa rivalidad, como Racing ignoraba la distinción entre ingleses y escoceses. Cuando Racing llegó a Montevideo, la ansiedad tomó forma cuando los recibieron hinchas uruguayos con un candombe.[77] Como recuerda Cárdenas:

> Los uruguayos trajeron fuegos de artificio al hotel a las dos de la mañana y permanecieron allí toda la noche, así que tuvimos que mudarnos a los pisos más altos. Pero sospecho que ellos (el Celtic) cometieron un gran error y fueron traicionados por la atmósfera. De los ochenta mil fans, solo había veinte o veinticinco mil para nosotros; el resto era para ellos. Pero, en lugar de tratar de jugar como de costumbre, ellos salieron a buscarnos. Salieron al campo dispuestos no a jugar, sino a asegurarse de que no pudiésemos jugar; y luego perdieron. Estábamos acostumbrados a ser conscientes de lo que podés hacer para perder la cabeza. Éramos astutos.
>
> Aparecieron con una bandera uruguaya y recibieron una ovación masiva. Nosotros salimos con una bandera uruguaya (que nadie quería llevar) y todos nos silbaron. Entonces supimos que se trataba de nosotros contra el Celtic y contra los hinchas.

Los escoceses recuerdan exactamente lo contrario y creen que la bandera uruguaya que portaba Racing era más grande que la de ellos: acarreaban más peso. El recuerdo de Maschio concuerda con el de Cárdenas: «El público apoyaba a Celtic, aunque había entre quince y veinte mil hinchas de Racing allí. Como habíamos derrotado a Nacional, la gente estaba enojada con nosotros».

Antes del partido, sin embargo, Pizzuti había demostrado sus cualidades de motivador y lector de la naturaleza humana. Así lo describe Cárdenas:

> Todos recordábamos lo que había dicho: «Debemos hacer lo que

---

77. Forma musical propia de Sudamérica que influyó en el tango, pero característica de Uruguay. Basada en la ejecución rítmica de tambores, provino de los esclavos africanos y ocupa un lugar central en el carnaval que se celebra anualmente en Montevideo.

hemos hecho mejor hasta ahora todos estos meses. Es por eso por lo que ganamos la Libertadores y por eso estamos aquí: no se olviden de atacar. Y por favor, por favor, no compren las tácticas agresivas que probablemente van a usar ellos. Ellos van a empezar y nosotros debemos ser lo suficientemente inteligentes para no dejarnos llevar». Y así fue. En vez de jugar, comenzaron a patear. El único que no siguió el plan fue Basile, quien cometió un *foul* terrible. No lo apreció bien y atrapó al otro tipo realmente mal. El réferi estaba corriendo para expulsarlo y todos le gritábamos a Basile: «¡Llevate a uno! Hijo de puta, llevate a uno de ellos!». Así que provocó a otro jugador, quien reaccionó, y ambos fueron expulsados. El problema habría sido si no se hubiese llevado a uno de ellos también.

El vídeo y el testimonio de los jugadores de Celtic sugieren que la realidad era un tanto más compleja. Después de una serie de preocupaciones al comienzo, el árbitro, el paraguayo Rodolfo Osorio, sintiendo que el partido se le iba de las manos, les dijo a los dos capitanes que en el siguiente incidente expulsaría a Basile y a Lennox, aparentemente sin distinción de quien se viese involucrado. Basile era combativo, pero por qué escogió a Lennox, un interior bastante tranquilo, es un misterio. De todos modos, cuando una falta de Basile dio lugar a una tangana en el círculo central, Osorio los expulsó a ambos. Lennox, anonadado, se fue del campo, solamente para que Stein lo arrastrara nuevamente a la cancha. Osorio lo expulsó por tercera vez: en esta ocasión, un policía con una espada desenvainada le impidió reingresar en el campo.

Jimmy Johnstone no tardó en ser el siguiente, soltando atrás un brazo después de que lo agarraran de la camiseta. «Él, que había sido objeto constante de todas las agresiones desde el comienzo del partido —escribió François Thébaud en el diario francés *Le Miroir des Sports*—, se convirtió en la víctima de un hombre cuyo objetivo era proteger al fútbol de los simuladores y de los infractores. Por mi parte, nunca he visto una decisión tan asombrosa.»

Después, el delantero centro John Hughes fue en busca del portero Cejas. «Lo loco —dijo Hughes— es que cuando me acerqué al guardameta, había ochenta mil personas allí y cámaras de televisión, pero lo que me vino a la cabeza fue: "Si lo golpeo a este tipo, nadie me va a ver". Luego un grandote vino hacia mí y dijo: "¿Qué pensabas?". Y fui lo suficientemente estúpido para repetírselo. Podés imaginarte lo que dijo.»

Gemmel fue extremadamente afortunado de no ser expulsado, tras patear a Maschio «en los gobelinos» en otra reyerta (dijo que le habían escupido), pero finalmente tanto Auld como Rulli fueron expulsados, aunque el primero de ellos se las arregló para permanecer el resto del partido, simplemente negándose a abandonar el campo. Como señaló posteriormente, eso era una señal de cómo el partido se le estaba yendo de las manos a Osorio. «En el descanso estábamos convencidos de que ya los teníamos —dijo Cárdenas—. Pizzuti siempre me hablaba de mi precisión: "Tenés que dar puntapiés —me decía—. Tenés mucha precisión". Yo ya había desperdiciado dos oportunidades y creo que la única forma de que alguien goleara en ese partido era un tiro desde lejos.»

Y luego vino el gol que definió la carrera de Cárdenas, que le hizo sombra a todo lo que hizo en dieciséis años como jugador y, uno sospecha, desde su retiro en 1976. La oficina de Cárdenas es espartana, pero la dispuso de modo tal que, cuando alza la vista desde el escritorio, lo que ve es una pintura de su momento más famoso. Junto a la pintura hay dos recortes enmarcados. Uno es un artículo de *El Gráfico* que habla sobre el gol y su importancia, ilustrado con un diagrama que muestra la jugada que condujo a él. El otro es una fotografía de la revista *El Tiempo de los Argentinos* del año 1967. En ella, Cárdenas está sentado torpemente en una silla vistiendo la indumentaria de Racing. A la derecha, en traje de baño celeste y con la banda y la tiara de un concurso de belleza, se ve de pie a Mirta Massa, una chica de veintidós años que ese año se convirtió en la primera argentina coronada Miss Internacional.[78] Detrás de él, cruzado de

78. Celebrado por primera vez en 1960, Miss Internacional es uno de los cuatro grandes concursos de belleza, junto con Miss Mundo (lanzado en 1951), Miss Universo (1962) y Miss Tierra (2001). El espectáculo promete promover «la paz mundial, la buena voluntad y el entendimiento», e insiste en que no se basa solamente en el aspecto exterior, sino que se espera que las participantes cumplan funciones de «embajadoras de la paz y la belleza», demostrando «ternura, benevolencia, amistad,

brazos, está el cómico Alberto Olmedo, y a su izquierda, parodiando a un ángel, con halo y alas, la portentosa figura del actor experimental Eduardo Bergara Leumann. Es una imagen que, necesariamente, parece muy vieja, y que, sin embargo, representa una cima para Cárdenas.

Cuando describe el gol, se siente como si estuviera en piloto automático, entrando en una rutina muy familiar. «Comenzó con un saque de línea y fue de manera absolutamente espontánea que decidí patear», dijo Cárdenas. Avanzó entre los jugadores del Celtic, con tímidos rebotitos de la pelota sobre la cancha. Estaba a veintisiete metros antes de detenerse para disparar con la zurda. «Mucha gente cree que yo le grité "¡pateá, pateá!", pero yo no dije nada. Fue su decisión propia patear», dijo Maschio.

«Cuando sos un jugador profesional, sos bueno. Algunos son mejores, otros son peores, pero todos son buenos. Así que cualquier jugador tiene que ser capaz de tomar decisiones. Tenía la opción de pasarla, pero como el defensor siguió retrocediendo, pensando que yo iba a hacer un pase, decidí patear. Apunté al ángulo alto», dijo Cárdenas. Y le dio al ángulo alto, lejos de las manos de Fallon, bajo el travesaño y justo dentro de la portería. «Fue un gol de ensueño, la cosa más bella que me sucedió jamás», dijo Cárdenas.

Era una extraña clase de belleza, sin embargo. La vuelta olímpica de Racing fue restringida cuando un grupo de hinchas que lanzaban objetos los obligaron a retirarse al centro del campo. Los hinchas se agruparon alrededor de la salida del vestuario; solo tras los esfuerzos de la policía, los jugadores de Racing lograron salir. Las reyertas entre uruguayos y argentinos continuaron en el parque de alrededor del estadio.

«Fue un espectáculo extraordinario y me siento feliz —dijo el general Onganía—. Es un triunfo para la Argentina.» *La Razón* insistía en que «Racing ha recuperado los días de gloria de nuestro fútbol». Los diarios uruguayos, de modo previsible,

---

belleza, inteligencia, habilidad para poner cosas en acción, y una gran sensatez internacionalmente». Desde 2015, es el único de los Cuatro Grandes que nunca tuvo una participante africana.

adoptaron la postura contraria. «Esto no fue fútbol —decía el informe de *La Mañana*—. Fue una desgracia... El partido fue una farsa y un engaño.»

Aun así, la calidad del gol de Cárdenas o su importancia para Argentina en general y para los hinchas de Racing en particular era innegable. «Los momentos más felices de nuestro país —reflexionó Carlos Fontanarrosa, un editor de *El Gráfico*— son casi siempre provocados por hazañas como la de Racing. En un país con problemas, las alegrías más grandes surgen del deporte.» Alguna vez el fútbol había sido aquello que unía a los argentinos; pero en 1967 se había convertido en una infrecuente fuente de gozo.

«Llevó tantos años volver a ganar algo —dijo Cárdenas— que la gente comenzó a decirme que, si todos los hinchas de Racing se quedaban viendo mi gol, existía el riesgo de que el tiro terminara en el poste.» Nunca sucedió, sin embargo, y como los años yermos se sucedieron unos a otros, el gol de Cárdenas cobró cada vez mayor importancia. Mientras Racing lo celebraba, los hinchas de Independiente irrumpieron en su estadio, maldijeron al club y enterraron siete gatos negros.

Racing perdió un desempate por el título nacional ante el Vélez Sarsfield de Giúdice en 1968; además, cayó derrotado por Chacarita Juniors en la semifinal del Metropolitano en 1969. El declive había comenzado. Pizzuti, tras un periodo de cuatro años y cuatro meses al mando (aún sigue siendo el reinado más largo de cualquier entrenador de Racing) se fue en 1969. Que el club probara a cuatro entrenadores diferentes en 1970 y a otros tres en 1971 es señal del desorden que siguió a la partida de Pizzuti. Hubo una agitación final contra la mediocridad en 1972, cuando Racing terminó segundo detrás de San Lorenzo en el Metropolitano, después de que Cárdenas fichara por el conjunto mexicano Puebla. La sangría continuaba y el club incluso sufrió un humillante descenso. La situación de Racing fue más y más desesperada.

Llevaron a cabo un exorcismo para anular la maldición y cavaron en busca de los esqueletos de los gatos, pero solo hallaron seis. No sería hasta 2001, cuando el estadio fue remodelado, cuando se halló el séptimo esqueleto. Esa temporada, treinta y cuatro años después de su primer trofeo, Racing ganaba la liga.

Cárdenas volvió de México en 1976 y jugó una temporada final en Racing, antes de convertirse en director técnico. Llegó a ganar el torneo de cuarta división con General Lamadrid y también condujo a Deportivo Armenio y All Boys, pero no tardó en salir del fútbol y dedicarse a los bienes inmuebles. Para los hinchas de Racing, sin embargo, siempre será el hombre que derrotó al Celtic.

28

Despreciando el sendero de rosas

Cuando, en 1965, el exdelantero de Vélez, Osvaldo Zubeldía, llegó al terreno plano y ventoso, en las afueras de La Plata, que Estudiantes usaba como lugar de entrenamiento, tenía treinta y ocho años y su reputación era incierta. A pesar de que había dado una buena impresión como entrenador en Atlanta, al que había llevado al cuarto, séptimo y quinto puesto en la primera división entre 1961 y 1963, su breve periodo al frente de la selección argentina había sido un fracaso. En Atlanta, Zubeldía se había hecho notar por el trabajo duro que exigía, las sesiones de doble entrenamiento, el ensayo implacable de jugadas preparadas, la trampa del fuera de juego y la presión, pero nadie estaba muy seguro de si esos métodos podrían aplicarse exitosamente con mejores jugadores. No es exagerado decir que si Zubeldía hubiese fallado con Estudiantes, su carrera podría no haberse recuperado nunca.

Es fácil, dada la reputación que ganó su equipo, imaginar a Zubeldía como un cínico, un hombre que ponía el triunfo por encima de todo. Tal vez sucedió con el tiempo: ese amor abrasador suyo por el fútbol corrompido por la necesidad de ganar, pero al principio estaba tan fascinado y emocionado por el fútbol como cualquiera. Zubeldía nació en Junín, a doscientos sesenta kilómetros al oeste de Buenos Aires, en junio de 1927. Desde niño, soñaba con ser futbolista; cuando su madre ahorró para comprarle un par de botines, insistió en ponérselos incluso en la cama. Era fan de River Plate, pero, después de ser convocado por el club para una prueba, entró en pánico al ver a Moreno, Pedernera y Loustau, dio media vuelta y se fue derecho a casa. Terminó uniéndose a Vélez, donde brilló bajo la dirección de Victorio Spinetto como un mediapunta perseverante; su momento más destacado fue en septiembre de 1949, cuando anotó tres goles en una victoria 5-3 sobre su amado River.

«Incluso como jugador era un verdadero estudioso del juego —dijo Rattin, quien jugó junto a Zubeldía después de que pasara de Vélez a Boca Juniors en 1956—. Miraba la ley y se paraba justo allí en el límite.» Una portada de *El Gráfico* de sus días en Boca muestra a Zubeldía mirando por una ventana, con su delgado brazo apoyado en el alféizar, un flequillo poblado por encima de unos ojos suspicaces y una nariz incongruentemente delicada. Sacándole la camiseta azul y amarilla, no me sorprendería si me dijeran que en lugar de futbolista era un joven y sensible poeta. Ciertamente, no hay nada que sugiera que se convertiría en el líder de un equipo vilipendiado incluso localmente por su brutalidad. Sin embargo, en cierto sentido, su falta de corpulencia estaba en la raíz del fútbol que más tarde abrazó. Estaba acostumbrado a vivir de su ingenio: su fortaleza como jugador estaba menos en su ritmo, fuerza o habilidad que en su entendimiento del juego. «Era lento para jugar, pero era rápido para entregar», dijo Carlos Griguol, que estaba empezando cuando jugó junto con Zubeldía en Atlanta. Sin embargo, su inteligencia era más que una apreciación de la distribución de los jugadores en la cancha. Zubeldía era trabajador y diligente, pero su mayor don era la habilidad para encontrar oportunidades. «Era capaz de atarle los cordones juntos a un portero para distraerlo», dijo Marzolini. Si había alguna ventaja para ganar, Zubeldía la buscaba.

Fundamentalmente, Zubeldía era un hombre tímido. «Vivía en un mundo pequeño —dijo el periodista Osvaldo Ardizzone—. Tenía costumbres sencillas y hábitos modestos. Nunca hubo un estallido de ira, un grito o una palabra ofensiva [...] Zubeldía era [...] uno de esos personajes que carecen de la pasión que puede motivar a las personas hacia sus objetivos. Y como tampoco era bueno para la oratoria, su deseo de pasar inadvertido y la timidez encontraron refugio en la reflexión, el estudio y el análisis [...] Así es como encaró el fútbol, tratando de entenderlo más que amarlo. Estaba más interesado en la búsqueda de una explicación que de un ideal de belleza.»

Estudiantes había terminado antepenúltimo en 1964; cuando llegó Zubeldía, la prioridad era simplemente evitar el descenso. «Llegó al club un mes antes de empezar», dijo Juan Ramón Verón, padre de Juan Sebastián, quien es muy reconocido como el jugador más talentoso de Estudiantes. «Es para nosotros lo que Pelé es para el Santos», dijo una vez Zubeldía. Hay una dignidad apacible sobre Verón, una amabilidad que es difícil de encuadrar en la reputación del equipo de Estudiantes con el que jugó.

«Zubeldía observó el equipo de primera —dijo Verón— y el equipo de tercera, y notó que el de tercera jugaba mejor; se preguntó qué sentido tenía mantener a los jugadores viejos.» Así que se deshizo de todos, excepto de cuatro, suponiendo que las mentes jóvenes serían más permeables a sus métodos e ideas.

En la primera temporada de Zubeldía, Estudiantes terminó sexto. En la segunda, séptimo. «Los hinchas tenían más paciencia, por lo que Zubeldía pudo trabajar durante tres años sin tener que ganar campeonatos, cosa que no habría podido lograr en, por ejemplo, Boca —dijo Verón—. Éramos muy jóvenes y realmente no nos dábamos cuenta de lo que estaba pasando. Las cosas empezaron a crecer y nos dimos cuenta un día de que teníamos un gran equipo.»

Al año siguiente, 1967, como el campeonato se dividió, terminaron la fase de grupos del Metropolitano segundos, detrás de Racing. Así llegaron a la semifinal. Se entrenaron más meticulosamente que cualquier equipo argentino anteriormente. «Se previeron y practicaron todas las posibilidades que ofrece el juego», dijo el mediocampista Carlos Bilardo. «Usamos córners, tiros libres y laterales en nuestro provecho, y también teníamos señas y lenguaje secreto que usábamos para hacer caer en trampas a nuestros rivales.» Para Zubeldía, la humildad y la laboriosidad iban de la mano. «Pocos de nosotros teníamos auto —dijo el centrocampista Carlos Pachamé—. Todos tomábamos el tren para ir a las sesiones de entrenamiento. Pero cuando Zubeldía quiso motivarnos, nos llevó a todos a la estación de tren de Retiro a las 6 am para mirar a los pasajeros. "Ustedes creen que son trabajadores —nos decía—. No lo son, ¡ellos son trabajadores! Nunca olviden eso." Y tenía razón.»

La verdadera innovación táctica fue el uso de la agresiva trampa del fuera de juego, algo prácticamente desconocido en el fútbol argentino en aquel momento. Verón esbozó los detalles, pero recordó la idea de la presión explicada en un vídeo de «algún equipo de Europa del Este». Es difícil tener la absoluta certeza, pero parece probable que haya sido el Dínamo de Kiev de Viktor Maslov. El detalle preciso es menos relevante que darse cuenta de lo lejos que fue Zubeldía en busca de una ventaja: estudiaba a equipos de todo el mundo, incluso de detrás del Telón de Acero. «Ellos fueron los primeros en usarlo, y no solo en jugadas preparadas —dijo Juan Carlos Rulli—. Además, los árbitros no estaban acostumbrados, así que les daban tiros libres todo el tiempo, incluso si lo hacían a destiempo y el jugador todavía estaba habilitado: el beneficio de la duda estaba siempre a su favor.»

Estudiantes pasó de ir perdiendo 3-0 en la semifinal a ganarle 3-4 a Platense. Se preparaba una final contra Racing en el Gasómetro de San Lorenzo. Ante casi sesenta mil hinchas, tres goles en veinte minutos del segundo tiempo, de Raúl Madero, Verón y Felipe Ribaudo, convirtieron a Estudiantes en el primer equipo de fuera de Buenos Aires en ganar un título argentino.

No era difícil ver el paralelismo con la política: el militarismo del gobierno de Onganía reflejaba, en el esfuerzo de Estudiantes, el sentido de un mundo nuevo y pragmático que tomaba forma. Los tradicionalistas pueden haber sido escépticos, pero no había nada siniestro en el cambio de enfoque hacia el espíritu y la cohesión, ni en la forma en que Zubeldía fue pionero en presionar y jugar al fuera de juego en Argentina. Pero había un lado más oscuro. Y fue eso lo que le dio un mal nombre al anti-fútbol. «Zubeldía empezó con Atlanta, que era un equipo muy duro y los sometió a unos entrenamientos físicos impresionantes que nadie más hizo en Argentina —dijo Marzolini—. Pero Estudiantes también era un equipo de jugadores rudos: las cosas que hicieron, por algunas de ellas merecían que los trompearan.» No era tanto el juego físico y la violencia ocasional de su fútbol, tan chocante como debe de haber sido para sus rivales europeos en la Copa Intercontinental (una inversión del argumento habitual de que los sudamericanos se esforzaban para lidiar con la muscularidad aceptada en el juego europeo) como la disposición no solo de aceptar los trucos sucios, sino a fomentarlos. «A la gloria no se llega por un camino de rosas», dijo Zubeldía.

Puede ser cierto, pero tampoco hace falta pinchar a los rivales con alfileres. Se decía que Bilardo, y quizás otros, entraban a la cancha con alfileres para pinchar a los contrarios cuando estaban marcándolos. Verón insistió en que era «un mito», pero Bilardo pareció admitirlo en una campaña publicitaria en 2011. Rattin estaba seguro de que era cierto, aunque admitió que nunca vio a Bilardo pinchar a nadie. «Bilardo era taimado —dijo Rattin—. Siempre estaba tramando algo. Tramposo: te tiraba de la camiseta, fingía haber sido golpeado, cualquier cosa.» Bilardo, ciertamente, nunca intentó ocultar su pragmatismo. «El partido hay que ganarlo y punto», dijo.

Verón, comprensiblemente, se mostró evasivo acerca de lo que Zubeldía les permitía hacer o les pedía que hicieran, pero sí reconoció que Estudiantes trataba de descubrir «todo lo posible sobre sus rivales, individualmente, sus hábitos, sus características, sus debilidades e incluso sobre sus vidas privadas, para poder enloquecerlos en la cancha, hacer que reaccionaran mal y los expulsaran.»

«Usaban la psicología en su peor forma posible —dijo el historiador Juan Presta—. Había un jugador de Independiente que había matado por accidente a un amigo en un viaje de cacería; cuando jugó con Estudiantes, le cantaron "asesino" durante todo el partido. También había un portero de Racing que tenía una relación muy cercana con su madre. Ella no quería que él se casara, pero al final lo hizo, y seis meses después su madre murió. Bilardo se le acercó y le dijo: "Felicitaciones, por fin mataste a tu mamá".»

Incluso se dijo que Bilardo, que además de ser jugador profesional era ginecólogo (y durante un tiempo también trabajó en la mueblería de sus padres), usaba sus contactos en el mundo de la medicina. Roberto Perfumo, de Racing, por ejemplo, fue expulsado por patear a Bilardo en el estómago; se cree, aunque nunca se comprobó, que fue porque Bilardo lo había provocado hablándole de un quiste que le habían sacado hacía poco a su esposa de una zona delicada.

«Conocíamos el reglamento de memoria, hasta la última coma, y sabíamos cómo sacar ventaja de allí», dijo el defensa Ramón Aguirre Suárez, quien fue elegido como el jugador más violento de la historia argentina en una encuesta por Internet. «Solíamos contratar a un árbitro para que nos diera charlas. La trampa del *offside*, por ejemplo, fue considerada antifútbol por la prensa argentina. Después todo el mundo la copió.»

Tan desagradables eran sus excentricidades que incluso hoy muchos de los que jugaron contra Estudiantes no los perdonan. Rulli era extremadamente tenaz, no tenía miedo de dejar el pie en una carrera o provocar verbalmente a un oponente, pero incluso él sintió que Estudiantes había ido demasiado lejos (a pesar de haber sido jugador del equipo): «Insultos, golpes, patadas, piñas […] eso se acepta. Pero ciertas cosas no. Todavía estoy en contacto con los jugadores con los que jugué en Estudiantes, pero no mucho.»

Teniendo en cuenta lo famosos que se volvieron por sus métodos impresentables, es fácil ignorar el hecho de que Estudiantes podía jugar bien. «Estaban realmente bien armados —dijo José Ramos Delgado, que jugó contra ellos tras su pase al Santos—. Además de marcar, sabían jugar. Verón era el jugador clave. Les dio fluidez. Los dos centrocampistas centrales (Pachamé y Bilardo) no eran realmente talentosos. Pachamé era muy defensivo, y Bilardo no era talentoso, pero era muy vivo. Bilardo era el menos talentoso de todos.» Una victoria sobre el Palmeiras en un desempate de la final hizo de Estudiantes el tercer equipo argentino en ganar la Libertadores.

Fue durante esa época que el término «antifútbol» empezó a emplearse para describir a Estudiantes. *El Gráfico*, aunque muy a favor, notaba que la manera en que jugaban era «más sólida que linda». Unas semanas más tarde, la revista publicó una nota imaginando un partido entre Estudiantes y la Máquina de River. Decidieron que la Máquina habría ganado. La leyenda de «la Nuestra» seguía vigente.

El partido de la Copa Intercontinental contra el Manchester United de ese mismo año se inició donde había quedado el encuentro de Racing con el Celtic. Zubeldía fue aún más meticuloso de lo habitual: concentró a sus jugadores en la sede del club en City Bell durante quince días antes del partido. Siempre dispuesto a dar ejemplo, se quedó con ellos. Los jugadores podían hacer una llamada telefónica por día e incluso Zubeldía les había prohibido a sus esposas contarles los problemas cotidianos. «Mis jugadores no deben saber si su hijo tuvo fiebre o si la factura de la electricidad subió —dijo—. Todos estos asuntos los preocupan innecesariamente y deben estar enfocados, no con sus cuerpos en City Bell y sus mentes en otro lugar.»

El partido de ida no se jugó en La Plata, sino en la Bombonera. A pesar de los esfuerzos aparentemente genuinos de ambas partes para reconstruir las relaciones, rápidamente se deterioraron. Hubo cincuenta y tres faltas, treinta y seis de ellas de Estudiantes. Denis Law se quejó de que le tiraron del pelo, a George Best le pegaron en el estómago y Bobby Charlton necesitó puntos tras una falta de Bilardo. Pero Nobby Stiles fue el verdadero blanco de la violencia. Él fue responsable de diez de las diecisiete faltas cometidas por United, ocho de ellas sobre Bilardo. Stiles había sido una bestia negra desde el Mundial de 1966; cualquier posibilidad de que se pudiese olvidar su fama quedó atrás después de un reportaje en la previa del partido con el entrenador brasileño del Benfica, Otto Glória, en el que se refirió al mediocampista como «un asesino» y lo describió como «brutal, mal intencionado y un mal deportista».

El Benfica estuvo en Argentina para jugar un amistoso con Boca y fueron invitados por Estudiantes a un asado. «Les preguntamos por el Manchester United —dijo Bilardo—. Eusébio me dijo que él había jugado contra Stiles en la Copa del Mundo en 1966, y me mostró su rodilla: estaba llena de cicatrices. "Esto es lo que me hizo Stiles." Estaba todo lastimado. Y eso que Eusébio era como un camión con remolque. Al final me advirtió: "Cuidado con Stiles. Mata a cualquiera que juegue contra él. ¿Tienen idea de quién va a marcarlo?". Y le dije: "Sí. Yo tengo que jugar contra él". Yo pesaba sesenta y cinco kilos.»

A Stiles lo provocaron durante todo el partido; tenía un corte en el ojo de un cabezazo. Cuando quedaban once minutos, explotó, haciéndole al juez de línea la señal de la V mostrándole el dorso de la mano (algo muy ofensivo en Gran Bretaña). Como ya estaba amonestado por una falta sobre Bilardo, fue correctamente expulsado. «En Buenos Aires, Stiles y yo estábamos muy enfrentados —dijo Bilardo—. En un incidente, me di vuelta y me pateó el culo. Una de muchas patadas. Pero mi filosofía siempre fue que a veces das y a veces recibís. Si fue difícil, te lo aguantás. Nunca hablar después del partido, nunca llorarles a los árbitros. En uno de los incidentes se cayó y después dijo que había perdido una lente de contacto, que estaba medio ciego.»

El único gol llegó a los veintiséis minutos, cuando Marcos Conigliaro cabeceó un córner de Verón. «Fuimos muy fuertes en jugadas preparadas porque practicábamos mucho todos los días —dijo Conigliaro—. La jugada del córner la adoptamos del fútbol inglés.»

La creencia general era que una victoria por 1-0 no sería suficiente. Bilardo tenía otra idea, como recuerda Pachamé:

Para la mayoría de la gente no era nada, no había gran diferencia. Pensaron que estábamos muertos para el partido de vuelta. Incluso para el Manchester United el resultado era bueno. Recuerdo a jugadores del banco entrando a la cancha para celebrar haber perdido por solo un gol. La policía creyó que habían ganado, por la manera en que festejaban. En el ómnibus del equipo escuchamos la radio y todos los periodistas se compadecían de nosotros. Qué pena esto... Qué lástima aquello... Nos sentamos en silencio, hasta que de repente Bilardo gritó: «Ponga música. Ganamos este partido y vamos a festejar. ¡Los que sienten lástima no nos conocen!».

Para el regreso, Estudiantes se quedó en Lymm, donde Brasil había estado durante la Copa del Mundo dos años antes. Como con las fotos de Rattin posando con guardias fuera del palacio de Buckingham, hay una extraña sensación de los jugadores como turistas más que como futbolistas. Bilardo se quejó de la incesante lluvia, mientras que Óscar Malbernat quería ir a Liverpool «no solo para ver la ciudad de los Beatles, sino también porque el United jugaba allí».

George Best apareció en la televisión pidiendo a la gente que hiciera sentir a Estudiantes en su casa, pero dos noches antes del partido tiraron un ladrillo por la ventana de la habitación de Ramón Aguirre Suárez. «A la mañana —dijo el defensa—, cuando vinieron la policía y los periodistas, alguien le preguntó a Zubeldía qué planeaba hacer. "Bueno —respondió—, vamos a tapar ese agujero para que mis muchachos no se resfríen." Nunca perdió el control.» Tal era la naturaleza maquiavélica de ese equipo, tan impregnado estaba su trabajo de complots y contracomplots que hasta se rumoreó que el mismo Bilardo había tirado el ladrillo para ayudar a motivar a sus compañeros. Él lo negó.

«El trabajo de Zubeldía antes del partido de vuelta fue excelente —dijo Verón—. Lo tenía todo calculado matemáticamente: cómo se movían en la cancha, las características de cada uno de sus jugadores, quién tenía que marcar a quién. El partido terminó siendo exactamente como él había predicho. De hecho, incluso había escrito "1-1" en una servilleta […] Además, sabía que habíamos quedado impactados por el ambiente en el estadio Pacaembu en São Paulo durante la final contra el Palmeiras, así que esta vez nos hizo caminar alrededor de Old Trafford una hora antes del partido para que pudiésemos ajustarnos.»

Tan bien adaptados estuvieron los jugadores de Estudiantes que se adelantaron a los siete minutos: Verón cabeceó una falta desde la izquierda de Raúl Madero. Entonces el partido volvió a la violencia. Best y José Hugo Medina fueron expulsados por golpearse el uno al otro, Medina aparentemente había lastimado a Best con una serie de faltas y provocaciones. La culminación de su batalla fue fuera de cámara, pero Medina pareció salir peor parado y le tiraron monedas desde la tribuna cuando se alejaba lentamente de la cancha y entraba en el túnel, tocándose la boca para ver si tenía sangre.

Willie Morgan recibió la pelota libre de marca en el último momento y empató el partido. Fue la única vez en que la trampa del fuera de juego le salió mal a Estudiantes; por un momento, pareció que el United podría forzar un desempate. «En el último minuto —dijo Bilardo—, yo estaba corriendo contra alguien [Morgan], tratando de impedir que llegara al centro, pero logró enviar la pelota al área y los dos nos caímos. De repente, vi la pelota en nuestro arco..., pero [el portero Alberto] Poletti estaba festejando en el medio de la cancha. Yo no me había dado cuenta de que el árbitro ya había hecho sonar el silbato.»

«Ese fue el punto culminante», dijo Verón, pero la reacción en Gran Bretaña fue de disgusto y furia. El centrocampista del United Paddy Crerand llamó a Estudiantes «el equipo más sucio contra el que he jugado», mientras que Brian Glanville parecía desesperado en el *Sunday Times*: «Algunas de sus tácticas nos llevan a preguntarnos cómo puede el fútbol, en su mayor nivel, sobrevivir como deporte. Faltas tácticas como las que desplegó esta noche Estudiantes, Racing el año pasado y Argentina en 1966 en Wembley, simplemente hacen imposible jugar al fútbol».

En medio de la hipérbole («la noche en que escupieron sobre el espíritu deportivo», se leyó en un escandalizado *Daily Mirror* después del partido de ida), Glanville hizo el comentario más racional: el cinismo del juego argentino se estaba volviendo problemático. Probablemente, se vio intensificado por la rivalidad británica, por la desesperación por vencer a los antiguos maestros cuasi coloniales y por una creencia profundamente arraigada de que Gran Bretaña, de alguna manera, arreglaría las cosas para ganar.

Ciertamente, hubo además, por parte de los observadores británicos, un doble rasero a la hora de juzgar la violencia argentina y la de sus propios jugadores, que también hicieron cualquier cosa para ganar. Aun así, eso no alteró el punto fundamental de que había emergido una negatividad en el corazón del deporte argentino, que solamente diez años antes jugaba alegremente con una combinación de juego ofensivo y una dieta de guiso de pollo y vino tinto.

Esas dudas sobre si los fines realmente justificaban los medios reflejaban un descontento más amplio: la creciente desazón por el cinismo de Estudiantes era un reflejo de la frustración por el autoritarismo burocrático del gobierno de Onganía, que no trajo estabilidad ni prosperidad. Y luego estaba el movimiento juvenil, reflejo de los acontecimientos en París en 1968. Como en otros lugares, para muchos, la rebelión no significaba más que tener el pelo largo o usar minifaldas (aunque tales actos mundanos habían sido prohibidos por Onganía como parte de su programa católico-conservador de recuperación de la «tradición cristiana occidental»), pero también había una corriente socialista e idealista inspirada por el Che Guevara, que tendía a lo revolucionario.

El movimiento estudiantil era suficientemente numeroso para ser una fuerza significativa. La resistencia al régimen se hizo más visible; el ejemplo más obvio se conoció como el Cordobazo. A principios de 1969, grupos de estudiantes y trabajadores de Córdoba, que estaba atravesando un proceso de rápida urbanización, iniciaron una serie de protestas. En mayo, la época en que Estudiantes ganó la Libertadores, fueron a más. Los trabajadores metalúrgicos, los del transporte y otros sindicatos convocaron una huelga. Al salir de una reunión fueron atacados por fuerzas del Gobierno: se desencadenó una batalla campal.

Al mismo tiempo, estudiantes de todo el país protestaban contra la privatización de los comedores universitarios. En la ciudad norteña de Corrientes, un estudiante, Juan José Cabral, fue asesinado. Se cerró la universidad y se produjeron manifestaciones masivas. El 29 de mayo se convocó otra huelga y otra protesta, lo que provocó una nueva represión indiscriminada. Tras la noticia de que Máximo Mesa, del sindicato de mecánicos, había sido asesinado, atacaron a la policía.

El levantamiento fue sofocado, pero no sin consecuencias. Fue la primera vez que los civiles mostraron que estaban preparados para usar la violencia para desafiar al Estado. Eso dividió a los militares y conllevó una creciente radicalización de los grupos políticos. La lucha en la sociedad se reflejaba en el fútbol: tanto como cualquier otra cosa, el tema era de cambio generacional, ya que las viejas jerarquías y los modos conservadores de comportamiento se derrumbaban ante la cultura juvenil que, con su hedonismo y vago igualitarismo, subyacía en los diversos levantamientos en Europa en 1968.

Además de la creciente intolerancia nacional por el cinismo, también había simples razones futbolísticas para la reacción contra Estudiantes. Según Verón, el placer que los medios de comunicación habían mostrado con el triunfo de un equipo «humilde» pronto se convirtió en resentimiento de los clubes y la prensa de la capital, mientras que un nuevo equipo al que nadie daba por ganador, menos cínico y más simpático, emergido como Chacarita Juniors, un equipo de San Martín, un suburbio pobre de Buenos Aires, derrotó a River Plate por 4-1 en la final del Metropolitano de 1969. «La victoria de Chacarita valida los valores que hicieron grande al fútbol argentino —escribió Juvenal en *El Gráfico*, claramente apuntando a Estudiantes—. Esos valores parecían haber sido olvidados por muchos equipos, jugadores y entrenadores [...] porque Chacarita no es un equipo "chico agrandado" que disfruta de sus mayores victorias históricas corriendo y jugando rudamente, mordiendo, luchando, sudando todo el tiempo. Chacarita corre, muerde, suda, entrega, sacrifica, pero también juega al fútbol. Mejor dicho: quiere jugar, cuidando la pelota a lo largo de la cancha, y también dan pelea.»

El portero de Estudiantes, Poletti, por su parte, insistió en que el verdadero crimen de su equipo había sido desafiar el *establishment*, no solo a la manera fugaz de un equipo chico, como en un cuento, sino más seriamente:[79]

Es cierto que teníamos una fama, pero es la clase de fama que te ganás cuando llegás a una posición de poder desde un comienzo humilde. Empezamos con un equipo cuyo objetivo era evitar el descenso y al tercer año ganamos el torneo. Dominamos el fútbol argentino, fuimos el primero de los no grandes en ganar algo.

Con sacrificio, con disciplina, llegamos. Sabíamos que no sería fácil. La prensa nos destruyó. Jugamos un juego distinto. Nosotros éramos modernos. Sabíamos qué hacer. Corríamos. Peleábamos. Y todo el mundo nos odiaba por ser un equipo. Un equipo que ellos querían para sus propios equipos.

79. Estudiantes tenía un claro potencial para convertirse en una fuerza mayor. De hecho, a principios de los años treinta, en los años inmediatamente posteriores a la introducción del profesionalismo, hubo cierta confusión sobre cuántos grandes había, y algunos periodistas se referían a Estudiantes como una sexta potencia.

Y después vino el lío de la clasificación para la Copa del Mundo, que alimentó la idea de que algo estaba muy mal en el corazón del fútbol argentino. Cada Copa del Mundo en la que habían competido había sido, de alguna manera, una decepción para Argentina, pero al menos regresaron a casa desde 1966 con una sensación abrasiva de injusticia y de que podrían haber triunfado si no fuese por una conspiración entre Inglaterra y la FIFA. En México 1970, con menos árbitros europeos, ¿quién sabía? El problema era que tenían que llegar allí. La longevidad nunca fue una característica de los técnicos de Argentina, pero a finales de los sesenta fue un momento de particular turbulencia. Después de la Copa del Mundo de 1966, Lorenzo fue reemplazado por Jim Lopes,[80] que fue reemplazado por Carmelo Faraone, que fue reemplazado por Renato Cesarini. Cuando se fue, José María Minella estuvo en el cargo por un breve periodo. Ramos Ruiz, interventor[81] de la AFA e hincha de Racing, se inclinó por Humberto Maschio, que tenía treinta y seis años y acababa de retirarse como jugador.

Con tres victorias y un empate en los primeros cuatro partidos de Maschio, todo parecía estar progresando bien cuando Onganía obligó a Ruiz a renunciar. Cuando se fue, todo el cuerpo técnico también fue expulsado («un gran error», dijo Maschio) y, solo un par de semanas antes de que comenzaran los partidos clasificatorios, Adolfo Pedernera se hizo cargo de la situación. A primera vista, la tarea de Argentina parecía sencilla. Estaban en un grupo de tres equipos con Perú y Bolivia. Se clasificaban los ganadores de cada grupo.

80. Lopes nació como Alejandro Galán en el barrio Parque Patricios de Buenos Aires, en 1912. Se convirtió en un conocido boxeador juvenil, pero, tras una pelea con su padre, huyó a São Paulo en 1928 y adoptó el seudónimo «Jim Lopes» para evitar ser detectado. Cuando el boxeo fue prohibido por el Gobierno estatal después de que el campeón local Ditão sufriera un derrame cerebral tras una pelea con el italiano Erminio Spalla, comenzó a trabajar como entrenador en clubes de fútbol locales. Fue exitoso, se hizo cargo de Portuguesa en 1947, y los llevó al campeonato Rio - São Paulo en 1952. Posteriormente, tuvo una carrera de entrenador itinerante entre Brasil y Argentina. El de 1967 fue su segundo período como entrenador nacional de Argentina, después de haber ocupado brevemente ese puesto en 1962.

81. Un término oscuro que se traduce como 'inspector' que fue usado por un tiempo para el presidente de facto de la federación.

Con la perspectiva del tiempo, sabemos que Perú estaba a punto de entrar en su segunda edad de oro, pero en aquel momento se les menospreció: habían quedado quintos en el Copa América de 1963 y no habían competido en la de 1967, obligados a retirarse de las eliminatorias debido al terremoto de 1966.

Las dificultades planteadas por Bolivia en gran parte fueron logísticas. Maschio había preparado una plantilla de veinticuatro jugadores; planeó usar un equipo a tres mil seiscientos metros en La Paz, y otro totalmente diferente a mil quinientos metros en Lima. Pedernera no tuvo tiempo para hacer tales arreglos. En el espacio de una semana, Argentina cayó por 3-1 ante Bolivia y 1-0 ante Perú; aunque luego vencieron a Bolivia en la vuelta, dos goles de Oswaldo Ramírez le dieron a Perú un empate en Buenos Aires a finales de agosto, resultado que los llevó a la Copa del Mundo en lugar de Argentina. Los hinchas argentinos habían apedreado el autocar boliviano cuando paró en una esquina y lanzaron objetos contra los peruanos en la cancha. Ese fue otro día de vergüenza. «No hay equipo solo porque hayan reunido a la mayoría de los mejores jugadores argentinos y nada más —criticó Ardizzone en *El Gráfico*—. Con cuatro charlas de equipo, tres remates y un par de ensayos de la trampa del fuera de juego no se puede ganar nada.» Algo tenía que cambiar. «El jugador argentino ha perdido toda alegría al jugar al fútbol —dijo el defensa Roberto Perfumo—. Además, los que se unen a la selección nacional saben que su destino es uno solo: ser engañado.»

Once años después de la vergüenza de Helsingborg y la revolución que había provocado, vino la contrarrevolución. Un editorial de *El Gráfico* proclamaba a «la escuela del fútbol argentino» como la «gran víctima» de la «caza de brujas» que siguió a la Copa del Mundo. «El deseo de borrar de la memoria esos seis goles checoeslovacos nos llevó a un juego más defensivo, al eterno temor de perder, haciéndonos olvidar la necesidad y el placer de meter más goles que nuestros rivales para ganar —dijo—. El deseo de superar nuestra falta de velocidad y poder físico ante los europeos nos indujo a una imitación indiscriminada, un desprecio por la habilidad y la inteligencia.»

Estudiantes no desentonaba. Seis semanas después de que Argentina quedara fuera de la Copa del Mundo, fueron a Italia para defender su corona intercontinental contra el AC Milan. Perdieron el partido de ida 3-0. Y el regreso en la Bombonera se convirtió en una batalla. Estudiantes ganó 2-1, pero el resultado fue irrelevante en comparación con la violencia del encuentro. Ramón Aguirre Suárez le dio un codazo a Néstor Combin, y le rompió la nariz, y Poletti golpeó a Gianni Rivera, un ataque que Eduardo Manera continuó al soltarle unas cuantas patadas en el suelo. Absurdamente, mientras sacaban en camilla a un ensangrentado Combin, que había nacido en Argentina pero que se había mudado a Francia cuando era un adolescente, el futbolista fue arrestado por desacato. Combin incluso pasó un breve tiempo bajo custodia policial antes de que la creciente presión internacional lograra su liberación.

La respuesta fue de disgusto. «La televisión tomó la imagen deformada de un partido y la transformó en guerrilla urbana en todo el mundo», dijo la crónica de *El Gráfico*. El presidente, parte del público, estaba igualmente decepcionado: «Tal comportamiento vergonzoso ha comprometido y manchado la reputación internacional de Argentina y ha provocado la repugnancia de una nación», dijo Onganía. Suárez, Poletti y Manera fueron condenados a treinta días de cárcel por deshonrar un espectáculo público, mientras que Poletti recibió una suspensión de por vida y Suárez una de cinco años en partidos internacionales. Zubeldía fue vilipendiado, aunque sus apologistas afirman que él solo autorizó la presión y la trampa del fuera de juego pero no el juego taimado. Una defensa más realista podría ser que otros equipos argentinos del momento estaban igualmente dispuestos a involucrarse en un juego marrullero.

El episodio final de Estudiantes llegó en la Libertadores. Como campeón, Estudiantes volvió a conseguir el pase a la semifinal: venció a River 0-1 en el Monumental, y 3-1 en la vuelta. Así se plantó en la final contra Peñarol. Fue un acontecimiento nefasto y agotador. Néstor Togneri anotó el único gol cuando quedaban tres minutos para acabar el partido en La Plata, antes de que un empate sin goles en Montevideo sellara el tercer título continental consecutivo para Estudiantes. Perdieron ante el Feyenoord en la final de la Copa Intercontinental sin repetir la vergüenza del año anterior, pero el estado de ánimo estaba en su contra. «El Estudiantes que admiramos, aplaudimos y defendimos era algo muy diferente —proclamó otro editorial de *El Gráfico*—. Cuando ganaron sus primeras finales, su juego no era antifútbol, sino fútbol auténtico impregnado de esfuerzo, vitalidad y sacrificio.»

Zubeldía renunció y, después de unas pocas temporadas en San Lorenzo y Racing, se trasladó a Colombia en 1976, donde dirigió el Atlético Nacional. Allí ganó dos títulos de liga, antes de, en 1982, sufrir un ataque al corazón mientras llenaba un billete de apuestas en una carrera de caballos en Los Andes. Nunca se recuperó y murió a los cincuenta y cuatro años.

Sin importar en qué se haya convertido Estudiantes, Zubeldía fue un revolucionario. Para el fútbol argentino fue fácil culparlo solo a él o a su club cuando se disgustó con los excesos de los sesenta, pero se encontraban lejos de estar solos al adoptar una estrategia que llevaba el pragmatismo a sus extremos. Hubo innumerables ejemplos de peleas y brutalidad, sobre todo cuando los equipos argentinos se enfrentaban a extranjeros.

Quizás el más famoso de ellos ocurrió durante la Libertadores de 1971, cuando Boca jugó con el Sporting Cristal de Perú. A Boca, tras haber estado ganando 2-0, le habían empatado 2-2. En los minutos finales, Roberto Rogel se tiró en el área del Sporting Cristal. El árbitro uruguayo no pitó penalti. En la siguiente jugada, Rubén Suñé derribó bruscamente al defensa del Cristal Alberto Gallardo. Cuando este tomó represalias, Suñé lo atacó con el banderín del córner, a lo que Gallardo respondió con una patada voladora a la cabeza de Suñé. Suñé se defendió y, después de que la policía finalmente lo frenara, necesitó siete puntos de sutura. Ángel Rojas pateó a Fernando Mellán mientras yacía en el suelo y le fracturó el cráneo; el defensa del Cristal Eloy Campos ya estaba con la nariz rota. Mientras Orlando de la Torre se defendía contra tres jugadores de Boca, su madre, viéndolo por televisión, sufrió un ataque al corazón y murió. Al final, diecinueve jugadores fueron expulsados, solo los dos porteros y el defensa del Cristal Julio Meléndez se salvaron. A los futbolistas expulsados se les sentenció a treinta días de cárcel, aunque el trabajo rápido de la diplomacia garantizó que esas sentencias fueran revocadas en apelación. Boca fue suspendido para el resto del torneo; se les concedió la victoria a sus rivales en los partidos que les quedaban. «Si Argentina no puede o no quiere poner su propia casa en orden —advirtió Teófilo Salina, presidente peruano de la Conmebol—, la confederación sudamericana se verá obligada a recomendar que la Copa del Mundo de 1978 sea transferida a un país de mayor integridad.»

En Argentina, esa integridad estaba cediendo espacio rápidamente a la violencia. A medida que los años sesenta llegaban a su fin, una sección del movimiento estudiantil, inflamada por el Cordobazo, empezó a abrazar el peronismo, solo porque Perón, proscrito por la Junta, había llegado a ser visto como una fuerza de liberalismo radical. Como resultado, la parte más joven del apoyo de Perón trató de reinventar lo que había sido un movimiento ampliamente populista como algo abiertamente izquierdista. Ese fue un proceso alentado por Perón, quien manipuló a la izquierda para crear un ambiente que permitiera su retorno.

De ahí surgieron una serie de grupos radicales. Destacaron el Ejército Revolucionario del Pueblo (ERP) (un grupo de guerrilleros urbanos que se trasladaron a las selvas y colinas de Tucumán, en el norte, en un intento de replicar la revolución cubana de Fidel Castro y el Che Guevara) y los montoneros (también inspirados por Guevara, eran peronistas radicales, jóvenes, izquierdistas que llevaban a cabo ataques terroristas; su ideología oscilaba de forma confusa entre el marxismo puro y el peronismo). El 29 de mayo de 1970, secuestraron al expresidente general Aramburu y le hicieron un simulacro de juicio por, entre otros supuestos crímenes, «el asesinato de veintisiete argentinos después de una infructuosa rebelión peronista en 1956» (son las muertes que Rodolfo Walsh contó en *Operación Masacre*). Lo ejecutaron el 1 de junio.

Unos días más tarde, Onganía fue derrocado por otra facción del ejército y reemplazado por el poco conocido general Roberto Levingston, quien actuaba como representante de Argentina en la Junta Interamericana de Defensa en Washington DC, y a quien se le percibió como un candidato de transición útil. Tan poco conocido era que en su toma de posesión se difundió un comunicado de prensa detallando su currículo. Sin embargo, Levingston duró solo nueve meses antes de ser reemplazado por el general Alejandro Lanusse, jefe de los militares impulsores del golpe contra Onganía.

Los peronistas continuaron agitando el ambiente para que su líder regresara del exilio. Para ello, el cuerpo de Evita fue exhumado de la tumba donde había sido enterrado secretamente en Italia; luego lo llevaron a Madrid. Lo ubicaron en una cámara sobre el dormitorio donde Perón dormía con su tercera esposa, Isabelita: un morboso detalle que parece el símbolo perfecto de la instintiva nostalgia argentina por los mitos del pasado.

En septiembre de 1971, Lanusse prometió que se celebrarían elecciones democráticas en el plazo de dos años. El regreso de Perón se había hecho inevitable. Lo que siguió fue otro ciclo de violencia. Hubo robos a bancos, asesinatos de oficiales de la policía y de militares, empresarios locales y extranjeros fueron secuestrados. Los radicales de izquierda peleaban con los grupos de derecha y todo el tejido de la sociedad parecía deshacerse. Cuando los montoneros secuestraron a Aramburu, solo tenían una docena de miembros. En 1973, ya eran más de mil. El novelista V. S. Naipaul contó haber visto grafitis proclamando «Rosas vuelve».

Rosas, el primer dictador, estaba regresando: un nuevo terror aguardaba.

PARTE 4

Renacimiento y conflicto
1973-1978

29

Un triunfo manchado

*M*ientras un mar de banderas celestes y blancas ondeaba en las gradas del Monumental, César Luis Menotti se ajustaba el cuello de la camisa. En él no había ningún signo exterior de celebración: había hecho un trabajo y lo había hecho magníficamente, pero también debe de haber sido consciente de que ganar la Copa del Mundo de 1978 tenía consecuencias. Quién sabe qué pensaba exactamente en ese momento, el de su mayor triunfo futbolístico, que era también el momento en que estuvo más cerca de traicionar sus ideales políticos. Su éxito, el éxito argentino, fue necesariamente también el éxito de la Junta. En la cancha, el general Jorge Videla, sonriendo detrás de su bigote y su pelo engominado y reluciente para los focos, le dio el trofeo de la Copa del Mundo a Daniel Passarella, capitán argentino. Cuando Passarella lo alzó hacia un rugido de patriotismo, Videla giró hacia un lado y alzó ambos pulgares en señal de alegría.

Queda claro en su autobiografía, *Fútbol sin trampa*, que Menotti estaba profundamente incómodo con el golpe propagandístico que aquella victoria le dio a la Junta. En aquella época afirmó que «nuestra victoria es un tributo al viejo y glorioso fútbol argentino», una frase que apelaba tanto al conservadurismo de los militares como a su propio romanticismo, pero eso no era suficiente para tapar las cuestiones éticas. Videla murió en la cárcel en mayo de 2013, por hemorragia interna después de resbalar en la ducha. Llevaba menos de un año de una condena de cincuenta por secuestro: tal vez hasta cuatrocientos bebés les fueron arrebatados a sus madres en los centros de detención durante su gobierno y entregados a familias de militares sin hijos. Esa era solo su condena más reciente. Videla fue declarado culpable en 1985 de múltiples homicidios, secuestros y torturas. Después de resultar indultado en 1990, fue encarcelado nuevamente en 2010 por abusos contra los derechos humanos relacionados con la muerte de treinta y un civiles bajo custodia militar después del golpe de Estado de 1976 que lo instaló en el poder. En total, la Junta fue responsable de la muerte de entre quince mil y treinta mil de sus propios ciudadanos. Es difícil saber si el régimen habría caído antes si Argentina no hubiese ganado la Copa del Mundo, pero lo cierto es que el torneo estaba planeado para proporcionar una oleada de sentimiento nacionalista que la Junta pudiera capitalizar, cosa que hizo sin piedad, cínicamente y con éxito.

Por más alegre que aquella escena de Videla entregando la Copa del Mundo a Passarella pueda haber parecido en su momento, por más emocionante y talentoso que haya sido el equipo argentino, es imposible no estremecerse ante el recuerdo. Puede no ser justo para Menotti o para los jugadores, pero el campeonato y el régimen no pueden caminar por separado. Salga del Monumental, gire a la derecha en avenida del Libertador, camine diez minutos y llegará a la ESMA: la Escuela de Mecánica de la Armada. Allí, detrás de los jardines prolijos, de las paredes blancas y de las cuatro columnas majestuosas de la entrada, se detuvo y se torturó a cinco mil presos entre 1976 y 1983. Solo ciento cincuenta sobrevivieron. Fue el centro de detención más activo y más destacado de aquella guerra sucia.

Durante el Mundial, con un simbolismo espantoso que ha sido retratado en numerosas novelas y películas, los prisioneros podían oír la ruidosa celebración de la multitud, incluso mientras las víctimas de la tortura gritaban por el pasillo. A muchos detenidos se les permitía escuchar los comentarios de la final en la radio, apoyando a su país, aunque despreciaran al régimen que lo gobernaba. El antropólogo Eduardo Archetti relata la historia de prisioneros gritando «¡Ganamos! ¡Ganamos!» en sus celdas, junto con el capitán Jorge Acosta, alias *el Tigre*, uno de los más famosos torturadores. A continuación, sacó a algunos de los presos en su coche para presenciar el festejo en las calles, para que pudieran ver que a la mayoría de la gente no le importaban. Una prisionera le pidió que abriera el techo para poder ver mejor. Cuando lo hizo, pensó en gritar que era una de las desaparecidas. Pero no lo hizo, pues concluyó que solo creerían que se trataba de alguien celebrando locamente la victoria. Como dijo Carlos Fontanarrosa después de la victoria de Racing sobre el Celtic, poco más de una década antes: «En un país con problemas, las mayores alegrías surgen del deporte». Pero estos eran problemas mucho más oscuros que los de 1967, como escribió Bartolomé de Vedia en *La Nación* en 2003:

> Esa era, en definitiva, la tragedia argentina: un país partido por la mitad, una nación cortada en dos por una dicotomía tragicómica en la que el fútbol y la muerte dirimían la más absurda contienda de la historia [...] En 1978 hubo dolor y muerte, pero hubo (también) fútbol y alegría. La vida fluye siempre de esa manera: con luces y sombras, con durezas y blanduras. Y así escriben su historia los pueblos: con el alma henchida de júbilo y, a la vez, con el alma hecha jirones [...] Juguemos al fútbol sin que la sombra de la muerte se filtre en los estadios por alguna rendija. Y lloremos las vidas perdidas sin que ningún estrépito nos distraiga de nuestro dolor. El contraste era desesperantemente doloroso y difícil, la división que él propone, aunque fuese deseable, no es universalmente posible.

Cuando se conoció todo el alcance de la guerra sucia, ¿cómo podrían aquellos que habían celebrado la victoria (esencialmente el país entero) no sentir que de alguna forma pequeña e inconsciente habían celebrado también el régimen? Solamente durante el torneo, veintinueve personas desaparecieron. Ricardo Villa dijo después que, si hubiese sabido lo que estaba pasando, no habría jugado. El defensa de Huracán, Jorge Carrascosa, que había jugado dos veces en la Copa del Mundo de 1974 en Alemania Occidental, sí se negó a formar parte de la selección, aunque nunca explicó por qué. Incluso antes de las acusaciones (no probadas) de arreglos de partidos hechas en el *Sunday Times* en 1986, la victoria en la Copa del Mundo estaba viciada, una ambivalencia con la que los jugadores han tenido que vérselas. «Los críticos nos alinearon con la dictadura, y no tuvimos nada que ver con ella —dijo el defensa Rubén Pagnanini—. Creo que los periodistas nunca le dieron a nuestro equipo el crédito que merecíamos. Y la gente común está muy influenciada por lo que dicen los medios.»

Futbolísticamente, su frustración es comprensible: después de todo, ¿qué se suponía que debían hacer? «Sufrimos por el hecho de que la Junta Militar estuviera involucrada —dijo el portero Ubaldo Fillol—. Para muchas personas, la Copa del Mundo de 1978 significa treinta mil desaparecidos. Pero ninguno de nosotros torturó o mató a nadie. Simplemente ayudamos a nuestro país a tener un poco de alegría y defendimos los colores argentinos con valentía. No puedo estar avergonzado de eso.» El dilema es tal vez irresoluble: ¿hasta qué punto una nación es su Gobierno? ¿Qué responsabilidad tiene la gente por eso y hasta qué punto es un equipo deportivo nacional la manifestación del país? Después de todo, no solo podría ser ilógico culpar a los jugadores por jugar al máximo; de hecho, muchos de los que se oponían a la Junta apoyaron la selección activamente. «¿Cuál es la fascinación del deporte que hace posible que torturador y torturado se abracen después de los goles de la selección?», se preguntó Claudio Tamburrini, portero de Almagro y estudiante de Filosofía que había sido detenido como activista político (no lo era) antes de escapar en marzo de 1978.[82] «Durante la Copa del Mundo de 1978, los argentinos (y me incluyo) reemplazamos el juicio político crítico por la euforia deportiva [...] Apoyar el equipo nacional de un país sometido a una dictadura es un ejemplo de una irracionalidad costosa.»

En el centro del conflicto se encuentra Menotti, desgarbado y de pelo largo, un excomunista que hablaba de libertad y vivía un estilo de vida notablemente liberal e incluso fue un agente, aunque reacio, de la Junta. Con demasiada frecuencia se supone que una ideología futbolística nacional es congruente con la ideología del Estado. A veces lo es (el equipo italiano

---

82. Tamburrini contó la historia de su secuestro, tortura y huida en *Pase Libre - la fuga de la Mansión Seré*, que fue la base de la película de 2006 *Crónica de un escape*, dirigida por Israel Adrián Caetano.

de Vittorio Pozzo de los años treinta, por ejemplo, reflejó claramente el militarismo brutal del gobierno de Mussolini), pero la relación es raramente simple. El giro al antifútbol después de 1958 puede ser visto como el rechazo del idealismo, aferrarse a un pragmatismo (en algunos casos extremo) contra un telón de fondo de golpes de estado, caos económico y la participación militar en la política. El rechazo del cinismo, de manera similar, corría en paralelo con el optimismo del movimiento juvenil y la creencia de que la tecnocracia sin alegría había fracasado. Cuando Menotti ganó la Copa del Mundo, su invocación romántica del pasado (incluso en la forma comprometida que finalmente tomó) era diametralmente opuesta a los intereses asesinos de la Junta.

30

El Gitano, el vendedor de autos y las viejas formas

Algunos podrán decir que la revolución contra el antifútbol empezó en Racing con Pizzuti, a mediados de los años sesenta. Sin embargo, con la mentalidad ofensiva que tenían, resulta difícil encuadrar la violencia y el uso de prácticas poco ortodoxas en sus partidos contra el Celtic con la idea de que hayan restablecido un ideal romántico (no es, por supuesto, que la edad de oro haya estado libre de cinismo). River Plate continuó jugando un fútbol vistoso a lo largo de los años sesenta, con los ideales de la Máquina todavía firmemente en su lugar. Pero el regreso real y consciente de «la Nuestra» comenzó en Rosario con el Newell's Old Boys de Miguel Antonio Juárez y César Luis Menotti.

El Gitano Juárez nació en El Tala, un pueblo de la provincia de Salta. Aunque su talento para el fútbol fue obvio desde temprana edad, sus padres lo obligaron a terminar la escuela, por lo que jugó para algunos de los equipos más pequeños del norte antes de unirse a Belgrano de Córdoba, y luego, en 1956, a Rosario Central. Pasó ocho años allí, ayudándolos a salir terceros en el campeonato en su última temporada. Juárez era lo suficientemente talentoso para ser convocado a la selección nacional. Fue un suplente que permaneció en el banquillo en la Copa América de 1957 y anotó en la Copa Roca contra Brasil al año siguiente. Ayudó a la Unión de Santa Fe a ascender en 1966 y terminó su carrera en Central Córdoba de Rosario, donde fue nombrado técnico en 1968. A pesar de que no lograron ascender de la tercera categoría, Juárez impresionó lo suficiente como para ser contratado por Platense, al que llevó a clasificar para el Nacional. A pesar de una victoria 4-0 sobre River en el Monumental, terminaron decimocuartos. Juárez se fue al final de la temporada 1969. Fue lo que vino después lo que lo convirtió en una figura clave en la evolución del fútbol argentino. Él había jugado con Menotti, en sus días un centro-campista alto y anguloso, en Central, y en 1970 fue contratado por el rival de Rosario Central, Newell's Old Boys, algo que el exjugador de Newell's, Mario Zanabria, cree que sería imposible hoy.

Zanabria es locuaz y entusiasta al hablar, siempre reinterpretando momentos clave e, inusualmente para un futbolista, tiene una memoria precisa para los detalles: quién metió el gol, dónde, qué significó. «No había algo como técnico asistente en aquel momento —dijo—, pero, porque le encantaba el fútbol y estaba retirado, Menotti iba a las sesiones de entrenamiento, hablaba con nosotros, se sentaba en la pelota, nos daba consejos. Tenía una concesionaria de autos en bulevar Oroño, pero no le interesaba en absoluto. Él estaba con nosotros la mayor parte del tiempo. Pocos meses después tuve hepatitis y no pude jugar el torneo amistoso en Rosario, entre Central, Newell's, River y Boca. Juárez tenía una enfermedad pulmonar crónica porque fumaba demasiado. Y se enfermó durante el torneo y el equipo fue dirigido por Menotti. Newell's lo ganó después de derrotar a Central y a River. Él fue el entrenador suplente mientras Juárez no estaba en condiciones de entrenarnos.» A partir de entonces, fueron efectivamente codirectores.

Juárez y Menotti implementaron un enfoque ofensivo y Newell's terminó quinto en el Metropolitano para clasificarse para el Nacional por primera vez. Ese invierno, fueron a México a ver la Copa del Mundo juntos. Menotti había jugado brevemente en el Santos y conocía a Pelé, pero todavía estaba asombrado por la actuación de Brasil en ese torneo, por su éxito al fortalecer su idea de jugar con lo que él consideraba como el estilo tradicional argentino.

31

«La palomita»

El registro fílmico en blanco y negro tiene tan baja definición que es casi indistinguible. Un círculo de luz se mueve permanentemente hacia el centro de la pantalla, desplazándose de abajo arriba, y luego volviendo desde la parte inferior. Mirando cuidadosamente, solo se puede vislumbrar una figura oscura entrando al cuadro desde la izquierda, acercándose a una sombra. Por un momento, hay un parpadeo de claridad y se ve a un futbolista controlando la pelota con su pie derecho y pasándola hacia la derecha, saliéndose del cuadro. Allí, en un mundo que solo vive en la memoria y la imaginación, Jorge González controla la pelota y la lleva con su pie derecho. Se ve a un defensa a la izquierda, en el fondo, dudar por un momento y retroceder. Un punto oscuro emerge en el vídeo y se acelera a través de la luz pálida que pasa por el centro del cuadro. Una imagen borrosa aparece desde la izquierda y se separa lentamente, como las hojas de unas tijeras abriéndose. La parte que baja intercepta el punto y por una fracción de segundo la imagen se aclara de nuevo. Hay un fotograma de la portería. Se ven jugadores de espaldas a la cámara mirando la red. Hay un portero, inclinado hacia fuera del encuadre, con su brazo derecho abajo, la inclinación de sus hombros sugiere desaliento. Hay una pelota rebotando en la red. Y allí, levantándose del suelo, con los brazos alzados para celebrarlo incluso antes de que sus rodillas hayan dejado el césped, está Aldo Pedro Poy, quien acaba de marcar el gol más importante de la historia del fútbol en Rosario.

Las fotos aclaran un poco mejor lo que pasó: Poy, con la

camiseta de rayas azules y amarillas de Central, se pone delante de su marcador, Ricardo de Rienzo, de Newell's Old Boys, y se lanza en plancha al centro con un cabezazo que rebota sobre la línea: es el gol de la victoria en la semifinal del Nacional de 1971. Lanzarse en plancha para cabecear se conoce en Argentina como «palomita», pero esta es «la palomita», un gol que tiene un significado casi místico. En ese sentido, parece adecuado que el vídeo sea tan difícil de discernir: las cuestiones de fe tal vez no deberían verse con demasiada claridad.

En el fútbol de Rosario, hay un antes y un después de ese gol. Cada año en su aniversario, Poy vuelve a representarlo, trotando hacia una pelota lanzada desde su derecha, inclinándose hacia delante, levantando los pies, cabeceando la pelota hacia la red, y luego levantándose para ser abrazado por los hinchas. «Dos meses después de meter el gol, se me acercaron unas personas para pedirme que lo recreara —dijo Poy—. Lo hicimos fuera de un bar. Fue divertido, pero nunca pensé que se convertiría en algo tan importante. Pero me llamaron de nuevo para celebrar el primer aniversario, en diciembre de 1972. La reconstrucción suele incluir una cena con amigos, recuerdos y risas. Es una reunión, con ese momento tan especial de la palomita. Desde entonces, hemos estado haciendo la misma locura.» A veces repite el gol en Rosario, a veces en otra parte. Parece casi grosero preguntar, pero ¿qué pasa si se equivoca en la recreación y falla? «A veces he pensado en eso —dijo Poy—. Hasta ahora, afortunadamente, siempre terminó en la red. Sería devastador pensar qué pasaría si no.»

Ha recreado su palomita en Miami y quiere hacerla en Dingwall, en las Highlands de Escocia, donde nació Colin Bain Calder, el primer presidente de Central.

La palomita marcó el momento en que el dominio absoluto de los clubes de la capital federal se rompía. Siguen dominando el fútbol argentino, pero fue entonces, en diciembre de 1971, cuando un equipo de una provincia ganaba el Nacional por primera vez. Lo curioso es que el partido de la palomita no fue la final, sino la semifinal, un clásico de Rosario jugado en el Monumental el día después de que San Lorenzo hubiera pasado a la final al derrotar a Independiente por penaltis.

ÁNGELES CON CARAS SUCIAS

«Rosario es una ciudad que ama el fútbol, y la ciudad está dividida en dos», dijo Zanabria, en ese momento un centrocampista ofensivo de veintitrés años de Newell's.

A diferencia de Buenos Aires, que tiene la rivalidad Boca-River, pero también muchos otros clubes y clásicos, Rosario tiene solo estos dos clubes. Y el ambiente antes y después de un partido es completamente diferente a lo que he vivido en otros lugares. En Rosario, cuando ganás el clásico, podés salir. Y con esto me refiero a caminar por las calles, salir de casa. Pero si perdés, tenés que quedarte en casa. No podés salir. Porque vas al supermercado, al restaurante, al estacionamiento, y el cajero, el mozo o el cuidador del estacionamiento estarán felices o tristes según lo que haya pasado en el partido. Es muy difícil, es imposible, mantenerse al margen. En Buenos Aires hay espacio para la neutralidad, y ese espacio te deja vivir. Rosario no tiene ese espacio. Como profesional, sabés que el clásico de Rosario influye en tu vida. Sos parte del clásico día a día.

Todos los clásicos de Rosario eran especiales, pero este era más especial que cualquier otro. «Es importante poner las cosas en perspectiva», dijo Poy.

Hasta esa tarde, los clubes rosarinos nunca habían participado en un desempate, un partido directo en el que uno avanzaría a la siguiente ronda y el otro quedaría eliminado. La tragedia o la gloria, en función del resultado. Hubo un gran pánico. Gente abandonando la ciudad o encerrándose en sus hogares, fingiendo que se habían ido, solo para evitar lo que podía suceder si su equipo perdía y la burla que sufrirían. Pero también había un pálpito de que el que ganase ese partido también ganaría la final y se convertiría en el primer campeón argentino de fuera de Buenos Aires.[83] Éramos dos grandes equipos, jugando un partido, a trescientos kilómetros de casa.

El primer tiempo terminó 0-0. En el segundo tiempo hubo un

---

83. Estudiantes, por supuesto, había ganado el campeonato cuatro años antes, pero La Plata, a sesenta kilómetros al sureste de la ciudad de Buenos Aires, es la capital de la provincia de Buenos Aires.

córner y traté de poner nerviosos a los defensores. Antes del centro le grité a un fotógrafo: «Prepará la cámara que llega mi gol». El portero controló la pelota y sacó rápido para armar un contraataque. Pero recuperamos la pelota, jugamos un pase corto, abrimos hacia la derecha, desde donde González sacó el centro. Me quedó muy lejos para patear. Mi única opción fue intentar la palomita.

Afortunadamente, Poy era bueno para las palomitas, gracias a una teoría adelantada por el predecesor de Labruna como técnico de central, Carlos Griguol. «Con Griguol como director técnico, practicábamos este tipo de jugada —dijo Poy—. Hay un tipo particular de centro en el que generalmente tratás de usar los pies, pero es más fácil y ventajoso usar la cabeza. Griguol nos incentivaba a hacer palomitas. No era porque fuesen vistosas, sino porque un defensor no puede hacer prácticamente nada para evitarlas».

Central siguió con su racha ganadora y venció a San Lorenzo 2-1 en la final, jugada en el estadio de Newell's tres días más tarde. Sin embargo, esa semifinal es la que ha perdurado en el recuerdo. «Se van a acordar de ese gol por el resto de sus vidas», dijo Poy en la entrevista que le hicieron inmediatamente después del partido. Tenía razón: la veneración sigue y sigue. «Cuando digo eso, a veces pierdo la capacidad de sorprenderme, me refiero a este tipo de cosas que pasan en Rosario —dijo—. En una de las celebraciones me volví loco. Sabía que había gente esperándome fuera de mi casa, pero cuando abrí la puerta vi dos mil Poys gritando y saludando. No podía creerlo. Todos llevaban caretas de mi cara.»

Las caretas, con los bigotes melancólicos hacia abajo, se han vuelto un ingrediente clave de las celebraciones porque Poy, por más que sea tratado como una deidad, no es omnipresente y no puede estar con cada grupo de hinchas de Central cada año en el aniversario. «En diferentes partes del mundo, el 19 de diciembre, un grupo de personas se reúne, uno se pone la careta de Poy y hacen la reconstrucción», dijo. El 19 de diciembre cualquiera puede decir: «Hoy soy Poy».

Las caretas no son la conmemoración más rara del gol de Poy:

Un día llevaron al hospital a Ricardo de Rienzo, el jugador que me estaba marcando en el momento del gol. Tenía apendicitis y fue directo al quirófano. Los cirujanos lo reconocieron inmediatamente. Y después de la operación no tiraron el apéndice, sino que lo guardaron en un frasco con formol. Se lo donaron a la OCAL,[84] como el apéndice más próximo a Aldo Pedro Poy el día de su palomita contra Newell's Old Boys, una distancia calculada de veinte centímetros [...] Nunca me sentí un futbolista. Más bien era un fanático del fútbol jugando para el equipo que amo. Nací a tres cuadras del estadio, así que crecí con Central en mis venas.

Puede que se haya convertido en la figura emblemática de la historia de Central, pero Poy casi abandona el club en 1969, cuando tenía veinticuatro años. «Mi papá solía llevarme a pescar a unas hermosas islas desiertas —explicó—. Solamente vivían cuatro pescadores ahí. El día que oí el rumor de que iban a venderme, vi a uno de estos pescadores y le pedí un paseo en bote. Desaparecí en la isla. Cuando volví, una semana más tarde, la transferencia había fracasado.»

Tal es su popularidad en Rosario que Poy debe mantener la ubicación de sus reinterpretaciones en secreto por temor a que vayan muchas personas, advertido ya por las escenas de su boda en 1974. «Había una fila de hinchas de seiscientos metros de largo esperándome fuera de la iglesia —dijo—. Si no hubiera salido por la puerta principal, creo que habrían prendido fuego a la iglesia. El sacerdote me dijo que iba a casarme en cinco minutos porque la gente ya estaba saltando encima de los confesionarios y robando santos como recuerdo.»

Insiste, sin embargo, en que la adulación no le llega, que no se siente como una versión futbolística de Bill Murray en *Atrapado en el tiempo* y su día de la marmota, condenado a vivir el 19 de diciembre de 1971 una y otra vez: «No, no, no estoy atrapado en un bucle del tiempo. Es un placer para mí recordar ese día, porque realmente fuimos un equipo fantástico con un

---

84. La Organización Canalla Anti-Lepra, fundada en septiembre de 1966, es una organización secreta de hinchas de Central que –en broma– se compara con los masones.

entrenador fantástico. El otro día, un hombre muy serio que caminaba con una nena de unos siete años me vio y me detuvo. "Hija, ¿sabés quién es este hombre?", le preguntó. La chica parecía aterrada, temerosa de decir que no sabía. El padre continuó: "Este hombre es Aldo Pedro Poy y él…". Y la expresión de la nena cambió inmediatamente: "Ah, sí, el que hizo la palomita", dijo. Yo no podía creerlo. Pero pasa todos los días».

32

El milagro de Huracán

Juárez y Menotti se fueron de Newell's después de esa decepción. El primero regresó a Salta y llevó a Juventud Antoniana al Nacional. Por su parte, Menotti fue técnico en Huracán. Mientras predicaba su doctrina romántica, con su cara de halcón, su aire intelectual y su hábito de fumar, parecía la encarnación del bohemio argentino. Para él, el fútbol sin belleza no tenía sentido. «A aquellos que dicen que todo lo que importa es ganar, quiero advertirles de que siempre gana alguien —dijo—. Por lo tanto, en un campeonato de treinta equipos, hay veintinueve que deben preguntarse: ¿qué dejé en este club?, ¿qué traje a mis jugadores?, ¿qué posibilidad de crecimiento les di a mis futbolistas? No me rindo al razonamiento táctico como la única manera de ganar, más bien creo que la eficacia no está divorciada de la belleza.»

Menotti lo demostró al llevar a Huracán a ganar el Metropolitano en 1973 con un enfoque inicialmente ofensivo, tan atractivo que los hinchas de otros clubes iban al estadio Tomás Adolfo Ducó. «Menotti siempre insistió en el concepto de pequeñas coaliciones —explicó el centrocampista Omar Larrosa—. [Carlos] Babington y yo, Russo y Babington, Carrascosa y Russo.» Ese era un equipo lleno de creadores legendarios, liberados por un plan defensivo bien definido basado en el poder y la agresión de Basile, que había dejado Racing en 1970.

Carlos Babington se fue a Alemania Occidental, al Wattenscheid 09, en 1974, pero solo después de considerar seriamente un traslado al Stoke City para poder experimentar la vida en la tierra de sus antepasados: fue apodado el Inglés y fue retratado en un notable dibujo de *El Gráfico* en 1973 como un caballero victoriano, con sombrero de copa, capa y monóculo. Para Miguel Ángel Brindisi, con las mejillas anchas y con una sonrisa que parecía permanente, el pleno reconocimiento solo llegó más tarde, cuando formó la dupla con Diego Maradona en Boca, pero era un jugador cuya delicadeza de toque parecía no estar en concordancia con su porte robusto.

René Houseman surgiría como uno de los grandes héroes bohemios del fútbol argentino. Era pobre, creció en la villa del Bajo Belgrano, aprendiendo a jugar en la calle y trabajando de noche repartiendo carne antes de que fuera contratado por Los Intocables, un club juvenil del barrio. Firmó con Defensores de Belgrano en 1971 y con Huracán dos años más tarde. Los directivos del club estaban preocupados por las historias de su consumo excesivo de alcohol y lo llevaron a un apartamento alquilado para tratar de alejarlo de lo que consideraban malas influencias. Pronto regresó a casa. Siguió bebiendo; él admite que el alcohol se convirtió en una adicción. Tan dependiente era, dice, que jugó un partido contra River Plate borracho. «La noche anterior fue el cumpleaños de mi hijo —explicó en una entrevista con la revista *Efdeportes*—. Mis compañeros de equipo me dieron como veinte duchas frías y un montón de café, pero no sirvió. No pude comenzar el juego y continué durante la segunda mitad con el marcador 0-0. Me pasaron la pelota, gambeteé a tres defensores, al portero y pateé la pelota adentro. Mis compañeros de equipo me dicen que me caí al suelo y empecé a reírme. Después fingí una lesión, me sacaron y me fui a casa a dormir. No recuerdo nada de eso».

Es una linda historia que encaja en las tradiciones más grandiosas de bailarines de tango de la época de oro y de los grandes bebedores de vino, pero, lamentablemente, no resiste análisis alguno. El cumpleaños del hijo de Houseman es el 3 de octubre. La única vez que Huracán jugó con River (suponiendo que él recordara correctamente la secuencia) fue el 6 de octubre de 1978, pero en esa ocasión perdieron 1-0. La única vez que les ganaron 1-0 mientras Houseman estaba en el club fue el 2 de julio de 1980. Si la historia tiene algo de verdad, el gol en cuestión debe haber sido el 1-1 contra River el 22 de junio de 1975, o su gol de volea en el 2-1, en la derrota ante River el 6 de noviembre de 1977. El primero se parece más a su descripción del gol, despejando, rodeando al portero y anotando. En ninguna celebración, al menos en lo registrado por las cámaras de televisión en el momento, se cayó al suelo; en ninguno de los dos partidos empezó en el banquillo y en ninguno de los dos partidos fue sustituido. El partido de junio de 1975 es quizás el más probable, dada la naturaleza del gol, pero parecen que se le fueron sumando ciertos detalles más tarde.

Por más que el incidente haya sido adornado, no había dudas sobre el talento de Houseman, su ritmo o sus problemas con el alcohol. Terminó ganando cincuenta y cinco partidos para Argentina y fue aclamado como el mejor extremo de Argentina desde Corbatta, quien, por supuesto, tuvo sus propias batallas con la bebida. A diferencia de Corbatta, Houseman buscó ayuda, pasó tres semanas en el hospital Durand y afirma ser abstemio desde que cumplió treinta y siete años. Más allá de lo que haya sucedido después y por mucho que el alcohol le haya afectado, siempre fue adorado en Huracán por su papel en el equipo de 1973.

«El fútbol argentino se dio cuenta muy rápidamente de que este era uno de los grandes equipos —dijo Hugo Tocalli, entonces portero de Nueva Chicago—. Desde Racing en el 66, Argentina no había visto un equipo extraordinario. Huracán fue el primero. Y después de la escuela de Estudiantes, Huracán fue como una resurrección, porque era atractivo.»

«Verlos jugar era una delicia —afirmó un editorial de *Clarín*—. Llenó las canchas argentinas de fútbol, y después de cuarenta y cinco años le devolvió la sonrisa a un barrio con la cadencia del tango.» Tan seductores eran que, cuando golearon a Rosario Central por 5-0, los hinchas rivales los aplaudieron. «El equipo estaba en sintonía con el gusto popular de los argentinos —dijo Babington—. Había gambeta, toque, caño, sombrero, pared, desborde.»

Huracán comenzó la temporada de 1973 con una victoria por 6-1 sobre Argentinos Juniors, luego ganó 0-2 en Newell's, 5-2 en casa ante Atlanta, 1-3 en Colón, 5-0 contra Racing y 0-1 en Vélez, antes de perder su primer punto en un empate a tres y como local contra Estudiantes. «Después de ese comienzo, especialmente en las victorias como visitante, nos dimos cuenta de que éramos capaces de pelear por el título —dijo Larrosa—. Pero Menotti siempre nos dijo que pensáramos en el partido siguiente y no en el campeonato, ajustando los detalles para jugar mejor. Ese fue el objetivo más importante, seguir jugando bien. Siempre pensé en ganar el campeonato, porque había jugado en Boca, y esa es la forma en que se piensa en Boca. Normalmente, estábamos nerviosos antes de cada partido, pero en la cancha nos divertíamos, disfrutábamos cada pase.»

Solo cuando perdieron por 4-1 ante Boca en la decimoséptima jornada hubo dudas. «Lo consideramos un accidente, eso no debía cambiar la forma en que hacíamos las cosas —dijo Larrosa—. Teníamos que pensar en el siguiente partido, olvidarnos de ese accidente, y seguir adelante. Y eso es lo que hicimos.» La pérdida de seis jugadores (primero Houseman, Brindisi y Avallay y, más tarde, Babington, el mediocampista de contención Russo y el lateral izquierdo Carrascosa para unirse a la selección nacional en los preparativos de la Copa del Mundo) significó que Huracán trastabillara un poco hacia el final, pero el marco táctico fue lo suficientemente fuerte como para superar las ausencias. Boca, de hecho, marcó siete goles más que los sesenta y dos de Huracán esa temporada. Pero era el estilo lo que importaba, y ahí siempre había habido indulgencia en la edad de oro. ¿A quién le importaba si no era el fútbol más eficaz? Era hermoso y ganó. Un penalti de Larrosa al final del partido definió el título del Metropolitano con una victoria 2-1 sobre Gimnasia y Esgrima La Plata, a falta aún de dos partidos.

El año siguiente trajo pruebas adicionales de la solidez del método de Menotti. Newell's en aquel entonces estaba dirigido por Juan Carlos Montes, el número 5 del equipo que había perdido en la semifinal dos años antes, pero el equipo estaba basado en los principios que Menotti había dejado planteados. Jugando fútbol abierto y fluido, encabezaron un grupo en el Metropolitano; Central fue el otro. Se unieron a un cuadrangular final junto con los equipos que habían terminado segundos en sus grupos: Huracán y Boca Juniors. Newell's ganó los dos primeros partidos, mientras que Central venció a Boca, pero perdió ante Huracán. Eso implicaba que un empate de Newell's contra Central en el partido final les daría el título. Sin embargo, justo antes del descanso, Gabriel Arias puso con ventaja a Central desde el punto de penalti. Mediado el segundo tiempo, Carlos Aimar añadió un segundo gol. Un triunfo de Central habría conducido a un desempate setenta y dos horas más tarde. «Imagine cuál habría sido la moral del equipo si hubiésemos perdido», dijo Zanabria. Sin embargo, a los pocos segundos del gol de Aimar, Armando Capurro acortó diferencias. «Eso nos dio más energía —continuó Zanabria—. E imagine lo que significaba ganar el campeonato en su estadio, con un empate tardío.»

Las imágenes no son tan oscuras como en la palomita de Poy, pero no se ve bien. Están filmadas con una cámara situada en algún lugar entre el poste y el banderín del córner. La pelota cae entre un montón oscuro de jugadores de entre los cuales emerge la figura alargada de Zanabria. Parece que va a elevar la pelota, pero dispara con fuerza. El remate es directo, desde fuera del área, pasa justo por debajo del travesaño. «Había hecho disparos desde esa distancia antes —dijo Zanabria—. No fue la primera vez que lo hice, pero a veces terminaba en la tribuna y, a veces, bueno, no es que apuntes ahí, apuntás ahí en tu cabeza, pero a veces el pie hace otra cosa. Y fue un gol magnífico.»

Y llegó cuando faltaban solo un par de minutos. Hubo problemas en la tribuna y se tuvo que suspender el partido. No obstante, el resultado se mantuvo y Newell's se alzó con su primer título.

33

El retorno de Perón

*T*al como había prometido el general Lanusse, en marzo de 1973 se celebraron elecciones presidenciales. Héctor Cámpora, veterano aliado de Perón que había estado oficiando de «delegado personal» desde 1971, ganó en la primera vuelta sin asegurarse una mayoría absoluta, pero el líder radical Ricardo Balbín se retiró para permitir que Cámpora accediese a la presidencia sin necesidad de una segunda vuelta. Cámpora les otorgó amnistía a todos los presos por violencia política bajo la dictadura y estableció relaciones diplomáticas con la Cuba de Fidel Castro. Las huelgas y los conflictos laborales continuaron durante su presidencia, pero la izquierda revolucionaria, al menos temporalmente, había puesto fin a la lucha. Finalmente, el camino estaba despejado para que Perón retornase a Argentina. Al igual que Menotti, Perón perseguía el objetivo de recuperar glorias pasadas, volver a un tiempo anterior a los disturbios de fines de los cincuenta y la adopción del pragmatismo como ideología; a diferencia de Menotti, Perón fracasó estrepitosamente.

El regreso de Perón produjo inmediatamente un derrame de sangre, confirmando que las divisiones entre la izquierda y la derecha, incluso con el apoyo del líder, eran irreconciliables. El 20 de junio, de acuerdo con las estimaciones policiales, llegaron a reunirse hasta tres millones y medio de personas en los alrededores de Ezeiza para recibir a Perón en su descenso en un vuelo desde Madrid; la multitud estaba compuesta de hasta tres facciones principales. Estaba la clase trabajadora, los que recordaban lo que había hecho Perón para aumentar los salarios y mejorar las condiciones de vida en los años cuarenta y cincuenta. Estaba la Tendencia Revolucionaria, una agrupación juvenil de izquierda. Y estaban los guerrilleros montoneros, que habían organizado una enorme manifestación para escuchar el discurso de Perón. Desde el podio desde el cual se suponía que debía hablar Perón, un grupo camuflado de francotiradores disparó contra los izquierdistas. Veinticinco de ellos murieron y trescientos sesenta y cinco resultaron heridos.

La masacre pretendía obligar a Cámpora a dimitir, y efectivamente hizo trizas cualquier posibilidad de alianza entre las dos alas que respaldaban a Perón. Cámpora presentó la renuncia el 13 de julio, y el 23 de septiembre, doce días después del golpe que derrocó a Salvador Allende en Chile, se celebraron las elecciones que devolvieron el poder a Perón con el sesenta y dos por ciento de los votos.

El Día del Trabajador de 1974, cien mil almas se congregaron en la plaza de Mayo, más de la mitad de ellas organizadas por los montoneros, que veían la manifestación como una oportunidad final de entrar en contacto con Perón y urgirlo a que pusiera fin a la campaña de violencia a la que estaban sometidos. Los organizadores habían permitido solo dos cánticos: «Perón, Perón» o «Argentina, Argentina», pero cuando Perón apareció en el balcón de la Casa Rosada, los montoneros preguntaron: «¿Qué pasa, qué pasa, qué pasa, general? Está lleno de gorilas [el término aplicado a los antiperonistas entre los militares desde 1955] el Gobierno popular». Perón estaba furioso, y gritando en el micrófono, respondió que «los estúpidos imberbes que siguen gritando deberían callarse». Luego proclamó que eran mercenarios pagados por una potencia extranjera. La reacción de los montoneros fue abandonar la plaza, dejando que Perón continuara arengando a una multitud que iba disminuyendo.

Dos meses más tarde, con setenta y siete años, sufrió un ataque cardiaco y falleció. Mientras el cuerpo yacía en exposición, comenzó a hincharse y a descomponerse visiblemente: el embalsamamiento descuidado había producido una imagen potente del jefe de Estado. Como escribió V. S. Naipaul en su momento:

Era el hombre del ejército que había salido del código de su casta y sacudido la vieja sociedad agrícola colonial de Argentina; había identificado a los enemigos de los pobres; había creado los sindicatos. Le había puesto un rostro brutal a la bárbara tierra de las estancias y el polo y los prostíbulos y los sirvientes de muy bajo costo. Y su leyenda, como el singular revolucionario, sobrevivió a la incompetencia y rapiña de sus primeros años de mandatos; sobrevivió a su derrocamiento de 1955 y a los diecisiete años de exilio que siguieron; sobrevivió a los asesinatos mafiosos que se produjeron durante su retorno triunfal el año pasado; y sobrevivió al fracaso de sus últimos meses de mandato.

El mito tal vez sobrevivió porque el hombre mismo era muy cambiante: los desafectos siempre podían enrolarse en su causa porque siempre había algo en lo que él decía o hacía que podía adaptarse a la causa propia. Al final, se convirtió en un contenedor tan vacío como el Martín Fierro, en el cual el observador podía arrojar sus propios prejuicios y deseos. El regreso de Perón, siguió diciendo Naipaul, se convirtió finalmente en un asunto de rehabilitación personal mientras él se reconciliaba con el Ejército y con la Iglesia. Pero fracasó al intentar abordar cualquiera de los problemas que había identificado, aunque, como dijera el mismo escritor: «tal vez la tarea de la reorganización estaba más allá de las capacidades de cualquier líder, por más creativo que fuese. Argentina es un país de saqueo, una tierra nueva, virtualmente poblada durante este siglo. Sigue siendo una tierra a ser saqueada; y su política no puede ser otra que la política del saqueo». Hasta ahí llegaba el utopismo del surgimiento de Argentina como Estado nación, porque esos elevados ideales fueron aplastados por los primeros colonos, por Mendoza, que buscaba la tierra de la plata, y por Garay, que buscaba en vano la Ciudad de los Césares.

La visión de Naipaul era desoladora, pero su pesimismo era apropiado a la luz de los horrores de la década que siguió.[85] La sucesora de Perón fue su esposa, Isabelita, a quien había conoci-

---

85. Dicho esto, algunos de sus argumentos sobre la naturaleza machista de la sociedad argentina, en particular sus observaciones sobre la obsesión por el sexo anal, parecen muy extraños hoy.

do en 1956 en la ciudad de Panamá, cuando él estaba en el exilio y ella, treinta y cinco años menor, era bailarina en el Happy Land Bar. Mientras Perón, que había enviudado dos veces y había sido obligado a salir al exilio del país que había revolucionado, tomaba su sombrío asiento en el *nightclub* para mirar a Isabelita, no eran los únicos futuros presidentes de Argentina presentes en el lugar. El gerente del bar, Raúl Lastiri, quien se había aliado con Isabelita, se convirtió en jefe de la Cámara de Diputados y luego ascendió a la presidencia durante cuatro meses en 1973, tras la renuncia de Cámpora.

El suegro de Lastiri, José López Rega, había sido cabo en la policía argentina y se retiró en 1960 para escribir libros de esoterismo,[86] uno de los cuales, según proclamaba él mismo, había sido escrito en coautoría con el arcángel Gabriel. Fue a la quiebra, huyó a Brasil, se convirtió en adepto del candomblé y después, aprovechando al máximo los vínculos de Lastiri con Isabelita, visitó a Perón en el exilio en Madrid y fue contratado como parte de su equipo. Se volvió altamente influyente. En una ocasión, persuadió a Isabelita de volver con Perón tras una disputa matrimonial. En otra ocasión, resolvió un escándalo en un banco manejado por los sindicatos argentinos personándose con un maletín lleno de dinero. Para cuando Perón volvió del exilio, estaba a cargo del tratamiento médico del envejecido presidente. Se rumoreaba que él e Isabelita manipulaban a Perón negándole dulce de leche[87] hasta que acordaba firmar los docu-

---

86. Como detalla Naipaul, el ocultismo disfrutó de buena popularidad en los años setenta. En mayo de 1972, por ejemplo, una iglesia de Buenos Aires publicitó una misa contra el mal de ojo, y atrajo a una congregación de más de cinco mil personas. «El país —escribió Naipaul— está siendo barrido por el nuevo y entusiasta culto del espiritismo, un asunto local de médiums y trances masivos y curas milagreros, que proclama para sí el patronazgo de Jesucristo y Mahatma Gandhi.» En un mundo cada vez más violento, tal vez el atractivo de un movimiento pacifista es comprensible: los espiritistas predicaban la reencarnación y la perfectibilidad del espíritu, y creían que el purgatorio y el infierno estaban en la Tierra en ese momento, y que la única posibilidad de escape era el renacer en un planeta más evolucionado.

87. El «dulce de leche» es un dulce untable popular en toda Latinoamérica, preparado mediante la cocción de leche azucarada a fuego lento. Se dice que fue creado en Cañuelas en 1829, cuando el general Lavalle llegó al campamento del general Manuel de Rosas a negociar un tratado para poner fin a la guerra civil en la provincia de Buenos Aires. Al descubrir que Rosas estaba ausente, Lavalle, exhausto, se acostó en una

mentos que le daban. Fue López Rega quien puso en marcha los escuadrones de la muerte conocidos como AAA, mientras que el coronel Osinde, que había dirigido el ataque contra los montoneros en Ezeiza, fue subsecretario en su ministerio.

Finalmente, la muerte de Perón liberó a los montoneros de su subordinación al culto de su personalidad, que había persistido hasta cierto punto incluso después del Día del Trabajador de 1974: se volvieron contra el Gobierno. Al comienzo, los montoneros fueron capaces de enorgullecerse de un encanto al estilo de Robin Hood: escogían a sus objetivos cuidadosamente; intentaban evitar víctimas civiles y repartían comida entre los pobres; pero, al tornarse cada vez más desilusionados, se fueron radicalizando. La campaña de secuestros que llevaron a cabo dio como resultado ganancias financieras que les permitieron ampliar sus ambiciones. En septiembre de 1974, por ejemplo, secuestraron a los hermanos Jorge y Juan Born, ejecutivos de la compañía industrial más grande de Argentina, Bunge y Born. Pidieron como rescate lo que en ese momento era la cifra más grande recibida por secuestradores en cualquier parte del mundo: sesenta millones de dólares. Para entonces, se encontraban abiertamente en estado de guerra contra el Gobierno.

Su aliado, el Ejército Revolucionario Popular (ERP), permaneció en la selva tucumana, pero sus intentos de replicar la Revolución cubana fueron desbaratados porque el ejército argentino estaba mejor equipado y entrenado que el de Fulgencio Batista. Como el ERP sufrió una serie de derrotas, los montoneros se pusieron al frente de la lucha armada y se volvieron el centro de atención de la campaña contrainsurgente del ejército.

En ese momento, Argentina era ingobernable para alguien como Isabelita Perón, con tan poca experiencia y tan maleable a la influencia de consejeros cuasi místicos.

---

carpa a dormir. Mientras estaba allí, fue descubierto por una mujer que había estado calentando leche azucarada para los hombres del campamento. Ella no sabía que Lavalle había sido invitado y, confundida de encontrarse con el enemigo, salió corriendo en busca de soldados. Fue en ese momento cuando se produjo la llegada de Rosas y, en medio de la confusión, la mujer se olvidó de que había puesto leche azucarada a calentar. Cuando finalmente regresó, encontró que la leche se había solidificado en una sustanciosa pasta marrón: el dulce de leche.

34

De héroes y gallinas

*M*e encontré con Norberto *Beto* Alonso en un café cerca del Monumental, lo que visto posteriormente no parece haber sido buena idea. Es uno de los jugadores más icónicos de River Plate, un 10 clásico. Por ende, nuestra entrevista se vio interrumpida frecuentemente por fans que querían darle la mano o charlar. Alonso tenía sesenta años cuando nos encontramos, delgado y alegre, con sus grandes ojos aún parpadeando con esa mezcla de intensidad e insolencia que brillaban debajo de una melena oscura. Hoy su cabello está corto y plateado, y tiene la apariencia del ejecutivo de seguros en que se convirtió cuando sus días de deportista terminaron.

Alonso, como la tradición argentina dicta que debe hacer todo 10, aprendió a jugar en los solares. «Yo crecí en Los Polvorines [un suburbio pobre de Buenos Aires]. Había tres casas y el resto eran potreros. Jugábamos por plata, por cosas, por el gusto de jugar, pero aprendí mucho en ese periodo.» Pronto se desarrolló como un creador, con su estilo erguido, con la cabeza siempre levantada, pareciendo más alto que su metro setenta y ocho.

El número 10 es un imán para las masas, para aquellos que vienen de los potreros; aunque no haya números ahí, especialmente un 10 zurdo. Mi padre solía decir: «Mira qué llamativos y cuánto virtuosismo tienen los zurdos». Y tenía razón, en parte porque los diestros siempre eran mayoría, y en parte porque los zurdos son más elegantes. Tienen un atractivo distinto, siempre pueden sacar algo de la galera. Yo no era zurdo, pero mi viejo me hizo zurdo. Me quedaba parado con el pie derecho y le pegaba de volea con la zurda a una pelota que él me tiraba.

A los nueve años, Alonso entró en la escuela de River Plate, pero ahí siempre usó el 11. Admiraba a Ermindo Onega, quien jugó doscientos veintidós partidos en River entre 1957 y 1968, y fue el eje creativo del equipo argentino en el Mundial de 1966.[88] «Nació en la institución —dijo Alonso—. Era muy talentoso, pero quizá desafortunado: jugó en ese tiempo en que River no pudo ganar ni un título.»

Cuando Renato Cesarini se fue de River en 1944 fue reemplazado por José María Minella, que tenía treinta y cinco años y acababa de terminar su carrera como jugador después de dos temporadas en Uruguay con Peñarol y otra en Chile con Green Cross. Minella se había formado con Hirschl y Cesarini, y bajo su dirección se confirmó tanto su filosofía como la del club. A partir de entonces no hubo más debate: el estilo de River era ofensivo y de fluidez hacia delante. «Nunca me gustó improvisar —dijo Minella—. River tenía un plan táctico, un estilo, y ese estilo era bueno, por eso ganamos tantos partidos y títulos. Entonces ¿por qué debería cambiarlo?»

Después de ganar el título de 1947 hubo una leve decaída. River terminó segundo en 1948 y 1949; después, cuando el éxodo a Colombia los golpeó duramente, terminaron cuartos en 1950 y terceros en 1951, aunque a solamente un punto de la cima de la tabla. En 1952, sin embargo, River estaba de vuelta. En el curso de seis años ganaron el título cinco veces. Para la selección argentina en 1958 convocaron a trece jugadores de River: incluso sus reservas eran internacionales.

Sin embargo, en 1957 todo empezó a salir mal. Primero vendieron a Sívori a la Juventus, y esos fondos se usaron para extender las plateas en el Monumental. Y, entonces, el día de Navidad

88. Continuó jugando para Peñarol, Vélez Sarsfield y el equipo chileno La Serena. Murió en un accidente automovilístico a los treinta y nueve años.

de 1958, se tomó la decisión de no renovar el contrato de Labruna. River empezó a ser perseguido por la desgracia, que parecía traducirse en una falta de autoconfianza. Se empezó a decir que siempre «les faltaban cinco para el peso». Fueron dieciocho años dolorosos antes de que ganaran otro título.

Esa larga sequía los castigó en los tiempos en que Alonso estaba en las categorías inferiores de River. No fue siquiera decadencia, sino tan solo la imposibilidad de ganar: durante la sequía, River terminó subcampeón once veces.[89] La Máquina había sido conocida como «los Caballeros de la Angustia» por la manera en que desperdiciaban posiciones prometedoras y nunca aprovechaban plenamente su capacidad; pero esto era mucho peor, una secuencia de mala suerte y autodestrucción casi incomprensible. La semana en que desaprovecharon una ventaja de 2-0 en un desempate para la Libertadores de 1966 perdiendo 4-2 ante Peñarol, los hinchas de Banfield tiraron un pollo al campo de juego para burlarse. La imagen perduró y los de River se convirtieron en «las gallinas».

Fallar por poco se volvió lo habitual. En los dieciocho años de su sequía de trofeos, River ganó más puntos (788) y anotó más goles (1112) que cualquier otro equipo y tuvo la segunda mejor defensa (685 goles recibidos). Boca, San Lorenzo e Independiente tuvieron peores resultados, pero ganaron cinco títulos cada uno. River, sin embargo, permaneció fiel a las viejas formas, todavía tratando de estar a la altura de los ideales de la Máquina, incluso después de que el resto del país se hubiese adaptado a partir de Helsingborg. Según Alonso, él tuvo suerte. Aunque debutó en primera a los diecisiete años, en 1970, no fue hasta 1972 cuando se convirtió en titular de primera, por lo que sufrió solo tres años de la sequía. En esa temporada, marcó el gol que lo elevó por primera vez al panteón de River, usando el truco con el que Pelé había fallado por muy poco contra Uruguay en la Copa del Mundo dos años antes: amagando para que la pelota pasara a un lado del portero (en este caso, el de Independiente: Pepe Santoro) mientras él se iba por el otro. A Pelé

---

89. Cinco veces en los siete años anteriores a la división del campeonato en Metropolitano y Nacional en 1967, y seis veces después.

el remate le salió muy abierto, pero Alonso empujó la pelota en un arco vacío. El vídeo del gol parece no existir, aunque sí hay imágenes de los otros goles de ese partido: es uno de un grupo de «goles fantasma» de los años setenta cuya desaparición llevó a *El Gráfico* a iniciar una investigación en 2013. Parece que la mayoría fueron cortados de las cintas originales para ser usados en otros programas, muy probablemente boletines de noticias.

Roberto Perfumo, entonces con treinta y dos años, llegó de Cruzeiro a principios de 1975 para formar una fina dupla defensiva con el capitán Daniel Passarella. Líder natural cuyo papel desafiaba las descripciones convencionales, Passarella era un zaguero central y un tipo duro, pero medía solamente 1,73. Eso sí: se adelantaba desde su línea defensiva hasta mitad del campo y más allá. Era un consumado lanzador de penaltis y fue el mayor defensa goleador de todos los tiempos hasta que el holandés Ronald Koeman superó su récord. Su carrera de dieciocho años empezó en Sarmiento y participó en más de doscientos cincuenta partidos para River Plate, con los que ganó seis títulos del torneo local, repartidos antes y después de una temporada en Italia. Siempre mantuvo la misma cuidada raya al lado, un aspecto que parece reflejar su espíritu de disciplina y orden.

Ubaldo Fillol había llegado el año anterior, mientras que los centrocampistas Juan José *JJ* López y Reinaldo *Mostaza* Merlo[90] tenían ambos veinticuatro años y estaban en su mejor momento. Tal vez la incorporación más significativa haya sido el nombramiento de Ángel Labruna es su tercera temporada como entrenador. Le dio a Alonso la camiseta número 10 que tanto había anhelado y promovió el sentido de la continuidad, convenciendo a los jugadores de que los valores de la Máquina todavía tenían un sentido. Como «símbolo del club», Alonso recuerda que Labruna «conocía el estilo de River»:

> Fue un proceso, un proceso que nunca se abandonó […] Trajo a los jugadores que podían dar el apoyo extra que los jugadores de la Academia necesitaban para formar ese gran equipo. Jugábamos con responsabilidad, pero el objetivo siempre fue divertirse. Este es un

90. Llamado así por el color amarillo brillante («color mostaza») de su pelo.

juego, siempre lo ha sido, y mi creencia era que, si no nos divertimos en la cancha, no podíamos hacer que la gente en la tribuna lo disfrutara. Y eso era importante para nosotros y para el estilo de River. Nunca fuimos como Boca: los estilos eran completamente diferentes. La misma victoria en el Monumental y en la Bombonera podía tomarse de manera diferente. El fútbol de Boca se basaba en la fuerza y el derribo; el nuestro, en el juego y los pases. Algunas victorias que fueron aplaudidas en la Bombonera habrían sido silbadas en el Monumental.

Nunca hice caso a lo que me decían los técnicos, siempre hice lo que quise en la cancha, porque si yo no me divertía nunca habría tenido la posibilidad de hacer sonreír a la gente con mi fútbol. Solo una vez Osvaldo Diez [que dirigió brevemente el club en 1972] empezó a hablarme de flechas y de cómo debía marcar al 5 y correr para encerrarlo. Y en ese partido de entrenamiento, me sentí tan desolado, tan triste, que no pude tocar la pelota. Me dio vergüenza. Así que me fui a casa y le dije que buscara otro jugador más adecuado para ese rol.

Después de empatar el primer partido de la temporada del Metropolitano 0-0 con Estudiantes, River ganó sus siguientes nueve, tomando una ventaja que parecía que nunca iba a abandonar, hasta sufrir un traspié hacia el final de la temporada. Alonso fue suspendido para seis partidos por insultar a un juez de línea. River ganó los dos primeros partidos sin él, pero perdió tres seguidos antes de empatar con Temperley. «Parecía que la historia se repetía —dijo Alonso—, pero, afortunadamente, cuando regresé metí dos goles contra San Lorenzo. Boca perdió con Huracán y estábamos a un paso de ser campeones.»

Todavía necesitaban una victoria contra Argentinos, un partido jugado en Vélez, en la penúltima jornada. Y, de repente, todo se puso mucho más difícil. Agremiados, decididos a negociar un acuerdo colectivo de trabajo y a asegurarse de que anularan la suspensión impuesta a Juan Taverna de Banfield por *doping*,[91] se convocó una huelga. Los partidos continua-

---

91. Taverna fue el primer jugador suspendido en Argentina por *doping*. El segundo, en 1980, fue el gran defensor de Independiente y Boca Pancho Sá, suspendido durante tres meses después de un positivo por efedrina.

ron, pero los equipos solamente podían usar jugadores de sus divisiones sub-18, lo que dio lugar a varios resultados curiosos: Boca venció a All Boys por 7-0, Atlanta venció a Gimnasia por 6-0 y Rosario Central le ganó 10-0 a Racing. El equipo juvenil de River cumplió su objetivo ganando por 1-0 (algunos problemas en la tribuna forzaron a suspender el partido cuando faltaban cuatro minutos). Los dirigentes sindicales se aseguraron de que los jugadores de primera en huelga no pudieran siquiera dar la vuelta olímpica hasta que retomaran el trabajo la semana siguiente.

La coincidencia es cautivadora. Argentina cambió su enfoque después de una humillante derrota en la Copa del Mundo de 1958, guiando los días del antifútbol: River dejó de ganar. Luego, Argentina cambió nuevamente después de un papel humillante en un Mundial y volvió a un estilo más tradicional: River empezó a ganar otra vez. Fue como si hubiesen tenido que esperar a que el fútbol retomara su manera de hacer las cosas para poder levantar una copa de nuevo.

Alonso recordó a Labruna diciendo a sus jugadores: «Si sobrevivimos a esta plaga, el día en que ganemos el torneo vendrán otros títulos como si estuviésemos haciendo chorizos». Y así fue. River ganó el Nacional más tarde en 1975, para conquistar después el Metropolitano en 1977 antes de hacer el doblete Metropolitano y Nacional en 1979.

Sin embargo, fue ese primer título el que vive en la memoria, en parte porque terminó con la sequía y también porque confirmó que los días del antifútbol habían terminado. Alonso recordó la sensación de juego fluido, de esa rica variedad de formas de jugar:

> Una vez que perdés tu estilo es como si renunciaras a tu alma. Nuestra bandera era la bandera de «la Nuestra», la escuela tradicional argentina y de River. El estilo argentino se trata de lo que a la gente le gusta. Y a la gente siempre le gustaron los caños, los sombreritos, los lujos, la gambeta, las asistencias. La discusión siempre va a estar: si tenemos que copiar a Europa o si teníamos que obligar a Europa a copiarnos. Y viene y va en el tiempo. Pero podés jugar bien con ambos estilos, solo necesitás tener a los jugadores y respetarlos.

Si dejás fuera a tu mejor jugador por un estilo táctico, entonces estás empezando con el pie izquierdo.

Podés jugar bien en cualquier estilo, pero solamente podés jugar bien el estilo argentino con «la Nuestra».

Pero incluso después de ganar los dos títulos nacionales, la etiqueta de «gallinas» no se podía sacar de encima tan fácilmente. Llegaron a la final de la Libertadores en 1976. En el partido de desempate, empezaron perdiendo 2-0 contra un Cruzeiro inspirado por Nelinho. Lograron remontar y ponerse 2-2. Pero, en el último minuto, una falta directa de Joãozinho puso el 2-3 definitivo. Parecía que la Libertadores iba a estar siempre fuera de su alcance.

35

La era de los diablos rojos

$\mathcal{F}$rancisco *Pancho* Sá es profesor en el curso de preparador físico que dicta la AFA en el Monumental. Es alto y esbelto, con anteojos de montura metálica y mechones de pelo corto y blanco; habla con tanta tranquilidad que, mientras nos sentamos frente a frente en los pupitres escolares en una de las salas de clase del estadio, no siempre resulta fácil escucharlo por encima de los gritos y los chillidos del partido de fútbol cinco que se está jugando en el vestíbulo. Nació en Las Lomitas, Formosa, una provincia del noreste de Argentina, en la frontera con Paraguay, pero fue siempre hincha de Independiente. Se reunía con sus padres, hermanos y hermanas alrededor de la radio para escuchar los partidos.

En ese momento jugaba en las inferiores de Central Goya. Se sumó al equipo profesionalmente al año siguiente y pasó a jugar en el Huracán de Corrientes, un equipo de la capital de esa provincia. Con veintitrés años logró el salto de mudarse a Buenos Aires, pero en dos temporadas en River Plate participó en solo dos partidos. A los veinticinco, jugando para Independiente, comenzó el despegue de su carrera. Cuando se retiró, en 1982, Sá se había convertido en el jugador más exitoso de la historia de la Copa Libertadores. El equipo al que se había sumado Sá, preparado por el gran exjugador de Racing, Pedro Dellacha, había ganado el torneo Metropolitano la temporada anterior. Miguel Ángel Santoro, que había jugado de portero en los dos primeros triunfos en la Libertadores, estaba alcanzando su plenitud a los veintiocho años, mientras que el juego creativo del equipo estaba basado en la elegancia curtida de José Omar, *el Pato*, Pastoriza[92].

Retuvieron el Metropolitano. Dellacha fue reemplazado por su excompañero de cuarto Humberto Maschio, quien había estado trabajando en el club como *coach* de acondicionamiento físico. Tuvo la suerte de recibir como herencia no solo un equipo ganador, sino que, por añadidura, ingresó un grupo de jugadores talentosos y jóvenes: el principal era Ricardo Bochini. Bochini, quien a pesar de haber sido descrito por el periodista Hugo Asch como «un enano, desgarbado, imperturbable, sin tiros o cabezazos potentes y sin carisma», se convertiría en el jugador más popular de la historia del club. De hecho, su obvia falta de complexión atlética o cualidades estelares incrementaban su atractivo: en su abierta cotidianidad, encarnaba el genio imaginativo del fútbol argentino, el pibe de la calle que llega a buen puerto no por ventaja alguna de crianza o física, sino por su habilidad técnica sin preparación especial.

«Le di a Bochini su primera aparición —contaba Maschio—. Jugó treinta minutos y fue maravilloso. Si lo ponía en el banquillo, el público me silbaba. La gente lo amaba porque lo conocía del tercer equipo y de los reservas. Todos los número 9 eran goleadores de primera con él.»

A Bochini no le gustaban mucho las entrevistas, pero, tras muchas idas y vueltas, finalmente acordó reunirse conmigo en mi última noche en Buenos Aires. Me dijo que lo esperara en una esquina en particular de Palermo a las 9.30, pero eran las 9.50 y no había llegado. Lo llamé, pero no hubo respuesta. Estaba a punto de darme por vencido cuando, justo antes de las diez, me llamó y me dio una dirección a un par de manzanas. Dos minutos más tarde, me abrió la puerta y me encontré en el apartamento de la leyenda más grande de Independiente, el hombre idolatrado por Diego Maradona. Y sin embargo, Bochini, a pesar de vivir en uno de los barrios más caros de

92. Pastoriza, el jugador al que Rattin había pegado en la gira de Italia de 1966, era una leyenda tan grande que el club, tras su muerte por problemas cardiacos, en 2004, hizo que su nombre fuera bordado en la camiseta del equipo bajo el logo de Umbro, pues el delantero Jairo Castillo seguía recibiendo amonestaciones al festejar goles por sacarse la camiseta y mostrar otra que le rendía homenaje.

Buenos Aires, tenía un piso sorprendentemente común para alguien tan célebre.

La puerta de entrada daba a una habitación principal escasamente ornamentada: en un rincón había un sofá pequeño y dos sillas amontonadas alrededor de un televisor sintonizando en un partido de la Copa Sudamericana; en el otro rincón, había una mesa de comedor con tareas escolares a medio hacer. Bochini, que ahora tiene la parte superior de la cabeza totalmente calva, se sentó torpemente en el sofá, empequeñecido por la chaqueta informal y acolchada que tuvo puesta durante toda la entrevista. En la mano derecha apretujaba las llaves del coche, como si en cualquier momento fuese a decidir que ya era suficiente y fuera a marcharse.

Durante toda la entrevista habló en un tono seco y monótono: no se mostró impaciente exactamente, ni tampoco descortés. Y estaba claro que pensaba las respuestas con mucho cuidado, pero su alivio se manifestó claramente cuando, después de unos cuarenta y cinco minutos, decidí que ya era inútil intentar sacarle más cosas. Pienso que Bochini era extremadamente tímido; su incomodidad era difícil de creer en alguien que había sido tan maravillosamente instintivo como jugador.

Bochini nació en Zárate, a noventa kilómetros de Buenos Aires, en la orilla oeste del río Paraná. Fue en 1954. Demostró su talento a edad temprana jugando para Belgrano en su ciudad natal. A los quince años, su padre lo llevó a probarse en San Lorenzo y en Boca Juniors. Ninguno de los dos le dio mucho aliento, así que volvió a probar, esta vez en la academia de Independiente. «Nito Veiga[93] era el entrenador a cargo», dijo. «Me vio en acción, pensó que tenía cualidades y luego me promovió a las reservas, para un partido que aún recuerdo. Independiente *versus* San Martín de Tucumán, disputado en el estadio de Racing, porque Independiente estaba arreglando su cancha. Así que puedo decir que jugué con la camiseta de Independiente por primera vez en el estadio de Racing.»

---

93. Veiga era un destacado entrenador de categorías inferiores que había jugado en Independiente cuando ganó el campeonato de 1948 durante la huelga de jugadores.

Al año siguiente, Belgrano de Zárate lo cedió para jugar en el equipo reserva de la séptima división del fútbol argentino. Bochini siguió viviendo en Zárate, lo que significaba que todos los martes y jueves debía realizar el largo viaje hacia el sur para los entrenamientos, y los sábados, sumarse al equipo para disputar los partidos. «Tenía que salir a las seis de la mañana —dijo—. Primero tenía que tomar un colectivo en la esquina de mi casa, luego bajar y tomar otro colectivo hasta la estación de tren de Zárate. Después tenía que tomar el tren a Constitución, y desde allí otro colectivo hasta Avellaneda. Me llevaba cuatro o cinco horas llegar hasta el campo de entrenamiento de Independiente. Llegaba alrededor del mediodía, luego entrenábamos a las dos o a las tres de la tarde, y luego volvía a casa, otras cuatro o cinco horas. Perdía todo el día. Por suerte, era solo dos veces por semana, porque (de otro modo) no habría podido resistir toda la semana.»

No obstante, viajar se le hacía tan arduo que Bochini consideró la posibilidad de abandonar: «Crecí en una familia humilde. No teníamos mucha plata, y tomar todos esos colectivos y trenes, además de comer, costaba mucho. Y el club no pagaba los gastos, así que un día decidí no viajar más tanto tiempo y me quedé en Zárate durante unos dos meses. Pero entonces me convencieron, me dijeron que estaban interesados en mí y que tenía futuro, y comencé a entrenar nuevamente. Al año siguiente me compraron, así que me mudé a la pensión para chicos del interior que tenía el club. Vivíamos allí. Los viajes largos se habían terminado».

Como campeones de la Libertadores, Independiente accedió a las semifinales de 1973; nuevamente se encontró con que necesitaba ganar para avanzar. Esta vez el rival era San Lorenzo, al que derrotaron con un solitario gol de Miguel Ángel Giachello. En la final, se encontraron con Colo-Colo. Un gol en contra les dio a los chilenos una ventaja en el minuto setenta y uno del partido disputado en Avellaneda, pero cuatro minutos más tarde el extremo zurdo Mario Mendoza igualó el marcador. Resultado final: 1-1.

El partido de vuelta se jugó en una atmósfera caldeada como nunca, según recuerda Sá: «Chile estaba pasando por un momento político muy tormentoso —dijo—. El presidente Allende estaba muy debilitado y pocas semanas más tarde fue depuesto. La atmósfera era sorprendentemente hostil, desde el momento que bajamos del avión, al hotel, al estadio, todo. Arrojaron botellas al colectivo y nos hicieron viajar kilómetros alrededor de la ciudad para llegar al estadio, que era un modo de ponernos nerviosos. Se cortó la luz en el vestuario y el túnel: era muy estilo Libertadores realmente. Años más tarde, me topé con (Romualdo) Arppi Filho,[94], el árbitro de esa final, y le pregunté cuál había sido el encuentro más difícil en el que había participado. Y me dijo, precisamente, que había sido el partido de Colo-Colo contra Independiente».

El ambiente pudo ser hostil, pero Independiente resistió hasta llegar a un empate sin goles.

Eso conllevaba un partido de desempate, que se celebró en el Centenario de Montevideo. Mendoza puso por delante a Independiente, pero, seis minutos antes del descanso, Carlos Caszely, el mayor goleador de la competición esa temporada, logró igualar. El partido fue al tiempo suplementario. Entonces, dos minutos después del descanso, Giachello batió al portero de Colo-Colo, Adolfo Nef. Era el gol de la victoria.

Maschio se fue después de ese éxito. Lo reemplazó Roberto Ferreira, que había sido defensa en el equipo de Independiente que ganó las dos Libertadores en la década de los sesenta. Duraría en su puesto solo un año, antes que volviera Dellacha. La rápida sucesión de directores técnicos no hizo mella en el dominio continental de Independiente y conllevó menos diferencias en el estilo de juego que el surgimiento de Bochini y la llegada, desde Quilmes, del jugador con quien su nombre quedaría asociado para siempre: Daniel Bertoni, un extremo incisivo, rápido y directo. «Eran dos hombres clave que enriquecieron toda esa dureza que siempre tuvimos como equipo —dijo Sá—. Bochini era un jugador extraordinario, y Bertoni era un puntero asombroso. Son pocos los que lo reconocen, pero era rápido, fuerte, podía patear con ambas piernas, rebo-

94. El brasileño era un árbitro muy respetado que dirigió la final de la Copa del Mundo de 1986.

taba, y metió muchos goles decisivos. Y Bochini, al igual que Iniesta, era una clase de jugador talentoso e inteligente.»

Bochini se convirtió en maestro del fenómeno más venerado del fútbol argentino, «la pausa»: el momento en el que un número 10, preparado para dar un pase, se retrasa por un instante, esperando que el jugador que ha de recibir alcance la posición idónea.[95] La explicación que da Bochini acerca de esa habilidad sugiere una extraordinaria inteligencia futbolística, la capacidad de visualizar y predecir el comportamiento de otros. Algo que recuerda la afirmación del biólogo evolucionista Stephen J. Gould respecto de que la mayoría de los deportistas tienen la capacidad de hacer cálculos rápidos que haría que se les considerase genios en cualquier otro campo. En palabras de Bochini:

> Según lo veo yo, existen dos tipos de pausa, o dos maneras de hacer la pausa: con la pelota yendo lentamente o a gran velocidad. A veces uno tiene que ir rápido, llevando la pelota con uno, para esperar que otro jugador entre en posición. Sucedió, por ejemplo, en un partido contra Olimpia (en la fase de grupos de la Libertadores en 1984), [Alejandro] Barberón me pasó la pelota y comenzó a correr, y yo tuve que ir rápido con la pelota, pero también lo estaba esperando a él. Si me hubiese quedado en mi posición, sin moverme, no habría sido posible asistirlo adecuadamente, por eso tuve que correr, con la pelota pero consciente de que estaba esperando que él entrara en la mejor posición para pasarle la pelota de vuelta. Lo hice, él la cruzó y goleamos. Y en otra oportunidad, contra Grêmio en Porto Alegre (en el partido de ida de la final de la Libertadores en 1984), yo tenía la pelota en el pie, pero tuve que esperar, porque estaban bien plantados y casi no había espacio, así que tuve que defender la pelota contra un marcador, sabiendo que tenía que esperar a (Jorge) Burruchaga, que ya había empezado a correr, para romper las líneas. Estábamos cerca del área, así que no había mucho espacio y el pase tenía que ser muy preciso. Esperé, y entonces le di el pase y convertimos.

---

95. Es una habilidad en la que destacó Juan Román Riquelme, pero el ejemplo más famoso, lamentablemente para los argentinos, es probablemente el de un brasileño, Pelé, esperando la incorporación de Carlos Alberto antes de lanzarle la pelota para ejecutar el cuarto gol de Brasil en la final de la Copa del Mundo de 1970.

Esta es la explicación tradicional de la pausa: esperar que un compañero de equipo retenga la pelota. La primera, la pausa en la velocidad, es una revelación total, nadie sabe acerca de ella [emitió una risita sofocada, breve y algo irritante] y casi nadie la ha hecho. Si me hubiese quedado en el mediocampo, él habría estado a treinta metros de distancia e incluso si se las hubiera arreglado para controlar la pelota, nadie habría estado en el área para llegar al final de su centro y golear, así que tuve que correr rápido, pero al mismo tiempo esperar, porque estábamos en el mediocampo y, por lo tanto, con mucho espacio, pero con muchos metros que cubrir.

Bochini cree que la capacidad de entender el movimiento de un modo tan clínico es innata.

Nada de esto es algo que se pueda enseñar. Creo que llega en el momento, depende de la inspiración de los jugadores. Tenés que saber cómo hacer la pausa, y otro tiene que saber que mientras el compañero de equipo está haciendo la pausa, también está observando quién va a hacer el movimiento propicio para sorprender a la oposición. La pausa sin un equipo que colabore es solo retener la pelota, tal vez, hasta que te hacen un *foul* y perdés tiempo, si necesitás perder tiempo.

Es importante contar con jugadores capaces de ajustarse a tu propósito. Si no tenés jugadores veloces, como Barberón o Burruchaga, a quienes les gusta hacer corridas verticales, entonces la pausa es inútil. Pero la técnica debe ser practicada. Yo tuve mi dosis en los potreros, pero durante los partidos (creo más en los partidos que en los entrenamientos) la técnica puede mejorar porque te enfrentás con las situaciones reales del encuentro, y tenés que resolverlas lo más rápido posible y, por lo tanto, cuanta más precisión tenés en el pie, mejor para el equipo.

La relación entre Bochini y Bertoni era devastadora, una asociación que requería muy poco trabajo. «Con Bertoni nos entendimos desde el primer momento que jugamos juntos, y no necesitábamos hablar acerca de eso —dijo Bochini—. Era natural, sencillamente; realmente era como si hubiésemos jugado juntos toda la vida, basados en nuestros atributos personales: yo era rápido y hábil; él era potente y bueno para los pases de uno a otro, lo que en Argentina llamamos pared».

Eso tuvo un impacto en el modo de jugar del equipo. «Con el surgimiento de Bochini-Bertoni, la forma del equipo cambió un poco, no mucho, pero cambió —dijo Sá—. Tratamos de mantener el esquema táctico: mucho trabajo de los muchachos en el frente, para mantener el equilibrio y nunca ser débiles. Y siempre contábamos con un cerebro. Primero fue Pastoriza. Todo el equipo buscaba obtener la pelota para Pastoriza. Y después Bochini tomó su lugar como el cerebro. Era el chico creativo, el que hacía la diferencia, y nosotros éramos su apoyo.»

Si hubiese habido alguna duda con respecto a la calidad de Bochini, desapareció en la final de la Copa Intercontinental de esa temporada. En 1972, Independiente se había enfrentado al gran Ajax de Stefan Kovács. Empataron 1-1 en Avellaneda, antes de ser tremendamente superados en Ámsterdam, donde un gol de Johan Neeskens y dos del recién entrado Johnny Rep dieron a los holandeses la victoria: 3-0. En 1973, sin embargo, el Ajax decidió no participar. Europa fue representada por el subcampeón de Europa: la Juventus. Se disputó un único partido; en este caso, en el Olímpico de Roma.

«La reacción natural —admitió Bochini— era dudar de si íbamos a ser capaces de presentar nuestro juego contra uno de los equipos más fuertes de Europa, pero en el campo notamos muy pronto que éramos iguales, que podíamos gambetear contra ellos, que éramos tan rápidos como ellos, o más, incluso.» Antonello Cuccureddu, de la Juve, lanzó un penalti sobre el travesaño apenas comenzado el segundo tiempo. Diez minutos antes del final, llegó el gol que por primera vez transformó a Bochini (y a Bochini-Bertoni) en la leyenda de Independiente. Bertoni apareció desde el medio y lanzó un pase a Bochini con la parte exterior de la bota derecha. A unos treinta y dos metros fuera y con poco espacio, Bochini recibió el balón sobre el pie izquierdo, girando mientras lo hacía y desviándose hacia la izquierda, al tiempo que Claudio Gentile cerraba el espacio. De repente se abrió un hueco y aceleró hacia él. Bertoni, que había corrido más lejos que él, se abrió paso en el centro mientras Sandro Salvadore salía a bloquear a Bochini. Este hizo la pared con Bertoni, entró en el área y, justo cuando el balón parecía haberse quedado bajo los pies de Bochini y cuando Salvatore y Silvio Longocucco le encimaban, el argentino elevó el balón por encima de Dino Zoff. Fue el único gol del partido: Independiente se había convertido en el tercer equipo argentino en ganar la Intercontinental.

Fue un tanto que adquirió categoría mítica cuando la cinta de la transmisión argentina se perdió. Los hinchas comenzaron a llamarlo «el gol invisible» hasta que, en 2009, el grupo de hinchas Independiente Místico tuvo la brillante idea de ir a Italia y pedirle una copia a la RAI, la televisión italiana. Incluso sin ese misterio, fue el gol que hizo a Independiente una potencia mundial y consolidó a Bochini como una verdadera estrella.

Bochini también desempeñó un papel clave en la final de la Libertadores contra São Paulo al año siguiente: convirtió el primer gol de Independiente, que ganó 2-0 y forzó el desempate. En ese partido hubo dos penaltis. Primero, ocho minutos antes del descanso, Pablo Forlán[96] hizo penalti. Ricardo Pavoni, compañero en Uruguay de Forlán, y veterano de la final de la Libertadores de 1965 marcó el primer gol.

El lateral izquierdo aun luce un bigote impresionante, pero hoy lo tiene ligeramente entrecano, lo cual sugiere experiencia y autoridad; pero en esos años era completamente negro y le colgaba hasta la línea del mentón, lo que le daba el aspecto de un sombrío baladista. «Lo iba a patear, porque yo era el que tenía esa responsabilidad, y obviamente, como estaba caminando hacia el arco, empezaba a lucir más pequeño —dijo Pavoni—. Porque también tené en cuenta que estás por patear el penalti y los hinchas están gritando, "uruguayo, uruguayo…", pero ese "uruguayo, uruguayo…" también significa: Convertí. No podés perderlo». Chutó con fuerza y al centro de la portería, mientras el guardameta Waldir Peres se lanzaba hacia la izquierda. Luego, en el segundo tiempo, Carlos Gay salvó una jugada de Zé Carlos. Independiente obtuvo un tercer título de la Libertadores. «Esa victoria abrió la posibilidad de una cuarta y consecutiva Liberta-

---

96. El padre de Diego Forlán. El suegro de Pablo, abuelo de Diego, Juan Carlos Corazzo, también fue un jugador internacional de Uruguay: las tres generaciones jugaron en equipos que ganaron la Copa América.

dores —dijo Sá—. Era algo enorme, porque ningún otro equipo había ganado cuatro sucesivamente.»

Su principal obstáculo poco tuvo que ver con lo que pasaba en el campo, sino con el hecho de que Bochini, ese año, fue obligado a cumplir el servicio militar. «No fue tan malo —dijo—. Durante los primeros dos meses, asistía [a la base del ejército] casi todas las veces que tenía que estar allí, pero también me permitían salir antes, jugar los partidos, hasta que terminé yendo una vez cada quince días. Mi oficial supervisor era hincha de Racing, pero nunca tuvimos una discusión ni nada por el estilo, y con el tiempo nos hicimos amigos, cenábamos juntos. Solamente una vez recuerdo que el entrenamiento militar fue tan duro que volví a casa exhausto. Esa noche tenía que jugar para Independiente y no podía moverme. Realmente sentía los músculos como troncos.»

Tenían que vencer a Cruzeiro por una diferencia de 3-0 en el partido decisivo del grupo para llegar a la final. Y lo hicieron, gracias en parte a un gol olímpico de Bertoni. En la final, vencieron en el desempate a Unión Española. Independiente obtuvo un récord, su cuarto campeonato sucesivo, el sexto de su historia.

El éxito continental de Independiente era parte de un patrón mayor. Entre 1968 y 1980 no hubo finales de la Libertadores en las que no participase un equipo argentino. Por dominante que fuera Argentina en la competición de clubes, a la selección nacional, sin embargo, le llevó mucho tiempo recuperarse del *shock* que supuso el fracaso de no clasificarse para el Mundial de 1970. Omar Sívori reemplazó a Juan José Pizzuti como director técnico de la selección en 1972. Decidido a corregir lo que había salido mal en las clasificatorias de cuatro años atrás, él y la AFA implementaron el plan que Maschio había propuesto para superar la altitud del partido en Bolivia. Eligieron un segundo equipo que incluía a Mario Kempes y a Ricardo Bochini. Lo enviaron a Tilcara, en la provincia norteña de Jujuy, a 2.400 metros sobre el nivel del mar, para aclimatarse y realizar entrenamientos especiales.

Se los conocía como la «selección fantasma». Los que la integraban sentían que se habían olvidado de ellos. Kempes, posteriormente, se quejó de la calidad del hotel y explicó que el presupuesto era tan poco que tuvieron que incrementar el número de amistosos de dos a siete, simplemente para contar con dinero suficiente para comprar comida en el supermercado local.

Incluso estimó que había perdido «ocho o nueve kilos». Sin embargo, el plan funcionó. Tras derrotar a Bolivia 4-0 en Buenos Aires y empatar como visitantes contra Paraguay, Argentina ganó 1-0 en La Paz. Completaron la ronda clasificatoria derrotando a los paraguayos por 3-1.

Clasificarse era una cosa, pero prosperar en la fase final de un Mundial era otra. A pesar de toda la charla elocuente pero poco sincera sobre cómo habían sido campeones morales en 1966, el hecho era que la mejor actuación de Argentina en una Copa del Mundo había sido en la primera, en 1930, cuando perdieron la final contra Uruguay. Dadas las quejas de ocho años atrás, había algo pícaro en el nombramiento de un árbitro británico para el retorno de Argentina a la Copa del Mundo de 1974, contra Polonia en Stuttgart (además, no se trataba de cualquier árbitro, sino de Clive Thomas, un galés cuya particular interpretación de las reglas aseguraban que él y la controversia nunca estuvieran lejos demasiado tiempo). Thomas, sin embargo, tuvo poco que ver con la derrota 3-2 de Argentina. La albiceleste comenzó con un juego deprimente: el portero, Daniel Carnevali, concedió un córner para que Grzegorz Lato pusiese a Polonia por delante a los siete minutos. Una entrega horrible de Roberto Perfumo permitió a Lato pasarle el balón a Andrzej Szarmach para que pusiera el 2-0 antes del descanso. El delantero centro disparó al poste tras otro error defensivo al comienzo del segundo tiempo. Aunque Ramón Heredia acortó distancias con un excelente remate, un fallo terrible de Carnevali pronto le permitió a Lato poner el 3-1. René Houseman logró anotar el 3-2. La actitud autodestructiva de Argentina había sido demasiado.

También en el segundo partido, contra Italia, se socavaron a sí mismos. Argentina tomó la delantera después de veinte minutos. Tras recibir un pase largo de Carlos Babington, Houseman anotó de volea. Pero quince minutos más tarde, Perfumo, al intentar despejar un cabezazo de Benetti, concedió un autogol. Argentina, que había jugado mejor hasta ese momento, perdió confianza y el partido acabó en empate. Eso significaba que, para alcanzar la segunda fase, debían derrotar a Haití y esperar a que Italia perdiese ante Polonia, con una diferencia de tres goles por lo menos. Hicieron su parte al ganar 4-1. Luego observaron ansiosamente cómo le negaban a Italia un penalti claro, cuando Antoni Szymanowski atropelló dentro del área a Pietro Anastasi. Los italianos perdieron 2-1 y Argentina siguió adelante.

En la segunda fase, le esperaba un grupo con Holanda, Brasil y Alemania Oriental. No era para echar las campanas al vuelo. El partido contra Polonia daba una pista de cuánto se había quedado Argentina por detrás de los mejores de Europa, pero los holandeses se encargaron de que la lección quedase bien clara. Holanda estuvo brillante en ese torneo, pero tal vez nunca tanto como cuando se enfrentó a Argentina. Allí donde los holandeses eran imaginativos, llenos de gracia e impecables, Argentina era pesada, predecible y lenta. El encuentro terminó 4-0. Y lo cierto es que, si los holandeses hubiesen querido, podrían haber marcado el doble de goles.

Enfrentarse a Brasil, los campeones del mundo, en el siguiente partido fue casi un alivio para Argentina. Brasil ni siquiera se aproximaba al equipo que había sido en México, pero logró eliminar a Argentina: 2-1. Al día siguiente, Perón falleció: el partido final de Argentina, un empate 1-1 contra Alemania Oriental, ni siquiera fue transmitido por televisión.

A pesar del talento de Houseman y Babington, el equipo no había despegado. Pero de todos modos, el torneo tuvo un efecto profundo. Como dijo Sá: «Creo que fue muy beneficioso para el fútbol argentino. En ese momento, teníamos una buena cosecha de jugadores, con buena técnica, pero pienso que nuestro problema era de tipo físico. Simplemente, esperábamos ganar por la técnica, por conservar la pelota o controlar las acciones del partido con la pelota. Y los otros equipos nos hicieron sentir la brecha que existía en cuanto a estado físico: sufrimos, especialmente al jugar contra Holanda».

36

Lorenzo y la realización de Boca

*D*espués del éxito de las cuatro Libertadores, Sá fue uno de los jugadores que recibió la carta de libertad para dejar Independiente a fines de 1975. Al comienzo, su intención era ir a Colombia, pero antes de partir recibió una llamada telefónica de Juan Carlos Lorenzo, el técnico de Boca: «Antes de irte, por favor, hablá con el presidente, don Alberto J. Armando. Te estará esperando». Sá así lo hizo y, aunque no llegaron a un acuerdo, Armando lo arregló para que un fotógrafo les tomara una instantánea dándose la mano. «Pensalo —dijo Armando—. Tenés hasta hoy a la tarde.» Sá decidió que tenía que aceptar la oferta.

Para entonces, se estaba aproximando a los treinta; se pensaba que sus mejores días habían quedado atrás, pero Boca ganó el Metropolitano en su primera temporada, y terminó en el Nacional a tres puntos de distancia de Huracán que, según muchos, estaba jugando mejor fútbol incluso que en 1973. «Había una diferencia muy importante —dijo Larrosa—. Avallay fue lesionado y (Osvaldo) Ardiles entró a jugar como número 9, pero era Ardiles, así que virtualmente era un número 10 jugando en la línea frontal, y nosotros logramos más posesión que en 1973, con Brindisi a la derecha y yo a la izquierda, con (Carlos) Leone como 5. Y ese diamante nos permitió lograr un setenta por ciento de posesión, pero carecíamos del poder de 1973. Pero, en cuanto a estilo, era brillante, incluso más similar al Barcelona de Guardiola.»

Boca entonces recurrió a Newell's para contratar al elegante creador de jugadas Mario Zanabria, que dijo:

[Lorenzo] sabía que yo necesitaba tiempo para acostumbrarme al sistema que él quería, así que cuando llegué me dijo: «Venís a la Libertadores. El campeonato local será tu plataforma de prueba, pero la razón de tu contrato es la Libertadores. El presidente está obsesionado con ella. Boca fue uno de los grandes clubes que contribuyó a crearla y promoverla desde el primer día, pero en Argentina otros clubes, como Racing y Estudiantes, ya la han ganado, mientras que Boca aún no lo ha hecho. Es nuestro ardiente deseo».

Jugué seis meses del Nacional en 1976 para adaptarme. En Newell's estaba acostumbrado a recibir la pelota y a tener tiempo de jugar con ella, tal vez tratando primero de hacer un intento individual, y si no lo lograba, sabía que mis compañeros de equipo venían todos hacia mí, porque jugábamos un estilo de pases cortos y estábamos relativamente cerca uno del otro. En el Boca de Lorenzo, no era así. Cuando el 10 realmente recibía la pelota, los otros jugadores no iban hacia él; al contrario, se alejaban de él, esperando el pase. Así que tuve que aprender a jugar más rápido, para no perder un segundo, porque tuve que aprender a sobrevivir sin mis compañeros de equipo si perdía la pelota. Entonces casi aprendí a jugar sin pensar, porque tomarse un segundo también significaba que tus compañeros de equipo podían terminar en posición de *offside*. Yo solía practicar solo después de los entrenamientos, pidiéndole a alguien que me pasara la pelota y, antes de recibirla, yo ya había decidido hacia donde la dirigiría. Estaba preocupado, y me preguntaba a mí mismo: «¿Cómo diablos es que ya no soy capaz de jugar?». Y los críticos, casi podía escucharles las voces, sabés: «Viene del interior, es un jugador de un club chico, esto es Boca, no todos están destinados a jugar en Boca», y cosas por el estilo. Así que le di duro al entrenamiento hasta que logré entender el sistema. Y me convertí en mejor jugador durante ese proceso, porque era capaz de jugar de ambas maneras: como lo hacía en Newell's, más lento y con más tiempo con la pelota en los pies, y más rápido. Disfrutaba el estilo de Lorenzo: siempre encontraba una posición para mí.

Boca se clasificó para los cuartos de final del Nacional, derrotó a Banfield y luego a Huracán (un partido en el que Zanabria destacó saliendo desde el banquillo) para jugar la final contra River, en un partido disputado en El Cilindro.

«Es el superclásico que más recuerdo —dijo Sá—. Había hordas de gente. Era una de las mejores multitudes que yo había visto, aparte de Independiente que tenía una atmósfera impresionante porque había muy pocos asientos y eran principalmente gradas. Esa clase de atmósfera no era nueva para mí, pero aun así era algo sorprendente.»

Rubén Suñé convirtió el único gol del encuentro, una falta directa libre algo polémica. Mientras Fillol estaba junto a un poste alineando su defensa, Suñé miró al árbitro, Arturo Iturralde, que alzó las manos: un gesto que significaba que estaba de acuerdo en que el centrocampista chutara cuando quisiera. Una fotografía muestra a Iturralde con las manos sobre la cabeza, una manada de jugadores de River sobre el borde del área en el acto de formar la defensa y Suñé, cuyo pie acababa de dar al balón, con el cuerpo en ángulo hacia atrás, mirando cómo la pelota volaba al lado del poste que Fillol no estaba vigilando.

Hay filmaciones de la primera parte del partido y se pueden encontrar muy fácilmente en YouTube, pero no está el gol. Eso provoca una cantidad de teorías de conspiración en cuanto a lo que sucedió con la película. Algunos afirman que los hinchas de River que estaban con los militares destruyeron la grabación, otros dicen que al cámara le distrajo una reyerta y otros más que el film se perdió en un incendio. Suñé mismo, ante una pregunta de *El Gráfico*, como parte de su investigación de 2013 sobre goles fantasma, dijo que no había visto el gol, pero que sabía quién tenía una filmación; luego se negó a revelar más información. La explicación más factible es la misma que se da para el gol fantasma de Beto Alonso: el clip fue cortado de la cinta para ser reutilizado en otro programa.

«Fue la primera vez que la multitud de Boca me hizo emocionar de verdad —dijo Zanabria—. Era increíble, verlos allí, llenando las gradas, cantando todo el tiempo. Media hora después de que sonara el pitido final, seguían allí, cantando y agitando los brazos. Creaban una alucinación; parecía que el estadio se movía, que estaba hecho de goma en lugar de cemento.» Puede que no haya sido una ilusión del todo. La Bombonera está compuesta de una platea baja y de palcos ejecutivos bajo uno de los costados largos, con las otras tres plateas formando una herradura. Cuando toda la multitud canta y salta al mismo tiempo, la estructura se mueve perceptiblemente.

Para Lorenzo, las tácticas y la conciencia del estado físico eran vitales, como recuerda Zanabria.

Le decíamos «Fantasma». «Uy, hoy tenemos al Fantasma», decíamos, porque él desplegaba nuestro equipo titular contra nadie. Ni conos, ni jugadores. Nadie. Once contra nadie. Jugábamos contra fantasmas. Él tomaba la pelota con la mano y hacía todos los movimientos que haría la oposición. «Y cuando llegamos aquí, vos, Zanabria, vas a estar aquí, y tu marcador, González, va a estar allí y va a correr hacia vos, por lo que tenés que cortar por dentro, y vos [señalando a otro jugador], vas a correr libre y recibir la pelota, causando un dos contra uno en esta zona». Ese era Lorenzo. Y la mayoría de las cosas que decía sucedían. Era lo más moderno que existía.

Lo que hacía que Boca fuera de lo más inusual en el contexto de la época era su portero, Hugo Gatti. «Teníamos algo único —dijo Sá—, un líbero detrás del líbero. Ese segundo líbero era Hugo Gatti, *el Loco*, quien siempre estaba dispuesto a dejar el área y jugar con los pies, o aplastar la pelota afuera, si hacía falta.» Gatti y Fillol, Boca y River, llegaron a representar las dos tradiciones diferentes del guardameta argentino: por un lado, el conservador Fillol, que permanecía detrás, prefería quedarse sobre la línea y reaccionar ante los hechos; por otro lado, el extrovertido Gatti, quien proactivamente dejaba el área buscando deshacer los ataques incluso antes de que sucedieran.

«Fillol seguía la escuela argentina tradicional, pero con habilidades más grandes —dijo Hugo Tocalli, que jugó de portero en Quilmes antes de completar una muy exitosa carrera como entrenador—. Yo no lo vi a Carrizo en acción (generalmente considerado el mejor guardavalla argentino antes de la década de los setenta), pero creo que Fillol fue el mejor portero de Argentina, al menos de los que yo llegué a ver. Gatti irrumpió con un estilo completamente diferente. Y por años hubo una cuestión acerca de qué escuela era la mejor. ¡Tan argentino! Como Bilardo y Menotti. Pero la gente inteligente, como Fillol, sabía que tenía que incorporar atributos de Gatti para mejorar, tales como el juego con los pies, porque con Fillol se trataba solo de las manos.»

En ese aspecto, seguramente, Tocalli tiene razón. Hay algo típicamente argentino tanto en la voluntad de teorizar como en la división del mundo en dos campos: fillolistas y gattistas, como si no pudiese existir un punto intermedio entre ellos. Como señalara Enrico Udenio en su obra antropológica *La hipocresía argentina*, hay veces en que Argentina parece una tierra sin zonas grises. «Tenemos dos estilos completamente diferentes —explicó Gatti—. Fillol es un portero de línea de gol, que tiene problemas para salir demasiado lejos. Es todo reflejos, pero yo vivo el juego. Lo juego. Salgo hasta donde puedo para detener el juego. Estoy seguro de que dejo entrar algunos goles, él no lo haría; y muchos de los tiros que yo salvo, él no lo haría. La controversia no tiene sentido; simplemente, cada uno hace lo suyo.»

Ganar el Metropolitano y el Nacional en la misma temporada, y así igualar la hazaña de River del año anterior, fue bueno, pero mucho más importante resultó el camino que abrió para la Libertadores, una competición que había adquirido las proporciones de una conquista para Boca. «La presión era enorme —dijo Sá—, porque Boca, un club gigante, nunca había ganado la Libertadores, mientras que otros clubes, como Independiente, Estudiantes y Racing, sí lo habían hecho.»

Concediendo solamente dos de diez partidos, Boca llegó a su primera final desde 1963, cuando se encontró con los campeones que defendían la copa, Cruzeiro. El hecho de que el equipo que habían derrotado en la final de la temporada anterior era River Plate no pasó desapercibido. Fue entonces cuando los hinchas de Boca entonaron por primera vez el cántico que se volvió famoso: «Vamos a traer la Copa a la Argentina, la Copa que perdieron las gallinas».

Comprensiblemente, el tránsito hacia la final se concentró en Nelinho, el lateral que había destrozado a River el año anterior. «Era un jugador increíble —dijo Zanabria—. Captaba tiros virtualmente desde cualquier posición, incluidos tiros de córner. Así que Lorenzo estaba obsesionado con parar a Nelinho y cómo evitar que pateara tiros. No pudimos hacer *fouls* en la cuarta última parte del campo.»

La eficacia final de Carlos Veglio fue suficiente para darle la victoria a Boca como local, pero, como recuerda Zanabria, Belo Horizonte era algo diferente:

> Nos estaba yendo muy bien, aunque ellos contaban con un demonio, Joãozinho, un delantero extremo izquierdo que jugaba quince veces mejor de local. En el Mineirão realmente te hacían sentir su presencia, y el calor era terrible porque era aún de día.
>
> Yo recibí la pelota, y el brasileño que me estaba marcando sacó la pierna, entonces yo seguí adelante, pero la pelota fue un poco más lejos, y de repente se venía otra, así que estiré la pierna, pero no alcancé la pelota, y en cambio lo derribé. Y después de eso, pensé inmediatamente: «Mierda, estoy cerca del área, Lorenzo me va a matar». Pero cuando miré hacia atrás, el arco parecía estar a kilómetros de distancia, así que sentí alivio. Eran unos veinticinco o treinta metros, de verdad, en la zona preferida de Nelinho, pero, así y todo, parecía lo suficientemente lejos.
>
> Pero, de repente, fue como si todo el estadio estuviese haciendo brujería. Estábamos esperando en la barrera y el técnico vino a la cancha, sacudiendo los brazos. Se agachó, luego vino Nelinho, lo saludó, se abrazaron, los hinchas estaban enloquecidos, cantaban y festejaban, cien mil hinchas flameando las banderas, y nosotros estábamos todavía en la pared, esperando, mirando sin creer lo que estaba sucediendo, y todos nos decíamos: «Está haciendo una macumba,[97] este gordo hijo de puta».
>
> El técnico todavía estaba de rodillas, rezando o algo así, Nelinho gritaba y lo abrazaba. Nosotros teníamos seis hombres en la pared, imaginando el tiro tradicional de Nelinho. Y me pasó de largo, a centímetros de mí, y eso significaba que iba a terminar lejos del poste, pero después de eso la pelota comenzó a desviarse de forma espectacular y terminó en el arco de Gatti. ¡Hijo de puta! La ceremonia completa había llevado cuatro o cinco minutos.

---

97. Zanabria probablemente utilizó el término en su sentido moderno y peyorativo de «acto de brujería», pero inicialmente se empleaba en el siglo XIX para referirse a cualquier religión no abrahámica en Brasil.

Alexander Watson Hutton.

Pancho Varallo.

Guillermo Stábile.

Luis Monti.

Roberto Cerro.

Renato Cesarini.

Antonio Sastre.

Manuel Seoane, el segundo por la derecha en cuclillas, con la selección argentina que conquistó la Copa América en el año 1927.

Bernabé Ferreyra.

Adolfo Pedernera.

Ángel Labruna.

Félix Loustau.

Juan Carlos Muñoz.

José Manuel Moreno.

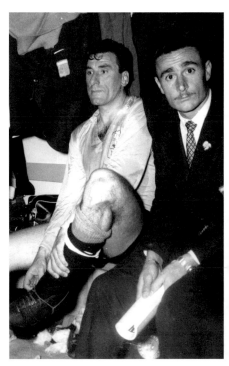

Néstor *Pipo* Rossi con Norberto Boggio.

Amadeo Carrizo.

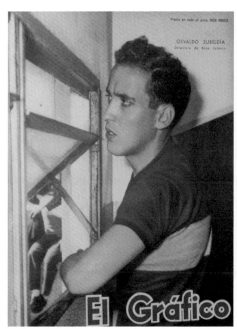

Miguel Rugilo.

Osvaldo Zubeldía.

La selección argentina ganadora de la Copa América de 1957.

Cabezazo de Pedro Dellacha contra Alemania Occidental en uno de los partidos de la Copa del Mundo de 1958, disputada en Suecia. Amadeo Carrizo y José Varacka, a la expectativa.

Omar Orestes Corbatta.

José Sanfilippo.

Silvio Marzolini en Inglaterra 66.

Antonio Rattin.

Carlos Bilardo.

El general Videla y Daniel Passarella con la Copa del Mundo.

Mario Kempes celebra un gol ante Holanda en el Mundial 78.

Ubaldo Fillol.

Ricardo Bochini.

César Luis Menotti.

Raúl Gámez intenta golpear a dos hinchas ingleses durante el Mundial 86.

Diego Maradona con Carlos Bilardo.

Diego Maradona.

Gabriel Batistuta.

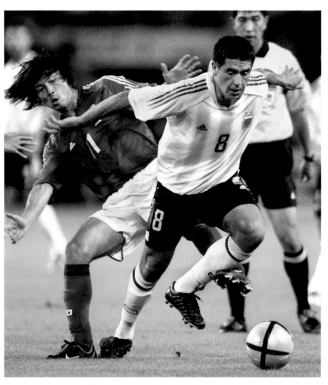

Juan Román Riquelme.

Carlos Bianchi.

Marcelo Bielsa.

Lionel Messi.

Cruzeiro ganó 1-0 y hubo que ir a un desempate en el Centenario.

Lorenzo estaba loco, saltaba de un cuarto a otro, y el único tema de conversación en todas las habitaciones era Nelinho. Nelinho esto, Nelinho aquello. Hubo una tormenta tremenda en Montevideo: tuvimos suerte de poder aterrizar, en realidad. El partido debía ser jugado cuarenta y ocho horas después del de Belo Horizonte, así que viajamos un lunes y teníamos que jugar el martes. Pero llovía tan fuerte que iban a cerrar el aeropuerto, así que finalmente decidieron postergar el partido veinticuatro horas. Lorenzo estaba furioso con todos nosotros: «Estoy harto de esto —decía—. Cualquier paso que doy, oigo hablar sobre Nelinho. Ustedes son finalistas de la Copa Libertadores. Piensen en todas las cosas que hicimos para llegar aquí y lo único que hacen es hablar de Nelinho. Somos fuertes. Podemos vencerlos».

Cuando llegaban a la última sesión de entrenamiento, recuerda Zanabria, un periodista les dijo que Nelinho estaba lesionado. Los jugadores se preguntaron si era un ardid de Lorenzo para aumentar la confianza de los futbolistas, pero cuando les dio dos planes tácticos, uno por si jugaba Nelinho y otro por si se no lo hacía, aceptaron que él no tenía nada que ver con el rumor.

El Centenario era como un pantano, había agua por todas partes. Lorenzo nos dijo: «Si Nelinho está allí, entonces todas las pelotas van a (Darío) Felman». Y al final Nelinho jugó. Entonces recibí la pelota después del puntapié inicial y se la pasé a Felman. Y se encuentra frente a Nelinho y pasa de largo. El plan era sacar ventaja de la velocidad y el dinamismo de Felman para tratar de derribar a Nelinho. Una, dos, tres veces. Felman era un rayo. Contra Nelinho, recibía la pelota, frenaba, aceleraba, frenaba. Sabíamos que teníamos que estar cerca, pero porque sí, porque en realidad nosotros no éramos parte del partido: iba a ser él contra Nelinho, ese era nuestro plan táctico. Cinco minutos más tarde, Nelinho hizo un gesto hacia el banquillo y fue reemplazado. Increíble. El plan había funcionado. Felman había terminado con él.

El partido terminó sin goles y fue a penaltis. Boca no los había ensayado y Zanabria rara vez los tiraba, aunque él era el *corner-taker*, el que habitualmente lanzaba los córneres de Boca. Fue el segundo jugador de Boca en ofrecerse. «Tuve suerte —dijo—, porque resbalé, la pelota salió ligeramente más arriba de lo que yo quería, y eso me ayudó a vencer al portero, quien logró tocarla con una uña, pero no pudo atajarla. Perdieron el quinto tiro, Palhinha. Habría sido diferente con Nelinho en el campo. Pero habría sido diferente también si no hubiésemos tenido a Lorenzo.»

En Buenos Aires se desató la euforia. «La bienvenida en Argentina fue sorprendente —dijo Zanabria—. Todavía había una tormenta terrible, pero los hinchas nos escoltaron durante todo el trayecto a (la base de entrenamiento de) La Candela. Nos llevó horas».

El éxito le dio a Boca, como ellos lo veían, la oportunidad de una gloria mayor en la Copa Intercontinental, en la cual deberían haberse enfrentado a los campeones de Europa: el Liverpool. Pero el equipo de Bob Paisley, al igual que había hecho un número de campeones europeos en los setenta, con las batallas del pasado *in mente*, declinó la invitación. El equipo al que habían vencido en la final, el Borussia Mönchengladbach, aceptó el reto.

Los alemanes parecían tener la ventaja cuando el partido de ida, en la Bombonera, terminó 2-2. Pero, en Alemania, Lorenzo sacó a relucir lo que probablemente sea su toque magistral más grande. «Dejó fuera a algunos de los nombres históricos —dijo Sá, que fue uno de ellos—. Yo estaba próximo a ser elegido, pero tenía una lesión en la pantorrilla. No le dije nada, pero él me preguntaba todos los días.»

Felman había puesto a Boca por delante después de dos minutos, pero fueron los dos goles en rápida sucesión antes del descanso los que sellaron la victoria. Ernesto Mastrángelo, titubeando patéticamente o demostrando una notable compostura, según cómo se mire, convirtió en gol un centro desde la izquierda, a los treinta y tres minutos. Cuatro minutos más tarde, Carlos Horacio Salinas marcó el tercer gol y Boca se convirtió en campeón de la Intercontinental.

37

Los primeros pasos hacia la gloria

*E*n su estilo propio, la humillación contra Holanda en 1974 había tenido un impacto tan profundo en el estilo de Argentina como la derrota contra Checoslovaquia en 1958. La diferencia era que, esta vez, el efecto se hizo sentir por toda Sudamérica: los holandeses también eliminaron a Uruguay y superaron a Brasil, a la que derrotaron 2-0. La conclusión a la que se había llegado era que el fútbol sudamericano como un todo ya era obsoleto, que el éxito de Brasil en 1970 con un enfoque que dejaba de lado el juego sistematizado que había sido adoptado en el nivel más alto en Europa no habría sido posible sin el calor y la altitud de México, que restringieron la capacidad de los jugadores de perseguir la pelota y jugar un fútbol de presión.

En Brasil y Uruguay, la reacción ante la derrota fue incrementar el aspecto físico de su juego. Argentina ya había ido por ese camino de modo tan realista como le fue posible. Así, mientras ciertos clubes (el Boca de Lorenzo, sobre todo) siguieron siendo extremadamente físicos, la respuesta nacional fue volver al fútbol artístico del pasado. En octubre de 1974, el exdefensa de Racing y de River Vladislao Cap fue despedido como seleccionador. Lo reemplazó Menotti, el príncipe filósofo del viejo romanticismo. Consciente de la deuda que tenía con Juárez, de la similitud de su pensamiento y del modo en que ambos podían sortear los problemas, propuso a su exayudante trabajar con él.

Tan solo una semana después de su nombramiento, Argentina se enfrentaba a España en un amistoso que terminó en un empate 1-1. «Fue solo otro ejemplo de la falta de organización de Argentina en esos días —dijo Menotti—. La selección nacional no era una prioridad. Los empleados de los clubes decidían lo que era mejor para sus propios intereses, dejando a Argentina a un costado. Un mes antes de la Copa del Mundo, solían convocar a un grupo de jugadores a los que les estaba yendo bien y armaban una gira. Con esa receta, Argentina nunca había ganado nada en su historia. Entonces presenté un plan, comenzando en 1975, para ver si la AFA estaba dispuesta a cambiar, a comenzar de cero, para establecer un calendario en serio.»

En una larga entrevista en *El Gráfico*, en 1974, Menotti desplegó cuatro principios clave: el talento y la habilidad técnica debían primar sobre lo físico y la potencia; tenía que haber una «articulación dialéctica» entre la velocidad física y mental (nada de correr sin pensar o pensar sin correr); el equipo utilizaría un sistema flexible de marcación zonal y de hombre a hombre; yendo hacia delante, Argentina buscaría usar dos extremos y un delantero centro como la mejor manera de superar tácticamente el 4-4-2 que se imponía en los demás lugares; la posesión debía recuperarse lo más pronto posible después de perder el balón; se debía concienciar a los jugadores de su pertenencia a una tradición de fútbol con un canon de héroes.

Más tarde, Menotti insistió en que no tenía un estilo propio, pero que estaba restaurando el amor de la gente por «la naturaleza interior del jugador de fútbol argentino: su creatividad». Al mismo tiempo, conocía el impacto ideológico que podría tener su equipo: en el fútbol, y tal vez más allá. «Si pudiésemos ganar la Copa del Mundo del modo que a mí me gustaría que lo hiciésemos —dijo—, inspiraría a otros a reconsiderar la forma de jugar el partido: nuestra filosofía básica. Quizá también haría que dejásemos de confiar tanto en la violencia y el cinismo, que son las herramientas del miedo.» Esas palabras resonaron en el contexto político de la época.

Misteriosamente, ya que Menotti, en parte, debía su nombramiento al éxito de los holandeses, era escéptico con respecto al fútbol total; insistía en que sus principios poco se diferenciaban de los que sustentaban al deporte tradicional argentino. «La gente habla de velocidad y fuerza —dijo en una entrevista con

World Soccer en 1975—, pero es una tontería. El fútbol es una cuestión de espacio en el campo, de creación y de restricción del espacio. No creo en el así llamado "fútbol total".»

Dividió al país en seis zonas y seleccionó un equipo para cada una, enfrentando a uno contra otro. «Había críticos que decían que estábamos usando demasiados jugadores para nada, pero, sin embargo, del equipo que ganó la Copa del Mundo, el noventa y nueve por ciento provenía de esos equipos», dijo Menotti.

«Era muy importante. Teníamos cientos de archivos, compilados por gente que trabajaba para mí o por gente que sabía de fútbol. A veces es más fácil preguntarle al lustrabotas de cada pueblo, en lugar de a un técnico, si notás que tiene un buen ojo para el fútbol.» Si realmente era eso lo que quería decir, es quizá menos relevante que el llamamiento al pasado que estaba haciendo: el fútbol, estaba diciendo, no era un deporte para los tecnócratas, era para cualquiera que lo entendía, a pesar de lo humilde de su origen.

Hubo una enorme revisión de la plantilla: de los trece jugadores que jugaron contra España en el primer partido de Menotti, solamente René Houseman fue seleccionado para la Copa del Mundo cuatro años más tarde. La primera señal de que Menotti estaba empezando a construir algo se percibió en el prestigioso torneo Toulon sub-21 de 1975, que Argentina ganó con un equipo que incluía a Daniel Passarella, Alberto Tarantini, Américo Gallego y José Daniel Valencia. La Copa América (el nuevo nombre que había recibido el campeonato sudamericano al reanudarse nuevamente ese mes de julio con un nuevo formato local-visitante después de una pausa de ocho años) resultó una decepción porque Argentina quedó fuera en la fase de grupos, con dos derrotas contra Venezuela, que resultaron irrelevantes comparadas con las dos que se encajaron contra Brasil. Pero existía la sensación de que algo estaba comenzando a moverse y de que Menotti tenía tres años para que le saliera bien, tal como explicó:

Los jugadores eran escogidos principalmente por sus habilidades. Mis convicciones me decían que, para ganar, no teníamos que renunciar a nuestra manera de jugar, a nuestro espíritu. Pero, al mismo tiempo, teníamos que aprender conceptos importantes de los europeos: ser dinámicos, con orientación de equipo, y profesionales altamente concentrados.

Al equipo siempre se lo elige y se lo ajusta fuera del campo. Pensar otra cosa es un error. Nunca podés ser un equipo en la cancha si no sos un equipo cuando termina el partido. Estábamos de gira por Europa (en marzo de 1976) y no tenía nada que ver con una gira de jugadores profesionales y burgueses. Éramos trabajadores del fútbol. Viajando de Kiev a Moscú, luego de un día y medio sin comer, recibimos una salchicha y una feta de pan. Una feta para cada jugador. De allí fuimos a Varsovia, luego viajamos ocho horas en autobús en medio de una tormenta de nieve para llegar a Hungría. Y esos fueron los mejores partidos, en los que nuestros jugadores corrieron más. Existía una inevitable ansia de gloria: la podías sentir.

38

Gloria en una época de terror

*P*ara comienzos de 1976, el ciclo de violencia y fracaso económico estaba comenzando a descontrolarse. Isabelita Perón había quedado completamente desprotegida por la muerte de su esposo. En marzo, la inflación mensual había alcanzado el récord del cincuenta y seis por ciento. Tras la muerte de Perón, no había nada que atrajera a los grupos hacia el centro del espectro político: el resultado fue una explosión de violencia. Mientras los guerrilleros de izquierda chocaban con grupos paramilitares aprobados tácitamente por el Estado y con el ala derechista de los peronistas, en Buenos Aires estallaba una bomba cada tres horas, y había un asesinato político cada cinco.

Era el caos. El 5 de febrero, el día en que cumplía cuarenta y cinco años, Isabelita nombró a su sexto ministro de Economía desde que había asumido el poder en julio de 1974. La semana siguiente, la nuera del general Lanusse, el expresidente *de facto*, fue asesinada por paramilitares de izquierda; en Tigre, el padre Francisco Suárez, miembro del Movimiento Tercermundista de Sacerdotes Católicos, cayó asesinado junto con su hermano por un grupo armado de derecha, mientras que el ejército anunciaba la muerte de varias docenas de guerrilleros en Tucumán. Los cuerpos de las víctimas de las patrullas de la muerte quedaban en las calles en las afueras de Buenos Aires como advertencia para otros; solamente en enero y febrero hubo treinta y dos secuestros en Córdoba. La cuestión que flotaba en el ambiente era cuándo los militares volverían a tomar el poder.

La gota que colmó el vaso llegó el 15 de marzo: una bomba explotó en el estacionamiento de una sede militar en Buenos Aires, con el saldo de un muerto y veintinueve heridos. El general Videla, por entonces comandante superior del ejército, se salvó por un pelo. El 24 de marzo, mientras River Plate vencía a Unión Portuguesa 2-1 en la Copa Libertadores, los militares tomaron el poder. Isabelita fue llevada en helicóptero desde la terraza de la Casa Rosada, en teoría para ir a la residencia oficial, pero el piloto aterrizó en Ezeiza, donde fue transferida a un avión que la trasladó a Neuquén, en el sur de Argentina, junto a la cordillera andina. Isabelita señaló que no tenía ropa de abrigo que ponerse, detalle que daba una indicación de sus prioridades y señalaba tal vez la falta de planificación detallada por parte de los líderes del golpe.[98] Se le permitió escribir una lista de ropa para que sus captores se la llevasen.

El mismo día, cientos de sindicalistas fueron llevados a barcos amarrados en el Río de la Plata y los fusilaron; los asesinatos habían sido aprobados por Isabelita el año anterior. La Junta fue más lejos e instituyó el Proceso de Reorganización Nacional, que definió a Argentina como un país cristiano en lucha contra el comunismo. Durante los siete años que siguieron, treinta mil personas fueron asesinadas en nombre de esa causa. El Congreso y el poder judicial fueron clausurados, los partidos políticos quedaron prohibidos y a la prensa se le negó el derecho a «informar, comentar o hacer referencia a temas relacionados con incidentes subversivos, la aparición de cuerpos y la muerte de elementos subversivos y/o miembros de las fuerzas armadas y de seguridad en dichos incidentes, a menos que la información provenga de una fuente oficial responsable».

Como sucede a menudo, las tribunas, donde el peso de las cantidades ofrece una sensación de anonimato, se convirtieron en el sitio donde expresar un disenso limitado. Existía, por ejemplo, la creencia generalizada de que Huracán era un grupo que estaba a favor de los montoneros, aunque es difícil precisar lo que eso significaba. Los clubes son entidades nebulosas, y las

---

98. Dicho esto, la temperatura media de Neuquén en marzo es de dieciocho grados, solo cuatro grados más baja que en Buenos Aires.

hinchadas suelen estar compuestas de una gran variedad de
trasfondos y creencias: los que apoyaban a Huracán eran, de
modo bastante evidente, en su mayoría, de tendencia izquierdista, pero eso no significa que todos o la mayoría de sus hinchas
apoyaban a los guerrilleros. Además, no había manifestación
oficial de la opinión política del club. Es verdad, sin embargo,
que, antes de un partido en mayo de 1976 entre Estudiantes y
Huracán, los montoneros desplegaron una pancarta enorme en
la grada que ocupaban los visitantes. La pancarta fue destrozada
y, en el descanso, la policía se acercó a la tribuna y disparó.
Murió un hombre de treinta y ocho años, Gregorio Noya, que
había ido al partido con su hijo, que tenía dieciséis años. La policía culpó a los «terroristas de izquierda». Y tal era la cotidianidad de la muerte violenta y el servilismo de los medios ante el
nuevo régimen que el incidente pasó casi desapercibido.

La FIFA había tomado la decisión de que Argentina sería la
anfitriona del Mundial 1978 en julio de 1966; diez años más
tarde, esto era un problema enorme para la Junta. Un torneo
plagado de explosiones y secuestros era impensable. El Mundial se emplearía para demostrar que el golpe había traído
estabilidad, que Argentina era un país seguro. La perspectiva
del escarnio global podría no haber influido directamente en la
oportunidad del derrocamiento de Isabelita, pero a los militares
no les llevó demasiado tiempo identificar la Copa del Mundo
como prioridad y tomar el control del Ente Autárquico Mundial
78 (EAM), el comité organizador local.

Se necesitaban medidas importantes: hasta ese momento,
los preparativos de Argentina estaban tan retrasados que el presidente de la FIFA, Stanley Rous, sondeó a Montevideo y Porto
Alegre para ofrecerles apoyo, y también consideró la posibilidad
de trasladar el torneo a España. Pero João Havelange, el brasileño que sucedió a Rous en 1974, insistió, ya en 1972, que lo único
que impediría que Argentina fuese sede del Mundial era su
economía, cuya pobre situación atribuyó, de modo típico, a «los
disturbios internos». También había dudas significativas dentro
del país. «La Copa del Mundo 1978 —escribió Dante Panzeri, el

editor de *El Gráfico*, en 1975— no debería realizarse por las mismas razones por las que alguien que no tiene dinero suficiente para cargar nafta a un Ford T no debería comprarse un Torino. Si hace eso, es porque le está robando a alguien.»

Alrededor del diez por ciento del presupuesto nacional, más de setecientos millones de dólares (aunque el total oficial era de solo 521.494 dólares) se gastó en la remodelación de los estadios de River Plate, Vélez Sarsfield y Rosario Central. Además, se construyeron nuevos estadios en Córdoba, Mar del Plata y Mendoza, con un centro de prensa y equipamiento para transmisiones televisivas en color, así como mejoras en aeropuertos y carreteras. Algo más controvertida fue la remodelación de Buenos Aires. Lo más escandaloso fue la construcción de un amplio muro de hormigón para ocultar las villas miseria desde las carreteras que llevaban al centro de la ciudad desde Ezeiza.

Juan Alemann, secretario de Hacienda, describió la Copa del Mundo como «el caso más visible e indefendible de gasto no prioritario en la Argentina de hoy». Los organizadores trataron de justificar el gasto aduciendo que sería recuperado por la llegada de unos cincuenta mil turistas. Incluso esa cifra no llegaría a aproximarse a la realidad: de hecho, fueron menos de diez mil turistas los que llegaron al país para el Mundial. El logo del torneo, adoptado en 1974, mostraba un par de líneas celestes y blancas que se desplazaban verticalmente hacia arriba para abrazar una pelota de fútbol: evocaba deliberadamente el gesto de Perón con los brazos abiertos. El EAM era bien consciente del simbolismo, pero llegó a la conclusión de que el rediseño (y el retiro del *merchandising* y de la publicidad) solo produciría el efecto de atraer más atención hacia el expresidente.

El general Omar Actis, que había jugado en el tercer equipo de River Plate en la década de los cuarenta, fue designado para dirigir el EAM, pero en agosto de 1976 murió en un atentado con coche bomba. El ataque se achacó a «elementos subversivos», pero hay sospechas generalizadas, expresadas por Eugenio Menéndez en su libro *Almirante Lacoste, ¿quién mató al general Actis?*, de que su asesinato fue planeado por el almirante Carlos Alberto Lacoste, que lo reemplazó como director del EAM. Se dice que, posteriormente, despilfarró millones de los fondos de la Copa del Mundo. Si los medios hubiesen sido más fuertes, tal vez habrían investigado en ese momento, pero la Junta reprimió el disenso. O al menos las fuerzas desatadas por el golpe se encargaron de hacerlo. El primer aniversario del golpe, el periodista Rodolfo Walsh, que había expuesto la represión de Aramburu en 1957, envió una carta abierta a la Junta preguntando por los muertos, los encarcelados y los desaparecidos. Lo mataron un día más tarde.

Sin embargo, sería erróneo pensar que la Junta era una sola entidad coherente. Había una multitud de cuerpos oficiales y semioficiales que llevaban a cabo las atrocidades de la Guerra Sucia, ejecutada por el ejército, la armada, la fuerza aérea, la gendarmería nacional, la policía federal, de la ciudad y provincial, ministerios varios e incluso YPF, la compañía petrolera estatal. Cada uno de ellos, actuaba de acuerdo con sus propios intereses o intentaba hacer, sin autorización directa, lo que sus directivos creían que quería la Junta. En semejante clima, las fuerzas del terror no tardaron en descontrolarse.

Al comienzo, el programa de secuestros, tortura y asesinatos podría haber estado dirigido a los opositores políticos del régimen, pero no pasó mucho tiempo antes de que las víctimas fuesen escogidas para robarles sus propiedades o satisfacer las perversiones de sus captores, lo que quedó bien claro en el libro *The Disappeared*, de John Simpson y Jana Bennett.

Bajo semejante clima, el menor signo de oposición o dar la más simple excusa a los servicios de inteligencia podía ser fatal. En ese aspecto, el Mundial ofrecía una oportunidad: era más fácil hacer desaparecer a un argentino que a un extranjero. Por consiguiente, Amnistía Internacional alentaba a los periodistas a mantenerse alertas a las señales de opresión. Videla respondió con el eslogan: «Los argentinos somos derechos y humanos». Muchos argentinos simplemente no podían creer que su gobierno pudiese llevar a cabo semejante guerra contra sus propios ciudadanos, a pesar de los esfuerzos de aquellos que la habían sufrido por sacar a la luz pública aquella guerra sucia. Ya en abril de 1977, las madres de algunos de los que habían desaparecido comenzaron a reunirse en la plaza de Mayo para exigir información y atraer la atención hacia los crímenes cometidos por los organismos gubernamentales. Pronto, la marcha de las Madres se convirtió en una ceremonia semanal, en la que daban vueltas alrededor de la Pirámide, alzando fotografías de sus hijos desaparecidos. Posteriormente, tres de sus líderes originales (Azucena Villaflor, Esther Careaga y María Eugenia Bianco) también desaparecieron. El movimiento se dividió, pero aún hoy, todos los jueves, las Madres se reúnen en la plaza de Mayo. Durante el Mundial, las Madres se convirtieron en un tema tan ubicuo de la cobertura internacional que el portero alemán Sepp Maier planeó sumarse a ellas antes de que le advirtiesen que no lo hiciera.

A la Junta aún le quedaba considerar el tema del fútbol en sí. El Gobierno precisaba una buena actuación de la selección para que tuviera su impacto en el ánimo popular: el éxito crearía una sensación de euforia y confraternidad nacional. Los jugadores, dijo Videla, tenían la obligación de «demostrar que son lo mejor de la nación y lo mejor que Argentina tiene para presentar al universo… y tienen la obligación de demostrar la calidad del hombre argentino. Ese hombre que, individualmente o en equipo, es capaz de llevar a cabo grandes empresas cuando hay intereses en común… Busco en ustedes la victoria, que sean los ganadores de la Copa del Mundo, ganadores porque van a mostrar coraje en los partidos… y serán la expresión correcta de la calidad humana de los argentinos».

Menotti se sentía claramente incómodo con la retórica nacionalista que rodeaba al equipo y trató de disipar la idea de que la selección, de algún modo, era representativa del Gobierno. «Jugando no defendíamos nuestras fronteras, la patria, la bandera —insistió en 1977—. Con la selección nacional no se muere ni se salva nada esencialmente patriótico.» Se veía a sí mismo jugando menos por la nación que por las grandes tradiciones del fútbol argentino, a través del cual el espíritu del pueblo se expresaba tenuemente. Eso, sin embargo, no disminuyó su determinación de ganar. Menotti era meticuloso en sus planes y, en octubre de 1976, persuadió a la federación argentina de prohibir la venta de jugadores hasta la finalización del Mundial. De los veintidós jugadores seleccionados, solo Mario Kempes jugaba fuera del país.

Menotti no lograba convencerlos a todos. Juan Carlos Lorenzo siempre acechaba en el trasfondo, murmurando que su reinterpretación de «la Nuestra» no tendría nada que hacer frente a rivales europeos. Hay quienes sugieren, incluso, que Menotti habría sido despedido cuando la Junta asumió el poder si la AFA hubiese contado con el dinero para pagarle el finiquito. Era precisamente esa línea de pensamiento (la idea de que los europeos, en la medida en que podían ser vistos como un todo, podían solo ser batidos con sus propios métodos) lo que Menotti estaba dispuesto a desafiar. La revolución estilística de 1958 respondió a la derrota frente a un equipo europeo que se movía hacia un modelo «europeo»; la revolución de 1974 respondió a la derrota ante un rival europeo que se alejaba del modelo.

Como dijo Menotti en *El Gráfico*:

> Teníamos que deshacernos de la idea de que, para ganar, teníamos que jugar como los europeos. Ese era el concepto erróneo, pensar que no podríamos competir contra ellos físicamente. Cuando comenzamos a enfrentarlos en amistosos, noté que nuestra defensa luchaba contra jugadores técnicos: nosotros no carecíamos ni de velocidad ni de fuerza. Si teníamos que marcar a un delantero tan grande como un armario, pero con pocas habilidades técnicas, no teníamos ningún problema.
>
> Así que me aboqué a la idea de formar el equipo que yo quería ver: con posesión de la pelota, rotación y movimientos de ataque sin fin, equilibrados por un comandante de mediocampo muy inteligente, Américo Gallego, quien para nosotros era lo que fue Clodoaldo para Brasil en 1970. Defender sin voluntad de ataque es fácil: te quedás quieto y eso es todo. Pero nosotros no íbamos a disputar una Copa del Mundo, íbamos a ganar una Copa del Mundo. Y, para lograrlo, necesitábamos pensar cómo ir al ataque incluso cuando estábamos defendiendo.

El ritmo se convirtió en un tema central del ideario de Menotti. Eso lo llevó a dejar afuera al rechoncho Bochini, aunque Bertoni, Galván y Larrosa fueron convocados del equipo de Independiente que ganó el Nacional en 1977 y 1978. Para

Larrosa, hacer hincapié en el estado físico era la principal diferencia entre el Menotti para quien había jugado previamente y el que llevó a Argentina al triunfo en la Copa del Mundo. Menotti seguía siendo el mismo en cuanto a su modo de pensar, filosofía y posesión de la pelota, pero era un Menotti completamente nuevo en lo que se refiere a estado físico, dietas y entrenamiento.

Hasta ese entonces, era común que, antes de los partidos, comiésemos un bife de chorizo[99] con papas fritas y ensalada, y estábamos acostumbrados a eso, incluso si algunos días te sentías un poco lleno. Pero luego vino el doctor (Rubén) Oliva y nos dijo que necesitábamos ingerir pasta, y si era posible sin salsa, solamente aceite de oliva o crema. Y nosotros le contestábamos: «No, la pasta hace engordar». Pero la pasta (no la pasta rellena, por supuesto) nos daba más energía y la certeza de que el alimento ya había sido procesado por el cuerpo a la hora del puntapié inicial, en contraposición a lo que comíamos antes, que probablemente seguía en el estómago cuando salíamos a la cancha.

El trabajo táctico también cambió. Trabajamos mucho bajo presión. Menotti nos hacía jugar al fútbol en espacios reducidos, dos por dos, cosas por el estilo, para mejorar nuestro sentido de percepción. Había cuadrados de quince metros, y yo solía jugar con el 5, contra el 8 y el 5 de los rivales. En Huracán, nuestra misión, cuando perdíamos, era retirarnos detrás de la línea del balón y esperar a recuperarla. Con Argentina, si perdíamos posesión (de la pelota), teníamos que hacer presión para recuperarla, y para hacer presión precisábamos estar cerca uno del otro, y ese era el concepto principal del equipo: el achique, cerrar el espacio. Huracán se retiraba, Argentina empujaba.

En última instancia, la decisión de Menotti de elegir a Kempes como medio punta fue defendida, pero no convocar a Bochini causó consternación. Beto Alonso, quien ocupó su lugar, era claramente un jugador muy bueno (terminó saliendo del banquillo dos veces antes de que su participación en el torneo concluyera debido a una lesión), pero corrían rumores

---

99. Bistec de lomo.

de que la razón principal por la cual había sido elegido era que el futbolista era el favorito del almirante Lacoste. La inclusión de Larrosa también dio lugar a debates después de un incidente en la final de la temporada anterior del Nacional. Independiente había empatado en casa 1-1 contra Talleres y llevó la delantera en el primer tiempo después de una «palomita» de Beto Outes. «Fue un partido muy difícil», dijo Larrosa. Un penalti dudoso (concedido por unas manos de Rubén Paganini, aunque parecía que la pelota le había golpeado en el pecho y no en el brazo) le permitió a Talleres igualar sobre la hora, antes de que, cuando quedaban dieciséis minutos, Ángel Bocanelli marcara un gol con la mano. Independiente protestó tan furiosamente que Larrosa, Rubén Galván y Enzo Trossero fueron expulsados. «Le dijimos de todo menos "simpático"», dijo Larrosa. Rezagados, y con la formación reducida a ocho jugadores, la situación parecía imposible. «Ellos tenían dos o tres chances de golear —recordó Larrosa—, y el gol convertido con la mano desperdició dos oportunidades por ser demasiado egoísta. Y luego Bochini recibió la pelota, jugó un uno-dos con Bertoni, pateó y fue un gran gol: un golazo. Yo estaba observando desde el túnel con los demás jugadores expulsados. Y no podíamos creerlo. Después de eso, fueron cinco minutos, más el tiempo adicional. Y era tan evidente que el árbitro estaba tratando de aplastarnos que me dieron ganas de invadir [el campo] y hacer suspender el partido.» Larrosa se contuvo, pero aun así recibió una sanción de veintiún partidos. «Algunos dicen que habría sido justo que yo no jugara la Copa del Mundo porque aún estaba suspendido del fútbol de clubes.»

Con la intención de disimular el militarismo de su régimen, Videla lució un traje civil en lugar de su uniforme para el partido inaugural del torneo: un empate sin goles entre Alemania Occidental y Polonia. Antes del pitido inicial, dio un breve discurso en el que habló de un Mundial «bajo el signo de la paz». El Gráfico no estaba solo entre los medios locales al insistir en que la realización de ese primer partido ponía al descubierto la «campaña de mentiras» que supuestamente había sido perpetrada contra Argentina por opositores internos y externos con planes determinados. El debut de Argentina, contra Hungría en el Monumental, al día siguiente, fue espectacular, con los equipos saliendo en medio de una lluvia de papelitos y cascadas de serpentinas. Es una de las imágenes indelebles de aquel Mundial.

Una vez que el partido comenzó, todo pareció ser alarmantemente igual que en 1974. Hungría tomó la delantera después de nueve minutos: Károly Csapó aprovechó un rechace de Fillol, después de un tiro de Sándor Zombori. Cinco minutos más tarde, el prestigioso Gallego tropezó por una infracción de Péter Török justo fuera del área. Sándor Gujdár rechazó mal el lanzamiento de Kempes y el delantero de River, Leopoldo Luque, empató el partido. Lo loco que se volvió el público deja claro lo que significaba aquel tanto. En el banquillo, Menotti seguía impasible, sacando la mandíbula entre las puntas del cuello de su abrigo cada vez que le daba una calada al cigarrillo. Cuando faltaban nueve minutos, el partido seguía igualado. Fue entonces cuando Gallego pasó en largo para Luque, que la dejó con el pecho para Beto Alonso. Desde dieciocho metros podría haber intentado el disparo, pero, como la pelota no se le quedó bien, la impulsó hacia delante para Luque. Zoltán Kereki intentó despejar el balón, pese a la salida de su portero; la pelota fue a parar a los pies de Daniel Bertoni, que marcó a puerta vacía. Había sido un partido con incidencias menores: faltas y obstrucciones (precisamente la clase de infracción táctica contra la cual había protestado Glanville hacía doce años). Y, en los últimos segundos, la frustración de Hungría se desbordó. Primero András Töröcsik recibió una segunda tarjeta amarilla por golpear a Gallego en el estómago con el brazo cuando el jugador argentino le disputaba una jugada desde atrás; luego, Tibor Nyilasi también fue amonestado, tras abalanzarse ostensiblemente sobre Tarantini.

Por su parte, Francia había perdido su partido inaugural ante Italia, y como Italia venció a Hungría, sabían que una derrota ante los anfitriones en su segundo partido los eliminaría. Argentina ganó 2-1, gracias a un controvertido penalti y a un brillante disparo desde veintidós metros de Luque.

Con Italia y Argentina ya clasificados, su encuentro en el partido del tercer grupo importaba solamente en tanto que determinaba quién quedaba en la cima, pero realmente tuvo consecuencias profundas. Italia ganó 1-0. Roberto Bettega marcó un gol soberbio después de recibir un pase de Giancarlo Antognoni y tirar una pared con Paolo Rossi. En los dos primeros encuentros, Argentina había sido algo favorecida por los arbitrajes. Pero esta vez el árbitro israelí Abraham Klein, probablemente el mejor árbitro del mundo de todos los tiempos, los mantuvo a raya. Poca duda había de que los árbitros de los dos primeros partidos de Argentina, António Garrido de Portugal y Jean Dubach de Suiza, se habían dejado influir por la multitud. «Pueden preguntarle a Platini lo que piensa sobre ese partido —le dijo Klein a Rob Smyth en una entrevista de 2012 en el *Guardian*—. Pueden pedirle a Hungría su opinión sobre ese encuentro.»

Argentina pidió dos penaltis antes del descanso, por lo que el público lo increpó terriblemente. «La multitud está muy molesta —dijo—. Yo no tenía problemas con los jugadores; ellos me respetan. La multitud, usted sabe, paga, y cuando paga puede decirle lo que se le ocurra sobre uno y sobre su madre.» Más tarde describió el sentimiento como «muy malo», pero dio la impresión de absoluta calma mientras aguardaba en el círculo central a que los jugadores salieran. «No hubo nada más impresionante en este Mundial —escribió Brian Glanville en su historia del torneo— que la manera en que se mantuvo en pie entre sus jueces de línea en el descanso en el partido Argentina-Italia, desdeñando los silbidos de almas en pena de la multitud enardecida.»

Klein optó por no salir delante de los jugadores en el segundo tiempo, sino que decidió seguir a Argentina: de esta manera, cualquier reacción negativa contra él se perdería en medio de la adoración por el equipo local. «Me sentí más fuerte en el segundo tiempo porque todas mis decisiones fueron correctas. Me siento muy bien con esto. Incluso después del partido, me dijeron: "No salgas, la multitud te está esperando". Les dije: "No tengo miedo". Nunca tuve miedo en mi carrera. Sé que la multitud no va a hacer nada después del partido. No tuve miedo de hacer lo que un árbitro debe hacer en el partido. No hubo problema.» Klein recibió elogios de todo el mundo.

Cuando hizo otro excelente arbitraje en el partido de la segunda fase entre Austria y Alemania Occidental, se le consideró como una buena opción para la final. Pelé, Glanville y Jack Taylor, quienes se habían hecho cargo de la final de 1974, mostraron su acuerdo. Pero no la comisión de arbitraje, que, aparentemente por el voto de su presidente, el italiano Artemio Franchi y, según se rumoreaba, después de las protestas de Argentina, favorecieron al compatriota de Franchi, Sergio Gonella: una decisión que Clive Thomas describió como «una desgracia suprema». «A decir verdad, quedé muy decepcionado —dijo Klein—. Pienso que, en ese momento, yo estaba en forma para ser el árbitro de la final. Pero solo uno puede ser el árbitro de la final, y si miro hacia atrás me sigo sintiendo feliz con lo que tuve en mi vida, en mi vida como árbitro.» Los holandeses no parecieron tomárselo con la misma filosofía.

Antes de la final, sin embargo, había que disputar el segundo grupo. Tras acabar segunda en el grupo, Argentina tenía que trasladarse de Buenos Aires y del Monumental a Rosario y a Arroyito, lo cual podría haber sido, en realidad, una ventaja. Aunque la capacidad era mucho más pequeña (cuarenta mil contra setenta mil), el estadio era compacto y se generó una atmósfera feroz. Luque, cuyo hermano había muerto en un accidente automovilístico el día del partido de Italia, se perdió un segundo partido por una lesión en el codo sufrida en el encuentro contra Francia; en consecuencia, Kempes fue desplazado aún más adelante para el partido contra Polonia, con los talentos impredecibles de Houseman detrás de la línea frontal de tres. Y Kempes, por fin, demostró por qué Menotti hizo una excepción a su regla de seleccionar solamente a jugadores que estaban en el país. Kempes puso fin a una sequía de once partidos sin marcar al lanzarse al poste cercano para rematar el pase de Bertoni después de dieciséis minutos.

Kempes también tuvo una intervención crucial siete minutos antes del descanso, cuando se tiró a su derecha sobre la línea del arco para rechazar con la mano un cabezazo de Lato. En la época moderna lo hubieran expulsado directamente, pero en esos días bastaba con señalar penalti. Kazimierz Deyna, en su aparición número cien con su selección, chutó demasiado cerca de Fillol, que detuvo el tiro bajo hacia la izquierda. Una entrada de Ardiles preparó a Kempes para eludir a Henryk Maculewicz y sellar la victoria cuando faltaban ocho minutos para el final.

Siguió un descarnado empate sin goles contra Brasil. El tono del partido se estableció en los primeros diez minutos de juego, durante los cuales hubo diecisiete infracciones. Brasil venció a Polonia 3-1, lo que significaba que Argentina debía derrotar a Perú por cuatro goles o más para seguir adelante en el torneo.

Es un partido manchado por la sospecha. Los brasileños murmuraban teorías de la conspiración y señalan que el portero de Perú, Ramón Quiroga, había nacido en Argentina. Ocho años más tarde, el día que Argentina se enfrentó a Inglaterra en cuartos de final en el Mundial, en Ciudad de México, el *Sunday Times*, citando a un anónimo empleado público, sostuvo que el Gobierno argentino envió un cargamento por barco de treinta y cinco mil toneladas de trigo (y posiblemente algunas armas) a Perú, así como que el Banco Central liberó cincuenta millones de activos congelados de Perú. En 2012, un exsenador peruano, Genaro Ledesma, presentó una denuncia ante un juez de Buenos Aires afirmando que el partido había sido arreglado como parte del Plan Cóndor: un sombrío acuerdo entre varias dictaduras sudamericanas de la década del setenta para ayudarse mutuamente a lidiar contra los disidentes. Ledesma sostuvo que el líder militar de Perú, Francisco Morales Bermúdez, envió a trece prisioneros a Argentina para que fuesen torturados y que Videla los aceptó con la condición de que Argentina obtuviera el resultado que exigía. «Videla necesitaba ganar la Copa del Mundo para limpiar la mala imagen de Argentina en todo el mundo», dijo Ledesma, un político opositor de Perú en ese momento, quien también señaló haber sido sometido a intimidación y tortura. «Así que solamente aceptó al grupo (de prisioneros) si Perú permitía que ganara la selección argentina.»

Incluso más dignos de notar son los testimonios de varios jugadores peruanos. «¿Si nos presionaron? Sí, nos presionaron», le dijo el centrocampista José Velásquez a Channel 4. «¿Qué clase de presión? Presión del Gobierno. Desde el

Gobierno hasta los técnicos del equipo, desde los técnicos del equipo hasta los entrenadores.» Levantó mucho revuelo el hecho de que, tras haber jugado muy bien durante el torneo, el jugador fue reemplazado después de cincuenta y dos minutos. «Algo pasó —dijo—. Nuestro equipo había cambiado. Yo fui reemplazado en el minuto diez[100] del segundo tiempo, cuando ya íbamos perdiendo por dos goles. No había razón para reemplazarme. Siempre fui una pieza importante del equipo. ¿Qué cabe pensar entonces?» Eso parece más que sospechoso, salvo por el hecho de que Perú, en realidad, ya iba perdiendo 4-0 cuando Velásquez salió; si retirarlo del partido era parte de un plan maestro para asegurar la victoria de Argentina, sucedió demasiado tarde para que constituyese algo definitivo.

Sin embargo, hay otro detalle extraño. Poco después del inicio, el equipo peruano fue visitado en el vestuario por Videla y por Henry Kissinger, cuyo mandato de ocho años como secretario de Estado de Estados Unidos había finalizado en enero del año anterior. Kissinger era fanático del fútbol de toda la vida y su perfil político pragmático lo había llevado a apoyar a Videla, así que su presencia allí tenía cierta lógica, aunque su oficina sostuvo que él «no recordaba» haber estado en el vestuario de Perú. La visita de Videla, con Kissinger o no, dejó desconcertados a los jugadores. «Parecía que estaban allí para recibirnos y darnos la bienvenida —dijo el capitán Héctor Chumpitaz—. También dijeron que esperaban que fuera un buen partido, porque había una gran expectativa en el público argentino. Nos deseó suerte y eso fue todo. Comenzamos a mirarnos unos a otros y a preguntarnos: ¿no deberían haber ido al vestuario de Argentina, y no al nuestro? ¿Qué está pasando? Quiero decir… ¿Nos desearon suerte? ¿Por qué? Nos dejaron perplejos…»

Sin embargo, es difícil probar alguna irregularidad. Si uno mira el vídeo sin prejuicios, es bastante probable que no vea nada raro. Larrosa se muestra desdeñoso ante las sugerencias de que el partido fue arreglado. En todo caso, si lo fue, es justo decir que, o no todos los peruanos fueron partícipes, o algunos de ellos eran

---

100. En realidad, fue en el minuto ocho.

actores excepcionalmente buenos. Juan Muñante tiró contra el poste al comienzo del partido, mientras que Quiroga hizo una serie de paradas más que complicadas. «Tuvieron dos chances en los primeros diez minutos: una dio en el poste y otro tiro de (Juan Carlos) Oblitas casi se transformó en gol», dijo Larrosa. «Esos son los detalles que no se mencionan cuando dicen: "Oh, fue 6-0, ¿qué sucedió?". Y si uno piensa en ese tiro que dio contra el poste…, denme al mejor jugador, denme a Pelé o Maradona, háganlo controlar la pelota pasando por un defensor y golpear el travesaño a propósito, y no será capaz de hacerlo.»

Cualesquiera que sean las pruebas circunstanciales de un arreglo, en el vídeo del partido no parece que los peruanos sean más culpables que de no importarles demasiado aquella lluvia de goles. Durante el partido (se dice que justo cuando cayó el cuarto gol), explotó una bomba en la casa de Juan Alemann, el ministro del Interior que había cuestionado públicamente el costo del torneo. Eso, y el incremento de las exigencias de concesiones salariales eran indicativas de un problema potencial para la Junta: si la victoria incrementaba la euforia y el sentimiento nacionalista, ¿hasta qué punto serían capaces de controlarla? De acuerdo con las estimaciones, tras el pitido final en Rosario, el sesenta por ciento de la población de Buenos Aires salió a las calles a celebrar la victoria.

Dado que había sido la derrota frente a los holandeses lo que había dado lugar al cambio de estilo, tal vez era apropiado que Holanda fuera el rival de Argentina en la final. A medida que la expectativa iba en aumento, Kempes, estresado, sintió que necesitaba alejarse del equipo, así que cuando el tercer portero, Héctor Baley, sugirió que fuesen a pescar, dejó de lado los prejuicios que la mayoría de los futbolistas argentinos parece haber sentido y estuvo de acuerdo. «No me gusta pescar —dijo Kempes—. Nunca me gustó, pero a veces la presión es demasiada. Menotti nos autorizó a ir, pero nos pidió que estuviéramos de vuelta a las diez de la mañana para entrenar. Baley me despertó en medio de la noche y preparamos nuestro equipo de pesca, cañas y todo lo demás. No sé cómo se las arregló para conseguir todo eso. No tenés idea del frío que hacía. A la mañana, regresamos con cuatro pescados y se los dimos al cocinero. El resto de los muchachos, que nos observaban cuando comíamos pescado fresco para el almuerzo, realmente nos envidiaba.»

Puede haber dudas sobre lo que sucedió exactamente contra Perú, pero existen pocas justificaciones para lo que pasó antes de la final. Hubo propaganda muy torpe en los días previos al partido: *El Gráfico*, además de atacar a «los periodistas insidiosos y maliciosos que durante meses llevaron a cabo una campaña de mentiras sobre Argentina», tomó una fotografía de Ruud Krol escribiendo una carta. La publicación inventó todo el texto, incluidos detalles ridículos sobre lo armoniosa que parecía ser la vida bajo la Junta.

Durante todo el torneo, la revista había mostrado un llamativo desdén por las demás naciones. A los holandeses, por ejemplo, se los vinculaba explícitamente con las drogas, la homosexualidad y el exceso, y a los escoceses con el alcohol. «El mito de la cerveza como forma de preparación atlética comienza a desmoronarse», se mofaba su crónica deportiva después de que Escocia perdiera ante Perú en la fase de grupos. El contraste con las austeras concentraciones de Menotti era obvio, pero el comentario también aclaraba cuán diferente era la encarnación de 1978 de «la Nuestra» en comparación con las glorias ebrias de la época dorada. *El Gráfico* no fue la única publicación que más tarde se arrepintió de lo que había publicado en medio de la excitación por el torneo. En *La Razón*, el novelista Ernesto Sábato insistía en que «la Copa del Mundo fue una prueba de madurez, nobleza, una movilización popular marcada por la generosidad y el altruismo».

La astucia continuó cuando el autobús que trasladaba al equipo holandés tomó deliberadamente una ruta tortuosa desde el hotel hasta el estadio y se permitió a los hinchas arremolinarse alrededor, golpear las ventanas, entonar cánticos y mostrar una actitud en general intimidatoria: un eco de lo que había experimentado el Celtic en aquel partido de la Copa Intercontinental contra Racing hacía once años.

Más tarde, Argentina retrasó su salida al campo antes del inicio del partido, dejando a los holandeses expuestos a toda la furia de la multitud; cuando salieron, protestaron por el yeso en la muñeca de René van de Kerkhof. Dado que lo había llevado sin generar controversia durante todo el torneo, el único propósito parece haber sido descolocar a sus contrincantes. Que Gonella permitiera que se retrasara el partido mientras se retiraba el yeso al jugador holandés fue la primera señal de cuán débil sería su labor.

Sin embargo, a pesar de todos las tretas, Argentina era la que parecía estar más nerviosa. «Las emociones al salir al campo fueron increíbles —dijo Larrosa—. Pienso que había más de ochenta mil personas en el estadio. No podíamos ver ni los pasillos ni las escaleras, porque el estadio estaba tan lleno que la gente no podía moverse.» Menotti merodeaba por la línea de banda, dando caladas al cigarrillo. Aunque Passarella mandó una volea justo por encima al llegar un poco tarde, eran los holandeses los que parecían más peligrosos. Rep cabeceó la pelota tras un tiro libre de Arie Haan, pero la pelota se marchó fuera. Después lanzó desde unos doce metros, pero una parada espectacular de Fillol, que saltó hacia arriba y a la izquierda, impidió el primer gol. «Yo estaba en el arco que tiene al Río de la Plata detrás —dijo el portero—. Américo Gallego y Daniel Passarella se interpusieron en sus caminos respectivos y la pelota cae para Rep. Él la controla y desde muy cerca del área de penales efectúa un gran tiro que de alguna manera yo logro atajar. Estos días veo esa atajada y pienso que es increíble cómo fui capaz de evitar que entrara esa pelota. Caer 1-0 detrás de un equipo como Holanda hubiera sido devastador para nosotros. Habíamos jugado contra Italia en esa Copa del Mundo y, cuando ellos convirtieron, no pudimos volver a recuperar la forma en el partido. Acabamos perdiendo. Así que esa atajada sigue siendo muy especial para mí. Fue la mejor atajada de mi vida.»

Esa parada los inspiró. Passarella remató con la cabeza, pero Jan Jongbloed estuvo atento para evitar el gol. Entonces, ocho minutos antes del descanso, Argentina se puso por delante con un gol de gran calidad. Ardiles dejó atrás a dos defensas antes de pasarle la pelota a Luque, que asistió a Kempes, quien utilizó su fuerza para colarse en medio de dos defensas holandeses y batir a Jongbloed. Sin embargo, antes del descanso, Holanda pudo haber empatado. Willy van de Kerkhof centró desde la izquierda, René van de Kerkhof cabeceó dentro del área y el balón le cayó a Rob Rensenbrink a cinco metros de distancia. Se cantaba el gol, pero una pierna estirada de Fillol evitó el tanto. Después del descanso, Argentina pudo ampliar la diferencia. Bertoni se lanzó a la derecha y centró para Luque, pero la salida de Jongbloed impidió que cayera el segundo. El partido no tardó en estabilizarse: dominio holandés frustrado por la defensa decidida y cínica de Argentina. Si Gonella hubiese tenido intención alguna de amonestar a los jugadores por faltas por manos, el resultado podría haber sido muy diferente.

Finalmente, cuando quedaban ocho minutos, Holanda empató. René van de Kerkhof, liberado por la derecha, chutó hacia el centro del área, desde donde Dirk Nanninga conectó un poderoso cabezazo que batió a Fillol. Y lo cierto es que los holandeses estuvieron a punto de ganar antes de acabar el partido. Una falta desde el centro del campo parecía que iba a perderse fuera, pero Rensenbrink, encorvado y aparentemente tan frágil como siempre, corrió a por la pelota y alargó la pierna derecha: llegó antes que Fillol. Lanzó la pelota más allá del guardameta, pero el balón rebotó en el poste y la oportunidad de Holanda se esfumó. Johan Cruyff, para explicar su profundo esteticismo, dijo una vez que a veces prefería oír el ruido de la pelota al golpear el poste que un gol. Seguramente, incluso él, observando desde Ámsterdam, no pensó así en ese momento: el poste le negó al fútbol (y tal vez a Argentina) una historia profundamente diferente. «El silencio fue como un cementerio después de eso —dijo Larrosa—. Pero nos hizo reaccionar. Si esa pelota no había entrado, esa Copa del Mundo era nuestra. Luego, Menotti nos dijo: "Mantengan la calma, no se apuren, aún tenemos treinta minutos. Veo que están en buen estado, tenemos más reservas físicas que ellos, y vamos a imponer nuestro ritmo". Y lo hicimos.»

Por cómo había ido el torneo, la velocidad y la dureza de Kempes se habían transformado en una característica creciente del juego de Argentina. Al final, demostró ser decisiva. En el minuto final de la primera mitad de la prórroga, Passarella lanzó la pelota hacia delante desde su propio campo. Bertoni la controló, se dio la vuelta y venció a su oponente, antes de pasar a Kempes, que iba a la carga. Gracias a su capacidad física, frustró y dejó atrás a dos holandeses y, aunque Jongbloed atajó su primer tiro, la pelota salió rebotada y el argentino pudo marcar su sexto gol del torneo, suficiente para ganar la Bota de Oro. Además, Kempes fue también el arquitecto del tercero: avanzó por el centro del ataque y, tras un rebote, pelota le cayó a Bertoni, que sentenció el partido. Quedaban cinco minutos para el final, pero ya no había camino de retorno para los holandeses, que perdieron su segunda final consecutiva.

«La final contra Holanda fue el ejemplo más grande de lo que yo quería del equipo», dijo Menotti. Pero a Brian Glanville, quien cubría su sexto Mundial, le pareció que Argentina era el peor ganador que había visto. Habló de un torneo «desfigurado por el fútbol negativo, el mal temperamento, el arbitraje espantoso, los jugadores llenos de desdén y la disipada entrega de Perú». Para los argentinos, sin embargo, nada de eso importaba, o al menos no en ese momento. Y, sin embargo, en lo que fuera, ostensiblemente, un artículo que glorificaba la victoria el día después de la final, el diario *Clarín* se topó con la ambivalencia que subyacía en la victoria, que «cubre todos los momentos de oscuridad. El fútbol argentino es el mejor del mundo… El logro de Menotti es grande. Ganó su estilo. Ganaron sus convicciones. Es posible ser campeones del mundo con jugadores técnicos y atacantes. El fútbol argentino será recordado por siempre por éste triunfo». Los «momentos de oscuridad» no son definidos, pero supuestamente hacen referencia de manera muy directa a la derrota ante Holanda en 1974 y a la incapacidad de clasificarse para el Mundial cuatro años antes. Con la perspectiva del tiempo, sin embargo, adquieren una importancia mayor y parecen referirse indirectamente a los años del antifútbol. Y con todo el beneficio del contexto, el término quizá también parece adquirir un significado político y, por lo tanto, reconoce la cuestión que Menotti hiciera oblicuamente una y otra vez en público y explícitamente ante su equipo antes de la final. «Somos el pueblo —dijo en el vestuario antes del comienzo—. Venimos de las clases victimizadas y representamos la única cosa legítima de este país: el fútbol. No estamos jugando para los asientos caros llenos de funcionarios militares. Representamos la libertad, no la dictadura.» En el fútbol (en el viejo estilo romántico y bohemio del fútbol), Menotti ubicaba la argentinidad, tal como Borocotó e Hipólito Yrigoyen habían hecho, de maneras diferentes, hacía medio siglo. En la victoria de su equipo, jugando una versión modificada de ese estilo, un estilo que dejaba espacio a la falta táctica y a las antideportivas acciones con la mano, él veía un triunfo para la izquierda. Videla insistía en que «el triunfo fue obtenido con capacidad, coraje y disciplina», omitiendo la habilidad técnica en la cual insistía el entrenador. Menotti, como señala el antropólogo Eduardo Archetti, tendía a referirse a la victoria para el «pueblo», en lugar de la «nación».

«¿Qué debería haber hecho? —preguntó Menotti—. Entrenar a equipos que jugaban mal, que basaban todo en trucos, que traicionaban los sentimientos del pueblo? No, por supuesto que no.» Sostuvo que su fútbol, al ser libre y creativo, ofrecía un recuerdo de la Argentina libre y creativa que existía antes de la Junta.

Pero eso, sin embargo, es idealizarlo todo demasiado. Menotti se aprovechó del entorno político para evitar que los jugadores se fueran a jugar al extranjero; se cree que la elección de Alonso y no de Bochini obedeció a razones políticas, y durante todo el torneo hubo la sensación de que si se podía sacar alguna ventaja, Argentina se aseguraría de hacerlo.

PARTE 5

Una nueva esperanza
1978-1990

39

La Natividad

*E*l 30 de octubre de 1960, treinta y dos años después de que Borocotó describiera al pibe perfecto, el chico de la calle con una melena de cabello descuidado, los ojos que relucían con malicia y la sonrisa descarada que revelaba dientes desgastados por el pan de ayer, el ideal se corporizó en el hospital Evita Perón de Lanús, un distrito industrial al sur de Buenos Aires.[101]

Diego Maradona, alias *Chitoro*, y su esposa Dalma Salvadora, alias *Tota*, eran de la ciudad de Esquina, en la provincia de Corrientes, al noroeste de Argentina y muy cercana a la frontera con Paraguay. Él era un barquero que vivía en una casilla junto al río, revestida con barro y juncos. Se ganaba la vida pescando y transportando vacas a las islas del delta del Paraná para pastar, trayéndolas de regreso cuando subía la marea. Tota se trasladó a Buenos Aires buscando una mejor vida y halló empleo como sirvienta. Dos años más tarde persuadió a Chitoro para reunirse con ella. Inicialmente, vivirían con algunos parientes en Villa Fiorito, un suburbio al sur de Buenos Aires. Chitoro consiguió trabajo en una fábrica de harina de hueso sobre el Riachuelo, la ensenada sobre la cual Pedro de Mendoza había fundado inicialmente Buenos Aires

101. Extrañamente, cuando yo fui allí en marzo de 2012 para un partido de la Copa Libertadores contra Emelec, sobre la calle principal, peatonal, entre la estación y el estadio se imponía una imagen recortada de tal vez diez o doce metros de alto, no de Maradona, ni siquiera de otro jugador internacional argentino nacido en Lanús, tal como Héctor Enrique o Gustavo López, sino de Glen Johnson, sin duda una de las campañas publicitarias menos convincentes que Adidas haya creado jamás.

y que los descamisados habían cruzado en masa en apoyo de Perón en 1945. Para entonces se había transformado en un inmundo y contaminado canal que en la práctica marcaba el límite entre los ricos y los pobres en la ciudad.

Poco después de que los Maradona llegaran a Villa Fiorito, sus parientes se mudaron. Chitoro tuvo que construir su propia casa con ladrillos sueltos y chapas de metal. Los Maradona habían tenido tres hijas cuando Tota quedó nuevamente embarazada. Hay docenas de historias referidas al nacimiento de su cuarto hijo, como si hubiera sido necesaria una señal del universo, pero la más difundida afirma que Tota estaba bailando cuando sintió un súbito dolor. Unas pocas horas más tarde, dio a luz a un varón, de quien se dice que estaba dando puntapiés incluso mientras llegaba al mundo. «La felicito —se supone que le dijo el médico—. Tiene usted un hijo muy saludable y que es pura garra.» Los Maradona llamaron al niño como su padre: Diego.

El niño creció en una chabola sin agua corriente ni electricidad. Fue Villa Fiorito, dijo siempre Maradona, lo que le enseñó la pillería, la viveza, el sentido de picardía o de la astucia que se valoraba como la virtud que permitía a los pobres prosperar. Los que provenían de las provincias, insistía él, eran más honestos, pero los villeros eran tribales: se rodeaban de cerca con sus amigos, y priorizaban, por encima de todo, la lealtad. Él es, y lo dice con orgullo, un «cabecita negra»: un descendiente de gente pobre italiana y guaraní, un trabajador de los estratos más bajos de la sociedad.

En su tercer cumpleaños, Maradona recibió una pelota de su primo Beto; esa noche, se la llevó a la cama con él. Se transformó en su compañera constante. «Hay mucha gente que tiene miedo de admitir que nació en una villa —ha dicho—, pero yo no, porque si no hubiera nacido en una villa, no hubiera sido Maradona. Tenía libertad para jugar.» Pero no se debe idealizar su infancia. En Villa Fiorito, no había comisaria de policía por miedo a que se transformase en blanco de la disconformidad; los policías llegaban cada día hasta allí en autocar. Había otros peligros, más mundanos. Una noche, cuando aún gateaba, Maradona cayó dentro de una fosa séptica abierta. «Dieguito —gritó su tío Cirilo mientras lo ayudaba a salir—, mantené la cabeza arriba de la mierda.» Es una historia que Maradona contaría a menudo; las palabras de su tío se transformarían casi en un mantra en los momentos más difíciles de su vida.

De niño, Maradona ganaba dinero de cualquier forma que podía: abriendo puertas de taxis, vendiendo chatarra, recolectando la envoltura de papel de aluminio de los paquetes de cigarrillos. Para sobrevivir, se dependía del ingenio: esto estaba lejos del sueño peronista, pero Chitoro y Tota tenían imágenes de Perón y Evita en casa. Parece que pronto se dieron cuenta de que el futuro de Diego estaba en el fútbol y lo apoyaron en cada etapa de su desarrollo. Una temprana fotografía lo muestra, con cuatro o cinco años, de pie frente a una cerca de alambre maltrecha y torcida por la cantidad de veces que había cañoneado una pelota contra ella. En el camino a la escuela, hacía toques con una naranja, un diario apelotonado o una bola de trapos, y no dejaba que la pelota tocara el suelo incluso cuando cruzaba un puente ferroviario.

En diciembre de 1968, lo llevaron a realizar una prueba con los Cebollitas, el equipo juvenil de Argentinos Juniors. El club había sido fundado en el barrio céntrico de Villa Crespo en 1904 por un grupo de amigos que enarbolaban principios socialistas o anarquistas; inicialmente adoptó el nombre de Mártires de Chicago, por los ocho anarquistas ahorcados o encarcelados tras la revuelta de Haymarket en el Chicago de 1886.[102] Al año siguiente, cuando comenzaron a crecer, cambiaron el nombre por el más incluyente Argentinos Juniors. Fueron aceptados en la Asociación en 1909. Y, tras una serie de mudanzas, se asenta-

102. Durante un mitín en Haymarket Square en Chicago, el 4 de mayo de 1886, que exigía un jornada laboral de ocho horas y apoyaba a manifestantes abatidos por la policía durante las protestas del día anterior, se arrojó una bomba de dinamita a la policía, que abrió fuego. Siete policías y al menos cuatro civiles murieron. Ocho anarquistas fueron condenados por conspiración y, a pesar de que no había evidencia alguna de que ninguno de ellos hubiera realmente arrojado la bomba, siete fueron sentenciados a muerte. Cuatro fueron ahorcados en noviembre de 1887, a dos se les conmutó la sentencia y uno se suicidó en la cárcel, detonando en su boca un fulminante tiro que le arrancó la mitad de la cara; tardó seis horas en morir. Seis años más tarde, el nuevo gobernador de Illinois, John Peter Altgeld, perdonó a los tres acusados que aún vivían y criticó el juicio. Se considera que el incidente condujo a que el 1 de mayo se celebre el día internacional de los derechos de los trabajadores.

ron en el barrio céntrico de La Paternal, justo al oeste de su hogar original. Fue en 1921. En torno a 1930, el club estaba al frente del movimiento hacia la profesionalización. El dinero siempre escaseaba y descendieron en 1936. No volvieron a la primera división hasta dos décadas más tarde. Para entonces, la calidad de su trabajo con jugadores jóvenes había comenzado a ganar reconocimiento; además, se apreciaba al club por practicar un fútbol divertido, aunque no necesariamente exitoso. Fue entonces cuando se les endilgó el sobrenombre de «los Bichos Colorados». Argentinos finalizó tercero en el campeonato de 1960 (había mantenido esperanzas de alcanzar el título hasta una derrota 5-1 frente a River en el antepenúltimo fin de semana de la temporada), pero lo cierto es que pasaba la mayoría de las campañas luchando por evitar el descenso. Además, eran conscientes de que si llegaban a generar uno o dos buenos jugadores, estos pronto acabarían en clubes más poderosos.

No le tomó mucho tiempo a Argentinos darse cuenta de que con Maradona estaban tratando con un jugador muy distinto. Era bajito y achaparrado, con una cabeza inusualmente grande. Recordaba algo a Sívori. Según Francisco Cornejo, el entrenador, «parecía venir de otro planeta». Maradona era tan talentoso que inicialmente los empleados del club supusieron que debía ser mayor de lo que afirmaba, pero poco desarrollado físicamente: insistieron en ver su documento de identidad. Al convencerse de que estaban ante un niño prodigio de ocho años, Cornejo lo llevó a ver a Cacho Paladino, un médico que se ocupaba tanto de Huracán como de boxeadores. Le dio a Maradona un tratamiento con píldoras e inyecciones para fortalecerlo. Desde temprana edad, Maradona se familiarizó con la idea de que la ayuda farmacéutica era algo normal y natural.

Casi inmediatamente, se transformó en un fenómeno. En el descanso de los partidos de Argentinos, Maradona hacía trucos para entretener al público; en un encuentro contra Boca Juniors, en julio de 1970, causó tal impresión que la multitud entonó cánticos para que se quedara durante el segundo tiempo. Se presentó a un programa sabatino de entretenimiento y realizó sus trucos en televisión, primero con una pelota de fútbol, luego con una naranja y finalmente con una botella. Hay un vídeo de una entrevista en la que se le preguntó cuáles eran sus ambiciones: «Ganar la liga y la Copa del Mundo», contestó.

El 28 de septiembre de 1971, el nombre de Maradona salió por primera vez en la prensa nacional, cuando un reportero de *Clarín* cayó cautivado por su espectáculo en el descanso de un partido entre Argentinos e Independiente (si bien el tributo se vio bastante estropeado por que se refirió a él como «Caradona»). El niño de ocho años, decía el informe, demostró «una habilidad única para controlar y burlar con el balón», pero lo que parece más significativo es que Maradona fue inmediatamente situado dentro de la tradición del pibe: «Su camiseta es demasiado grande para él y su flequillo apenas lo deja ver. Hasta parece que se escapó de un potrero. Puede matar el balón y luego, con la misma facilidad, levantarlo con ambos pies. Su postura es la de un futbolista nato. No parece ser de nuestros tiempos, pero sí lo es; posee un amor muy argentino por el balón, y gracias a él nuestro fútbol seguirá alimentándose con grandes jugadores».

Esta era una enorme responsabilidad para alguien tan joven, pero nadie parecía tener duda alguna de que Maradona triunfaría. Los acontecimientos posteriores moldean tal percepción, por supuesto, y cargan de significado ciertos episodios que en la vida de otro serían olvidados, pero desde una edad extraordinariamente temprana existía la sensación de que Maradona estaba llamado a hacer algo grande, a ser alguien especial. Se le incluyó en equipos de categorías superiores a las que le correspondía por edad y prosperó; cualquier problema escolar se le resolvía, pues el director de su colegio, cautivado al verlo jugar, le daba por aprobados exámenes que no pasaba (una temprana lección, tal vez, de que él podía ser una excepción con respecto a las reglas). Maradona pronto descubrió que el talento abría puertas. Su primer viaje fue a un torneo en Uruguay, donde lo mandaron a una caseta sin agua corriente, mientras la mayoría del equipo era alojado en agradables hogares. Pronto, sin embargo, Maradona dejó de ser el segundón. En un viaje a Chile, su equipo paró en un hotel de cinco estrellas y él insistió en recibir el desayuno en su habitación: de repente, era poderoso. Esa tarde marcó cuatro goles.

A Maradona comenzaron a dorarle la píldora. Era un perdedor terrible. Cuando los Cebollitas cayeron en la final del campeonato nacional, se arrojó al suelo y gimoteó. La novelista Alicia Dujovne Ortiz hizo que el incidente formara parte de la leyenda de Maradona: describió que un hombre no identificado se acercó a él y le dijo que parara de llorar porque sería el mejor del mundo. En otro partido en 1972, fue expulsado tras estallar ante un árbitro. Maradona poseía un talento enorme, tal vez único, pero también era temperamental y parecería que en aquellos días no podía ni quería abordar ciertos problemas de su personalidad.

Cuando tenía quince años, Argentinos le dio un apartamento en Villa del Parque, lo que le permitió a su padre abandonar su empleo en la fábrica de harina de huesos. A poco tiempo de la mudanza, Tota se encontró sin suficiente efectivo en un supermercado local. Una joven adolescente detrás de ella le prestó algo de dinero; esa tarde envió a Diego a devolver el préstamo. La niña era Claudia Villafañe, que pronto se transformó en la primera novia seria de Maradona y, luego, en su esposa.

Para entonces Maradona ya había hallado a su primer agente: Jorge Cyterszpiler. Era dos años mayor que él, con sobrepeso y una melena ensortijada. Tras haber padecido poliomielitis de niño, cojeaba y, desde luego, no era nada atlético. Pero amaba el fútbol y se había transformado en mascota de Argentinos cuando su hermano, Juan Eduardo, que le llevaba diez años, comenzó a jugar en el equipo. Por desgracia, cuando Juan Eduardo tenía veintidós años, recibió un puntapié en los testículos, sufrió una hemorragia y murió. Jorge se sumergió en una depresión; casi no salía de casa hasta que le hablaron de Maradona y su genialidad. Intrigado, redescubrió su amor por este deporte. Cyterszpiler, que provenía de una familia acomodada de clase media, comenzó a invitar a Maradona a su casa. Se hicieron amigos, y Cyterszpiler pagaba gustoso las salidas al cine y a pizzerías. Siempre atento a los negocios, trabajaba en las oficinas de Argentinos cuando todavía iba al colegio, antes de estudiar Economía en la Universidad de Buenos Aires. Maradona confiaba en él y le pidió que se ocupara de sus asuntos financieros.

El 20 de octubre de 1976, diez días antes de su decimosexto cumpleaños, Maradona debutó con el primer equipo de Argentinos contra Talleres: salió desde el banquillo y se convirtió en el jugador más joven de la historia de la primera.[103] Argentinos estaba perdiendo 1-0 y el marcador no cambió, pero Maradona dejó su huella, haciéndole un caño al defensa de Talleres, Juan Domingo Cabrera.

Cuatro meses más tarde, tras haber jugado solo once partidos profesionales, Menotti lo convocó para un amistoso contra Hungría en la Bombonera. La multitud coreó su nombre y salió al campo cuando el marcador ya era de 4-0. La experiencia, sin embargo, no fue enteramente placentera. En su autobiografía, publicada en 2005, Maradona dijo que fue entonces cuando comenzó a sentir la envidia de otros; confesó que le daba tanta pena y le resultaba tan confuso que se encerraba y lloraba.

Las lágrimas eran algo muy presente en la vida del joven Maradona, en parte (probablemente sea cierto) debido a que otros le tenían envidia o tenían expectativas poco razonables respecto de su notable talento. Al mismo tiempo, estaba acostumbrado a tener éxito. Para él, era toda una lucha enfrentarse al fracaso o la frustración. Cuando, por ejemplo, en 1977 no ganó un premio en la celebración argentina del deportista del año, lloró. Y se encerró en una habitación y sollozó cuando Menotti no lo seleccionó para el equipo definitivo de veintidós hombres para la Copa del Mundo de 1978: amenazó con abandonar el fútbol y juró que nunca perdonaría al entrenador: lo había traicionado. Años más tarde, habiéndose reconciliado con Menotti, todavía insistía en que había sido un error, aunque, además de Mario Kempes, Menotti había contado con Beto Alonso y Ricardo Bochini, que jugaban en una posición similar.

Había quienes sostuvieron que a Menotti le preocupaba que Maradona lo eclipsara, pero cuando un entrenador ha

103. Una marca superada años después por Sergio Agüero, que tenía quince años y treinta y cinco días cuando debutó en Independiente en julio de 2003. Más tarde, Agüero se casaría con la hija de Maradona.

ganado una Copa del Mundo, es muy difícil sugerir que se equivocó al dejar fuera a un joven de diecisiete años brillante pero emocionalmente inmaduro. Cyterszpiler y Chitoro lo invitaron a comer una pizza y Maradona se olvidó de su amenaza de retirarse del fútbol. En su siguiente partido en la liga, animado por la bronca (una palabra del lenguaje callejero de Buenos Aires formada revirtiendo las sílabas de cabrón, o bastardo, que Maradona emplea frecuentemente para significar una amarga energía impulsada por el enojo o la desilusión), marcó dos goles y dio un par de asistencias para que Argentinos derrotara a Chacarita 5-0.

«Dios mío, qué jugador —dijo el portero Hugo Tocalli, que jugó con él en Argentinos en 1977—. Además de su calidad y de la belleza de su fútbol, luego de las prácticas de entrenamiento me hacía quedarme media hora o una hora, para practicar tiros, tiros libres, usando distintas técnicas. Yo no podía creer las cosas que hacía en el campo. Era asombroso. Tomaba diez pelotas, calculaba donde estaría la barrera, nos lo imaginábamos, y luego él anunciaba adónde dirigiría la pelota, y aun sabiéndolo, uno no podía pararla. Y yo me enojaba, y pedía otro tiro, y volvía a suceder. Pero necesitaba que se le plantearan desafíos, porque eso lo hacía mejor en el fin de semana.»

En aquel momento, el presidente de Argentinos Juniors era Próspero Consoli, un sastre oficial de las Fuerzas Armadas argentinas con el rango de cabo. Designó como titular de la comisión patrimonial del club al general Guillermo Suárez Mason, que estaba en la directiva tanto de YPF, la compañía petrolera nacional, como de Austral, la línea aérea estatal. Que Suárez Mason empleara complacido su helicóptero de YPF para asuntos futbolísticos da una idea de cómo el fútbol aún se consideraba un componente esencial de la vida política. El general también transfirió doscientos cincuenta mil dólares de Austral a Argentinos Juniors para ayudar a retener a Maradona en el club: hizo que posara vistiendo una camiseta y gorra de Austral para justificar la operación, una temprana señal de que el talento de Maradona (y la hábil explotación de dicho talento por parte de Cyterszpiler) se estaba tornando demasiado grande para Argentinos. El empleo de lo que en el fondo era dinero público para subsidiar el fútbol fue denunciado por el popular diario *Crónica*, pero era una práctica que estaba sólidamente arraigada. Se remontaba a los préstamos baratos para financiar estadios de finales de los años treinta y de la década siguiente. Obediente, Maradona realizó declaraciones a favor de la Junta: decía que los futbolistas eran soldados que luchaban por su nación con otros medios. Argentinos obtuvo aproximadamente un valor equivalente a lo que invirtió. Finalizó en segundo lugar en el Metropolitano de 1979, pero perdió un desempate contra Vélez Sarsfield para calificarse para la semifinal: un partido en el que Maradona no participó debido a una tarjeta roja que había visto en un amistoso. «Un réferi me tomó antipatía», dijo: jamás nada era culpa suya, algo que sería recurrente a lo largo de su vida. ¿Hubiera sido más responsable si no le hubieran consentido tanto? Quién sabe. Por otra parte, cabe decir que los mesías (y a Maradona se le asignó tal papel mucho antes de que la Iglesia Maradoniana fuera fundada en su trigésimo octavo cumpleaños, en 1998),[104] tal vez no tengan el mismo código moral que los mortales.

104. Si se la interpreta literalmente, la mejor descripción de la iglesia tal vez sea la de una fusión sincrética de catolicismo con el culto a la celebridad, aunque contiene algo de parodia («Diego nuestro que estás en la tierra, santificada sea tu zurda...») que sugiere que la intención de la Iglesia es más la de un tributo algo en broma que otra cosa, por más que sus dirigentes insistan en que deben ser tomados en serio. «Tengo una religión racional, y esa es la Iglesia católica —dijo uno de sus fundadores, Alejandro Verón—, y tengo una religión en mi corazón, la pasión, y eso es Diego Maradona.» Lo que la Iglesia deja claro es cuán fácilmente la veneración del pibe se acomoda a las preexistentes doctrinas e iconografías católicas.

40

Los campeones más improbables

*U*na semana después de la final de la Copa del Mundo empezó la temporada del torneo local. Ya se habían disputado quince jornadas de las cuarenta[105] cuando el Metropolitano se interrumpió por los preparativos para el torneo, con Boca líder y a un punto River. Quilmes estaba a tres puntos, pero nadie les prestaba mucha atención. Después de todo, tras haber ganado el torneo en 1912 con un equipo de jugadores que se habían quedado sin club después de la disolución de Alumni, habían sido mucho más exitosos en hockey que en fútbol.

Quilmes era el último de los viejos clubes angloamericanos que mantenía una presencia cercana a los primeros de la tabla. Había tenido un comienzo difícil en la temporada de 1978; después de obtener solo seis puntos de sus primeros siete partidos, sus entrenadores, Mauricio López y Rubén Caballero, renunciaron. El año anterior, José Yudica había salvado al club del descenso, por lo que volvieron a llamarlo. Yudica había tenido una carrera sólida pero no espectacular como jugador, primero en Newell's, luego en Boca, Vélez y Estudiantes, donde jugó brevemente dirigido por Zubeldía, a quien describió como «un hombre muy honesto». «Yo no estaba de acuerdo con su forma de ver el fútbol, pero estaba adelantado a su tiempo, siempre estudiando. Sus sermones eran útiles en ese momento, pero el cambio verdadero en el fútbol argentino fue gracias a Menotti.»

---

105. Había 21 equipos en el Metropolitano ese año, por lo que cada equipo jugaba 40 partidos, con dos semanas cuando se quedaban fuera de una ronda de partidos.

Yudica pasó luego por una serie de clubes menores de camino a Colombia, donde ganó un título con el Deportivo Cali. Cuando regresó a Quilmes, tenía cuarenta y dos años. «Yudica es de la escuela de Newell's Old Boys, el padre de todos los Bielsas y Martinos, reuniendo fútbol atractivo y sacrificio», dijo Tocalli, quien fue a Quilmes desde Argentinos a finales de 1977. «Tuve la enorme suerte de jugar con Maradona en 1977 y de ser entrenador de Messi cuando lo llamaron por primera vez para representar a la Argentina [en juveniles], pero en Quilmes teníamos un jugador extraordinario del que casi nadie habla: el *Indio* Gómez. Transformó tres números 9 en máximos goleadores y los hizo conseguir transferencias en el extranjero. El problema era que su vida personal era un desastre.»

Omar Gómez era un genio de mejillas anchas, flequillo pesado y una sonrisa pícara y torcida. «Sabíamos que López y Caballero eran dos tipos trabajadores en esto, pero les faltó la cuota de alegría —dijo—. Al profesional le gusta entrenar y trabajar siempre, pero dentro de ese entrenamiento exigente tiene que haber alegría. Ellos fallaron en ese aspecto, fueron reprimiendo nuestra felicidad, y eso al jugador lo predispone de otra manera.»

Yudica devolvió la diversión. «Nos habíamos salvado del descenso el año anterior y sabíamos qué clase de persona era —dijo Gómez—. Con él nos hicimos fuertes, y a medida que pasaron los partidos nos afinamos.» Puede haber sido más agradable, pero no hubo relajamiento en la ética de trabajo. «En 1978, la Copa del Mundo significó vacaciones para todos los clubes, pero Yudica nos dijo que si trabajábamos mientras los otros clubes estaban de vacaciones, retomaríamos el torneo con una gran ventaja. No iba a sancionar o decir nada a los que no quisieran ir a entrenar, pero eso es lo que remarcó. Nos convenció. Ni un jugador se tomó vacaciones. Era muy persuasivo, y era igual cuando hablaba del partido siguiente: vamos a ganarles si hacemos esto, decía, eso hicimos y así fue como ganamos.» El partido decisivo fue contra Independiente, cuando faltaban solo seis para terminar la temporada: resistieron una intensa presión y ganaron 1-0. «Creo que ahí cada uno se fue convenciendo de que empezábamos a tener la suerte que necesita todo campeón —dijo Gómez—. Fue un partido complicadísimo. Independiente tenía un equipo bárbaro, y ganarle a los grandes no era tan fácil en esa época. Cuando [Juan Carlos] Merlo entró e hizo el gol, nos dimos cuenta de lo que teníamos: un buen grupo. Éramos ordenados, difíciles de vencer, le podíamos ganar a cualquiera y también tuvimos la cuota de suerte. A partir de ahí fuimos creyendo cada vez más hasta que conseguimos una posibilidad.» Mientras Boca se tambaleaba, a Quilmes le hacia falta una victoria sobre el Rosario Central de Carlos Griguol para ganar el título. Era la última jornada de liga. «Antes de entrar en el estadio, Yudica dijo que estábamos a un pasito de tocar el cielo con las manos —dijo Gómez—. Era eso, ir y tocar la gloria, algo que el jugador de fútbol tiene que sentir muy adentro. No sabíamos qué premio íbamos a cobrar ni nada relacionado con el dinero, solo nos interesaba salir campeones.»

Los jugadores casi parecían sorprendidos por estar en disposición de ganar un campeonato: ningún club pequeño como Quilmes había llegado nunca tan cerca del éxito. Tenían una ingenuidad hermosa: de todo lo que Yudica inspiraba en el equipo, lo más importante quizá fuera la autoconfianza. «Hizo que los futbolistas jugasen mejor y nos convenció de que podíamos ganar —dijo Tocalli—. No sabíamos nada sobre el dinero, por ejemplo. Creo que me dieron tres mil dólares por ganar el título. No jugué todos los partidos, pero los que sí jugaron todos posiblemente no hayan llegado a diez mil. Antes del partido decisivo en Rosario Central, no sabíamos de bonificaciones ni de nada.»

El equipo estaba nervioso y se puso por debajo en el marcador dos veces. Pero dos penaltis de Luis Andreuchi reigualaron el partido. Y entonces, a los cincuenta y dos minutos, se pasó en cinco minutos del 1-2 al 3-2: Jorge Gáspari logró el gol que les dio el único título profesional en su historia. «Es imposible narrar lo que sentís —dijo Gómez—. Hay que vivirlo. Sí, te viene a la cabeza tu papá, tu mamá, tu señora, tu hijo, tus amigos y la felicidad que seguro ellos tenían […] Pero la sensación que llevás adentro de tu cuerpo es imposible de explicar. No sabes con quién abrazarte, qué hacer, si saltar, si gritar, si tirarte al piso o si nadar.»

No fue posible construir sobre el éxito: el título no fue una plataforma para el futuro, sino un momento de gloria. A las pocas semanas, Gómez se había ido. Quilmes era un equipo con un presupuesto pequeño y se vio obligado a aceptar cualquier oferta razonable por sus jugadores: algo que sería cada vez más común para los clubes argentinos. Cuando los Dallas Tornados de la NASL hicieron una oferta por él no pudieron rechazarla. Allí tal vez esté la respuesta a la pregunta de Tocalli de por qué Gómez nunca recibió el reconocimiento que él cree que merece: pasó sus mejores años jugando en Estados Unidos.

Aun así, Gómez siempre será recordado por lo que hizo con Quilmes. Ese triunfo fue probablemente el éxito más inesperado de cualquier equipo de la historia argentina, pero fue parte de un patrón más general.

Parte del objetivo de establecer el Nacional fue reducir el predominio de los grandes, y en eso fue indudablemente un éxito, incluso si los clubes que se beneficiaron no fueron los de provincias, como se pretendía, sino los dos equipos de Rosario y clubes más pequeños de Buenos Aires. «Los equipos grandes ya no fueron tan notorios», dijo Zanabria, quien, tras anotar el gol que le dio a Newell's el primer título antes de su pase a Boca, había visto las dos caras de la moneda. «Hasta entonces, los grandes armaban sus equipos con los mejores jugadores de los otros clubes. Era muy fácil sacárselos. Pero en los años setenta, la filosofía fue tratar de mantenerlos lo más posible, y también había clubes del extranjero interesados en esos jugadores; entonces para los clubes grandes no fue tan fácil como antes conseguirlos.»

Además de los factores económicos, también hubo cuestiones tácticas. Aunque terminaron perdiendo peso, Estudiantes había mostrado otra manera de jugar, una forma de que los clubes más pequeños pudieran ganar. «Eso fue lo bueno del fútbol argentino en aquel momento, porque el trabajo duro empezó a dar resultados —dijo Tocalli—. Antes, los clubes grandes compraban a los mejores jugadores, y eso era suficiente para ganar. Pero los técnicos que estudiaron el fútbol aprendieron que había otra manera de ganar y también cambiaron la mentalidad: River tenía a Fillol, Passarella, Luque, un equipo extraordinario, pero eso no significaba que no pudiéramos ganarles en el Monumental. Y lo hicimos. Tenía que haber una manera. Y los técnicos estudian esas maneras. Newell's, Talleres, Quilmes, Ferro [...] Ese fue el signo del progreso, algo bueno.»

41

El orgullo de la nación

$\mathcal{T}$ras haber ganado la Copa del Mundo, Menotti concentró su atención en el futuro. Se centró en el Mundial sub-20 de 1979, que tuvo lugar en Tokio. Ningún otro seleccionador argentino le había dado tanta importancia al juvenil. Para entonces la AFA tenía un nuevo presidente: Julio Grondona, que fue designado gracias a la presión ejercida por el almirante Lacoste. Hombre macizo, pesado, Grondona nació en Avellaneda en 1933, en un barrio tan asociado con la imagen tanguera de matones navajeros que se decía que por esos lugares, si uno arrojaba una patata al aire, caía pelada. Compartía una habitación, con vistas al cementerio, con sus diez hermanos. Como era la Década Infame, muchos de aquellos cuyas tumbas alcanzaba a ver todavía estaban empadronados para votar.

Grondona fue contratado por River cuando tenía diecisiete años, pero solamente jugó con ese club en juveniles. Ingresó después en Defensores de Belgrano, en las categorías inferiores, mientras trabajaba en la herrería de su padre, hasta que en 1956 compró un terreno en Sarandí, un distrito de Avellaneda, sobre el Riachuelo, conocido por sus marroquinerías. Allí se transformó en uno de los cofundadores de Arsenal.

Al principio, fue jugador y directivo del nuevo club, que combinaba los colores de Racing e Independiente, los dos principales equipos de Avellaneda: usaban camisetas con rayas celestes y rojas. Alcanzó el puesto de presidente en 1957, pero comenzó a trabajar como directivo en Independiente en 1962.

Se desligó de Arsenal en 1976, para transformarse en presidente del club más grande. Podría haber llegado a presidente antes de no haber estado vetado para participar en las elecciones en 1970 debido a una sanción de un año impuesta por la AFA por haber atacado a un árbitro en Arsenal. Grondona, una figura tremendamente controvertida, sería luego vicepresidente de la FIFA, desde 1988. Ocupó tanto ese puesto como la presidencia de la AFA hasta su muerte en 2014. Durante dicho periodo, probablemente fue la figura más influyente del fútbol argentino fuera de las canchas.

El Mundial juvenil comenzó solo dos días después de que finalizara la fase de grupos de la Copa América, lo que inevitablemente implicaba compromisos. Argentina necesitaba derrotar a Brasil en el último partido del grupo. Maradona había marcado en el partido anterior del grupo, con la selección absoluta, una victoria 3-0 frente a Bolivia. Pero había sido designado capitán del equipo para Japón, por lo que no pudo participar en el partido decisivo que Argentina solo pudo empatar 2-2.

Si bien fue una desilusión que Argentina no llegara a las semifinales continentales por segundo campeonato seguido, la decepción se desvaneció pronto, cuando los sub-20 deslumbraron. Fue en un amistoso contra los New York Cosmos, con la participación de Carlos Alberto, Giorgio Chinaglia y Franz Beckenbauer, y que se jugó en Tucumán en noviembre de 1978, cuando por primera vez se había visto realmente cuán bueno podía ser este sub-20 argentino. Maradona acababa de llegar al equipo, pero fue otro nuevo integrante, un delantero de 1,60 de Chacarita, Osvaldo, *Pichi*, Escudero,[106] quien destacó. Ernesto Duchini, que dirigía la academia juvenil nacional, solo lo había presentado al resto de los jugadores una semana antes del partido, pero en el entrenamiento «nos hizo bailar a todos con su diabólico gambeteo», según contó el defensa Juan Simón.

Se lo incluyó en el equipo para el partido contra el Cosmos. «Esos primeros treinta minutos fueron como una orquesta

---

106. Escudero dejó Chacarita por Vélez en 1979, pero su carrera entre los mayores fue relativamente modesta. Jugó más de 100 partidos para Unión de Santa Fe y Rosario Central, pero nunca fue elegido para la selección nacional absoluta.

tocando en el campo —dijo Simón—. Eso fue un hito para ese equipo. Estábamos ganando 2-0 al cabo de veinticinco minutos.» Terminaron ganando 2-1.

Un equipo debilitado finalizó segundo en el campeonato sudamericano sub-20, con lo que se ganó un lugar en el Mundial. Argentina derrotó a Indonesia por 5-0 en su debut, pero lo que realmente le dio vida fue la charla de Menotti en el descanso del segundo enfrentamiento, cuando Argentina empataba 0-0 con Yugoslavia. Según contó Simón, el Flaco les preguntó: «¿Para qué carajos vinieron aquí? Si van a jugar así, tendrían que haberse quedado en casa. Ustedes están aquí porque son los embajadores de una idea; eso es lo que los trajo aquí y eso es lo que ustedes deben mostrar en el campo, aunque perdamos 10-0». Y les decía cosas como: «La pelota es nuestra novia. La tienen que tratar como si fuera su novia».

Escudero marcó el gol de la victoria a los diez minutos del segundo tiempo. Luego vencieron a Polonia, Argelia y Uruguay, antes de derrotar a la URSS en la final: 3-1. En seis partidos, marcaron veinte goles. Ramón Díaz fue el máximo goleador, pero Maradona resultó la indudable estrella de un torneo que fue tanto promovido como vigilado por la Junta. Hablaban de la incontrovertible superioridad de la juventud argentina, al mismo tiempo que censuraban la cobertura televisiva, eliminando de la imagen a manifestantes y carteles opositores entre el público.

Poco antes de la final, una delegación de la Organización de los Estados Americanos llegó a Buenos Aires para investigar denuncias de abusos de derechos humanos. Se instalaron en la plaza de Mayo y pidieron que cualquiera que tuviera pruebas se personara allí y hablara con ellos. Mientras el ambiente de celebración tras la victoria en Tokio alcanzaba niveles de histeria, el comentarista de Radio Rivadavia José María Muñoz instó a sus radioescuchas a que «demostremos a los señores de la Comisión de Derechos Humanos que la Argentina no tiene nada que ocultar». Miles de personas confluyeron en la plaza, donde llevaron a Muñoz en volandas. Las Madres, que en muchos casos habían formado fila todo el día para ofrecer su testimonio, recibieron empujones y se vieron sobrepasadas.

A su regreso a Argentina, Maradona fue agasajado por la

Junta, que lo reclutó, le cortó el cabello y luego lo dio de baja, alentándolo a seguir siendo un modelo para la juventud del país. Ya entonces, sin embargo, existía la sensación de que Maradona era un jugador que había sobrepasado su entorno, un genio centrado en sí mismo y que sospechaba de aquellos que tenía a su alrededor. Cuando fue cambiado para darle descanso con el marcador a 5-0 en los cuartos de final, había llorado y había comenzado a preguntarse si los rumores de que Menotti no lo había convocado para la Copa del Mundo de 1978 por celos podrían tener algún fundamento. Había soñado, escribió en su autobiografía, con bajar del avión con la copa y estaba tan preocupado porque Menotti no le dejara jugar con los mayores que «quería morir». Al final lo «salvó» la necesidad de cumplir, en una forma muy somera, con el servicio militar.

Al año siguiente, Argentinos terminó segundo en el Campeonato (el torneo que había sido el Metropolitano), pero se sabía que Maradona no podía permanecer en Argentinos para siempre. El Barcelona hizo su primera oferta por él en 1979, lo que hizo que la AFA le otorgara a Argentinos cuatrocientos mil dólares para aumentar el salario de Maradona y retenerlo en el país.

A comienzos de 1981, sin embargo, tras ser insultado por los hinchas cuando Argentinos perdió un amistoso de verano ante River Plate, Maradona decidió alejarse: no iba a quedarse donde se le faltara el respeto, dijo, estableciendo un patrón que se repetiría en casi todo club en el que jugara: abandonarlo de malos modos. River Plate se le acercó por primera vez cuando tenía doce años, pero él siempre había insistido en que lo que realmente anhelaba era jugar en Boca.

El dirigente de Argentinos, el general Suárez Mason, fue, según se dijo, amenazado por el almirante Lacoste, un hincha de River Plate que había mantenido influencias dentro de la AFA tras el Mundial al lograr la designación de Grondona como presidente, pero River nunca hizo un ofrecimiento serio por Maradona. En lugar de ello, tras haber marcado 116 goles en 166 partidos para Argentinos, se cedió al Boca para la temporada 1981. Su nuevo club le pagó cuatro millones de dólares a Argentinos y se hizo cargo de un millón de dólares de su deuda.

El Boca al que Maradona se unió distaba mucho de ser lo que había sido en su apogeo a fines de la década de los setenta. Tras ganar su primer campeonato continental en 1977, Boca volvió a ganar la Libertadores, derrotando al Deportivo Cali de Carlos Bilardo en la final. Para Pancho Sá, fue el sexto título de la Libertadores: «Tal vez solo tenía suerte, o un talismán —dijo—, pero cuando miro hacia atrás, digo: fui campeón en la quinta división de Central Goya, fui campeón en la primera división de Huracán de Corrientes, fui campeón con Independiente, con Boca, en el barrio antes de pasar a ser profesional, en el barrio y en un torneo de veteranos después de terminar mi carrera. Lo que quiero decir: no sé si tuve suerte o si fui un elegido, no sé si Dios me dio el don de ganar, pero estoy seguro de que hice mi parte para ganar tanto».

Mientras perdía fuerza en la competición local, Boca perdió ante Olimpia de Paraguay en la final de la Libertadores al año siguiente: una actuación inspirada del portero Ever Almeida y la falta de disciplina en el partido (tres de sus jugadores fueron expulsados, por uno de los paraguayos) resultaron decisivas.

Ese año, el Gobierno comenzó a presionar a Boca por la grotesca situación de su Ciudad Deportiva. En 1965, se le habían otorgado al club cuarenta hectáreas en una isla artificial en el Río de la Plata para construir allí un estadio con capacidad para ciento cuarenta mil espectadores y otras instalaciones deportivas. Catorce años más tarde, cuando apenas había comenzado la construcción, el Estado volvió a tomar posesión del terreno, pero permitió a Boca continuar con los trabajos de construcción; se entendía que cuando se completara el proyecto, los derechos volverían al club. Con el tiempo, en 1982, el Gobierno otorgó los terrenos a Boca, aunque no había señales de que la edificación se completara jamás. Sin embargo, en 1979 se había tenido una sensación real de amenaza económica. En 1980, los resultados solo empeoraron: Boca quedó séptimo en el campeonato y solo alcanzó el quinto puesto en su grupo en el Nacional. Con una situación económica más que complicada, necesitaba desesperadamente el estímulo que le daba contratar a Maradona.

Al poco de llegar a su nuevo equipo, Maradona fue con Claudia y otros parientes a ver la final de un torneo juvenil en el

Monumental. Ya irritado porque solo a él y a Claudia se les dieron asientos en el palco oficial, perdió los estribos cuando fue insultado por hinchas de River y se lio a golpes, por lo que acabó expulsado.

Era un incidente menor, pero resumía dos tendencias que estaban surgiendo y que se transformarían en centrales en su carrera: que siempre sería un blanco de otros y que se dejaba provocar fácilmente y no le costaba mucho dejarse llevar por la ira. Era una estrella muy querida por la mayoría de argentinos, pero dicha adoración y su antítesis hacían casi imposible que pudiera seguir allí.

En el contexto de la maltrecha economía argentina, el acuerdo que llevó a Maradona a Boca implicaría muchas cosas. A pesar de las medidas de austeridad del gobierno, la inflación comenzó a subir, mientras que la producción se colapsaba, el desempleo aumentaba y el nivel de vida descendía. La oposición, en la forma de gremios laborales secretos, remanentes de los antiguos partidos políticos y movimientos sociales como las Madres, comenzó a resurgir. Una vez más, el fútbol se transformó en barómetro del estado del país, reflejando el caos financiero y a la vez ofreciendo un foco para el disenso.

En 1981, River, a pesar de haber recibido terreno gratis también, se había sumergido en una deuda de treinta millones de dólares. Los bonos que Boca había emitido en los años setenta tenían un estatus inferior al de la basura. Racing estaba masivamente endeudado, aumentando cada vez más sus problemas al intentar satisfacer sus pagos de intereses. Pero nadie estaba en una situación tan desesperante como San Lorenzo. En 1979, Osvaldo Cacciatore, un brigadier de la fuerza aérea, que era el intendente *de facto* de Buenos Aires y había emprendido un programa radical de reacondicionamiento urbano, construyendo nueve autopistas y erradicando villas miseria, decidió que había demasiados estadios de fútbol en la ciudad y que esos sitios podrían tener mejores usos. Se dice que contempló los solares de San Lorenzo, Vélez y Huracán, y decidió que, ya que el Gasómetro exhibía señales de envejecimiento (había sido inaugurado en 1916), estaba mayormente construido de madera y situado en un barrio que dificultaba el acceso a este, era el que tenía que removerse. Fuertemente endeudado, San Lorenzo tenía pocas maneras de resistir la presión del Gobierno y vendió su propiedad. Empató 0-0 con Boca en su último partido allí, el 2 de diciembre de 1979. Más tarde, el Gobierno vendió el terreno al grupo de supermercados Carrefour: sacó un gran beneficio de la operación. San Lorenzo se vio reducido a una existencia nómada: desanimado, el club fue de un pequeño y desvencijado estadio a otro hasta establecerse por fin en el Nuevo Gasómetro en el ruinoso barrio de Bajo Flores. Era el año 1993. Tan difíciles eran sus circunstancias a comienzos de la década de los ochenta que se hacían colectas para comprar toallas y jabón para los jugadores.

A medida que empeoraba la situación económica general, por primera vez desde hacía años, comenzó a oírse en los estadios una seria oposición al Gobierno. Había cánticos peronistas de los años cincuenta en Chacarita, por ejemplo, mientras que en el campo de Huracán se desplegaban banderas de los montoneros, que luego volvían rápidamente a ser escondidas. Ateniéndose al principio de los mandatos de cinco años, Videla dejó el cargo en marzo de 1980; lo reemplazó el general Roberto Viola (ciertos ultranacionalistas dentro de las Fuerzas Armadas se opusieron a tal designación). Viola emprendió conversaciones con la oposición, que en aquel momento era aún técnicamente ilegal, sobre un regreso a un gobierno civil; en parte, estaba forzado por el catastrófico estado de la economía. Las fuerzas conservadoras se alinearon detrás del general Leopoldo Galtieri, que, en diciembre de 1981, lideró un golpe de Estado que derrocó a Viola. Así se convirtió en presidente tras un gobierno interino de once días liderado por Lacoste.

En todo caso, pagar cuatro millones por Maradona era mucho pagar. Y la bola se hizo mayor aún porque el pago se hizo en dólares, no en pesos. En junio de 1981, cuatro meses tras la firma del acuerdo inicial, el peso fue devaluado el treinta por ciento como parte de unas desesperadas medidas antiinflacionarias. Para Boca, que ya estaba endeudado, resultó devastador. De acuerdo con Maradona, se le deberían haber otorgado varios apartamentos como parte del acuerdo, pero los títulos de propiedad nunca llegaron: podrían «haber sido hechos de cartón», dijo.

Mientras Boca y Argentina luchaban contra las dificultades, Maradona Producciones, que Cyterszpiler había constituido en Liechtenstein para administrar los bienes de su cliente, prosperaba. Se habían pactado una serie de acuerdos de patrocinio para ayudar a retener a Maradona en el país: promocionó la marca de ropa deportiva Puma y Coca-Cola; asimismo, hizo publicidad de cepillos de dientes, jabones, bicicletas estáticas y muñecos. Eso sí: se negó a prestar su nombre a cigarrillos o vinos porque los consideraba perjudiciales.

Hacia 1981, el salario de Maradona era de 75.000 dólares al mes, más bonificaciones. Pero también recaudó un millón y medio de dólares al año de «otras fuentes». Pagó un millón de dólares para comprar una enorme casa para él y su familia en Villa Devoto, un barrio acomodado en el noroeste de la ciudad. Fue entonces cuando realmente comenzó la reacción adversa que había temido desde que hizo su primera aparición internacional. En diciembre de 1979, Maradona había concedido una entrevista en la que se había quejado de estar a diario en el centro de la atención y de cómo el público no paraba de exigirle cosas. La gente, dijo, le había pedido desde gafas de sol, a casas, o que fuera el padrino de sus hijos. Por su parte, la prensa informó sobre una serie de parejas, algunas reales, otras imaginarias, mientras la siempre fiel Claudia permanecía en casa. En uno de sus últimos partidos con Argentinos, Maradona dio un empujón a un joven de quince años que había chocado con él al pedirle un autógrafo. Recibió una sentencia de dos meses de cárcel, aunque (dado el trato preferencial que se le daba por su talento futbolístico) más adelante el episodio desapareció de sus antecedentes penales.

Hubo muchas acusaciones respecto a que el dinero se le había subido a la cabeza. Si bien muchas de las historias eran exageradas, quedaba claro que a Maradona y su familia les resultó difícil acostumbrarse a su nueva condición. Poco después de la mudanza a Villa Devoto, Tota se desmayó delante de la casa, presa de los nervios: al parecer, su relación con sus nuevos vecinos era muy tirante. Y los partidos sin pausa y la exigencia de que Maradona siempre estuviera al mejor nivel maradoniano, incluso en encuentros de exhibición, dejaron huella. En febrero de 1981, se concertó un amistoso entre Argentinos y Boca para conmemorar el pase de Maradona: Diego debía jugar cuarenta y cinco minutos para cada equipo. A los diecisiete minutos del primer tiempo (cuando estaba jugando con Argentinos), tuvo que abandonar el campo debido a un esguince en su pierna izquierda. Tuvieron que infiltrarle para que, cojeando, pudiera jugar con Boca durante el segundo tiempo. Sin embargo, aquel calmante le produjo una reacción tan mala que no pudo dormir durante tres noches. Maradona se enfureció cuando parte del público, suspicaz, le acusó de no haberse comprometido en el tiempo que tenía que jugar con Argentinos.

Maradona estaba comprometido con Boca. Desde su infancia, había querido desesperadamente jugar allí. Por otra parte, firmar el contrato con el club cuando estaba pasando momentos de gran adversidad (y con cuatro años sin alzar un trofeo) reforzaba su decisión: era su oportunidad de erigirse en su salvador.

Era una actitud que tuvo una acogida desigual. Silvio Marzolini, el gran lateral izquierdo que entonces era el entrenador de Boca, le advirtió que debía recordar que era parte del equipo y que debía viajar con este a los partidos, en lugar de hacerlo con su familia. Al parecer, Maradona se lo tomó como un grave insulto: «Se equivocó hablándome así». Aun así, nunca era mala idea encender a Maradona, que respondió contra Talleres ya en la primera jornada: marcó tres goles y dio una asistencia a su experimentado compañero goleador Miguel Ángel Brindisi.

Brindisi había llegado al club desde Huracán al comienzo de la temporada 1981. Poco a poco, se transformó más en un delantero centro que en el centrocampista ofensivo que había sido. «El técnico de Boca sabe que si pierde el torneo, adiós, quedó afuera —dijo Marzolini—. Cuando Boca trajo a Maradona y a Brindisi, sabíamos que tenían que jugar los dos, porque esa era la clave del éxito. Para mí, en términos de como yo lo trataba, Maradona era un jugador más, como cualquier otro. No hacía diferencias porque no hubiera estado bien. Él sabía que era el mejor, yo sabía que él era el mejor, pero nuestra relación era fría porque no le estaba ofreciendo ningún privilegio. Era una gran persona y daba su todo.»

Boca había ganado siete y había empatado dos de sus primeros nueve partidos en la temporada del Metropolitano cuando se enfrentó a River, que había perdido solo uno de sus primeros nueve partidos. El partido fue en la Bombonera. Maradona anotó un triplete, incluido un gol con una carrera desde su propia mitad del campo: Boca ganó 3-0. Mientras el Pelusa celebraba su gambeta, Marzolini se acercó a la línea de banda con los brazos extendidos para abrazarlo; aparentemente, quedaba olvidada cualquier diferencia que podría haber habido entre ellos. «Maradona es Gardel», vociferó un titular, evocando al gran cantante de tangos de medio siglo antes. Unas pocas horas después del partido, Marzolini sufrió un ataque al corazón. «La tensión de ser el técnico de Boca no es fácil de manejar —dijo—. En la primera etapa, yo fumaba sesenta cigarrillos por día, y mi colesterol estaba en un pico récord. Tuvieron que hacerme un *bypass* después de eso.»

A la semana siguiente, Boca perdió, pero todavía parecía ser el favorito para la victoria final. A comienzos de mayo, jugaron en el campo de su rival más directo: Ferro Carril Oeste. Resultado final: 0-0, en un partido durísimo. Maradona dijo que ese día recibió la peor descarga de puntapiés de su carrera. Además, dada la calidad de Ferro, no entendía qué había pasado. Una célebre fotografía muestra a Maradona «dos metros en el aire», según expresó él, tras una falta de Carlos Arregui.

«Cuando había pasado la primera mitad de la temporada, Brindisi tenía más goles que Maradona —recordó Marzolini—. Así que Diego me dijo: "Silvio, o es él como delantero, o yo como delantero, pero uno tiene que ir como delantero y uno tiene que jugar detrás". Y yo le dije: "No, Diego, no te preocupes, estamos jugando bien y no saben a quién marcar, porque no hay posiciones fijas". Al final, Maradona marcó más goles que Brindisi, pero era un dirigente nato.» Boca mantuvo el dominio hasta julio, cuando sucumbió a la presión y empató cuatro partidos seguidos. La barra brava[107] estaba fuera de sí al ver que el título se les estaba escapando. Por eso decidieron invadir la concentración en La Candela.

---

107. En Argentina, las «barras bravas» son los grupos organizados de hinchas.

Maradona estaba esperando que el extremo zurdo Hugo Perotti terminara de usar el teléfono cuando vio que lo derribaban al suelo. Liderados por José Barrita, *el Abuelo,* cerca de dos mil hinchas, algunos de ellos armados, se apoderaron de la sala de pimpón. Amenazaron al *Tano* Pernía, a Jorge Ribolzi y a Pancho Sá, diciendo que aquello era para advertirles de lo enfadada que estaba la hinchada. «Nos dejaron desatendidos, a propósito, sin integrantes del directorio o seguridad ni nada —dijo Marzolini—. Querían agarrar a [Jorge] Benítez, porque estaba teniendo dificultades con sus centros, pero él no estaba ahí. Nos acusaban de no querer ganar, porque no habíamos ganado contra Vélez. Fue terrible.»

Uno le dijo a Maradona que él estaba eximido de las críticas. Diego replicó que, si no se iban, él no jugaría el día siguiente, ante lo cual el barrabrava (si hemos de creer a Maradona) alimentó su paranoia diciéndole que había algunos de sus compañeros de equipo que no le pasarían la pelota ni correrían por él. Marzolini, dijo Maradona, se escondió, dejando que él se enfrentara con Barrita, al que le dijo que el equipo no podía jugar en aquellas condiciones.

Finalmente, se persuadió a los barrabravas de que se retiraran. «Estábamos perdiendo el torneo, teníamos que hacer algo, de manera que eliminamos los amistosos y nos concentramos en la liga», dijo Marzolini. Volvió a alinear de titular al intrépido Hugo Gatti, en el partido del día siguiente contra Estudiantes. La historia oficial era que el portero se había lesionado, pero la verdad era algo más complicada: «Yo hice el servicio militar con Gatti y él estaba también en el equipo nacional cuando yo estaba ahí —dijo Marzolini—. Él simuló que estaba lesionado, pero yo conozco la historia verdadera. Lo saqué del equipo porque él andaba pensando que nosotros no ganaríamos la liga. Carlos Rodríguez lo reemplazó y tuvo algunos buenos desempeños. Cuando Gatti volvió, obtuvo la pelota en la línea de media y después le metió un pase a un compañero y armó el [único] gol [por Perotti]. Pero Gatti tenía un carácter difícil. Tenía que esperar algunos partidos».

La semana siguiente, Boca fue a Colón; estaba ganando 0-2 cuando, a falta de doce minutos, el equipo local se retiró de forma airada en protesta por el arbitraje. A continuación, se enfrentó a Ferro: prácticamente se aseguró el título cuando Gatti hizo una serie de grandes paradas y Maradona asistió a Perotti para que marcara: 1-0 para Boca. En el penúltimo fin de semana de la temporada, solo necesitaban un empate frente a Rosario Central para sellar el campeonato. Pero Maradona estrelló en el poste un penalti: el equipo perdió 1-0. Una semana más tarde, sin embargo, obtuvo el punto que necesitaba. Maradona marcó de penalti: 1-1 contra Racing, en un partido en el que se vieron cinco tarjetas rojas, cuatro de ellas (dos para cada equipo) en el primer cuarto de hora.

Fue el momento álgido de Maradona en Boca. Tres semanas después de haberse asegurado el título, Boca admitió que no estaba en condiciones de pagar la próxima cuota del pago por su transferencia. Argentinos Juniors le puso un pleito y, al mismo tiempo, el Banco Central congeló el patrimonio de Boca después de que una serie de cheques fueran rechazados, uno de ellos para Maradona Producciones. En medio de aquella incertidumbre, São Paulo ofreció comprarlo por siete millones de dólares.

En aquel momento, Maradona estaba de viaje en una gira de tres semanas, jugando a regañadientes una nueva serie de amistosos. Al regreso, se encontró con que se le estaba echando la culpa de la situación del club; había quien afirmaba que habían sido sus exigencias las que habían metido al club en tal situación. En eso había algo de cierto, pero también es verdad que la culpa no era de Maradona: no resulta sorprendente que la crítica le resultara dolorosa. Al fin y al cabo, solo tenía veinte años, y había jugado más de doscientos partidos, a pesar de una persistente lesión en el muslo que hacía que tuvieran que infiltrarle regularmente.

En realidad, el problema era a la inversa: Boca, e incluso el fútbol argentino, tenían tal dependencia financiera de Maradona que estaba obligado a jugar. Y eso se había vuelto en su contra. El 19 de octubre, en una entrevista para *Clarín*, Maradona suplicó una tregua. Aseguró que quería «poder seguir disfrutando del juego y no sentirlo como un peso que me tortura». Era un ruego que se repetiría de diversas maneras a lo largo de toda su carrera y que parecía encapsular algo bastante triste respecto de aquello en lo que el fútbol se había transformado para él, y, tal vez, para Argentina. Seguía siendo un juego que amaba, pero generaba presiones extraordinarias e intolerables. El año anterior, Maradona se había ido de vacaciones a Esquina, donde había pescado (evidentemente no tenía los complejos que tantos otros jugadores tenían) y se había divertido peloteando con los amigos de sus padres. Pero ese verano fue a Las Vegas.

Al regresar, Menotti lo sancionó por una supuesta renuencia a entrenar. Se reconciliaron, pero en los meses previos a la Copa del Mundo, Maradona pareció descontento; cada vez más crítico con respecto a la clase dirigente del fútbol. Para la Junta, sin embargo, Maradona siguió siendo el icono de la nación.

En febrero de 1982, Galtieri visitó al equipo argentino en su centro de entrenamiento previo al Mundial. Abrazó a Maradona delante de las cámaras. Para entonces, Maradona ya se había pronunciado contra la Junta. Por su parte, Diego continuaba sin querer pronunciarse respecto a temas políticos. Un mes antes, consultado acerca del Gobierno, había contestado: «No sé… Lo único que quiero es que mi país sea el mejor del mundo». Y eso es todo lo que la Junta quería. Galtieri había visto el impacto que había tenido el éxito cuatro años antes, y ahora deseaba desesperadamente que el logro se repitiera en el Mundial de España. En especial, ya que, después de que se eliminaran ciertas restricciones a la libertad de expresión, las protestas que exigían el regreso de la democracia se habían tornado más insistentes.

A finales de marzo, miles de personas se manifestaron contra el Gobierno en la plaza de Mayo: fue la primera protesta concertada contra el régimen. Galtieri hizo intervenir a la policía antidisturbios, que vació la plaza empleando sables, porras, gas lacrimógeno y munición real. En *La tierra que perdió sus héroes*, Jimmy Burns recuerda haber visto cómo una anciana, con una bolsa de compra en una mano y un bastón en la otra, era derribada al suelo a golpes por policías armados. «El incidente —escribió— parecía encapsular la desesperación de un régimen que sentía que se hallaba a la defensiva.»

La actuación del equipo nacional ofrecía solo una limitada esperanza de que el 1978 se repetiría. Maradona tuvo una pobre actuación en un empate amistoso contra Alemania

Federal (1-1), un rendimiento que se explica parcialmente por la presión que sufría.

Entonces la Junta decidió que se necesitaba una acción radical: para generar la sensación de unidad nacional, mejor que una Copa del Mundo, decidió Galtieri, era una guerra. Pensó en un conflicto con Chile por la disputada frontera en el extremo sur, pero en lugar de ello decidió invadir las Malvinas, suponiendo que, a regañadientes, los británicos aceptarían la ocupación de lo que, para la mayoría de las personas en Gran Bretaña, era un grupo de rocas casi ignotas en un océano lejano. Fue un terrible error de cálculo. Las tropas argentinas desembarcaron allí el 2 de abril; tres días más tarde, Gran Bretaña envió una unidad operativa de ciento veintisiete barcos para reclamar las islas. Estados Unidos (que Galtieri supuso se mantendría al margen) apoyó la acción británica.

A Osvaldo Ardiles y Ricardo Villa, que habían fichado por el Tottenham Hotspur tras la Copa del Mundo de 1978 y que habían contribuido a ganar la Copa FA en 1981 (Villa anotó uno de los más famosos goles del torneo en el desempate final contra Manchester City), aquella invasión les ponía en una situación muy complicada. El día después de que Argentina ocupara las Malvinas, el Tottenham se enfrentó a Leicester City en la semifinal de la Copa FA. Ardiles recordó que el follón en los medios era grande: «Muy grande. Era un partido importante, pero la cantidad de periodistas en nuestro hotel se triplicó».

Los Spurs ganaron 2-0. Al lunes siguiente, Ardiles regresó a Argentina para unirse al equipo nacional. Villa permaneció en Londres. «Mis compañeros de equipo estuvieron magníficos —le dijo a El Gráfico—. En lugar de decir que fue una situación "difícil", yo diría que fue "incómoda". En general, los ingleses están acostumbrados a esta clase conflictos. Todo a lo largo de su historia, han tomado control de tierras que no son de ellos, de manera que tienen más experiencia con esta clase de situación. Las noticias estaban ahí y se informaba sobre ellas, pero nadie pensó que llegaría tan lejos como llegó.»

Ardiles se alejó para jugar en la Copa del Mundo y luego fue cedido al Paris Saint-Germain, pero Villa se quedó en Londres, si bien no fue incluido en el equipo para la final de la FA Cup de

1982. «Si solo se hubiera tratado de fútbol, indudablemente tenía que estar en el campo para ese partido —dijo Ardiles—. Pero como el conflicto estaba llegando a su punto máximo y debido a varios tipos de presión, no jugó, lo que considero que fue algo muy triste. Porque, en un país como Inglaterra, la política derrotó al fútbol: uno puede ver eso en otras partes del mundo, pero en Inglaterra era más extraño.»

Sin embargo, ambos jugadores recuerdan el sentido de protección que recibían de los Spurs y sus seguidores; en general, no había hostilidad hacia ellos. «Tal vez la única presión provino de algunos parientes de los soldados británicos —dijo Villa—. Claro que uno entiende que habían perdido a sus hijos y que no querían a los argentinos por esa razón. Si uno le hace la guerra a la Argentina y ve a argentinos, automáticamente le va a generar algo a uno. Pero fue solo una cosa mínima. Al mismo tiempo, creo que hubiera sido imposible para un inglés quedarse en la Argentina en aquel momento.»

Tampoco fue fácil para el jugador al que se le había visto como la encarnación de Argentina. El día después de aquella semifinal de la Copa FA y el día antes de que Gran Bretaña desplegara aquella fuerza militar, Argentina empató 1-1 con la URSS en otro amistoso. Nuevamente, Maradona pareció fuera de forma. Criticado por todas partes, escapó a Esquina. Allí se escondió, hasta que finalmente le concedió una entrevista a *El Gráfico*: «Lo que la gente tiene que entender —dijo— es que Maradona no es una máquina para ponerlos contentos. No es una máquina que reparte besos y sonrisas. Soy un tipo normal, común y corriente, que a veces sí pone contenta a la gente, seguro, y eso también pone contento a Maradona. Pero lo que pasa es que la gente piensa de otra manera si Maradona no hace las cosas bien a veces, o si tiene uno o diez partidos malos. ¿Y por qué no lo pueden perdonar a Maradona? A veces alcanza con solo un partido en el que Maradona no juega bien o no marca un gol, y se va todo al infierno».

Maradona continuó jugando para Boca en el Nacional, pero no estaba contento, a pesar de marcar once goles en doce partidos. Cuando el directivo Pablo Abbatángelo acusó a los jugadores de no estar dando todo de sí, tras una derrota ante Instituto, Maradona se presentó en el *show* televisivo *60 minutos* y dijo que solamente alguien «estúpido» podría haber dicho algo así. Boca alcanzó los cuartos de final, en los cuales se enfrentó a Vélez. Con el marcador 0-0 en el partido de vuelta, Maradona, frustrado por lo cerca que lo marcaba Abel Moralejo, arremetió contra él y acabó expulsado. Boca siguió luchando y finalizó con una victoria de 2-1, pero una derrota de 3-1 en Liniers, con Maradona suspendido, los eliminó. Ahí terminó su primera etapa en el club.

Maradona no solo podía ganar más dinero fuera de Argentina, sino que la presión de quedarse en el país se había tornado insoportable. Se acordó, por fin, un trato con el Barcelona, que pagó un total de 7,3 millones de dólares: 5,1 millones para Argentinos y 2,2 millones a Boca. En cuanto a Maradona, recibiría un salario de 70.000 dólares por mes.

En Buenos Aires, el estado de ánimo durante el conflicto de las Malvinas era de un desapego surrealista. La televisión intercalaba noticias de la guerra con repeticiones de partidos de 1978, mientras que las multitudes en los partidos y en la plaza de Mayo participaban en el estribillo de «¡Inglés el que no salte!». El vínculo entre fútbol y guerra se volvió explícito en panfletos financiados y distribuidos por los servicios de inteligencia mostrando una caricatura de Maradona aceptando la rendición de un león británico. Tanto la Copa del Mundo como la guerra de las Malvinas permitieron a los argentinos sumergirse en un patriotismo ciego que hacía caso omiso de la realidad de una economía tambaleante y de un gobierno que carecía de autoridad y que estaba perdiendo el control.

El 10 de abril, al dirigirse a la Casa Rosada para presentar su propuesta de paz, el secretario de Estado de Estados Unidos, Alexander Haig, halló a argentinos apostados a largo de su trayecto. Más de trescientos mil habían llenado la plaza de Mayo, la mayor manifestación desde los días de Perón. Quemaron banderas británicas y estadounidenses mientras exhibían una alfombra azul y blanca. Para la Junta, aquello era una reivindicación; visto desde fuera, era el síntoma de un trastorno político que se remontaba por lo menos hasta Perón, una señal, como dijo Jimmy Burns, de «la supresión de la individualidad y una negación de la historia y su reemplazo por un extremo nacionalismo lindante con la xenofobia. En términos políticos, significaba la victoria del totalitarismo sobre la democracia». Al fin y al cabo, ¿por qué habría alguien de querer hacer valer su individualidad cuando destacarse significaba ser una amenaza, y ser una amenaza significaba arriesgarse a que te hicieran desaparecer?

Como en 1978, se tornó casi imposible (incluso para los que se oponían al régimen) no apoyar a su país. El novelista Ernesto Sábato, que había denostado a Perón y había estado dispuesto a criticar a la Junta desde el comienzo, tipificó las emociones experimentadas por muchos argentinos en una entrevista a una radio española, en la que casi no se le podía oír entre sus sollozos: «En la Argentina, no es una dictadura militar la que combate. Es todo el pueblo, sus mujeres, sus niños, sus ancianos, independientemente de su pertenencia política. Los oponentes del régimen como yo estamos combatiendo por nuestra dignidad, combatiendo para extirpar los últimos vestigios del colonialismo. No se equivoque, Europa; no es una dictadura la que está peleando por las Malvinas;[108] es la nación entera».

Al perderse más de trescientas vidas cuando el crucero de la marina argentina *General Belgrano* fue hundido por un submarino nuclear británico,[109] la cobertura del desastre com-

---

108. Malvinas es el nombre argentino para las islas que los británicos denominan Falklands.

109. El *Belgrano* fue adquirido por Argentina a Estados Unidos en 1951. Había sido conocido previamente como el *USS Phoenix* y había sobrevivido al ataque a Pearl Harbor en 1941. Su hundimiento provocó una enorme controversia, señalando muchos críticos, tanto en Argentina como en el Reino Unido, que la nave se hallaba fuera de la zona de exclusión de doscientas millas alrededor de las Malvinas. La Marina argentina, sin embargo, reconoció que tras una advertencia telegrafiada por el Gobierno británico a la embajada argentina en Suiza el 23 de abril, nueve días antes del hundimiento, todo el Atlántico Sur había sido visto por ambas partes como un teatro de operaciones militares. El capitán del *Belgrano*, Héctor Bonzo, siempre aceptó el hundimiento como una acción legítima, diciendo que estaba navegando hacia el oeste para dirigirse a una posición tácticamente más ventajosa al sur. Es verdad que el presidente peruano había propuesto un plan de paz catorce horas antes del hundimiento, pero el gobierno de Thatcher siempre sostuvo que no estaba al tanto de aquello hasta después del ataque.

petía con la de Maradona completando su pase de Boca al Barcelona. Antes de partir hacia España, el equipo de la Copa del Mundo desfiló con un estandarte que proclamaba que «Las Malvinas son argentinas». En medio de aquel alarde había algunas chispas aisladas de sentido común; sobre todo en un artículo en *La Nación* publicado diez días antes del torneo, cuyo título era claro: «Saber perder». Se observaba el ambiente en general y hacía hincapié en la locura que suponía que era permitir que el fútbol y la guerra se entremezclaran: «La gradual desintegración del optimismo argentino está causando una real neurosis nacional observable en ciertos fenómenos sociales, tales como la compulsiva atención a la Copa del Mundo de 1978, en la cual la victoria contra los mejores equipos de otros países devolvió al público la perdida certeza de que podían ser los mejores del mundo. Tal gloria, lograda en un circo de gladiadores…, proveyó un remedo de consuelo por heridas al alma nacional, a falta de triunfos más significativos en otras áreas relevantes de competencia internacional».

Incluso Menotti, por difícil que le haya resultado reconciliar su izquierdismo con una de las acciones más descaradamente nacionalistas de la Junta, pudo justificar una acción de bravuconada militar oportunista como parte de la permanente lucha argentina por la autodeterminación, y colocó el Mundial de 1982 a la par de la campaña militar: «Cada hombre tiene su lugar en la lucha. En estos momentos hay unidad nacional en contra del colonialismo e imperialismo británicos. Sentimos un inmenso dolor por nuestros hermanos en la flota de guerra, pero se nos ha asignado una misión deportiva e intentaremos cumplirla con dignidad».

En su mayoría, la prensa local continuó haciendo una alegre propaganda bélica en un lenguaje semifutbolístico, incluso cuando era evidente para cualquier neutral que los novatos soldados argentinos, mal equipados y poco entrenados, no tenían esperanza alguna de alcanzar la victoria. Cuando la selección llegó a España, se encontró con periódicos en su propio idioma y que no tenían razón alguna para estar sesgados: contaban una historia muy distinta. La sensación de *shock* fue profunda. «Estábamos convencidos de que estábamos ganando la guerra y, como cualquier patriota, mi lealtad era con la bandera nacional —dijo Maradona—. Fue un golpe enorme para todos en el equipo.»

Como campeona, Argentina jugó el partido inaugural: contra Bélgica en el Camp Nou. Maradona admitió que el clima de expectación en Buenos Aires implicó que llegaran a España creyendo que el éxito era tan necesario que sería inevitable. Nueve de los once titulares habían participado en 1978, pero había poco de la fluidez y del empuje que habían demostrado en su Mundial. A los sesenta y tres minutos, Franky Vercauteren encontró a Erwin Vandenbergh detrás de la defensa con un pase largo desde la izquierda; le costó domar la pelota, pero Fillol titubeó y la defensa abandonó toda idea de intentar regresar a su posición. Eso le permitió clavar el primero. Maradona, que estaba luchando con una lesión en un tendón, disparó al palo una falta directa diez minutos después: Argentina se convertía en la primera campeona en perder el partido inaugural desde Italia en 1950. «En el fútbol —dijo Maradona—, el ánimo es contagioso: si el equipo está en buena forma, entonces hasta el mayor burro en el equipo puede alcanzarlo. Y como el aburrimiento, la mediocridad también es contagiosa.»

La mañana siguiente, *Clarín* dividió su primera plana entre dos titulares: «Bombardeo de las tropas británicas» y «Fracasado debut en la Copa del Mundo». Más tarde, ese día, los británicos aceptaron la rendición en Puerto Argentino. La noticia, como para confirmar la peculiar interconexión entre aquella guerra y el fútbol, se anunció durante la cobertura de la BBC de la victoria por 2-1 de Brasil ante la URSS.[110]

Para la Junta, fue el comienzo del fin. Por su parte, la selección continuó dando tumbos, en medio de una sensación de que carecía de disciplina. Menotti fue frecuentemente fotografiado saliendo de su habitación con el brazo alrededor de una modelo

---

110. La dificultad de verificar exactamente qué transmitió cada canal, y cuándo, hace imposible estar absolutamente seguro de que fuera realmente el primero; pero una de las primeras personas en dar su opinión sobre el alto el fuego fue el técnico y exjugador del Southampton, Lawrie McMenemy, que improvisó algo deslucidamente en su puesto de comentarista cuando la BBC interrumpió la transmisión del partido en directo para volver al estudio y ofrecer aquella última hora.

alemana. Su apetito por las mujeres no constituía un secreto, pero en medio de un Mundial tan complicado, el tema se convirtió en algo de lo más tenso. La mujer de Alberto Tarantini tuvo una discusión con el defensa en una playa y le amenazó con acostarse con otro hombre: fue una pelea sobre la cual la prensa española informó con regocijo. Otros periodistas españoles se mostraron abiertamente escépticos respecto a Maradona mientras que Pelé, en una columna en *Clarín*, escribió: «Mi principal duda es si tiene la suficiente grandeza como ser humano para justificar ser honrado por un público mundial». Tres años antes, Maradona había volado a Río para encontrarse con Pelé. Diego consideró aquella crítica como una traición.

Ramón Díaz salió del equipo titular. Kempes ejerció más presión en el ataque, lo cual dio mayor libertad a Maradona en el partido contra Hungría, que había derrotado a El Salvador 10-1 en su primer encuentro. Bertoni marcó a los veintiséis minutos del primer tiempo tras un pase con la cabeza de Passarella, en una falta ejecutada por Kempes. Al cabo de un minuto, Maradona amplió la ventaja: se agachó y, con un toque de cabeza desde cerca, aprovechó el rebote tras el tiro de Bertoni. Su segundo gol brindó un indicio de lo que sucedería cuatro años más tarde: hizo una pared con Kempes, avanzó por la izquierda y, al entrar en el área, remató ajustado al poste. Ardiles marcó el cuarto tras un tiro de Jorge Olguín que dio en el poste y en la cabeza del portero. Aunque Gábor Pölöskei marcó el gol del honor para los europeos, Argentina terminó necesitando solamente derrotar a El Salvador para seguir adelante. Lo logró, aunque fue una victoria muy poco convincente, en la que Passarella convirtió un discutible penalti y Bertoni marcó el otro gol: 2-0.

El castigo por no acabar líderes de grupo fue duro. En la segunda fase, se encontraron con Italia y Brasil. El primero de estos partidos, se jugó en el estadio de Sarrià, en Barcelona. Claudio Gentile mantuvo a raya a Maradona (la grabación de una cámara que enfocó al defensa durante todo el partido deja ver una clase maestra de juego sucio y de faltas allá donde el árbitro no pudiera verlo) mientras que Ardiles terminó con una camiseta desgarrada debido a la robusta interpretación de Italia de lo que constituye la defensa. Italia había empatado los tres partidos en la primera fase (de hecho, se había clasificado solo porque había marcado un gol más que Camerún). Pero el hecho de romper sus relaciones con los medios de comunicación italianos había promovido un profundo espíritu de equipo. Aunque igual de importante fue que en la segunda fase redescubrieron cómo marcar goles. El primero que hizo contra Argentina, tras cincuenta y seis minutos, fue una clásica escapada que culminó cuando Giancarlo Antognoni le pasó la pelota a Marco Tardelli, que marcó con un remate bajo y cruzado. Otro contraataque diez minutos más tarde, condujo al segundo: Antonio Cabrini convirtió al conectar un pase que le hizo Bruno Conti desde la línea de fondo en el área grande. Tanto Maradona como Passarella golpearon el travesaño, antes de que Passarella transformara una falta directa en las postrimerías del partido y mientras Dino Zoff decía que el silbato no había sonado, que el gol no tenía que subir al marcador. Pero cuando el árbitro expulsó a Gallego por una falta sobre Tardelli, el partido quedó visto para sentencia.

Así las cosas, Argentina necesitaba ganar a Brasil por un amplio margen para siquiera tener una oportunidad de alcanzar la semifinal. Cuando Zico adelantó a los brasileños en el minuto doce (después de que Fillol desviara contra el travesaño un tiro libre de Éder), las opciones argentinas empezaron a difuminarse. Cuando Serginho cabeceó el segundo y Júnior agregó un elegante tercero en el segundo tiempo, se perdió toda esperanza. Maradona, frustrado cuando el árbitro no pitó lo que parecía un claro penalti, empezó a perder la cabeza; cuando Batista hizo una fea entrada a Juan Barbas (faltaban tres minutos para el final), el Pelusa reaccionó clavando los tacos en la barriga del brasileño: fue expulsado. Maradona dijo luego que su intención había sido patear a Falcão, que había estado atormentando a Argentina con sus pases profundos, pero que en el calor del momento le dio al hombre equivocado.

Ramón Díaz consiguió marcar el gol del honor; pero una derrota por 3-1 y con su mejor jugador con tarjeta roja fue una ignominiosa manera de decir adiós al campeonato por parte de los campeones del mundo, nueve de los cuales jamás volvieron a jugar con su selección.

Y

Tras la derrota en las Malvinas, la Marina y la fuerza aérea abandonaron la Junta. Dejaron que el ejército de tierra gobernara solo. Galtieri fue reemplazado por el general Reynaldo Bignone, que prometió la vuelta a un gobierno civil al año siguiente. Cuando la inflación alcanzó una tasa anual del doscientos por ciento (luego hasta un novecientos por cien) y la economía se contrajo un diez por ciento, con la deuda exterior en 39.000 millones de dólares, la situación se tornó desesperada. Argentina tuvo que recurrir al FMI en busca de ayuda.

Se celebraron elecciones en octubre de 1983. Los dos partidos principales fueron los peronistas (liderados por Ítalo Lúder, que en 1975 había actuado como presidente en funciones durante un mes, cuando Isabelita Perón cayó enferma) y los radicales (conducidos por Raúl Alfonsín, un abogado que había sido encarcelado hacia el final de la primera presidencia de Perón, que había ayudado a combatir por los derechos de los desaparecidos y que se había opuesto firmemente a la invasión de las Malvinas).[111]

Los peronistas continuaron promoviendo el culto del líder nueve años después de su muerte, difundiendo sus más importantes discursos por altavoces y por todo el país, fabricando chocolates decorados con el rostro de Evita. Sin embargo, el tiempo en que la política argentina podía ser fácilmente dividida entre peronistas y antiperonistas era historia.

Alfonsín arrasó y llegó al poder.

---

111. Su abuela materna, que se había casado con un inmigrante galés, era de las Malvinas.

42

El regreso del antifútbol

Menotti abandonó el puesto de seleccionador tras el Mundial, pero, como sucede tantas veces en Argentina, no hubo una simple transferencia de poder, ningún indicio de continuidad. El triunfo argentino en 1978 no había conducido a un total retorno a los valores de «la Nuestra». Una vez que el antifútbol se hubo introducido nunca pudo ser íntegramente extirpado. Lo que había sucedido en Helsingborg en 1958 aseguró que las dos escuelas, menottismo y bilardismo, los nombres que habían adquirido hacia los años ochenta, siempre coexistirían y se disputarían el lugar preeminente. Tal vez era comprensible que fueran los clubes más pequeños los que se deleitaban con el antifútbol: era con él que podían plantear desafíos, con el que podían competir. Como dijera Tocalli respecto del éxito de Quilmes, se trataba de una era en la cual el trabajo arduo producía resultados.

La reacción en contra de Menotti y de su filosofía fue tal que la AFA acudió a alguien cuyas ideas no podían haber sido más distintas: Carlos Bilardo. Había colgado las botas en 1970, y reemplazó a Zubeldía como director técnico de Estudiantes al año siguiente. Mientras era entrenador, también había ayudado a manejar la mueblería de su padre y había trabajado como ginecólogo. Solo se retiró de la medicina en 1976, cuando se trasladó a Deportivo Cali en Colombia. Luego tuvo periodos con San Lorenzo, el equipo nacional de Colombia y Estudiantes, al cual condujo al título Metropolitano en 1982.

Inicialmente, Bilardo habló bien de las actuaciones argentinas que ganaron el torneo de 1978 y se reunió con Menotti en el hotel Arena de Sevilla en marzo de 1983. Menotti le dijo que Estudiantes había retrasado diez años el desarrollo del fútbol argentino, pero, aun así, se separaron amigablemente. Pero cuando Bilardo hizo caso omiso del consejo de su predecesor y dejó a Alberto Tarantini y a Hugo Gatti fuera del equipo en su primer partido, un amistoso contra Chile, Menotti reaccionó escribiendo en *Clarín* un artículo extremadamente crítico. Había acabado la distensión y se tornaron enemigos implacables. Tampoco ayudó a Bilardo un nuevo fracaso en la Copa América, cuando, otra vez, Argentina cayó en la fase de grupos, tras empatar 0-0 como visitante contra Brasil, en un partido final que necesitaba ganar.

Pronto quedaron establecidos los términos del debate. Menotti habló románticamente del regreso a «la Nuestra», tan insistentemente que a veces parece que intentaba justificar lo que había sucedido en 1978. A Bilardo solo le interesaba ganar:

> Me gusta ser el primero. Hay que pensar en ser el primero. Porque ser segundo no sirve, ser segundo es un fracaso... Para mí es bueno que si uno pierde se sienta mal; si quiere, puede expresarlo llorando, encerrándose, sintiéndose mal..., porque uno no puede decepcionar a la gente, los hinchas, todos; la persona que lo contrató. Yo me sentiría muy mal si perdiéramos un partido y esa noche me ven en una salida comiendo tranquilamente en algún lugar. No puedo permitirlo. El fútbol se juega para ganar... Los espectáculos son para el cine, para el teatro... El fútbol es otra cosa. Alguna gente está muy confundida.

Mientras la nación descartaba el pragmatismo autoritario de la Junta y se volcaba de forma idealista en la democracia, la selección iba en la dirección opuesta: del (proclamado) romanticismo de Menotti hacia una persona para la cual el fin siempre justificaba los medios. La designación de Bilardo sería el comienzo de ocho años de lucha, en todo sentido. En ninguna década, el equipo nacional argentino ha tenido una peor proporción de victorias y derrotas que entre 1981 y 1990. Y, sin embargo, en ese tiempo llegó a dos finales de un Mundial (ganó uno). «Después, cuando uno ve los resultados, todo parece fácil, cuando en realidad fue tan difícil —dijo Bilardo—. La fachada de mi casa fue atacada dos veces. Le tuve que decir a mi mujer que pusiera un cartel de "Vendido" antes de algunos partidos clave, por las dudas.»

Mientras el éxito de Estudiantes continuaba la escuela fundada por Osvaldo Zubeldía en los años sesenta, si bien en forma diluida, hubo también un lado menos agresivo, menos cínico del antifútbol de los años ochenta, como demostró Carlos Griguol, el hombre que había conducido a Rosario Central al título Nacional en 1973. Lo hizo con Ferro Carril Oeste. En espíritu, al menos, era el heredero de Spinetto. El club fue fundado en 1904 por cien trabajadores del Ferro Carril Oeste de Buenos Aires. La Administración proveyó a la empresa de fondos para desarrollar una sede y un campo. Ferro ingresó en la segunda división en 1907; cinco años más tarde, ascendió al escalón más alto. Su historia posterior fue bastante mediocre, aunque a nadie le importaba demasiado. El club está asentado en el arbolado distrito de Caballito, con un campo situado casi en el centro geográfico exacto de Buenos Aires. Sus hinchas se cuentan entre los más tranquilos de la capital. Ferro tiene fuertes equipos de baloncesto, hockey y voleibol, pero también tiene canchas de tenis disponibles para los asociados y un restaurante al que los lugareños suelen ir a comer los domingos.

Como escribió Daniel Colasimone en *The Blizzard*, el surgimiento de Ferro en la década de los ochenta fue el resultado de dos factores: la decadencia de los grandes en medio del caos financiero en la época final de la Junta, y la habilidad de un técnico excepcional. Tras alejarse de Rosario, Griguol había entrenado al América en México antes de regresar a Argentina con Kimberley. Lo dirigió apenas unos partidos, sin embargo, antes de que, en 1979, el presidente de Ferro, Santiago Leyden, le pidiera que ocupara el lugar de Carmelo Faraone, que había llevado al equipo al escalón más alto el año anterior. Se encontró con un club que no sabía si podía aspirar a títulos. «Cuando empecé en Ferro, después de los partidos, todo el mundo preguntaba por los resultados de los equipos que eran candidatos al descenso —le dijo Griguol a *El Gráfico*—. Me tomó un año cambiar esa actitud».

Griguol continuó propinando cachetazos a los jugadores para motivarlos, como había hecho en Central, y ascendió a jugadores del equipo juvenil; siempre buscaba a aquellos que trabajaban para él y se adaptaban a sus métodos, en lugar de a las estrellas. Solía llevar una boina o una gorra para esconder su calvicie y su sonrisa escueta, ligeramente torcida, combinada con un aire de vaga desaprobación. En las fotografías tenía el aspecto de alguien que acaba de escuchar un chiste algo subido de tono. Pero Griguol era duro e innovador; el convencimiento de que los equipos menores podían ganar trofeos lo empujaba. Hacia 1981, el estilo de Ferro de correr mucho, estar bien organizado y basarse en la posesión estaba comenzando a tener un gran impacto. Terminó segundo detrás de Boca en el Campeonato; luego perdió ante River en la final del Nacional. El año siguiente, sin embargo, cumplió con su promesa.

A medida que el control del poder por parte de la Junta se debilitaba, la violencia en los partidos iba a más y la asistencia decaía, cosa que hacía que los tradicionales gigantes ya no contaran con esa ventaja. La exigencia de Menotti de disponer de varios meses para trabajar con su equipo de la Copa del Mundo antes del torneo de 1982 en España agravó el problema. Los grandes se quedaron sin sus mejores jugadores, cosa que hizo que el interés del público disminuyera aún más. A su vez, eso aumentó la presión sobre clubes que ya se encontraban con dificultades financieras. No solo fue la venta de Maradona por parte de Boca, sino que River tuvo que devolver a Mario Kempes al Valencia cuando se vio imposibilitado de continuar con su plan de pagos; más tarde tuvo que traspasar a Daniel Passarella a la Fiorentina.

El efecto fue profundo, y llevó hasta el extremo el proceso de descentralización iniciado quince años antes: en 1982, ninguno de los grandes alcanzó los cuartos de final del Nacional. Ferro ganó 1-0 a Independiente Rivadavia de Mendoza (cuyo campo de juego ese año había sido rebautizado estadio Malvinas Argentinas) y avanzó a las semifinales. Allí se enfrentó a Talleres de Córdoba: ganó el partido de ida por 4-0, antes de diluir su concentración y empatar el de vuelta 4-4.

Sería injusto, sin embargo, sugerir que Ferro tuvo su oportunidad solo porque los rivales eran débiles. El suyo fue un equipo consistente en la primera mitad de la década de los ochenta. En 1982, ya estaba posicionado en el núcleo que sostendría al club durante la mayor parte de la década. Carlos Barisio era un portero tranquilo y con autoridad que en 1981 alcanzó el récord de 1.075 minutos sin recibir un gol. Estaba protegido por dos defensas centrales de máximo nivel: Juan Domingo Rocchia, un caudillo imponente, y Héctor Cúper, quien había surgido de las categorías juveniles y tocaba bien el balón (con el tiempo, sería el entrenador que conduciría al Valencia a dos finales de la Liga de Campeones). El seguro Roberto Gómez ocupaba el lateral derecho; Óscar Garré, que más tarde ganaría el Mundial, era el lateral zurdo, con vocación más atacante.

El mediocampo de tres hombres era trabajador e inteligente: Carlos Arregui en la derecha y Gerónimo Saccardi en el centro también habían salido de la academia de Ferro, si bien Saccardi, un jugador animoso y sereno, que podía convertirse en el tercer central, era un veterano, y había jugado en los aspirantes al título de Spinetto en 1974. Por la izquierda estaba el paraguayo Adolfino Cañete, que añadía su astucia a un equipo que, por lo demás, era poco imaginativo. El trío de arriba presentaba al veloz regateador Claudio Crocco a la derecha, con Miguel Ángel Juárez como extremo izquierdo y goleador. En el centro, tanto Julio César Jiménez como Alberto, *Beto*, Márcico, solían replegarse como una especie de primigenio falso nueve: se acoplaban al mediocampo y creaban espacio para los dos delanteros que jugaban de abiertos. «El grupo era muy poderoso, respetuoso y con mucho corazón —dijo Griguol—. Para nosotros era algo normal correr y jugar los noventa minutos; para los otros equipos era un sacrificio jugar contra Ferro. A eso hay que agregarle que si el resto de los planteles te marcaba algún sector lateral, que subían y bajaban, había que meter para el medio al jugador o a la pelota. Si vos reforzabas la orilla, yo te jugaba por el medio, y viceversa.»

Un empate sin goles en el campo de Quilmes, en el partido

de ida de la final del Nacional les dio ventaja. Más tarde, concluyeron la faena en Caballito. Primero Juárez, el máximo goleador de la liga esa temporada, cabeceó una falta lanzada por Roberto Gómez; luego, tras un gran revoltijo que dejó cuerpos esparcidos por el área grande, Crocco, desde la izquierda, mandó un centro cruzado que Rocchia, estirándose, convirtió en gol desde el centro del área pequeña. Aquello aseguraba el título. Según *El Gráfico* era «una máquina bien aceitada que alcanzó la cima con la simplicidad como emblema… Una resonante demostración de cómo la convicción y una total unidad pueden llevar a un equipo al tope máximo».

Griguol fue un pionero del marcaje en zona en Argentina. Con el entrenador de baloncesto de Ferro, León Najnudel, trabajaba para desarrollar las mejores estructuras para presionar; filmaba vídeos de los partidos y los analizaba. Marzolini dijo que ellos recurrieron al marcaje en zona en que era vital agarrar a los rivales, aunque su tono al decirlo sugería que eso no lo impresionaba favorablemente. El equipo de Ferro de Griguol presionaba fuerte en todo el campo; en consecuencia, los jugadores debían intercambiar posiciones con frecuencia. Su estado físico era supremo, lo que generalmente se atribuye a su preparador físico, Luis María Bonini, que más tarde trabajaría con Marcelo Bielsa.

Quizá por esa laboriosidad, Ferro fue visto, en general, como ejemplo de antifútbol, pero una vez que sus jugadores volvían a tener el balón, les gustaba trazar triangulaciones, lo que solía considerarse un rasgo menottista. Así de reduccionista resulta la dicotomía bilardismo-menottismo.

Al año siguiente, 1983, se produjo una desilusión cuando Ferro perdió ante Estudiantes en los octavos del Nacional, finalizó tercero en el Campeonato y quedó último en un grupo extremadamente ajustado en la Libertadores. Una y otra vez, echaron por la borda ventajas en los últimos minutos de los partidos, como si las críticas a su enfoque conservador lo instigara a correr riesgos innecesarios.

En 1984, sin embargo, volvieron por sus fueros. Ferro atravesó invicto la fase de grupos del Nacional y sobrevivió a las eliminatorias. Derrotó a Huracán en los penaltis en los dieciseisavos; ganó por un global de 2-1 contra Independiente en los cuartos de final y contra Talleres en las semis. Contra River, en la final, sin embargo, se desinhibió por completo. Cañete adelantó al equipo con un cabezazo cerca del poste; Hugo Mario Noremberg anotó el segundo; un penalti de Márcico, en lo que describió como el mejor partido de su carrera, fue el 3-0. Un soberbio cabezazo de Cañete que entró por la escuadra y puso el 4-0 a poco de comenzar el segundo tiempo. Sin embargo, el partido nunca concluyó porque los hinchas de River incendiaron una grada. En todo caso, el partido y el título fue a parar a manos de Ferro.

A pesar de todo, el fútbol argentino no sabía qué pensar sobre Ferro. «¿Es Ferro un equipo aburrido?», preguntó en 1984 Natalio Gorin en *El Gráfico*, donde publicó un diagrama de cómo se pasaban la pelota entre los cuatro del fondo y de vuelta al portero. Gorin analizó cuidadosamente los estereotipos del antifútbol. Se experimenta una extraña sensación de que es necesario explicar que el término no viene como un paquete, que un equipo puede ser precavido y trabajador sin la necesidad de ser violento y desagradable, como el Estudiantes de finales de los años sesenta. «No es un equipo que se propone lesionar a oponentes —escribió Gorin—; juegan duro, pero limpio.» Es verdad que Ferro era un maestro en detener el juego una vez que había tomado la delantera, practicando lo que más tarde se denominaría un «dominio estéril», al retener la posesión. No obstante, en última instancia, concluía Gorin, «desde que el fútbol es fútbol, solo los equipos que juegan bien ganan».

43

Maradona en Europa

*E*l Barcelona no había fichado a Maradona solo por su capacidad futbolística. El presidente del club, Josep Lluís Núñez, creía que en medio de las oportunidades surgidas tras la muerte de Franco, el Barcelona podría convertirse en una marca mundial. Maradona, que ya era popular en todo el planeta, era la pieza central de esa estrategia, lo que significaba aún más amistosos agotadores. El propio Maradona era enormemente ambicioso. Cuando llegó era, según el extremo *Lobo* Carrasco, «inocente y hambriento [...] quería comerse el mundo, y eso me asustó».

Comenzó con una serie de actuaciones notables, sobre todo en una victoria por 2-4 sobre el Estrella Roja, que hizo que la multitud de Belgrado lo aplaudiera. No obstante, desde el principio hubo roces. Maradona contrató como médico personal a Rubén Oliva, que había sido el doctor de la selección argentina, pero que en ese momento estaba trabajando en Milán; como entrenador personal se hizo con los servicios de Fernando Signorini, un argentino establecido en Barcelona. Eso frustró al equipo médico del Barça. También había preocupación porque había llevado a su familia y a un gran número de sus amigos (el llamado clan Maradona) a la casa que el club le había preparado. Había historias de drogas y fiestas, y hubo una pelea en un local nocturno; toda la atmósfera era de indisciplina y libertinaje. Diez años más tarde, Maradona finalmente admitió que fue en Barcelona cuando empezó a tomar cocaína: «Cuando entrás, en realidad querés decir "no" y terminás escuchándote diciendo «sí». Porque creés que vas a controlarlo, que vas a estar bien [...] y después se complica». En ese momento, el Pelusa era la imagen de una campaña contra las drogas.

En la cancha, Maradona, tal como él mismo reconoció, luchó contra la «furia» del juego español. Otros jugadores estaban en mucho mejor estado físico, mientras que él no podía adaptarse a la exigencia del entrenador, Udo Lattek, de prepararse corriendo con pelotas medicinales para entrenar los partidos más importantes. En sus primeros seis meses en el Barcelona, Maradona solo hizo seis goles. Ese diciembre, enfermó de hepatitis. Se encontró con su primera Navidad lejos de casa: «La soledad me asusta más que la mierda», le dijo al diario *Marca*. Su relación con Núñez nunca se recuperó después de que el presidente le criticara haber llevado al equipo a un bar parisino después del triunfo en un amistoso con el PSG, pero el club de alguna manera lo arregló. Cuando Barcelona decidió reemplazar a Lattek, trajeron a Menotti, influidos aparentemente por el deseo de mantener feliz a su superestrella. Lo primero que hizo Menotti fue mover el horario del entrenamiento de la mañana a las tres de la tarde, lo que estaba más en consonancia con su estilo de vida y con el de Maradona.

Venían de una mala temporada. El Barça había terminado cuarto en el campeonato de liga, quince puntos detrás del campeón: el Athletic de Bilbao; habían perdido ante el Aston Villa en la Supercopa y habían quedado eliminados de la Recopa por el irrelevante Viena de Austria. Solo la Copa del Rey trajo la salvación. El Barça llegó a la final, pero la previa de ese partido trajo más controversia. Maradona y Bernd Schuster fueron invitados a jugar un partido homenaje al gran jugador alemán Paul Breitner, que se retiraba. Ese partido era cuatro días antes de la final de Copa del Rey. Aunque Breitner envió un avión privado para buscar a Maradona, Núñez le prohibió viajar a Múnich. Maradona planeaba ir de todos modos, pero el club se negó a darle su pasaporte, que estaba en custodia con los del resto del equipo. Maradona lo tomó como una inconcebible restricción a su libertad. No solo lo dijo con contundencia, sino que también rompió algunos trofeos en la sala de trofeos; al día siguiente, un grupo de aficionados lo atacó cuando salía conduciendo del entrenamiento. Fuera como fuera, el Barça venció al Real Madrid en la final: Maradona asistió a Víctor en uno de los goles. Resultado final: 2-1.

Pero Maradona todavía no estaba conforme. Criticaba a los árbitros españoles por no proteger lo suficiente a los jugadores hábiles; además, sugirió que la mala realización televisiva permitía a los jugadores sucios cometer faltas fuera del alcance de la cámara. Sus críticos (había muchos) dijeron que se tiraba al suelo y que fingía. Al mismo tiempo, Menotti y el entrenador del Athletic, Javier Clemente, tuvieron un enfrentamiento público. Cuando el Barça se enfrentó al Athletic en el cuarto partido de la temporada, el ambiente era tenso.

En la mañana del partido, Maradona fue a un hospital local para visitar a un niño que había sido atropellado por un coche. Cuando se iba, el niño le dijo: «Diego, por favor, ten cuidado, porque van por ti». Supersticioso, Maradona tuvo un presentimiento. El partido parecía estar yendo bien. El Barça iba ganando 3-0. Había, sin embargo, un aire desagradable. Schuster le entró fuerte a Andoni Goikoetxea del Athletic como venganza por una lesión que había sufrido después de una infracción del defensa vasco la temporada anterior. La multitud empezó a corear su nombre. Viendo que Goikoetxea se ponía como loco, Maradona intentó calmarlo; sin embargo, un par de minutos después, Goikoetxea se lanzó sobre él y le rompió el tobillo izquierdo.[112] «Prohibido ser un artista», tituló *Marca*.

Las primeras pruebas sugerían que Maradona sería baja para el resto de la temporada; pero trabajando con Oliva, se recuperó al cabo de tres meses. Su vuelta fue muy llamativa: anotó un par de goles en una victoria 3-2 contra el Sevilla. Tres partidos después, el Barça volvió a encontrarse con el Athletic. Maradona metió dos goles en una victoria por 1-2 en otro partido bronco. Sin embargo, todo aquello no fue suficiente y el Barça solo consiguió ser tercero. En marzo de ese año, el Barça se enfrentó al Manchester United en los cuartos de final de la Recopa. Maradona necesitaba inyecciones de analgésicos

---

112. Mostrando una total falta de arrepentimiento, Goikoetxea festejó su apodo de 'Carnicero de Bilbao' y puso la bota con la que infligió la lesión en una vitrina en el comedor de su casa.

en la espalda para poder jugar, pero después de jugar mal fue reemplazado cuando le quedaban veinte minutos al partido. La multitud lo abucheó, se sentó en el vestuario y lloró. El cambio de escenario no había disminuido las exigencias del público respecto de él.

Su relación con Núñez fue de mal en peor cuando Maradona se negó a maltratar a un periodista, José María García, que había criticado al presidente. Núñez a su vez insinuó a la prensa que la hepatitis de Maradona había sido el resultado de su estilo de vida. Eso solamente aumentó la desconfianza de los hinchas y Maradona decidió que tenía que irse. Y Cyterszpiler estuvo feliz de colaborar. Sin embargo, por encima de todas las cosas, lo que Maradona necesitaba era efectivo.

Al final de su temporada en Barcelona, First Champion Productions, que era el nuevo nombre de Maradona Producciones, estaba perdiendo dinero. Las lesiones y el fracaso para conseguir trofeos habían hecho menos vendible a Maradona (en una publicidad de McDonald's, habían tenido que filmarlo completamente por encima de la cintura para que no se le viera el yeso), mientras que una inversión de un millón de dólares en una película sobre la vida de Maradona terminó en nada. Después estaba el hecho de que el estilo de vida de Maradona era caro: compraba coches por capricho y no solo gastaba dinero en él, sino que estaba financiando a todo su clan.

Hubo más roces cuando un cheque a Oliva fue rechazado y Núñez se negó a cubrirlo. Cyterszpiler empezó moverse para forzar un traspaso, provocando deliberadamente a Núñez. La cúspide llegó en la final de la Copa del Rey, donde el Barcelona se enfrentó nuevamente al Athletic.

Clemente y Maradona se provocaron en la prensa en la previa del partido; el ambiente tenso empeoró cuando los hinchas del Athletic silbaron durante un minuto de silencio en recuerdo de dos hinchas del Barcelona que habían muerto en un accidente de tráfico cuando iban a ver el partido. El Athletic ganó un partido áspero 1-0. Cuando el árbitro señaló el final del partido, Maradona perdió el control por completo. Dijo que todo lo provocó un corte de mangas del defensa del Athletic, José Núñez, con quien había chocado durante el partido, yendo frente a frente. No obstante, aunque así hubiese sido, no era razón para su ataque brutal y cobarde sobre el suplente Miguel Ángel Sola. Estaba de rodillas celebrando el triunfo cuando Maradona pasó por su lado y le dio un rodillazo en la cara: lo noqueó. Eso desató una pelea feroz: jugadores tirándose patadas voladoras, disturbios con policías, periodistas e hinchas que entraron en el campo de juego. Maradona fue uno de los seis jugadores, tres de cada lado, que fueron suspendidos durante tres meses. «Terminé pegándole a todo el mundo —dijo Maradona en su autobiografía— porque nos estaban ganando y provocando, hasta que uno de los jugadores del Bilbao me hizo una seña ofensiva y ahí la mierda llegó al ventilador. Nos matamos en el medio de la cancha [...] Gracias a Dios, Migueli y los muchachos vinieron a defenderme, porque si no me habrían matado.»[113]

Menotti renunció, nombraron a Terry Venables y Maradona fue vendido por trece millones de dólares al Nápoles, lo que le convirtió en el único jugador traspasado dos veces por cifras récord. La presión no sería menor en Nápoles, en todo caso mayor. A Italia llegó en julio de 1984. Usó un señuelo en Capri y tomó una serie de caminos alternativos desde el aeropuerto para evitar las multitudes antes de descender en el San Paolo en un helicóptero (un mesías llegado de los cielos) cuya llegada fue recibida con entusiasmo por miles de hinchas.

El Barcelona había exigido un depósito de seiscientos mil dólares en la transferencia: se dice que miles de napolitanos hicieron pequeños depósitos en una empresa constructora local para recaudar el dinero. Eso quizá da una idea de cuán desesperados estaban los hinchas del Nápoles por tener a Maradona en su club…, o tal vez simplemente demostró hasta qué punto el club y la ciudad estaban en manos de la Camorra. Es imposible tener certezas, pero Jimmy Burns en su biografía de Maradona es uno de los muchos que han cuestionado cuán voluntarias fueron tales donaciones.

113. Aunque se tomaron horas de vídeo, los rollos desaparecieron y nunca se han encontrado.

Cyterszpiler pronto descubrió que las reglas del comercio eran distintas en Nápoles. En las calles había una gran oferta de productos de Maradona, desde casetes hasta cigarrillos. Cyterszpiler trató de imponer el control, insistiendo en que todos los productos de Maradona debían ser autorizados oficialmente, pero la Camorra lo amenazó: esos eran vendedores que trabajaban bajo su protección (tras haber pagado los costos correspondientes). Finalmente, se llegó a un acuerdo: First Champion Productions siguió manejando la promoción y la publicidad, pero el *merchandising* local fue controlado por la Camorra.

Maradona y su clan se adaptaron mucho más fácilmente a la vida en Nápoles que en Barcelona. Sin embargo, las cosas no funcionaban del todo bien. Maradona tenía un estado físico decente, pero no el mejor. En la Navidad de su primera temporada, el Nápoles había sacado apenas nueve puntos de trece partidos y estaba antepenúltimo en la tabla. También hubo dificultades en la relación entre Maradona y Claudia; en enero de 1985, tuvo una relación muy publicitada con Heather Parisi, una presentadora de televisión californiana.

Sin embargo, la segunda mitad de la temporada fue bastante mejor y el Nápoles terminó quedando fuera de la UEFA solamente por dos puntos. Maradona fue el tercer máximo goleador de la primera categoría. Les dijo a los dirigentes del club que necesitaban tres o cuatro nuevos jugadores. Entre ellos, debían comprar al defensa de la Sampdoria, Alessandro Renica. El club cumplió y también trajo al portero Claudio Garella del Verona y, fundamentalmente, al delantero Bruno Giordano del Lazio. Rino Marchesi fue reemplazado como entrenador por Ottavio Bianchi, que había estado en el Como. Maradona se enfrentó a él instantáneamente: lo consideraba «demasiado alemán».

Cuando empezó la temporada 1985-86, la relación de Maradona con Cyterszpiler se rompió: First Champion Productions tenía problemas y Maradona pareció llegar a la conclusión de que su amigo de la infancia había estado usándolo, aunque la verdad era más bien que la influencia de la Camorra hacía que ingresara menos dinero. Lo sustituyó por Guillermo Coppola, un empresario argentino que representaba a más de doscientos jugadores. En el terreno de juego, la temporada fue bien: quedaron terceros. Fuera de la cancha, no paraban de crecer los rumores sobre la vida social de Maradona, fiestas y abuso de drogas. En enero de 1986, dos emisarios del clan Giuliano se acercaron a Maradona en el entrenamiento y le dijeron que la familia quería conocerlo mejor.

No era una invitación que Maradona pudiera rechazar, por lo que asistió a una fiesta organizada por Carmine Giuliano. Allí le tomaron varias fotografías que más tarde le causaron problemas; pero, dado el número de eventos de Giuliano a los que Maradona asistió posteriormente, sería erróneo presentarlo como un inocente al que estaban usando.

Debe haber sabido con quién se estaba juntando y ser consciente de que se iba a beneficiar por ello: la conexión con los Giuliano implicó que ningún periodista lo criticara por sus actividades ni dentro ni fuera de la cancha. En diciembre de 1985, Maradona inició una relación con Cristiana Sinagra. Se limpió un poco mientras estuvo con ella: dejó la cocaína y redujo su ingesta de alcohol; sin embargo, en abril de 1986, la chica se quedó embarazada y Maradona rompió la relación. Poco antes del Mundial de México, el cuñado de Maradona, cuya hermana había presentado a la pareja, descubrió que Sinagra estaba pensando en hacer público el asunto. Parecía la peor previa posible.

44

Optimismo y la Libertadores

*L*a democracia podía haber retornado a Argentina, y junto con ella el optimismo, pero la economía seguía siendo desesperadamente débil. Para el momento en que Alfonsín subió al poder, la inflación había alcanzado el cuatrocientos por ciento. Aun así, inicialmente fue popular porque procuró darles comida a los ciudadanos más necesitados y rescindió la amnistía general que Bignone había dispuesto en abril de 1983 para los culpables de abusos contra los derechos humanos bajo la dictadura. También llevó a juicio a los grupos de izquierda que se habían visto involucrados en actos de violencia; como resultado, el líder montonero Mario Firmenich fue encarcelado.

La elección de Alfonsín alentó a artistas y científicos que habían huido del país bajo la junta militar a retornar al país, especialmente después de la designación del dramaturgo Carlos Gorostiza como secretario de Cultura y del científico informático Manuel Sadosky como secretario de Ciencia y Tecnología. Gorostiza abolió el Ente de Calificación Cinematográfica (en realidad un cuerpo de censores); el resultado fue que las producciones fílmicas y teatrales se duplicaron durante su mandato. El film de Luis Puenzo *La historia oficial*, que contaba la situación de una pareja que adopta a una niña y se da cuenta de que podía ser hija de uno de los desaparecidos, se estrenó en abril de 1985 y fue una parte clave del proceso de reconocimiento de lo que había sucedido con la Junta Militar.[114] Se convirtió en el primer

114. El proceso de descubrir la identidad verdadera de los hijos de las madres

film argentino en ganar un Óscar. También hubo intentos oficiales de afrontar las consecuencias de la guerra sucia cuando Alfonsín estableció la Comisión Nacional Sobre la Desaparición de Personas, encabezada por el novelista Jorge Sábato. El organismo documentó 8.960 desapariciones que (aunque es una cifra más baja que otras estimaciones) por lo menos representaba un reconocimiento oficial de los crímenes de Estado. Al mismo tiempo, sin embargo, tuvo que jugar el juego político y ofrecer una rama de olivo a los peronistas. Indultó a Isabel Perón, acusada de perseguir a los disidentes bajo su presidencia y de presunta malversación de fondos públicos.

El retorno de la democracia y el *boom* cultural produjeron una sensación de optimismo en Argentina. Por su parte, el éxito en la Libertadores reforzó la sensación de que la nación estaba comenzando a renovarse y a reafirmarse. Después de la derrota de Boca ante Olimpia en la final de 1979, pasaron cinco años antes de que otro equipo argentino llegara a la final. Aunque fuera subconscientemente, para una nación que nutría tanto su autoestima del fútbol, esos años debieron sumarse a la frustración existente.

Independiente (quizá no sea sorprendente dada su reputación como los reyes de las copas) fue el equipo que hizo un progreso mayor. José Pastoriza, el gran centrocampista de finales de la década de los sesenta y comienzos de los setenta, fue contratado como director técnico y llevó al club a la victoria en el Metropolitano de 1983. Del equipo que había ganado la sexta Copa Libertadores para el club en 1975, solamente quedaba el organizador Bochini, con su incipiente calvicie. Sin embargo, Jorge Burruchaga, que tendría un papel clave en el Mundial de 1986, había surgido como una enérgica presencia en el ataque.

---

asesinadas por la Junta sigue en curso. En agosto de 2014, por ejemplo, Estela de Carlotto, de ochenta y tres años, descubrió con una prueba de ADN que un pianista y compositor de treinta y seis años, Ignacio Hurban, era hijo de su hija Laura, quien estaba embarazada de dos meses cuando fue arrestada en noviembre de 1977 y enviada a la prisión de La Cacha. Posteriormente, la mataron. Se estima que unos quinientos bebés fueron robados de padres disidentes y adoptados por familias de militares. Hurban, quien se sometió a una prueba de ADN para descubrir quiénes eran sus padres, fue el nieto ciento catorce que se ha podido reunir con lo que queda de su familia.

Alejandro Barberón volvió al club desde el Millonarios colombiano. Era un delantero que irrumpía desde la izquierda y se entendía bien con Bochini (casi como este se había entendido con Daniel Bertoni). Después de un comienzo flojo en la Libertadores, su impresionante fuerza como local los llevó a la final contra Grêmio.

El partido de ida, en Porto Alegre, fue quizá la última gran demostración del talento de Bochín; asistió a Burruchaga para el único gol, en una acción que describió como característica de la pausa: esperar que el compañero de equipo se desmarque en profundidad antes de dar el pase en el momento perfecto.

En la Doble Visera, un empate 0-0 puso fin a la sequía de seis años de Argentina y le dio a Independiente su séptima Libertadores: era el equipo más exitoso en la historia del campeonato. Le siguió un tercer título intercontinental con una victoria sobre el Liverpool en Tokio: el delantero de diecinueve años José Alberto Percudani corrió tras el balón enviado por Claudio Marangoni y convirtió el único gol del partido a los siete minutos. Hasta cierto punto, la reputación del éxito de Independiente significaba que, aunque el triunfo era bienvenido, no necesariamente significaba un *revival* argentino. Mucho más importante, en ese sentido, fue lo que sucedió el año siguiente. Fue algo que subrayó la fuerza que volvía al deporte argentino, incluso aunque la fe en la capacidad de Alfonsín para reformar a Argentina comenzaba a desvanecerse.

Los problemas económicos y el afrontar los crímenes de la Junta dominaron la presidencia de Alfonsín. Aunque el PIB creció un dos por ciento en 1984, Argentina aún tenía un déficit presupuestario de diez mil millones de dólares: el trece por ciento del PIB. La respuesta fue imprimir moneda, lo que empeoró la crisis inflacionaria, que alcanzó el treinta por ciento mensual para junio de 1985. Se congelaron los precios y se introdujo una nueva moneda, el austral, cotizada a una milésima de un peso. Se efectuaron recortes generales en el gasto público, pero especialmente en los militares, cuyos fondos habían sido rebajados a la mitad de su nivel de 1983. En el corto plazo, la política funcionó, la inflación cayó a un dos por ciento mensual en el último tramo de 1985, mientras que el déficit fiscal se redujo en dos tercios.

Pero hubo consecuencias. Los sindicatos estaban furiosos por la caída de los salarios reales derivados del fracaso en el control de la inflación. Por su parte, la Iglesia católica objetaba las medidas progresistas, tales como la legalización del divorcio. En cierto momento, ordenó a los clérigos que le negaran la comunión a los legisladores que habían votado a favor del proyecto de ley; finalmente, y de modo más preocupante, existía descontento entre los militares. En octubre de 1985, el general Suárez Mason, el expresidente de Argentinos, huyó a Miami cuando se emitió una orden de detención tras una serie de actos de sabotaje en bases militares.

Ya se habían producido fricciones por la negativa de los militares a someter a un tribunal militar a los oficiales por actos cometidos durante la guerra sucia, lo cual llevó a Alfonsín a alentar el Juicio a las Juntas, cuyas primeras audiencias se llevaron a cabo en la Corte Suprema en abril de 1985. Ese mes de diciembre, Videla y el extitular de la Armada, Emilio Massera, fueron sentenciados a cadena perpetua. A otros tres se les sentenció a condenas de diecisiete años de prisión. Cuatro acusados, incluido Galtieri, quedaron absueltos. Más tarde, Galtieri se enfrentó a un tribunal militar por malversación durante la guerra de las Malvinas: se le condenó a doce años de cárcel.

Aparte de los Cebollitas, el impacto de Argentinos Juniors en el fútbol argentino había sido mínimo, pero la llegada de Maradona lo cambió todo. Su presencia fue suficiente para llevar a Argentinos al segundo lugar en el Campeonato de 1980, pero su pérdida al año siguiente se hizo sentir mucho. Mientras Boca ganaba el Campeonato, Argentinos entró en caída libre. En la última jornada, cuando eran penúltimos en la tabla, visitaron a San Lorenzo, que estaba un punto por debajo y necesitaba una victoria para mantenerse a flote. Como San Lorenzo no tenía sede propia, el partido se jugó en Ferro: hubo una asistencia récord al partido. El portero uruguayo de Argentinos, Mario Alles, detuvo un penalti de Eduardo Delgado a los diecisiete minutos; luego, justo antes del descanso, Carlos Horacio Salinas, uno de los jugadores traspasados a Argentinos como parte del trato por Maradona, transformó en gol otro penalti. Argentinos resistió y sobrevivió a una presión terrible y condenó a San Lorenzo a convertirse en el primero de los grandes en descender.

Para San Lorenzo, ese fue otro paso en la degradación que había comenzado con la venta del Gasómetro. No obstante, que fuera predecible no implicaba que el golpe doliera menos. «Lo sufrí tanto como el día en que murió mi padre... —dijo el novelista e hincha de San Lorenzo Osvaldo Soriano,[115] que por entonces estaba exiliado en Europa—. Me quedé tan solo y tan desamparado como una mujer en la oscuridad.» Una década atrás, otros equipos habían comenzado a ganar títulos; ahora los grandes ni siquiera tenían garantizado el lugar entre la élite. San Lorenzo ascendió al año siguiente. Y estuvo a solo un punto de ganar el Campeonato en 1983. El *shock*, sin embargo, era una advertencia: la noción de una primera división sin los grandes no servía, porque ellos tenían tradición y algo tal vez más importante: atraían a hinchas y recaudaban dinero. Desde 1983, el descenso se determinó por el promedio de puntos obtenidos por partido en las dos temporadas anteriores (eso salvó a River, que había terminado penúltimo, pero solo a costa de Racing). Desde 1984, el descenso se decidía sobre un periodo de tres años, porque la teoría era que los grandes nunca serían tan malos durante tanto tiempo. Pero no era tan sencillo.

La venta de Maradona al Barcelona en 1982 le procuró a Argentinos 5,8 millones de dólares, pero la reacción inicial de los directivos, tal vez reconociendo el nivel natural de Argentinos, fue gastarlo en infraestructura, en lugar de invertirlo en el equipo. El resultado fue otro año de lucha. Argentinos se mantuvo por un punto: su punto final llegó en un empate 0-0 contra Nueva Chicago. Solo entonces se liberaron los fondos. Nombraron a Ángel Labruna director técnico e hicieron cuatro contrataciones importantes, incluidos el portero Ubaldo Fillol y el centrocampista J. J. López, de River. Hubo una mejora inmedia-

---

115. Soriano solía incluir referencias futbolísticas en sus obras. Su cuento *El penalti más largo del mundo*, publicado en 1995, dos años antes de su muerte, cuenta la historia de un penalti largamente diferido que definió un campeonato en 1958. Lo describo con amplitud en *The Outsider*.

ta; sin embargo, en el mes de septiembre, Labruna ingresó en el hospital para ser sometido a una operación de vesícula. Lo estaban visitando su hijo, Omar, y Fillol cuando sufrió un ataque cardiaco y murió. Tenía sesenta y cuatro años.

Para reemplazarlo, Argentinos recurrió a Roberto Saporiti, el extécnico de Estudiantes y de Talleres. Con él, Argentinos jugó un fútbol brillante y vivaz; marcaron una media de casi dos goles por partido. Durante toda la temporada, ellos y Ferro, los campeones del Nacional, compitieron por el primer lugar en la tabla. Camino del último fin de semana, estaban igualados en puntos. Ferro solo pudo empatar con Estudiantes, mientras que el penalti del primer tiempo de Olguín fue suficiente para darle a Argentinos un triunfo de 1-0 sobre Temperley, en un partido disputado en Ferro. Con esa victoria también obtuvo su primer título.

Y eso fue solo el comienzo. Saporiti fue reemplazado como entrenador por José Yudica, que había conducido a Quilmes al título en 1978 y que luego había logrado el ascenso de San Lorenzo a primera. En Quilmes, las circunstancias habían vuelto a Yudica relativamente precavido, pero en Argentinos encontró un equipo adecuado para implantar un fútbol más atrevido.

En 1985, el Nacional adoptó un formato aún más asombroso que de costumbre, un punto bajo en la historia enmarañada de la estructura de los campeonatos argentinos que fue afortunadamente abandonado de inmediato. Argentinos derrotó a Vélez por penaltis para llegar a la final, y luego los volvió a vencer en la final. El siguiente paso era la Libertadores.

«Argentinos es uno de los grandes equipos de Argentina en este momento —dijo Yudica en una entrevista en *El Gráfico*—, y es en parte debido a que tenemos al jugador perfecto en cada posición.» La cuestión real, sin embargo, en un país que empezaba a reafirmarse internacionalmente, era si ser uno de los mejores equipos de Argentina implicaba que serían competitivos a nivel continental.

Argentinos necesitaba vencer a los campeones, Independiente, en su último partido de grupo para llegar a la final. Llevaban la delantera 2-1, pero dos minutos antes del final pitaron un penalti a favor de Independiente. Si Claudio Marangoni lo hubiese marcado, Independiente habría pasado, pero Enrique

Vidallé, el carismático portero, se tiró a la izquierda y evitó el gol: fue Argentinos quien siguió adelante. En la final derrotaron al América de Cali por penaltis, después de que Vidallé parara un tiro de Ántony de Ávila.

Para Yudica, lo importante no era solo que Argentinos había triunfado, sino cómo lo había hecho.

Siempre jugamos la pelota, sin importar el resultado. Y lo hacemos por respeto a la profesión, por el espectáculo y por el público que cree en nuestro estilo. Yo no me pasaría mucho tiempo hablando sobre la oposición, subrayando la habilidad o destreza de cada jugador. Yo simplemente pasaría filmaciones para causar una impresión amplia porque mis jugadores prefirieron pensar en ellos en vez de en sus rivales. La única certeza en el fútbol son los jugadores, y no hay tiempo o lugar para complejos de inferioridad. Se trata de once contra once, sin importar si son más altos, visten mejor, tienen más hinchas que los apoyan o son mejores en las relaciones públicas.

Los penaltis fueron la ruina de Argentinos en la final de la Intercontinental de ese mismo año: en el partido se pusieron un par de veces por delante, pero acabó 2-2 y con el título para la Juventus. Al cabo de pocas semanas, Yudica ya se había ido, tras discutir con los internacionales Sergio Batista y Claudio Borghi. «Quizá la junta directiva pensó que con un técnico más económico podían mantener al club en su lugar —dijo—. Los periodistas solían decir que yo estaba en confrontación directa con la escuadra, pero seguimos ganando partidos y títulos.»

Ese fue el fin de Argentinos como equipo potente, pero antes lograron llegar a lo más alto: el fútbol argentino volvía a reinar en Sudamérica. Y no solo eso: los clubes más pequeños demostraron que podían competir no solo con los grandes de su país, sino también con los mejores del continente y de todo el mundo. El surgimiento de los clubes más pequeños respondió en parte a una mejora general del fútbol argentino y no fue solo el resultado del declive de los grandes.

45

Su mejor momento

*L*os preparativos de Argentina para la Copa del Mundo de 1986 eran terribles, y no solo porque Maradona tenía que lidiar con una sobreexposición pública por su *affair*.

Desde el momento en que había aceptado el puesto, Bilardo sabía que si Argentina tenía que lograr algo, necesitaba a Maradona, así que en enero de 1983 fue a visitarlo a Lloret de Mar, en la Costa Brava, donde el Pelusa se estaba recuperando de una hepatitis.

Le pidió prestada ropa y los dos salieron a correr por la playa. Hablaron sobre la selección nacional y Bilardo le ofreció el puesto de capitán, aunque Maradona en realidad no jugó con la selección entre el Mundial de 1982 y un par de amistosos contra Paraguay y Chile en 1985. A lo largo de 1984, mientras las especulaciones aumentaban acerca de la posición de Maradona, Bilardo siguió repitiendo que era el único jugador que tenía garantizado su puesto de titular en México.

«Fuimos criticados por nuestra forma de jugar, por los jugadores que convoqué…, algunos incluso me criticaron por elegir a Maradona como capitán —dijo Bilardo—. Estoy seguro de que era un líder, y sabía que era especial, pero, en las encuestas previas al Mundial, su nombre aparecía debajo de otros como Platini o Zico como la posible estrella del torneo. Y nosotros, como equipo, no figurábamos ni siquiera en la lista de contendientes. Pero sacamos ventaja de eso, sabíamos que iba a ser una forma excelente de demostrarles a todos que estaban equivocados.»

Una gira por Europa en septiembre de 1984 fue clave para el desarrollo del equipo. «Estábamos en el aeropuerto a punto de salir, cuando José María Muñoz, el comentarista de Radio Rivadavia, se me acercó —recuerda Bilardo—. Me dijo: "Ni te preocupés. Si ganamos estos tres partidos, todo va a volver a estar calmo otra vez".»

En esos partidos, Bilardo desveló su plan táctico maestro: una formación altamente inusual: 3-5-2. Siempre sostuvo que él la inventó, y argumentaba que si ya nadie usaba extremos no había necesidad de jugar con laterales. La verdad es que el 3-5-2 era un sistema con muchos padres y que Ciro Blažević del Dinamo de Zagreb y Sepp Piontek con Dinamarca llegaron a las mismas conclusiones alrededor de la misma época. Pero eso no disminuye la imaginación táctica de Bilardo o el coraje que tuvo para desafiar la ortodoxia.

«Esa fue la piedra angular del proceso; cuando jugamos contra Suiza, Bélgica y Alemania desplegamos un nuevo sistema táctico: tres defensores, cinco mediocampistas y dos delanteros —dijo Bilardo—. Fue muy difícil armarlo, pero estaba convencido de que era la mejor forma para nosotros. Pero todos, desde los hinchas hasta los periodistas y los jugadores, me seguían preguntando: "Pero ¿quién es el puntero derecho? ¿Pero quién es el lateral izquierdo?". Era muy difícil explicar que las posiciones fijas habían dejado de ser útiles. Entonces dije: "En este momento, prefiero ser entendido por treinta jugadores antes que por treinta millones de argentinos".» Argentina derrotó a Suiza y a Bélgica por 2-0, y a Alemania Occidental por 3-1. Después de eso, para no alertar al resto del mundo sobre lo que estaba haciendo, ocultó la formación.

Para el Mundial de 1978, Menotti había podido seleccionar un equipo que jugaba, aparte de Kempes, en Argentina. Seis de los veintidós que Bilardo terminó eligiendo para la Copa del Mundo de 1986 jugaban en Europa, mientras que José Luis Brown estaba en Colombia y Héctor Zelada en México; el éxodo moderno que había comenzado con Ardiles y Villa en el Tottenham, ya estaba en marcha. Para 1990, solo ocho del equipo nacional jugaban en Argentina:

Trabajar se hacía muy difícil. Por eso una vez dije: «Para practicar, Burruchaga tiene que hacer tiros libres en Nantes y (Óscar) Ruggeri tiene que efectuarlos en Madrid»[116] Hablé con los jugadores lo más posible, explicándoles jugadas por teléfono si era necesario, para maximizar las horas de trabajo.

En el campo de entrenamiento de Ezeiza, yo tenía un teléfono móvil en un momento en que nadie en Argentina tenía ese aparato. Era un maletín grande. Y yo lo usaba para llamar a los jugadores que estaban en el extranjero durante las sesiones de entrenamiento. Todos me miraban con descreimiento. Si yo viajaba a Europa, solicitaba permiso a los gerentes del club para entrenar con un jugador por la tarde, después del entrenamiento de la mañana. Yo decía: «OK, Burruchaga, ahora imaginate que el cono anaranjado es Batista y que el otro cono es Valdano». También tenía reuniones y cenas para hablar sobre tácticas, siempre con una pizarra y flechas para explicar los movimientos. Y vídeos, cantidades de vídeos, porque las cintas con jugadores de verdad era la mejor forma de explicar: «¿Ves lo que quiero decir? Esto. Este movimiento. Ese movimiento. Esta cobertura. Cortarse hacia adentro, como se ve ahí».

Argentina empezó la fase de clasificación para la Copa del Mundo de un modo espectacular, con victorias contra Venezuela y Colombia.

La derrota como visitante ante Perú, sin embargo, implicaba que, por lo menos, tenía que sacar un empate contra los peruanos en el Monumental, para clasificarse automáticamente y evitar otra ronda clasificatoria de cuatro equipos para la última plaza de la Conmebol. Lo lograron, pero con lo justo. Daniel Passarella marcó después de un córner despejado a medias y que devolvieron al área: fue el 2-2 cuando quedaban nueve minutos para el final. «Las clasificatorias fueron muy duras —dijo Bilardo—, pero sabíamos que es siempre más difícil clasificarse que jugar la Copa del Mundo. Así y todo, la prensa quería sacarme. Nadie confiaba en nosotros. El día que

---

116. En realidad, Ruggeri no se fue al Real Madrid hasta 1989; en el trayecto hacia 1986, aún estaba en River Plate. Para la época del Mundial de 1990, catorce de los veintidós jugadores del equipo argentino jugaban en el exterior.

partimos, el aeropuerto estaba casi vacío. Al regresar a Argentina, había quinientas mil personas festejando.»

No eran solamente los hinchas quienes sopesaban las opciones de Argentina sin gran optimismo. La victoria ante Israel 7-2 en el último amistoso antes del torneo, fue la primera en siete partidos. Había cierta tensión en el ambiente. Maradona, Pablo Pasculli, Sergio Batista y Luis Islas llegaron quince minutos tarde a una reunión de equipo; Passarella sermoneó al capitán, aparentemente asumiendo que los cuatro se habían retrasado porque habían estado drogándose. Maradona admitió ante el equipo que realmente a veces consumía cocaína, pero insistió en que no lo hizo durante la Copa del Mundo.

Maradona pasó a la ofensiva: acusó a Passarella de haber gastado dos mil pesos en llamadas telefónicas desde el hotel y que el equipo había tenido que dividir la factura entre ellos; también lo acusó de tener un *affair* con la esposa de un jugador del Mónaco. El elegante delantero Jorge Valdano, que anteriormente había apoyado a Passarella, se volvió en su contra y el excapitán pronto abandonó el equipo, aduciendo que estaba enfermo.

Como dijo Maradona en su autobiografía, los hinchas miraron su primer partido frente a Corea del Sur «con los ojos medio cerrados», temerosos de la clase de humillación que les había infligido Camerún cuatro años antes. «Ni siquiera sabían quién estaba jugando —dijo—. Passarella se había retirado; Brown, Cuciuffo y Enrique se habían sumado al equipo. Teníamos confianza, teníamos confianza, pero aún no teníamos un solo resultado positivo sobre el que apoyarnos [...] Todos los planes meticulosos de Bilardo, sus tácticas, su obsesión con las posiciones, de repente todo empezó a encajar.»

Con la mirada de hoy, cabe destacar el castigo que recibió Maradona, ya fuese porque los contrarios lo tenían en el punto de mira, ya fuese porque era tan veloz y tan hábil para cambiar de dirección que parecía que estaba haciendo algún tipo de alardes. Pasaron solo seis minutos del primer partido de Argentina, contra Corea del Sur en el Olímpico de Ciudad de México, para que Kim Pyung-seok lo sorprendiera con una horrible entrada a la altura del muslo; durante ese partido, le hicieron diez faltas. En un momento dado, Maradona lanzó una falta que rebotó en la barrera. La pelota le volvió y la cabeceó al área para Valdano, quien tuvo tiempo de evaluar la situación y marcar con un tiro al segundo palo. Para un equipo con poca confianza, era un comienzo perfecto. En fútbol, a veces sucede que cuando un futbolista desarrolla una jugada que es pura habilidad, el que queda desairado se ofende y la lía. Los alardes a veces son muy criticados. Aunque otros los defienden como una cosa natural del fútbol. Por ejemplo, si un jugador, pudiendo marcar con un simple tiro por bajo, hace una vaselina sobre el portero o da un taconazo, puede ser considerado humillante.

Kim volvió a derribar a Maradona doce minutos más tarde. Maradona volvió a lanzar la falta: Ruggeri, en mitad del área grande, cabeceó a gol. Maradona también creó el tercero lanzándose hacia adelante. Nery Pumpido sacó desde el borde del área grande. Hubo un cabezazo y la pelota le quedó a Maradona, que avanzó dentro del área grande y la cruzó al centro del área pequeña, donde Valdano marcó con la derecha. Park Chang-sun anotó el gol del honor. Para su sorpresa y alivio, Argentina, después de que Bulgaria e Italia empataran en su primer partido, iba en cabeza del grupo. «Ganar el primer partido fue fundamental —dijo Bilardo—. Habíamos visto diez partidos de los coreanos en vídeo. Los conocíamos y sabíamos lo duro que jugaban. Es fundamental comenzar con el pie derecho, porque la presión del segundo partido, si perdiste el primero, es terrible. Experimentamos eso en 1990.»

Argentina tenía sobre sus hombros poca presión para ir a por Italia. En consecuencia, Bilardo puso a Ruggeri a marcar hombre al hombre al delantero centro Alessandro Altobelli. Italia empezó ganando pronto, cuando Altobelli convirtió un penalti tras una mano de Garré. Maradona también era marcado al hombre, en su caso por Salvatore Bagni. Sin embargo, era Gaetano Scirea quien lo estaba encimando cuando, a los treinta y tres minutos de juego, Valdano, de espaldas al arco, recibió un pase de Ricardo Giusti y levantó la pelota para Maradona, que entraba en el área grande. El Pelusa dejó que la pelota picara, dejó atrás al capitán de Italia y marcó de tiro cruzado. Bruno Conti estrelló una pelota en el poste en un monótono segundo tiempo, pero como el partido se ponía cada vez más peligroso, pocos jugadores de uno y otro equipo estaban descontentos con el punto.

Un empate en su partido final, contra Bulgaria, era bastante posible que le diera a Argentina el primer lugar en el grupo; por su parte, los búlgaros sabían que probablemente lograrían meterse como terceros con una derrota ajustada. Desde el momento en que José Cuciuffo irrumpió por la derecha y centró para Valdano, que puso a Argentina por delante en el tercer minuto de juego, ningún otro resultado parecía posible. Cuando quedaban once minutos, Maradona dejó atrás la marca de Andrey Zhelyazkov, se internó por la izquierda, centró al área y Burruchaga confirmó la victoria: 2-0.

Aun así, a pesar de la victoria en el grupo, no todo estaba bien. Bilardo era tan partidario de una disciplina férrea como lo había sido Zubeldía: impuso un toque de queda estricto, que en una ocasión fue desobedecido por un portero suplente, Luis Islas, de Estudiantes. Bilardo reunió al equipo a la mañana siguiente y se puso furioso, diciendo que sabía que uno de ellos había salido hasta tarde y que quienquiera que fuese debía volver al país. Pidió que el culpable lo admitiera. Islas estaba sentado en silencio mientras sus compañeros de equipo miraban alrededor con ansiedad. La furia de Bilardo fue creciendo. Dijo que quienquiera que fuese el responsable era un cobarde y que estaba destruyendo la Copa del Mundo para Argentina y volvió a pedir que el jugador confesase. Islas seguía sin decir nada. Para ese momento, Bilardo estaba fuera de sí. Por tercera vez, exigió que el culpable lo admitiera, ante lo cual Maradona levantó la mano y dijo: «Jefe, fui yo». «Ok —respondió Bilardo, aplaudiendo y dirigiéndose hacia la puerta—. Entrenamiento a la hora habitual por la tarde.» La lealtad hacia Maradona se podía manifestar de formas extrañas, pero su predisposición para aceptar la culpa tal vez explique por qué muchos de los que jugaron en ese equipo le son tan devotos.

Argentina se enfrentó en los octavos de final a una vieja conocida: Uruguay. Tras haber recibido una advertencia de la FIFA por su conducta inapropiada en la fase de grupos (cuando a José Batista le mostraron la tarjeta roja más rápida de la historia de la Copa del Mundo, y fue expulsado a los cincuenta y cincos segundos del empate sin goles contra Escocia), Uruguay quizá se sentía restringido en cuanto a cómo lidiar con Maradona, que estrelló un tiro libre en el travesaño, le anularon un gol y creó muchas oportunidades para Valdano y Pasculli. Solo convirtieron una de esas oportunidades: una jugada en la que Maradona tuvo una incidencia menor. Estando en mediocampo adversario, giró y habilitó a Batista, que esforzadamente abrió para Burruchaga. Este la tocó hacia dentro para Valdano, que, rodeado de rivales, no logró controlar la pelota. El balón siguió su camino y le llegó a Pasculli, que marcó con un tiro bajo a un par de metros del área pequeña.

Aquel no fue un gol que le asegurase al delantero seguir en el equipo. «No podés jugar contra los ingleses con un centrodelantero puro —explicó Bilardo—. Se lo iban a devorar, y el hombre extra en el medio campo le va a dar más espacio a Maradona.» Pasculli, goleador de Argentinos, quedó fuera y dejó su lugar a Héctor Enrique, un centrocampista ofensivo de River Plate: un jugador fiable. Finalmente, Bilardo reveló la formación de 3-5-2 que le daría el torneo a Argentina.

José Luis Brown era el líbero. A su lado, jugaban Ruggeri y Cuciuffo como marcadores por delante; Batista se colocaba por delante como creador de juego y recuperador de pelota, con Julio Olarticoechea (preferido a Garré, que tenía una mentalidad más defensiva) y Ricardo Giusti abriendo el campo. Burruchaga era el enlace entre el medio campo y el ataque, y Maradona funcionaba como segundo delantero detrás de Valdano, con permiso esencialmente para desplazarse hacia donde quisiera.

Y el partido, por supuesto, tenía un condimento adicional: llegaba justo cuatro años después del fin de la guerra de las Malvinas. El grado en que esto afectó a los jugadores es materia de debate. «Por supuesto, antes del partido, dijimos que el fútbol no tenía nada que ver con la guerra de las Malvinas —escribió Maradona en su autobiografía catorce años después del encuentro—, pero sabíamos que un montón de chicos argentinos habían muerto allí, acribillados como pajaritos. Era revancha

[...] culpábamos a los jugadores ingleses de todo lo que había pasado, de todo el sufrimiento del pueblo argentino.» No es la primera vez que el razonamiento de Maradona no soporta el escrutinio y su memoria no parece algo en lo que se pueda confiar. Tal vez esa era la manera en que lo veían los jugadores de Argentina, pero, en ese momento, los futbolistas de ambos equipos parecían frustrados por las constantes referencias al conflicto. «Miren —saltó Maradona—, el equipo argentino no lleva rifles, ni armas ni municiones. Vinimos aquí solamente a jugar al fútbol. ¿Cómo puedo hablar de la guerra cuando tan solo el mes pasado treinta mil hinchas de Tottenham me ovacionaron en el partido homenaje a Ossie Ardiles?»

El primer gol de Maradona, a los cincuenta y un minutos, cobró gran resonancia, un ejemplo de la peor viveza. Un despeje defectuoso de Steve Hodge hizo que la pelota fuera hacia atrás: Maradona marcó con el puño ante la salida de Shilton, quien fue tomado totalmente por sorpresa. Mientras corría hasta el banderín del córner, Maradona echó una mirada ansiosa sobre el hombro, como si fuese incapaz de creer que el gol iba a ser dado por válido. «Estaba esperando que mis compañeros vinieran a abrazarme y no vino ninguno... —contó—. Les dije: "Vengan a abrazarme, o el réferi no lo va a cobrar".» Consultado por el incidente después del partido, Maradona dijo que el gol había sido «un poco con la cabeza de Maradona y un poco con la mano de Dios».

Se ha pontificado mucho acerca del incidente, pero las críticas contra el árbitro tunecino Alí Bin Nasser, mayormente basadas en la lógica espuria de que los colegiados de países sin gran tradición futbolística no deberían dirigir partidos importantes, debería ser atenuada por el hecho de que al comentarista inglés Barry Davies le llevó casi dos minutos darse cuenta de que los jugadores de Inglaterra protestaban porque Maradona había tocado la pelota con la mano y no por la posición adelantada del Pelusa. En ese momento, no fue tan obvio como las fotografías y el tiempo lo han hecho parecer. Aparte de eso, los intentos de Inglaterra de exigir moralidad se ven más bien erosionados por la forma brutal en la que trataron a Maradona. Como señaló Scott Murray en el *Guardian* en 2014, Terry

Fenwick cometió cuatro infracciones que merecían tarjeta roja y, sin embargo, se fue de rositas.

El segundo gol de Maradona, cuatro minutos después, quitaba el aliento, superando en el imaginario popular al gol de Corbatta contra Chile en 1957 como el más grande logrado por la selección nacional. Maradona recibió la pelota de Enrique unos nueve metros dentro de su propio campo («con un pase tan bueno, realmente no podía perder», bromeó el centrocampista) y se alejó de Peter Beardsley y Peter Reid. Reid lo persiguió, pero no pudo cerrar la brecha con Maradona cuando este eludió a Terry Butcher. Diego también esquivó a Fenwick, y aunque Butcher volvió para hacer un intento desesperado, no pudo impedir que regateara a Shilton y empujara la pelota a la red.

El comentario de Víctor Hugo Morales en la televisión argentina adquirió un estatus icónico:

> La va a tocar para Diego, ahí la tiene Maradona, lo marcan dos, pisa la pelota Maradona, arranca por la derecha el genio del fútbol mundial, y deja al tercero y va a tocar para Burruchaga... Siempre Maradona. ¡Genio! ¡Genio! ¡Genio! ¡Ta-ta-ta-ta-ta-ta-ta...! Y gooooooool... Goooooool... ¡Quiero llorar! ¡Dios santo! ¡Viva el fútbol! ¡Golazo! ¡Diego! ¡Maradona! Es para llorar, perdónenme... Maradona, en una corrida memorable, en la jugada de todos los tiempos..., barrilete cósmico... ¿De qué planeta viniste? Para dejar en el camino a tanto inglés, para que el país sea un puño apretado, gritando por Argentina.... Argentina dos, Inglaterra cero... Diegol, Diegol, Diego Armando Maradona... Gracias, Dios, por el fútbol, por Maradona, por estas lágrimas, por este Argentina dos, Inglaterra cero...

O como dijo Davies en la BBC: «Y uno tiene que decir que eso es magnífico». En un amistoso en Wembley cinco años antes, Maradona se había encontrado en una situación similar, pero disparó muy desviado. Uno de sus hermanos, el Turco, lo había llamado por teléfono tras fallar ese tiro y le llamó «boludo» por no haber amagado para adentro y definido de derecha, en lugar de tratar de meter un remate ajustado en un espacio estrecho con la izquierda. La historia creció en proporción; según ella, Maradona recordaba esa conversación con precisión mientras avanzaba hacia Shilton. Pero admite en su autobiografía que si ese incidente tuvo algún peso, fue subconscientemente. El gol, en realidad, se produjo gracias a la honestidad de los jugadores ingleses: «No creo que pudiese haberlo logrado contra ningún otro equipo, porque todos ellos solían derribarte. Probablemente son los más nobles del mundo».

Nueve años más tarde, la actitud de Maradona había vuelto a cambiar. En una entrevista en *El Gráfico*, insistió en que el partido se trataba de las Malvinas: «Yo sentía, y siento, no lo niego, que con esto ganamos algo más que un partido de fútbol. Derrotamos a un país. Fue nuestro aporte, de algún modo..., mis goles, ambos, tenían especial importancia: el primero fue como robarle la billetera a los ingleses y sacarles una plata que no era de ellos; el segundo... tapó todo».

Bobby Robson reaccionó ante el segundo gol de Maradona haciendo entrar a Chris Waddle y a John Barnes como reemplazo de Reid y Trevor Steven. Ante aquellos extremos, Argentina se tambaleaba. «Recuerdo que Barnes nos estaba matando por la izquierda —dijo Bilardo—, y los jugadores me gritaron: "Sacalo a Giusti". Giusti estaba cumpliendo su nueva función de centrocampista defensivo y yo no lo quería reemplazar. "No, se queda. Tiene que sufrir, pero va a aprender", les grité. Habíamos practicado mucho y tenía que lograrlo. Yo siempre quería progresar, ser mejor: ha sido mi lema en la vida y en el fútbol.» Bilardo apostó y tuvo suerte. Un centro de Barnes terminó en gol de Lineker cuando quedaban nueve minutos; seis minutos más tarde, la misma combinación casi llevó el empate al marcador. Ya sobre el final, Olarticoechea a duras penas desvió la pelota de cabeza casi sobre la línea de gol, mandándola a córner y evitando que Lineker convirtiera con un cabezazo. Argentina sobrevivió. De repente, se creía. «Me di cuenta de que realmente podíamos ser campeones después de vencer a Inglaterra —dijo Bilardo—. Para nosotros fue el partido decisivo del torneo.»

Bélgica, que había derrotado a España por penaltis en los cuartos de final, no aprendió la lección, dejó de lado a los extremos y llenó el medio campo. Al igual que Inglaterra, pudieron resistir justo hasta después del descanso. Burruchaga recibió por la derecha, enganchó hacia dentro y metió un pase en profundidad para Maradona, que entraba al área grande. El portero Jean-Marie Pfaff salió a cortar abajo, pero Maradona, con aplomo, marcó pasándole la pelota por encima con la parte exterior del pie izquierdo. Doce minutos más tarde, hizo otro gol deslumbrante. Recibió un pase a treinta y seis metros de la portería; tenía tres defensas ante él y otro, Éric Gerets, nueve metros detrás de ellos. Superó a los tres primeros, se abrió hacia la izquierda esquivando a Gerets y batió a Pfaff con un remate cruzado. Iba con tanto impulso que trastabilló y casi se cae, pero siguió corriendo revoleando un brazo, con extraordinario equilibrio, y giró para recibir las felicitaciones de sus compañeros de equipo.

Cuando quedaban cinco minutos, Ricardo Bochini, que por entonces ya tenía treinta y dos años, entró por Burruchaga para hacer su única aparición en un Mundial. Maradona había insistido en que Bilardo seleccionara al jugador que había sido su ídolo y que Menotti había dejado fuera de los dos torneos anteriores, aparentemente por su falta de ritmo. Cuando Bochini ingresaba en el campo, Maradona fue corriendo hasta él. «Maestro —le dijo—, lo estábamos esperando.» Bochini asegura que no recuerda lo que dijeron, pero cree que no lo impresionó demasiado el gesto; tal vez sintió que había algo de condescendencia allí.

Alemania Occidental, el rival de Argentina en la final, también había cambiado de táctica por la de tres centrales en mitad del torneo. Los laterales Hans-Peter Briegel y Andreas Brehme eran bastante más defensivos que los de Argentina, pero estaban bien coordinados; Lothar Matthäus le hizo un marcaje al hombre a Maradona. Durante buena parte del partido, ambos se neutralizaron entre sí.

El primer gol de Argentina, sin embargo, no tuvo nada que ver con la táctica y sí con un error impropio de Toni Schumacher, quien probablemente había sido el mejor portero del torneo hasta ese momento. A mitad del primer tiempo, Matthäus cometió falta contra Maradona en ataque sobre la línea lateral, cerca del córner. Burruchaga lanzó desde la derecha. Schumacher salió en falso y José Luis Brown convirtió de cabeza su único gol internacional. Transcurridos ocho minutos del segundo tiempo, Argentina anotó nuevamente. Maradona se la pasó a Héctor Enrique, quien asistió para Valdano. Tras una duda inicial (sus compañeros de equipo, según cuenta en su autobiografía, le habían ordenado que se quedara), el portero salió. Entonces, Valdano, con serenidad, lo batió por bajo poco después de entrar en el área.

A esa altura, el partido parecía estar definido, pero el cambio del ineficaz Felix Magath por Dieter Hoeneß, así como liberar a Matthäus de sus funciones de marcador, dio a los alemanes un renovado ímpetu. Rumbo al partido, a Bilardo le había atormentado la fuerza de Alemania Occidental en las jugadas de estrategia. Estaba tan ansioso que a las cuatro de la madrugada del día de la final entró como un torbellino en el cuarto de Ruggeri, se abalanzó sobre él y, con el defensa desorientado y medio dormido, le preguntó a quién marcaba en los córneres. «Rummenigge», le respondió, y se tranquilizó. Sin embargo, la estructura de marcaje de Argentina en las jugadas preparadas se vino abajo porque Brown se estaba reponiendo de una luxación en el hombro. Cuando quedaban dieciséis minutos, Rudi Völler bajó de cabeza un córner de Brehme desde la izquierda; Karl-Heinz Rummenigge se estiró anotando dentro del área chica. Ocho minutos más tarde, Brehme lanzó otro córner desde la izquierda, Thomas Berthold cabeceó hacia el primer palo y Völler anotó de cabeza desde cerca de la línea de gol.

El ímpetu parecía estar del lado de los alemanes, pero, tres minutos más tarde, mientras la pelota caía en el círculo central, Maradona le hizo un pase perfectamente calculado a Burruchaga. Con Schumacher otra vez ligeramente fuera de su portería, el centrocampista se escapó velozmente y anotó con un tiro bajo al rincón derecho del portero. Argentina había ganado la Copa del Mundo por segunda vez y Maradona había cumplido la ambición que había revelado en televisión hacía más de diez años. Posteriormente, mientras los jugadores y el cuerpo técnico festejaban el triunfo en el campo, Bilardo rompió en llanto y habló de la deuda que tenía con Osvaldo Zubeldía.

Incluso en la victoria, Bilardo no estaba del todo satisfecho. «Después de derrotar a Alemania, estaba muy enojado y no pude festejarlo —dijo—. Alguien me preguntó: "¿Carlos, pero qué pasa?". Y yo respondí: "Nos hicieron dos goles de jugadas preparadas. ¡Con la cantidad de veces que habíamos practicado y enfatizado las jugadas de ellos, así y todo nos metieron dos goles de córner!".»

También estaba frustrado por las afirmaciones de que el éxito se debía a la excelencia de un solo hombre. «Durante la Copa del Mundo, Maradona estuvo brillante, pero también lo estuvieron los demás jugadores —dijo Bilardo—. No se trató solamente de Diego, aun cuando fue fundamental: nosotros sabíamos cómo rodearlo y hacerlo sentir cómodo. Por ejemplo, el movimiento de Valdano[117] en la final, que comenzó casi como defensor izquierdo y terminó como puntero derecho para convertir, es ahí cuando decís: estos jugadores se las saben todas.»

Argentina volvió triunfante y, como cabía esperar, Alfonsín permitió que el equipo celebrase la victoria en un balcón de la Casa Rosada, frente a una plaza de Mayo abarrotada. Era típico de su estilo, sin embargo, que no se sumara a ellos: no buscaba ni publicidad fácil ni hacerse promoción a sí mismo a través del reflejo de la gloria.

---

117. Además de los detalles específicos de ese partido, Valdano había sido nombrado jugador extranjero del año en España esa temporada después de contribuir a que el Real Madrid obtuviese el título.

46

Adiós a las gallinas

*E*l mote de «gallinas» siguió pesando sobre River Plate aunque había ganado el Metropolitano y el Nacional en 1979, y el Campeonato en 1980 y 1981. Ese equipo, que incluía a Ubaldo Fillol, Daniel Passarella, J. J. López, Reinaldo Merlo, Beto Alonso y Leopoldo Luque, era soberbio, probablemente la mejor formación de River desde los días de la Maquinita, pero la Libertadores seguía siéndoles esquiva, a pesar de que la escuadra estaba tan repleta de talento que utilizaron eficazmente un centro del campo para los partidos en la competición doméstica y otro para las competiciones continentales.

El equipo estaba sumido en el caos: tuvieron siete técnicos en los dos años y medio posteriores a la marcha de Di Stéfano al Real Madrid en 1982, y no se clasificó para el torneo de 1983. Ese año fue el nadir: los jugadores hicieron una huelga durante cuarenta y siete días por el impago de sueldos, lo cual significó que tuvieron que salir a jugar los juveniles. River terminó penúltimo en el campeonato y evitó el descenso solo por la introducción del promedio, que consistía en tomar una media de puntos por partido de las tres temporadas anteriores.

Los primeros síntomas de que River estaba volviendo a crecer llegaron con el uruguayo Luis Cubilla en 1984. Con él, lograron llegar a la final del Nacional, aunque cayeron ante Ferro y terminaron cuartos en el Campeonato, a pesar de una derrota 5-1 como visitantes ante Unión, que dio como resultado el despido de Cubilla. Fue reemplazado por Héctor Veira, el Bambino. En 1964, a los dieciocho años, Veira había sido el mayor goleador de la primera con San Lorenzo; cuatro años más tarde, había ayudado a ganar el título Metropolitano, pero existía la sensación de que su carrera nunca había terminado de cumplir lo que había prometido al comienzo. Cuando River lo nombró director técnico, su carrera como entrenador estaba aún en ciernes, con periodos en San Lorenzo y Vélez, y con dos temporadas impresionantes en la segunda división, en Banfield. Ya estaba forjándose una reputación por su sentido del humor y su marcada personalidad. Muchos de sus *bons mots* han pasado a la leyenda. Por tomar solo tres ejemplos de entre muchos: «Pibe, mi trabajo es más difícil que el del plomero del Titanic»; «¿Viste este hotel? Me parece que es donde murió Drácula»; y «¿Viste a ese pibe? Viene, va, viene, va... Parece una locomotora».

«Si tenemos orden, disciplina y humildad, con este equipo podemos hacer historia», escribió en una pizarra en el vestuario. Su primer paso hacia ese logro fue desarrollar la mejor manera de utilizar al gran jugador uruguayo Enzo Francescoli, que en ese momento solo tenía veintitrés años: lo transformó de número 8 a delantero centro. «Si él (Francescoli) no tiene éxito —le dijo Veira al presidente del club, Hugo Santilli—, voy a dejar de entrenar equipos.» Sin embargo, no era un nueve típico: Veira definió a Francescoli como un nueve y medio, a mitad de camino entre un nueve y un diez. Héctor Enrique, mientras tanto, que había estado jugando como extremo derecho, se convirtió en número 8, una especie de 10 a la derecha. Fue una jugada que le gustó al público de Veira: desde los días de la Máquina, River era un club que daba cabida a tantos jugadores creativos como fuese posible.

Perdieron solo tres veces durante toda la temporada. Lograr grandes resultados se volvió un hábito: 5-1 contra Newell's, 4-1 contra Vélez, 5-1 contra Estudiantes, 5-4 contra Argentinos y 4-0 contra Racing de Córdoba.

El 9 de marzo de 1986, una victoria 3-0 contra Vélez los coronó campeones, y eso que aún quedaban cinco jornadas para el final del campeonato. La gran celebración llegó con un triunfo 2-0 contra Boca (ambos goles de Alonso) en un partido que se volvió reconocible al instante en los vídeos por la utilización de una pelota anaranjada a causa de la cantidad de cintas que había en el campo.

Ganar el título de la liga era importante para recuperar la sensación de tranquilidad, pero el sueño era la Libertadores y poner fin al estigma de no haberla ganado (la necesidad era más urgente aún, por supuesto, por las victorias de Boca). Las impresionantes actuaciones del comienzo significaban que un empate como local contra Argentinos en su último partido de la semifinal del grupo les habría permitido llegar a la final, pero River perdió 2-0 en lo que los rivales no tardaron en señalar como un típico acogotamiento de las gallinas. Argentinos derrotó al Barcelona de Ecuador y forzó un desempate. La diferencia de goles a favor de River implicaba que necesitaban solo un empate para avanzar. «Jugamos con las pelotas en la garganta», dijo Alonso, pero resistieron y empataron 0-0. Así llegaban a su tercera final de la Libertadores, en la que su rival sería el América de Cali, que había perdido en la final el año anterior.[118]

A mitad del primer tiempo en Cali, el delantero uruguayo de River, Antonio Alzamendi, encontró espacio sobre la derecha, se volvió y resbaló en el campo mojado por la lluvia mientras intentaba mandar un pase. Seguramente, le salió más bajo de lo que quería el jugador, pero Juan Gilberto Funes, *el Búfalo*,[119] demostrando una destreza que desafiaba su apodo, giró y marcó con clase. Tres minutos más tarde, tras una falta astutamente preparada, Alzamendi recibió en el área un pase desde la izquierda y la bajó para Alonso, que recogió la pelota que venía rebotando torpemente y marcó desde el borde del área. El centrocampista paraguayo Roberto Cabañas acortó diferencias a comienzos del segundo tiempo, pero River resistió y ganó 2-1.

118. Fueron derrotados en la final al año siguiente; cayeron en un desempate contra Peñarol. Puede ser que lo que las gallinas necesitasen durante todo ese tiempo fuese jugar contra otro equipo que fuese más blando que ellos.

119. Funes se había sumado poco antes ese año; venía de Millonarios, de Bogotá, donde se convirtió en un jugador tan admirado que, tras sus dos temporadas en el club, una de las barras de sus fanáticos pasó a ser conocida como la Barra del Búfalo. Después de River, jugó para Olympiacos y Vélez, antes de verse obligado a retirarse por razones de salud en 1990. Murió de un ataque cardiaco en enero de 1992: solo tenía veintiocho años. El estadio de su ciudad natal de San Luis lleva su nombre.

Ya en el Monumental, siete minutos después del descanso, el defensa de River Alejandro Montenegro fue expulsado junto con Ricardo Gareca, que se había ido de River al América el año anterior. Pero, después de sesenta y seis minutos, Enrique le dio un pase lento y bajo a Funes, que la retuvo, giró magníficamente y convirtió con un tiro bajo y cruzado al poste izquierdo del portero del América, el argentino Julio César Falcioni. Fue el único gol del partido. River, finalmente, había ganado la Libertadores. «Me levantaron en andas y me llevaron a dar toda la vuelta olímpica —dijo Alonso—. Ser hincha de River, y también futbolista, hizo que fuera más especial, particularmente para alguien que, prácticamente, había nacido allí. Todo lo que hago por River me sale del corazón.»

Fue en Tokio, poco más de dos meses después, sin embargo, cuando, como dijo Gallego, «la gallina fue finalmente sepultada»: River ganó 1-0 contra el campeón de Europa: el Steaua de Bucarest. Alonso describió cómo su equipo había aprendido a imponerse en los partidos más importantes: tiempo era de jugar contra otro equipo más pecho frío que ellos.

Las finales son como los superclásicos: uno juega a no perder, a mantener el arco invicto, porque si uno logra convertir, sabe que 1-0 será suficiente para ser campeón. Eso sucedió en la Intercontinental: la ganamos con una estrategia ingeniosa. Había un tiro libre, yo no tardé en pedir la pelota, le di un pase corto a mi compañero y me la devolvió. Vi a Alzamendi y le di el pase para convertir.

Ese era un equipo preparado para ir a la guerra y saber que podía ganar. Éramos como el local en cualquier cancha en términos de cómo salíamos, cómo dominábamos el partido y controlábamos la acción. Forzamos a los otros a retroceder y ver qué podían hacer contra nosotros. Fue el último gran equipo argentino que he visto. Y no era ciento por ciento ADN de River. Solo tres de nosotros habíamos nacido en River, para empezar. Pero los que venían de otros clubes se adaptaron rápida y eficazmente. Y todos queríamos logros, éramos humildes y estábamos hambrientos.

A los veintinueve minutos, el gol de Alzamendi aseguró una victoria de 1-0 en un partido equilibrado y tenso. «No cometimos errores estratégicos ni tácticos —dijo Veira—. A esto se lo llama inteligencia. Fue una victoria de la cabeza.»

El proceso de disolución ya había comenzado. Francescoli se había ido incluso antes de la Libertadores, vendido al Racing de París. Alonso se retiró en 1987; Gallego lo hizo en 1988. Roque Alfaro se fue en 1987. Pumpido, Nelson Gutiérrez, Ruggeri, Alzamendi y Funes, en 1988.

También en 1987, Veira fue reemplazado como técnico por Carlos Griguol. Ese mes de octubre, Veira, que estaba trabajando en San Lorenzo, fue acusado de abuso sexual por un chico de trece años, que dijo que Veira lo había invitado a subir a su apartamento después de que le pidiera un autógrafo. Veira, que sigue alegando su inocencia, fue declarado culpable de tentativa de violación y corrupción de un menor en abril de 1988 y sentenciado a cuatro años de prisión. Tras una apelación, la condena fue revisada y convertida en violación en agosto de 1991; la sentencia se extendió a seis años. El mes de septiembre siguiente, la Corte Suprema volvió a cambiar la sentencia a intento de violación: tres años de prisión. Como Veira ya había cumplido más de un tercio de la condena, quedó en libertad condicional. Aquello dio lugar a que se rumoreara que el presidente Carlos Menem, cuyo partido tenía mayoría en la Corte Suprema en ese momento, influyó en la decisión.

47

La gloria napolitana

*D*espués del Mundial, Maradona se fue de «luna de miel» con Claudia, quien, aparentemente como respuesta a la revelación pública de su *affair* con Cristiana Sinagra, se había hecho una rinoplastia y se había teñido el cabello de rubio.

El mensaje era claro: estaban juntos nuevamente y presentaban un frente unido. Ese mes de septiembre, Sinagra dio a luz al hijo de Maradona, aunque pasarían años antes de que el futbolista aceptara que Diego, tal fue el nombre que recibió el bebé, era suyo. El favor del público estaba del lado de la mujer, pero, a pesar de ello y de todas las complicaciones, mantuvo el estado de forma que demostró en el Mundial en la nueva temporada.

El único logro de Maradona, si se lo compara con los otros contendientes a ser considerados como mejor jugador de todos los tiempos, es haber conducido, prácticamente sin ayuda, a un club modesto hasta un campeonato mayor en una época en la cual el dinero había comenzado a ser no solo una ventaja, sino un factor decisivo. Eso no quiere decir que fuera diferente. Lo de Maradona no era combinarse con talentos excepcionales, inspirarse mutuamente y ser los más grandes. Tal vez Maradona necesitaba ser la figura central, tener un equipo a su alrededor que confiase en él. No se trataba solo de su habilidad técnica, de sus regates, de sus faltas y de sus goles, sino de él como inspiración y como organizador. De los otros grandes, quizá solo Johan Cruyff, aunque de un modo diferente, podía llegar a comparar con él su cerebro táctico en el campo.

Del mismo modo que sería equivocado pintar a los ganadores argentinos del Mundial como Maradona más el resto, también sería erróneo sugerir que el Nápoles era Maradona y los diez chiflados. Había otros jugadores de alto nivel: después de la Copa del Mundo, trajeron a Andrea Carnevale para crear un formidable ataque con Maradona y Bruno Giordano.

Contaban con Ciro Ferrara en la defensa y con Fernando de Napoli y Salvatori Bagni en el mediocampo. Distaban de ser unos perdedores, pero, aun así, estaba claro que sin Maradona no optarían al título: todo un desafío. Él les dio su chispa, su creatividad y su empuje. Él les hizo creer que las cosas extraordinarias eran posibles, tal como había sucedido con Argentina.

Con un excepcional Maradona, en 1986-87 el Nápoles ganó el *scudetto* por primera vez en su historia. El título lo sellaron el penúltimo fin de semana de la temporada con un empate 1-1 contra la Fiorentina. Esa noche, los Giuliano organizaron una celebración masiva, distribuyendo alimentos y champán a los hinchas, y preparando una fiesta sobre la que los periodistas tenían órdenes de no informar. Según Bruno Passarella, el hombre de *El Gráfico* en Roma en ese momento, se llevó a cabo en Nola, un pueblo en las afueras de Nápoles, en una mansión secreta y bien protegida. No era propiedad de ninguno de los asistentes a la fiesta. Nadie debía preguntar.

Quizás el interés de la Camorra en el Nápoles no tenía nada de siniestro. Tal vez fueran simplemente hombres de negocios que se regocijaban ante el triunfo del equipo de su localidad. Pero la temporada siguiente, las influencias alrededor del Nápoles sufrieron un escrutinio más profundo. Habían contratado al goleador brasileño Careca ese mismo verano. Se creó la Ma-Gi-Ca: Maradona, Giordano y Careca. La temporada comenzó de una manera soberbia. Cuando derrotaron al Inter 1-0, el 10 de abril, el Nápoles era líder con cuatro puntos de ventaja, pero no pudieron ganar ninguno de sus últimos cinco partidos de la temporada, por lo que Milan de Arrigo Sacchi, que los había vencido 2-3 en San Paolo, los superó. Nunca se probó nada, pero se llegó a afirmar que la Camorra, temerosa de las pérdidas enormes en las apuestas si el Nápoles volvía a quedar campeón, les había ordenado no ganar el título. Maradona rechazó tales afirmaciones: «La gente... dice estupideces». Culpó a los árbitros, a los problemas que estaba teniendo en la zona lumbar y también a sus compañeros de equipo, quienes, después de una derrota ante la Fiorentina, habían pedido que echaran a Bianchi. Maradona, que nunca se había sentido particularmente impresionado por el técnico, dijo que Bianchi había «empezado a experimentar» y que era muy responsable de aquel deterioro. Sin embargo, sintió que la protesta de los jugadores era errónea y convirtió al técnico en un mártir.

Efectivamente, la multitud coreó el nombre del técnico: al final de la temporada, Bianchi renovó. Reaccionó echando a seis jugadores. Maradona le dijo a Corrado Ferlaino, el presidente del club, que ya no podía tolerar jugar bajo el mando de Bianchi y que tendría que elegir entre los dos. Ferlaino simplemente señaló que el mes de diciembre anterior Maradona había firmado un contrato hasta 1993 por cinco millones de dólares por año. Hubo una pérdida mayor de aprobación pública.

Como los problemas de la lesión comenzaban a empeorar, Maradona empezó a entrenar menos. Era razonable, pero poco hizo para apaciguar a los hinchas que habían comenzado a sospechar que su héroe estaba buscando un modo de desvincularse del club. El Nápoles terminó segundo en la tabla, pero a once puntos del Inter: nunca habían amenazado seriamente con ganar el título. Sí ganaron el título de la Copa de la UEFA: derrotaron al Stuttgart (en el partido jugado en Nápoles, Maradona controló el balón con la mano, pero el árbitro pitó penalti a favor de su equipo, y Diego marcó), pero cuando Maradona salió cojeando de un partido contra el Pisa por una lesión en el muslo en junio de 1989, los hinchas abuchearon al palco de los directivos, donde Claudia estaba sentada con su hija, Dalma, y su agente, Guillermo Coppola. Maradona estaba furioso y protestó airadamente.

Muchos culparon a su vida nocturna por su errático estado de forma; la mala fama se había extendido a pesar de que los diarios no podían publicar notas sobre ella. Pero Maradona mismo siempre creyó que era víctima de una conspiración. La presión que había sentido en los antiguos días en Argentinos se transformó en paranoia. Utilizó el espectáculo que presentaba en la televisión italiana para atacar a los periodistas que lo habían criticado; en una ocasión, le metió un diario en la boca a un reportero. Cuando terminó la temporada, volvió a Esquina y prometió que jamás volvería a Italia.

Sin embargo, mientras las acusaciones de conspiración eran bastante absurdas (y con el tiempo se convirtió en algo habitual en Maradona), sí que es verdad que algo extraño estaba sucediendo. El apartamento y el coche de su hermana habían sido dañados; también forzaron la entrada de su casa: no se llevaron nada, pero cambiaron de lugar los muebles. ¿Advertencias de la Camorra? Eso pensaba Maradona. Una vez que abrió la posibilidad de volver a Argentina, la respuesta en Nápoles fue rápida. La percepción era que Maradona había roto el vínculo: los hinchas y los periodistas habían tolerado sus excesos, pero lo seguirían haciendo solo si mantenía la cabeza gacha y jugaba bien al fútbol. Las fotos de Maradona en compañía de la familia Giuliano se publicaron en *Il Mattino* con el epígrafe: «Es ridículo pensar que alguien quiera desafiar a la Camorra amenazando a su ídolo». Hay muchas interpretaciones posibles, pero Jimmy Burns apunta a que la Camorra estaba llamando a Maradona al orden.

Reticente, obligado por los contratos o por cosas menos tangibles, Maradona acordó retornar a Nápoles. Antes de eso, sin embargo, se casó con Claudia en una ceremonia majestuosa en una catedral de Buenos Aires. Fue otro desastre de relaciones públicas: la opulencia de la recepción, en la cual se afirma que había cocaína y se proveían prostitutas a los invitados. Y todo en el contexto de una huelga del transporte público. El *timing* fue desafortunado. Maradona quedó como alguien que había olvidado sus raíces, cosa que más bien le importaba poco. Y, sin embargo, fue ensalzado: el candidato presidencial Carlos Menem, para cuya elección Cyterszpiler actuaría como mánager, se desvivió para congraciarse con él.

Cuando Maradona llegó de vuelta a Nápoles, estaba claramente fuera de forma. Las cosas se pusieron tan mal que una hora antes de un empate en la Copa UEFA contra el Wettingen, en noviembre de 1989, fue suspendido por el técnico del Nápoles Alberto Bigon, que había sustituido a Bianchi unos meses antes. Nuevamente, Maradona insistió en que era víctima de una conspiración. Un mes más tarde, afirmó que los grupos del Mundial estaban arreglados. «O es estúpido o malo», dijo el secretario general de la FIFA, Sepp Blatter.

A pesar de todo, el Nápoles pasó a encabezar la liga italiana desde la segunda semana del campeonato y hasta febrero, cuando fue desplazado por el Milan. El Mundial estaba cerca: Maradona estaba concentrado y su estado físico mejoraba. Llegada la primavera, se encontraba en forma. Una victoria de 4-2 contra el Bologna y una derrota del Milan en Verona los llevó nuevamente a la cima en su penúltimo partido. Obtuvieron su segundo título con una victoria 1-0 como locales contra la Lazio. De alguna manera, en medio de todo el caos y de los escándalos, Maradona lo había vuelto a lograr.

Para tener una medida del éxito, basta tener en cuenta que después de esos dos títulos en tres años, no volvió a ganar un campeonato.

48

Campeones morales otra vez

$\mathcal{H}$ubo muchos que instaron a Bilardo a renunciar después del Mundial de 1986, incapaces de ver cómo podría mejorar el nivel del equipo. Con una mezcla típica de terquedad y autoestima, se negó. «Creía que no habíamos visto todo el potencial del 3-5-2», dijo. Muy pronto pareció estar equivocado. Tan pronto como terminó la Copa del Mundo, el estilo de Argentina volvió a la indiferencia que había mostrado en la previa. Fueron anfitriones de la Copa América en 1987 (que volvió a tener su sede en un solo país). Estaban desesperados por un primer éxito en el torneo desde 1959, pero, con Maradona luchando contra una tendinitis, nunca jugaron como potenciales campeones y perdieron la semifinal ante Uruguay.

Argentina venció a Alemania Occidental en un amistoso en aquel diciembre, pero, por lo demás, su única victoria antes de la siguiente Copa América fue contra Arabia Saudita. Recuperaron algo de su forma, mínimamente, en la Copa América en Brasil en 1989, a pesar de la lucha de Maradona con una lesión en el muslo. Pero era una Argentina mucho más defensiva que la que había ganado la Copa del Mundo tres años antes. Probablemente, haya que tener en cuenta también que, como campeones, no tenían que clasificarse para el Mundial de 1990.

La caída de los precios mundiales de los productos básicos en 1986 descarriló el plan económico de Alfonsín. A medida que la inflación se incrementaba, hubo un desplome de los salarios en términos reales de alrededor del veinte por ciento, lo que provocó una serie de huelgas. La fuga de capitales continuaba, al igual que el éxodo de futbolistas que buscaban mejores condiciones en Europa. El cuadro era preocupantemente conocido: un empeoramiento de la situación económica debilitó el pulso del presidente contra los militares. Por iniciativa de Alfonsín, en diciembre de 1986, el Congreso aprobó la Ley de Punto Final, que limitaba los juicios civiles (contra los aproximadamente seiscientos oficiales implicados en la guerra sucia) a los que habían sido procesados dentro de los sesenta días de la aprobación de la ley.

Sin embargo, en Semana Santa de 1987, una división del ejército se amotinó. Alfonsín negoció personalmente la rendición de los rebeldes, pero en aquel junio el Congreso aprobó la Ley de Obediencia Debida, que otorgó inmunidad a los oficiales que estuvieran por debajo del rango de coronel y que se vieron involucrados en la guerra sucia. Se argumentaba que obedecían órdenes de superiores que ya habían sido condenados. Eso detuvo todos los juicios restantes relacionados con los delitos contra los derechos humanos de la época de la Junta. Apaciguar a los militares quizá fue una necesidad política, pero le costó a Alfonsín mucho apoyo público. Era un hombre humilde y decente; su costumbre de juntar las manos para formar un círculo con los brazos parecía indicar que deseaba abrazar a todos los argentinos, pero las circunstancias en que se encontró eran casi imposibles.

La economía siguió deteriorándose. Una gravísima sequía a principios de 1987 disminuyó las exportaciones, lo que eliminó prácticamente el superávit comercial. El austral perdió alrededor de la mitad de su valor entre junio y octubre, lo que provocó un salto en la inflación de alrededor del cinco por ciento mensual al veinte por ciento, mientras que los salarios se erosionaban. Eso llevó a dos huelgas generales y a una serie de paros menores. La crisis de Wall Street de 1987 detuvo la inversión extranjera, lo que conllevó un aumento de la presión fiscal. Teniendo en cuenta la inflación, los ingresos de los hogares se situaron en un nivel más bajo que en 1983. Hubo otro motín (otra vez rápidamente sofocado) en enero de 1988, pero Alfonsín también estaba perdiendo apoyo público, lo que le llevó a adelantar a mayo las elecciones programadas para octubre de 1989. A medida que pasaba el año 1988, Argentina cayó en recesión y la inflación siguió aumentando. Otra congelación salarial provocó una huelga general, que derivó en enfrentamientos en la plaza de Mayo entre los manifestantes y la policía. No solo los salarios caían en términos reales, sino que empezó a crecer el sentimiento de que Alfonsín no se tomaba en serio terminar con los crímenes de guante blanco.

En 1988, algunos ejecutivos del Banco Atlas fueron condenados por fraude contra el Banco Central por un total de ciento diez millones de dólares, pero la sentencia quedó suspendida por devolver la mitad de los fondos en cuestión. La acusación debió haber sido una señal de la determinación de Alfonsín de erradicar la corrupción, pero el veredicto puso en duda su compromiso, al igual que la revelación de que efectivamente había un sistema paralelo de tarifas aduaneras para algunas empresas.

Alfonsín sí se aseguró la extradición desde los Estados Unidos del general Suárez Mason, expresidente de Argentinos Juniors, y del general López Rega, el escritor ocultista que había organizado los escuadrones de la muerte de la Triple A, para ser juzgados en Buenos Aires,[120] pero eso solamente irritó a los militares, que ya estaban furiosos por los recortes presupuestarios: hubo un tercer motín en diciembre de 1988. El mes siguiente, una organización izquierdista atacó el regimiento de La Tablada. Hubo treinta y nueve muertes y se extendió el temor de que el ciclo estaba comenzando de nuevo,

---

120. López Rega murió por los males derivados de su diabetes, en 1989, mientras estaba en prisión a la espera de su juicio. Suárez Mason fue condenado por cuarenta y tres asesinatos y veintitrés secuestros (incluidas apropiaciones de bebés), pero fue indultado en 1990 por Carlos Menem. Huyó a California, pero fue extraditado otra vez en 1995 para enfrentarse a cargos por secuestro de menores. Fue puesto bajo arresto domiciliario (como es habitual en Argentina para prisioneros de más de setenta años), pero fue recluido nuevamente en 2004 por violar los términos de su detención. Murió al año siguiente, a los ochenta y un años, tras ser condenado in absentia a cadena perpetua en los tribunales italianos por el asesinato de ocho italo-argentinos; en Argentina se enfrentó a nuevos cargos relacionados con doscientos secuestros, treinta asesinatos y la venta de bebés de presos políticos.

particularmente cuando el ejército fue acusado de haber torturado a algunos presuntos autores de los hechos.

Con el austral colapsando (fue reemplazado en 1991 por el peso a una tasa de 1-10.000) y con hiperinflación, las esperanzas de reelección de Alfonsín desaparecieron por completo. Su adversario peronista, Carlos Menem, aquel extravagante hijo de inmigrantes sirios, ganó en diecinueve de veintidós provincias. Aunque la elección había sido adelantada, Alfonsín tenía la intención de permanecer como presidente hasta diciembre de 1989, como estaba programado originalmente, pero el posterior caos que llevó el PIB a su nivel más bajo desde 1964, combinado con disturbios y saqueos en Rosario y otras ciudades, le obligaron a entregar el poder en julio. Era la primera vez desde que Yrigoyen asumió el cargo en 1916 que un presidente argentino entregaba pacíficamente el poder a un miembro de la oposición.

Con la economía en crisis y el Gobierno contemplando una reforma radical, los que estaban en el poder necesitaban que Argentina tuviera un buen papel en el mundial. El sentimiento puede no haber sido tan intenso como en la época de la Junta, pero Menem, un *showman* y un oportunista, no mostró ninguno de los reparos que tuvo Alfonsín de vincular su suerte con la del país y la de la selección nacional. Incluso participó en una sesión de entrenamiento en el Monumental.[121] Para entonces, Menem se había dejado crecer el pelo y un par de patillas tupidas; lucía un poncho e intentaba evocar la imagen de Facundo Quiroga, el más célebre de los caudillos que habían luchado contra el liberalismo europeo en el siglo XIX. Al igual que Perón, trató de despertar nociones románticas del pasado argentino para aprovechar el nacionalismo populista. Se refirió a los británicos como «piratas del mundo» y prometió continuar la lucha por las Malvinas. Asimismo, prometió mejorar la suerte de los pobres y de la clase obrera, e hizo una

---

121. A veces Menem parecía utilizar la presidencia como una forma de concesión de deseos. En 1998, por ejemplo, jugó un partido de fútbol cinco con el ministro de deportes británico Tony Banks y Bobby Charlton. «Lo noté muy hábil con la pelota», señaló Charlton en su autobiografía.

gran demostración de su amor al fútbol y a los coches rápidos. Decenas de miles de personas se reunían para mostrarle su apoyo. Al mismo tiempo, desarrolló contactos secretos con figuras clave del sector financiero.

Menem se retrataba a sí mismo como el heredero de Perón, pero una vez en el poder comenzó a gobernar de manera cuasi presidencial; pronto se embarcó en un programa de reformas económicas casi *thatcheristas*. Desmanteló el Estado de bienestar y anuló muchas de las leyes laborales establecidas por Perón. Las empresas estatales fueron privatizadas (a menudo de forma corrupta) y las ganancias se usaron para pagar a los acreedores internacionales de Argentina. En 1991, el peso estaba atado al dólar, lo que proporcionaba una solución a corto plazo al problema endémico de la inflación, aunque no hizo nada para controlar el aumento del desempleo.

Para llevar a cabo su política de cambio radical, Menem tuvo que ganarse los favores de la vieja guardia. En consecuencia, en 1990, indultó a Videla, a Massera, a Galtieri y a otros condenados en el Juicio de las Juntas. Alfonsín lo llamó «el día más triste de la historia argentina». Había otras razones para que la opinión popular se volviera contra Menem, incluso antes de que se hiciera evidente lo que su programa económico implicaba. Su vida familiar era un asunto cotidiano de las columnas de chismes: fue acusado de varios *affairs* y de maltratar a su esposa Zulema. La mujer era conocida por sus berrinches; sus dos hijos, por su extravagancia. En un acto de un populismo descarado, Menem buscó el apoyo de la única figura argentina cuya popularidad estaba garantizada: Maradona. Poco antes del Mundial, en una conferencia de prensa en el estadio de San Siro de Milán, Menem nombró a Maradona «embajador deportivo», otorgándole un pasaporte diplomático.

Finalmente, en diciembre de 1990, Menem también se enfrentó a un levantamiento militar. Lo reprimió con fuerza, recortó aún más la financiación militar y nombró como jefe del ejército al moderado teniente general Martín Balza, que se había opuesto a todos los golpes militares durante su carrera de alto rango y había sido un crítico de la guerra de las Malvinas. Aún más notable, dada su retórica en la campaña electoral,

Menem hizo un esfuerzo consciente para mejorar las relaciones con Gran Bretaña. Cuando, en 1994, el servicio militar quedó abolido, el control del Ejército sobre la vida civil terminó por fin.

Para Argentina, los últimos cuatro partidos de la Copa América de 1989 fueron el comienzo de una racha de diez partidos sin una victoria, que solo se terminaría (como una mancha similar a la de cuatro años antes) con una victoria sobre Israel en el último amistoso antes del Mundial. Esta vez, sin embargo, no habría un comienzo amable en el torneo. Los equipos africanos habían estado mejorando constantemente desde que Túnez había sido la primera escuadra del continente en ganar un partido en la Copa del Mundo, al vencer a México en 1978. Sin embargo, pocos esperaban demasiado de Camerún, que había pasado por una penosa Copa de las Naciones unos meses antes y cuyos jugadores parecían desconcertados por su entrenador, el ruso Valery Nepomnyashchy. Los futbolistas habían amenazado con hacer huelga por unos bonos impagados, mientras que el equipo estaba dividido por la disputa vigente entre sus dos grandes porteros: Thomas N'Kono y Joseph-Antoine Bell.

Maradona sabía que era probable que él fuera el objetivo de algunas faltas bruscas y por eso usó protección tanto en las tibias como en las pantorrillas. Fuera como fuera, tampoco estaba en las mejores condiciones. Necesitaba un implante de fibra de carbono insertado en la bota para evitar mayores daños en el dedo que tenía hinchado por una uña encarnada. En el estadio de San Siro, los hinchas, que sabían cómo acababa de ganar el campeonato para el Nápoles sobre el AC Milan, lo odiaban: festejaban cada falta que le hacían. «Curé a Italia de racismo esa noche —dijo Maradona con sorna—. Todo el estadio hinchaba por Camerún.»

No hubo goles en el primer tiempo, pero, justo sobre la hora, aquel partido pareció convertirse en un tropiezo decisivo para las ambiciones argentinas: André Kana-Biyik fue expulsado por el árbitro francés Michel Vautrot por una falta sobre Caniggia. Aunque la falta (una plancha deliberada, unos quince metros dentro del terreno de Camerún) era malintencionada, parecía una decisión comprometida, pues el delantero argentino estaba muy lejos; además, había al menos dos defensas atentos a su marcaje, uno de ellos a no más de cinco metros de él cuando se cometió la falta.

Seis minutos más tarde, Camerún marcó y se adelantó en el marcador.

Hubo una falta en la parte izquierda sobre Cyrille Makanaky. El equipo africano lanzó un tiro bajo, rebotó en Makanaky y estuvo en el aire una eternidad antes de empezar a caer. Néstor Sensini dudó y François Omam-Biyik se levantó por encima de la defensa y cabeceó. Su remate iba bien dirigido, pero salió muy flojito. Nery Pumpido solo parecía tener que dar un paso a su izquierda para atraparlo. Se tiró para detener la pelota con su cuerpo, pero calculó horriblemente mal y el esférico rebotó en su rodilla y entró en la portería.

El tiempo fue corriendo en el reloj y llegó el incidente por el que el partido se ha vuelto famoso. Caniggia inició un contraataque y fue desestabilizado por Emmanuel Kundé; parecía que iba a caer después de esquivar un empujón de Bertin Ebwellé, pero finalmente cayó al suelo por una terrible falta de Benjamin Massing, que lo pateó tan fuerte que se le salió la bota. El corpulento mediocampista ya había sido amonestado y vio la segunda amarilla, pero la falta fue tan grave que podría haber sido roja directa. Sin embargo, incluso con nueve hombres, Camerún resistió para infligir a Argentina lo que Bilardo describió como «el peor momento de mi carrera deportiva».

Maradona estaba devastado: «Estábamos todos muertos, muertos de vergüenza». El viaje en autobús hacia el aeropuerto transcurrió en silencio. Además, cuando llegaron, su vuelo había sido retrasado dos horas. El Pelusa aprovechó el tiempo para hablar con Claudia y desesperarse. En el avión, Bilardo planteó un objetivo para los jugadores, reorientándolos a lo que todavía era posible en el torneo. «O llegamos a la final —les dijo a sus jugadores—, o esperemos que el avión que nos lleva de vuelta a Argentina se caiga.»

Por su parte, Maradona fue elegante en la derrota. «No creo que tuviesen ninguna intención de dar golpes para ganar el partido —dijo, aunque debía de tener muchos moratones que indicaban lo contrario—. No puedo discutirlo ni poner excusas. Camerún ganó porque fue mejor.» Sin embargo, al mismo tiempo se quejó de la FIFA y del arbitraje de Vautrot: los culpó por su incapacidad de imponer el *fair play*. En esto, al menos, era coherente: era obligación de las autoridades aplicar las reglas, y de los jugadores evadirlas lo más posible.

En los días siguientes, tanto Menem como Alfonsín llamaron por teléfono a Bilardo para ofrecerle consejos. El entrenador hizo cuatro cambios para el partido contra la URSS; pronto fueron seguidos por un quinto, cuando el desafortunado Pumpido se fracturó la pierna después de diez minutos de juego y tuvo que ser reemplazado por Sergio Goycochea. Lo que al final salvó a Bilardo fue otro momento de mano de Dios, la tercera de Maradona en cuatro años. Goycochea acababa de entrar cuando fue alcanzado por un golpe de Oleh Kuznetsov, solo para que Maradona sacara la pelota de la línea con un brazo que nadie vio. Tras salvarse, Argentina tomó la delantera después de veintisiete minutos: Pedro Troglio cabeceó un centro de Olarticoechea. La victoria se confirmó cuando, a doce minutos del final, Kuznetsov dio un extraño pase hacia atrás que le llegó a Burruchaga. Argentina consiguió clasificarse como mejor tercero tras empatar 1-1 contra Rumanía: Gavril Balint igualó el marcador cinco minutos después de que Pedro Monzón hubiera marcado de cabeza, a los quince minutos del segundo tiempo.

Todo aquello era muy poco alentador, pero Bilardo había desarrollado el hábito de que su equipo hiciera solo lo suficiente; únicamente se elevaba el nivel cuando era necesario. Así se obtenían resultados clave casi a pesar de sí mismos. «Sin los brillos individuales de 1986 —dijo Simón—, nuestras tácticas se convirtieron en medidas que tomamos para sobrevivir.» En los octavos de final, se enfrentaron a Brasil en un partido que sigue envuelto en controversia. Lo que ocurrió es sencillo: Argentina fue apaleada. Dunga envió un cabezazo al palo. Goycochea, tras despejar un centro contra el arco, se recuperó a tiempo para desviar un remate largo de Alemão que iba a la escuadra. Careca cabeceó y Müller desperdició una clara oportunidad al enviar la pelota demasiado alta. Pero Argentina resistió. Maradona, luchando con su pie inflamado, recibió repetidas infracciones. Y luego, cuando quedaban nueve minutos, recuperó la pelota en el círculo central. Empezó a gambetear hacia la izquierda, hacia el borde, luego cambió bruscamente hacia la portería. Alemão interpuso una pierna en vano. Dejó atrás a Dunga, pero todavía quedaban cuatro brasileños entre Maradona y la portería... y Caniggia. No debería haber sido un problema, pero Brasil entró en pánico colectivo. Los cuatro defensas se fueron hacia él y Maradona pasó a Caniggia. Ricardo Rocha y Ricardo Gomes chocaron entre sí, el delantero argentino controló, esquivó a Taffarel y marcó a puerta vacía. «El partido de Camerún nos dejó por el suelo —dijo el defensa Juan Simón—, pero el partido con Brasil nos levantó y nos hizo sentir que no podíamos perder. Estábamos revitalizados.»

Una leyenda dice que Argentina le dio a Brasil agua contaminada. Es una de esas leyendas imposibles de corroborar, aunque varias personas involucradas en el partido creen que es verdad. En una pausa, el masajista argentino Miguel di Lorenzo le dio una botella de agua a Branco, lateral izquierdo del Brasil, quien dijo que se sintió mareado después de beberla. El delantero brasileño Bebeto insistió muchos años más tarde en que él había estado en una cena en la que Di Lorenzo lo admitió todo: «Dijo que había dejado las botellas ya preparadas, y por la forma en que lo dijo probablemente no lo hizo solo con nosotros.» Cuando en 2005 le preguntaron directamente a Bilardo sobre la acusación dijo burlonamente: «No estoy diciendo que no sucedió». Eso era picardía. Era astuto. Así pues, real o imaginario, debía celebrarse, no negarse.

Argentina continuó enfrentándose a Yugoslavia en los cuartos de final. Nuevamente estaban bajo presión, otra vez confiaron en su suerte para sobrevivir hasta que, con media hora jugada, Refik Šabanadžović recibió una segunda amonestación por algo tan habitual como hacerle falta a Maradona. Yugoslavia se mantuvo firme, aunque Ruggeri estrelló un pelotazo en el travesaño y a Burruchaga le anularon un gol por una mano discutible. El partido fue a los penaltis. Maradona y Troglio fallaron, pero también lo hicieron Dragan Stojković, Dragoljub Brnović y Faruk Hadžibegić: contra todo pronóstico, Argentina había llegado a las semifinales.

Allí, se enfrentaron a Italia, en Nápoles. Como dijo Antonio Matarrese, presidente de la federación de fútbol, dada la simpatía que los napolitanos tenían por su héroe y el resentimiento que sentían por el modo en que el resto de Italia los trataba, Maradona se apresuró a tratar de capitalizar esa sensación. Así se dirigió a los hinchas que lo apoyaban cada domingo: «Durante trescientos sesenta y cuatro días al año, ustedes son considerados extranjeros en su propio país; y hoy se supone que deben hacer lo que ellos quieren, que es apoyar al equipo italiano. Por el contrario, yo soy napolitano los trescientos sesenta y cinco días del año». Dos años antes, tal vez, antes de que la relación de Maradona con el club y su afición se tensara, sus palabras habrían tenido más fuerza. Cuán comprometidos estuvieran los hinchas locales con Italia queda abierto al debate. Pero no se había dado el caso (temido por algunos) de que San Paolo hiciera sentir local a Argentina. Una pancarta en el estadio decía: «Maradona, Nápoles te ama, pero Italia es nuestro país».

El partido fue duro desde el comienzo. A los diecisiete minutos, Gianluca Vialli remató dentro del área, Goycochea rechazó el disparo, pero la pelota quedó a los pies de Totò Schillaci, que adelantó a Italia. Los italianos parecían tenerlo todo bajo control, todo excepto a sus hinchas más supersticiosos: el gol no solo había llegado a los diecisiete minutos, sino que aquel era el decimoséptimo partido internacional celebrado en Nápoles: y diecisiete es el número italiano de la mala suerte.[122] Lentamente la ansiedad se apoderó de los anfitriones. Siguiendo décadas de tradición, se relajaron y obedecieron al estereotipo: defender para buscar la victoria. Al hacerlo, Argentina comenzó a ganar confianza en sus posibilidades, como recordó Simón:

> Bilardo nos había dicho: «Italia tiene dos carrileros corpulentos: [Luigi] de Agostini a la derecha y [Roberto] Donadoni a la izquierda. Entonces vamos a poner a [Gabriel] Calderón y a Olarticoechea para

122. Supuestamente porque escrito en números romanos, XVII, podría ser reordenado para leer VIXI («he vivido»), lo cual, por analogía con el anuncio de Cicerón de la ejecución de los conspiradores de Catilina, «vixerunt», podría significar «mi vida ha terminado». Tan seria es la superstición que el Renault R17 fue lanzado en Italia como R177.

frenarlos. Pero, cuando pierden la pelota, nunca vuelven rápido a defender; así que cuando recuperemos la pelota, siempre vamos a tener una ventaja de dos a uno en cada lado, más dos espacios para aprovechar de cada lado. Es el partido más fácil que habremos tenido en este Mundial». Y la verdad es que fue así. Cuando estás en la cancha y te das cuenta de que él ya vio el partido anticipadamente te sacás el sombrero. Su gol fue totalmente de casualidad, e incluso en *offside*. Teníamos más posesión de pelota que ellos.

Mediada la segunda parte, Argentina empató: Caniggia peinó el centro de Olarticoechea sobre Walter Zenga, que había salido a destiempo. Era el primer gol que Italia recibía en la fase final. El partido fue a la prórroga. Sin embargo, incluso después de que Giusti fuera expulsado por pisar a Roberto Baggio cuando faltaban aún once minutos, Italia no pudo ganar.

Allí estaban los penaltis otra vez. Los primeros seis fueron anotados, pero Donadoni (el número 17 de Italia) falló. Chutó a su derecha, a media altura, ajustado al poste. No fue un mal lanzamiento, pero Goycochea lo adivinó y lo atajó. Maradona hizo tirarse a Zenga a su izquierda, y disparó la pelota al otro lado. Eso significaba que Aldo Serena debía anotar: no lo hizo. Su disparo fuerte y bajo lo detuvo el cuerpo de Goycochea.

Argentina había llegado a la final dando tumbos. Además, las amonestaciones le robaron cuatro jugadores, incluido a Caniggia, que había recibido una tarjeta amarilla totalmente evitable en la semifinal por tocar la pelota con la mano cuando un centro pasó por encima de su cabeza. Aun así, la sensación era que lo que menos importaba era cómo habían llegado. Lo importante es que lo habían vuelto a hacer. «Nunca he visto nada parecido en mi vida —dijo Bilardo—. Nunca he visto algo que uniera a la nación de esa manera. Ni la política ni la música ni nada. Todo el mundo estaba mirando y alentando al equipo. Y cuando volvimos a casa, estaban contentos por nosotros. Estábamos orgullosos de haber llegado a la final.»

Los italianos estaban bastante menos contentos, lo que llevó a Maradona a pensar de nuevo en una conspiración. Dos días después de la semifinal, el hermano de Maradona, Raúl (conocido como «Lalo») fue detenido por conducir a toda velocidad el Ferrari de Maradona. No tenía los papeles de identificación con él, así que la policía lo escoltó hasta la concentración argentina cerca de Roma. Según Maradona, llegaron «con una mala actitud» y comenzó una pelea, con Gabriel Espósito, cuñado de Maradona, al frente. A la mañana siguiente, la bandera argentina había sido arrancada, dejando solo unas hilachas flameando en el mástil.

La hostilidad que Maradona había sentido por parte del público en el partido inaugural contra Camerún no fue nada en comparación con la final. Bilardo estaba tan preocupado por el ambiente que consideró acortar el himno para reducir la cantidad de tiempo que él y sus jugadores tendrían que oír los silbidos. Al final, con cierta ironía, dada la estridencia con que Maradona denunciaba una supuesta conspiración global contra Argentina y las tres manos que no le habían pitado en momentos clave en los últimos cuatro años, la selección cayó derrotada por una combinación del árbitro (Edgardo Codesal, quien había nacido y crecido en Uruguay, antes de convertirse en ciudadano mexicano) y su propia indisciplina.

La falta de Monzón sobre Jürgen Klinsmann a los sesenta y cinco minutos fue grave, pero no fue suficiente motivo para que el delantero alemán reaccionara como lo hizo. La tarjeta roja que Codesal le mostró, con la espalda arqueada, el brazo recto y un ademán histriónico, la que era la primera expulsión en una final de la Copa del Mundo, parecía excesiva. Algo parecido ocurrió cuando pitó un penalti a los ochenta y cinco minutos por una supuesta falta de Roberto Sensini sobre Rudi Völler: el defensa argentino parecía haber recuperado la pelota antes de que su cadera empujara al alemán. En ese momento, los jugadores perdieron la compostura. Troglio podría haber sido expulsado por empujar al árbitro. No fue extraño que, dos minutos después de que Andreas Brehme transformara el penalti, Gustavo Dezotti fuera expulsado por agarrar a Jürgen Kohler del cuello. A medida que los jugadores argentinos rodeaban a Codesal, lo empujaron al menos dos veces más: fácilmente, podría haber mostrado más tarjetas rojas, pero se contentó con amonestar a Maradona.

Argentina volvió a casa con una conocida sensación de indignación: contra Italia, contra la FIFA y contra el mundo en general. Menem no lo veía así. Saludó a los jugadores como héroes que regresaban e insistió en que eran un ejemplo. Toscamente relacionó el progreso del equipo con su programa de reformas socioeconómicas: «Tuvimos once titanes dentro de la cancha. Ahora necesitamos treinta y tres millones de titanes para sacar a Argentina de su situación». El oportunismo resultó descaradísimo, pero puso en evidencia el poder del fútbol en Argentina, así como la idea de que eran, una vez más, campeones morales. Tal vez habían tenido mala suerte en la final, pero, después de haber gruñido y arruinado su trayectoria hasta ese punto, pocos fuera de Argentina les compadecían. Un equipo cínico que había jugado al borde del reglamento al final cayó derrotado por su propia negatividad.

PARTE 6

Deudas y desilusión
1990-2002

49

La tercera opción

Santa Fe es una ciudad llana y anodina del noreste argentino que se desarrolló como centro de transporte de granos, aceite vegetal y carne. En las esquinas polvorientas duermen perros vagabundos que se mueven solamente cuando el calor del verano los obliga a buscar protección. El hotel Conquistador es un bloque común y corriente de cemento, en una calle común y poco corriente que se destaca solo por la figura de un hombre portentoso con una armadura que se proyecta desde la pared, sobre una maraña de cables telefónicos. La palabra «HOTEL» resalta con incertidumbre en luces de neón en la parte posterior de la silueta. Es tan normal como cualquier otro hotel céntrico de ciudad, pero fue allí donde, en 1992, uno de los principales profetas de la nueva era táctica del fútbol luchó contra sus dudas y, tras vencerlas, se embarcó en un camino que forjaría una tercera opción entre los extremos del menottismo y el bilardismo.

Puede que la historia no juzgue a Marcelo Bielsa como un gran entrenador: tres títulos argentinos y un oro olímpico, después de todo, no es un gran resultado para una carrera completa. Como teórico, sin embargo, se encuentra entre unos pocos elegidos. Sus peculiaridades (las gafas colgando de un cordón, su sintaxis con muchos circunloquios, el modo en que insistía en sentarse sobre una nevera portátil mientras trabajaba en Marsella, la ocasión en que ilustró sobre sus zapatillas para explicar un modo de golpear la pelota y anduvo durante días con las marcas de tiza) tal vez lo han convertido en una caricatura y han ensombrecido la importancia de su figura. Sin embargo, cabe decir que, probablemente, desde que la táctica de los cuatro defensas se extendió desde Brasil a finales de los cincuenta y comienzos de los sesenta, ningún otro sudamericano ha tenido tanta influencia en cómo se juega al fútbol.

Desde su infancia, Bielsa fue un intelectual intenso y afanoso. También parece que siempre tuvo un costado idealista, que lo hacía parecer torpe en la adolescencia; según muchos, de adulto era exasperante. Lo conocían como «el Loco», e incluso cuando quería ser futbolista, él se encargaba de señalar su diferencia. En su familia todos eran abogados o políticos o ambas cosas: su hermano, Rafael, fue ministro de Relaciones Exteriores durante la presidencia de Néstor Kirchner, mientras que su hermana, María Eugenia, es una arquitecta que cumplió funciones como vicegobernadora de la provincia de Santa Fe. Tantas ansias tenía Marcelo de ser futbolista que se fue del hogar a los quince años y se mudó al alojamiento del Newell's Old Boys. Como era de esperar, lo expulsaron dos días más tarde porque se negaba a dejar fuera su motocicleta Puma con motor de dos tiempos.

Bielsa puede haberse rebelado contra su pasado, pero lo condicionó. Se dice que el abuelo de Bielsa tenía una biblioteca de más de treinta mil volúmenes y que Bielsa desarrolló un respeto similar por el conocimiento y el aprendizaje; en cierto momento, estaba suscrito a más de cuarenta revistas deportivas internacionales y coleccionaba miles de grabaciones de partidos. Según algunas anécdotas, durante la Eurocopa 96 salía de su hotel en Londres cada vez más temprano, buscando diferentes kioscos que podían tener revistas diversas.

Es típico de Bielsa no considerar su obsesión como algo raro. Es más, parece un poco sorprendido de que otros no se pasen los días examinando DVD de viejos partidos de fútbol. Una vez, cuando le preguntaron qué planes tenía para Navidad y Año Nuevo, Bielsa dijo inexpresivamente que pensaba hacer dos horas de ejercicio físico los dos días y pasarse catorce horas mirando vídeos. Aparentemente, desarrolló la capacidad de ver dos simultáneamente. «Soy un estudiante de fútbol —dijo—. Miro vídeos, leo, analizo.»

Bielsa nació en Rosario en julio de 1955, hijo de Rafael, un abogado hincha de Rosario Central, y de Lidia, una maestra de escuela. Al parecer, en gran medida para enfurecer a su padre, decidió ser hincha de Newell's, al igual que su hermano. Empezó a jugar al fútbol casi tan pronto como empezó a caminar, pero desde edad temprana también comenzó a aprender sobre el deporte, y hacía que su madre le comprara la revista *El Gráfico*, que iba archivando. En ese sentido, su madre comenzó el proceso de hacer una taxonomía del fútbol que luego su hijo llevaría hasta el extremo. «La influencia de mi madre fue fundamental en mi vida —dijo—. Para ella, ningún esfuerzo bastaba.» Ella era fuerte y trabajadora, y exigía que sus hijos fuesen igualmente industriosos.

Bielsa es alguien que divide las aguas en el fútbol, pero tanto sus defensores como sus críticos están de acuerdo en que es implacable, un adicto que espera que los demás trabajen tanto como él. «La primera impresión que causa es la de un tipo duro que puede llegar a enfurecerte por su persistencia y su resiliencia (no acepta un no como respuesta), pero al final resulta ser un genio —dijo el delantero centro Fernando Llorente, que jugó bajo sus órdenes en el Athletic—. Te convence de seguir trabajando y corriendo, y eso se ve en los partidos y en los entrenamientos de sus equipos. Sabe más que nadie en el mundo, es la élite. Una vez que te acostumbras, lo terminas amando.»

El esfuerzo y la disciplina, sin embargo, no bastaron para hacer de Bielsa un futbolista importante. Como defensa era bueno con la pelota, pero carecía de ritmo; solo logró jugar cuatro partidos en Newell's. A los veintiún años, el club lo dejó libre, después de lo cual Bielsa anduvo a la deriva en ligas menores y estudió Agronomía y Educación Física antes de mudarse a la capital a los veinticinco años para dirigir el equipo de la Universidad de Buenos Aires. Su enfoque era típicamente profundo: estudiaba a tres mil jugadores antes de seleccionar un equipo de veinte. Era extraño, pero llevaba un diccionario consigo a los entrenamientos y se dirigía a los jugadores con el pronombre formal «usted». Los trataba como a profesionales, e insistía en que entrenaran adecuadamente. Algunos que jugaron para Bielsa dijeron que había una nueva «seriedad» con respecto al entrenamiento. Por otro lado, ya era evidente su convicción sobre lo importante que era ser vertical, de pasar la pelota velozmente, ya era evidente por entonces.

Bielsa estuvo dos años con el equipo de la Universidad antes de volver a Rosario con los juveniles de Newell's. Decidió que era probable que hubiera demasiados jugadores del interior que los grandes clubes se estuvieran perdiendo y, por lo tanto, dividió un mapa de Argentina en setenta secciones y visitó cada una de ellas en busca de nuevos talentos: recorriendo ocho mil kilómetros en su Fiat 147 porque tenía miedo a volar.

Para 1990, Bielsa ya se había forjado una reputación suficiente como para reemplazar a José Yudica como entrenador. Yudica se había sumado al club en 1987, y logró el Campeonato de la temporada siguiente. Quizá también era un paso necesario en la transición hacia un enfoque bielsista, más pragmático que su antecesor, más suave, más modesto tanto en conducta como en ambición. Incluso con la salida de Yudica, la primera dosis de Bielsa ardía. «Cuando Marcelo se hizo cargo, hubo un cambio radical», dijo el excentrocampista Juan Manuel Llop.

Lo conocíamos porque estaba trabajando para las reservas, así que por supuesto que no era un extraño. Pero trajo una nueva revolución, más grande que la anterior que había traído Yudica. Al igual que [Gerardo] Martino y los otros jugadores con más experiencia, al comienzo yo tenía mis reservas acerca de él; demasiados cambios. Pero pronto nos dimos cuenta de que él era lo mejor que le podía haber pasado a Newell's y le dimos nuestro apoyo con los ojos cerrados. Sabíamos que sus ideas nos darían el triunfo. Y también sabíamos que en las reservas había jugadores magníficos que ya estaban acostumbrados a esa clase de juego.

El entrenamiento cambió de modo espectacular.

No era nada que hoy nos chocaría, pero en ese momento era muy sorprendente. Todos los entrenamientos eran cortos, pero muy intensos. La pelota estaba casi siempre presente, pero las tácticas estaban siempre presentes. Comenzábamos los entrenamientos en horarios diferentes, tres o cuatro jugadores hacían ejercicios zonales, específicos: por ejemplo, el número 5, el número 4 y el número 8 juntos; o el número 5, el número 3 y el número 11. Los jugadores jóvenes estaban habituados a entrenar así. Pero nosotros, por supuesto, no lo estábamos.

Como la mayoría de los partidos se disputaban los domingos, los jugadores tenían el lunes libre; luego trabajaban con el entrenador de *fitness* el martes y el miércoles por la mañana, mientras Bielsa se encerraba a mirar vídeos de los rivales. El miércoles por la tarde comenzaba el trabajo táctico. «Los jóvenes tenían que leer los diarios y traer informes detallados sobre el siguiente equipo con los que íbamos a enfrentarnos —dijo Llop—. Era un modo de hacerles sentir el compromiso y hacerles entender mejor el fútbol.» Luego Bielsa los hacía mirar vídeos, nunca partidos completos, sino momentos aislados y secuencias para señalar puntos clave.

Los jueves había un partido de entrenamiento por la tarde. Según Llop era «un partido corto pero jugado con la intensidad de un *match* de primera. Era asombroso. Nunca habíamos visto algo así. El otro equipo jugaba como nuestros rivales. Y nuestra misión era derrotarlos, ganar el partido. Los jueves no podíamos permitirnos perder».

Los viernes se dedicaban a la preparación específica para el partido: Bielsa llevaba a su equipo a través de ciento veinte situaciones de ataque diferentes y otras tantas en defensa. «Se trataba del movimiento, del movimiento coordinado —dijo Llop—. La pelota debe llegar aquí, tienen que levantar una cortina allá, tienen que correr aquí, en caso de que ellos hicieran la trampa del *offside*, dos salían del juego y uno tenía que entrar en acción para contrarrestarlo. Era muy, muy detallado.»

Funcionaba. A veces, por lo menos. La temporada 1990-91, por primera vez, el campeonato fue dividido en dos mitades, Apertura y Clausura: los ganadores de cada una jugarían un partido para dirimir el título. Newell's comenzó el Apertura con dudas, derrotando a Platense 1-0; luego empató en casa de Argentinos Juniors y perdió en su casa contra Huracán.

Cuando fueron a Santa Fe para jugar contra Unión en el cuarto partido de la temporada, había grandes dudas sobre Bielsa. «Circulaban rumores —dijo Llop—. No habíamos empezado bien. No sé si lo habrían echado después del cuarto partido o más tarde, pero, luego de un mal comienzo, si seguíamos por ese camino, habría sucedido. Marcelo era considerado un bicho raro, sus métodos eran examinados detalladamente, así que todos estaban ansiosos de ver si tenía razón o no. Si hubiésemos perdido en la cuarta vuelta, tal vez Bielsa no lo habría logrado, quién sabe.» Pero no perdieron: ganaron 1-3. «Arrancamos y nunca paramos», dijo Llop. Newell's perdió solo una vez más en el Apertura y finalizó dos puntos por encima de River Plate. Santa Fe pronto tendría un rol mucho más grande en el desarrollo de Bielsa.

Ganar el Apertura significaba, de hecho, que Newell's no tenía nada que jugar en la segunda mitad de la temporada, razón por la que, en años siguientes, tanto el Apertura como el Clausura fueron declarados campeonatos en sí: se disputaban dos títulos en la temporada sin ningún desempate. Newell's, desmotivado, finalizó octavo en el Clausura, que ganó Boca Juniors. «No era normal —dijo Llop—. No se trataba de que no nos importaba, o de que estábamos guardando las energías para jugar contra Boca. En realidad, cuando nos enfrentamos a Boca, estábamos un poco cautelosos porque sabíamos que no estábamos jugando bien. Yo diría que estábamos más alerta, y eso terminó siendo positivo para nosotros, porque no teníamos un exceso de confianza. Esa era nuestra oportunidad, en la Bombonera, ganar el partido y pasar a formar parte de la historia del fútbol argentino. Y eso nos hizo más brillantes y precisos que durante el resto del torneo.»

Newell's ganó el partido de ida en Rosario 1-0, pero eso aún dejaba una tarea complicada para el campo de Boca. De modo absurdo, la Copa América comenzó a disputarse en ese momento, lo que significó que ambos equipos perdieron jugadores: Fernando Gamboa y Darío Franco de Newell's, y Diego Latorre, Blas Giunta y Gabriel Batistuta de Boca.

Boca dominó el partido, Cristian Domizzi y Juan Simón fueron expulsados y Gerardo Reinoso marcó cuando quedaban nueve minutos para darle un triunfo por 1-0 al equipo local. Newell's, sin embargo, ganó en los penaltis: 3-1. «Fue el mejor partido de mi vida —dijo Llop—. Jugamos en el barro: fue una experiencia muy mística».

Newell's terminó victorioso pero habían perdido su buen estado físico. En el Apertura de 1991-92, las cosas fueron a peor. En todo 1991, Newell's ganó solo nueve partidos. El cansancio fue un factor decisivo, tal como recuerda Llop:

> Es un método que provoca cierto nivel de agotamiento. No solo cansancio físico, sino también mental y emocional, porque el nivel de competencia es tan alto que se hace difícil mantenerlo después de cierto tiempo. No todos los seres humanos son iguales, o piensan igual, o reaccionan igual. Y el estilo de Bielsa, sus sesiones de entrenamiento, exigen continuidad, y eso es difícil. Éramos un equipo que parecía perfecto para él, pero, luego de su partida, terminamos en una batalla por el descenso, en 1993 y 1994. Y eso es porque llega un momento en que el ser humano se relaja. No se trata de que abandonás todo, pero dejás que algo se vaya, porque te sentís agotado.

Para el comienzo del Clausura, la presión iba a más. Newell's al menos comenzó con una victoria de 2-0 como local contra Quilmes, pero luego fueron aplastados 6-0 por San Lorenzo en su primer partido en la fase de grupos de la Libertadores. «Fue uno de los partidos más vergonzosos que jugamos. No hubo nada bueno, nada. Bielsa cambió al central [Mauricio] Pochettino, que era un gran defensa, pero me puso como central porque ellos realmente nos estaban dañando, causándonos problemas, y nosotros no sabíamos como reaccionar», dijo Llop.

Y así fueron a Santa Fe, donde habían iniciado su carrera hacia el título la temporada anterior. En el Conquistador, las dudas de Bielsa lo superaron. El suyo era un método que requería fe, y como secuela del 6-0, comenzó a cuestionarse a sí mismo. «Yo me encerré en mi habitación —dijo—, apagué la luz, cerré las cortinas y me di cuenta del verdadero significado de una expresión que a veces utilizamos a la ligera: "Quiero morirme". Rompí en llanto. No podía entender lo que estaba sucediendo a mi alrededor. Sufría como profesional y sufría como hincha.»

Llamó por teléfono a su esposa, Laura, «y le presentó un argumento que para muchos era irrefutable». Su hija, dijo, había estado gravemente enferma. Durante tres meses no supieron si iba a vivir o morir. Eso, él lo sabía, era un verdadero trastorno emocional. «¿Tiene algún sentido querer que la tierra me trague por el resultado de un partido?», preguntó. Sabía que no, pero no había diferencia. «El razonamiento era brillante, pero, a pesar de todo, mi sufrimiento por lo que había pasado precisaba una reivindicación inmediata», dijo. Esta era su crisis: lo que había sucedido contra San Lorenzo no fue solo una derrota; Bielsa no estaba solamente cuestionando su capacidad como técnico. Las palabras que escogió eran elocuentes: no era meramente una solución lo que buscaba; era una reivindicación para toda una filosofía que había seguido en el fútbol y en la vida. Bielsa convocó a los jugadores. «Si tenemos que repensar el proyecto —dijo—, lo vamos a hacer juntos. Vamos a buscar una nueva manera de hacer las cosas si no nos sentimos capaces de lograr lo que nos propusimos al comienzo de la pretemporada.»

Bielsa ya estaba encaminado en su nueva ruta. No se trataba, decidió, de que lo que había hecho antes había ido demasiado lejos; en cambio, se trataba de que no había sido suficiente. «Aún bajo el *shock* emocional —dijo—, nació una nueva manera de entender las tácticas del equipo. Durante mucho tiempo, había tenido algunas ideas sobre la individualidad y su contribución al esfuerzo conjunto, que no había puesto en práctica porque involucraban demasiadas rotaciones en el campo. Atravesamos nuestros fracasos para volver a lanzar la idea general, por medio de una serie de cambios de posición.» El fraseo es característico de Bielsa. Dicho más sencillamente: quería que su equipo absorbiera los patrones del oponente y, empleando un sistema rotativo de marcación cercana, presionarlos: si a un defensa central le gustaba iniciar la jugada con un pase al otro lateral derecho central, el equipo de Bielsa atacaría al defensa central y su línea de pase al lateral derecho.

Llop lo recuerda como un momento muy estresante. «Marcelo estaba tratando de encontrar las tácticas apropiadas y había días de charlas y más charlas.» Newell's empató 0-0 en Santa Fe, pero era el comienzo. La semana siguiente derrotaron a Rosario Central 1-0, en un partido que tuvo que detenerse cuando faltaban dos minutos por problemas en las gradas. Fueron al campo de Racing y ganaron 0-1; luego vencieron a Gimnasia y Esgrima por el mismo marcador. «La diferencia principal era el estado físico —dijo Simón—. Newell's era como un tractor que sacudía a toda la oposición. Ese equipo te sofocaba: ese era el toque de Bielsa, que le sumaba una presión loca al estilo futbolístico existente de Newell's. Luego de enfrentarlos, uno volvía al vestuario sintiendo que iba a desmayarse, que te habían hecho correr como nunca antes.» La revolución iba avanzando. La esposa de Saldaña murió en un accidente automovilístico ese año, pero él siguió jugando, porque encontraba fuerza en Bielsa y lo unido que estaba el equipo.

Los resultados también mejoraron en la Libertadores. Newell's pasó la etapa de grupos invicto y obtuvo un triunfo 0-1 contra San Lorenzo, un resultado que fue una catarsis. Cuanto mejor le iba a Bielsa, más se examinaban sus métodos y con mayor frecuencia se hacía la pregunta sobre en qué consistía su nuevo estilo. ¿Era bilardista o menottista? «Bielsa no se alineaba ni con Bilardo ni con Menotti —insistió Llop—. Era un estratega atacante. Un estratega es visto a menudo como un estilo de entrenador negativo, defensivo, pero las tácticas no son solo defender y bloquear las virtudes principales del oponente. Bielsa lo demostró. Era una mezcla de los dos, una fusión de dos escuelas.»

Así lo veía el técnico. «Me pasé dieciséis años de mi vida escuchándolos: ocho a Menotti, que es un entrenador que da prioridad a la inspiración, y ocho a Bilardo, que es un técnico que da prioridad a la funcionalidad —dijo tras ser nombrado seleccionador nacional en 1998—. Y traté de tomar lo mejor de cada uno.»

Menotti y Bilardo respondían exactamente como todos los estereotipos sobre sus personalidades sugerían que lo harían. «Bielsa es un hombre joven con preocupaciones —dijo Menotti—. Tiene ideas y sabe cómo desarrollarlas. Pero no estamos de acuerdo en el punto de partida: él piensa que el fútbol es predecible y yo no». Bilardo, en tanto, afirmó que Bielsa estaba simplemente repitiendo lo que él había hecho: Comparto su forma de pensar porque me parece que hicimos eso en 1986 —dijo—. Tiene muchos vídeos para estudiar a los oponentes, como lo hice yo en ese momento».

Hay quienes sostienen que los ejercicios (esas ciento veinte repeticiones de los viernes) eran bilardistas (no es que Menotti fuese tan bohemio como mantienen algunos de sus devotos), pero las ideas de Bielsa sobre la necesidad de atacar siempre que fuese posible se inclinaban más hacia el extremo menottista del espectro.

A la hora de definir realmente su filosofía, Bielsa decía que se podía desglosar en cuatro términos: concentración permanente, movilidad, rotación y repentización. El cuarto es un término clásico de Bielsa. En la música, la repentización se usa para la disciplina de ejecutar una pieza sin haberla ensayado antes: no se trata de improvisación como tal porque involucra la lectura, pero la utilización del término en el fútbol claramente tiene un sentido de improvisación y urgencia. Resume el idealismo contraintuitivo de la filosofía bielsista, que exige que los jugadores hagan cosas repetidamente por primera vez, una paradoja que quizá sugiere la gloriosa futilidad de lo que está tratando de lograr. «Lo posible ya se ha hecho —dijo Bielsa durante su periodo en Newell's—. Estamos haciendo lo imposible.»

Cuando Llop habla de jugar partidos místicos y de la necesidad de tener fe, es eso lo que quiere decir: con Bielsa siempre hay una sensación de que está tan interesado en alcanzar el absoluto como lo está en ganar partidos. Eso es, por supuesto, lo que le da su atractivo de culto.

Al igual que muchos sudamericanos de su generación, Bielsa había sido fuertemente influido por el equipo holandés de comienzos de los setenta. Pero una influencia más directa fue el uruguayo Óscar Washington Tabárez, un entrenador cuyo pragmatismo parece extrañamente incongruente con su propio idealismo. «El fútbol —dijo Bielsa— descansa sobre cuatro pilares fundamentales, como lo bosquejara Óscar Tabárez: 1) defensa; 2) ataque; 3) cómo moverse de defensa a ataque; 4) cómo moverse de ataque a defensa. El tema es tratar de hacer que esos pasajes sean lo más fluidos posible.»

Newell's perdió solo una vez en el Clausura de 1991-92, y le arrebató el título a Vélez por dos puntos. En la Libertadores, vencieron a Defensor Sporting en octavos de final para llegar a cuartos de final contra San Lorenzo. La herida del 6-0 en la fase de grupos aún estaba abierta, pero esta vez los de Bielsa vencieron 4-0 en la ida; la vuelta acabó con 1-1. Jugarían la semifinal contra el América de Cali. En el partido de ida se empató 1-1. En el partido de vuelta, Pochettino puso por delante a Newell's. Había sido un partido feroz disputado frente a una multitud tan hostil que incluso llegar al estadio había sido un infierno. Newell's resistió, pero América igualó con una pena máxima en el último momento: el partido se decidió en la tanda de penaltis. Cali falló tiros dos veces, unos lanzamientos que le hubieran dado el triunfo. Finalmente, cuando Norberto Scoponi paró un tiro de Orlando Maturana, Newell's se clasificó: 11-10. Pero antes de poder empezar a pensar en la final, tenían que salir del campo sanos y salvos, porque los hinchas reaccionaron con furia. A Berizzo le abrieron un tajo terrible en la cabeza tras ser alcanzado por una pila eléctrica arrojada desde las gradas.

La final contra el São Paulo de Rai y de Cafú también se decidió en la tanda de penaltis, pero esta vez Newell's perdió. Bielsa, aparentemente agotado por la exigencia emocional de entrenar al equipo que apoyaba para que jugase al estilo del que él era un evangelizador, terminó renunciando. En palabras de Llop: «Tratamos de convencerlo de que se quedase, pero el proceso se había agotado. Antes de eso ya quería renunciar, y yo fui a su casa con Martino y lo convencí de quedarse un poco más, pero luego de un mes o dos renunció. Probablemente comprendió que su época había llegado a su fin, que ya no sería capaz de mantener los resultados. Yo quería que se quedara, sabía que era positivo para Newell's. Cuando se fue, terminamos jugando para evitar ir al descenso. Fue terrible».

50

Tabárez y el revival de Boca

$\mathcal{M}$aradona había sido una distracción gloriosa que le había dado el Campeonato a Boca Juniors en 1982, pero solo estaba tapando las grietas. Tras su venta al Barcelona, Boca cayó en un pozo y salir le llevó una década. Los resultados se deterioraron y la situación financiera era desesperada. Para fines de 1984, los jugadores estaban amenazando con ir a la huelga por impago de sueldos, y en 1985 existió la seria posibilidad de que Boca fuese a la quiebra. Los salvó un presidente recientemente elegido, Antonio Alegre, y su vicepresidente, Carlos Heller, que invirtieron su propio dinero y vendieron la Ciudad Deportiva para saldar 183 reclamaciones pendientes de acreedores.

Se alcanzó un segundo lugar con José Pastoriza, *el Pato*, y con Carlos Aimar en 1988-89, ocho puntos por detrás de Independiente. Hubo una Supercopa Libertadores en 1989 y una Recopa Sudamericana[123] en 1990, pero fue la llegada de Óscar Washington Tabárez en 1991 lo que le dio un subidón de

123. Los clubes que las ganaron siempre incluyen las Supercopas y las Recopas entre sus títulos internacionales, pero es materia de debate cuál era su verdadero valor. La Supercopa era organizada por la Conmebol y se disputó entre 1988 y 1997, antes de ser reemplazada por la Copa Mercosur, antecesora de la Copa Sudamericana. Incluía a ganadores anteriores de la Libertadores y la dominaban los clubes argentinos, que vencieron seis de las diez ediciones. La Recopa es un torneo oficial que se disputa anualmente entre los ganadores del año de la Libertadores y la Supercopa, a veces con partidos de ida y de vuelta, a veces de uno solo en una sede neutral (el triunfo de Boca en 1990 contra el equipo colombiano Atlético Nacional, por ejemplo, se disputó en Miami). La Recopa se jugó entre 1988 y 1998, y volvió a instituirse en 2003 como un encuentro entre los ganadores de la Libertadores y la Sudamericana.

energía al club. Tabárez había sido un modesto defensa y había trabajado como docente (de ahí el apodo «el Maestro») cuando comenzó como entrenador de Bella Vista en Uruguay. Pronto se ganó una reputación de entrenador duro y con principios; una imagen reforzada por su cabello rigurosamente peinado con una raya y su preferencia por razonables combinaciones de americana y corbata que le daban el aire de comisario de película de policías de los años setenta. Es uruguayo, pero rápidamente encajó en la tradición intelectual argentina de centro-izquierda, como demuestra su admiración por el Che Guevara. Incluso le puso Tania a su hija por la última amante conocida del revolucionario. En la pared de su casa de Montevideo cuelga una placa que con el lema: ««Hay que endurecerse sin perder jamás la ternura», una frase atribuida a Guevara que condensa la filosofía futbolística de Tabárez: le da prioridad al rigor defensivo, pero que al mismo tiempo alienta a sus equipos a jugar con decisión.

Fuera como fuera, la violencia marcó el comienzo del reinado de Tabárez en Boca. Tras lograr apenas mantenerse en su grupo de la Libertadores, Boca venció a Corinthians y Flamengo para medirse en semifinales al Colo-Colo. Boca ganó el partido de ida en la Bombonera 1-0 gracias a un gol de Alfredo Graciani, pero las circunstancias del partido enfurecieron a los chilenos. Camino de la Bombonera, explicaron, su autobús se perdió misteriosamente y terminó en un barrio donde les arrojaron piedras y otros proyectiles. En el vestuario solo había agua caliente y, por un momento, parecía que Colo-Colo podría negarse a jugar. Al final salieron al campo, pero el técnico de Colo-Colo, Jorge Vergara, hizo una advertencia sobre que se tomarían la revancha en el partido de vuelta en Chile.

Mirko Jozić,[124] el entrenador croata de Colo-Colo, llevó a su

---

124. Jozić había sido el entrenador del equipo de Yugoslavia que ganó la Copa del Mundo sub-20 en Chile en 1987. Como su capitán, Aleksandar Djorjevic había sido suspendido; cinco jugadores estaban lesionados; Boban Babunski había quedado fuera por una disputa contractual; y Sinisa Mihajlović, Alen Boksić y Vladimir Jugović habían sido retenidos por sus clubes, nadie les daba ninguna oportunidad, pero el equipo que incluía a Igor Stimac, Robert Jarni, Robert Prosinećki, Zvonimir Boban y Predrag Mijatović ganó el torneo jugando un fútbol brillante. Con una co-

equipo al subsuelo del hotel Sheraton antes de salir para el estadio. Pudo percibir que los jugadores estaban nerviosos, así que apagó la luz e hizo que se sentaran en la oscuridad hasta que las risas comenzaron a llenar lo que había sido un ansioso silencio. «Colo-Colo es grande —dijo—, pero podemos lograr que esta sea una historia aún más grande.» Fue de alguna manera el partido más grande de la historia del club, posiblemente el más grande de la historia de cualquier club chileno, dada la falta de éxitos en torneos continentales hasta ese momento.

Había sesenta y cuatro mil hinchas apretujados en el estadio Monumental de Santiago, pero el problema más grande eran los mil periodistas y fotógrafos acreditados. Sin espacio para ellos en las tribunas, cientos de ellos fueron ubicados a lo largo de la pista, separados por la línea de banda. Desde el comienzo, hubo una sensación de caos. Llegaron sin goles al descanso, pero, a los diecinueve minutos del segundo tiempo, Marcelo Barticciotto entró como un rayo por la derecha, centró y encontró a Rubén Martínez, que, con un tiro ajustado, puso por delante a los chilenos.

Varias decenas de hinchas, llenos de júbilo, saltaron sobre los carteles de publicidad. Dos minutos más tarde, Gabriel Mendoza se coló por el mismo espacio a la derecha y pasó en largo para Patricio Yáñez, que, estirándose más allá del poste, marcó el segundo. Esta vez los festejos fueron más fervientes: cientos de hinchas y fotógrafos se lanzaron al campo. Carlos, *el Mono*, Navarro Montoya, el portero de Boca, se quejó al árbitro brasileño Renato Marsiglia de los *flashes* de las cámaras de los fotógrafos: daba a entender que las disparaban a propósito para cegarlo. Cuando Boca acortó diferencias uno con un certero cabezazo de Diego Latorre, después de setenta y cuatro minutos, el clima detrás de su portería se volvió tan hostil que Navarro Montoya volvió a dirigirse al árbitro. «Acá me van a

---

munidad grande de expatriados en Santiago, también había mucha diversión fuera del campo. Stimac se reunió con la Miss Chile reinante, de ascendencia yugoslava, al comienzo del torneo. Stimac se negó a cumplir con la exigencia de Jozić de que acotara su vida social. Jozić se lo pasó tan bien que regresó en 1989, cuando su contrato con la agrupación juvenil de Yugoslavia finalizó. Fue entonces cuando llevó al Colo-Colo a obtener un triplete de títulos chilenos.

matar», dijo. Cuando quedaban ocho minutos, Martínez intercambió pases con Yáñez a la izquierda del área, siguió corriendo, y disparó para poner el 3-1.

Hinchas y fotógrafos se amontonaron sobre el campo. La reyerta se volvió salvaje, los jugadores de Boca atacaban a los camarógrafos y también a los jugadores y al equipo técnico del Colo-Colo. Un fotógrafo de AFP, Rodrigo Arangua, quedó cegado temporalmente. Tabárez, en una extraña pérdida de tranquilidad, persiguió a otro, Miguel Ángel Allendes, quien blandió la cámara contra la cara de Tabárez, provocándole dos cortes en la mejilla derecha. Hay una fotografía extraordinaria de Tabárez, vestido inmaculadamente con americana de cuadros y suéter blanco de escote en V, corbata azul mínimamente ladeada, la mandíbula apretada de rabia, con la sangre chorreándole por la cara, frenando a Batista, a quien coge de la camiseta a la altura del pecho, mientras el delantero mira a alguien fuera de cámara, con la boca abierta, como si estuviera gritando.

La batalla continuó durante diecisiete minutos. «Era una guerra, una pelea callejera, y teníamos miedo», dijo Arangua, que fue llevado al hospital por dos colegas. La violencia terminó solo cuando un perro de la policía, llamado Ron, mordió a Navarro Montoya y le provocó una herida sangrante en el muslo.

«Esto no es normal —admitió el teniente Guillermo Benítez, de la policía local—. Tenemos nuestro orgullo como institución, pero es gracias al perro que la pelea llegó a su fin.»

Marsiglia hizo el gesto simbólico de expulsar a Yáñez y al centrocampista de Boca, Blas Giunta, antes de reanudar el partido. Colo-Colo resistió hasta los últimos desganados minutos y llegó a la final, donde venció a Olimpia de Paraguay 3-0 en la prórroga. Ron se convirtió en un héroe nacional, alabado por ser «el perro que muerde como un mono», pero murió un año más tarde de un ataque cardiaco. Boca, cuyo comportamiento fue percibido como vergonzoso y heroico (una combinación típicamente argentina) le pagó a Arangua una indemnización de noventa y ocho millones de pesos y, probablemente, terminó el partido más fuerte que antes de empezar: había nacido un feroz espíritu de equipo forjado en la adversidad. Batistuta, en particular, parecía elevado por la experiencia. También sirvió de ayuda que Tabárez fuera un entrenador de gran autoridad con una visión clara de cómo quería que jugara el equipo. A la luz de su certeza, gran parte de la confusión y de la duda que habían socavado a Boca se derritió.

Mientras Tabárez organizaba la defensa, tuvo la suerte de que su ataque fuera reactivado por la repentina mejora de la forma de Batistuta. Con veintiún años, se le veía como un delantero útil, pero poco más que eso. Después de la reyerta en Santiago, sin embargo, se transformó. «Cuando llegó la primera vez, Tabárez pidió un número 9, aunque Batistuta estaba en el equipo —dijo Simón—. Perdió un montón de oportunidades y lo hacían jugar como extremo derecho, pero luego volvió al número 9 y allí fue cuando estalló. El fútbol puede ser cuestión de suerte.»

Boca mejoró de manera espectacular a comienzos de los noventa, y perdió por escaso margen tanto el Apertura como el Clausura en 1991-92, lo cual solo intensificó el dolor de la sequía. Si Boca hubiese ganado su penúltimo partido del Apertura de 1992-93, en casa contra el Deportivo Español, se habría quedado con el título. Perdieron, 3-2. «La Bombonera —dijo Juan Simón, que se había desgarrado los ligamentos de la rodilla y debió contentarse con observar ansiosamente desde la tribuna— era una olla a presión.»

Boca necesitaba sacar un punto en su último partido, de local contra San Martín de Tucumán. Eso bastaría para obtener el título. En el descanso perdían 0-1, pero a los dos minutos del segundo tiempo Claudio Benetti hizo el gol que les aseguró la liga. «No sé lo que habrá sido el vestuario en el descanso —dijo Simón—. Pero Tabárez nunca perdía el aplomo: después del partido, podías verlo en medio de toda la locura y todos los festejos, caminando con el saco puesto, cruzando el campo hacia el túnel. Y nos esperaba en el vestuario. Siempre era igual, muy calmo, tanto en la derrota como en la victoria.»

Tabárez volvió a Peñarol después de un decepcionante sexto lugar en el Clausura de 1992-93, pero la sequía había llegado a su fin. Boca, aunque aún con una situación económica muy precaria, había vuelto a ganar.

51

La orina fatal de Foxborough

*F*inalmente, Carlos Bilardo dejó el puesto de seleccionador tras el Mundial de 1990. Fue reemplazado por Alfio, *el Coco*, Basile, el exdefensa de Racing y Huracán, cuyos quince años de carrera como director técnico ya le habían hecho tener trece empleos distintos. Siempre de aspecto robusto, había ganado peso tras finalizar su carrera como jugador, a la par que conservaba el mismo corte de pelo con que había finalizado sus días en activo; completaban aquella presencia particular una maraña de vello del pecho que surgía del cuello de una camisa que siempre usaba con al menos dos botones abiertos, así como una voz de sorprendente guturalidad. El comienzo de su reinado no llamó la atención: obtuvo dos victorias y cinco empates en siete amistosos, pero en la Copa América de 1991 en Chile, con Gabriel Batistuta y Claudio Caniggia, un par de delanteros melenudos, explosivos e inteligentes, en tándem, el equipo demostró un nivel espectacular. Argentina, sin Maradona, ganó los cuatro partidos de su grupo de cinco equipos. Marcó un total de once goles.

Eso lo hizo avanzar a un grupo final de cuatro equipos. En el primer partido se enfrentó a Brasil, con el recuerdo aún fresco de su controvertida victoria en Turín el año anterior. Hubo un par de expulsados por equipo, pero Argentina siguió en la brecha hasta ganar por 3-2. A continuación, empató con el anfitrión, Chile, lo que significó que se enfrentaría a Colombia en su partido final: necesitaba ganar para quitarle el título a Brasil. A los once minutos, Diego Simeone los puso por delante con un cabezazo. Ocho minutos más tarde, Rodríguez metió un pase largo cruzado por encima de línea de cuatro colombiana que Batistuta convirtió en el segundo gol. Ántony de Ávila redujo la diferencia en el segundo tiempo, pero la Copa América volvió a ser argentina desde 1959.

A Maradona, el Mundial solo le había brindado un breve descanso del torrente de malas noticias. Hacia el otoño de 1990, su estado físico era un problema muy grande. Cuando se retiró del partido contra la Fiorentina, el 22 de noviembre, el periodista Franco Esposito escribió de él en la *Gazzetta dello Sport* que lo aquejaba un «oscuro mal» y «una dolencia recóndita y misteriosa». No se necesitaban muchos conocimientos sobre los antecedentes para deducir qué estaba insinuando. Una ofensiva contra la Camorra hizo que existiera poco entusiasmo por proteger a Maradona. El Nápoles se estaba cansando de su díscola estrella, por lo que no hizo nada para acallar los rumores. La policía investigó a Maradona por supuesta posesión y distribución de cocaína. Al salir a la luz pública, se generaron una serie de revelaciones indiscretas. Al mismo tiempo, Piero Pugliese, un guardia de seguridad del club que actuaba de chófer de Maradona y que, según se llegó a saber, había sido un matón a sueldo de la Camorra, le dijo a la policía que el jugador había estado involucrado en el transporte de dos kilos de cocaína. Maradona nunca fue acusado formalmente (ni hablar de recibir una condena), pero pocos fueron benévolos con él cuando decía que alguien estaba intentando vengarse de él: *vendetta*.

Y la situación empeoró. El 17 de marzo de 1991, tras un partido contra el Bari, Maradona fue seleccionado para el control *antidoping* al azar. Aquello era, en sí mismo, un detalle revelador. Tiempo atrás, había sido posible protegerlo. En otras ocasiones, el Pelusa había usado un pene de plástico que podía llenarse con la orina de otra persona. Se lo guardaba en el interior de su *jogger* antes de visitar a los examinadores; luego echaba un chorro del líquido «limpio» en el frasco de muestras.[125] En esta ocasión, sin embargo, no hubo escapatoria:

---

125. El pene falso fue exhibido en un museo en Buenos Aires, pero desapareció

Maradona dio positivo por cocaína. «No tengo dudas en mi mente —dijo— de que ese *doping* era la venganza, la *vendetta* contra mí, porque Argentina había eliminado a Italia de la Copa del Mundo.» Actualmente admite que era un consumidor habitual, pero insiste en que él solía hacerse el control a sí mismo y que sabía que estaba limpio. Es llamativo: admite que violó las normas, pero aun así necesita hallar a alguien más a quien culpar. Era culpable, y sin embargo continuaba siendo la víctima. La cuestión ya no es si era culpable o no, sino el hecho de que lo pillaron. Se muestra furioso no porque actuaron mal contra él, sino porque su ingenio para evadir a los inspectores había sido frustrado.

Suspendido durante quince meses, Maradona regresó a Buenos Aires el 1 de abril. El día 26, fue arrestado en Caballito por posesión de cocaína. En agosto de ese año, la policía entró en el apartamento de su chófer en El Soldadito y halló a Maradona desvanecido tras un día de mucho alcohol y de abuso de cocaína. Menem rechazó protegerlo y Maradona, al fin, reconoció que necesitaba ayuda.

Inició un programa radical de desintoxicación: comía solamente fruta y vegetales, y bebiendo solo agua; además, hacía ejercicio regularmente en un gimnasio y corría por la plaza Holanda. Vio a un psicoterapeuta, quien, junto con su familia, hizo hincapié en que debía abandonar ciertas malas influencias. Entre ellas estaba Coppola, su representante. La familia contactó con Cyterszpiler, Menotti y Bilardo, y los alentó a que le brindaran apoyo. Un exjugador de Argentinos Juniors, Adrián Domenech, se ofreció para comer y entrenar con él. Sergio Batista era una presencia habitual en el hogar de Maradona. Jorge Valdano, quien daba gran crédito a las teorías conspirativas, afirmó que el arresto de Maradona era parte de un complot para distraer la atención pública de las carencias del gobierno argentino. Maradona participó en sesiones regulares de terapia, en las cuales la imagen recurrente era su caída en un foso séptico cuando era un niño, como si toda su vida hubiera sido una lucha para mantener la cabeza fuera de la mierda.

---

durante una gira nacional en diciembre de 2003; nunca fue recuperado.

Maradona contaba todavía con apoyo popular: una encuesta en *Clarín* mostró que el setenta y uno por ciento de los argentinos creían en su inocencia; otros se mostraban igualmente dispuestos a aceptar la teoría de la conspiración. En un ambiente de profunda desilusión, parecía que Argentina no podía soportar abandonar su fe en la encarnación del ideal del pibe de Borocotó. El mesías continuó siendo el mesías.

La amnistía que Menem concedió a los que estuvieron relacionados con la Junta (un proceso que había comenzado bajo Alfonsín) había provocado furia, especialmente entre los jóvenes. Mientras algunos admitían que no se podía culpar a un soldado por seguir órdenes, y otros veían la inmunidad judicial como una concesión necesaria para preservar la democracia frente a un creciente resentimiento por parte de los militares, muchos la consideraban como un nuevo ejemplo de cómo el grupo dominante de siempre se salvaba de pagar las consecuencias de sus actos. El término «careta» (máscara) comenzó a utilizarse respecto de la corriente principal de la política: era espuria o hipócrita. El bandazo de Menem hacia el neoliberalismo lo había hecho parecer culpable de duplicidad y, por tanto, característico de dicha faceta de la clase política.

El fútbol y la música de rock estaban eximidos de ese estigma, y la distancia misma que los separaban de la política ortodoxa los tornaban políticos. Maradona llegó a ser considerado como el representante de ese espíritu de resistencia. En una forma típicamente *ad hoc* e improvisada, aceptaba un papel político. «Yo soy la voz de los que no tienen voz —dijo—, la voz de mucha gente que siente que yo los represento». El periodista Carlos Ares incluso lo describió como «el Perón de los años noventa…, un líder posmoderno». Tal vez, fue la mayor fuerza unificadora en Argentina.

Como sostiene el sociólogo Pablo Alabarces, el arresto en su propio país (lo que sucedía en el exterior podía fácilmente ser descartado como una conspiración) provocó una crisis en su estatus. Al principio, la hinchada de Boca, que siempre era su principal base de apoyo, comenzó a corear:

En la Argentina hay una banda,

hay una banda de vigilantes,
mandaron preso a Maradona,
pero Menem también la toma.

Sin embargo, no era más que una burla respecto de una imaginada hipocresía: «Menem también lo hace». No había pruebas. Además, la mayoría de los barrabravas eran consumidores habituales: no solo no tenían objeción al uso de drogas, sino que festejaban su empleo en varias de sus canciones. De manera que la respuesta se tornó más sofisticada. Maradona, al admitir que consumía drogas, no solo reconocía que era uno de ellos, sino que se mostraba libre de careta. Hubo otra vuelta de tuerca cuando se difundió la leyenda de que el Gobierno permitía el tráfico de drogas y participaba en las ganancias. En un momento dado, la furia de los hinchas se abatió sobre una encarnación de la careta, según lo veían ellos: Constancio Vigil, un amigo y compañero de golf de Menem y director de *El Gráfico*. Había atacado por escrito a Maradona, pero, al cabo de un tiempo, se descubrió que había importado fraudulentamente coches de lujo con habilitación para personas discapacitadas.

No obstante, fuera como fuera, el apoyo popular no podía salvarlo, y tampoco, en opinión de Maradona, podía hacerlo la psicoterapia. Lo que necesitaba era fútbol. Cuando la jueza Amelia Berraz de Vidal, que fue la primera en interrogarlo tres horas tras su arresto, le preguntó con qué drogas había traficado, Maradona contestó: «Lo único que he traficado en mi vida es el fútbol». Al cabo de tres meses, abandonó la terapia y comenzó a jugar de nuevo. Primero, en un club *amateur* local; luego en un partido benéfico.

Bilardo había comenzado a trabajar como entrenador del Sevilla en 1992 y quería que Maradona se le uniera cuando hubiera concluido su suspensión. La ciudad acababa de montar la Expo para conmemorar el quinientos aniversario de la salida de Cristóbal Colón hacia el otro extremo del Atlántico; había invertido en un nuevo aeropuerto y en mejores conexiones viales y ferroviarias, para una mejor integración cultural y comercial con el resto de España y de Europa. Contratar a Maradona se veía como otro punto de aquella promoción. A

Maradona, sin embargo, le quedaba todavía un año de contrato con el Nápoles, que rechazó una oferta de 2,5 millones de libras. Estando aún sin resolver los temas de su arresto por drogas y juicios de paternidad en las cortes italianas, y convencido que había una sed de venganza contra él, Maradona rechazó regresar. Sepp Blatter, el secretario general de la FIFA, se ofreció a mediar: negoció un pago de 4,5 millones de libras. En solo cinco días tras la confirmación del pase, el Sevilla había recaudado 2,2 millones de libras adicionales por venta de entradas. Maradona todavía era una gran atracción.

Y todavía tenía sobrepeso. Maradona jugó veintiséis partidos en el Sevilla. Si bien hubo destellos de la vieja magia contra el Real Madrid y el Sporting de Gijón, su segunda estancia en España fue decepcionante. Fue arrestado por conducir un Porsche a 200 km/h y estuvo involucrado en una pelea frente a un local nocturno donde se le impidió entrar por vestir zapatillas de deporte. Se llegó al colmo cuando una revista informó de que la plantilla al completo había visitado un prostíbulo: correcta o incorrectamente, se culpó a Maradona. Para el siguiente partido del Sevilla, contra el Burgos en junio de 1993, Bilardo lo sustituyó. Maradona, que afirmó en su autobiografía que había recibido tres inyecciones de calmantes en la rodilla diez minutos antes, vio aquello como una traición. Al retirarse del campo, llamó a su entrenador «hijo de puta». En el vestuario casi llegaron a las manos. Si bien más adelante volvieron a recuperar una buena relación, Maradona no volvió a jugar en el Sevilla: cuando se le dijo que debía ponerse a trabajar en serio, renunció.

Durante cinco años, la economía argentina creció y el fútbol se benefició de ello. Pero fue distinto del *boom* que hubo con Perón, que había sido promovido por un Estado intervencionista y proteccionista que reconocía los beneficios de desarrollar la infraestructura. El *boom* de Menem tuvo lugar en un ambiente de rápida globalización que dejó a Argentina a merced de mercados mundiales liberalizados. El presidente tenía un palco en el Monumental y solía posar para las fotos vistiendo la camiseta de la selección, pero la participación estatal en el fútbol llega solo hasta ese punto: no había subvenciones ni un equivalente a los padrinos que hubo con Perón ni manera alguna de restringir la venta de jugadores al exterior (aunque se hubiera deseado). A corto plazo, nada de esto parecía importar. El peso aumentó de valor. La inflación se controló. El consumo se incrementó y mucho de lo que se consumió fue fútbol. La televisión por cable alcanzó una gigantesca popularidad (de forma desproporcionada, si se la compara con países equivalentes y más pudientes). Fue un fenómeno casi íntegramente propulsado por el fútbol: en 1997, los diez programas más vistos en la televisión argentina fueron todos partidos de fútbol. Los ingresos de los canales de televisión y los contratos de patrocinio fueron enormes.

La división en Apertura y Clausura duplicó el dramatismo, y dio todavía más que hablar a los medios. Les brindó a los equipos más pequeños, que nunca hubieran podido aspirar a mantener una batalla por el título durante treinta y ocho partidos, la esperanza de armar una carrera que durara diecinueve. De distintas maneras fue un tremendo éxito, pero los campeonatos breves condujeron en última instancia a un enfoque incluso más cortoplacista que lo habitual.

Aun así, siguieron sucediéndose los éxitos internacionales. En 1992, Argentina derrotó a Costa de Marfil y Arabia Saudita para alzar la Copa Rey Fahd, la antecesora de la Copa Confederaciones. En febrero de 1993, la selección llevaba ya veintitrés partidos sin ser derrotada. Fue entonces cuando Basile decidió volver a convocar a Maradona. Reemplazó como capitán a Ruggeri, pero Argentina desilusionó con un empate 1-1 con Brasil. Los críticos dijeron que el equipo se había tornado «Maradona-dependiente», el primer indicio de que la luz de la reputación de Maradona, que previamente había sido inviolable en el campo (si bien no fuera de él), comenzaba a desvanecerse. Una semana más tarde, mantuvo su puesto en un partido contra Dinamarca para decidir la Copa Artemio Franchi, una competición entre los ganadores de la Copa América y del Campeonato Europeo que solo llegó a jugarse dos veces.[126]

---

126. La otra ocasión fue en 1985, cuando Francia derrotó a Uruguay por 2-0.

Bilardo, el entrenador de su club, había advertido a Maradona de que no jugara más de noventa minutos; sin embargo, cuando el partido fue a la prórroga, permaneció en la cancha, socavando aún más su posición en el Sevilla. Caniggia había igualado el gol que Néstor Craviotto había marcado al poco de empezar el partido. No hubo más goles y Argentina ganó en la tanda de penaltis: otro trofeo en la breve era dorada de comienzos de la década de los noventa.

Luego vino la Copa América de 1993 en Ecuador, la primera que incluyó a doce equipos. Se invitó a México y Estados Unidos a unirse a los diez integrantes de Conmebol. Esta vez Maradona no fue seleccionado y Argentina no causó una impresión muy buena en la fase de grupos; dos empates y una victoria por 1-0 contra Bolivia bastaron para alcanzar el segundo puesto, lo que condujo a un encuentro con Brasil en los cuartos de final, en Guayaquil.

Brasil jugó mucho mejor en el primer tiempo. Cafú había chutado al poste antes de que Müller, entrando como despreocupado por la izquierda, marcara el primero. Argentina mejoró un poco tras el descanso, pero todavía estaba lejos de dominar cuando Leonardo Rodríguez empató de cabeza. Brasil tuvo más oportunidades pero, gracias al trabajo de un sobresaliente Simeone, Argentina aguantó hasta los penaltis. Simeone había destacado en Vélez, donde su actitud tenaz se desarrolló en un ambiente que valoraba el compromiso al igual que la capacidad. Cuando era juvenil, Victorio Spinetto lo había apodado «Cholo» en referencia al excentrocampista boquense Carmelo Simeone, «Cholo» (el compañero de cuarto que no había detenido el consumo de alcohol de Omar Corbatta en aquella gira por Europa en 1963, y que no era pariente, cabe aclarar). Su estilo de juego se parecía.[127]

Los primeros diez penaltis fueron gol. Entonces, Marco Antônio Boiadeiro, en el que sería su último partido con Brasil, efectuó un chut vacilante que Goycochea detuvo arrojándose hacia su izquierda. Eso permitió a Jorge Borelli meter el penalti

---

127. «Cholo» mismo es un término muy debatido que se refiere a una persona con sangre mixta indígena y europea.

ganador y clasificar a Argentina a una semifinal contra Colombia. Nuevamente empataron, esta vez 0-0. Y nuevamente los primeros diez penaltis acabaron en gol. Una vez más, Goycochea detuvo el sexto, esta vez de Víctor Aristizábal. Y una vez más, Borelli mantuvo el temple y marcó junto al palo derecho. Argentina se enfrentó a México en la final. Batistuta puso a la selección por delante tras sesenta y tres minutos, con un gol muy suyo: persiguiendo y haciéndose con la pelota, demostrando su gran potencia para mantener a raya a Ramón Ramírez y rematando con la derecha. Cuatro minutos más tarde, México empató cuando Goycochea derribó a Luis Roberto Alves y Benjamín Galindo transformó el penalti con un tiro flojo y centrado. Pero siete minutos después, Batistuta asestó un nuevo golpe: tomó el rápido saque de banda de Simeone, se deshizo de la marca de Claudio Suárez y marcó con la zurda en un remate con rosca junto al palo derecho del portero: 2-1 y decimocuarto título para Argentina.

Sin embargo, mientras la selección seguía por el buen camino, el icono nacional seguía teniendo problemas. Tras abandonar Sevilla y sin tener el fútbol como sostén, Maradona comenzó a consumir cocaína otra vez. Una mañana temprano, su hija Dalma entró en el baño y se lo encontró aspirando una raya. Eso fue pasar un límite. Maradona se quebró y habló durante horas, antes de darse cuenta de que no tenía idea de lo que decía. Regresó a Esquina para estar con sus padres.

En octubre de 1993, Maradona estaba listo para regresar al fútbol. Casi había vuelto a ingresar en Argentinos Juniors, pero miembros de su barra lo visitaron en su casa y le exigieron cincuenta mil dólares que dijeron que les habían sido ofrecidos como su tajada de aquel trato. Maradona había sido consciente del creciente poder de la barra, pero nunca se había enfrentado personalmente con ella. Rechazó pagar nada, ante lo cual los hinchas de Argentinos pintaron grafitis en una pared junto a su casa, antes de ser apaleados por hinchas de Defensores de Belgrano, el club local. Maradona su unió finalmente a Newell's Old Boys, que ofrecía una participación en la Copa Libertadores.

Cuando Maradona llegó a Rosario, fue acogido como el mejor jugador del mundo. Se afirma que contestó que «el mejor ya ha jugado aquí: Carlovich». Tal vez Maradona estaba haciendo gala de corrección política poco habitual y buscaba quedar bien con su público. Pero lo cierto es que Carlovich siempre ronda por allí cuando se debaten los mejores jugadores argentinos. Está Messi, y estuvieron Maradona, Di Stéfano, Pedernera, Moreno, Sastre, Seoane…, y también estuvo Tomás Felipe Carlovich, *el Trinche*, más mito que hombre, un jugador cuyo único detalle negativo era que casi nadie lo vio jugar. Ayudó a Central Córdoba, el tercer club de Rosario, a ascender de la tercera división en 1973 y 1982, pero no parece existir vídeo alguno de él. Solo disputó dos partidos en la primera división. Las fotos muestran a un hombre alto y delgado; sin embargo, independientemente de la estatura, era un clásico jugador de los potreros, desgreñado y renuente frente a la autoridad. José Pékerman lo describió como el mejor mediocentro que jamás hubiera visto.

Carlovich, que nació en 1948, fue uno de los siete hijos de un inmigrante yugoeslavo. De niño, jugó en las calles. Lamenta que esos espacios se estén perdiendo, que tantos jóvenes jugadores crezcan en la perfección artificial del césped artificial: «Antes había muchas canchas, pero ahora no hay más canchas. Le digo por qué me gusta jugar en la calle: un jugador que sale a la cancha y mira hacia las gradas donde hay sesenta mil o cien mil personas, ¿cómo va a disfrutar del juego? No puede jugar, nunca. Esa gente en las tribunas, sus exigencias, sus insultos…».

Era elegante aunque lento. Fichó por Rosario Central cuando tenía quince años. A los veinte, jugó dos veces para el club en la primera división. Fue convocado para un partido de visitante en Buenos Aires; llegó al autocar con tiempo de sobra. Se ubicó en el asiento trasero y esperó diez o quince minutos a que llegaran los demás jugadores; entonces, aburrido, se bajó y fue a jugar para el club *amateur* Río Negro en el barrio donde vivía. Nunca regresó a Rosario Central. «Era un fenómeno como jugador —dijo Carlos Griguol—, pero no le gusta el sacrificio, así que no tuvo éxito jugando conmigo en Central y prefería irse a cazar o pescar.[128] Tenía habilidades técnicas únicas».

Con el tiempo, Carlovich fichó por Central Córdoba, equipo

---

128. Nunca se hubiera aclimatado en Boca.

con el que jugó 236 partidos en cuatro periodos distintos. Si halló un hogar en alguna parte, fue allí. «Se han dicho muchas cosas de mí, pero la verdad es que nunca me gustó estar lejos de mi barrio, la casa de mis padres, el bar al que iba, mis amigos, y el Vasco Artola, que me enseñó a patear la pelota cuando yo era chico», aseguró. Había en él una timidez tan poderosa que prefería cambiarse en una sala de máquinas que con el resto del equipo, pero la fama le llegó, la quisiera o no. Su leyenda se expandió. Sobre todo después de que respondiera a la petición popular de que le hiciera un caño a un oponente primero hacia delante y luego hacia atrás. El doble caño se transformó en su seña de identidad. «Los directivos me pagaban una bonificación especial por un caño, y una bonificación doble por un caño doble», dijo. En un partido para Independiente Rivadavia en Mendoza, se hizo expulsar justo antes del descanso: era la única forma en que podía llegar a tiempo para subirse al autobús que lo llevara a Rosario para celebrar el Día de la Madre.

Su partido más recordado fue en abril de 1974. Como parte de sus preparativos para el Mundial, la selección nacional de Vladislao Cap se enfrentó a un once titular rosarino en un amistoso para recolectar fondos para el Círculo de Periodistas Deportivos. El equipo rosarino incluía a cinco jugadores de Newell's, cinco de Central y a Carlovich. Nunca habían entrenado juntos, ni siquiera habían hablado de jugar juntos antes de llegar al estadio un par de horas antes del inicio. Carlovich rápidamente le hizo un caño a Pancho Sá y a continuación, cuando se dio vuelta, le hizo otro. El estadio entró en erupción. Lo que había sido un amistoso se transformó en algo bastante más serio. Por LT8, el comentarista Héctor Vidaña habló de «el baile de los rosarinos». Al llegar el descanso, Argentina perdía 3-0. Cap pidió que Carlovich fuera retirado. Se quedó, pero el segundo tiempo adoptó un derrotero más convencional y el partido terminó 3-1.

Carlovich se retiró en 1983 y luego, otra vez, en 1986. Pero incluso después de eso solía pasearse por diversos partidos en su barrio, dando los mismos pases rasantes. Trabajó un tiempo como albañil, antes de que se le diagnosticara una osteoporosis que le afectó las caderas. Se convocó una velada benéfica con dos partidos de exhibición para ayudar a pagar el tratamiento. Las multitudes volvieron a corear su nombre. Un periodista le preguntó si había algo que cambiaría en su carrera, algo que haría de forma distinta. «No respondió, con voz vacilante—. No, señor, no me pregunte eso. —Mordió su labio inferior—. No, eso no.» Entonces las lágrimas cayeron de sus ojos. Esa es la maldición del jugador que se atiene a los valores de los potreros: la libertad acarrea un costo.

Maradona era una figura distinta a la de Carlovich, pero también él había pagado un alto precio por carecer de una profesionalidad básica. Las comilonas, la bebida y las drogas habían hecho que su estado físico no fuera compatible con el fútbol que se practicaba en los años noventa. Tenía algo de absurdo pensar que él, con treinta y tres años, con su dilatada cintura, podía integrarse alegremente en un equipo criado bajo la presión bielsista. Perdió algo de peso, pero, aunque comenzaba los partidos con furia, rara vez podía terminarlos. Jugó solo siete partidos: el entusiasmo inicial pronto se disipó.

Argentina había continuado con su buen rendimiento de la Copa América en las eliminatorias clasificatorias para el Mundial: derrotó a Perú y Paraguay como visitante. Incluso después de perder 2-1 en Bogotá frente a una Colombia que estaba mejorando, nadie se preocupó demasiado. Perú cayó como local y Argentina continuó líder del grupo. Sin embargo, cuando no superaron a Paraguay y Colombia aplastó a Perú por 4-0, una gran presión se cernió sobre ellos. Tenían que ganar a Colombia en casa en el último partido para ser primeros de su grupo y clasificarse automáticamente; de lo contrario, deberían jugar una repesca contra el ganador de una eliminatoria entre el segundo clasificado en la Concacaf y el mejor equipo de Oceanía: Australia. Lo que sucedió en el Monumental esa noche, el 5 de septiembre de 1993, fue la humillación más grande que Argentina había sufrido desde Helsingborg, mayor incluso que la de los holandeses en 1974.

El partido estuvo parejo hasta cuatro minutos antes del descanso, cuando el capitán colombiano, Carlos Valderrama, *el Pibe*, un jugador cuyo estilo representaba todo aquello que los argentinos consideraban que era grande en su propio fútbol, agarró la pelota en el centro del campo y metió un pase en profundidad y hacia la derecha para Freddy Rincón, que pasó como un rayo junto al lateral izquierdo Ricardo Altamirano, regateó a Goycochea y marcó. Con 0-1 en el descanso, todavía había esperanzas. Sin embargo, se desvanecieron a los cinco minutos del segundo tiempo: Rincón metió un pase largo y cruzado desde la derecha por encima de Jorge Borelli. La pelota fue a parar a los pies de Faustino Asprilla, que se internó en el área, recortó hacia dentro para deshacerse de su marcador y anotó el segundo con un tiro raso que pasó entre las piernas de Goycochea. Argentina prácticamente se rindió. A los setenta y cuatro minutos, Leonel Álvarez centró al segundo palo desde la izquierda, Asprilla no pudo conectar el remate de cabeza; la pelota volvió a caerle a Rincón, que con un tiro que rebotó en un defensa volvió a batir a Goycochea. Un minuto más tarde, Asprilla le robó el balón a Borelli, avanzó y salvó la salida de Goycochea picando la pelota de forma soberbia con una vaselina. Sin rastro alguno de la disciplina defensiva de los argentinos, Asprilla pasó a Adolfo Valencia, que, con un toque, anotó un quinto. El público coreó a Colombia y luego a Maradona, que observaba horrorizado desde el palco VIP. «¡Vergüenza!», rugió *El Gráfico*.

Esa noche, a medida que las celebraciones adquirían un cariz violento, ochenta personas murieron en Bogotá. En Cali, el alcalde había tenido la precaución de cerrar todos los bares y el número de víctimas no sobrepasó los tres. «Nunca quiero volver a pensar en ese partido —dijo Basile—. Fue un crimen contra la naturaleza, un día en el que quería cavar un pozo en el piso y enterrarme en él».

Tal fue el impacto de la derrota que, dos días más tarde, el programa de actualidad *Tiempo nuevo* se dedicó al partido. Fue un espectáculo televisivo hipnotizante. Goycochea, vistiendo un traje verde,[129] estaba sentado sombríamente, con dos dedos en el

---

129. Un temprano indicio de la ostentación en el ropaje que se ha incrementado hasta el punto de que ahora sistemáticamente se presenta como experto en la televisión vistiendo un pañuelo de seda al cuello.

labio y con una mirada de vergüenza mientras José Sanfilippo embestía contra él; su mano se alejaba de vez en cuando de la boca para formar un puño crispado, al parecer inconscientemente. Tan furioso estaba Carlos Bilardo, que estaba viendo el programa desde su casa, que se dirigió en coche al estudio y exigió intervenir. Con un jersey blanco con rombos rojos y azules (seguramente no pensó en salir en televisión vestido así) defendió a los jugadores que habían sido parte de su selección en el Mundial de tres años antes.

Basile retuvo su puesto, y antes de la repesca contra Australia de noviembre de 1993 volvió a convocar a Maradona. Argentina no brilló, pero Maradona estuvo inspirado. Armó un gol para Abel Balbo quitándose a dos jugadores de encima; le entraron con los tacos por delante, pero se incorporó de un salto, recuperó la pelota y puso un centro perfecto para que Balbo cabeceara junto al poste. Australia empató por medio de Aurelio Vidmar, pero el 1-1 dejó en una posición buena a Argentina de cara al partido de vuelta. Efectivamente, ganó en el Monumental para asegurarse el pase al Mundial de Estados Unidos, aunque estuvo muy lejos de mostrar un fútbol brillante. El único gol llegó cuando Batistuta conectó un remate muy cerrado que pegó en Alex Tobin y pasó por encima del portero Robert Zabica.

El regreso de Maradona a la selección no fue nada sencillo. Su entusiasmo inicial de jugar para Newell's se evaporó rápidamente, en gran medida debido a un cambio de presidente. El Indio Solari fue reemplazado por Jorge Castelli, tras lo cual Maradona halló restringidas sus «libertades». El 1 de febrero de 1994 abandonó el club. Más tarde, ese mes, los periodistas que intentaban averiguar qué planeaba hacer se reunieron fuera de su quinta en Moreno, donde Maradona descansaba con su padre, su tío Cirilo y unos amigos. Maradona les pidió que se fueran. Le dijeron que lo harían si les daba una breve declaración, pero él no quiso hacerlo. Uno de sus amigos mojó a los periodistas con una manguera de jardín. Otro simuló masturbarse. A continuación, Maradona tomó una escopeta de aire comprimido, se apoyó en el techo de un automóvil y disparó contra los periodistas: hirió a cuatro. Le hicieron juicio. Dos aceptaron una indemnización, pero los otros dos persistieron.

Cuando el juicio se acercaba, Menem instó al juez a ser clemente. Julio Grondona, el presidente de la AFA, no dijo nada, lo cual pareció revelar bastante acerca de su relación con Maradona. Una vez más, la opinión pública era bastante favorable al viejo mesías. Los héroes eran héroes, y al parecer cada defecto incrementaba su atractivo; por supuesto que el pibe cometía travesuras, ¿cómo no? Si, como dijo el sociólogo Sergio Levinsky, la veneración del pibe estaba fundada, a cierto nivel, en un deseo de que no creciera, de que siguiera siendo como un niño, ¿cómo pedirle que se volviera responsable? El proceso siguió su curso, y Maradona anunció que estaba dispuesto a capitanear a la selección nacional en el Mundial. La reacción pública fue de euforia, aunque hubiera poco que justificara su fe. Maradona no había jugado bien desde el Mundial anterior, no estaba en forma, se enfrentaba a acciones judiciales en dos países y estaba luchando con su adicción a las drogas. Era tener fe en un sueño vacuo que no se diferenciaba de la exaltación que se le había profesado a Evita tras su muerte o de la adhesión a la cultura del gaucho en los años veinte, o incluso de aquella codicia primera que había impulsado a Mendoza a cruzar el Atlántico. Pensara lo que pensara Basile íntimamente acerca de incorporar a Maradona al equipo, no tenía alternativa: Maradona había anunciado que quería ser el capitán en Estados Unidos. Así pues, sería el capitán.

El sueño de una despedida gloriosa para Maradona había calado, a pesar de su comportamiento, a pesar de su evidente mal estado de forma. En marzo de 1994, al ser sustituido a mitad del partido en la primera derrota de Argentina ante Brasil desde hacía cinco años, Maradona tenía sobrepeso y exhibía su mal humor. Tal y como reconoció Basile: «Maradona está fuera de forma, y nuestro objetivo es prepararlo lentamente para la Copa del Mundo».

Tres meses más tarde, se le veía estilizado de nuevo, tal vez no tan veloz como hacía años, pero sin duda lo suficientemente fino como para dirigir a un equipo que, a pesar de la derrota ante Colombia, se presentó en el Mundial 1994 con grandes expectativas; al fin y al cabo, había ganado las dos Copa América previas. Y Argentina comenzó bien, con una cómoda victoria por 4-0 sobre Grecia. Batistuta aprovechó el caos que imperaba en la defensa griega para marcar el 1-0 en el minuto dos de partido. Llegó a completar un triplete con un soberbio remate desde fuera del área y un penalti. Sin embargo, el tercer gol, el de Maradona, fue el que quedaría en el imaginario colectivo. En sí mismo, dentro de su enorme catálogo, casi ni contaba: hizo un par de paredes y se dio un toque hacia la izquierda para hacerse un hueco y enviar un tiro preciso desde el borde del área y a la escuadra. Pero su celebración, corriendo hacia una cámara de televisión y rugiendo, que en aquel momento pareció ser un reflejo de su pasión y del placer de volver a jugar con Argentina, pronto comenzó a interpretarse de formas más siniestras.

Aquel resultó ser el último gol de Maradona con Argentina, aunque todavía jugaría un partido más, contra Nigeria en Foxborough. Los africanos se adelantaron en el marcador; Rashidi Yekini pasó la pelota a Samson Siasia, que amagó y dejó atrás a Luis Islas, que salió en falso al borde del área: gol de Nigeria. Argentina empató mediado el primer tiempo: con la parte de atrás del tobillo, en una falta directa, Maradona tocó para Batistuta y Peter Rufai hizo un mal rechace que aprovechó Caniggia para marcar. Seis minutos después, el delantero, que había regresado solo un mes antes tras una suspensión de un año por consumo de cocaína, marcó un segundo: un disparo con rosca desde el lateral del área y tras el pase de Maradona.

Y ese fue el fin para Maradona y para las esperanzas de Argentina. Tras el partido, al Pelusa le tocó pasar el control antidoping, que parece haber enfrentado con bastante despreocupación. El vídeo muestra como una enfermera lo conduce fuera del campo; él saluda alegremente a la multitud a su paso. El test, sin embargo, dio positivo para un cóctel de cinco sustancias cuyo objetivo era suprimir el apetito e incrementar la resistencia. Maradona fue expulsado del torneo y, más adelante, le cayó una sanción de quince meses. «¡Me maté entrenando y ahora me hacen esto!», se quejó Maradona en conferencia de prensa, como si de alguna manera su esfuerzo pesara más que el hecho de infringir las reglas. A continuación, rompió a llorar.

Los programas de radio revelaron que hubo un gran sufrimiento general. La televisión mostró a argentinos llorando en las calles. Algunos compararon aquel estado de ánimo con el del día de la rendición en las Malvinas en 1982 o el del entierro de Perón, en 1974. La relación entre todos estos hechos se vio fortalecida por los resultados del contraanálisis que salieron justo el día del vigésimo aniversario de la muerte de Perón. Eran dos figuras en las cuales muchos argentinos continuaron creyendo, perdonándoles las faltas mucho tiempo después de que hubieran perdido su aura.

Para la mayoría de la gente, Maradona seguía siendo un dios, y ese no era solo en el caso de Argentina. Tan fuerte continuó siendo el atractivo internacional de Maradona que veinte mil personas tomaron las calles de la capital de Bangladesh coreando: «Daca arderá si a Maradona no se le deja jugar». El estado de ánimo en Argentina parece haber sido de tristeza más que de enfado. Los canales de televisión transmitían montajes sensibleros de sus mejores goles con acompañamiento musical, como si hubiera muerto y no como si hubiera dado positivo en un control.

Había poca sensación de vergüenza o deshonra. Como siempre, Maradona dijo que había una conspiración contra él, e insistió en que todo había sido parte de un malvado complot urdido por el presidente saliente de la FIFA, el brasileño João Havelange, que pretendía asegurarse que Brasil ganara el campeonato: «Me cortaron las piernas... —dijo—. Este es un asunto realmente sucio. Me gustaría creer en Havelange y en Blatter, pero después de esto, bueno..., no quiero decir nada».

La verdad era mucho menos compleja: durante años, había estado tomando drogas, recreativas, quizá no para incrementar el rendimiento. Y finalmente lo pillaron. No hubo penes de plástico en Foxborough. Tras dejar el Sevilla por Newell's, el peso de Maradona había caído de noventa y dos a setenta y dos kilos, algo que atribuyó al duro trabajo con Daniel Cerrini, un fisicoculturista que había pasado a formar parte de su círculo íntimo, y con un nutricionista chino llamado Liu Guo Cheng. Es probable que Maradona no tuviera claro qué estaba tomando. Incluso es posible que, como afirmó, la versión estadounidense de un suplemento específico contenía efedrina, mientras que la que estaba disponible en Argentina no tenía, pero las reglas son claras: la responsabilidad era suya y su culpa era indiscutible. «La única verdad —dijo Maradona— es que mi entrenador personal cometió un error y yo pagué el pato.»

Ciertamente, esa no fue la única versión sobre lo que había sucedido. Tal vez quien atisbó mejor lo sucedido fue Bernardo Neustadt, el periodista que había dirigido el asunto Sanfilippo-Goycochea tras la derrota con Colombia, un excéntrico capaz de todo por cargar contra Maradona: «El nuestro es un país en el que son los especuladores los que ganan, un país que violó su propia Constitución cada vez que le dio la gana [...] Argentina pagó con Maradona por una forma de vida, por no cumplir la ley». En cuanto a Maradona, se quedó en Estados Unidos tras ser sido expulsado del torneo; según se dijo, cobró 1,3 millones de dólares por colaborar con Canal 13.

Una derrota por 2-0 ante Bulgaria en el partido final de grupo hizo que Argentina solamente se clasificara como uno de los cuatro mejores terceros. Tuvo que viajar de Massachusetts a Pasadena, en California, para enfrentarse a un equipo rumano que había deslumbrado en la fase de grupo con su fútbol de fluidos pases. Fue uno de los grandes partidos del Mundial. Un pobre consuelo para Argentina, que perdió 3-2. La selección quedó fuera, con Maradona caído en desgracia, enfrentándose un futuro sin su genio.

52

El crecimiento de Vélez y el renacimiento de River

Raúl Gámez parecía mirar el desparrame de migas de magdalena en el sofá de cuero, pero no las veía realmente o no le importaba. Se sentó, estirando su abrigo marrón sobre sus rodillas con un movimiento de su mano izquierda, en la que llevaba un gran anillo con un sello. Es alto e incluso a sus setenta y pocos años transmite una sensación de poder. Su cara está fuertemente delineada, cada mejilla con un surco vertical profundo. Es un hombre que ha conocido la violencia, las arrugas alrededor de sus ojos prueban una vida dura. En 1986, asistió a la Copa del Mundo con Argentina como uno de los líderes de la barra de Vélez. Hay una foto de él el día del partido contra Inglaterra, en los cuartos de final: lo muestra en las gradas inferiores del estadio Azteca, en cueros, con su camiseta en la mano y el puño hacia atrás para pegarle a un gordito rubio que llevaba puesto un chaleco blanco en el que estaba escrito «Viva England». Otro rubio, en primer plano, también sin camiseta, parece haber sentido ya la fuerza de un golpe de Gámez, con los ojos entrecerrados, la boca arrugada: parece estar usando su labio superior para meterse el bigotito en la nariz. Gámez se reformó y en 1992, con Vélez metido en problemas económicos, fue nombrado vicepresidente. Posteriormente, fue elegido dos veces presidente del club.

Había algo incongruente en que hubiera sugerido reunirnos en el Starbucks de la avenida Corrientes, pero es que hay algo incongruente en él: un barra brava que no solo se convirtió en un dirigente, sino en uno muy exitoso. Aunque pueda haber dejado atrás la violencia, esta sigue acechándolo. Cuatro días después de nuestra entrevista, Gámez fue secuestrado por una banda armada. Lo obligaron a él y a un amigo a sentarse en el asiento trasero del coche mientras iban a una casa donde pensaban mantenerlo cautivo hasta que se pagara un rescate: una práctica que no es rara en Buenos Aires, aunque hay blancos más fáciles. Cuando pasaron un control de velocidad de la policía, Gámez logró abrir la puerta del coche y lanzarse fuera. La policía persiguió al coche y rescató a su amigo mientras él recibía atención médica por un corte en la cabeza. Apareció en las noticias de esa misma noche, con el pelo casi totalmente tapado por las vendas y la cara y las manos muy raspadas. Dijo que el ataque no había tenido nada que ver con el fútbol.

Cuando Gámez asumió el cargo de vicepresidente en 1991, también se le nombró presidente de la sección futbolística del club. «Estaba empezando desde cero».

Estaba decidido a hacer las cosas bien. «Yo le decía al presidente de Racing que iba a ir a golpear las puertas de los jugadores —recordó—. Yo quería ser respetuoso. No como Boca: cada vez que anunciaba en los medios que quería comprar a Chilavert, yo tenía que pagarle un extra de diez mil dólares para mantenerlo contento.»

A las órdenes de Eduardo Manera, uno de los tres jugadores de Estudiantes arrestados después del partido de la Copa Intercontinental de 1969 contra el AC Milan, Vélez terminó segundo en el Clausura 1991-92; sexto en el Apertura 1992-93. «Veíamos que había buen material —dijo Gámez—, pero fue demasiado para Manera y decidió dar un paso al costado. Su asistente, Roberto Mariani, asumió el cargo como interino. Y ganó cuatro partidos y empató dos. Brillante. Los jugadores lo querían, pero cada vez que los jugadores me piden un técnico, tengo dudas. ¿Por qué los jugadores me lo piden? ¿Se están haciendo amigos? ¿No trabaja lo suficiente?»

Unos cuantos entrenadores, Bielsa entre ellos, rechazaron la oferta de Gámez. Al final, «un farmacéutico, fan de Vélez y amigo de la mayoría de nosotros en el club», sugirió a Carlos Bianchi. Bianchi había sido una leyenda del club como jugador, un delantero flaquito que anotó 206 goles en 324 partidos. Ayudaba a su padre con su trabajo de vendedor en un diario: hay cierta ironía en que Spinetto y Bianchi, los dos más grandes héroes de Vélez, un club que se autoidentifica como un *outsider* que pelea contra los grandes, hayan venido de entornos de clase media, antes de debutar en julio de 1967 a los dieciocho años. Al año siguiente, Bianchi hizo nueve goles para que un Vélez tenaz, bajo la dirección de Manuel Giúdice, alcanzara el título.

Ese fue el único trofeo de Bianchi con Vélez, pero fue máximo goleador en el Nacional en 1970 y en el Metropolitano en 1971. En 1973, se fue a Francia, donde fue igualmente prolífico. En siete temporadas allá, fue máximo goleador cinco veces, tres con el Reims y dos con el Paris Saint-Germain. Luego siguió como entrenador del Reims y del Niza, pero cuando Gámez lo contactó en diciembre de 1992, no había trabajado más que dos años.

El único gol que le marcaron a Vélez en los primeros seis partidos del campeonato fue en el empate 1-1 contra Boca Juniors, y ese partido se les adjudicó posteriormente como victoria por 1-0 tras los disturbios de la hinchada. «Como equipo, Vélez todavía no estaba definido en términos futbolísticos —dijo Gámez—. Hay clubes famosos por jugar un buen fútbol, otros clubes son conocidos por la fuerza y el estilo defensivo [...] Vélez no era una cosa ni la otra. No tenía estilo. El estilo de Vélez empezó con Bianchi.»

Ricardo Gareca se fue a Independiente, mientras que Óscar Ruggeri (nombrado jugador sudamericano del año en 1991) fue vendido al Ancona, que «se declaró en quiebra antes de que nos pagaran», dijo Gámez. «Así empezó Vélez. Y dos años después estábamos ganándole al Milan la Copa Intercontinental.» En diecinueve partidos del Clausura 1992-93, Vélez anotó solamente veintitrés goles, pero, lo que es más importante, solo recibió siete en contra. Puede haber sido Bianchi quien definiera el estilo moderno del equipo, pero Spinetto, el *fustigador* de «la Nuestra», lo habría aprobado.

El título le otorgó a Vélez un lugar en la Libertadores de 1994. Allí peleó hasta una final contra el São Paulo, que buscaba un triplete. Tras una actuación brillante del portero José Luis Chilavert, se llegó a la tanda de penaltis. El paraguayo detuvo el lanzamiento de Palhinha y anotó el suyo para que Vélez obtuviera el primer título internacional de su historia.

Tres meses después, Vélez viajó a Tokio para la final de la Copa Intercontinental, donde se enfrentó al AC Milan de Fabio Capello, Franco Baresi, Paolo Maldini, Marcel Desailly, Zvonimir Boban y Dejan Savićević. Un penalti de Trotta a los cincuenta minutos puso a Vélez por delante y, siete minutos más tarde, Assad interceptó un pase débil al portero de Alessandro Costacurta, regateó a Sebastiano Rossi y marcó desde un ángulo difícil. Dieciocho meses después de ganar su segundo título argentino, el primero en veinticinco años, Vélez ganaba la corona mundial (algo que tal vez importe más en Sudamérica que en Europa) y lo habían hecho con un once inicial que incluía a siete jugadores que se habían formado en el club.

Durante un tiempo, Vélez pareció un modelo de cómo dirigir un club. Mantuvieron controlados sus gastos (una rara virtud en los primeros años del *boom* de Menem) y siguieron ganando: se hicieron con los títulos del Apertura y del Clausura en 1995-96. «Éramos humildes —dijo Gámez—. Mantuvimos a los representantes fuera del club, que es algo muy difícil para los directorios. Es fácil ser una persona honesta, pero demostrarlo en un club de fútbol es muy complicado. Especialmente ahora.»

Para entonces los logros de Bianchi habían llamado la atención de clubes más ricos y su marcha fue inevitable. Aceptó una oferta de la Roma: se fue a comienzos de la temporada 1996-97, antes de que el Clausura 1995-96 hubiera terminado. El asistente de Bianchi, Osvaldo Piazza, supervisó los últimos partidos del exitoso Clausura 1996 (aunque Bianchi, extrañamente, volvió para uno de los últimos partidos). Los cimientos que habían quedado apuntalaron el triunfo del Clausura 1998, cuando Bielsa finalmente tomó el puesto.

El don de Bianchi no era tanto algún gran descubrimiento táctico, sino la forma en que usó su fuerte personalidad para inspirar a sus jugadores. Aunque insistía en que el entrenador nunca debe ser «una estrella», también sugirió que los entrenadores deben «cultivar el liderazgo», lo que para él claramente significaba no solamente «liderazgo», sino una proyección de este en algo que se acercaba a un culto a la personalidad. Cuando Bianchi expuso a la revista *Management Deportivo* sus diez «reglas no escritas» para ser un técnico de éxito, no habló en absoluto de estrategias en el campo. Su teoría consistía en motivar a los jugadores y asegurarse de que la estructura general del club fuese coherente: «rodearse de inteligencia», dijo.

La única vez que estuvo cerca de describir cómo jugaban realmente sus equipos fue para expresar su creencia de que el fútbol debe mantenerse lo más simple que sea posible. «Las órdenes son órdenes y deben ser claras, pero hay que darlas con tacto», dijo. Un dirigente elogió su capacidad de dar instrucciones claras y sencillas, de «poner el inodoro en el baño y el horno en la cocina». Era un líder cuyo mayor don era el liderazgo.

Pero aquella no fue una época en la que un estilo predominara. Así como Vélez adoptó una filosofía de esfuerzo y solidez, River se mantuvo fiel a los ideales del pasado. Cuando Daniel Passarella regresó a River Plate, en 1988, tenía treinta y cinco años. Había pasado ocho en el club antes de marcharse en 1982 a la Fiorentina. En aquel momento, era considerado el mejor central de la historia argentina. La renuncia de Reinaldo, *Mostaza*, Merlo como entrenador después de las elecciones presidenciales del club en diciembre de 1989 dejaron a Passarella como una opción natural para hacerse con el cargo, a pesar de su falta de experiencia como entrenador. Él sentó las bases para una década de dominio. «Lo tomé con una calma que me sorprendió a mí mismo» dijo.

A un punto de Independiente a mitad del torneo en 1989-90, River se hizo más poderoso a medida que avanzaba la temporada; terminó ganando el torneo por siete puntos de diferencia. En *El Gráfico*, Juvenal los describió «precisos como cirujanos, fríos, clínicos, sin insensatez». Era un equipo que presionaba fuerte en el mediocampo, gracias en gran parte a sus dos *pac-man*, Leonardo Astrada y Gustavo Zapata, que acaparaban la posesión.

Passarella ganó el Apertura en 1991-92 y 1993-94, y River se lo llevó otra vez en 1994-95 con Carlos Babington. En parte, su éxito radicó en su potencia económica, bien usada; y en parte también a dos delanteros que habían llegado desde las categorías inferiores. Ariel Ortega era rápido e inventivo; un regateador fino, una versión moderna del número 10; Hernán Crespo era poderoso, dotado de gran aceleración y un definidor nato. En 1994, Enzo Francescoli, el Príncipe, regresó después de siete años en Europa con RC de París, Marsella, Cagliari y Torino. Tenía treinta y tres años y era más lento que antes, pero todavía su cerebro futbolístico funcionaba a mil por hora.

Después de un tercer título en tres temporadas, el año 1995 fue decepcionante. River terminó décimo en el Clausura 1994-95, perdió por penaltis con el Atlético Nacional de Colombia en la semifinal de la Libertadores y acabó séptimo en el Apertura 1995-96. A Babington lo reemplazó el exdelantero de River, Ramón Díaz: una elección arriesgada, dado que acababa de retirarse de jugar en el Yokohama Marinos y no tenía experiencia como entrenador.

River empezó mal el Clausura 1995-96. Su objetivo tenía que ser la Libertadores. Tras vencer a Universidad de Chile en una semifinal brutal, llegaron a la final por primera vez en una década. Su rival, como en 1986, fue el América de Cali, que buscaba evitar la cuarta derrota en cuatro finales. Ántony de Ávila anotó el único gol del partido de ida: una brillante vaselina casi sin ángulo que superó a Germán Burgos. Pero en la vuelta en el Monumental, todo fue para Hernán Crespo. Primero, corriendo sobre una alfombra de papelitos, llegó a un centro de Ariel Ortega; más tarde, después de que la presión de Ortega forzara un error del portero, cabeceó un centro de Francescoli a puerta vacía.

River, por fin, tuvo una segunda Libertadores y empató a títulos con Boca. Crespo se fue al Parma después de la final, pero River contrató al explosivo delantero chileno Marcelo Salas para reemplazarlo. Durante los dieciocho meses siguientes, fueron imparables, con un estilo cada vez más centrado en el equipo y menos en las individualidades. Cuando vencieron a Gimnasia y Esgrima de Jujuy por 3-0 a fines de octubre de 1996, habían marcado veinticinco goles en nueve partidos (y eso después de empatar a cero ante Gimnasia y Esgrima de La Plata). En el diario *Clarín*, Juvenal los llamó la Máquina de los años noventa: «Este River definió el panorama general, la estrategia, alineándose con los valores históricos. Esto va más allá de los detalles tácticos, las jugadas preparadas o la marca: decidieron que quieren buscar el gol en el área del rival y quieren hacerlo jugando: sin empujar, sin agarrarse, sin correr, sin chocar contra otros [...] sino jugando».

River ganó ese Apertura, y luego el Clausura y el Apertura en 1997. Cuando Salas se fue a la Lazio en 1998, ya habían comprado al delantero colombiano Juan Pablo Ángel para reemplazarlo: River ganó otros Apertura y Clausura en 1999-2000. Cuando Díaz abandonó el club a principios del año 2000, había ganado cuatro títulos locales. El quinto llegaría con su regreso en la temporada 2001-02.

53

El fracaso del neoliberalismo

Con mercados abiertos y una moneda sobrevaluada, el resultado era inevitable: las importaciones se volvieron más baratas y tanto las manufacturas argentinas como las pequeñas industrias sufrieron golpes paralizantes. A medida que transcurría la década de los noventa, el desempleo se convirtió en un problema creciente. El cambio principal en el poder con respecto a los negocios se reflejó en el fútbol. En 1995, por ejemplo, los socios de Boca eligieron a Mauricio Macri como presidente del club: un ingeniero civil que también resultó ser el primogénito de la familia propietaria de la mayor empresa constructora de Argentina. Los Macri habían sido grandes beneficiarios de la política económica de Menem, particularmente de las privatizaciones. Mauricio entendía los negocios a escala global. Trató de convertir a Boca en una marca internacional, por lo que priorizó la Copa Libertadores y la Copa Intercontinental. En eso tuvo éxito, cosa que confirmaba el número de turistas de todo el mundo que visitaban la Bombonera, ya fuera en partidos o, simplemente, para conocer el estadio.

En diciembre de 1994, la devaluación del peso mexicano provocó lo que se conoció como «efecto Tequila», que serpenteó por Latinoamérica y llevó a la economía argentina a otra recesión. Una vez que atacó lo hizo terriblemente, poniendo al descubierto la quimera que había sido aquella sensación de bienestar económico: una típica solución a corto plazo que no solo no hizo nada para abordar los problemas estructurales fundamentales, sino que terminó por hacerlos más profundos. A medida que comenzó la recesión, los sindicatos se pusieron de acuerdo y declararon una huelga general en 1996. Las medidas de austeridad habían golpeado muy duramente en las provincias. En 1997, había protestas en todo el país: los manifestantes cortaban carreteras y provocaban disturbios en diversos lugares de la Patagonia y en el noroeste. En enero de 1997, el periodista José Luis Cabezas fue asesinado; había estado investigando el programa de privatizaciones de Menem. La corrupción y la violencia no estaban tan al orden del día como en los años setenta, pero no habían desaparecido.

La economía se deterioró aún más y las réplicas de la crisis financiera asiática de 1997-98 tuvieron un efecto profundo a medida que las tasas de interés mundiales aumentaban. Argentina tuvo dificultades para pagar su deuda, que no paraba de crecer. Pero como explicó el periodista Rodolfo Rabanal, lo peor, al menos psicológicamente, no eran tanto los aspectos puntuales de la crisis como lo que esta significaba. El neoliberalismo de Menem había controlado la inflación empobreciendo aún más a aquellos que estaban en el extremo inferior de la escala económica y limitando las aspiraciones de la clase media a medida que los salarios disminuían en términos reales y se reducían los derechos de los trabajadores. Esencialmente, la política económica de Menem aniquiló el sueño de progreso y autosuperación del inmigrante que sostuvo a Argentina durante un siglo. Según el sociólogo Javier Auyero, tal reconocimiento llevó a creer que Argentina está hechizada; en consecuencia, creció un profundo sentido de resignación. Mientras que antes las villas de emergencia eran vistas como un paso necesario en el tránsito desde el campo a una mejor vida en la ciudad, a partir de los noventa comenzaron a verse como lugares de los que no hay escapatoria.

Además del ciclo de auge y colapso, la otra característica que definió al fútbol en la época de Menem fue el aumento de los casos de violencia fuera de los estadios y el creciente poder de las barras bravas. En su forma más benigna, crean una atmósfera vibrante, ocupan las gradas detrás de las porterías, llevan pancartas y banderas, dirigen los cánticos (aunque es ingenuo pensar que solo hacen eso). «Empezaron antes de que los partidos se transmitieran por televisión —dijo Diego Murzi, vicepresidente de Salvemos al Fútbol, un grupo creado para tratar de combatir la violencia en el fútbol argentino—. En los años cincuenta y sesenta, siempre existió la sospecha de que los equipos visitantes serían perjudicados por árbitros corruptos, que arreglarían los partidos, por lo que grupos de hinchas se organizaron para tratar de compensar el desequilibrio, de luchar por los intereses del club. Esas fueron las barras bravas originales.» La barra de Boca fue la primera en tener una presencia fuerte, gracias al estímulo de su entrenador, Juan Carlos Lorenzo. Según Silvio Marzolini: «Él inventó la barra brava. La organizó, iban en el avión con nosotros. Pero eran hinchas con tambores y cosas así, no delincuentes como hoy».

Sin embargo, a finales de los noventa, la mayoría de las barras estaban relacionadas con el crimen organizado, traficaban con droga, contrabandeaban y extorsionaban, y controlaban los aparcamientos y la venta de *merchandising* alrededor del estadio. En el fútbol argentino siempre hubo hinchas dispuestos a pelear en nombre de su equipo, pero el cambio de papel de las barras representó algo más siniestro, algo que señalaba agentes tóxicos en el corazón de la sociedad argentina.

En 1986, el fútbol argentino presenció 46 casos oficialmente reconocidos de violencia, 81 heridos y 451 arrestos. En 1990, hubo 258 casos, 413 heridos y 2.255 detenidos. El contraste con la época de Perón era sorprendente. Como observa el historiador David Goldblatt, «en aquella, sirvió para integrar los barrios urbanos y la nación en general, pero en los años noventa el fútbol profundizó los sentimientos locales, de barrio y de tribu de los clubes». Eso reflejó y exacerbó las crecientes divisiones dentro de la sociedad, entonces las masas homogéneas, principalmente de clase trabajadora de los años cuarenta y cincuenta, se fragmentaron «por clase, patrones de consumo y sistemas de creencias».

Para Raúl Gámez, los problemas con las barras comenzaron en el Mundial de 1978: «Las barras empezaron a ganar dinero para hacer algunas reparaciones menores en los estadios, después las autoridades les dieron plata para ayudar en los días de partido, y también les pagaron por cantar —explicó—. La atmósfera del estadio era como un teatro [...] y eso cambió. Yo fui parte de una barra, la barra del aguante. Hacer el aguante significaba viajar lejos con las banderas y defenderlas. Y defender a tus hinchas en los partidos lejos de casa. Eso era todo. No había negocio. ¡Los jugadores no nos daban mucho más que un par de medias! Y no nos querían, porque les exigíamos sacrificio y compromiso».

Quizá no haya una explicación simple para el aumento de la violencia a finales de los ochenta. En parte, había cuestiones sociales en juego (la transferencia de la violencia política de los años setenta a otras esferas, un aparato estatal menos represivo y una creciente desilusión con los procesos de reformas), pero los dirigentes del fútbol también fueron los culpables. «Grondona y Bilardo, que es muy estúpido con este tipo de cosas, los llevaron al Mundial en 1986», dijo Gámez. Él mismo, por supuesto, estuvo en México en 1986, pero jura que pagó el viaje de su bolsillo; eso, además de pelear solo con los puños y no con armas, parece central en su código de honor. El problema, en su opinión, vino cuando la gente de dentro del fútbol empezó a usar las barras para sus propios intereses. Igual que cuando Yrigoyen empleó las insurrecciones militares con fines políticos a finales de la década de 1920, resulta que, una vez que el músculo toma conciencia de su propio poder, se vuelve muy difícil de controlar, como describió Gámez.

Los técnicos les daban ropa. Los dirigentes los usaban para forzar a los técnicos a renunciar, en vez de echarlos. Los futbolistas se convirtieron en víctimas de otros jugadores que daban plata o ropa a la barra: había una ruptura entre los jugadores que apoyaban la barra y los que no. Eso produjo lo que ves hoy: todo es un negocio y se pelean unos contra otros por plata. Ahora son pandillas. Es más rentable para un delincuente que acaba de salir de la cárcel entrar a una barra brava que a una banda de ladrones. Es muy buen dinero y los riesgos son considerablemente menores. La policía está involucrada. Los dirigentes están involucrados. Ganan dinero del estacionamiento en lugares públicos alrededor del estadio y nadie hace nada para evitarlo.

Gámez fue muy eficaz al abordar el tema de las barras en Vélez, en parte porque sabía con qué estaba lidiando.

Me deshice de ellos personalmente. Dormían en sofás en el *lobby*, pero insistí en que nadie podía dormir en el club. Cometí errores: les di concesiones para que desaparecieran y no creasen más problemas. Terminé regalando entradas, eso es cierto. Pero lo que hice fue regalar esas entradas una por una. Porque si le das doscientas entradas a uno o dos tipos, esos dos tienen un poder especial y los otros tienen que seguirlos y hacer lo que ellos digan para recibir las entradas. No quería eso. Así que di una entrada a cada persona. Al hacer eso, evitás crear un general que tiene doscientos soldados que le obedecen porque les da entradas y les permite entrar en el estadio y asistir a los partidos. Mis condiciones eran: nada de marihuana en el club, nada de agujas en el club. Un ambiente seguro. Si notaba algo diferente o peligroso en el club, todas mis ofertas se acababan.

Cuando empecé a descubrir que vendían esa entrada y trataban de entrar en el estadio sin entrada, cambié. Fue lo mismo con los conciertos de rock. «Me gustaría una entrada para mi esposa o mi hija o algo así», decían, y después la vendían. Pero yo esperaba en la entrada del estadio a ver si iban o no.

Les decía a los jugadores: «Si alguno de ustedes les da plata, yo no les voy a pagar los bonos por ganar». Fue una estrategia. Los jugadores pudieron negociar desde una mejor posición: no era que no estuvieran dispuestos a ayudar, sino que Gámez era el villano que les sacaba el dinero si ellos no lo obedecían.

Tenés que partir de la base que el barra es un cobarde, un matón, que nunca está dispuesto a pelear uno contra uno en un campo desierto. No. Amenazan con matarse unos a otros cuando la policía los separa. No. Sacá las vallas a ver si están realmente dispuestos a pelear o si son tan cobardes que se gritan y después se van, porque saben que esa es la manera de mantener el negocio funcionando.

Aunque Gámez insista en que los barrabravas prefieren no pelear, la violencia ha empeorado sostenidamente desde la década de los ochenta. En 1991, a medida que las muertes relacionadas con el fútbol se convertían en un suceso habitual, el Gobierno estableció una comisión para investigar el asunto. Hizo un informe y propuso que se instalaran cámaras de circuito cerrado de televisión en los estadios y que hubiera inspecciones regulares para monitorizar la seguridad y la higiene. El dinero para tales iniciativas debía venir de las quinielas Prode, de las federaciones nacionales de fútbol y de los clubes, pero nunca llegó y las propuestas acabaron en nada. A los clubes, al mismo tiempo, se les pidió que asumieran más responsabilidad por la emisión de entradas; una advertencia en clave bastante obvia para que dejaran de permitir que los barrabravas entrasen gratis, algo que también fue ignorado. Después de todo, muchos dirigentes de clubes usaban las barras como fuerza política; la relación puede haber sido malsana, pero resultaba mutuamente beneficiosa.

Al año siguiente, hubo 502 incidentes de violencia, 660 heridos, 6.036 detenciones y 12 muertes, lo que indicó cuán insuficiente había sido la respuesta. En 1993, los incidentes disminuyeron, pero los detenidos subieron a 10.703. Los hinchas siguieron peleándose entre ellos, pero también empezaron a apuntar a los autobuses de los equipos y a ciertas conferencias de prensa. Había una sensación de anarquía, con los clubes rendidos, impotentes por falta de dinero, competencia y voluntad. En 1993, por ejemplo, después de que Racing remontara en un partido en el campo de Vélez, los directivos se burlaron de los hinchas locales. Uno respondió tirando una silla por la ventana del palco del presidente; entonces un directivo sacó un arma y empezó a disparar. En esa época, el sonido de disparos dentro de los estadios no era muy extraño. A medida que transcurría la década de los noventa, hubo muchísimas campañas contra la violencia, pero todas ellas fallaban en los mismos problemas: los clubes y la policía solían ser cómplices de las barras y, aun cuando no lo fueran, era más probable que la policía provocara más violencia que la que evitaría.

En 1994, después de un superclásico, hinchas de Boca subidos al remolque de un camión dispararon y mataron a dos hinchas de River. Tres años más tarde, José Barritta, *el Abuelo*, como lo apodaban, líder de la barra más grande de Boca, la Doce, fue imputado por los asesinatos. Aunque fue absuelto de esos cargos, lo condenaron por extorsión y asociación ilícita: acabó en la cárcel. Quizá más significativo haya sido que la investigación reveló que la Doce tenía tres millones de dólares en su cuenta bancaria, y quién sabe qué otros activos en otra parte.

Finalmente, el 13 de mayo de 1998, a dos partidos del final del Clausura, el juez de Buenos Aires Víctor Perrotta ordenó una suspensión judicial del fútbol. Exigió que, antes de que el torneo pudiera comenzar de nuevo, las cámaras de circuito cerrado debían estar instaladas en todos los estadios; además quedaban prohibidos los fuegos artificiales y las banderas, y los nombres de los barrabravas conocidos debían quedar registrados para que no pudieran entrar en los estadios. Los clubes se negaron a pagar las cámaras, aceptaron la prohibición de los fuegos artificiales y las banderas, pero insistieron en que era tarea de la policía aplicar aquella normativa. Por otro lado, cabe destacar que entregaron las listas con tanta rapidez que se confirmó lo que siempre se había sospechado: sabían exactamente quiénes eran los barrabravas y estaban asociados con ellos.

Después de dos semanas de parón, la competición se reanudó. Muchos de los que habían sido inhabilitados contrataron a abogados para demostrar que su exclusión era inconstitucional (después de todo, habían sido condenados por nada). Las cosas continuaron casi igual que antes. Al año siguiente, tras otra oleada de violencia, se impuso una nueva suspensión. Esta vez duró tres meses.

54

La decadencia de un genio

Mientras cumplía su suspensión como jugador, Maradona se convirtió en técnico de Deportivo Mandiyú, un equipo de cuarta división de Corrientes, en el extremo norte de Argentina. Allí trabajó junto a su excompañero de equipo en Argentinos Juniors, Carlos Fren. La temporada terminó con el descenso y con Maradona echándole la culpa a una conspiración de árbitros, a uno de los cuales llamó «ladrón y mentiroso» y «cobarde que no tiene huevos». Al año siguiente, la pareja estuvo a cargo de Racing por un periodo que fue menos notable por lo que sucedió dentro del terreno de juego que por las ausencias ocasionales de Maradona por episodios de alcohol y drogas. Nuevamente, Diego culpó a los árbitros: «Estaban en mi contra. Era personal».

Volvió a contratar a Coppola como mánager; una vez que la suspensión acabó, este negoció para que Maradona retomara su carrera en Boca, donde nuevamente estaba Silvio Marzolini como entrenador. El acuerdo lo financió el canal de televisión América2 a cambio de la exclusividad de los derechos de transmisión de los partidos. Jugó un total de treinta partidos: anotó siete goles y fantaseó con un final glorioso. Con cinco partidos restantes del Apertura 1995-96, Boca estaba cinco puntos por encima de Vélez Sarsfield en la tabla. «Yo sabía lo que le había pasado en la vida, y de nuevo me mostró que se había ganado el respeto de sus compañeros de equipo, porque no tenía ningún privilegio —dijo Marzolini—. Jugamos muchos partidos sin recibir goles (ganamos cómodamente 1-0), pero lo que pasa es que con los nuevos tres puntos por un triunfo, un empate era como una derrota.»

En ese quinto partido antes del final de la temporada, a Boca le negaron lo que parecía un penalti claro: 0-0 contra Rosario Central. «Eso fue crucial», sentenció Marzolini. Después empataron 0-0 contra River, y en «una tarde terrible», como insistió el propio Marzolini, perdieron 6-4 ante Racing. «Ese fue el día en que Mauricio Macri fue elegido presidente, pero la derrota no tuvo nada que ver con eso; las elecciones fueron antes del partido. Maradona terminó jugando de cinco, tirando pases hacia delante para tratar de remontar, pero metíamos uno y ellos metían otro. En el vestuario, Maradona lloraba en el piso: nunca olvidé esa imagen. El título era nuestro y se nos acababa de escapar de las manos.» Perdieron ante Estudiantes con un gol a los ochenta y ocho minutos; luego empataron con Deportivo Español. El Vélez de Bianchi ganó sus últimos cinco partidos y, con ellos, el título.

Bilardo fue contratado como técnico antes del Clausura 1996: Boca intentó aprovechar de nuevo la magia de 1986. La recompuesta sociedad Bilardo-Maradona comenzó con una victoria por 4-0 ante Gimnasia y Esgrima de Jujuy. Caniggia estaba en una forma sensacional y la temporada empezó de manera prometedora. Maradona, sin embargo, falló un penalti y sufrió otro desgarro muscular en una derrota 1-0 ante Newell's. Sin él, el juego de Boca se derrumbó, sobre todo en una derrota por 6-0 ante Gimnasia y Esgrima de La Plata. Maradona se tomó su tiempo para volver, en parte debido a la lesión y en parte porque su relación con Bilardo atravesaba una nueva crisis, aparentemente por la renuencia del técnico a convocar al antiguo centrocampista de Vélez, José Basualdo.

Finalmente, cuando regresó, erró otro penalti, esta vez en una victoria por 2-0 sobre Belgrano. Boca aspiraba de nuevo al título. Luego fueron de visitantes a Vélez. Caniggia puso a Boca por delante, pero los locales dieron la vuelta al partido: 5-1, con el portero José Luis Chilavert anotando dos veces, de penalti y de falta directa. Para Maradona, esto fue intolerable. «A Vélez le dieron un gol, un tiro libre y un penalti, y ninguno fue válido. ¡Ninguno!»

Lo expulsaron por protestar. A su regreso, Maradona falló otro penalti contra Central y luego otro contra River. Cuando erró un quinto consecutivo contra Racing, se había perdido toda la esperanza de obtener el título. Maradona lloró y dijo que le habían echado mal de ojo. La semana siguiente jugó lo que él creyó que podría haber sido su último partido para Boca, contra Estudiantes.

Resultó ser su último partido durante once meses traumáticos. Sufrió un ataque de pánico después de quedar atrapado en un ascensor en un hotel de Alicante, gritando y rompiendo mesas y sillas mucho después de que los bomberos lo hubieran liberado. Fue a una clínica de rehabilitación en Suiza para intentar dejar la cocaína; luego arrestaron a Coppola por tráfico de drogas, aunque el caso se derrumbó en medio de denuncias de que la cocaína encontrada en su departamento había sido dejada allí por la policía.

Maradona estaba a la deriva. Jugó unos cuantos partidos de exhibición antes de, finalmente, decidir prepararse para su última temporada contratando al desafortunado corredor canadiense Ben Johnson para que lo entrenara. El Apertura arrancó contra Argentinos Juniors. El Pelusa fue elegido (quizás no sorprendentemente) para la prueba de *antidoping* después del partido. Jugó contra Newell's, y capitaneó cuarenta y cinco minutos de una victoria por 2-1 sobre River. Luego se anunció que la muestra del partido contra Argentinos había dado positivo en cocaína.

El Pelusa alegó que era inocente y el día de su trigésimo séptimo cumpleaños anunció que colgaba las botas.

55

Las bases del futuro

*L*as revoluciones más grandes pueden tener los comienzos más mundanos. En 1994, la Asociación Argentina de Fútbol nombró a José Pékerman como técnico de las selecciones nacionales sub-20 y sub-17. Dado que Pékerman era relativamente un desconocido, fue una elección sorprendente, pero resultó ser inspiradora. Gracias a las estructuras que puso en marcha, Argentina —cuya mala conducta durante el Mundial sub-20 de 1991 había asegurado que fueran suspendidos para la siguiente edición de 1993 que debía celebrarse en Australia— se convirtió en el equipo más consistente y exitoso en la historia del fútbol juvenil: ganó cinco de los siete Mundiales entre 1995 y 2007.

Pékerman había sido un mediocampista intrascendente en Argentinos Juniors e Independiente de Medellín, antes de que una lesión en la rodilla acabara con su carrera a los veintiocho años. Consiguió una serie de trabajillos para ayudar a su familia. Llegó a trabajar como taxista mientras trataba de encontrar un puesto como entrenador. Finalmente, lo contrataron en la escuela de Chacarita, antes de cumplir treinta y dos años. En 1982, volvió a trabajar en el departamento juvenil de Argentinos. Después de una década allí, Pékerman se fue a Chile y trabajó como entrenador juvenil del Colo-Colo. Tenía experiencia, pero ningún éxito claro.

Una vez que tomó posesión del cargo, Pékerman eligió a Hugo Tocalli y al entrenador físico Eduardo Urtasún para trabajar a su lado. Tocalli acababa de retirarse como jugador cuando José Yudica fue nombrado técnico de Vélez y lo eligió para dirigir la escuela. A pesar de que se fue a los tres años para ser técnico principal de Quilmes, su trabajo en Vélez había llamado la atención de Pékerman.

Al cabo de menos de un año, Argentina había sido finalista (perdió con Brasil) en el Campeonato Sudamericano sub-20, por lo que logró un puesto para disputar el Mundial de Catar en 1995. Allí, con un equipo que visto hoy parece un poco modesto, solo Juan Pablo Sorín tuvo una carrera brillante, Argentina perdió en el último partido del grupo contra Portugal y terminó segunda de su grupo. Sin embargo, venció luego a Camerún, España y Brasil sin recibir goles y se proclamó campeona. Fue el primer triunfo de la selección desde que el equipo de Maradona había ganado el título mundial en 1979.

Tocalli no tiene dudas de que Pékerman fue la clave de la victoria: «Tiene una personalidad fuerte. Quizá no parezca ser así, pero lo es. Vive para el fútbol, lo estudia todo.»

Argentina defendió el título en Malasia en 1997, con un equipo formado por Walter Samuel, Esteban Cambiasso, Juan Román Riquelme y Pablo Aimar, todos jugadores que llegaron a la élite y tuvieron papeles destacados con la absoluta. No pudieron pasar la fase de grupos en Nigeria en 1999, pero en 2001, en casa, con un equipo que incluyó a Willy Caballero, Julio Arca, Nicolás Burdisso, Fabricio Coloccini, Javier Saviola, Maxi Rodríguez y Andrés d'Alessandro, fueron campeones de nuevo, tras vencer a Ghana en la final.

Pékerman puso de nombre a sus tres perros Catar, Malasia y Argentina en homenaje a los países donde había cosechado sus triunfos. Pero, aún con todos los trofeos y toda la felicidad que trajeron, las copas nunca fueron su objetivo. «Lo más importante en las divisiones juveniles no es formar equipos para ganar partidos y torneos, sino tener en cuenta que estamos formando jugadores —continuó Tocalli—. Debemos vernos como desarrolladores y no hacerlos entrenar y pensar como profesionales, porque no lo son. En el terreno juvenil, la victoria sin futuro no sirve; no es lo mismo en el equipo mayor. Desempeños contra resultados.»

Incluso después de que Pékerman se fuera a trabajar como coordinador técnico de la selección nacional, la buena racha de la selección Argentina en el sub-20 continuó. Francisco Ferraro los llevó a la victoria en Holanda en 2005, cuando el equipo incluyó a Lionel Messi, Pablo Zabaleta, Ezequiel Garay, Fernando Gago, Lucas Biglia y Sergio Agüero, antes de que Tocalli volviera para ganar el título en Canadá 2007 con el Kun Agüero, Sergio Romero, Federico Fazio y Ángel di Maria.

56

La seducción del pasado

*E*l desencanto con Menem era generalizado y favoreció tanto la sensación de que el país estaba maldito como la aparición de una nostalgia por una época en la que Argentina había sido una nación más optimista que aspiraba a desempeñar un papel destacado internacionalmente. Para mediados de la década de los sesenta, el mito se estaba desmoronando.

El desarrollo de la infraestructura local se había reducido; en algunos casos, había sufrido una regresión. Mientras, Brasil emergía como una potencia industrial importante. El *shock* de la serie de golpes de Estado había socavado la confianza en el aparato gubernamental y la exposición a los mercados globales había dejado al desnudo las ineficiencias de la economía argentina. «Muy poco queda de lo que fue Argentina como nación», escribió la crítica cultural Beatriz Sarlo en *Perfil* durante la Copa del Mundo de 1998, antes de llegar a una conclusión que recordaba a la que Borocotó, el editor de *El Gráfico*, había hecho setenta años antes: «En la exposición de las identidades que algunos llaman posmodernismo —escribió Sarlo—, el fútbol es un elemento aglutinador: es fácil, universal y televisado.» Alguna vez, el fútbol había sido fácil, universal y transmitido por radio, y había forjado la nación; en los días de declive del segundo mandato de Menem, era una de las pocas cosas que la mantenían unida.

Pablo Alabarces, al argumentar que existía una diferencia de alcance de los roles del fútbol como cohesionador de la nación en los noventa en comparación con los años veinte, responsabilizó directamente a Menem por la sensación de disolución, subrayando que el repliegue del Estado había dejado a muchos sin acceso a la educación, al cuidado de la salud, al agua potable, electricidad, gas y vivienda, por no mencionar beneficios del Estado de bienestar tales como el subsidio por desempleo. Había indiferencia y rabia, cosa que empujó a muchos a la violencia y el delito; difícilmente podía haber un símbolo mejor del deterioro social que el anuncio, en septiembre de 1998, de que las cárceles de Buenos Aires estaban repletas y que, como resultado, tres mil setecientos convictos quedarían presos en fábricas abandonadas.

Después de la Copa del Mundo de 1994, Alfio Basile fue reemplazado como entrenador nacional por Daniel Passarella, que había llevado a River a ganar tres títulos a comienzos de los noventa. Nada amigo de Maradona, estaba decidido a erradicar la laxitud del enfoque que, en su opinión, había contribuido a los problemas del delantero con las drogas. Prohibió el pelo largo, los aros y la homosexualidad, decisiones que lo enfrentaron con varios jugadores. Batistuta fue apartado del equipo durante diez meses antes de que un moderado recorte de pelo permitiese su retorno, pero tanto Caniggia como el elegante centrocampista defensivo Fernando Redondo terminaron negándose a jugar para Argentina si Passarella seguía como técnico.

La defensa de la Copa América en 1995 no fue bien. En el último partido del grupo, se perdió contra Estados Unidos por 3-0, tras un deplorable arbitraje. Argentina ya había logrado clasificarse después de ganar sus dos primeros partidos, pero la decisión de dejar en el banquillo de los suplentes a varios jugadores clave afectó al juego. La derrota ante Estados Unidos implicaba que, en lugar de encabezar el grupo y enfrentarse a México en cuartos de final, Argentina quedara segunda y tuviera que medirse a Brasil. Se adelantó a los nueve minutos. Ariel Ortega y Juan José Borrelli combinaron para que Balbo anotara con un tiro raso. Edmundo no tardó en igualar. Sin embargo, justo antes de la media hora, a Taffarel se le escapó un potente tiro de Batistuta y Argentina recuperó su ventaja. El mediocampista central de River Plate Leonardo Astrada fue expulsado por una segunda tarjeta poco antes del descanso, y la dinámica del partido cambió. Aun así, Argentina resistió hasta que, cuando faltaban nueve minutos, Túlio controló con la mano izquierda extendida un centro de Jorginho. La infracción pareció tan obvia que el resto de los jugadores se quedaron quietos mientras Túlio picaba la pelota por encima de Hernán Cristante, que salió tímidamente a tratar de tapar su disparo. Sin embargo, el árbitro peruano Alberto Tejada dio el gol por válido.

Más tarde, César Sampaio fue expulsado, el partido terminó 2-2 y Brasil ganó por penaltis. Pero el foco de Argentina estaba solamente en una cosa: «Brasil, con la mano de Dios», decía el titular enfurecido de *La Prensa*. Como hizo notar el periodista Pablo Vignone en *Página 12*, una década más tarde, hablar de karma y retribución por los goles con la mano contra Inglaterra y la URSS era olvidarse de lo central; tales ataques de rabia eran resultado directo de la cultura de la pillería, de la viveza. «Cuando se trata de reprochar pecados —escribió—, se debe admitir que tanto la mano de Túlio en la Copa América en 1995 como la de Diego en la Copa del Mundo… fueron producto de una astucia repentina, enraizada en el potrero, fuera de la ley en términos regulatorios, aunque características de un folklore íntimamente ligado al espíritu del fútbol.»

Las esperanzas de Argentina en la Copa América de 1997 se vieron muy mermadas por el rechazo de los clubes europeos a liberar a sus jugadores. Un penalti en el último minuto de Marcelo Gallardo aseguró un empate contra Paraguay en el tercer partido: segundo puesto del grupo. Pero Argentina cayó eliminada en los cuartos de final por Perú. Sin embargo, con un equipo completo, Argentina avanzó fácilmente en la fase de clasificación para el Mundial de 1998. Acabó líder del grupo de nueve equipos de la Conmebol (Brasil, como defensora del título, no tuvo que pasar por la ronda clasificatoria). Aquello hizo que Passarella fuera considerado el técnico sudamericano del año 1997. Las expectativas respecto al equipo estaban justificadas.

Y

El sorteo del cuadro fue benévolo. Argentina salió contra un compacto, organizado pero mayormente inofensivo Japón y lo derrotó 1-0 gracias a un diestro remate de Batistuta, que levantó la pelota sobre el portero japonés Yoshikatsu Kawaguchi después de hacerse con un rebote en el borde del área grande. Argentina se soltó contra Jamaica; Ortega marcó dos goles y Batistuta tres: 5-0. Un equipo muy cambiado venció finalmente a Croacia por 1-0: fueron líderes de grupo y les esperaban los octavos de final contra Inglaterra.

Los dos equipos se habían enfrentado en Wembley en un amistoso áspero en 1991 en el que Argentina remontó los dos goles iniciales de los ingleses: 2-2. Pero lo cierto es que en la memoria de todos estaba el encuentro de cuartos de final del Mundial de México. El partido fue uno de los más atractivos de la historia de los mundiales, un encuentro de ida y vuelta. A los seis minutos, Batistuta, al borde del área grande, peinó un centro que venía desde la derecha. Simeone corrió a buscar la pelota, pero fue derribado por la salida torpe de David Seaman. Gary Neville, con los brazos en alto, increpó al árbitro Kim Milton Nielsen, insistiendo en que Simeone se había tirado, pero si bien la caída del argentino fue algo teatral, el muslo de Seaman le había enganchado el tobillo. El penalti ejecutado por Batistuta no fue algo grandioso. Chutó fuerte pero a una altura cómoda para Seaman, que alcanzó a tocar la pelota con la mano derecha, aunque solo logró empujarla hacia abajo contra el borde del poste: gol de Argentina.

La ventaja no duró mucho. Al comienzo del torneo, Michael Owen era un jugador de dieciocho años veloz como un rayo y con mucho futuro; para el final del campeonato, ya se había convertido en una superestrella, elogiado por muchos como el salvador del partido de Inglaterra. A los diez minutos, recibió la pelota tras un cabezazo de Paul Scholes y se coló en el área. Roberto Ayala se interpuso en su camino, el inglés se tiró al suelo después de un contacto mínimo e Inglaterra marcó de penalti: Shearer anotó con un disparo que se coló cerca de la escuadra derecha.

Puede haber dudas acerca de hasta qué punto Owen se tiró, pero lo que hizo seis minutos más tarde fue realmente notable.

Sol Campbell disputaba una pelota con López. Paul Ince la recogió a no más de cuatro metros fuera del área de Inglaterra. Se la pasó a David Beckham, que metió un pase para Owen en el círculo central. Su primer contacto, recogiendo el balón con la espuela del pie derecho, le permitió dejar atrás a José Chamot; tuvo la potencia suficiente para contener físicamente al defensa y dejarlo atrás. Cuando encaró a Ayala justo fuera del área, Owen iba a toda velocidad: le bastó abrirse un poco a la derecha para superarlo y anotar con un remate cruzado al ángulo superior derecho de Carlos Roa.[130]

Tal vez, fue el gol más grande anotado por un inglés en una Copa del Mundo tras una jugada individual. Para quienes perciben cómo los patrones se repiten a través de las generaciones, tenía algo apropiado: del mismo modo en que Maradona en 1986 había vencido a Inglaterra, primero con picardía y después con su juego brillante, también Owen le asestó dos golpes así de diferentes a Argentina.

Scholes, tras correr a recoger un pase de Shearer, podría haber dado a Inglaterra una ventaja de dos goles, pero falló el disparo final. Más tarde, en el tiempo de descuento del primer tiempo, Argentina empató. Claudio López, continuando con la tónica del partido, cayó groseramente ante la presencia de Campbell: falta directa al borde del área. Los ingleses esperaban un lanzamiento directo, pero Batistuta pasó por encima de la pelota, Verón la tocó suavemente con el interior del pie para Javier Zanetti, que apostado a un lado de la barrera, se apartó ligeramente de ella y batió a Seaman desde dentro del área grande.

Habían transcurrido dos minutos del segundo tiempo cuando el partido tomó un rumbo decisivo. Simeone hizo falta sobre Beckham en campo argentino, unos metros antes de la

---

130. Roa era adventista del Séptimo Día y vegetariano, lo cual le valió el mote de «Lechuga». En 1999, a los treinta años, dejó el fútbol para irse a un retiro religioso, y se negó a negociar un nuevo contrato con su club, el Mallorca, porque creía que el fin del mundo era inminente: «El año 2000 va a ser muy difícil —dijo—. En el mundo hay guerra, hambre, plagas, mucha pobreza, inundaciones, les puedo asegurar que la gente que no tiene una conexión espiritual con Dios y el tipo de vida que Él quiere va a tener problemas». Poco menos de un año más tarde, volvió al Mallorca, pero nunca recuperó la forma.

línea central, infracción por la que fue amonestado. Mientras Simeone comenzaba a retirarse del lugar después de haberle pegado un ligero tirón de pelo a Beckham, el centrocampista inglés flexionó una pierna y le dio con el taco en la parte posterior de la rodilla. Simeone se tambaleó, asegurándose de que Nielsen viese el incidente: el árbitro lo vio. Le sacó tarjeta roja a Beckham por un acto de estupidez petulante. Como represalia fue bastante moderada, pero también innegable. Incluso en Inglaterra la simpatía por Beckham era limitada: «Diez leones heroicos, un chico estúpido», rezó el titular del *Mirror* al día siguiente.

Lo que siguió fue un despliegue de tenacidad y esfuerzo supremos por parte de Inglaterra, que mantuvo a raya a Argentina y creó suficientes ocasiones para impedir que la presión sobre su portería se volviese intolerable. Incluso, por un momento, pensaron que conseguían adelantarse en el marcador cuando Campbell metió la pelota en el arco tras cabecear un córner desde la derecha, pero el árbitro anuló la jugada por una falta de Shearer a Roa. Además, deberían haberles pitado un penalti a su favor cuando Chamot bloqueó con la mano un cabezazo de Shearer. Eso llevó a *La Nación* a hablar, en tono de aprobación, de «los zarpazos que sacaba ese león herido que era Inglaterra».

Y así el partido fue a la tanda de penaltis, algo que en el imaginario inglés era algo así como su bestia negra. Seaman desvió el penalti de Crespo, el segundo de Argentina, pero inmediatamente Roa hizo lo mismo con el tiro de Ince. Finalmente, David Batty, en el quinto penalti inglés, volvió a encontrarse con el guardameta argentino: la selección llegaba a los cuartos de final contra Holanda, en un partido que incluso sería mejor de lo que había sido el encuentro contra Inglaterra.

Wim Jonk ya había pegado un pelotazo en un poste cuando los holandeses lograron ponerse por delante a los doce minutos. Dennis Bergkamp cabeceó con clase un pase de Ronald de Boer y habilitó a Patrick Kluivert, que batió a Roa. A los cinco minutos, Argentina igualó. Un pase de lujo de Verón se coló entre la defensa holandesa y fue a parar al *Piojo* López, que hizo una pausa antes de pasar la pelota entre las piernas de

Edwin van der Sar. Fueron dos goles maravillosos, pero ante lo que vino luego, casi nadie los recordaría. Cuando quedaban catorce minutos, Arthur Numan, ya amonestado por una entrada a destiempo contra Ortega, cometió una infracción sobre Simeone y fue expulsado.

Sin embargo, la superioridad numérica de Argentina duró solo diez minutos. Ortega, tras superar a Jaap Stam en el lado derecho del área grande, se arrojó sobre la pierna que este había extendido: si se hubiese limitado a seguir corriendo, en lugar de saltar, girar los talones y arquear la espalda, probablemente hubiese logrado que pitasen penalti. El árbitro, Arturo Brizio Carter, de México, le hizo un gesto a Ortega para que se levantara, ante lo que Van der Sar corrió hacia el argentino y lo increpó. Ortega se puso en pie de un salto, y pegó con la parte superior de la cabeza la mandíbula de Van der Sar: la tarjeta roja era inevitable.

Dos minutos más tarde, Frank de Boer metió un pase largo desde su propio campo para Dennis Bergkamp, que estaba entrando en el área grande. Su primer toque, a un metro de altura, bajó la pelota; el segundo fue un recorte con el que se quitó de encima a Ayala; el tercero, un remate que batió a Roa. Fue un gol sorprendente producto de la habilidad técnica y de una disposición mental clínica y minimalista. Argentina estaba eliminada.

Aquello también confirmó dos líneas de pensamiento sobre el estado de la nación: por un lado, Argentina se había autodestruido, cediendo innecesariamente la ventaja de un jugador; por otro, estaba maldita, destrozada por uno de los más grandes goles de la historia de los mundiales. Passarella renunció y le pidieron a Pékerman que lo reemplazase. Este declinó el ofrecimiento, pero aceptó el cargo de coordinador general y recomendó el nombramiento de Marcelo Bielsa, mientras que Tocalli se hizo cargo del equipo sub-20.

57

La época de gloria de Boca

*B*oca estaba atravesando una crisis económica cuando Mauricio Macri fue elegido presidente del club. Era el año 1995. Macri, ingeniero civil, había sido presidente de Sevel, que tenía la licencia para fabricar automóviles Fiat y Peugeot en Argentina. En 1991, Macri fue secuestrado por unos oficiales corruptos de la Policía Federal, que le mantuvieron en cautiverio durante doce días antes de que su familia, según se dice, pagara el rescate. Fue durante esa época, dijo Macri posteriormente, cuando decidió entrar en la política.

Su etapa como presidente puede ser considerada como un modo de agudizar sus habilidades electorales y construir una base de poder en Buenos Aires. Hay una contradicción inmediata en la ubicación de Macri, de centro-derecha, y los hinchas de Boca, mayormente de clase trabajadora, pero el plan funcionó: en 2015, fue elegido sucesor de Cristina Kirchner como presidente.

Por primera vez, Boca tenía un plan de negocios claro, cosa que contribuyó a sanear las finanzas del club. Introdujo innovaciones tales como centros de atención telefónica, un sistema descentralizado de venta de entradas y un sector separado en el estadio donde las compañías podían alquilar palcos: había, por primera vez, un esfuerzo para maximizar los ingresos provenientes de los socios.

Sin embargo, pasara lo que pasara en los despachos, la revolución de Macri no sería completa si el éxito no alcanzaba los terrenos de juego. Pronto, Macri reconoció que la única manera de que los clubes argentinos sobrevivieran era aceptar su posición como proveedores de talento para los equipos más ricos de Europa. Bajo su presidencia, Boca dio prioridad a la academia: atrajo a adolescentes prometedores de todo el país y contrató a jugadores de otros clubes argentinos por los que más tarde podían sacar dinero. Buenos Aires había prosperado como una ciudad que exportaba productos argentinos al Viejo Mundo, y Macri volvió a invocar ese pasado y posicionó a Boca como el conducto clave para los jugadores que buscaban el pase a Europa. Su éxito fue enorme: en sus doce años como presidente, consiguió ochenta millones de euros por la venta de jugadores. Además, el equipo alzó dieciséis trofeos.

Como es normal, su política tardó cierto tiempo en surtir efecto. Para cuando Carlos Bianchi fue nombrado entrenador en julio de 1998, habían transcurrido seis años desde el triunfo en el Apertura bajo la dirección de Óscar Tabárez.

Los críticos de Bianchi dirían que, al igual que en Vélez, había heredado un equipo que estaba casi completamente formado. Es cierto que los jugadores que llevó a la grandeza ya estaban en el club cuando él se sumó al proyecto, pero logró obtener de ellos más que Bilardo o Veira, en parte tal vez porque ya no tenía que lidiar con la distracción de Maradona. Bianchi dejó fuera a Caniggia, que terminó rescindiendo su contrato con el club. Bianchi vendió a Diego Latorre, que había descrito el vestuario de Boca como «un cabaret», y descartó a Néstor Fabbri, Norberto Solano y Sergio Castillo para crear el equipo sólido y comprometido que creía indispensable. No todos recibieron con buenos ojos al nuevo entrenador: los delanteros Martín Palermo y Guillermo Barros Schelotto tenían una relación difícil con Bianchi, un problema del que el técnico se ocupó frontalmente. «Nos reunió en la misma habitación y nos dijo que él sabía que no nos gustábamos el uno al otro —dijo Barros Schelotto—, pero que íbamos a cambiar eso porque íbamos a jugar los diecinueve partidos del torneo en el equipo titular».

Boca no perdió ninguno de esos diecinueve partidos, ganó trece y empató seis para obtener el título con nueve puntos de ventaja. Finalmente, cayeron ante Independiente en el antepenúltimo partido del Clausura. Su racha de partidos invictos llegó a los cuarenta. Sin embargo, River también perdió ese fin de semana, lo cual bastó para que Boca obtuviese el título.

El equipo de Bianchi era duro y precavido (concedieron menos de un gol por partido tanto en el Apertura como en el Clausura de esa temporada), pero contaban con un jugador creativo fantástico: Juan Román Riquelme. Tenía veinte años y era pensativo, un laborioso visionario, un jugador que, según la frase de Jorge Valdano: «salva la memoria del fútbol para todos los tiempos [...] es un jugador de la época cuando la vida era tranquila y sacábamos las sillas a la vereda para jugar con los vecinos». Tenía un porte lúgubre y parecía siempre estar en su propio mundo, como quizás era apropiado para un jugador que estaba fuera de tiempo. Carecía de ritmo y no tenía nada de la aceleración que había caracterizado a Maradona y más tarde sería seña de Lionel Messi. Riquelme parecía disfrutar su lentitud. Era un maestro de la pausa, el más grande exponente de ese momento de quietud desde Ricardo Bochini. Tal vez podría decir que ha sido el último maestro de tal arte. Con el paso del tiempo, desde los años cincuenta (desde Helsingborg, para los argentinos), el fútbol se ha convertido en un deporte frenético y urgente; incluso Menotti exigía velocidad. En parte, es porque los futbolistas de hoy están en mejor estado físico que nunca antes, gracias a las mejoras en la dieta y a la ciencia del deporte. Pero también se trata, sostiene Valdano, del modo en que el fútbol ha llegado a consumirse. «El fútbol ya no es misterioso —dijo—. Ya no lo experimentamos de acuerdo con nuestra imaginación porque las cámaras están por todas partes. Las imágenes en una pantalla no pueden competir con las imágenes que uno puede formarse en la cabeza. Y está impactando al modo en que se juega el deporte.»

Había quienes veían en Riquelme un anacronismo sin sentido, una indulgencia, pero eran igual de numerosos quienes se deleitaban ante el hecho de que, bajo ciertas circunstancias específicas, un jugador que encapsulaba los ideales del pasado aún pudiera triunfar. Como escribió el columnista Hugo Asch en una columna en *Perfil* en 2007: «El enganche es un artista, casi por definición, un alma difícil e incomprendida. Después de todo, parecería difícilmente correcto si nuestros genios fuesen equilibrados […] Nuestro hombre es un héroe romántico, un poeta, un genio incomprendido con el destino de un mito […] Riquelme, el último espécimen de la raza, tiene en común con Bochini la melancolía y la certeza de que solamente funciona bajo protección, con una corte fascinada y un entorno que lo protege de los males de este mundo». Boca era ese entorno; tal vez nunca debería haberse ido.

Palermo, cinco años mayor, era el típico delantero inquieto, todo pecho y codos, un jugador que se especializaba en hacer goles fuera como fuera. La estética significaba poco para él. Desde su punto de vista, el oficio del delantero centro era meter la pelota en la portería y de la forma que fuera.

Batió todos los récords de goles de Boca: 236 tantos; 193 de ellos en la liga. Hacia el final, los récords se tambaleaban con tanta regularidad que los hinchas desplegaron una bandera desde uno de los palcos ejecutivos de la Bombonera, con un listado de números del 180 al 221 (221 era el récord de todos los tiempos y de todas las competencias de Roberto Cerro). Cada vez que marcaba, los hinchas la desplegaban y tachaban un número. Al final necesitaron otra bandera. Y, sin embargo, Palermo sigue siendo más conocido (al menos para el público internacional) por haber errado tres penaltis en un mismo partido, cuando Argentina perdió 3-0 ante Colombia en la Copa América de 1999, o tal vez por celebrar uno de sus infrecuentes goles cuando jugaba en el Villarreal saltando contra una valla de protección y terminar cayéndose; el jugador se rompió la pierna y quedó fuera de combate durante seis meses. Pero Palermo siempre siguió luchando.

Boca perdió solo dos veces en el Apertura de 1999, quedó en tercer lugar y el objetivo pasó a ser la Libertadores. El equipo finalizó primero de su grupo. En los octavos de final, logró un empate sin goles como visitante contra Nacional de Quito (un resultado habitual). En la Bombonera, Riquelme controló con el pecho dentro del área, bajó el balón y le dio una curva lenta al balón a la izquierda del portero: un gol asombroso que puso a Boca camino del 5-1 antes del descanso. Cuando Nacional descontó dos en el segundo tiempo, la sospecha era que los argentinos ya habían comenzado a pensar en los cuartos de final, donde se enfrentarían a River, que caminaba hacia su propio doblete de Apertura-Clausura. Fue el superclásico más esperado de las últimas décadas.

En el partido de ida, en el Monumental, River abrió el marcador cuando Saviola se adelantó a la salida del portero Óscar Córdoba y peinó con la cabeza hacia atrás para que Juan Pablo Ángel anotara el primer gol del partido. Riquelme igualó con un majestuoso lanzamiento de falta, antes de que Saviola anotara el soberbio gol del triunfo: avanzó por un terreno de juego embarrado y disparó desde una distancia de unos veinte metros.

Palermo había sido baja durante seis meses por otra lesión en la rodilla, pero juró que jugaría el partido de vuelta. El técnico de River, Américo Gallego, desdeñaba tanto las posibilidades de recuperarse a tiempo que dijo que, si Palermo jugaba, él elegiría a Francescoli, que tenía treinta y nueve años y se había retirado hacía tres. Bianchi dejó a Palermo en el banquillo. Fue su otro grande, sin embargo, quien puso las cosas en marcha, ya en el segundo tiempo: Riquelme avanzó por la izquierda y sorteó a dos rivales, recortó hacia dentro y centró al segundo palo, donde Marcelo Delgado marcó el primero.

Y entonces llegó el turno de Palermo. Estaba claro que no se encontraba en buena forma y que aún confiaba más en su pierna sana, pero, aun así, entró en el campo cuando quedaban quince minutos. Sebastián Battaglia cayó en el área y Riquelme convirtió el penalti. Pero quedaba más. River estaba fatigado y Riquelme avanzó por la izquierda, le pasó la pelota a Battaglia, que se lanzó en carrera hacia el área y dio un pase algo retrasado a Palermo en el punto de penalti. El control del goleador fue algo torpe, pero eso pareció confundir al pobre Víctor Zapata, que le dio una eternidad para que se diera la vuelta. Su segundo contacto le sirvió para preparar el tiro. La tercera vez que la tocó, disparó raso y ajustado a la esquina para lograr lo que hoy se conoce como «el gol de las muletas».

Cuando Palermo llegó a los ciento ochenta goles, se fabricaron ciento ochenta pares de botas, cada uno de ellos autografiados y con los detalles de uno de sus goles. Los subastaron y el dinero obtenido fue a parar a una organización benéfica. El par que obtuvo el precio más alto fue el número 73, el gol que le dio a Boca el triunfo por 3-0 ante River: el gol de las muletas, el que puso el 4-2 final.

Fue necesario un cabezazo tardío de Walter Samuel en el partido de vuelta para que Boca superase al América de Ciudad de México en la semifinal, aunque habían ganado el partido de ida por 4-1. Dos empates en la final contra el Palmeiras de Luiz Felipe Scolari los llevó a la tanda de penaltis: ahí se decidiría el campeón. Iván Córdoba desvió los tiros de Faustino Asprilla y Roque Júnior. Eso dejó en los pies de Bermúdez la responsabilidad de anotar el penalti decisivo y su disparo le dio a Boca el título por primera vez en veintidós años.

Como se vio después, eso no fue ni siquiera la cima de lo que Boca logró con Bianchi. Cinco meses más tarde del éxito en Brasil, viajaron a Tokio para disputar la final de la Copa Intercontinental contra un Real Madrid que estaba comenzando la época de sus galácticos.

Bianchi sabía que sus jugadores no podían competir en un partido abierto, por lo que salió con la intención de contener al campeón de Europa: era la clase de desafío que le gustaba. Alineó una sólida línea defensiva de cuatro jugadores; los tres centrocampistas se tenían que dedicar a correr y tapar espacios. Riquelme quedó así como el único creador de jugadas, a menudo cayendo a la izquierda. Por su parte, Marcelo Delgado entraría desde la derecha: una formación 4-3-1-2 muy desequilibrada, con una enorme brecha entre los siete de detrás y los tres de delante. Era un sistema preparado para mantener al rival a distancia y esperar que cometiera errores.

Boca no tuvo que esperar demasiado. A los dos minutos del primer tiempo, el lateral derecho Geremi le pasó el balón directamente a Serna. Este lo impulsó hacia Basualdo, que filtró un pase rápido a la carrera de Delgado que dejó atrás a Fernando Hierro y atacó el espacio a la espalda de Geremi. Delgado apuró hasta la línea de fondo mientras Palermo pasaba estruendosamente entre Aitor Karanka y Roberto Carlos. Delgado esperó y esperó antes de centrar justo para que el delantero centro de los argentinos hiciera el primero.

Era un comienzo apenas creíble... y no tardó en volverse incluso más increíble. Tres minutos más tarde, Roberto Carlos lanzó la pelota hacia delante para Raúl, que luego intentó pasársela de pecho a Guti. Battaglia cortó el avance y asistió a Riquelme. Su tarea era conectar la defensa y el ataque del equipo: coordinar los contraataques. Su primer toque fue sutil: le permitió darse la vuelta y perfilar el cuerpo. Palermo ya había arrancado a la carrera, pasando veloz entre Hierro y Geremi. Riquelme dio un pase largo hacia delante, sin esfuerzo, perfecto, de cincuenta y cuatro metros, rotando en el aire. Así, al aterrizar frente a Palermo, este no tenía que romper el paso o tocar el balón: lo dejó correr hasta el área y marcó el segundo. Palermo salió corriendo, trató de celebrarlo deslizándose por el suelo, pero cayó torpemente sobre su abdomen.

Urgido por los dos goles tempranos, el Madrid arremetió contra Boca: Roberto Carlos golpeó el travesaño y luego, cuando Hugo Ibarra despejó, sin tener claro adónde, un centro de Luis Figo, el lateral brasileño controló y soltó un zurdazo a bote pronto que batió a Córdoba. ¡Y solo se habían jugado once minutos! La ofensiva española continuaba y Boca podía venirse abajo en cualquier momento, pero una falta directa de Riquelme a los veinte minutos calmó los nervios: Casillas tuvo que hacer una buena parada, cosa que sirvió para recordar a los campeones de Europa que Boca aún podía darles muchos problemas. Esa fue la historia del resto del partido: un impetuoso Real Madrid al ataque; Riquelme, de elegante y tranquilo, liderando la resistencia y manteniendo la posesión, asestando los golpes suficientes para impedir un ataque total: era una amenaza que debía bastar para que aquel asedio no los derribara. Para Bianchi, fue un segundo título mundial en seis años. «Es difícil comparar los dos —dijo—. Ambos son especiales por razones diferentes. Pero esta victoria no es solo para Boca, sino para Argentina. Fuimos capaces de demostrar que el fútbol argentino es el mejor del mundo».

Es posible que nadie se lo creyera del todo, pero durante los tres años siguientes Boca demostró que eran los mejores de Sudamérica. Tres semanas después del éxito de la Libertadores, Boca culminó el Apertura cuando River sacó solo un punto de sus dos partidos finales. En la Libertadores, vencieron a Palmeiras en la semifinal, por penaltis; luego a Cruz Azul en la final, también por penaltis.

Boca se paseó en la fase de grupos de la Libertadores en 2001: ganó cinco de seis partidos. Junior de Colombia cayó 4-3 en el global de los octavos de final; Vasco da Gama claudicó por 4-0 en los cuartos de final, lo que les llevó a enfrentarse en las semifinales al Palmeiras, en una reedición de la final del año anterior. Nuevamente, Boca jugaba de local primero. Palmeiras se adelantó un par de veces, pero Boca igualó: 2-2 y ambos equipos llegaron con diez jugadores al final del partido, después de que Fernando y Barijho fuesen expulsados. En São Paulo, una serie de errores defensivos permitió a Walter Gaitán darle a Boca un gol de ventaja a los dos minutos de juego; Riquelme marcó el segundo un cuarto de hora más tarde, tras terminar una hipnótica carrera con un tiro ajustado al palo. Fábio Júnior recortó diferencias antes de que el partido se convirtiera en un espectáculo violento. Dos hinchas del Palmeiras entraron corriendo en el campo. Después de que uno de ellos fracasara en su intento de golpear al juez de línea, el segundo lo siguió con una patada contra el aire. Alexandre después recibió una tarjeta roja por una horrenda entrada a Cristian Traverso, que tuvo la suerte de estar ligeramente en el aire cuando el impacto: giró todavía en el aire y evitó la fractura. Aníbal Matellán, de Boca, también acabó expulsado, antes de que un córner rebotara en Bermúdez: gol en propia puerta, 2-2 al final del partido y victoria de Boca por penaltis. Era un modo de ganar muy propio de Boca.

En la final se enfrentaron al Cruz Azul mexicano: en la ida, Boca ganó 0-1, pero en la Bombonera los norteamericanos consiguieron el mismo resultado. El campeón se dilucidó nuevamente en la tanda de penaltis y los argentinos volvieron a conseguirlo.

La tarea final, no obstante, era defender el título intercontinental, pero contra el Bayern de Múnich no pudieron repetir la gesta del año anterior. Delgado acabó expulsado y los de Buenos Aires cayeron 1-0: gol de Sammy Kuffour en el minuto 109.

Bianchi renunció, argumentando que eso era lo mejor para el club, aunque ciertas voces decían que se sentía frustrado por la cantidad de jugadores que el club había vendido. Lo reemplazó Óscar Tabárez, pero los resultados no llegaron. Boca terminó tercero tanto en el Apertura como en el Clausura de 2001-02. Su intento de una tercera Libertadores fue frustrado en cuartos de final por el equipo que finalmente se alzó con el título: el Olimpia de Paraguay.

58

La caída

*L*a popularidad de Menem había desaparecido mucho antes de las elecciones generales de 1999, pero la Constitución, de todos modos, le impedía presentarse como candidato para un tercer mandato. Su impopularidad también socavó las oportunidades de Eduardo Duhalde, el candidato justicialista, y el resultado fue que Fernando de la Rúa, el intendente radical de la ciudad de Buenos Aires, ganó las elecciones. Durante la década de los noventa, la deuda pública había seguido creciendo, en parte porque el gasto público continuaba siendo elevado y en parte porque la corrupción, el lavado de dinero y la evasión fiscal redujeron los ingresos disponibles para cancelar el déficit. El FMI siguió extendiendo el crédito, pero los problemas continuaron. La crisis en Brasil siguió a la de México, y redujo aún más las exportaciones de Argentina mientras que la revaluación del dólar condujo a la devaluación del peso frente al euro.

Inevitablemente, los temas económicos afectaban al fútbol. En marzo de 2000, Racing se declaró en bancarrota. Era un ejemplo evidente del colapso de la nación: el éxito de su título de 1913, había marcado el final del control británico y el comienzo de la sensatez argentina; su caída parecía simbolizar el final de esa sensatez. Los hinchas, en una típica muestra de desafío, se arremolinaron en el estadio e hicieron todo el ritual completo de cánticos y antorchas, pero eso no podía cambiar el simple hecho de que no había dinero. Finalmente, en enero de 2001, una compañía llamada Blanquiceleste se convirtió en la primera propietaria corporativa de un club argentino: lo manejó como concesión durante diez años, antes de cancelar la deuda. Los hinchas decidieron que la mala suerte se debía a la maldición que le había echado Independiente en 1967; por lo tanto, intentaron llevar a cabo un exorcismo. Cien mil personas se juntaron para ser testigos del ritual, pero los resultados de Racing no mejoraron hasta que el técnico, Reinaldo, *Mostaza*, Merlo, el exmedio de River y que tenía aquella extraña cabellera de color mostaza, dio la orden de arrancar el foso de hormigón que había alrededor de la cancha. Al hacerlo, se descubrió el esqueleto del séptimo gato que habían enterrado allí los hinchas de Independiente en 1967. Más tarde ese mismo año, Racing ganó la liga: su primer título importante desde la Copa Intercontinental hacía treinta y cuatro años. Nadie, sin embargo, pensó que se estaba ante un resurgimiento nacional.

En marzo de 2001 Argentina tuvo tres ministros de finanzas. En julio, los sueldos de los empleados públicos y las jubilaciones pagadas por el gobierno sufrieron un recorte del trece por ciento, lo que dio origen a una huelga general de alcance nacional que fue pronto seguida por una huelga de jugadores, que reclamaban treinta y cinco millones en sueldos impagados. La AFA concedió un préstamo a corto plazo para que las cosas comenzaran a moverse de nuevo, pero los problemas de fondo continuaron. En agosto, los empleados del estado con sueldos más altos cobraron sus salarios en pagarés.

Los radicales sufrieron un duro revés en las elecciones de medio término en octubre de 2001: se quedaron sin mayoría en el Congreso. Pero lo más preocupante, tal vez, fue el porcentaje de voto nulo o voto en blanco: alcanzó el veinte por ciento. Eran los llamados: «votos bronca».[131] Para finales de noviembre, con el desempleo en un veinte por ciento y la inflación escalando hacia el cuarenta por ciento, el miedo a una devaluación produjo un gran movimiento bancario, pues quienes tenían sus ahorros en pesos procuraron convertirlos en dólares y sacarlos de Argentina. El gobierno respondió el 2 de diciembre con una

---

131. Aunque esa sigue siendo una gran proporción del electorado, ha de notarse que en Argentina el voto es obligatorio.

serie de medidas conocidas como «el corralito»: se congelaron las cuentas bancarias durante doce meses y se limitaron las extracciones a 250 dólares norteamericanos por semana.

El corralito desató una reacción airada de la gente. Miles de personas salieron a las calles de las principales ciudades para protestar. Al principio, simplemente golpeaban cacharros y cacerolas como un gesto de disgusto, pero pronto hubo ataques contra la propiedad, especialmente las de los bancos o de las principales compañías europeas y norteamericanas. El 5 de diciembre, el FMI, aduciendo la falta de cumplimiento del objetivo de reducción del déficit presupuestario al nivel acordado, se negó a entregar una parte de un préstamo de 1.300 millones, y exigió recortes que llegaban al diez por ciento del presupuesto federal. Como la situación empeoraba, De la Rúa declaró el estado de sitio. Las actividades futbolísticas se detuvieron: Racing selló el título Apertura con un empate 1-1 en un partido en el campo de Vélez el 27 de diciembre, pero hasta el mes de febrero la temporada no se pudo completar.

Los enfrentamientos entre los manifestantes y la policía eran cada vez más frecuentes: el 20 y 21 de diciembre, miles de personas se reunieron en la plaza de Mayo y se produjo una batalla campal contra la policía, que arrojó gases lacrimógenos, cañones de agua y balas de goma. Finalmente, llegaron los disparos y murieron cinco personas. En total, fueron treinta y cinco las que murieron en protestas a lo largo de toda Argentina. De la Rúa quedó aislado e impotente. Su gobierno se vino abajo mientras la violencia se desataba a su alrededor y el presidente pasaba el rato mirando dibujos animados en la Casa Rosada. Huyó en helicóptero y no le quedó mucha más opción que renunciar, aunque insistió en que él no había autorizado el nivel de la fuerza que empleó la policía.

El sucesor de De la Rúa fue Adolfo Rodríguez Saá, el gobernador peronista de la provincia de San Luis. El 23 de diciembre, Argentina entró en suspensión de pagos por la deuda de 132.000 millones de dólares estadounidenses. La administración de Rodríguez Saá reaccionó con la propuesta de una tercera moneda, el argentino, que solo existiría en forma de efectivo y no sería convertible. Eso permitiría una flexibilidad fiscal imposible de lograr con pesos convertibles. Los críticos del plan, sin embargo, sugirieron que se trataba de una devaluación con otro nombre. Cuando se volvió evidente que Rodríguez Saá no contaba con el apoyo político para oficializar el plan, presentó la renuncia y fue reemplazado por Duhalde.

En enero de 2002, Duhalde aceptó lo inevitable y puso fin a la convertibilidad del peso, obligando a quienes tenían cuentas en dólares a convertirlas en pesos al tipo de cambio oficial. Para finales de ese año, el peso había caído de la paridad con el dólar y pasó a valorarse a cuatro pesos por dólar, lo cual, debido a la dependencia de Argentina de las importaciones, hizo subir los precios. Una nueva ola de protestas y disturbios sacudió el país en abril; el sistema bancario volvió a ser suspendido. Para finales de ese año, sin embargo, la situación se había estabilizado lo suficiente como para que Duhalde convocara elecciones para abril de 2003.

Lo que Beatriz Sarlo había observado sobre la selección nacional como una de las pocas instituciones que quedaban que mantenían unida a Argentina en 1998, se tornó aún más cierto cuatro años más tarde; para entonces, en gran medida, era la única entidad capaz de fomentar un sentido de orgullo en la nación. Argentina se mantuvo invicta durante casi dos años con Marcelo Bielsa, aunque había estado ocho meses sin cobrar. Bastantes jugadores (Ayala, Verón, Caniggia, Batistuta y Almeyda) fueron al Mundial de Japón fuera de forma, mientras que Riquelme, porque su estilo pensativo era incongruente con la incesante verticalidad de Bielsa, quedó fuera. Aun así, había esperanzas de que la crisis motivaría y uniría al equipo para alcanzar la gloria. Bielsa, después de todo, tras haber ganado la liga en Vélez, antes de aceptar el puesto de entrenador nacional, era excitantemente radical y lo más parecido a la garantía de éxito que podía existir en el fútbol argentino.

Comenzaron bastante bien, controlando un partido tedioso contra Nigeria: ganaron 1-0 gracias a un cabezazo de Batistuta a la salida de un córner. Mientras el país celebraba la victoria, el Gobierno aprovechó la ocasión para revelar que pretendía convertir todos los ahorros que quedaban en bonos gubernamentales de dudoso valor. Los disturbios continuaron.

El estado de ánimo nacional solo empeoró cuando Inglaterra demostró ser más valiente (y afortunada) que en Mundiales anteriores. Michael Owen ya había disparado al poste cuando, un minuto antes del descanso, cayó ante una falta de Mauricio Pochettino: una infracción que surgió de la falta de cuidado del defensa y del instinto del delantero. David Beckham, buscando desesperadamente la redención después de ser expulsado cuatro años antes ante el mismo rival, ejecutó el penalti con fuerza y raso: la pelota pasó justo a la derecha de Pablo Cavallero, rozándole la pierna izquierda. El portero argentino hizo luego buenas paradas para frenar los intentos de Paul Scholes y Teddy Sheringham. Inglaterra había empezado el segundo tiempo muy bien. Sin embargo, no pudieron mantener la intensidad. Cuando cambiaron a Owen para que entrase Wayne Bridge (a falta de diez minutos), invitaron a los argentinos a buscar su oportunidad. Pochettino debería haber igualado el marcador, pero su cabezazo a cinco metros de portería dio en David Seaman y salió rebotada: como con Nigeria, no entró. Una derrota 1-0 implicaba enfrentarse a Suecia, que había ganado a Nigeria 2-1, con la necesidad de ganar para seguir vivos en la competición, siempre y cuando Inglaterra no cayera contra los africanos.

Ese partido final siguió un esquema familiar. Argentina tuvo una oportunidad detrás de otra, pero fue Suecia la que se adelantó: Anders Svensson transformó una falta desde veintisiete metros justo antes de la hora. Andreas Andersson pudo marcar el segundo, pero Cavallero se lució. Cuando quedaban dos minutos, Ortega se tiró en el área: penalti a favor de Argentina. Lo lanzó el propio Burrito, el portero rechazó el disparo, pero Hernán Crespo convirtió ese rechace en el 1-1. Sin embargo, un empate no bastaba. Al final de la fase de grupos, Argentina había disparado más tiros y había lanzado más córneres que cualquier otro equipo del Mundial, pero como Inglaterra y Nigeria empataron 0-0 en un partido tedioso, la selección quedó fuera.

Una cosa que resultó sorprendente fue la falta de indignación. «Estamos tristes —dijo Fernando Niembro, del canal de cable TyC—, pero esto no nos cambia la vida. La gente en Argentina tiene los mismos problemas que ayer y sigue preocupada por conseguir trabajo y evitar los hurtos en las esquinas.» La paradoja es llamativa: en la década de 1920, *El Gráfico* había procurado definir la argentinidad a través del fútbol; ochenta años más tarde, incluso la identidad futbolística argentina estaba fracturada. La fe en ella se debilitaba rápidamente.

En el fútbol argentino, nadie tenía dinero. Racing, a pesar de la adquisición por parte de Blanquiceleste, aún tenía una deuda de sesenta millones de dólares estadounidenses. Las deudas de San Lorenzo no andaban lejos de eso, mientras que Boca, River e Independiente debían alrededor de cuarenta millones. Y todo eso con los ingresos de la televisión y de la publicidad pagados por adelantado. Los cinco habían caído en la misma trampa: los préstamos en dólares habían aumentado por la devaluación del peso. Belgrano de Córdoba puso en venta a todo el equipo. En Boca, Macri estableció una línea telefónica *premium*, en la que urgía a los hinchas a que colaboraran cada uno con dos dólares para que Riquelme se quedara en el club. Pero igualmente lo vendieron al Barcelona.

Duhalde, sabiendo que el fútbol podía ser el opio del pueblo, redujo el impuesto sobre la venta de entradas y desligó a los clubes de la obligación de pagar la vigilancia policial fuera de las canchas, aunque aquellas medidas tuvieron un alcance limitado. Muchos clubs abandonaron a sus equipos reserva, y la AFA dejó de pagar y proveer parte del dinero que debían destinar a los árbitros. Lo que hacía que las penurias económicas fuesen aún más chocantes era que, después de levantar las restricciones tras el Mundial de 1978, casi cinco mil quinientos jugadores habían sido vendidos al exterior por un total de quinientos setenta millones de dólares estadounidenses: la mayoría de ellos en los cinco años anteriores. Los clubes se estaban quedando sin activos que vender y el desencanto crecía y crecía.

El torneo Apertura de 2002 fue testigo de una escalada de la violencia. En octubre, Banfield iba ganando 5-0 como local ante River Plate a los diez minutos del segundo tiempo; entonces los hinchas invadieron el campo para poner fin a la humillación. La semana siguiente, River perdió 1-2 ante Boca. Ya se había implantado la regla de que los hinchas visitantes salían en primer lugar del estadio; solo cuando se habían dispersado por completo, se permitía la salida de los hinchas locales. Sin embargo, la Doce se negó a moverse y se quedó en la tribuna, celebrando la victoria bajo una lluvia torrencial. Frustrados, algunos hinchas de River trataron de salir del estadio, empujando a la policía y derribando las barreras. Los cuerpos de seguridad respondieron con balas de goma, cachiporras y gases lacrimógenos, lanzados no solo sobre la tribuna abierta (lo que, en aquellas circunstancias habría sido bastante peligroso), sino también en las explanadas cerradas, escaleras y pasillos. Cundió el pánico, los baños se llenaron de gente, muchos de ellos sorprendidos inocentemente en la reyerta. Se lavaban los ojos y vomitaban mientras los barras se enfrentaban a la policía en la calle; algunos incluso irrumpieron en la conferencia de prensa posterior al partido y atacaron al técnico de River, Manuel Pellegrini. En el vestuario, el médico de River curaba el impacto de una bala de goma del ojo de un hincha. En Mendoza, mil doscientos kilómetros al oeste, los hinchas de River organizaron disturbios en solidaridad.

El día final de la temporada, Independiente fue a San Lorenzo con la necesidad de obtener una victoria para quedarse con el título. Cuando iban ganando 0-3, los hinchas de San Lorenzo saltaron la valla e invadieron el campo, para evitar los festejos posteriores al partido. Solo lograron contenerlos empleando cañones de agua. La violencia se había vuelto endémica.

PARTE 7

Sobre el agua
2002-2016

59

La segunda venida

Salvador Ricardo Aparicio se sentía frustrado. Solo trece de sus catorce jugadores del grupo de esa edad, de 1986, se habían presentado en aquel campo situado en el suburbio de Grandoli: le faltaba uno para el partido de fútbol siete que solía organizar. Había otro chico allí, jugando en el polvo, pateando la pelota contra una tribuna en ruinas, pero había nacido en 1987. Era pequeño, incluso para un chico de cuatro años. Sus dos hermanos mayores solían participar en los entrenamientos, mientras que la abuela estaba sentada en uno de los duros bancos de madera en la tribuna. Ya le había solicitado a Aparicio que dejara jugar al más chico.

Los detalles exactos de lo que sucedió después siguen siendo motivo de discusión. Aparicio dice que, por desesperación, les preguntó si el chico de cuatro años podía jugar; cuando la madre o la tía (no logra recordar quién) puso objeciones, le prometió parar el partido si se ponía demasiado violento. La familia, mientras tanto, sostiene que la abuela exigió que el chico jugara y que Aparicio accedió solo a regañadientes; dijo que tenía que jugar como extremo para que pudieran retirarlo rápidamente si se ponía a llorar. Sea como sea, el chico de cuatro años comenzó el partido. La primera vez que le llegó la pelota, la ignoró. Aparicio no estaba particularmente sorprendido. La segunda vez que le llegó, esta vez al pie izquierdo, la empujó frente a él, comenzó a correr y derribó a tres oponentes con un regate sorprendentemente instintivo. Aparicio nunca había visto nada parecido a Lionel Messi.

Messi nació el 24 de junio de 1987 en el hospital Garibaldi de Rosario. Más tarde, ese día, quince bombas estallaron en Argentina, incluida una en Rosario y otra en Villa Constitución, la pequeña ciudad situada a unos cuarenta y ocho kilómetros donde trabajaba el padre de Messi. Las razones precisas del bombardeo continúan siendo poco claras, pero parece que eran en protesta por la Ley de Obediencia Debida aprobada por el gobierno de Alfonsín, que había entrado en vigor el día anterior. Los padres de Messi, Jorge y Celia, se habían casado en 1978, ocho días antes de que arrancara el Mundial. En una nación en la que toda historia puede sentirse como una novela de realismo mágico, la simbología parece significativa: Messi estaba predestinado. Rosario descansa a orillas del río Paraná, a unos quinientos kilómetros río abajo de Esquina, el hogar de los padres de Diego Maradona. El día de su nacimiento era el cincuenta y dos aniversario de la muerte de Carlos Gardel. Y el día de su primer cumpleaños, sus tías y tíos le obsequiaron con la camiseta roja y negra de Newell's Old Boys, el club para el cual Maradona jugaría sin éxito más tarde. Y resultó que lo que Maradona no pudo concluir, Messi ni siquiera lo comenzó.

La entrega de la camiseta al pequeño fue un acto simbólico, que presagiaba a *The Adoration of The Cage Fighters*, la primera de la notable secuencia de seis tapices de Grayson Perry de 2012, *The Vanity of Small Differences*.[132] En la obra de Perry, el bebé, Tim Rakewell, recibe una camiseta del Sunderland, un emblema de su tribu que representa no solo un sentido de pertenencia, sino también de prisión. Si Messi se hubiese quedado en Newell's hasta mediada su adolescencia, si los barrabravas que llegaron a tener una influencia nefasta en la economía del club hubiesen mostrado más interés, aquella prisión se habría transformado en

---

132. El título es un guiño a Freud y la frase «*der Narzissmus der kleinen Differenze*» en *El malestar en la cultura*. Lo explica como «el fenómeno de que son precisamente las comunidades con territorios adyacentes, y relacionadas unas con otras también en otros modos, las que se ven involucradas en enfrentamientos continuos y se ridiculizan la una a la otra; semejante sensibilidad [...] para tan solo estos detalles de diferenciación». En su obra de 1998 *La era del fútbol*, el sociólogo argentino Juan José Sebrelli emplea la misma frase («el narcisismo de la pequeña diferencia») para explicar la intensidad de la rivalidad que surgió entre equipos que representaban a barrios vecinos.

una cosa más que algo meramente figurativo. Alabarces trata de forma pesimista esta noción del fútbol como un sencillo procurador de identidad. Subraya que, al transformarse las personas en consumidores, tanto materiales como simbólicos, en lugar de en ciudadanos, el rol del fútbol ha cambiado. Allí donde una vez hubo «un espacio cálido de identidad donde uno recibe una historia de pertenencia a algo a cambio de invertir un poco de pasión, [ello] se convierte en una identidad primaria; no es una historia entre otras muchas, sino en un solo, y trágico, significado de la vida». Esa tragedia, por supuesto, queda realzada por el estado insolvente del fútbol argentino y por las condiciones miserables en las cuales suele jugarse: muchos argentinos obtienen su identidad primaria del fútbol. Y, en estos días, el fútbol que se juega en Argentina no es ni siquiera buen fútbol.

Esa camiseta de Newell's es emblemática de la identidad de Messi. A pesar de todas las acusaciones que lo han perseguido durante toda su carrera de que no le importa la selección nacional, siempre se ha mantenido firmemente rosarino: su novia y la madre de sus hijos, Antonella Roccuzzo, es de Rosario; su actor favorito es el argentino Ricardo Darín, la estrella de *El secreto de sus ojos* o de *Nueve reinas* y, a pesar de trasladarse a España a los trece años, su acento sigue siendo fuertemente argentino.

Su comida favorita, por otra parte, es la milanesa: el tradicional corte de carne de vacuno rebozada que su madre servía con salsa de tomate y queso. En general, hay algo extrañamente poco sofisticado acerca de la dieta de Messi, aunque mejoró después de que Pep Guardiola se convirtió en el entrenador del Barcelona. En sus primeros días en el Barcelona, tuvieron que advertirle de que bebía demasiada Coca-Cola, mientras que un listado de septiembre de 2014 mostraba que su menú preferido después de un partido era una pizza de mozzarella acompañada de un Sprite. Sin tener en cuenta que la pizza tradicional argentina suele tener poco tomate y mucho queso,[133] eso se parece

---

133. Con tanto queso, de hecho, que las pocas pizzerías de estilo «italiano», tales como la cadena Piola, tienden a estar llenas de expatriados de Europa occidental y de turistas que asienten sabiamente e insisten: «Esto sí que es pizza».

espantosamente, como señalara el periodista irlandés Kean Early, a algo que uno pide de un menú infantil: esta es, tal vez, una manifestación del necesario infantilismo del pibe al cual hacía referencia Levinsky, la idea de que al pibe del descampado no se le puede permitir que supere esa etapa si ha de mantener toda la picardía de su talento.

Por ejemplo, cuando el *Corrierre della Sera* entrevistó a Messi y le preguntó por su ascendencia italiana, él no sabía nada sobre Recanati, que había sido la cuna de sus abuelos antes de emigrar, o sobre el poeta Giacomo Leopardi, nacido allí, o de la virgen de Loreto: su vida era Rosario hasta que, a los trece años, se fue a Barcelona. Eso rompió los vínculos con Argentina, pero, como descubrió Tim Rakewell en los tapices de Perry, el exilio no dejó de presentar sus dificultades, sobre todo, en cuanto a cómo reaccionó la gente en su país. Hay un matiz adicional, por supuesto, en que para muchos, particularmente en Argentina, el fútbol es una manera de liberarse de una economía enferma y de escapar de vecindarios ruinosos como Grandoli.

A pesar de la camiseta, a Messi le llevó tiempo gravitar hacia el fútbol. Recibió una pelota cuando cumplió cuatro años, pero seguía prefiriendo coleccionar figuritas y jugar a las payanas, dos aficiones en las cuales era muy competitivo. Pero un día salió a sumarse a su padre y a sus hermanos para jugar en la calle. «Nos asombramos cuando vimos lo que era capaz de hacer —dijo Jorge—. Nunca había jugado.» No pasó mucho tiempo antes de que comenzara a jugar para Grandoli: solía meter cuatro o cinco goles por partido, aunque era tan pequeño que la pelota le llegaba casi hasta la rodilla.

Jorge Messi había jugado en las categorías inferiores de Newell's antes de cumplir el servicio militar. Abandonó el deporte para trabajar en la producción de acero y se convirtió en gerente de planta. Messi, sus hermanos y sus primos solían jugar durante horas en las calles mientras visitaban a la abuela. Los partidos solían terminar en lágrimas: Lionel odiaba perder.

Messi permaneció en Grandoli hasta los seis años, y no paró de meter goles. Pero estaba llegando el momento de trasladarse a algún lugar más profesional. El tema se desencadenó cuando

Jorge llegó para presenciar el partido que estaban jugando Lionel y Matías sin los dos pesos de la entrada y no le permitieron entrar. Messi no jugó para el club nunca más.

Newell's Old Boys lo contrató el 21 de marzo de 1994, cuando faltaban tres meses para que cumpliera los siete años, a pesar de medir solo 1,20 metros de altura. Tres meses antes, Maradona había jugado su último partido en el club. En ese momento, Newell's tenía una reputación excepcional en cuanto a la preparación de jugadores juveniles, gracias sobre todo al trabajo de Jorge Griffa durante la década de los ochenta. Los primeros entrenadores de Messi estaban sorprendidos por su naturalidad en el campo; necesitaba un poco de guía más que una formación completa.

Ellos y sus maestros de escuela recuerdan a un niño tranquilo y reservado, pero, aun así, un líder. Incluso Cintia Arellano, su mejor amiga de la infancia, lo describió como «solitario»; más tarde, con la selección nacional, su carácter reservado chocó con los jugadores más veteranos. Puede que solo fuera su modo de ser, pero no deja de ser tentador preguntarse si la genialidad lo ponía a distancia; tal vez sabía que podía hacer cosas que ningún otro podía hacer y se daba cuenta de que eso lo hacía diferente a los demás. Tal vez sintió cierta responsabilidad por su talento.

Su habilidad le dio una autoridad natural, incluso aunque rara vez hablara. Quique Domínguez, uno de esos primeros entrenadores en Newell's, dejó que Messi encabezara los calentamientos, pues sabía que los otros jugadores lo seguirían. Y también quedaba ese odio a perder. A veces se manifestaba en forma de frustración y de lágrimas, pero más a menudo solo lo llevaba a ganar partidos casi sin ayuda. Hubo un encuentro en Pujato, por ejemplo, en el que Newell's se encontró perdiendo 2-0 después de un cuarto de hora. Messi se concentró, se puso «la cara», como dijo su compañero de equipo Gerardo Grighini, y convirtió un triplete para darle la vuelta al partido. Sus trucos hacían que los defensas recurrieran a las malas artes para frenarlo, pero, según Adrián Coria, que fue su entrenador en un equipo de las categorías inferiores (en el nivel más alto en que jugó en Newell's): recibir un puntapié simplemente lo impulsaba a seguir.

Messi todavía era pequeño. A los diez años medía solo 1,26 metros, mucho menos que sus contemporáneos y mucho menos que sus hermanos a la misma edad. Lo derivaron al doctor Diego Schwarzstein, que descubrió que su cuerpo no estaba produciendo una hormona de crecimiento en particular. Se podía probar con un tratamiento con inyecciones diarias, aunque costaban mil quinientos dólares al mes. Funcionaron: a los once años, Messi medía 1,32 metros; a los doce, 1,47 metros. Al comienzo, Jorge pudo pagar, ayudado por la obra social y la compañía para la cual trabajaba, pero, en un momento dado, pidió ayuda al club (los detalles son un poco desconcertantes; Schwarzstein insiste en que el tratamiento debería haber estado disponible a cargo del Estado). Newell's hizo varias promesas, pero, según Jorge, solo pagó trescientos pesos, así que comenzó a buscar alternativas.

Aunque Messi era hincha de Newell's, también sentía gran admiración por River Plate, mayormente porque su ídolo, en la medida en que tenía uno, era Pablo Aimar, aquel talentoso enganche que fichó por el Valencia en 2001. Un año antes, Messi probó con River. Siguió un esquema familiar. Los entrenadores miraron su cuerpecito diminuto y expresaron dudas de que pudiese lograrlo. Lo dejaron en el banquillo para el partidillo; solo lo dejaron jugar cuando faltaban pocos minutos, después de lo cual pasó la pelota dos veces entre las piernas de su marcador. Le pidieron que jugara otro partido, entró desde el comienzo y metió no menos de diez goles. River quería contratarlo, pero el problema era que tenían alojamiento solo para chicos de más de trece años. De todos modos, es tema de debate si Jorge realmente quería que su hijo fuera contratado por River o si simplemente estaba buscando una manera de presionar a Newell's para que cumpliera las promesas de pagar el tratamiento médico. Si ese era su plan, fracasó. Hubo más promesas, pero no más dinero. Y entonces comenzó a considerar un plan incluso más radical.

En febrero de 2000, se grabó un vídeo de Messi mientras efectuaba ciento trece toques con una naranja y luego ciento cuarenta con una pelota de tenis. Había una pelota de tenis de mesa por allí, así que también probó y con ella hizo veintinueve. Un par de meses más tarde, una copia de ese vídeo, junto con filmaciones más convencionales, fue a parar a manos de Horacio Gaggioli, un rosarino que poseía muchas propiedades en Barcelona. También llegó a manos de Josep Maria Minguella, un agente que, gracias a su amistad con el exjugador del Barça y técnico Carles Rexach, tenía mano en el club. Le dijo al Barcelona que si aceptaban pagar el tratamiento de hormonas del crecimiento de Messi y le encontraban un trabajo a Jorge, podrían ficharlo. Así, el 17 de septiembre de 2000, con solo trece años, Messi subió a un avión por primera vez y voló a España.

Pocos días antes, el diario rosarino *La Capital* había publicado un perfil de Messi titulado «Un leprosito que se las trae».[134] Además de revelar que le gustaba el pollo y que su libro favorito era la Biblia, habló de que quería jugar en el primer equipo y luego convertirse en profesor de educación física. También dijo que el momento más triste de su vida había sido la muerte de su abuela, la primera persona que realmente había creído en su talento. Falleció cuando tenía diez años.

En Barcelona, Messi estaba nervioso y apenas hablaba. Al comienzo (haciendo recordar a Carlovich), prefería cambiarse en el pasillo en lugar de entrar en el vestuario con jugadores como Cesc Fàbregas y Gerard Piqué. Los entrenadores, preocupados por su baja estatura, advirtieron a los otros jugadores que no lo «rompieran». Y luego recibió la pelota. Piqué respondió a las peticiones de que fuera benévolo con Messi con una pregunta: «¿Cómo podemos hacerlo? Ni siquiera podemos acercarnos lo suficiente a él como para ser cuidadosos». Transcurrida una semana, Rexach, que había estado en Australia, pidió ver jugar a Messi contra niños dos años mayores. Dio una vuelta alrededor del campo y vio a Messi por primera vez. Supo de inmediato que lo quería contratar.

Otros técnicos, sin embargo, no estaban tan seguros. El Barça estaba en crisis: soportaban la etapa final del primer período de Louis van Gaal como entrenador. Sospechaban de los argentinos

134. Los de Newell's tienen el apodo de los leprosos porque en la década de 1920 no dudaron en jugar un partido de beneficencia para una obra de caridad para la lucha contra la lepra. Rosario Central rechazó jugar. Por eso ellos son conocidos como los «canallas».

porque habían visto las dificultades de adaptación de Juan Román Riquelme y Javier Saviola, y tenían muchísimas dudas sobre lo acertado (y sobre el costo) de trasplantar a un jugador tan joven y a su familia desde Rosario a Cataluña, particularmente porque aún estaba bajo el tratamiento hormonal, por el cual tendrían que pagar. Recordaron al clan Maradona y el caos que habían causado. Después de diez semanas seguían poniendo trabas, mientras Jorge Messi y Minguella estaban cada vez más impacientes. Minguella solía jugar al tenis con Rexach y luego normalmente se tomaban una cerveza. Charli bosquejó entonces el borrador de un contrato sobre una servilleta y la firmó. Minguella la hizo certificar por un notario el día siguiente. Desde entonces, aquella servilleta se convirtió en un objeto de culto, aunque es más que dudoso que tuviera valor legal. No obstante, fuera como fuera, era un gesto de buena voluntad: finalmente se llegó a un acuerdo. Tan pronto como el contrato firmado entró en vigor, Jorge y un amigo caminaron ochenta kilómetros hasta el santuario de la virgen de San Nicolás, situado en el norte de la provincia de Buenos Aires. Messi se les sumó en los últimos ochocientos metros, que hizo descalzo. El 15 de marzo de 2001 voló nuevamente a España para comenzar su nueva vida.

60

El ascenso desde el abismo

*L*a Constitución argentina prohibía a los candidatos postularse a un tercer mandato presidencial, pero ese no era el tipo de detalle que restringiría las ambiciones de Carlos Menem, que creía que una interpretación *ad hoc* le permitiría presentar su candidatura. Su principal oposición provenía de Néstor Kirchner, un abogado poco conocido de la provincia de Río Gallegos, en el sur de la Patagonia.

Kirchner había apoyado el retorno de Perón desde el exilio y había estado en Ezeiza en 1973 cuando ocurrió la masacre. Se convirtió en abogado en 1976, el año en que conoció a Cristina Fernández, con quien se casó seis meses más tarde. Tras el retorno de la democracia, en 1983, Kirchner fue durante un breve periodo presidente del Fondo de Bienestar Social de Río Gallegos. En 1986, Kirchner ya era lo suficientemente popular para presentarse como candidato justicialista a intendente de Río Gallegos. En 1991, fue elegido gobernador de la provincia de Santa Cruz; por entonces, Cristina también era miembro de la legislatura provincial. Kirchner era poco conocido en todo el país, algo que utilizó como ventaja: se presentó hábilmente como un segundón y obtuvo el triunfo cuando Menem aceptó lo inevitable antes de una segunda vuelta.

Las prioridades de Kirchner durante su mandato tenían dos vertientes. Estaba, por supuesto, la economía, pero también hizo cambios radicales en el poder judicial y en el ejército: trató de erradicar las fuerzas conservadoras y expulsar a cualquiera que hubiese estado involucrado en las atrocidades cometidas durante la guerra sucia.

Kirchner también estableció otro comité de fútbol, encabezado por Javier Castrilli, un exárbitro famoso en la década de los noventa por su probidad y severidad. Sin embargo, las batallas entre las barras bravas rivales continuaron. En 2004, los jugadores de Talleres admitieron que aún estaban pagando dinero a sus propios hinchas a cambio de protección, mientras que en los Juegos Paralímpicos de ese año el equipo de Argentina entró en una pelea con Brasil. La violencia reinaba por doquier.

En diciembre de 2002, Carlos Bianchi volvió a Boca. Heredó un equipo que acababa de finalizar segundo en el Apertura; también finalizó subcampeón en el Clausura. Puede que la venta de Riquelme le hubiera quitado un poco de creatividad artística al equipo, pero tenía ritmo y entrega. Y estaba Carlos Tévez, un jugador que, a pesar de toda su habilidad técnica y su capacidad goleadora, parecía ganar partidos solo gracias a su voluntad. Había crecido en Fuerte Apache, una villa famosa por su nivel de criminalidad; era un chico auténtico de los potreros, cosa que contribuyó a su popularidad. Para mediados de 2003, el equipo estaba en su mejor momento: destrozó al Santos por 5-1 en el global de los dos partidos de la final y obtuvo su quinta Libertadores (la tercera en cuatro años). Bianchi superó a Osvaldo Zubeldía como el entrenador más exitoso en la historia del campeonato: aquel fue su cuarto triunfo.

Boca también ganó el Apertura de 2003-04. Se aseguró el título en el partido en el que derrotó a San Lorenzo (que fue segundo) por 1-0. Para entonces, el interés, sin embargo, estaba puesto en la Libertadores. En 2004, encabezaron su grupo, al igual que River, que ganó el Clausura. En octavos, Tévez marcó en los dos partidos contra el Sporting Cristal, mientras que River eliminó a los mexicanos del Santos Laguna por penaltis. Asimismo, Boca tuvo que recurrir a los penales en cuartos para deshacerse del São Caetano, mientras que River barrió a Deportivo Cali. El escenario quedó listo para una apocalíptica semifinal. Rolando Schiavi, de Boca, se agachó para cabecear el único gol del partido de ida en la Bombonera a los veintiocho minutos. Después, Gallardo y Cascini fueron expulsados. Por su parte, el portero de Boca, Roberto Abbondanzieri, tuvo mucha suerte de que no le enseñaran la tarjeta roja por agarrar del cuello a Gallardo. Guillermo Barros Schelotto tampoco fue amonestado después de golpear a uno de los fisioterapeutas de River.

En la vuelta, Fabián Vargas, de Boca, fue expulsado por una segunda tarjeta amarilla. A los cincuenta minutos, Lucho González empató con un misil desde veinticinco metros. River perdió por expulsión a Rubens Sambueza; la decisión provocó tal furia en el banquillo de River que su técnico, el excentrocampista Leo Astrada, su asistente y el fisioterapeuta también fueron expulsados. Cuando Ricardo Rojas salió cojeando del terreno de juego, River se quedó con nueve jugadores, pues ya habían hecho los tres cambios. Siguieron luchando. Un zurdazo de Tévez desde la izquierda a falta de seis minutos puso a Boca con una ventaja de 2-1. Tévez se sacó la camiseta para festejarlo y agitó los brazos a los costados como una gallina (las gallinas, estaba diciendo claramente, habían vuelto a perder). Aquel gesto le valió la expulsión. En el último minuto, Fernando Cavenaghi lanzó una falta desde la izquierda que Cristian Nasuti convirtió en gol. Una vez más hubo que ir a la tanda de penaltis. Abbondanzieri despejó el tiro de Maxi López. Javier Villarreal marcó el suyo y metió a Boca en la final. «Fue como un partido en una película —dijo Villarreal—. No creo que haya otro partido como ese en años. Nunca festejé tanto un partido».

Todo lo que se interponía entre Boca y una cuarta Libertadores en cinco años era Once Caldas, un equipo de Manizales, del corazón de la región cafetera de Colombia, cuyo triunfo en la liga de 2003 había sido solo su segundo en la historia. Resistieron para lograr un empate sin goles en el partido de ida, aunque ambos equipos golpearon el travesaño. El partido de vuelta en el Palogrande terminó 1-1 y los colombianos ganaron por penaltis.[135] Bianchi se fue poco después de la final, pero no

---

135. Cinco meses más tarde, su técnico Fernando Montoya quedó paralítico después de ser baleado en un robo y se vio obligado a abandonar el trabajo de entrenador para dedicarse al periodismo.

ha vuelto a ganar otro trofeo desde entonces. Sin embargo, cabe decir que había cumplido y de sobra. A final del milenio, la economía del país quebraba, y su Boca casi fue la única institución argentina que funcionó.

Pronto hubo otra. Argentina se había negado a viajar a Colombia para disputar la Copa América de 2001 por cuestiones de seguridad, después de las amenazas de muerte que recibieron muchos de sus jugadores, pero llegaron al torneo de 2004 en Perú con un buen equipo y decididos a corregir lo que había salido mal en la Copa del Mundo de Corea y Japón. Javier Saviola, un delantero diminuto y explosivo apodado «el Conejo», tenía una buena conexión con Tévez, y la selección jugó un buen fútbol, aunque en la final perdieron por penaltis ante Brasil. Un mes después, en los Juegos Olímpicos, hubo cierta redención. Argentina estuvo brillante y se llevó el oro cuando Tévez logró el único gol de la final contra Paraguay. En seis partidos, Argentina había marcado diecisiete goles y no había recibido ninguno: una afirmación contundente de su superioridad. Es cierto, solo eran los Juegos Olímpicos, pero la prueba de su recuperación estaba por todas partes. Para Bielsa, eso era todo. Alegando que ya no tenía la «energía» necesaria para seguir en el puesto, renunció al final de 2004. No aceptó ningún otro trabajo hasta que Chile se le acercó en 2007. Volvió al fútbol de clubes en 2011, primero con el Athletic de Bilbao y después con el Olympique de Marsella, aparentemente siempre condenado a seguir el mismo paradigma: primero diseminaba el desconcierto, luego llegaba la iluminación y, finalmente, se imponía el agotamiento.

61

El crecimiento de la leyenda

Para Messi, los primeros meses en Barcelona fueron duros, más allá de los problemas de adaptación. Como extranjero, Messi no podía jugar en la categoría de menores de diecisiete años, y, por otro lado, el equipo de ese año ya estaba formado. Newell's, mientras tanto, furioso por haber perdido semejante perla, adoptó una postura mucho menos que colaboradora cuando el Barcelona intentó registrar a Messi en la federación española. Luego, jugando con los sub-16 contra el Tortosa, en abril de 2001, una falta le fracturó una pierna. Volvió en junio, pero casi inmediatamente se cayó por la escalera y se lesionó los ligamentos del tobillo, lo que le dejó fuera de acción durante otras tres semanas.

Dejó el tratamiento hormonal a los catorce años, pero a los quince seguía midiendo 1.65 m y pesaba solo cincuenta y cinco kilos. Luchaba para finalizar los partidos y, según él mismo admitía, carecía de velocidad y de resistencia. No por nada sus compañeros de equipo lo llamaban «enano». Finalmente, en marzo de 2002, Messi fue inscrito, lo que significaba que ya podía participar en el campeonato juvenil. El Barcelona lo ganó: fue el primer destello de un equipo que llegó a conocerse como «la Máquina del 87».

Para 2002-03, cuando el primer equipo (después de que Louis van Gaal fuera despedido en su segunda etapa como técnico) a duras penas consiguió alcanzar el sexto puesto (la peor clasificación desde hacía quince años), los jugadores de quince años, con Messi, Piqué, Fàbregas y Víctor Vázquez, estuvieron soberbios. Messi metió treinta y seis goles en treinta partidos. El entrenador de los juveniles del Barcelona, Alex García, dijo que las sesiones de entrenamiento eran de estándares tan altos y tan intensos que, en comparación, los partidos parecían tranquilos.

En un partido crucial en la ruta hacia el título en abril de 2003, contra el Espanyol, Messi sufrió una fractura en la cara. Ocho días más tarde, el equipo se enfrentó a los mismos oponentes en la final de Copa. Messi estaba desesperado por jugar, así que pidió prestada una máscara que Carles Puyol había utilizado en el primer equipo hacia unos meses, para protegerse de un problema parecido. A Messi le quedaba muy grande, le restringía la visión; mediado el primer tiempo, se la quitó de un tirón mientras lanzaba el balón hacia el área de lEspanyol. Tiró la máscara al banquillo y siguió jugando: no tardó en marcar. En el descanso, el marcador ya era 3-0. Como el partido estaba ganado, García lo cambió. Aquel encuentro es conocido como «el partido de la máscara». Un partido que confirmó tanto la dureza de Messi como su prodigiosa voluntad de ganar.

Los trofeos siguieron llegando, mientras Messi continuaba su veloz desarrollo como jugador. García solía alentarlo a aprender a jugar en otras posiciones: quería que participara en todo el campo. Messi, sin embargo, siempre gravitaba hacia una posición justo detrás de los goleadores. Seguía siendo reservado, aunque se hizo buen amigo de su compatriota Pablo Zabaleta, que jugaba para el Espanyol. Sus compañeros de equipo recuerdan las lágrimas después de los partidos si no había jugado bien. Así era su espíritu competitivo. Y era algo que no se limitaba al fútbol; por ejemplo, nadie logró vencer en la PlayStation a Leo Messi, jamás.

El estilo de Messi, dijo García, era una fusión del individualismo del fútbol de la calle argentino y del deporte más orientado al equipo que había sido la filosofía del Barcelona desde los días de Rinus Michels y Johan Cruyff. La negociación entre los dos estilos resultó todo un éxito: cuando el Barcelona estaba en la cima con Pep Guardiola, Messi les dio una ventaja impredecible. La versión española del *tiki-taka* era altamente estructurada, basada en la práctica de la posesión y en aplastar a los equipos con el constante desgaste de la excelencia. El Barça hizo todo eso, pero también tenía en Messi a un jugador que podía, de repente, sacar a dos oponentes del partido con un regate. Era una individualidad que los hacía menos mecánicos. Eso hacía que verlos jugar fuera mucho más divertido.

En 2003, Messi fue convocado con el primer equipo. Hay que reconocer que se trataba solo de un amistoso para inaugurar el nuevo estadio del Porto, y probablemente no hubiese sido seleccionado si muchos jugadores no hubiesen estado participando en torneos en el extranjero. Sin embargo, fuera como fuera, cuando entró después de setenta y cinco minutos, Messi solo tenía dieciséis años y ciento cuarenta y cinco días: el tercer debutante más joven del club después de Paulino Alcántara (en 1912) y de Haruna Babangida (en 1998).[136] Después de eso, pasó a entrenar un día por semana con el primer equipo.

El siguiente paso era obtener el reconocimiento internacional. En junio de 2004, Claudio Vivas, el asistente de Marcelo Bielsa en la selección nacional, le envió una cinta de Messi a Hugo Tocalli, que estaba trabajando como asistente de José Pékerman con el equipo sub-20. Con España tratando de alentar a Messi a comprometerse con ellos, se concertaron dos amistosos, contra Paraguay y Uruguay, para darles a los entrenadores nacionales de Argentina la oportunidad de que vieran a Messi. Tan pronto como lo hicieron, su futuro en el equipo estuvo asegurado.

Ese mes de octubre, Messi debutó en el primer equipo para el Barcelona: salió del banquillo de suplentes para reemplazar a Deco en el derbi contra el Espanyol. A los diecisiete años y cuatro meses, era el jugador más joven en representar al Barcelona en un partido de competición, un récord que luego fue a parar a las manos de Bojan Krkić. Messi hizo otras apariciones en la liga

---

136. Sus destinos difícilmente podrían haber sido más opuestos. Mientras que Alcántara pasó a convertirse en el goleador récord del club, Babangida nunca llegó a participar en un partido de competición con el Barcelona, ganó solo una copa internacional para Nigeria y terminó deambulando entre Metalurh Donetsk, Olympiacos, Apollon Limassol, Kuban Krasnodar, Mainz 05, Vitesse y un equipo austriaco de segunda división, el Kapfenberger SV, antes de retirarse en 2012.

esa misma temporada y jugó contra el Shakhtar Donetsk en la Champions League. El 1 de mayo, Messi entró por Samuel Eto'o: el Barça iba ganando al Albacete por 1-0. Ronaldinho deslizó un pase para él y Messi marcó: el gol fue anulado por fuera de juego (no lo era). Casi inmediatamente, repitieron la misma combinación y, ahora sí, el gol subió al marcador: 2-0 y título casi asegurado. Ronaldinho corrió hacia Messi y lo alzó, llevándolo sobre los hombros. Los dos se habían hecho muy amigos: después de su primera sesión de entrenamiento con el argentino, Ronaldinho llamó a un amigo periodista y le dijo que acababa de jugar con alguien que sería mejor que él.

Comenzó a sumarse a los partidos de fútbol-tenis en el vestuario. Anteriormente, Ronaldinho siempre había competido con el lateral brasileño Sylvinho, pero Messi era mejor que cualquiera de ellos.

Un mes más tarde, Messi firmó su primer contrato importante con el Barcelona, luego se dirigió a Holanda para sumarse a la selección argentina para el Mundial sub-20. Incluso con todo el éxito de Argentina en la historia de la competición, aquel equipo con Messi, Sergio Agüero, Pablo Zabaleta, Fernando Gago, Ezequiel Garay y Lucas Biglia, sigue recordándose.

Pékerman y Tocalli habían sucedido a Bielsa en la selección absoluta tras el éxito olímpico, por lo que el cargo con la sub-20 fue para Pancho Ferraro. Aparentemente por dudas sobre la capacidad física del jugador, preocupado por su debilidad, dejaron a Messi en el banquillo en el partido inaugural contra Estados Unidos: 1-0. Messi comenzó el segundo partido del grupo, contra Egipto, marcó el primero; Zabaleta firmó el 2-0 definitivo. Eso significaba que Argentina debía vencer a Alemania para asegurarse la clasificación para octavos de final, aunque un empate habría sido suficiente para ubicarlos como uno de los mejores terceros. Un Messi astuto le entregó el único gol del partido a Neri Cardoso.

Messi volvió a marcar cuando Argentina se impuso a Colombia 2-1 en los octavos de final. En cuartos esperaba el campeón de Europa, España, con Fàbregas, Juanfran, José Enrique o David Silva. A falta de diecinueve minutos, el resultado era 1-1. Messi combinó con Gustavo Oberman para poner el partido 2-1; dos minutos después, se coló rápidamente en el área y de tiro cruzado metió el tercero. Ese era el torneo de Messi, cuestión que confirmó al ejecutar el primer gol en la semifinal contra Brasil (Zabaleta hizo el definitivo 2-1). En la final, metió dos penaltis, el primero de los cuales se lo habían hecho a él después de una gambeta: 2-1 frente a Nigeria y campeones. Maradona llamó por teléfono a Messi para felicitarlo. «¿Sabés lo que significa que te llame Diego por teléfono? —dijo Messi—. Es verdadera, verdaderamente inolvidable.»

«Lo que más me gusta de Messi —dijo Maradona— es que es tan bueno como su juego, es un líder. Contra España, puso en escena un concierto de fútbol que me dejó muy impresionado.»

Dos meses más tarde, Messi debutaba con la selección absoluta en un amistoso como visitante ante Hungría. Difícilmente pudo haber salido peor. José Pékerman le dio entrada después de sesenta y cuatro minutos para reemplazar a Lisandro López, con Argentina 2-1 por delante en el marcador. La segunda vez que tocó la pelota, se lanzó de ese modo tan típico suyo hacia delante. El defensa Vilmos Vanczák lo agarró de la camiseta. Messi trató de sacárselo de encima, pero el rival se aferró. Lionel sacudió el brazo con fuerza y golpeó al defensa en el pecho. Estaba claro que fue un intento de liberarse: el contacto fue un empujón fuerte antes que un golpe. Sin embargo, Vanczák se tiró agarrándose el rostro y el árbitro Markus Merk, el dentista de Kaiserslautern, le mostró la tarjeta roja. El debut de Messi había durado cuarenta y cuatro segundos. Cuando Vanczák fue amonestado por el tirón, Messi daba vueltas como si estuviese aturdido. Para el momento en que finalmente llegó a la línea de banda, estaba llorando. Su carrera internacional, posiblemente, nunca escapó del todo del mal augurio de sus comienzos.

Desde el punto de vista del club, las cosas empezaron a mejorar. En septiembre de 2005, Messi adoptó la ciudadanía española (además de conservar la argentina), lo que acabó con parte de la oposición a que jugara en la Liga.

En octubre participó en un triunfo 3-0 contra Osasuna. Para fines de ese año estaba haciendo tanta publicidad como había hecho Maradona, respaldando, entre otros productos, hamburguesas, gaseosas, aceite, yogurt, patatas fritas, zapatos y una tarjeta de crédito, mientras Nike y Adidas competían para contratarlo. Ya no cabía duda de que era una estrella en ciernes, tal y como confirmaba con sus actuaciones en la Champions League.

Messi desempeñó un papel clave en el partido de ida de octavos contra el Chelsea, sufriendo un marcaje pegajoso (y más) de Asier del Horno: el lateral vasco acabó expulsado. Sin embargo, Messi se perdió la victoria final contra Arsenal debido a una lesión. Y con el verano vendrían más frustraciones.

62

El papelito en la media

$\mathcal{A}$rgentina intervino en el Mundial de 2006 con un equipo afianzado y talentoso. Terminó la fase de clasificación de Conmebol segunda por diferencia de goles detrás de Brasil. La selección tenía un combinado repleto de jugadores limpios, técnicos y ofensivos que, tal y como los veía el público, jugaban un estilo argentino de manual, con Javier Mascherano, un cinco clásico al frente de los cuatro zagueros, Maxi Rodríguez y Esteban Cambiasso o Lucho González como volantes junto a él, y con un recuperado Juan Román Riquelme como enganche, detrás de Hernán Crespo y Javier Saviola. La única preocupación importante era que estaba en un grupo tremendamente difícil: Holanda, un prometedor equipo de Costa de Marfil (que había tenido mala suerte al perder con el anfitrión, Egipto, en la final de la Copa de África cuatro meses antes) y Serbia y Montenegro, que había recibido solamente un gol en la clasificación y que, por un capricho del *ranking* de la FIFA, había quedado fuera del grupo europeo para unirse a los equipos de la Concacaf y la AFC en el sorteo.

Las preocupaciones comenzaron a disiparse cuando Argentina empezó ganando cómodamente por 2-1 a los marfileños en Hamburgo. Serbia y Montenegro no era quizás aquel equipo que fue en el momento del sorteo: perdieron su partido inaugural 1-0, contra Holanda. Aun así, nadie esperaba lo que Argentina le haría.

Los argentinos se adelantaron a los seis minutos: Saviola metió el balón en el área para que anotara Maxi Rodríguez.

Sin embargo, fue el segundo gol el que quedará en la memoria como quizás el mejor gol en equipo de los Mundiales, una jugada de veintiséis pases que culminó en el taconazo de Crespo para que Cambiasso rematara desde el punto de penalti. Rodríguez metió su segundo gol justo antes del descanso, después de que el portero repeliera un remate de Saviola y la pelota llegara a sus pies. A los veinte minutos del segundo tiempo, a Mateja Kežman salió expulsado del terreno de juego. Lo que siguió tuvo mucha importancia con el paso del tiempo. Lionel Messi saltó al campo cuando faltaba un cuarto de hora: tres minutos después se internó por la izquierda en el área y su centro raso lo cazó Crespo en el segundo palo. Otro suplente, Carlos Tévez, regateó para meter el quinto. Cuando faltaban dos minutos, Tévez se la pasó a Messi para que anotara el sexto, su primer gol en un Mundial. Resulta increíble que tuvieran que pasar ocho años para que llegara el segundo.

Un empate sin goles ante Holanda puso a Argentina a la cabeza del grupo por diferencia de goles: en octavos, esperaba México. A los seis minutos, se pusieron por debajo del marcador por primera vez: se vio la debilidad aérea que había aparecido ante Costa de Marfil cuando la falta desde la derecha de Pável Pardo le llegó peinada a Rafael Márquez, que, en el segundo palo, solo tuvo que empujar el balón con el pie derecho. Tardaron solo cuatro minutos en empatar: Crespo intentó rematar el córner de Riquelme, y entre él y el defensa marcaron el empate. Crespo y Saviola desperdiciaron cada uno un mano a mano con el portero; el partido estuvo empatado hasta el minuto ocho de la prórroga, cuando Maxi Rodríguez bajó con el pecho un centro cruzado en el borde del área, escorado a la derecha, y con un zurdazo de volea metió un gol espectacular que se coló por la escuadra derecha del portero mexicano.

Los cuartos de final fueron contra Alemania en Berlín. Argentina se adelantó de una forma que le era familiar: un córner lanzado por Riquelme encontró el poderoso cabezazo de Ayala. Todo parecía ir perfectamente. Sin embargo, cuando faltaban dieciocho minutos, Pékerman sacó a Riquelme y lo reemplazó por Cambiasso. Para muchos fue el momento en que el entrenador perdió la tranquilidad y la Copa del Mundo.

Tocalli, sin embargo, insiste en que fueron las lesiones lo que los derrumbó. Un minuto antes de que Riquelme saliera, el portero, Roberto Abbondanzieri, salió lesionado: Leo Franco ocupó su lugar. Siete minutos después, Pékerman también debió reemplazar al lesionado Crespo. Con Messi, Aimar y Saviola en el banco, Pékerman optó por Julio Cruz, un delantero alto y torpe. Tocalli lo intentó explicar:

> Conocíamos bien a Riquelme, estuvimos con él desde que tenía catorce años, cuando jugaba de 5. Sabíamos que si perdía tres pases consecutivos era porque estaba cansado o tenía otro problema. Estábamos ganando 1-0 y veíamos que estaba perdiendo muchas pelotas, que no se movía tanto y que sus pases no eran profundos. No veíamos su chispa, parecía cansado.
>
> Teníamos a Cambiasso en el banco, un buen recuperador, pero también muy técnico a la hora de pasar la pelota. Así que, ganando 1-0, dijimos, Cambiasso por Riquelme, seguimos jugando al fútbol, pero con más recuperación de la pelota. Lo mismo con Cruz. ¿Por qué Cruz y no Messi? Porque sentíamos que Alemania era letal en el aire y teníamos que equilibrar eso. Pensamos que la única manera que tenían de meter un gol era con cabezazos de jugadas preparadas. Y terminaron anotando con un cabezazo, pero con una pelota de cuarenta metros de largo: nadie podría haber pronosticado eso.

Un minuto después del ingreso de Cruz, Tim Borowski desvió el remate de Michael Ballack y Miroslav Klose se lanzó en plancha para marcar el empate. El partido fue a la tanda de penaltis: Argentina se desmoronó, aparentemente asustados por la manera en que el portero alemán Jens Lehmann, antes de cada una de las penas máximas, sacaba una pequeña hoja de papel y la consultaba. Posteriormente resultó que, de los siete nombres argentinos que figuraban en la lista de Lehmann, solo dos chutaron los penaltis, aunque ambos chutaron precisamente hacia donde Andreas Köpke, el entrenador de porteros de Alemania, le había dicho a Lehmann que lo harían. El resto fue simple sugestión: Lehmann parecía saber cómo chutarían sus penaltis, y la ilusión fue suficiente para que el pánico se extendiera. Ayala y Cambiasso fallaron. Alemania anotó cuatro penales. Los anfitriones se habían clasificado para las semifinales.

Había sido un magnífico drama, pero terminó en la ignominia, con una pelea masiva en el centro del campo en la que Leandro Cufré vio una tarjeta roja después de darle una patada a Per Mertesacker. «La primera provocación vino de Argentina —insistió el centrocampista alemán Michael Ballack—. Les gritaban a nuestros jugadores cuando se dirigían al punto de penalti. Gritaban algo en español y no entendíamos lo que estaban diciendo. Pero definitivamente estaban intentando influir en nuestros jugadores. Después de que Tim Borowski anotara [para ponerse 4-2] puso un dedo en sus labios para decirles que se callaran. Se enfadaron bastante con eso. Después no vi mucho, pero había uno o dos tirados en el suelo.» Lo que el vídeo deja claro es que Rodríguez enganchó a Bastian Schweinsteiger con un golpe en la parte posterior de la cabeza, mientras que hubo empujones entre Torsten Frings y Fabricio Coloccini, así como otra pelea que involucró al mánager general de Alemania, Oliver Bierhoff y Juan Pablo Sorín.

De repente, hubo rumores de divisiones en la concentración de Argentina. En medio de la habitual tormenta de reproches y recriminaciones, Pékerman, cansado de la situación, dimitió. Que hubiera identificado correctamente la amenaza alemana (esa debilidad en el juego aéreo que los derrotaba de nuevo) era poco consuelo.

63

El éxtasis del oro

*P*uede que Messi haya desempeñado un papel secundario en Alemania, pero en el Barcelona se volvió una figura cada vez más central. Si alguna duda quedaba sobre su grandeza, desapareció en 2006-07. Messi convirtió un triplete contra el Real Madrid en un empate 3-3 en el Camp Nou y luego, contra Getafe en la semifinal de la Copa del Rey, hizo un gol que hubiera garantizado las comparaciones con Maradona aunque no hubiese sido argentino. Recibió un pase de Xavi sobre la línea divisoria, en el flanco derecho, sorteó a un marcador, eludió a otro pasando la pelota entre sus piernas, aceleró veintisiete metros, pasó entre otros dos más mientras un tercer jugador, que lo perseguía, trató en vano de agarrarle de la camiseta, eludió al portero y luego, desde un ángulo cerrado, levantó la pelota sobre un defensa para que se deslizara suavemente hacia la red.

Si hubiese tratado de replicar el segundo gol de Maradona contra Inglaterra, Messi no habría podido producir una imitación más perfecta. Tanto Bilardo como el Pelusa señalaron que el contexto era diferente y que había habido un tramo de veintisiete metros en el cual Messi no se había enfrentado a una disputa de la pelota; puede que tuviesen razón, pero era la cualidad mimética del gol lo que lo hacía tan notable. Y, al proteger la primacía del original tan celosamente, Maradona y Bilardo parecían invocar uno de los grandes mitos tempranos del deporte argentino, el del jugador que atraviesa una serie de escollos para marcar, y luego, al volver a su campo para seguir el partido, borra sus propias huellas del polvo para que nadie pueda repetir el virtuosismo de su jugada. Messi le dedicó el gol a Maradona, que acababa de ingresar en una clínica psiquiátrica.

Tras haber recreado uno de los goles de Maradona contra Inglaterra, seis semanas más tarde Messi reprodujo el otro: marcó con la mano en un empate 2-2 contra el Espanyol. El clamor argentino se dejó oír: «¡Es Diego! ¡Decime que no es! Para mí es Diego. Es el mismo tipo..., se reencarnó. No creo en eso, pero... se reencarnó. No puede haber tantas coincidencias. Explicame cómo dos cosas pueden volver a suceder de un modo tan, pero quiero decir tan similar...» En esos dos goles, parecía estar la prueba de la conexión que todo el mundo hacía entre Maradona y Messi.

Sin embargo, a pesar de que la gambeta confirmaba la genialidad de Messi, fue una temporada decepcionante para él y para el Barcelona. Aquella jugada tan brillante había sido parte de un triunfo 5-2. Y el margen hizo que dejaran descansar a Messi para el partido de vuelta. Sin él, el Barça, de manera impensable, perdió 4-0. Por otra parte, dos goles en los últimos minutos contra el Espanyol y el Real Betis le costaron al Barça el título de liga, que perdieron por la diferencia de goles.

Después de la renuncia de Pékerman, Argentina recurrió nuevamente a Alfio, *el Coco*, Basile, que acababa de llevar a Boca a ganar el Apertura y el Clausura en el lapso de dos años. Ya por entonces tenía el pelo cano, pero aún lo llevaba largo, peinado hacia atrás desde la frente para que se cayera sobre el cuello. Tras el enfoque académico de Pékerman, al menos en términos de imagen, esto era un retorno a algo con menos pretensiones. Pero Basile cambió poco en cuanto al estilo del equipo. El formato seguía siendo el clásico argentino de 4-3-1-2, con Javier Mascherano de 5, Cambiasso y Verón como los dos volantes, y Riquelme como el enganche con Crespo y Messi. Durante diecisiete días en la Copa América 2007 en Venezuela, jugaron asombrosamente bien, alcanzando cotas más grandes que las logradas por cualquiera de los equipos de Basile en la Copa América a comienzos de los noventa.

Un penalti de Eddie Johnson a los nueve minutos puso a Estados Unidos por delante en el partido inaugural de Maracaibo, pero a los dos minutos Argentina había igualado: Crespo sacó ventaja después de una falta de Riquelme. Cerca de la hora de juego Riquelme combinó con Messi en el borde del área y Crespo batió al portero estadounidense. En el banquillo, Basile, luciendo una extraordinaria camisa púrpura de rayas, abierta hasta el pecho, golpeó dos puños en el aire para celebrarlo: era exactamente el tipo de gol que el equipo que había seleccionado debería haber estado ejecutando. Aimar, que entró como suplente, cabeceó el tercero antes de que Tévez, otro suplente, se colara entre la fatigada defensa norteamericana y firmara el cuarto. Tras una buena victoria de 4-2 sobre Colombia, una Argentina muy mejorada se aseguró el liderato de su grupo venciendo 1-0 a Paraguay.

Perú fue el oponente de Argentina en cuartos de final. El fútbol fue incluso mejor: Messi y Riquelme se lucieron, uno con un repertorio de regates; el otro pausando el tiempo para infligir una herida a Perú con sus pases. Parecía increíble, pero el partido llegó al descanso sin goles. Entonces Basile sacó a Milito e hizo entrar a Tévez. El cambio tuvo un impacto casi inmediato: a los dos minutos del segundo tiempo, Riquelme recibió un pase de Tévez, lo devolvió, lo recuperó nuevamente y remató con un tiro ajustado al palo. Tras un cabezazo de Tévez en el travesaño, Messi, Mascherano y Riquelme batieron el arco peruano. Es cierto, era Perú, pero el segundo tiempo había sido una demostración de la clase de fútbol con la cual soñaban los tradicionalistas argentinos.

Mientras Messi se iba del campo, se produjo tal vez la primera señal de lo histérica que se había tornado la devoción por él. Lionel vio en el frente de la segunda fila de la tribuna a una joven preparada para tirarse hacia él. Le rogó que no lo hiciera, pero ella saltó de todas maneras, logró salir sin heridas y lo besó dos veces antes de que la seguridad se la llevara.

En la semifinal, Argentina se enfrentó a México, que acababa de derrotar a Brasil en la fase de grupos antes de golear a

Paraguay 6-0 en los cuartos de final. Los norteamericanos comenzaron bien. Andrés Guardado golpeó el poste en el primer tiempo y Nery Castillo dio en el travesaño al comienzo del segundo, pero finalmente ellos también sucumbieron. Gabriel Heinze, saltando en el área chica, marcó tras tocar la pelota con el lado externo de su pie izquierdo una falta lejana de Riquelme. Argentina iba por delante poco antes del descanso, antes de que Messi ejecutase una jugada a la altura de las más brillantes que hubiese realizado hasta entonces. Una pelota larga de Heinze encontró a Tévez, que trazó una diagonal para Messi, que cortó desde la derecha. Messi estaba dentro del área (tal vez a cuatro metros a la derecha del poste derecho) cuando la pelota lo alcanzó: la rozó levemente con el pie izquierdo, por encima del portero mexicano Oswaldo Sánchez. Desde la esquina del área grande, el esférico describió un globo perfecto que llegó directamente a la red. Un penalti de Riquelme completó la victoria: 3-1. Sin embargo, fue un gol de Messi el que dominó la tarde. Al menos para Basile, pareció poner en cuestión todo el futuro del fútbol: «¿Hacemos las valijas y nos vamos? —preguntó—. «¿Qué más necesitamos? ¿Deberíamos continuar luego de ver ese gol?»

Pero un gol, por brillante que sea, no es un trofeo. Antes de que Argentina pudiese llevarse a casa la Copa América número quince, tenía que vencer al Brasil de Dunga. Después de la derrota ante México en su primer partido, habían demostrado ser tan obstinados como su técnico: vencieron a Chile en los cuartos de final antes de derrotar a Uruguay en la tanda de penaltis ya en las semifinales. En la final, a los cuatro minutos, un pase largo de Elano encontró a Julio Baptista, que se internó en el área por la parte izquierda, recortó hacia dentro y con el pie derecho clavó la pelota en la escuadra contraria. Cuando Ayala metió un centro de Dani Alves en su propia portería cinco minutos antes del descanso, el partido ya estaba perdido. Mediado el segundo tiempo, el mismo lateral brasileño recibió un pase de Vágner Love y finalizó el contraataque con un tiro cruzado: 3-0. Nuevamente, Argentina había jugado un fútbol brillante en un torneo importante. Nuevamente, no había sido suficiente.

Υ

El Barcelona había tenido una mala racha en 2006-07, pero la temporada siguiente fue incluso peor. Ronaldinho estaba en declive y, percibido como una mala influencia, lo vendieron al AC Milan al final de la temporada. Rijkaard también se fue y, ante la sorpresa generalizada, lo sustituyó un inexperto Pep Guardiola. Una de las primeras decisiones importantes de Guardiola fue, pese a las reticencias de la directiva, permitir que Messi fuese a los Juegos Olímpicos de Pekín para tratar de suavizar parte del dolor infligido por Venezuela. Fue una decisión controvertida, pero demostró ser la decisión correcta, no solo para Messi y para Argentina, sino también en cuanto a asegurar la lealtad del jugador.

El equipo olímpico de Argentina era extremadamente fuerte e incluía a muchos de los jugadores que habían ganado el Mundial sub-20 en 2005, incluido Messi; además, estaba Riquelme como uno de los tres jugadores mayores de veintitrés años.[137] Una combinación entre Riquelme y Messi desbloqueó la defensa de Costa de Marfil para el gol inicial de la victoria 2-1 en el primer partido del grupo. Los triunfos contra Australia y Serbia llevaron a Argentina hasta los cuartos de final contra Holanda. Messi aprovechó un fallo defensivo para adelantar a su equipo. Otman Bakkal igualó el marcador. Pero entonces Messi metió un exquisito pase a Ángel di María, que decidió el partido.

En la semifinal, Brasil no opuso resistencia alguna. Siete minutos después del descanso, una fantástica combinación creó el espacio necesario para que Di María centrara con fuerza hacia el centro del área y Sergio Agüero marcara el primero. El *Kun* también metió el segundo antes de que un penalti de Riquelme le devolviera a Brasil lo que había pasado en Maracaibo. El partido por la medalla de oro fue la reedición de la final de 1996, cuando Argentina perdió 3-2 (tras estar dos veces por delante en el marcador). Esta vez, sin embargo, cuando Di María puso a

---

137. Los otros dos eran Mascherano y el defensor de Anderlecht, Nicolás Pareja, que tenían un año más de lo permitido.

Argentina por delante no hubo despistes y la victoria fue para los argentinos: 1-0.

Ese fue el comienzo de la época dorada de Messi. Con Guardiola, el Barcelona disfrutó del periodo más exitoso de su historia. Messi era la figura clave: le daba un toque de individualidad e imprevisibilidad a la ocasionalmente sobria perfección del *tiki-taka*. Esa temporada, Messi jugó como falso nueve por primera vez (una posición que poco a poco iría definiendo). En la Champions, demolieron al Bayern de Múnich por un global de 6-2, en los cuartos de final. En la final de Roma contra el Manchester United, Messi se movió por el centro y los planes de los ingleses saltaron por los aires. Marcó el segundo gol en la victoria 2-0 del Barça: un cabezazo poco característico en él. Al superar con un globo al altísimo portero holandés Edwin van der Sar se le salió la bota, casi como si el gran esfuerzo muscular se la hubiese aflojado. Hubo otras demostraciones brillantes: la victoria 5-0 sobre el Real Madrid en el primer clásico de José Mourinho, en noviembre de 2010; los cinco goles en la paliza de 7-1 contra el Bayer Leverkusen como parte de una serie de veinte goles en nueve partidos en 2011-12, una temporada en la cual anotó cincuenta goles de la liga. En la siguiente, llegó a los cuarenta y seis. Con él, lo extraordinario no tardó en convertirse en cotidiano.

No obstante, fuesen cuales fuesen los hitos logrados por Messi con su club, siempre flotaba en el aire una pregunta recurrente: ¿podía lograrlo para la selección nacional? ¿Podía hacerlo lejos de Barcelona, alejado del entorno en el que se había formado y que ha llegado a parecer construido específicamente para él?

64

El final de la aventura

La asociación que una vez había hecho grande a Boca, que una vez había definido su combinación de, por un lado, potencia, pragmatismo y coraje, y de habilidad sin complejos, por otra, terminó por destrozar al club. Hacia el final, Juan Román Riquelme y Martín Palermo ya no se aguantaban. «Lo único que nos une es defender los colores de Boca», admitió el segundo de ellos en 2010 en medio de una serie de tres años yermos en los cuales Boca cambió seis veces de entrenador.

Palermo había vuelto a Boca en 2004 después de tres temporadas y media bastante tristes en España. Había formado una buena sociedad con Tévez mientras el éxito de Boca continuaba con victorias consecutivas en la Copa Sudamericana y el doblete de Apertura-Clausura en 2005-06. En agosto de 2006, el hijo recién nacido de Palermo, Stefano, falleció. La temporada comenzó cuatro días más tarde. Palermo insistió en jugar: metió dos goles en un triunfo 3-0 contra Banfield. Se fue del campo llorando y, con él, la mayoría de los aficionados. No cabía duda de que Palermo era el héroe de la tribuna.

Riquelme volvió en enero de 2007. Había tenido una estadía decepcionante en el Barcelona, marginado por Van Gaal, que había sido nombrado entrenador del Barcelona otra vez. Riquelme siempre sostuvo que no había querido irse, pero que le habían dicho que, si realmente amaba al club, tenía que permitirles cobrar aquel traspaso millonario. Van Gaal supo inmediatamente que un individuo como Riquelme no tenía cabida en su filosofía, que estaba basada en el equipo: se dice que cuando lo conoció, Van Gaal le hizo entrega de una camiseta del Barcelona para su hijo y le dijo, «Toma: la usará con más frecuencia que tú». En Villarreal, sin embargo, Riquelme había florecido. Manuel Pellegrini había construido su equipo a partir de él. El equipo superó todas las expectativas y finalizó tercero en la temporada 2004-05. Al año siguiente, Riquelme falló un penalti crucial contra el Arsenal en la semifinal de la Liga de Campeones. Volviendo a mirar aquel momento en vídeo, se observa cómo la realización televisiva va de los ojos de Riquelme a los del portero Jens Lehmann, varias veces, como si se tratase de un tiroteo al final de un *western* de Sergio Leone. Cuando el argentino emprendió la carrera para disparar, el fracaso parecía inevitable. Poco más de dos meses después, Lehmann volvería a destrozarle el corazón a Riquelme en los cuartos de final del Mundial, aunque en esa ocasión lo habían cambiado y no pudo lanzar un penalti en la tanda final. Era un momento en el que, aunque no fuese culpa suya, parecía que todo fuera responsabilidad de Riquelme, tanto si había jugado como si no, como si después de todos esos penales impecables para Boca, hubiese perdido su osadía con aquel penalti definitivo que falló en Villareal.

La temporada siguiente, la magia había desaparecido. Riquelme jugó solo trece veces en la liga y ninguna en la Copa del Rey. Con la relación entre el jugador y los directivos, por un lado, y con Pellegrini, por el otro, deteriorándose poco a poco, el jugador fue devuelto en préstamo a Boca.

Su regreso coincidió con el nombramiento de Miguel Ángel Russo como técnico. El excentrocampista de Estudiantes había conducido a Lanús y a su antiguo equipo al título de la primera B; además, había llevado a Vélez al Clausura. Al igual que Bianchi, era un entrenador pragmático que sabría hacerle un lugar a aquel número 10 a la antigua. Boca terminó subcampeón en el Clausura 2007. Sin embargo, su escenario predilecto era la Libertadores; en particular, el de Riquelme.

Boca podía haber caído en la fase de grupos. Necesitaba un triunfo en su último partido en casa contra el Bolívar. El resultado fue de 7-0. Esperaba una eliminatoria contra el Vélez de Ricardo La Volpe. El don más grande de Riquelme (al menos cuando no estaba fallando penaltis) era su capacidad para mantener la calma cuando el caos reinaba a su alrededor. Era como si su metabolismo simplemente funcionase más lentamente que el de todos los demás: una característica que implicaba que, cuando las cosas salían mal, muchos le acusaran de no haberlo intentado siquiera.

A Rodrigo Palacio ya se le había anulado un gol cuando, nueve minutos después, lo volvió a intentar. Su disparo rebotó en la mano de un defensa, el rechace fue a los pies de Riquelme, que puso la pausa, lejos del bullicio: su disparo con la derecha se clavó en la escuadra. A la media hora de juego, Vélez se autodestruyó. Palacio, sin demasiado entusiasmo, persiguió un pase largo que recogió sin problemas el portero Gastón Sessa. Pero, sin venir a cuento, levantó muchísimo la pierna derecha y le soltó una patada al delantero de Boca, abriéndole una herida en la cabeza. Sessa fue expulsado y Palermo falló el penalti. No obstante, ya en el segundo tiempo, se rehízo y marcó el segundo al rematar de cabeza un centro desde la derecha. Finalmente, el lateral izquierdo Clemente Rodríguez marcó el 3-0 definitivo. Ese gol fue vital, ya que en el partido de vuelta Vélez ganó por 3-1 en Liniers. Boca se aferraba como nadie a sus opciones. En cuartos de final, se enfrentaron al Libertad de Asunción. Aguantaron la presión del estadio y se llevaron un resultado bueno para la vuelta: 1-1. En la vuelta, Riquelme se hizo con la pelota en el medio del campo, emprendió la carrera, fue dejando atrás a d rivales y, al llegar al área, soltó un disparo mordido que puso el 1-0. Diez minutos después, Palacio puso el 2-0 y Boca se clasificó para las semifinales.

Allí se encontraron con el equipo colombiano del Cúcuta Deportivo: remontaron el 3-1 de la de ida gracias a un lanzamiento de falta de Riquelme y a los goles de Palermo y de Sebastián Battaglia. La final contra Grêmio quedó decidida en el partido de ida. El primer tanto llegó de un modo habitual: Riquelme lanza una falta, Palermo (que estaba un poco en fuera de juego) golpea mordido el balón en el segundo palo y Palacio empuja en el poste contrario a gol. El jugador del equipo brasileño Sandro Goiano vio dos tarjetas amarillas en cinco minutos cuando aún faltaba mucho partido: Boca no desaprovechó la superioridad numérica. Riquelme marcó de falta desde la frontal del área y, tras una jugada embarullada y gracias a la presión de Ledesma, Patrício hizo el 3-0 con un gol en propia puerta.

Fue la consagración de Riquelme. Después de sus dificultades en Europa, había regresado para ganar la Libertadores y llevar a Boca al éxito. Su séptimo gol en el torneo de esa temporada fue espectacular: desde la esquina del área grande agarró un disparo que se coló por toda la escuadra, cuando todos esperaban un centro.

Era un gol arquetípico de Riquelme: consideró las circunstancias, dónde estaban los jugadores, qué espacios había entre ellos. Entonces recibió la pelota y ejecutó con firmeza y sin doblar demasiado la pierna hacia atrás. Un gol que solo él podía imaginar. Su octavo tanto fue más prosaico: condujo una contra, cedió a Palacio, cuyo disparo rechazó el portero, y Riquelme marcó a puerta vacía. Era su tercer título de la Libertadores; el cuarto de Boca, en el lapso de siete años. Era un logro más notable, sobre todo teniendo en cuenta que, en ese espacio de tiempo, había pasado cuatro años y medio en Europa. No era de extrañar que sus compañeros de equipo lo celebrasen llevándolo en volandas. Riquelme pronto firmó el contrato más importante de la historia del fútbol argentino: un arreglo que estipulaba que jugaría la temporada final gratis.

Sin embargo, transcurrido el año, Boca se desmoronaba. El equipo estaba dividido por una disputa entre sus dos superestrellas. No es fácil fijar el momento en el que la relación se estropeó y empezó el declive. Probablemente, la acritud iba y venía. En todo caso, hay pocas dudas de que cuando jugaron la semifinal de la Libertadores 2008 contra Fluminense, la brecha ya era demasiado grande. Riquelme estuvo brillante en el partido de ida en la Bombonera: controló el partido y marcó dos goles. Sin embargo, en ambas oportunidades Fluminense logró igualar. El segundo gol fue un tiro desde larga distancia de Thiago Neves que se comió el portero de Boca, Pablo Migliore. Riquelme le abroncó con fuerza al final del partido. Palermo sentía que la dinámica del equipo dictaba que él debería haberle demostrado su apoyo.

El impacto de sus diferencias no se sintió inmediatamente. Boca ganó el Apertura de 2008, que terminó en un triangular de desempate contra San Lorenzo y Tigre. El declive, sin embargo, no tardó en sentirse. Acabaron en el puesto catorce del Clausura, habían sido derrotados en octavos de final de la Libertadores 2009 y fueron undécimos en el Apertura. «Amo a Boca —les recordó Riquelme a los hinchas mientras el club caía en una crisis total—. Si no fuese así, no estaría aquí trabajando gratis. Soy el único idiota que trabaja gratis, así que no creo que nadie pueda venir a sermonearme acerca de mis responsabilidades.»

Pero la mala racha continuó y Boca terminó decimosexto en el Clausura 2010, aunque esa temporada al menos sirvió para que Palermo se convirtiera en el máximo goleador de Boca de todos los tiempos, después de meter dos tantos en un triunfo 4-0 contra el Arsenal de Sarandí. Sin embargo, lo que debería haber sido un momento legendario no fue más que otra muestra de los problemas por los que estaba pasando el club. Riquelme tiró una pared con Nicolás Gaitán; luego, cuando podía marcar, se la cedió con el exterior de la bota para que Palermo marcase su gol 219 en el club. El delantero, que había hecho historia, comenzó a celebrarlo, pero se dio cuenta de que Riquelme había salido corriendo en la dirección opuesta. Comenzó a perseguirlo, pero se dio por vencido: su expresión pasó del desconcierto al desprecio. La mitad del equipo de Boca lo celebraba con Riquelme; la otra mitad, con Palermo. «Cualquiera puede convertir goles como ese», dijo Riquelme más tarde en lo que se presumía que era una broma, aunque el comentario parecía tener su calado.

«No voy a hablar de eso —respondió Palermo en una entrevista radiofónica—. Lo que sucedió está allí para que lo vean todos. No soy amigo de Riquelme, no tengo relación.» Lo que realmente motivó el encontronazo sigue sin quedar claro: tal vez no hubo un momento decisivo, y sí una lenta transformación de dos personalidades muy diferentes que habían jugado juntos demasiado tiempo.

La actuación de Boca en aquel campeonato continuó siendo

patética. Terminaron duodécimos en el Apertura 2010-11; luego séptimos, lo que al menos eliminaba la amenaza del descenso. Pero también resultó que aquello implicaba que se estaba formando un equipo que sería capaz de pelear por el título bajo la dirección de Julio César Falcioni.

Falcioni fue contratado en diciembre de 2010; perdió cuatro de sus seis primeros partidos. Su rostro pareció volverse más cóncavo, las líneas duras de la nariz hasta el borde de la boca se hicieron más profundas y más desaprobadoras. En el último de esos seis partidos, dejó fuera a Riquelme. Dijo que era por problemas físicos, que no era una cuestión táctica. Sin embargo, Riquelme insistía en que estaba bien, así que hubo protestas por aquella decisión. Fuera como fuera, lo que quedó claro es que Falcioni tenía personalidad y que si tenía que tomar resoluciones contrarias a la voluntad popular no le iba a temblar el pulso. Eso sí, el mínimo error podía conllevar reacciones airadas de los hinchas y de los medios.

Fuera de la temporada, Falcioni tomó otra decisión tan audaz que llegó a parecer imprudente: contrató al central Rolando Schiavi, que jugaba en Núñez y tenía treinta y ocho años. Entre 2001 y 2005, Schiavi había sido una leyenda en Boca, con el que había ganado siete títulos. Desde entonces, sin embargo, su carrera había ido dando tumbos, aunque había ganado la Libertadores gracias a una extraña cesión corta a Estudiantes; además, pudo ser convocado con la selección por primera vez a los treinta y seis años.[138] Schiavi se convirtió en la pieza central de una defensa que concedió solo seis goles en diecinueve partidos cuando Boca ganó el título, invicto en toda la temporada.

Sin embargo, el año siguiente (2012), las tensiones se tornaron insoportables. Boca fue avanzando como pudo hasta llegar a la final de la Libertadores. Empató en el partido de ida 1-1, pero cayó en la vuelta 2-0 en São Paulo. El Corinthians era el campeón. Riquelme salió llorando del vestuario de Boca mucho

---

138. Los rumores de que había tenido un romance de verano con la actriz norteamericana Sandra Bullock resultaron ser una broma de Schiavi y un amigo, aparentemente para demostrar la credulidad de un medio que no tardó en presentar la historia como un hecho.

después del pitido final. Era raro, pero esta vez sí que se detuvo para hablar con los medios que aguardaban. Con el rostro sombrío y las lágrimas relucientes en sus ojos, habló: «Le dije al presidente del club que no voy a continuar. Amo a este club, voy a estar agradecido por siempre con la gente de Boca, pero me siento vacío y no tengo más por dar».

Aclarándose la garganta repetidas veces, arrastrando un pie junto al otro, sin hacer contacto visual con ningún periodista, continuó: «El compromiso que tengo con mi club es muy grande, soy hincha, amo a este club. Yo no puedo jugar a la mitad. Llevo dieciséis años en el fútbol, pero no tengo nada más para darle al club. Ahora solo quiero ir a mi casa, abrazar a mis hijos, comer asados con mis amigos. Le pediré perdón a mi hijo por no llevarle la copa». La mirada que el presidente de Boca, Daniel Angelici, le echó a Riquelme sugería que se sentía furioso, en lugar de comprender a una leyenda que se iba. Existía la sensación de que Riquelme, más lento y más polémico que nunca, ya no valía la pena. Falcioni había amenazado con presentar la renuncia tras un encontronazo con él después de un empate sin goles en un partido en campo del Zamora venezolano, jugado en febrero. Durante toda la temporada, la tensión se hizo evidente cuando Riquelme dejó claro que habría preferido un estilo de juego más atacante. Se vio con claridad cuando un planteamiento más ofensivo llevó a una derrota como locales ante Fluminense (en la Libertadores) y a un 5-4 en la competición doméstica contra Independiente. Eran unos resultados que parecían confirmar la sensatez del método de Falcioni.

Sin embargo, a pesar de que habían vuelto a conseguir buenos resultados, el estado de Boca colapsó hacia fines de la temporada local. Para Navidad, Falcioni se había ido; para febrero de 2013, Riquelme había regresado. Ejecutó un gol crucial cuando Boca eliminó a Corinthians en octavos de final de la Libertadores, pero en los cuartos de final el equipo perdió en la tanda de penaltis contra Newell's.

Un año más tarde, Riquelme se marchó de Boca, esta vez sí que para siempre. Se fue a jugar con Argentinos Juniors, el club del que había sido hincha en la infancia.

65

Messi y el Mesías

*A*unque no recuerda los detalles, a los seis años, Messi había entretenido a la multitud jugando con la pelota sin que tocara el suelo en el descanso del debut de Maradona en Newell's Old Boys, un amistoso contra el equipo ecuatoriano Emelec. Fue la primera vez que sus destinos se entrecruzaban. Maradona había llamado por teléfono a Messi en el Mundial sub-20 en 2005 y nuevamente después de su gol contra el Albacete en la temporada siguiente. Durante mucho tiempo, su relación era, si no cercana, al menos sí de mutuo afecto. Sin embargo, algo cambió en 2008. En septiembre de ese año, Maradona se mostró muy crítico con Messi después de un empate 1-1 en un partido clasificatorio en Perú. «A veces —dijo—, Messi juega para Messi. Es Messi F. C. Si jugara más con Agüero o Riquelme, los defensores de la oposición tendrían más razones para preocuparse. Los partidos no se ganan atacando cada vez que tenés la pelota, sino sabiendo cómo atacar.» Maradona añadió otra crítica, acusando a Messi de «carecer de carácter», asegurando que no había peleado lo suficiente para que le permitieran sumarse al equipo olímpico (aunque había peleado tanto que no solo participó en los Juegos Olímpicos, sino que ganó el oro).

Aunque fuera conocida la propensión de Maradona a proferir exabruptos inesperados, buscar semejante enfrentamiento parecía extraño. Con la perspectiva del tiempo, es posible que estuviera tratando de desestabilizar al equipo de Basile para quitarle el puesto de seleccionador. Incluso puede haber estado tratando de congraciarse con Riquelme, cuyo rol como icono del equipo estaba siendo socavado por el brillo de Messi en el Barcelona. Si esa era su intención, lo logró.

Argentina había comenzado su clasificación para el Mundial con victorias sobre Chile, Venezuela y Bolivia, pero a una derrota en Colombia le siguieron cuatro empates seguidos. Sí vencieron a Uruguay el 11 de octubre de 2008, pero tres días más tarde perdieron 1-0 ante el Chile de Bielsa. Era la sexta derrota de Argentina contra su vecino occidental, la primera desde 1973 y la primera en un partido que realmente le importara a alguien. El clamor popular se volvió contra Basile, que dimitió.

Argentina reaccionó haciendo lo que tendía a hacer cuando se acercaba una crisis: recurrió a Maradona. Su regreso a la selección nacional en 1993 había sido una mala idea y terminó con su expulsión por culpa de las drogas, pero al menos como entrenador había cierta posibilidad de que pudiese hallar la chispa para dar energía al equipo. Había tenido dos etapas como entrenador en las que solo había conseguido tres victorias. Así pues, su nombramiento para conducir al país en la Copa del Mundo 2010 fue un acto de fe ciega.

Su politiquería, sin embargo, había funcionado. Riquelme lo reconoció al sostener que Maradona había alentado a un núcleo de jugadores clave a socavar a Basile. El Pelusa pronto comenzó a criticar el estado físico de Riquelme, y la tensión entre ellos se tornó palpable.

Su primer partido de competición teniendo a su cargo la selección, en marzo de 2009, creó falsas expectativas. Con Messi con el número 10 (Maradona pronto comenzó a reconstruir esos puentes una vez que obtuvo el puesto), derrotaron a Venezuela por 4-0 en el Monumental. Pero fue una demostración sin fondo contra oponentes intimidados; además, todo se basó en las individualidades argentinas. Cuatro días más tarde, las tornas cambiaron. Jugar en la altitud de La Paz siempre había supuesto un desafío para los equipos argentinos, pero ninguno lidió con el tema tan mal como la selección de Maradona. Estuvieron caóticos y perdieron 6-1 ante Bolivia; junto con la humillación de Helsingborg, era la derrota más contundente que había sufrido Argentina.

Llegó una victoria sobre Colombia, pero también derrotas

contra Ecuador, Brasil y Paraguay. Cuando faltaban dos partidos, Brasil, Chile y Paraguay estaban en clara ventaja; después venía Ecuador con veintitrés puntos, Argentina con veintidós, Uruguay y Venezuela con veintiuno; Colombia con veinte. Existía la posibilidad de clasificarse directamente o a través de la repesca. Y todos los equipos con opciones se iban a dejar la piel en el intento. En primer lugar, Argentina debía vencer a Perú como local.

Cuando Higuaín corrió para alcanzar el talentoso pase de Pablo Aimar para darle la ventaja a Argentina antes del descanso, todo parecía estar bien. Sin embargo, el destino se guardaba un as en la manga. En los últimos minutos del partido, empezó a llover torrencialmente; el campo estaba encharcado. Cuando quedaba un minuto, Argentina, por dos veces, no supo despejar. La pelota llegó a Hernán Rengifo, que, libre de marca, igualó el partido con un cabezazo a poca distancia de la portería. El partido de Argentina fue el último en comenzar de los cuatro encuentros de ese día. Sabían que ese resultado los dejaba igualados con Ecuador y Colombia, y un punto por detrás de Uruguay, a quien se enfrentarían en el último encuentro. Tenían que marcar un gol sí o sí. Bajo tales circunstancias, solo había un hombre capaz de surgir como el héroe: Maradona se había enfrentado a todos cuando decidió convocar a Martín Palermo a pesar de que estaba a punto de cumplir los treinta y seis años, pero, francamente, ¿qué otro jugador hubiera podido marcar ese gol, ya en el minuto noventa y tres, apareciendo de la nada, solo, bajo la lluvia, aprovechándose de un rebote?

Aún quedaba completar la tarea contra Uruguay, pero Argentina se las arregló: el gol de Mario Bolatti desde el área pequeña tras una serie de rechaces confirmó la clasificación cuando apenas quedaban seis minutos. Sobre la línea de banda, Maradona, ataviado con un chándal, con una pechera roja ondeando a su alrededor como una capa, saltó y se cayó al suelo. Le dijo a la prensa «que la chupen y la sigan chupando», una reacción extrañamente triunfalista para alguien que había utilizado cincuenta y cinco jugadores en trece partidos en el cargo y que se había clasificado con lo justo. Messi, mientras tanto, fue criticado por no celebrar el gol de Bolatti con suficiente entusiasmo: tal crítica confirmaba que hay gente que está tan convencida de una verdad que se aferra a cualquier pequeña cosa para demostrarla. En realidad, también se podría haber dicho que su reacción respondía a lo concentrado que estaba para acabar de cumplir el objetivo.

Sin embargo, las dudas sobre la falta de compromiso de Messi, por más que carecieran de fundamento, estaban ahí: la página web minutouno.com llegó a hablar con un psicoanalista que sugirió que el desarraigo de Messi le había dejado sentimientos de resentimiento hacia su patria. Maradona, tal vez recordando la visita que le había hecho Bilardo cuando se estaba recuperando de la hepatitis, fue a Barcelona a reunirse con Messi y le preguntó cómo quería jugar. Messi propuso o un 3-4-1-2 o un 4-3-1-2, en el que él jugaría por detrás de Higuaín y Tévez. Agüero, que se convertiría en una complicación extra, tenía en ese momento solo veintiún años.

Con la perspectiva que dan los años, los resultados de Argentina en el Mundial 2010 no parecen tan malos, pero existió una sensación abrumadora de caos desde el comienzo. Argentina empezó jugando contra Nigeria con Messi detrás de Tévez e Higuaín. Esa parte, y un mediocampo con Mascherano, Verón y Di María, tenía sentido. Lo que no tenía sentido, aunque quizás fue inevitable por la falta de laterales (como resultado de una generalizada escasez de laterales argentinos de buena calidad, incluso si la omisión de Javier Zanetti era extraña), fue que Jonás Gutiérrez jugara de lateral derecho en una defensa que, por lo demás, era exasperantemente lenta, con Martín Demichelis, Walter Samuel y Gabriel Heinze. Fue este último quien convirtió el único gol del partido: un poderoso cabezazo a la salida de un córner. Pero la sensación era de lentitud y de falta de fluidez. La victoria de 4-1 contra Corea del Sur resultó más convincente. En el último partido, un equipo con muchos cambios ganó a Grecia por 2-0.

El ímpetu se mantuvo en los octavos de final contra México. Tévez, en fuera de juego, adelantó a Argentina. Por su parte, Higuaín capitalizó un error defensivo para sumar un segundo gol antes del descanso. Más tarde, Tévez se aseguró de que Argentina se llevara la victoria poco después de la reanudación.

Un minuto más tarde, Javier Hernández colocó el definitivo 3-1 en el marcador.

En cuartos esperaba Alemania, tal vez el peor oponente posible para la débil defensa de Argentina. Las esperanzas de la albiceleste duraron tres minutos: Thomas Müller aprovechó el centro de Bastian Schweinsteiger y marcó el 1-0. No había vuelta atrás. Todos los ataques de Argentina solo consiguieron parecer más vulnerables a los contraataques expertos de los alemanes. Argentina perdió 4-0. Como jugador, Maradona había sido un arquitecto, mucho más que Messi. Maradona era alguien que constantemente engatusaba y dirigía; como técnico, pareció completamente ingenuo.

En el vestuario, tras el partido, Messi se desplomó entre dos bancos, apoyándose contra la pared, gimoteando. «Los jugadores —hizo notar *Clarín*— descubrieron que papá Noel no existe: Maradona no es quién pensaban que era.» Darse cuenta de ello, no solo supuso un *shock* para los jugadores. La opinión pública se dividió. Estaban los que aún se negaban a condenar a Maradona; y si no se podía culpar al viejo Mesías, entonces la culpa debía de ser del nuevo. A este respecto, el novelista Eduardo Sacheri dijo: «No es culpa de Messi que los argentinos no sean capaces de poner fin al duelo por Diego».

66

Desconfianza y cortoplacismo

*N*éstor Kirchner decidió no presentarse a las elecciones presidenciales de 2007, pero después de que su esposa le sucediera en el cargo, tuvo un papel activo en el Gobierno hasta que murió, en 2010. En cada uno de los primeros nueve años de mandato de los Kirchner, el PIB argentino aumentó, mientras el desempleo bajó desde más del veinte por ciento hasta solo algo más del seis. La clase media se expandió. Y para muchos integrantes de la clase obrera, la vida mejoró.

Sin embargo, se puede poner en duda cuán meritorio es ese logro. Incluso antes de la suspensión de pagos de 2014, los críticos señalaron que el punto de partida era tan bajo después de Menem y del colapso que una recuperación era inevitable. Se sugirió que había habido una devaluación *ex profeso* del peso, que impulsaba las exportaciones y el riesgo de inflación. Desde los mismos sectores, se preguntaron si una política económica proteccionista, que restringía el acceso a divisas, simplemente estaba acumulando problemas para el futuro, como lo había hecho Perón en su primera presidencia.

Sin embargo, por cada uno que les echa la culpa a Perón y Kirchner y los acusa de miopía, hay otro que ve los permanentes problemas financieros de Argentina como resultado de cómo la economía se expuso abruptamente a los mercados mundiales tras el derrocamiento de Perón. Pero lo cierto es que las verdaderas razones de un siglo de fracaso económico podrían ser mucho más complicadas que eso. Como dijera el académico

Rafael di Tella: «Si a un tipo le pegan setecientos mil tiros, es difícil determinar cuál de ellos lo mató».

En cierto sentido, simplemente, Argentina ha sido desafortunada, por haber llevado permanentemente un paso distinto al del resto del mundo (lo que recuerda el comentario del economista Simon Kuznets de que hay cuatro clases de países: desarrollados, subdesarrollados, Japón y Argentina). Su modelo de crecimiento liderado por la exportación fue vapuleado por tres factores: la Primera Guerra Mundial, la Depresión y la decisión británica de firmar tratados comerciales preferenciales con integrantes de la Mancomunidad de Naciones. Cuando otras potencias comenzaron a recuperarse tras la Segunda Guerra Mundial con la apertura de los mercados globales mediante el Acuerdo General sobre Aranceles Aduaneros y Comercio (1947), Argentina cerró su economía. En parte, aquella fue una medida resultante de desigualdades inherentes al sistema argentino. Producir trigo para la exportación, como hubiera exigido el mercado abierto, hubiera significado mayores beneficios para los terratenientes, pero precios más altos para los trabajadores que constituían la base de Perón; un problema exacerbado por la cantidad de tierra de labranza que estaba en posesión de unos pocos. Cristina Kirchner mantuvo altos impuestos de exportación para el trigo, que generan reservas muy necesarias de divisas para el Estado; mientras las limitaciones a la exportación mantenían bajos los precios locales. Las restricciones, empero, también desalentaron a los granjeros de intentar incrementar los rendimientos o plantar buscando cosechas mayores. El resultado fue que Argentina pasó de ser el cuarto productor mundial de trigo en 2006 a ser al décimo en 2013.[139]

Y también está el hecho de que las instituciones argentinas inspiran poca confianza. Incluso después de treinta años de democracia, la corrupción continúa siendo un problema mayúsculo. Que las cifras oficiales se tengan en general como poco fiables solo incrementa la sensación de desasosiego: en marzo de 2015, el informe oficial fue que la inflación anual era

---

139. Cifras del Departamento de Agricultura de Estados Unidos citadas en *The Economist*.

del 16,54 por ciento, pero muchas estimaciones sugerían que la cifra real podría rondar el doble. ¿Quién quiere invertir en Argentina cuando el gobierno está dispuesto a forzar la adopción de proyectos de nacionalización, como hizo en 2011 cuando expropió el cincuenta y uno por ciento de las acciones de YPF en poder de la empresa española Repsol?[140]

Tampoco aumenta la confianza que la fortuna personal de Cristina Kirchner se haya incrementado rápidamente desde que su esposo resultara elegido: de siete millones de dólares en 2003 a ochenta y dos millones en 2012. Tampoco ayuda que la presidenta se haya visto implicada en el escándalo de la muerte del fiscal Alberto Nisman, que se suicidó (o fue asesinado) la noche anterior a prestar testimonio en el Congreso sobre el supuesto papel del Gobierno argentino en el encubrimiento de Irán en un atentado con bomba en un centro judío en Buenos Aires en 1994.

En cualquier caso, el resultado de toda esta falta de confianza es caer siempre en el cortoplacismo.

El negocio del fútbol es tan culpable como otros negocios. Todo empeora porque todo sucede en temporadas cortas de seis meses: ganar un título, vender a algunos jugadores, comenzar de nuevo... Un improvisado acuerdo televisivo en 2007 ayudó bien poco. Hacia 2009, los clubes tenían graves problemas económicos (incluso más que habitualmente). Había tantos problemas para pagar a los jugadores que se corría un serio riesgo de huelga. La AFA se acercó a Televisión Satelital Codificada (TSC), que desde 1991 poseía los derechos de los partidos de primer nivel (transmitía la mayoría por el canal de cable TyC), y le pidió un adelanto de setecientos veinte millones de pesos para ayudarla a rescatar a los clubes. TSC, una empresa cuya propiedad era compartida por el Grupo Clarín, ya había pagado doscientos treinta millones de pesos y rechazó la petición. En esas circunstancias, intervino el gobier-

---

140. Tras una batalla legal de dos años, finalmente se logró un acuerdo en febrero de 2014, cuando el Gobierno argentino pagó bonos a Repsol, que era respaldada por Estados Unidos y la Unión Europea, por valor de cinco mil millones de dólares.

no, que realizó una oferta indexada[141] de seiscientos millones de pesos (un ciento veintitrés por ciento) por año adicional al acuerdo existente. La AFA rompió su contrato con TSC, que se extendía hasta 2014, y entregó los derechos al gobierno: nació Fútbol Para Todos.

El 20 de agosto, con el presidente de la AFA Julio Grondona a un lado y Diego Maradona al otro, Cristina Kirchner realizó el anuncio televisivo de que todos los partidos argentinos de primera división serían transmitidos por televisión en abierto. «No vamos a secuestrar más los goles», dijo, en referencia al hecho de que la primera oportunidad que tenían los que carecían de acceso a TyC de ver la actividad del fin de semana era en un paquete de los mejores momentos los domingos por la noche. «No es posible que secuestren los goles hasta el domingo, como te secuestran la palabra o te secuestran las imágenes, como antes secuestraron a treinta mil argentinos. No quiero que esta sea más una sociedad de secuestros, sino una sociedad cada día más libre.»

La retórica era pasmosa y de un mal gusto increíble: ¿cómo es posible comparar un acuerdo por unos derechos televisivos con la tortura y el asesinato administrados por el Estado?

«He leído —continuó Kirchner— que el fútbol será subvencionado por el Estado. Pero los que escriben eso saben que el fútbol es un negocio extraordinario que no necesita ser subsidiado, sino vivir de sus propias ganancias.» Aquello era una escandalosa manipulación de la realidad. Hay muchos que considerarían que el deporte es un bien público y se ha de emitir en abierto, pero es que no había otro gobierno democrático que pagara por eso; ninguna otra Administración ponía dinero directamente para que el *show* continuase. Tal vez fuera deseable que el fútbol viviera de sus propias ganancias, pero hacía décadas que eso no sucedía. Que necesitara subvenciones tan desesperadamente sugería que era incapaz de hacerlo, a pesar de

---

141. De acuerdo con *La Nación*, se suponía que el pago a la AFA se incrementaría anualmente en una cantidad basada en el costo promedio del abono al cable, pero, a pesar de la inflación galopante, parece ser que eso solo sucedió una vez, de tal manera que, hacia mediados de 2015, el gobierno estaba pagando 823 millones de pesos anuales.

las gigantescas ganancias que aparentemente podían traer los traspasos de futbolistas.

En general, el público recibió con aplausos el discurso y la política en cuestión. Otros se mostraron menos convencidos. «El fútbol debería ser independiente de la política —dijo Mauricio Macri, presidente de Boca y después de la República—, y está muy claro que [el gobierno] está usando el fútbol para hacer propaganda. Alguien debería reducir los costos de producción y abrir el programa a los auspicios privados, así no se desperdicia el dinero como se hace hoy.»

Ese era el argumento comercial contra Fútbol Para Todos, pero existe también un argumento moral. Juan Sebastián Verón, tras convertirse en presidente de Estudiantes, dijo que no tenía objeción alguna «si al gobierno le interesa el fútbol y lo quiere mantener gratis. En lo que no estoy de acuerdo es que se lo apoye no importa cuánto cueste. El gobierno podría invertir ese dinero en colegios y hospitales».

Desde el punto de vista de Kirchner, sin embargo, subsidiar al fútbol fue una medida populista fácil, si bien de cuestionable legalidad, y que tenía el feliz beneficio secundario de atacar al Grupo Clarín, la principal oposición en los medios a su gobierno. Representaba un extraordinario subsidio estatal al fútbol, el mayor desde los préstamos a bajo costo otorgados a clubes para construir estadios en los años treinta y cuarenta. Antes de los partidos y en los descansos, los anuncios recalcaban diversas inversiones realizadas por el Gobierno en obras públicas, pero incluso como una simple herramienta de propaganda resulta significativo que el fútbol sea considerado tan esencial para el funcionamiento sin sobresaltos de la nación que se inviertan tales sumas en apoyarlo. Tal vez su verdadero valor residiera en el poder del fútbol para distraer la atención. Como observaran Borges y Bioy Casares en «*Esse est percipi*», allá por 1967, un gobierno está mucho más seguro cuando «el género humano está en casa, repantigado, atento a la pantalla» que cuando está pensando o participando en actividades políticas.

Los precios del trigo se mantuvieron bajos y el fútbol se tornó accesible para todos: esta era la definición misma de una política de pan y circo, pero incluso si se dejan de lado las chanzas sobre el innoble populismo del programa, Fútbol Para Todos tuvo un efecto que nadie previó. El fútbol puede ser el opio del pueblo, pero no tiene, como escribiera Aldous Huxley respecto del soma, la droga citada en *Un mundo feliz*, «todas las ventajas del cristianismo y del alcohol [y] ninguno de sus inconvenientes». En lugar de ello, el fútbol, en todo el mundo, pero más que en ningún sitio en Argentina, se ha visto asolado por la violencia. El dinero fresco atrajo un renovado interés por parte del crimen organizado.

Algunas de las barras institucionalizadas habían comenzado a alejarse del fútbol porque las ganancias que se podían derivar de allí eran pocas. Sin embargo, un nuevo acuerdo televisivo en 2007 significó que nuevamente había dinero (aunque los clubes lo manejaran mal) y Fútbol Para Todos exacerbó esa sensación. Las viejas barras se vieron tentadas a regresar, solo para encontrarse con que nuevas barras habían surgido para ocupar su lugar. Como descubriera una investigación por parte de la organización Salvemos Al Fútbol, las peleas entre barras dejaron su lugar cada vez más a peleas dentro de ellas. A su vez, esto tuvo tres efectos principales: la cantidad de muertes aumentó; la violencia ya no se confinó a los estadios y sus inmediaciones, y los «pulmones» (espacios vacíos en las tribunas) que la AFA había insistido en establecer para separar a clubes rivales se tornaron ineficaces. El fenómeno dejó de ser «violencia en el fútbol», en ningún sentido real. Se tornó en una simple guerra de gánsteres, solo que el botín que se disputaban era el que se relacionaba con algún club en particular.

El periodista de investigación Carlos del Frade, por ejemplo, en su libro de 2007 sobre la influencia de la barra en Rosario,[142] descubrió un sombrío mundo en el cual un entrenador de juveniles de Central, el exjugador Aurelio Pascuttini, se vio forzado a escapar de la ciudad después de que dispararan contra su casa porque no aceptó que las barras sacaran tajada de los traspasos de algunos jugadores prometedores. En la misma época, un entrenador de Newell's admitió que, a pesar de la orgullosa trayectoria del club en la producción de talento,

142. *Central, Ñuls: la ciudad goleada. Fútbol y lavado de dinero.*

los padres habían comenzado a llevar a sus hijos a otros lados por miedo a que se involucraran con las barras.

Incluso antes de la bonanza de los derechos de televisión, los ingresos por transferencias ofrecían un premio por el que valía la pena combatir. Cuando Luis Pereyra, el líder del grupo de River Los Borrachos del Tablón fue encarcelado por asesinato, por ejemplo, se acordó que el liderazgo del grupo sería compartido por Adrián Rousseau y Alan Schlenker. Los dos pronto se distanciaron. El día de la inauguración del Clausura de 2007, comenzó una pelea entre bandas rivales en Los Quinchos, un área cercana al Monumental, donde los hinchas suelen encontrarse para compartir asados antes de los partidos. Hubo tiros y cuchilladas en medio de un terror generalizado. Pocos meses después de lo que dio en llamarse la batalla de los Quinchos, llegó la batalla del Playón, que tuvo lugar antes de un partido contra Independiente. Ese agosto, Gonzalo Acro, mano derecha de Rousseau, fue atacado por cuatro pistoleros al salir de su gimnasio poco antes de la medianoche tras una clase de *kickboxing*: una herida en la pierna y dos en la cabeza; murió un par de días más tarde. Rousseau acusó a Schlenker de haber ordenado el asesinato. Schlenker lo negó: alegó que había estado lejos, esquiando, cuando ocurrió el ataque. Sin embargo, la creencia generalizada es que el asesinato estuvo relacionado con una disputa sobre el reparto de ingresos resultantes de la venta de Gonzalo Higuaín al Real Madrid.

En agosto de 2011, Ernesto Cirino sacó a pasear a su pequinés en Liniers. La mascota orinó contra la pared de una casa que, desafortunadamente, pertenecía a Gustavo Petrinelli, el cuñado de Maximiliano Mazzari, el segundo de Mauro Martín, el líder de la Doce, la mayor barra de Boca. Hubo una disputa en la que Cirino terminó golpeado tan ferozmente que murió en el hospital dos días más tarde. Martín, Petrinelli y Mazzari fueron enjuiciados por su asesinato: a los tres se les declaró inocentes.

Sin embargo, la investigación de la muerte de Cirino no solo reveló los vínculos que existían entre las barras y las jerarquías del club, sino también sus conexiones con estructuras políticas y judiciales. Si bien ha habido muchos indicios sobre cuál podría ser la naturaleza de tales vínculos, gran parte de las pruebas aún están bajo secreto de sumario.

Ese no era el asunto relacionado con Martín. Hacia el final del Apertura 2011-12, Rafael di Zeo, que había sido el líder de la Doce, salió de prisión tras cumplir una condena de cuatro años. Entonces intentó retomar el control del grupo, que había sido asumido por Martín. Los directivos de Boca, temerosos de que hubiera un incidente mayúsculo pocas semanas antes de las elecciones en el club, colocaron en gradas distintas a cada una de las facciones: intercambiaron insultos y alentaron al equipo con cánticos que competían entre sí.

Los hinchas de los equipos visitantes fueron expulsados de los estadios en 2013, pero esa es solo una parte del problema. La violencia continúa siendo generalizada. Parece algo que no tiene solución.

67
Las incomodidades de ser local

El humo proveniente de los puestos de *chori*[143] se mezclaba con una bruma baja y cubría el acceso al estadio Brigadier General Estanislao López con una fina capa de niebla. Las bombillas redondas de las lámparas del amplio paseo del parque resplandecían borrosas. Junto a las rejas de hierro fundido, los vendedores ambulantes ofrecían camisetas de Argentina, algunas con la inscripción «Messi 10» en la espalda, tantas como las que decían «Tévez 11»: la interacción entre los dos había sido el punto central de discusión después de que Argentina empatara su primer partido de la Copa América: 1-1 contra Bolivia. ¿Podían jugar juntos? (O, tal vez de modo más relevante, dado que habían jugado juntos tan eficazmente en la Copa América 2007, ¿por qué ya no lo podían hacer?) ¿Seguían tratando de ocupar cada uno el espacio del otro? Y si uno de ellos debía quedar fuera, ¿quién tenía que ser? Con perspectiva, o incluso desde el punto de vista ventajoso de Europa, parecía extraño que incluso se plantease la cuestión, pero la visión argentina del fútbol está casi invariablemente ligada a temas ideológicos.

Había una curiosa sensación de que, en ese momento, la Copa América de 2011 aún debía comenzar. El país aún estaba en *shock* (en realidad, de luto), después del descenso de River

---

143. *Chori* es la forma abreviada de choripán, bocadillo hecho con un pan dentro del que se pone el llamado chorizo criollo, hecho de carne de ternera, picada gruesa y con sal, pimentón, ají y pimienta. Siempre está presente en los alrededores de los estadios de fútbol, antes y después de los partidos.

Plate. La más que insípida actuación contra Bolivia solo había ocasionado quejas, en vez de la furia que podía esperarse. Este, después de todo, era el torneo de Argentina, su oportunidad de poner fin a una etapa sin trofeos que ya duraba dieciocho años. Eran locales, tenían un conjunto de atacantes con talento y había enormes dudas sobre un equipo brasileño que parecía haber sido elegido en parte pensando en el Mundial de 2014: de ahí la presencia de jóvenes promesas como Neymar y Ganso. Pero ¿cómo podía alguien siquiera pensar en la Copa América en un momento como ese, después de que River hubiera descendido por primera vez en su historia? Otra de las grandes certezas de la vida había quedado en nada. Todo lo demás quedaba empequeñecido. Era la mentalidad pueblerina que Alabarces había percibido después del Mundial de 2002.

Quince años después del día en que había vencido a América de Cali para obtener la Copa Libertadores por segunda vez, River se enfrentaba a Belgrano en un desempate por el descenso. Venía de perder el partido de ida 2-0 en Córdoba. Fue un encuentro en el que un grupo de barras enmascarados entraron en el campo para criticar a sus propios jugadores. La situación no mejoró en el partido de vuelta. Cuando apenas quedaban unos instantes para el final y el marcador era de 1-1, comenzaron a llover asientos de plástico desde las tribunas. Los jugadores se refugiaron en el círculo central, rodeados de policías. Los disturbios se expandieron a las calles de alrededor del estadio; los hinchas destrozaron ventanas, coches y otras propiedades. Cuando se oyeron disparos, los helicópteros de la policía comenzaron a sobrevolar la zona. Era todo muy triste y predecible.

Había quienes culpaban al técnico JJ López, que no había sido capaz de reaccionar ante el pánico creciente y cuyas decisiones tácticas eran inconsistentes e innecesariamente temerosas. La ironía era que River había terminado el Clausura en el puesto número nueve, después de quedar cuarto en el Apertura. Si la liga argentina hubiese funcionado como antes, con solo un campeonato por año y todos jugando contra todos un par veces, River habría terminado quinto. Pero el mismo sistema que había sido pergeñado para evitar a los grandes el oprobio del descenso, el promedio, lo hundió. Después de ganar el Clausura con Diego Simeone en 2007-08, River terminó en último lugar en el Apertura en 2008-09. Solo se recuperó de su crítica situación dos temporadas más tarde. Cuando lo hizo, la parálisis se apoderó del club y no ganó ninguno de sus siete partidos finales.

Santa Fe está a unos ciento cuarenta kilómetros al norte de Rosario; el partido se disputaba en la provincia natal de Messi y era lo más cerca que había llegado el torneo a su ciudad de nacimiento. Pero incluso allí Tévez parecía haberse granjeado la simpatía del público. «Con el 10, el mejor del mundo, Lionel Messi», dijo el locutor desde el campo, mientras leía las alineaciones. Hubo aplausos amables. «Y con el 11, el jugador del pueblo, Carlos Tévez.» Se escuchó un poderoso rugido. Decir que Messi era impopular en Argentina sería una exageración, pero había cierto escepticismo respecto a él: no había jugado en su país, no había cumplido su temporada ni en River ni en Boca. ¿Era medio catalán? Era comprensible: después de todo, se había ido del país hacía once años. Pero también era injusto, porque Messi nunca ha sido otra cosa que argentino.

Es verdad que tiende a mascullar el himno nacional, pero eso también lo hacen muchos otros jugadores, especialmente quienes son tan tímidos como Messi. Maradona había acrecentado las dudas al comentar que su excompañero internacional Sergio Batista, que lo había revelado como seleccionador después del Mundial, tendría que «disfrazarse de Piñón Fijo (un popular payaso) para hacer feliz a Messi». ¿Era demasiado exigente? ¿Insistía en que el equipo jugase para él? Batista dio a entender que no, más bien al contrario. «Maradona tenía una personalidad diferente —dijo—. Era abrumador, contagioso; no veo eso en Messi.»

Pero la fascinación, en realidad, era menos por la que despertaba Leo (también experimentada por una gran cantidad de argentinos que se habían hecho famosos en el exterior, desde el Che Guevara hasta Borges) que por la abrumadora popularidad de Tévez. Cuando Borocotó hizo su descripción del *pibe*, trazó un retrato sorprendentemente certero de Diego Maradona. Pero Tévez, con su pelo negro, el cuello con cicatrices de un temprano accidente con una olla de agua hirviendo, el físico rechoncho y su origen pobre, encaja en el esquema con igual eficacia: él también es un *pibe* arquetípico, y es eso, más que cualquier otra cosa, lo que realmente parece conmover al público futbolero argentino. Messi, en contraste, con su origen más cómodo y su sensato corte de pelo, no termina de encajar en el estereotipo del *pibe*, cosa que contribuye a sospechar de un jugador cuya formación tuvo lugar en el extranjero. *El Apache* Tévez formaba parte del equipo por su popularidad: Batista lo había dejado fuera tras retirarse de un amistoso contra Brasil por «problemas musculares», pero, al poco tiempo, había jugado con el Manchester City. Lo volvió a convocar por lo que más tarde describió como «presión política», después de que Daniel Scioli, el gobernador de Buenos Aires, pidiera su inclusión.

En el partido, Colombia apenas se sintió amenazada: 0-0.

Unos días más tarde, visité un viñedo en Mendoza y conversé sobre el tema de Messi-Tévez con la gerente. Acordamos que se comían el espacio el uno del otro y que no podían jugar juntos. Le pregunté a quién dejaría fuera. «En partidos contra equipos débiles —dijo—, tiene que jugar Messi. Tiene más habilidad, es más creativo. Pero contra equipos buenos, contra Brasil o Uruguay... —se golpeó los nudillos sobre el pecho—, Tévez tiene garra. Tiene espíritu. La pelea.» Me pregunté si tenía que ver con una cuestión de origen social: ¿Tévez era el «héroe del pueblo» para la gran masa de gente sin recursos? Pero lo cierto es que sus palabras reflejaban un sentimiento dominante. A Tévez no se le prefería por su origen más pobre, sino porque parecía más genuinamente argentino.

El Apache quedó fuera del partido en la final del grupo. Contra una Costa Rica sin energías, el equipo formó con un 4-2-3-1: con Messi, Agüero y Di María jugando por detrás de Gonzalo Higuaín. Parecía un Argentina más equilibrada. Resultado final: 3-0. Terminaron en segundo lugar del grupo después de que Colombia ganara 2-0 a Bolivia. Ahora deberían jugar contra uno de los mejores equipos: Uruguay.

Batista alineó al mismo equipo. A los cinco minutos, Diego Forlán colgó una falta lejana hacia el segundo palo, Álvaro Pereida cabeceó hacia el otro palo y Diego Pérez empujó el primer gol del partido. Las cosas volvieron a equilibrarse doce minutos más tarde: Higuaín cabeceó un centro de Messi por la derecha: 1-1. Siete minutos antes del descanso, el partido pareció dar un giro decisivo a favor de Argentina: Pérez, ya amonestado por una temprana falta sobre Mascherano, recibió una segunda tarjeta por bloquear a Gago.

El técnico de Uruguay, Óscar Washington Tabárez, movió a Álvaro Pereira para aplicar una formación de 4-3-2, sin ningún jugador en la izquierda del mediocampo. Fue un movimiento que parecía contrario a la intuición, pues dejaba libre a Messi. Sin embargo, Tabárez había reconocido que el sistema argentino era tan inflexible que Leo siempre recortaba hacia dentro. Messi lo siguió haciendo y siguió topándose con la telaraña uruguaya. Argentina luchó para crear oportunidades de gol, mientras que Uruguay disparó contra el travesaño dos veces. Tévez entró por Agüero a los ochenta y tres minutos, pero pareció indiferente y torpe. Poco a poco, los anfitriones se sentían más y más frustrados. Tal vez por eso Mascherano vio una segunda tarjeta amarilla cuando quedaban cuatro minutos.

El partido fue a la tanda de penaltis. El tiro de Tévez se encontró con la parada de Fernando Muslera y Uruguay pasó a la siguiente ronda. Argentina estaba eliminada y la gente comenzó a volverse contra Tévez. No se trataba simplemente de echarle la culpa por fallar el penalti. Era más bien la sensación de que aquel fallo era el síntoma de algo más profundo: Tévez, tras haber quedado fuera del once inicial, no saltó al campo desesperado para recuperar su puesto. En realidad, lo que hizo fue enfurruñarse. Eso no formaba parte del atractivo del *pibe*; esa no era la tenacidad que se suponía que debía demostrar el chico de los potreros. Cuatro años más tarde, Tévez admitió que nunca debieron haberlo convocado: «No estaba preparado en 2011, y debería haber quedado fuera de la Copa, pero me llamaron en el último minuto y me sumé al equipo».

Ese otoño, durante un partido de la Champions League

contra el Bayern de Múnich, Tévez se negó a saltar a calentar cuando se lo pidió el técnico del Manchester City, Roberto Mancini. El club lo sancionó y él regresó a Argentina, donde jugó mucho al golf e incluso actuó de *caddie* para Andrés Romero durante la ronda final del Open en Royal Lytham & Saint Annes. Eso le dio a Alejandro Sabella, que sucedió a Batista después de la Copa América, la excusa para no seleccionarlo.

Cuando Tévez volvió a jugar, Argentina ya tenía un sistema que funcionaba y que los llevó al primer puesto del grupo de clasificación para el Mundial. Tuvo que esperar hasta 2015 para que la selección volviera a llamarlo. Por aquel entonces, Gerardo Martino ya había reemplazado a Sabella.

68

La Brujita, el papa y las gallinas jubilosas

*T*al vez el aspecto más extraño del fútbol argentino moderno sea que, a pesar de todo, continúa teniendo tanto éxito a nivel continental. No importa qué otra cosa ande mal, las victorias en la Libertadores siguen llegando. Y lo más llamativo es que no hay un patrón de juego claro.

Nadie funda ya una dinastía. La idea de que un club haga lo que hizo Independiente en la década de los setenta y gane cuatro seguidas resulta descabellada. La voracidad de los equipos europeos y la necesidad de fondos inmediatos de los clubes argentinos son demasiado grandes; el reemplazo de jugadores es demasiado rápido. Reina el cortoplacismo.

Consideremos, por ejemplo, a Estudiantes. Tras una década jugando en Europa, Juan Sebastián Verón volvió al club en 2006. «Quiero ayudar a que el equipo vuelva a ganar un torneo internacional», dijo. El club estaba en ascenso. Por mucho que Verón se esforzara y aún fuera capaz de abrir brechas en las defensas con sus pases en profundidad, ese objetivo parecía demasiado ambicioso. Entonces nombraron entrenador a Diego Simeone. Aprovechando los cimientos establecidos por Carlos Bilardo, quien había ascendido a un buen número de jugadores jóvenes antes de alejarse en 2004, armó un equipo en la mejor tradición del club: solo recibió doce goles en diecinueve partidos en el Apertura de 2006-07 y ganó el título en un desempate. Hacía veintitrés años que no quedaban campeones.

Por improbable que resultara el éxito de Simeone más

tarde en el Atlético de Madrid, sucedió que la plantilla de Estudiantes era ideal para su concepción del fútbol. «No se olviden de Estudiantes —dijo—. Sigue siendo el equipo que mejor capturó lo que pienso del fútbol, con el que me sentí más identificado: practicidad, compromiso, esfuerzo colectivo, talento, simplicidad». Sin embargo, pronto partió hacia River.

Ese fue el comienzo, pero la sorprendente designación de Alejandro Sabella en 2009 fue lo que llevó las cosas a un nuevo nivel. Había jugado en Estudiantes (lo habían apodado «el Pachorra», por su aparente falta de empuje), pero con cincuenta y cuatro años carecía de experiencia como entrenador principal: había pasado la mayor parte de su carrera trabajando como asistente de Daniel Passarella. En cualquier caso, en sus dos años en el club, Sabella resultó tener más éxito como entrenador de Estudiantes que cualquiera desde la época de Zubeldía.

Sabella sabía perfectamente cuánto le debía a su jugador más famoso:

> Verón es el jugador más importante de Estudiantes de La Plata desde que el club se creó. Lo que hizo al decidir regresar al club y predicar con el ejemplo en cada sesión de entrenamiento es único. Coloca el listón extremadamente alto y si un compañero de equipo más joven lo ve entrenar, inmediatamente piensa: «Él es Verón, lo ha ganado todo y está acá haciendo esto. ¿Cómo no voy a hacer yo el mismo esfuerzo?». Su impacto en el vestuario es enorme. Creció acá, tiene una historia en este club desde antes de haber nacido, pero hizo su camino desde ser «el hijo de» a que su padre se transformara en «el padre de». Tiene una calidad y una visión del juego que es poco común. Hay solo unos pocos jugadores como él en la historia de nuestro fútbol, pero, además de eso, debo reconocer su alma, porque es su alma lo que hace que sus compañeros de equipo brinden algo más que va más allá de sus capacidades.

Por su solidez defensiva, solo encajaron cinco goles en doce partidos, lo que llevó a Estudiantes a la final de la Libertadores contra el Cruzeiro. El primer partido, en La Plata, terminó sin goles. Cruzeiro tomó la delantera en Belo Horizonte con un tiro desviado de Henrique a los siete minutos del segundo tiempo. Pero cinco minutos más tarde, Verón arrancó desde atrás y abrió a la derecha para la subida de Christian Cellay, que metió un centro a poca altura. El portero Fabio se tiró a por el balón, falló estrepitosamente y Gastón Fernández empujó la pelota casi bajo los palos. Dieciséis minutos más tarde, Mauro Boselli marcó de fuerte cabezazo un saque de esquina de Verón. La Brujita, como lo llamaban, había cumplido su promesa y había seguido los pasos de su padre para ayudar a Estudiantes a hacerse con la Libertadores. «Mi hijo volvió en 2006 con un objetivo simple pero aparentemente imposible: ayudar a que el equipo otra vez ganara un torneo internacional —dijo Juan Ramón Verón—. Tuvo varias ofertas, pero eligió jugar para su club, al que nunca olvidó. El sueño de todo hincha, él lo cumplió».

En 2010, siguió el Apertura, pero pronto comenzaron las ventas. No podía haber un éxito sostenido. Pasarían cinco años antes de que otro equipo argentino se llevara la Libertadores.

El papa Francisco es hincha de San Lorenzo, cómo no. ¿A quién más podría apoyar? Nació en diciembre de 1936 en Flores, el barrio inmediatamente contiguo a Almagro hacia el oeste, donde el padre Lorenzo había fundado el club hacía tres décadas. Su padre jugó en el equipo de baloncesto de San Lorenzo; de niño, solía ir con su madre a ver partidos. Respecto de las figuras públicas siempre se sospecha que el apoyo que dicen profesar por determinados clubes de fútbol es superficial, pero no es eso lo que sucede con el papa Francisco. Si ve a alguien vistiendo la camiseta de San Lorenzo o llevando los colores del equipo entre las multitudes en la plaza de San Pedro, suele hacerle una señal. Si San Lorenzo ha ganado su último partido, generalmente señalará el resultado con los dedos. En sus audiencias públicas, siempre hay grupos cubiertos con la bandera argentina que más que peregrinos parecen multitudes que van a un campo fútbol. Los que trabajan constantemente con el papa Francisco ponen los ojos en blanco cuando se les pregunta sobre su amor por dicho deporte: al parecer, no para de hablar de fútbol.[144]

Cuando Francisco fue elegido papa en 2013, San Lorenzo no había ganado desde el Clausura de 2007. Rápidamente, ganó el Apertura,[145] un logro especialmente notable en vista de que el año anterior solo había evitado el descenso en una eliminatoria final, mientras luchaba con el peso de una deuda de más de quince millones de dólares. Un nuevo presidente, Matías Lammens, estabilizó al club económicamente, mientras el entrenador Juan Antonio Pizzi hallaba una forma de jugar.

Pizzi fichó por el Valencia poco después de ganar el título. Edgardo Bauza, que había conducido al Liga de Quito a alzarse con la Libertadores en 2008, se hizo cargo de una campaña continental que tal vez significara más para San Lorenzo que para cualquier otro equipo. Ganar la Libertadores era casi como una misión para San Lorenzo, cuyos aficionados estaban un poco hartos de la bromita que les hacían los hinchas de otros clubes sobre el significado que tenían las letras de su escudo: no querían decir Club Atlético San Lorenzo de Almagro, sino más bien: «Club Atlético Sin Libertadores de América».

La primera sensación de que algo especial estaba sucediendo llegó con los partidos finales de la fase de grupos. Los chilenos del Unión Española ya se habían clasificado para octavos, mientras que Botafogo superaba a San Lorenzo y al equipo ecuatoriano de Independiente del Valle por dos puntos. Si San Lorenzo derrotaba a Botafogo en casa, lograría el segundo puesto, a menos que Independiente ganara en Chile. En ese caso, necesitaba ganar por una diferencia de más de dos goles que los ecuatorianos.

144. Ama los deportes en general, anima al equipo de críquet del Vaticano y aceptó una gorra del equipo donde juego yo, el Authors CC, antes de que disputáramos un partido contra el equipo vaticano en Roma, en el año 2015.

145. Francisco no solo tuvo un efecto positivo sobre los resultados de San Lorenzo. A finales de octubre de 2013, el Sunderland, que no había logrado ganar un partido de la liga desde hacía seis meses, envió al capellán del club a Roma con la camiseta del equipo para solicitar la bendición de Francisco para su próximo partido, el derbi contra Newcastle. El papa se la concedió y el Sunderland ganó 2-1; el gol ganador, que llegó en las postrimerías del partido, lo marcó Fabio Borini, que había llegado a Inglaterra procedente de Roma.

Al descanso, San Lorenzo llevaba el control. Tomó la delantera con el gol de Héctor Villalba; por su parte, Unión e Independiente empataban 1-1. Ignacio Piatti marcó dos veces para que San Lorenzo ganara 3-0, pero en el partido de Chile todavía faltaban por pasar muchas cosas. Tras cumplir con su parte, los jugadores de San Lorenzo tuvieron que esperar en el campo a que terminara el otro partido: cuando finalizó, Independiente había ganado por 5-4 y los argentinos seguían adelante. «Todos pensaron que estábamos muertos, pero se olvidaron de matarnos —dijo Piatti—. Este equipo ha pasado muchas, pero hemos mostrado que somos batalladores. Tal vez no juguemos bien, pero nunca dejaremos de pelear.»

Grêmio cayó en la tanda de penaltis en octavos; en cuartos, eliminaron a Cruzeiro por un global de 2-1. El sorteo fue bueno: San Lorenzo se mediría en las semifinales a Bolívar, cuya trayectoria como visitante era muy mala, pero que en la altura de La Paz sabía emplear sus armas. En la ida, San Lorenzo se aseguró ante aquella ventaja de la altura: 5-0 en suelo argentino. Una derrota por 1-0 en Bolivia importó poco: San Lorenzo había llegado a la final por primera vez.

Sin embargo, aquel no era el mismo equipo que había iniciado el torneo. Ángel Correa, un joven y prometedor delantero, había sido traspasado al Atlético de Madrid (donde su examen médico reveló un defecto cardiaco que requirió cirugía) mientras que Piatti, el héroe de la fase de grupos, acabó en el Montreal Impact y tuvo que marcharse entre el partido de ida y de vuelta de la final. Es la triste realidad del fútbol argentino moderno: ningún club puede retener por mucho tiempo a los jugadores con talento.

San Lorenzo empató 1-1 como visitante con Nacional de Paraguay en el partido de ida de la final. El de vuelta fue un encuentro nervioso y plagado de errores, pero el único gol del partido fue para San Lorenzo: Néstor Ortigoza marcó de penalti. Fue una noche en que el espectáculo importó menos que el logro final, una noche en la que la máxima competición americana pagó su deuda de sesenta años con San Lorenzo.

Tal vez nadie saboreó la victoria con tanta fruición como

Leandro Romagnoli. Es un jugador a la antigua, un driblador que hace que en los argentinos surja la nostalgia por los viejos tiempos. De hecho, todo San Lorenzo parecía representar una escuela más antigua de fútbol, menos vertical, menos frenética que la bielsista que comenzaba a dominar Argentina. Romagnoli había sido hincha de San Lorenzo de niño, había prometido a su madre que haría historia para el club y había debutado en él a los diecisiete años.

Después de quince títulos de liga, San Lorenzo por fin logró ser el octavo ganador argentino de la Libertadores: ya no se lo define por una ausencia. «Pienso en la alegría de los hinchas —dijo Romagnoli—. Lo que significa esta copa para el club. Nunca jugó la final. Se la pudimos dar. Esperaron una vida. Muchos de los hinchas tienen ochenta, noventa años.»

El día después del triunfo, una delegación de jugadores voló a Roma con el trofeo y tuvo un encuentro con el papa, tal y como había sucedido tras ganar la liga el diciembre anterior. «Lo vivo con mucha alegría, pero no, no es un milagro», dijo Francisco, mientras abrazaba el trofeo con evidente orgullo. Al mes siguiente, se anunció que, cuando, en 2018, el club se mudara a su nuevo estadio en Boedo, tras llegar a un acuerdo con Carrefour para compartir el terreno que se vio forzado a abandonar en 1979, el campo llevaría el nombre del papa.

Por intensa que haya sido la alegría de San Lorenzo, por tremendamente importante que fuera el éxito en la Libertadores para ayudar a devolverle al club la autoestima que había quedado tan dañada al perder su hogar, había además algo más profundo: a pesar de todo aquel ambiente lóbrego que rodeaba al fútbol argentino, más allá del evidente deterioro económico, sus clubes todavía podían ganar torneos continentales. «Tras una sequía de cinco años, un plantel argentino ha ganado la Libertadores», se regocijó *La Gaceta de Tucumán* bajo el titular de «Orgullo nacional».

Puede haber sentido orgullo, pero el verdadero nivel del fútbol argentino (y por extensión del sudamericano) se vio con las actuaciones de Estudiantes y de San Lorenzo en el Mundial de Clubes, el torneo que había reemplazado a la Copa Intercontinental y que enfrentaba no solo a los campeones de Europa y de Sudamérica, sino también a los de África, Asia, Oceanía y América del Norte y Central.

Estudiantes al menos forzó al Barcelona a jugar la prórroga antes de perder en la final en 2009; sin embargo, San Lorenzo necesitó del tiempo suplementario para deshacerse del Auckland City en su semifinal de 2014, antes de caer en la final ante el Real Madrid.

Sin embargo, habría otro ganador argentino de la Libertadores en la temporada siguiente.

En el Monumental, hombres hechos y derechos se echaron a llorar. En el Obelisco, daban brincos bajo la lluvia. Diecinueve años después de que Enzo Francescoli hubiera inspirado su segunda victoria, River Plate ganó una tercera Libertadores y se transformó en el primer equipo en ostentar simultáneamente la Sudamericana, la Recopa y la Libertadores. Al final, tras todos los traumas que River había atravesado, después de la vergüenza del descenso, pareció casi decepcionantemente fácil. La victoria quedó prácticamente asegurada por un empate 0-0 en el partido de ida en el campo del equipo mexicano del Tigres UANL y se confirmó en Buenos Aires: 3-0. La alegría y la emoción fueron muy reales, aunque la sensación era que el trabajo arduo era el que se había hecho en los cuartos de final, cuando se pasó de estar perdiendo por un gol en casa a ganar 3-1 al Cruzeiro.

Si bien el equipo de Marcelo Gallardo había jugado bien el año anterior, la trayectoria de River en la fase de grupos era la peor entre todos los clasificados: ganaron solo un partido y terminaron siete puntos por detrás de UANL. El sorteo lo enfrentó a Boca. Tras ganar 1-0 como local, se clasificaron después de que el partido de la Bombonera se suspendiera cuando hinchas del equipo local esparcieron gas pimienta en el túnel cuando los jugadores iban a salir para el comienzo del segundo tiempo. Fue una forma poco satisfactoria de ganar un derbi. «La historia de este club es pelear este tipo de competencias», dijo el centrocampista Leonardo Ponzio, pero la realidad no es esa. No fue una victoria dentro de las más orgullosas tradiciones del club; no estuvo enraizada en un elegante juego de ataque; fue la victoria de la tenacidad. Solo le importaría al hincha más fundamentalista, pero la naturaleza de la victoria decía mucho sobre el fútbol de la Libertadores en la era moderna. «Este —escribió Tim Vickers, el decano de los europeos que cubrían el fútbol sudamericano— fue un partido de calidad deprimentemente baja, un festival de pases errados (más de setenta solo en el primer tiempo) y de entradas duras. La diferencia entre esto y la final de la Liga de Campeones es una triste ilustración del abismo que actualmente existe entre el fútbol que se juega en Europa y el que se juega en Sudamérica».

River celebró el campeonato como lo había hecho San Lorenzo y Estudiantes, pero nadie podía fingir que estas victorias· igualaban a las que Estudiantes había conquistado en los años sesenta, o a las que Boca e Independiente habían alcanzado en los años setenta, o las que una hueste de clubes argentinos, incluido River, habían logrado en los años ochenta, en los tiempos en los que la Libertadores y la Copa de Europa tenían estatus parecido. Era un fútbol moderno para clubes que no estaban en la élite europea: un chispazo que publicitaba el talento de jugadores y entrenadores que luego se iban a otras latitudes y daban pie a un inevitable camino a la mediocridad. Y no hay ningún patrón, ninguna forma, ninguna sensación de que se estén edificando nuevas estructuras para el futuro.

En el fondo, estas victorias recientes demuestran más bien poco, más allá del hecho de que el fútbol argentino, a pesar de todos sus fallos, no está tan mal dirigido como el fútbol brasileño.

69

La persistente sequía

Se alineaban a lo largo de toda la playa de Copacabana: coches, minibuses y caravanas, todos estacionados casi sin espacio entre ellos, junto a la costa, con banderas y cintas celestes y blancas por todas partes. Por las mañanas, cuando el sol salía sobre el Atlántico, se producía un gran despertar colectivo: cientos de hinchas argentinos se desperezaban y se ponían a hervir el agua para el mate en pequeños calentadores Primus. Algunos dormían en la playa, otros sobre bancos, desplazando a los vagabundos del lugar. La *fan fest*, ese centro pavoroso del corporativismo de la FIFA, donde pintarse el rostro costaba diez dólares y una botella de vino oficial se te iba a los ciento cincuenta estaba ubicado en un extremo de la playa, pero se sentía como si fuese el verdadero corazón del torneo, el centro anárquico donde los hinchas se reunían a beber, a mirar partidos en pantallas gigantes, ligar y discutir: hinchas de todos los países, pero principalmente de Argentina. Y con ellos llegó el cántico inevitable, entonado al ritmo de *Bad moon rising*, que se convirtió en el himno oficioso del campeonato, para horror de los brasileños, cuya peor pesadilla era que sus enemigos jurados ganaran el torneo en el Maracaná.

Brasil, decime qué se siente,
tener en casa a tu papá.[146]

146. En Argentina, particularmente en el fútbol, si alguien es tu «papá», te derrota sistemáticamente.

> Seguro que, aunque pasen los años,
> nunca lo vamos a olvidar:
> que el Diego te gambeteó,
> el Cani[147] te vacunó.
> Estás llorando desde Italia hasta hoy.
> A Messi lo vas a ver
> la copa nos va a traer.
> Maradona es más grande que Pelé.

A lo largo del torneo, la canción se oía por todas partes: un clip de YouTube con un par de cientos de hinchas cantándola sin parar en Porto Alegre se volvió viral. Pero lo sorprendente no era solamente la ubicuidad, sino el modo en que la canción resumía las preocupaciones principales de los argentinos. Tal vez la referencia a Italia 90 se hacía simplemente porque habían derrotado a Brasil en octavos de final, pero también parecía reflejar el modo en que las actuaciones de Argentina en ese torneo resuenan mucho más en el país que en cualquier otro lugar. Pero incluso más elocuente era la comparación implícita entre Messi y Maradona. Argentina creía que ese sería el torneo de Messi, de la misma manera que el de 1986 había sido el de Maradona. Pero la experiencia de Messi en Brasil se aproximó más a la de Maradona en Italia 90.

Durante casi una década, 2014 había sido señalado como la Copa del Mundo de Messi, y la comparación con Maradona lo esperaba. En el otoño de 2005, Messi negoció su primer contrato «profesional» con el Barcelona. Tenía dieciocho años y estaba en su primera temporada con el primer equipo. Ambas partes deseaban un acuerdo de largo plazo, pero diferían en un detalle clave. Mientras que el club quería que firmara hasta 2014, y finalmente lo logró (ha habido innumerables extensiones y renegociaciones desde entonces), el padre de Messi quería un arreglo que expirara en 2013. Su razonamiento era que si algo salía mal en el Barcelona, si Messi sufría una lesión o se peleaba

---

147. El Cani es Claudio Caniggia, y la referencia remite al gol en Italia 90 que Maradona preparó para Caniggia en el triunfo por 1-0 de Argentina contra Brasil en octavos de final.

con un técnico, quería que su hijo tuviese la libertad de irse un año antes del Mundial para que pudiese disponer de una temporada para ponerse en forma.

El equipo de Argentina para el Mundial de 2014 incluyó a seis jugadores que habían participado en la final del sub-20 de 2005 (el defensa Gabriel Paletta, por su parte, ahora estaba en la selección italiana). Pero Messi nunca se apoderó del torneo como lo hizo Maradona en 1986, nunca pareció ser físicamente capaz de hacerlo. Lo que ofreció, en cambio, fue una serie de cameos decisivos, como si una y otra vez se diese cuenta de que nadie más iba a darle la vuelta al partido, «puso la cara», por utilizar la frase de Grighini, y realizó una intervención decisiva, tal como había hecho en partidos juveniles años atrás.

Argentina se había clasificado de manera impresionante y terminó en primer lugar en su grupo de la Conmebol; solo perdió dos de dieciséis partidos (y uno de ellos era el último contra Uruguay, mucho después de haberse asegurado la clasificación) y marcó treinta y cinco goles. Y, lo que era incluso más importante, aparentemente habían encontrado en Alejandro Sabella a un técnico lo suficientemente pragmático y lo suficientemente duro como para ignorar consideraciones de tipo político o sobre la popularidad de los jugadores para elegir una estructura de equipo que funcionase.

Lo más notable fue que nunca convocó a Tévez, quien hizo poco para ayudar a su propia causa, al comentar amargamente que «jugar para Argentina te quita prestigio». Era una frase que recordaba el hecho de que, en 2003, cuando celebraba que Boca había obtenido el título en el campo del Racing, se había sumado a los hinchas que entonaban cánticos ofensivos contra la selección.

Sabella había dispuesto un esquema 4-4-1-1 con Messi detrás de Higuaín, antes de cambiar a un 4-3-3, con Messi a la derecha de Higuaín, pero cerrándose hacia el centro e intercambiando posiciones con él; Agüero jugaba a la izquierda. Se rumoreaba que el cambio se había realizado a instancias de Messi, que quería que su excompañero de cuarto estuviese en el equipo, pero cualquiera que fuese la razón, el resultado fue un equipo con un gran equilibrio. Di María jugó en la izquierda del mediocampo, protegido por el lateral izquierdo Marcos Rojo, mientras Javier Mascherano desempeñaba su labor por delante de los centrales; a la derecha del mediocampo, Fernando Gago le dio solidez al equipo, haciéndole la cobertura a Pablo Zabaleta cuando este subía al ataque desde el lateral derecho.

Esos planes, sin embargo, se vieron alterados por culpa de una lesión. Gago tuvo un problema en la rodilla. Y, si bien pudo estar entre los veintitrés seleccionados, distaba mucho de encontrarse en su mejor estado (aunque su estado físico en Boca había sido mediocre incluso antes de lesionarse). Agüero sufrió repetidos problemas en los gemelos y en los isquiotibiales, mientras que Higuaín luchaba por recuperarse de una lesión en el tobillo en los días previos al partido de apertura de Argentina contra Bosnia-Herzegovina en Maracaná. Pero el equipo de Sabella era misterioso, tan desconcertante que dio lugar a una serie de teorías de la conspiración: lejos quedó el formato 4-3-3; en su lugar, empleó un 5-3-2 que ya había utilizado tres veces en partidos de clasificación, cuando jugaron como visitantes contra Venezuela, Bolivia y Ecuador. El saldo no era muy bueno: una derrota y dos empates.

Finalmente, no es que Messi exigiera jugar con dos puntas o cualquiera de las otras acusaciones, sino que Sabella, preocupado por las lesiones, había decidido no arriesgar de golpe a los tres delanteros que tenía en forma (eso incluía a Agüero, que se hallaba lejos de su mejor momento). Messi jugó detrás de Agüero, con Mascherano flanqueado en el mediocampo por Di María y Maxi Rodríguez. Argentina obtuvo una afortunada ventaja a los tres minutos cuando el tiro libre de Messi fue peinado por Rojo y Sead Kolasinac se marcó un autogol. Después de eso, Argentina jugó de forma tediosa y se pasó el resto del primer tiempo defendiéndose muy atrás, conteniendo a Bosnia a corta distancia y sin amenazar con aumentar la ventaja. Se dice que, en el descanso, Messi pidió volver a la formación 4-3-3, aunque no puede haber sido el único en darse cuenta de que un cambio de esquema era necesario si pretendían no limitarse a aferrarse a su mínima ventaja, o si querían hacer algo mejor que cruzar los dedos para que ni Miralem Pjanić ni Zvjezdan Misimović encontrasen un pase letal. Entraron Gago e Higuaín, y Argentina inmediatamente comenzó a sentirse más cómoda. Messi se mantuvo tranquilo. A los sesenta y cinco minutos, llegó una combinación clásica durante la fase de clasificación: Higuaín cayó hacia la izquierda para crear espacio y facilitar que Messi se lanzase hacia el medio, dejando a dos defensas en el camino antes de clavar en la red un tiro ajustado al poste izquierdo. Vedad Ibišević puso el 2-1 final.

En ese momento parecía poco más que un comienzo titubeante y se suponía que, tras restablecerse el 4-3-3 y que los jugadores entraran en ritmo de competición, Argentina se encontraría a sí misma. Tal como estaba, durante todo el torneo, la selección siguió el esquema del partido de Bosnia. Irán defendió de manera casi impecable, frustrando a Argentina y hasta generó un par de oportunidades (probablemente, el árbitro debió señalarles un penalti a favor). Entonces, en el tiempo añadido, Messi recibió la pelota a nueve metros del área grande, en el lado de su derecha. Los diez jugadores de campo iraníes estaban entre él y la portería, pero Leo recortó hacia dentro, alzó la vista y, desde fuera del área, sacó un remate alto con la zurda que voló por encima de Reza Ghoochannejhad y de Amir Sadeghi y que se coló entre el poste derecho del portero y su inútil estirada.

En cualquier contexto, habría sido un gol asombroso; hacerlo en ese momento, en medio de dudas tan manifiestas que Maradona, irritado, ya se había ido del estadio, lo hacía incluso más especial: este era un jugador que asumía responsabilidades, diciendo que si ningún otro iba a ganar el partido, él lo haría.

Eso significaba que Argentina se había clasificado y que en el último partido del grupo, contra Nigeria, bastaría con un empate para meterse en octavos de final como primeros. Ganaron 3-2. Messi marcó un par de goles: el primero de un chut potente y colocado tras recoger el rechace del disparo de Di María, que había rebotado en el poste y en el portero. El segundo fue tras un sorprendente libre directo. En octavos se encontrarían contra Suiza, en São Paulo. Los suizos se plantaron sólidamente. Todo su plan de juego consistía en negarle el espacio a Messi: «Esto solo puede hacerse si estamos todos juntos —dijo el entrenador Ottmar Hitzfeld—, si tenemos a tres o cuatro jugadores alrededor de Messi, cerca de Messi.» Lograron ese objetivo. Leo se pasó todo el partido con camisetas rojas zumbando a su alrededor. Argentina se esforzaba. Agüero, que había sufrido una recaída de su problema en los isquiotibiales, había quedado fuera. Lo reemplazó Ezequiel Lavezzi. Messi hizo pocos esfuerzos de fingir que comenzaba por la derecha y asumió el rol de enganche clásico detrás de los dos delanteros; tal vez eso facilitó que Suiza frustrara sus planes. Pero la sensación era que los parámetros normales habían cambiado: no se trataba de Argentina o de seguir vivos en el torneo; en cierto modo, se trataba de que Messi cumpliera con su destino.

Los comentarios sobre el equilibrio y la integración habían dejado su lugar a una visión muy anticuada del fútbol. «Sabemos que es nuestro jugador principal, nuestro capitán, el mejor jugador del mundo —dijo luego Zabaleta—. Este equipo está jugando para él, porque sabemos lo importante que es Messi para este equipo. Tenemos mucha suerte de tener a Messi en Argentina. Cada vez que recuperamos la pelota, tratamos de pasársela a él, porque es el mejor jugador del equipo y hace goles.» Como observó el periodista Ken Early, en el Barcelona, Messi recibía un pase, lo devolvía y buscaba el espacio libre para recibir la pelota nuevamente. Para Argentina, recibía un pase y todos se paraban y esperaban a que él hiciese algo. Era como si hubiese tres equipos: Suiza por un lado, y por otro la alianza poco precisa entre Messi y Argentina.

Cuando quedaban un par de minutos para acabar el partido, Messi recibió la pelota sobre la línea lateral izquierda. Alzó la vista y, casi visiblemente, se armó de valor y arremetió con un regate. No llegó a nada, pero la sensación estaba allí: aquí estaba nuevamente, otra vez, tratando de pergeñar un modo de ganar el partido por sí mismo. Tras los noventa minutos, el encuentro seguía sin goles. Ambos se reunieron frente a sus respectivos bancos. Messi era el capitán de Argentina, un nombramiento recibido quizá por razones sentimentales, para que pudiese replicar al Maradona de 1986 lo más aproximadamente posible, pero fue uno de los últimos en sumarse al grupo. Se puso de pie en la parte posterior, haciendo equilibrio con una botella de agua sobre la cabeza. Sabella fue el primero en hablar, luego Mascherano. Messi no dijo nada. ¿Era este el liderazgo tímido del cual habían hablado sus primeros maestros y entrenadores? ¿O era capitán solo nominalmente, un genio silencioso?

Había algo fascinante en su minimalismo, que durante largo tiempo había sido evidente en su juego; aunque era capaz de un virtuosismo extraordinario, tenía una gran capacidad para escoger la acción más fácil posible para lograr los objetivos que se proponía; no había nada presuntuoso ni llamativo en él. Esta falta de movimiento, sin embargo, era algo nuevo. Corría menos que cualquier otro jugador en el campo (solo 10,7 km en los ciento veinte minutos) y pasaba menos tiempo en lo que la FIFA consideraba actividad de intensidad media y alta que cualquier otro jugador de campo. Hizo solo treinta y una carreras a toda velocidad, menos que cualquier otro jugador, aparte de los centrales Federico Fernández y Fabian Schär. Cuando Brasil venció a Chile por penaltis en la misma ronda, Neymar corrió casi tres kilómetros más que Messi; asimismo, completó veintiún minutos de actividad de intensidad entre media y alta, en contraste con los nueve de Messi; además, completó cincuenta y siete carreras rápidas. Así y todo, Messi le dio el triunfo a Argentina. Cuando quedaban tres minutos, la concentración de Suiza finalmente patinó ante un saque de banda. Repentinamente, Messi tenía espacio. Aceleró a 27,58 km/h, lo más rápido que había corrido en el partido, según la FIFA.[148] Los defensas entraron en pánico y se cerraron sobre él, en un momento que recordó al pase de Maradona contra Brasil en 1990 para aquel gol de Caniggia que los argentinos no habían dejado aún de celebrar. Leo puso la pelota en el camino de Di María. Su remate de primera no llegó a tener la vistosidad del de Caniggia, pero su gol no fue menos decisivo. Tras tomar la delantera, Argentina pareció caótica. Blerim Džemaili casi logró igualar, pero su cabezazo se estrelló en el poste, rebotó de vuelta contra su rodilla y salió desviado. Los argentinos resistieron y llegaron a cuartos de final. Fuera como fuera, hubo tiempo para que Messi estallara en su versión propia de 1986;

148. Todas las estadísticas fueron tomadas de la nota de Ken Early en slate.com.

después de todo, solo había sido en los últimos ocho cuando Maradona había jugado a toda máquina entonces. Pero ese estallido no llegó nunca. Argentina venció a Bélgica en los cuartos de final gracias a un gol temprano de Higuaín, pero Messi estaba en la periferia y, peor aún, Di María se lesionó un músculo del muslo. Sin él en la semifinal contra Holanda, la selección argentina parecía mucho menos peligrosa.

Además, aquel fue un partido disputado bajo una nube de tristeza.

Los jugadores argentinos llevaban brazaletes negros en memoria de Alfredo di Stéfano, que había fallecido la semana anterior, pero los símbolos adquirieron un significado adicional a primera hora el mismo día del partido: el periodista Jorge, *el Topo*, López, había muerto cuando el taxi en el que viajaba fue arrollado por un coche robado que la policía estaba persiguiendo. Su mujer, que también era periodista y estaba cubriendo el torneo, se enteró de su muerte cuando vio un tuit de Diego Simeone expresando su horror y su tristeza por la noticia. Messi, que era amigo de López, deslumbró solo intermitentemente, aunque una carrera veloz y un centro en los segundos finales casi hicieron que se ganara. Argentina venció finalmente en la tanda de penaltis. Inmediatamente, Messi dedicó la victoria al Topo López. Pocos dudaban de que la estrella de aquel día había sido Mascherano, una figura controlada y combativa en el eje del centro del campo que, en un momento decisivo, había corrido y se había lanzado para evitar un gol de Arjen Robben; el esfuerzo, dijo más tarde, le produjo una «fisura anal».

Si Messi hubiera tenido una gran actuación en la final contra Alemania, que había aplastado a Brasil 7-1 en la semifinal, aquel aún podría recordarse como «su» torneo. Incluso un gol como parte de una victoria, en conjunción con los recuerdos de sus cuatro goles de la fase de grupo y el pase a Di María contra Suiza, podría haber sido suficiente para generar la narrativa de que sí se trataba del torneo de Messi. Tuvo su oportunidad, pero remató desviado poco después del descanso. Argentina había tenido sus oportunidades: Higuaín falló espantosamente solo delante del portero y le anularon un gol (correctamente) por un fuera de juego que lo era por poco. Además, el portero alemán

Manuel Neuer podría haber sido expulsado por una aparatosa entrada a la altura de la cabeza contra el mismo Higuaín.

Probablemente, Sabella perdió la iniciativa cuando retiró a Lavezzi por Agüero después del descanso: una apuesta por el estado físico del delantero del Manchester City que no dio resultado. El partido lo definió una volea de Mario Götze a los ciento trece minutos de partido. Considerando el torneo como un todo, Alemania probablemente lo había merecido, pero Argentina había estado desesperadamente cerca. La última acción notable de Messi llegó cuando le otorgaron un tiro libre a Argentina justo fuera del área en el minuto final. La mejor opción habría sido que Messi colgara el balón en el área para que Ezequiel Garay intentara rematar: el partido de Suiza había recordado cómo las mentes de los defensas pueden embrollarse cuando la meta esta muy cerca; hacer que Alemania tuviera que despejar la pelota hubiera supuesto una prueba para el temperamento alemán. En cambio, Messi tiró a puerta y su remate se fue alto y muy desviado. Por supuesto, es fácil criticar desde la distancia; lógicamente, si hubiese marcado, se habría dicho que ahí había otro ejemplo de cómo Messi «daba la cara», aceptando la responsabilidad y resolviendo el problema por sí mismo. La cuestión es que simplemente se sintió como si hubiese sido capturado por la narrativa de que tenía que ganar la Copa del Mundo casi sin ayuda. Y así pasó la oportunidad más grande para los campeones sub-20 de 2005, derrotados por un equipo alemán que incluía a cinco de sus sub-21 que habían ganado el campeonato de Europa en 2009.[149]

Después del pitido final, mientras Alemania esperaba que le entregasen el trofeo, Messi fue nombrado jugador del torneo. Difícilmente se le podría haber visto más taciturno que en el momento en que el Balón de Oro fue a parar a sus manos. Nadie

---

149. Habrían sido seis si Sami Khedira no se hubiese lesionado en el precalentamiento. Ese equipo alemán sub-21 también incluía a Ashkan Dejagah y Fabian Johnson, quienes jugaron, respectivamente, para Irán y EE.UU. en la Copa del Mundo de 2014, y al internacional polaco Sebastian Boenisch. Parece hablar de manera elocuente de las fortunas de las dos naciones el hecho de que mientras seis jugadores del equipo alemán ganaron el Mundial, siete del equipo de Inglaterra a los que habían derrotado en la final pasaron a jugar para Sunderland.

lo culpaba, no existía la sensación de que había defraudado, pero era para estar preocupado. ¿Y si la ausencia de carreras de Messi no se debía a su minimalismo sino a una razón más seria? En la semana anterior, las declaraciones atribuidas a su padre (pero prontamente desmentidas) sugerían que el jugador sentía como si las piernas «le pesaran cien kilos cada una». ¿Aquello estaba relacionado con el hábito que había desarrollado en el último par de años de vomitar en el campo? Cuando luego tuvo otra temporada descollante en el Barcelona, parecía incluso más obvio que había faltado algo, pero de qué se trataba exactamente nunca se supo explicar. Ni siquiera cuando Messi admitió finalmente que se había sentido muy raro durante la mayor parte de 2014. Hablar de fracaso cuando un equipo juega la final de un Mundial, cuando ha tenido, además, oportunidades de ganar esa final, sería espantosamente duro. La mayoría de los argentinos parecían agradecidos a Sabella y a su equipo por haberles llevado a una final y sacarse de encima esa estadística que decía que, desde 1990, el único equipo que Argentina había derrotado en un partido importante en un Mundial (sin recurrir a penales) había sido México.

Messi siguió luciendo el rostro apesadumbrado en las recepciones públicas, abatido en un segundo plano, mientras Cristina Kirchner elogiaba al equipo. Leo quería dejar claro que estaba profundamente herido porque Argentina no había ganado «su» Mundial. El equipo sub-20 de 2005 no había cumplido su promesa. Otro gran sueño argentino se había desvanecido.

70

Sean eternos los laureles

*D*ieciocho días después de la final del Mundial, Julio Grondona falleció: tenía ochenta y dos años. Había sido presidente de la AFA durante treinta y cinco. Hacia el final de su mandato se había convertido en una figura aislada, pero su influencia era indiscutible. Con su muerte, una era había llegado decididamente a su fin; una era en la que el nivel del fútbol local argentino declinó descomunalmente. Tal vez, al igual que tantos otros líderes argentinos, se encontró indefenso ante fuerzas socioeconómicas más fuertes; como hizo notar Menotti, Grondona seguramente tenía razón al admitir que la selección nacional estaba allí donde estaba el dinero. Incluso había preocupaciones generalizadas acerca del acuerdo por el cual se vendieron los derechos de transmisión de los partidos a Traffic, una compañía cuyos negocios futbolísticos fueron objeto de una investigación por parte del FBI que condujo al arresto de siete ejecutivos de la FIFA en Zúrich en mayo de 2015. No obstante, a pesar de las acusaciones de corrupción que cayeron sobre Grondona (y dada la cantidad de muchos otros líderes de la Conmebol que fueron procesados como parte de esa investigación, parece razonable pensar que la muerte lo libró del escrutinio), está claro que el fútbol argentino no puede ser ajeno a los problemas básicos de la economía del país. El día después del fallecimiento de Grondona, Argentina entró en suspensión de pagos nuevamente.

La larga recuperación después del estallido económico se volvió amarga. Las consecuencias de la caída global de la economía afectaron a las exportaciones, y Argentina dependía de ellas en gran medida. El país sufrió recesiones en 2012 y 2014. La inflación subió, como era inevitable, dada la paridad del peso, artificialmente baja: las cifras oficiales en julio de 2014 la colocaban al 10,9 por ciento, aunque en general se creía que la cifra verdadera podría haber sido tres veces más alta. Se llegó a un punto de crisis el 31 de julio, cuando Argentina no pudo cumplir con la cancelación del reembolso de los bonos emitidos antes del estallido de 2001: la cifra llegaba a los 539 millones de dólares estadounidenses. Los bonos fueron comprados a bajo valor por fondos de inversión de alto riesgo de los Estados Unidos (Kirchner los llamaba «buitres»), que se negaron a aceptar un programa de reestructuración que habían aprobado la mayoría de los tenedores de bonos. Fue, quizá, como sostenía el Gobierno, «un *default* técnico» en vez de un evento tan calamitoso como el de 2001 (se trataba más bien de no estar dispuesto a pagar y no de no poder hacerlo). Y los efectos distaban de ser tan contundentes. No hubo ni pánico en los cajeros de los bancos ni protestas en las calles. Para la mayoría, la vida seguía como de costumbre. Aun así, la suspensión de pagos era una señal de la debilidad de la economía argentina. Para muchos inversores, la beligerancia del Gobierno y el sentimiento de que el *default* era una táctica deliberada para forzar una renegociación no hizo más que profundizar la sensación de que no se podía confiar en Kirchner.

Nadie podía negar que Grondona había sido presidente de la AFA durante épocas difíciles, pero se le debe considerar responsable de la sensación general de caos y declive que dejó a su paso y del fracaso a la hora de erradicar la violencia y el derrumbe de la infraestructura. Tan grande era el aroma de corrupción que, mientras lo enterraban en Avellaneda, en el cementerio al que daba la ventana del que había sido su cuarto, los investigadores financieros estaban haciendo una redada en las oficinas de la AFA. Y quizá lo peor de todo es que la segunda mitad del reinado de Grondona debe considerarse una serie de oportunidades desperdiciadas.

El éxito en las categorías formativas (esos cinco Mundiales sub-20 en doce años) nunca se tradujo en éxitos de la selección absoluta. La Copa América de Chile en 2015 trajo más decepciones. Después de desperdiciar una ventaja de 2-0 contra

Paraguay en el primer partido, los triunfos 1-0 sobre Uruguay y Jamaica fueron suficientes para conducir a Argentina a cuartos de final, donde se enfrentaron a Colombia. Argentina dominó el partido, pero no logró marcar: 0-0 y clasificados en la tanda de penaltis.

Finalmente, en la semifinal en Concepción, Argentina se iluminó. Messi, cuya recuperación había ayudado al Barcelona a lograr otra Champions League, estuvo brillante, al igual que Javier Pastore. Argentina ganó 6-1. Messi no marcó, pero orquestó tres goles directamente, dio el penúltimo pase para dos y el antepenúltimo para el otro. Camino del cuarto gol, su regatea fue tan mágico que hizo que dos defensas paraguayos acabaran uno encima del otro. De modo igualmente significativo, detuvo a su equipo mientras salía del túnel para el comienzo del segundo tiempo para darles su propia charla. Paraguay acababa de reducir diferencias para ponerse 2-1 justo antes del descanso. El mensaje fue claro: no dejen que vuelva a escaparse. Era Messi como líder directo, tomando más responsabilidad de lo que había hecho como capitán silencioso en el Mundial.

Incluida la Copa de Confederaciones en 2005, cuando perdieron ante Brasil, era la quinta final de Argentina en ocho torneos. El resultado fue el mismo que en los cuatro anteriores. El equipo chileno, el anfitrión, encendido por la sensación de que, como locales, era su destino ganar la Copa América por primera vez después de noventa y nueve años de intentarlo, era un conjunto tenaz y bien organizado. Di María salió lesionado después de media hora y, poco a poco, el peligro argentino se fue disipando. Para el final, Messi era una figura frustrada y desconsolada. Aun así, en la prórroga, casi logró conjurar un gol ganador tras darle un pase a Lavezzi. El centro final terminó un poco lejos de Higuaín, aunque es probable que el delantero del Nápoles pudiera haber hecho algo mejor que rematar contra el costado exterior de la red.

Los penaltis tenían un aire de inevitabilidad. Higuaín y Ever Banega fallaron. Chile se quedó con el campeonato. Mientras el resto del equipo se juntaba en un grupo desconsolado, Messi se quedó solo, separado del resto por su genialidad, por las expectativas depositadas en él. Su rostro era la máscara de la devastación. Al volver al vestuario, lloró; seguía llorando cuando el autobús llegó al hotel. La andanada de críticas y de improperios que recibió era tan predecible como desacertada. Es verdad que no había jugado particularmente bien ni en la final del Mundial ni en la final de la Copa América, pero cuando el rival se dispone casi por completo a obstruir a un solo jugador, a veces algún otro tiene que tomar el mando. Y, a pesar de todo, si Higuaín hubiese convertido dos oportunidades bastante claras, Argentina habría sido campeona del mundo y continental, y Messi habría sido la figura clave de esos triunfos.

Sin embargo, lo cierto es que los remates desviados por poco encajaban en el patrón. Era la historia de Argentina en el microcosmos: una promesa inmensa que nunca terminaba de ser cumplida del todo. El éxito en Canadá en 2007 marcó el fin de Tocalli con la selección nacional. Pékerman se había ido del equipo y, cuando la federación trató de obligarle a cambiar su equipo de ayudantes, Tocalli renunció y pronto se convirtió en técnico de Vélez. De allí pasó a dirigir un par de temporadas a Colo-Colo y Quilmes, antes de hacerse cargo de la academia de Argentinos. El día después de nuestra reunión en 2013, se fue a Santiago para hacerse cargo del programa de desarrollo juvenil de Chile. Argentina fracasó en su intento de clasificarse en dos de los tres Mundiales sub-20 después de la marcha de Tocalli y quedó fuera en los cuartos de final de 2011. Me contó lo que pensaba que había salido mal:

Tuvimos a la selección nacional durante catorce años. En los últimos años nos dimos cuenta de que estábamos teniendo dificultades para encontrar a los distintos jugadores. Cuando me pasé a primera, siempre tuve esa duda acerca del panorama final: ¿Argentina se estaba quedando sin jugadores? ¿O no estábamos trabajando adecuadamente a nivel de club, forzando a los jugadores a convertirse en profesionales cuando aún estaban en la etapa de desarrollo? Cuando me hice cargo de la academia de Argentinos, comprendí que los responsables de eso éramos nosotros mismos, los desarrolladores. Hace diez años, todavía teníamos potreros, pero hoy los potreros casi no existen. Ahora los desarrolladores debemos enseñarles a los jugadores todas las habilidades que antes aprendían en los potreros por su cuenta.

Ningún otro equipo ha tenido tanto éxito en Mundiales sub-20 y, sin embargo, han transcurrido más de dos décadas desde el último trofeo en niveles superiores. «Nadie puede decir que Argentina carece de jugadores —dijo Tocalli—. Sí tenemos grandes jugadores: 2002, 2006, 2010..., pero ganar el Mundial no es fácil.» Quizás Argentina llegó a creer que tenía una reserva infinita de talento. Tal vez se volvió complaciente. Tocalli culpa a los directivos por la reciente caída en los resultados a nivel juvenil: «Soy hincha de los proyectos a largo plazo, y dan resultado: fíjate en España, comenzó con los equipos juveniles..., y lo mismo Alemania, Jürgen Klinsmann y luego Jogi Löw, que era su ayudante. Argentina se volvió loca, cambiando de proyecto muy rápidamente, sin tener estabilidad».

¿Qué queda, entonces? Aquellos grandes estadios, ya viejos, se desmoronan. Los fantasmas de glorias pasadas atormentan al producto que queda y que es muy inferior. Tal vez quienes están inmersos en el deporte argentino, aquellos para quienes el declive ha sido un proceso gradual, con el tiempo nos hemos vuelto insensibles a la decadencia, pero a alguien de fuera no puede dejar de impresionarle el contraste entre lo que fue y lo que es hoy. La amenaza de la violencia está siempre presente. Los policías con uniforme antidisturbios, por exceso de celo, ofrecen una escasa sensación de comodidad o seguridad. Los jugadores que lanzan los córneres tienen que ser protegidos de los proyectiles que les arrojan. En el estadio de Vélez, una vez vi a los hinchas perseguir a un policía por la escalera: al poco, volvieron con su escudo como trofeo. En un superclásico en el Monumental, vi a hinchas de Boca pelearse con los guardias de seguridad, arrastrarlos hasta los escalones y luego empujarlos antes de abalanzarse sobre ellos a trompadas y patadas mientras se despatarraban en el fondo; el horror se había desatado, aparentemente, porque un guardia cerró el puño cuando River marcó. Cualquiera que haya presenciado la cantidad que sea de partidos en Argentina seguramente puede contar historias similares y mucho peores. Las medidas para contrarrestar que surjan este tipo de problemas hacen que la experiencia sea aún menos placentera: durante un tiempo, los hinchas locales eran obligados a permanecer en el estadio hasta que los visitantes se habían dispersado; luego, directamente, se prohibió la presencia de hinchas visitantes. La economía del fútbol implica que los mejores jugadores no jueguen en Argentina. Messi, el más grande de todos los tiempos que nunca jugó en su país, es solo el ejemplo más llamativo de este fenómeno. El talento joven y prometedor no tarda en ser seducido por las ligas donde pueden ganar dinero.

Es un proceso que viene desde los años setenta, pero al menos entonces se trataba solo de un puñado de jugadores que se iban a jugar para las ligas de élite de Europa Occidental. Hoy, todos los años, decenas de jugadores van en busca del dinero a Rusia, Ucrania, Oriente Medio, Japón, China, incluso Brasil. Vuelven una década más tarde, habiendo hecho fortuna, para jugar un par de temporadas finales en su país, por razones sentimentales. Los equipos obtienen un título e inevitablemente sus mejores jugadores son transferidos a clubes más ricos: es así, simplemente, cómo funciona el sistema financiero hoy en día. Los clubes argentinos necesitan el dinero y los clubes extranjeros pueden darse el lujo de comprar sus activos. Los dos clubes se benefician. El jugador se beneficia por el salario más alto que cobra fuera de su país. Los agentes se benefician. Solamente los que miran los partidos en Argentina pierden.

Las ventas funcionan como una suerte de reverso del sistema de reclutamiento en los deportes en Estados Unidos: en lugar de darle la posibilidad al equipo más débil de tener la primera opción sobre el talento joven para afianzarse en la temporada siguiente, los equipos más fuertes pierden a sus mejores jugadores. El resultado es una liga muy pareja y muy competitiva. En los once campeonatos que van del éxito de Banfield en el Apertura 2009-10 y al de River Plate en el Clausura de 2014 hubo diez campeones diferentes. Supone un contraste notable con la manera en que los cinco grandes ganaron entre ellos todos los títulos en las primeras treinta y seis temporadas de profesionalismo. La competitividad, en términos generales, es algo positivo. Los aficionados de algunas ligas europeas que todos los años gana el mismo equipo (o que se reparten dos equipos, como mucho) incluso sienten un poco de envidia. No obstante, es difícil no sentir que se ha llegado demasiado lejos y que el título ha perdido algo de valor. En las rebajas, donde las gangas se acaban pronto y la calidad es muy limitada, da la sensación de que si un equipo espera lo suficiente, la suerte le sonreirá en algún momento y podrá llevarse algún título que otro.

A comienzos de 2015, la cantidad de futbolistas argentinos que jugaban profesionalmente en el extranjero llegaba a la pasmosa cifra de 1.869. Eso crea lo que se conoce como «factura de talento»: en Argentina, hay adolescentes con potencial y jugadores de treinta y pico que una vez fueron grandiosos, pero un futbolista de veintipico que juega en el país, o no es muy bueno, o tiene una razón específica para quedarse en Argentina.

También está la sensación de que lo que una vez fue una gran fortaleza se ha vuelto una debilidad. El legado de Bielsa no es tanto como podría haber sido. Su estilo vertical y de presión, su reinterpretación de cómo ocupar el espacio en el campo, fue radical y produjo resultados extraordinarios, al menos a corto plazo. Fue la inspiración de toda una generación de entrenadores, desde discípulos que reconocen abiertamente su influencia, como Jorge Sampaoli, que llevó a Universidad de Chile a ganar la Copa Sudamericana y a tres títulos consecutivos de la liga aquí antes de ser contratado como entrenador de la selección nacional chilena y conducirla a la victoria sobre Argentina en la final de la Copa América 2015, hasta aquellos como Pep Guardiola y Mauricio Pochettino, que tomaron sus ideas y las corrigieron o ajustaron. Sin embargo, también hay quienes, dentro de la AFA, se preguntan si su impacto en el fútbol local argentino ha sido negativo.

El fútbol jugado con intensidad bielsista está bien para aquellos bien dotados técnicamente, sostienen, pero cuando jugadores menos dotados intentan jugar a ese ritmo, el resultado es un desastre de lamentables primeros toques y pases fallados, demasiadas pelotas sin rumbo fijo: verticalidad sin propósito. Fue poco consuelo para Argentina en la Copa América 2015 que cinco de los ocho cuartofinalistas y todos los semifinalistas tuvieran entrenadores argentinos; las riñas filosóficas continúan, pero Argentina sigue siendo el corazón intelectual del deporte en Sudamérica.

Y a pesar de la pobreza del juego, de todo el peligro, de toda la incomodidad, la primera división argentina está ubicada en el séptimo lugar mundial en cuanto a asistencia a los estadios,[150] solo por detrás de la Bundesliga de Alemania, la Premier League de Inglaterra, la Liga española, la Indian Super League, la Serie A de Italia y la Liga MX de México (y está detrás de la liga mexicana solo por un promedio de dos personas por partido). Lo que sí hay es espectáculo.

Las barras bravas son uno de los grandes problemas del fútbol argentino, pero también suponen una gran atracción. El uso de banderas y serpentinas, los aludes de papelitos, los cánticos constantes o los amontonamientos en la grada cuando se marca un gol son parte de la razón por la cual tantos turistas van a ver partidos en Argentina. A veces, cuando un hombre que porta un megáfono se cuelga de una valla tratando de poner en trance a varias docenas de hinchas mientras se agrupan en una tribuna demasiado grande para ellos, hay algo punzante, incluso patético, en la determinación de poner en escena el ritual. Pero los clásicos más grandes son acontecimientos extraordinarios, conmovedoramente viscerales incluso para alguien neutral. Si el fútbol argentino alguna vez logra reducir la influencia de las barras, una de las preguntas que deberá responder es si será posible sostener el color y la pasión de las gradas. E incluso entonces, ¿en qué consiste el espectáculo, si no en un abrigo de piel sobre el cuerpo en descomposición del fútbol argentino, sostenido por un destartalado marco de subsidio gubernamental?

El mismo dilema básico subyace en otros debates. el Monumental es un majestuoso y viejo estadio que da un sentido de grandiosidad incluso a los partidos más insignificantes de la liga. Lo han pintado un par de veces desde el Mundial 1978 y los anuncios han cambiado, pero no es necesario hacer un gran esfuerzo para visualizar a Passarella, Luque y Kempes avanzando sobre el campo. «A los extranjeros siempre les gusta —comentó un periodista argentino—, pero ellos no tienen que trabajar aquí toda la semana.» Y tenía razón, por

150. Las cifras son de 2013.

supuesto: muchos de los grandes estadios de Buenos Aires son básicamente parques temáticos dedicados a una época anterior. Y lo mismo podría decirse de gran parte de la ciudad. Es parte del encanto.

Eso es lo que atrae a los turistas. Son tantos que, en una reciente elección de la presidencia de Boca, la principal propuesta de los candidatos era reducir la cantidad de turistas en los partidos, por el daño que ocasionan al ambiente (nada, quizá, sea tan fiel testigo de la victoria de Macri y de su visión global). Los miembros de las candidaturas repartían papeles con el lema: «¡Socios sí, turistas no!». Aquel mensaje no tardaba en convertirse en trocitos que se arrojaban al aire: así se convertían en parte del espectáculo cuyo atractivo creaba el problema del que los propios papelitos querían prevenir.

El atractivo para los locales es más bien difícil de identificar, pero el fútbol sigue teniendo una importancia incuestionable. Incluso si las cifras de asistencia a los estadios han disminuido desde el apogeo de comienzos de los años cincuenta, son más que compensadas por los millones que los siguen por televisión. El programa Fútbol Para Todos, tanto si se lo considera un acto de caridad para asegurarse de que tantos como fuese posible pudiesen ver los partidos, como si se tiene como un acto cínico para anestesiar a la población, deja claro lo que importa este deporte.

A partir de 2015 comenzó una nueva indignación. El descenso de River en 2011 horrorizó al fútbol argentino. Los hinchas de Boca se burlaban, pero ellos también deben haber reconocido la caída de sus rivales como una señal de su propia mortalidad. Si le podía pasar a River, le podía pasar a cualquiera. Que San Lorenzo o Racing fueran al descenso era una cosa, que le pasara a River era bien distinto: se trataba de los Millonarios, el equipo más exitoso de la historia argentina. También fueron responsables de una porción significativa del poco dinero que aún goteaba en el fútbol del país. River obtuvo el ascenso en su primer intento, tras un triunfo 2-0 ante Almirante Brown. Se aseguró el título de la segunda división en la última jornada (el logro fue manchado porque una tribuna del Monumental había sido cerrada por un incidente durante un partido contra Boca Juniors dos semanas antes, en el que murió un hincha). Y entonces el fútbol argentino se mantuvo unido en su decisión de que aquello no podía volver a suceder.

Una revisión inicial de la estructura de la liga llegó a casi el mismo formato que ya tenía: las palabras «Apertura» y «Clausura» fueron reemplazadas por «Inicial» y «Final». En 2012-13, se creó un tercer campeonato: los ganadores de cada uno de ellos, Vélez y Newell's, jugaron el desempate. Vélez venció 1-0. En la temporada siguiente, 2013-14, el desempate fue eliminado antes de que el Inicial de 2014-15 fuese reemplazado por un campeonato interino: un torneo de mitad de temporada destinado a correr su calendario nuevamente a febrero-diciembre, en lugar de agosto a mayo. La primera temporada con el nuevo calendario empezó en febrero de 2015: quizá fue la estructura más disparatada de la historia del fútbol argentino, y eso no es poca cosa. El absurdo campeonato lleva el nombre de Julio Grondona: un digno homenaje a su reinado de treinta y cinco años. La AFA, enfrentada al desafío de tener una liga de baja calidad y a andar escasa de fondos, incrementó el tamaño de la liga en diez equipos hasta llegar a treinta. Eso diluyó aún más la calidad que quedaba y redujo la cantidad de partidos que se jugaban durante la temporada: de treinta y ocho a treinta. Los ingresos por partido, claro, se vieron afectados.

De manera incluso más absurda, la integridad deportiva que el nuevo formato podía haber tenido quedó arrasada cuando se decidió que cada equipo jugaría una vez contra los otros equipos, pero dos veces contra sus rivales más grandes, básicamente para asegurarse que hubiese dos superclásicos (era el único partido que garantizaba una asistencia masiva en cada temporada). Aparte del hecho de que algunos equipos quedaban en desventaja por tener un rival clásico más fuerte que otros, estaba el tema de los equipos sin un rival natural, a los cuales se les tuvo que asignar uno. De un modo más ridículo, tal vez, a los hinchas de Aldovisi en Mar del Plata, a cuatrocientos kilómetros de Buenos Aires, se les dijo que su enemigo jurado era Crucero del Norte, un club de Garupá, en la provincia de Misiones, más de mil kilómetros al norte. Este era el legado de Grondona: una estructura inmanejable destinada a proteger intereses velados y a invocar recuerdos del pasado. Los grandes tienen que estar allí porque siempre lo han estado.

Quizás Alexander Watson Hutton, que había plantado el germen de lo que sería la AFA hacía ciento veintidós años, quedaría en estado de shock si pudiera ver cómo el deporte que trajo a Argentina sigue dominando el discurso cotidiano. Cuando murió, en 1936, ya había visto la llegada del profesionalismo, las vastas multitudes que se juntaban, la cantidad de gente que escuchaba los partidos por la radio o aquellos hinchas que se aferraban a la parte posterior de los tranvías para cruzar la ciudad.

También había sido testigo del primero de los golpes que tanto daño le hicieron al país. Con la distancia que dan los años, los paralelismos entre fútbol y política son sorprendentes. 1912 fue el año en que hubo las últimas elecciones generales sin el sufragio masculino universal, y fue la última vez que un club inglés ganaba el campeonato argentino. El de 1930 fue el año en que se asestó un golpe decisivo contra la democracia, y fue la última vez que se disputó un campeonato sin profesionales. La relación no es ni simple ni directa, está cargada de matices, pero lo que queda claro es que los cambios sociales se reflejan en el fútbol tanto como en la política.

Si el fútbol no desempeña un papel ni siquiera parecido al que tuvo hace un siglo en la formación de la identidad nacional, si tiene ni siquiera algo parecido que decir acerca del estado de la nación, esta visión es preocupante. Mientras los viejos, los jóvenes y los mediocres juegan su desconcertante liga frente a multitudes desconcertantemente enormes en estadios en ruinas, lo más selecto de Argentina juega su fútbol en otras ligas, en otros países.

Argentina es una nación fundada sobre la base de la inmigración y de la visión inmigrante de un mundo mejor. El fútbol ha tenido un papel central en la creación de su imagen y de su identidad. Sin embargo, hoy sus mejores jugadores, incluso sus jugadores muy buenos, son emigrantes obligados a abandonar la tierra de la plata por el Viejo Mundo. El fútbol es otro sueño argentino que se ha escapado. Para que los argentinos vean lo mejor que su país puede producir, deben mirar, o bien hacia el pasado, o bien al extranjero. El fútbol argentino se ha convertido en algo que se juega en otra parte.

Campeones de la liga argentina

AAF: Asociación Argentina de Football. **AAmF:** Asociación Amateurs de Football. **Ama:** liga amateur. **Ap:** Apertura. **Cam:** Campeonato. **CdH:** Copa de Honor. **CdO:** Copa de Oro. **FAF:** Federación Argentina de Football. **Cl:** Clausura. **In:** Inicial. **Fi:** Final. **Met:** Metropolitano. **Nac:** Nacional. **Pro:** liga profesional.

1891	St. Andrew's
1893	Lomas Athletic
1894	Lomas Athletic
1895	Lomas Athletic
1896	Lomas Academy
1897	Lomas Athletic
1898	Lomas Athletic
1899	Belgrano Athletic
1900	English High School AC *
	* más tarde rebautizado Alumni
1901	Alumni
1902	Alumni
1903	Alumni
1904	Belgrano Athletic
1905	Alumni
1906	Alumni
1907	Alumni
1908	Belgrano Athletic
1909	Alumni

1910		Alumni
1911		Alumni
1912	AAF	Quilmes
	FAF	Porteño
1913	AAF	Racing
	FAF	Estudiantes de La Plata
1914	AAF	Racing
	FAF	Porteño
1915		Racing
1916		Racing
1917		Racing
1918		Racing
1919	AAF	Boca Juniors
	AAmF	Racing
1920	AAF	Boca Juniors
	AAmF	Racing
1921	AAF	Huracán
	Ama	River Plate
1922	AAF	Huracán
	AAmF	Independiente
1923	AAF	Boca Juniors
	AAmF	San Lorenzo
1924	AAF	Boca Juniors
	AAmF	San Lorenzo
1925	AAF	Huracán
	AAmF	Racing
1926	AAF	Boca Juniors
	AAmF	Independiente
1927		San Lorenzo
1928		Huracán
1929		Gimnasia y Esgrima La Plata
1930		Boca Juniors
1931	AAF	Estudiantil Porteño
	Pro	Boca Juniors
1932	AAF	Sportivo Barracas
	Pro	River Plate
1933	AAF	Sportivo Dock Sud
	Pro	San Lorenzo
1934	AAF	Estudiantil Porteño
	Pro	Boca Juniors

1935		Boca Juniors
1936	CdH	San Lorenzo
	Cam.	River Plate
	CdO	River Plate
1937		River Plate
1938		Independiente
1939		Independiente
1940		Boca Juniors
1941		River Plate
1942		River Plate
1943		Boca Juniors
1944		Boca Juniors
1945		River Plate
1946		San Lorenzo
1947		River Plate
1948		Independiente
1949		Racing
1950		Racing
1951		Racing
1952		River Plate
1953		River Plate
1954		Boca Juniors
1955		River Plate
1956		River Plate
1957		River Plate
1958		Racing
1959		San Lorenzo
1960		Independiente
1961		Racing Club
1962		Boca Juniors
1963		Independiente
1964		Boca Juniors
1965		Boca Juniors
1966		Racing
1967	Met.	Estudiantes de La Plata
	Nac.	Independiente
1968	Met.	San Lorenzo
	Nac.	Vélez Sarsfield
1969	Met.	Chacarita Juniors
	Nac.	Boca Juniors

1970	Met.	Independiente
	Nac.	Boca Juniors
1971	Met.	Independiente
	Nac.	Rosario Central
1972	Met.	San Lorenzo
	Nac.	San Lorenzo
1973	Met.	Huracán
	Nac.	Rosario Central
1974	Met.	Newell's Old Boys
	Nac.	San Lorenzo
1975	Met.	River Plate
	Nac.	River Plate
1976	Met.	Boca Juniors
	Nac.	Boca Juniors
1977	Met.	River Plate
	Nac.	Independiente
1978	Met.	Quilmes
	Nac.	Independiente
1979	Met.	River Plate
	Nac.	River Plate
1980	Cam.	River Plate
	Nac.	Rosario Central
1981	Cam.	Boca Juniors
	Nac.	River Plate
1982	Nac.	Ferro Carril Oeste
	Cam.	Estudiantes de La Plata
1983	Nac.	Estudiantes de La Plata
	Cam.	Independiente
1984	Nac.	Ferro Carril Oeste
	Cam.	Argentinos Juniors
1985-86		River Plate
1986-87		Rosario Central
1987-88	Cam.	Newell's Old Boys
1988-89		Independiente
1989-90		River Plate
1990-91		Newell's Old Boys
1991-92	Ap.	River Plate
	Cl.	Newell's Old Boys
1992-93	Ap.	Boca Juniors
	Cl.	Vélez Sarsfield

1993-94	Ap.	River Plate
	Cl.	Independiente
1994-95	Ap.	River Plate
	Cl.	San Lorenzo
1995-96	Ap.	Vélez Sarsfield
	Cl.	Vélez Sarsfield
1996-97	Ap.	River Plate
	Cl.	River Plate
1997-98	Ap.	River Plate
	Cl.	Vélez Sarsfield
1998-99	Ap.	Boca Juniors
	Cl.	Boca Juniors
1999-00	Ap.	River Plate
	Cl.	River Plate
2000-01	Ap.	Boca Juniors
	Cl.	San Lorenzo
2001-02	Ap.	Boca Juniors
	Cl.	River Plate
2002-03	Ap.	Independiente
	Cl.	River Plate
2003-04	Ap.	Boca Juniors
	Cl.	River Plate
2004-05	Ap.	Newell's Old Boys
	Cl.	Vélez Sarsfield
2005-06	Ap.	Boca Juniors
	Cl.	Boca Juniors
2006-07	Ap.	Estudiantes de La Plata
	Cl.	San Lorenzo
2007-08	Ap.	Lanús
	Cl.	River Plate
2008-09	Ap.	Boca Juniors
	Cl.	Vélez Sarsfield
2009-10	Ap.	Banfield
	Cl.	Argentinos Juniors
2010-11	Ap.	Estudiantes de La Plata
	Cl.	Vélez Sarsfield
2011-12	Ap.	Boca Juniors
	Cl.	Arsenal
2012-13	In	Vélez Sarsfield
	Fi.	Newell's Old Boys

	Cam.	Vélez Sarsfield
2013-14	In.	San Lorenzo
	Fi.	River Plate
2014		Racing
2015		Boca Juniors
2016		Lanús
2017		Boca Juniors
2018		Boca Juniors

Entre 1912 y 1914, hubo dos campeonatos argentinos dirigidos por la Asociación Argentina de Football (AAF) y la Federación Argentina de Football (FAF).

Hubo otro cisma entre 1919 y 1926 entre la AAF y la Asociación Amateurs de Football (AAmF). Una liga profesional (Pro.) se estableció en 1931 y permaneció durante cuatro años junto con la liga amateur de la AAF.

En 1936, se otorgaron tres campeonatos: la Copa de Honor (CdH) disputada entre los campeones de la Copa Municipalidad de la Ciudad de Buenos Aires, el Campeonato tradicional (Cam.) y la Copa de Oro (CdO), jugada entre los ganadores del Campeonato tradicional y los de la Copa de Honor.

Entre 1967 y 1979 se otorgaron dos campeonatos, el Metropolitano (Met.) para equipos en Buenos Aires (o que estuvieran cerca de la ciudad) y el Nacional, que también incluyó equipos de las provincias. Talleres de Córdoba fue invitado a unirse al Metropolitano en 1980, después de lo cual se lo conoció simplemente como el Campeonato (Cam.), hasta el regreso a una temporada de un solo campeonato en 1985-86.

En 1990-91, la temporada se dividió en dos mitades, Apertura (Ap.) y Clausura (Cl.). Inicialmente, los ganadores de cada uno jugaron un *play-off* por el campeonato, pero desde 1991-92 se concedieron dos campeonatos.

En 2012-13, el Apertura y el Clausura fueron rebautizados como Inicial (In.) y Final (Fi.), y cada ganador jugaba un *play-off* por un tercer Campeonato (Cam.).

El *play-off* se abandonó en 2013-14 y la estructura cambió de nuevo para tener un solo campeón cada año.

Ganadores de la Copa América

Año	Anfitrión	Campeón	Subcampeón
1916 *	Argentina	**Uruguay**	Argentina
1917	Uruguay	**Uruguay**	Argentina
1919	Brasil	**Brasil**	Uruguay
1920	Chile	**Uruguay**	Argentina
1921	Argentina	**Argentina**	Brasil
1922	Brasil	**Brasil**	Paraguay
1923	Uruguay	**Uruguay**	Argentina
1924	Uruguay	**Uruguay**	Argentina
1925	Argentina	**Argentina**	Brasil
1926	Chile	**Uruguay**	Argentina
1927	Perú	**Argentina**	Uruguay
1929	Argentina	**Argentina**	Paraguay
1935 *	Perú	**Uruguay**	Argentina
1937	Argentina	**Argentina**	Brasil
1939	Perú	**Perú**	Uruguay
1941 *	Chile	**Argentina**	Uruguay
1942	Uruguay	**Uruguay**	Argentina
1945 *	Chile	**Argentina**	Brasil
1946 *	Argentina	**Argentina**	Brasil
1947	Ecuador	**Argentina**	Paraguay
1949	Brasil	**Brasil**	Paraguay
1953	Perú	**Paraguay**	Brasil
1955	Chile	**Argentina**	Chile
1956 *	Uruguay	**Uruguay**	Chile
1957	Perú	**Argentina**	Brasil
1959	Argentina	**Argentina**	Brasil

1959 *	Ecuador	**Uruguay**	Argentina
1963	Bolivia	**Bolivia**	araguay
1967	Uruguay	**Uruguay**	Argentina
1975	eliminatorias	**Perú**	Colombia
1979	eliminatorias	**Paraguay**	Chile
1983	eliminatorias	**Uruguay**	Brasil
1987	Argentina	**Uruguay**	Chile
1989	Brasil	**Brasil**	Uruguay
1991	Chile	**Argentina**	Brasil
1993	Ecuador	**Argentina**	México
1995	Uruguay	**Uruguay**	Brasil
1997	Bolivia	**Brasil**	Bolivia
1999	Paraguay	**Brasil**	Uruguay
2001	Colombia	**Colombia**	México
2004	Perú	**Brasil**	Argentina
2007	Venezuela	**Brasil**	Argentina
2011	Argentina	**Uruguay**	Paraguay
2015	Chile	**Chile**	Argentina
2016	Estados Unidos	**Chile**	Argentina

* De alguna manera, estos torneos se consideran «no oficiales».

Entre 1975 y 1983, el torneo se jugó en un esquema de local y visitante, sin anfitrión fijo.

En 2016 se disputó en Estados Unidos una Copa América Centenario, para conmemorar los cien años de la competición.

Ganadores de la Copa Libertadores

1960	Peñarol (Uruguay)
1961	Peñarol (Uruguay)
1962	Santos (Brasil)
1963	Santos (Brasil)
1964	Independiente (Argentina)
1965	Independiente (Argentina)
1966	Peñarol (Uruguay)
1967	Racing (Argentina)
1968	Estudiantes de La Plata (Argentina)
1969	Estudiantes de La Plata (Argentina)
1970	Estudiantes de La Plata (Argentina)
1971	Nacional (Uruguay)
1972	Independiente (Argentina)
1973	Independiente (Argentina)
1974	Independiente (Argentina)
1975	Independiente (Argentina)
1976	Cruzeiro (Brasil)
1977	Boca Juniors (Argentina)
1978	Boca Juniors (Argentina)
1979	Olimpia (Paraguay)
1980	Nacional (Uruguay)
1981	Flamengo (Brasil)
1982	Peñarol (Uruguay)
1983	Grêmio (Brasil)
1984	Independiente (Argentina)
1985	Argentinos Juniors (Argentina)
1986	River Plate (Argentina)
1987	Peñarol (Uruguay)

1988	Nacional (Uruguay)
1989	Atlético Nacional (Colombia)
1990	Olimpia (Paraguay)
1991	Colo-Colo (Chile)
1992	São Paulo (Brasil)
1993	São Paulo (Brasil)
1994	Vélez Sarsfield (Argentina)
1995	Grêmio (Brasil)
1996	River Plate (Argentina)
1997	Cruzeiro (Brasil)
1998	Vasco da Gama (Brasil)
1999	Palmeiras (Brasil)
2000	Boca Juniors (Argentina)
2001	Boca Juniors (Argentina)
2002	Olimpia (Paraguay)
2003	Boca Juniors (Argentina)
2004	Once Caldas (Colombia)
2005	São Paulo (Brasil)
2006	Internacional (Brasil)
2007	Boca Juniors (Argentina)
2008	LDU Quito (Ecuador)
2009	Estudiantes de La Plata (Argentina)
2010	Internacional (Brasil)
2011	Santos (Brasil)
2012	Corinthians (Brasil)
2013	Atlético Mineiro (Brasil)
2014	San Lorenzo (Argentina)
2015	River Plate (Argentina)
2016	Atlético Nacional (Colombia)
2017	Grêmio (Brasil)

Bibliografía

Alabarces, Pablo, *Football and Patria. Sports, National Narratives and Identities in*
— *Argentina, 1920-1998* (tesis doctoral, Universidad de Brighton, 2001).
Alabarces, Pablo; Coelho, Ramiro; Sanguinetti, Juan, «Treacheries and Traditions in Argentinian Football Styles: the Story of Estudiantes de la Plata», en Armstrong y Giulanotti (eds), *Fear and Loathing in World Football.*
Alberdi, Juan Bautista, *Bases y puntos de partida para la organización política de la República Argentina* (La Cultura Argentina, 1915).
Amez de Paz, Eduardo, *La vida por el fútbol* (autopublicado, 2002).
Archetti, Eduardo P., «Masculinities: Football, Polo and the Tango in Argentina» (Global Issues, 1999).
— «Masculinity and Football: The Formation of National Identity in Argentina», en Giulianotti y Williams (eds.), *Game Without Frontiers.*
Ardiles, Ossie, *Ossie's Dream* (Bantam, 2009).
Arlt, Roberto, *Nuevas aguafuertes porteñas* (Librería Hachette, 1960).
Armstrong, Gary; Giulanotti, Richard (eds.), *Entering the Field: New Perspectives on World Football* (Berg, 1997).
— *Fear and Loathing in World Football* (Berg, 2001).
Assaf, Roberto; Martins, Clóvis, *Almanaque do Flamengo* (Abril, 2001).
— *Campeonato Carioca: 96 Anos de História, 1902-1997* (Irradiação Cultural, 1997).

Auyero, Javier, *Poor People's Politics: Peronist Survival Networks and the Legacy of Evita* (Duke University Press, 2001).

Balagué, Guillem, *Messi* (Orion, 2013).

Barnade, Óscar; Iglesias, Waldemar, *Mitos y creencias del fútbol argentino* (Al Arco, 2006).

Bayer, Osvaldo, *Fútbol argentino* (Editorial Sudamericana, 1990).

Ben-Ghiat, Ruth, *Fascist Modernities: Italy 1922-45* (University of California Press, 2001).

Bionda, Miguel, *Historia del fútbol platense* (Laboratorio Pincharrata, 1944).

Borges, Jorge Luis, *Labyrinths* (Penguin, 1970).

— *On Argentina* (Penguin, 2010).

Borges, Jorge Luis, con Adolfo Bioy Casares, *Crónicas de Bustos Domecq* (Editorial Losada, 1967).

Borges, Jorge Luis, con Margarita Guerrero, *El «Martín Fierro»* (Editorial Columba, 1965).

Bottenburg, Maarten van; Jackson, Beverley, *Global Games* (University of Illinois Press, 2001).

Bowler, Dave, *Winning isn't Everything: A Biography of Sir Alf Ramsey* (Victor Gollancz, 1998).

Brera, Gianni, *Storia critica del calcio italiano* (Tascaballi Bompiani, 1978).

— *Herrera e Moratti* (Limina, 1997).

Brest, Enrique; Romero, C.; Dallo, Alberto; Silvestrini, Simón, «Los deportes y la educación física en la República Argentina», en Geschichte der Leibesübungen, ed. Horst Überhorst (Bartels & Wernitz, 1971-89) 6: 847-8.

Burns, Jimmy, *The Land that Lost its Heroes* (Bloomsbury, 1987).

— *Hand of God: the Life of Diego Maradona* (Bloomsbury, 1996).

— *Barça: A People's Passion* (Bloomsbury, 1999).

Campomar, Andreas, *Golazo! A History of Latin American Football* (Quercus, 2014).

Castro, Ruy, *Garrincha: The Triumph and Tragedy of Brazil's Forgotten Footballing Hero* (Yellow Jersey, 2005).

Chaine, Federico, *Matador: Biografía de Mario Alberto Kempes* (Carena, 2003).

Charlton, Bobby, *The Autobiography: My England Years* (Headline, 2008).

Chatwin, Bruce, *In Patagonia* (Vintage, 1998).

Ciria, Alberto, «From Soccer to War in Argentina: Preliminary Notes on Sport-as-Politics under a Military Regime (1976–82)», en Arch R. M. Ritter (ed.), *Latin America and the Caribbean: Geopolitics, Development and Culture* (Canadian Association of Latin American and Caribbean Studies, 1984).

Clack, Neil, *Animals! The Story of England v Argentina* (Pitch, 2011).

Colasimone, Daniel, «The Grand Griguol», en *The Blizzard*, número 9 (junio de 2013).

Collier, Simon, *Tango! The Dance, the Song, the Story* (Thames & Hudson, 1997).

Cortázar, Julio, *End of the game and Other Stories* (Pantheon, 1963).

Craig, Jim, *A Lion Looks Back* (John Donald, 1998).

Crassweller, Robert D., *Perón and the Enigmas of Argentina* (Norton, 1987).

Crawley, Eduardo, *A House Divided: Argentina, 1880-1980* (St. Martin's Press, 1985).

Crerand, Paddy, *Never Turn the Other Cheek* (HarperSport, 2007).

Crow, John A., *The Epic of Latin America* (University of California Press, 1992).

Csaknády, Jenő, *Die Béla Guttmann Story: Hinter den Kulissen des Weltfussballs* (Verlag Blintz-Dohány, 1964).

Darío, Rubén, *Prosa política* (Mundo Latino, 1911).

De Bonafini, Hebe; Sánchez, Matilde, *Historias de vida* (Fraterna, 1985).

Del Frade, Carlos, *Central, Ñuls, la ciudad goleada, fútbol y lavado de dinero* (autopublicado, 2007).

Dénes, Tamás, Pál Peterdi, Zoltán Rochy y József Selmeci (eds.), *Kalandozó magyar labdarúgók* (Aréna, 1999).

Diéguez, Luis; Scher, Ariel, *El libro de oro del Mundial* (Clarín, 1998).

Di Giano, Roberto, *Fútbol y cultura política en la Argentina: identidades en crisis* (Leviatán, 2005).

— *El fútbol y transformaciones del peronismo* (Leviatán, 2006).

Di Salvo, Alfred Luis, *Anécdotas del superclásico* (Proa Amerian, 2011).

Downing, David, *England vs. Argentina: World Cups and Other Small Wars* (Portrait, 2003).

Fabbri, Alejandro, *El nacimiento de una pasión: historia de los clubes de fútbol* (Capital Intelectual, 2006).

— *Nuevas historias negras del fútbol argentino 1* (Capital Intelectual, 2008).

— *Nuevas historias negras del fútbol argentino 2* (Capital Intelectual, 2010).

Feitlowitz, Marguerite, *A Lexicon of Terror: Argentina and the Legacies of Torture* (Oxford University Press, 1998).

Ferns, H.S., *The Argentine Republic, 1516-1971* (Barnes & Noble, 1973).

Foot, John, *Calcio: A History of Italian Football* (Fourth Estate, 2006).

Foster, Kevin, *Lost Worlds: Latin America and the Imagining of the West* (Pluto, 2009).

Freddi, Cris, *Complete Book of the World Cup 2002* (Collins Willow, 2002).

Freud, Sigmund, *Civilisation and its Discontents* (Martino, 2010).

Frydenberg, Julio, *Historia social del fútbol: del amateurismo a la profesionalización* (Siglo XXI, 2011).

Galeano, Eduardo, *Football in Sun and Shadow* (Fourth Estate, 1997).

Gillespie, Richard, *Soldiers of Perón: Argentina's Montoneros* (Oxford University Press, 1982).

Giulianotti, Richard, *Football: A Sociology of the Global Game* (Polity, 1999).

Giulianotti, Richard y John Williams (eds.), *Game Without Frontiers: Football, Identity and Modernity* (Arena, 1994).

Glanville, Brian, *The Story of the World Cup* (Faber & Faber, 2001).

Goldblatt David, *The Ball is Round: A Global History of Football* (Viking, 2006).

Güiraldes, Ricardo, *Don Segundo Sombra* (Letras Hispánicas, 1988, primera publicación 1926).

Hámori, Tibor, *Régi gólok, edzösorsok: Orth György nyomában. Guttman Béla emlékei* (Lapkiadó, 1984).

Hennessy, Alistair: King John K. (eds), *The Land that England Lost: Argentina and Britain, a Special Relationship* (British Academic Press, 1992).

Hernández, José, *Martín Fierro* (Clásicos Universales, 2001), primera edición como *El Gaucho Martín Fierro* (1872) y *La Vuelta de Martín Fierro* (1879).

Herrera, Helenio, *La Mia Vita* (Mondo Sport, 1964).

Hunter, Graham, *Barça: The Making of the Greatest Team in the World* (BackPage Press, 2011).

Huxley, Aldous, *Brave New World* (Vintage, 2007).

Iwanczuk, Jorge, *Historia del fútbol amateur en la Argentina* (Autores Editores,1995).

Jones, Charles A., «British Capital in Argentine History: Structures, Rhetoric and Change» en Hennessy y King (eds), *The Land that England Lost* (British Academic Press, 1992).

Kelly, David, *The Ruling Few: The Human Background to Diplomacy* (Hollis & Carter, 1952).

Kelly, Robert, *Celtic* (Hay, Nisbet y Miller, 1971).

Knoll, Guillermo, *Historias seleccionadas* (Al Arco, 2006).

Kuper, Simon, *Football against the Enemy* (Orion, 1994).

Kuper, Simon; Mora y Araujo, Marcela (eds), *Perfect Pitch: Dirt* (Headline, 1999).

Levinsky, Sergio, «The Cult of the Pibe», en *The Blizzard*, número 12 (marzo de 2014).

Lorente, Rafael, *Di Stefano: Cuenta su vida...* (Imprenta Sáez, 1954).

Lorenzo, Ricardo (Borocotó), *25 años en el deporte* (Atlántida, 1946).

Lowenthal, Abraham F.; Samuel Fitch. J., *Armies and Politics in Latin America* (Holmes y Meier, 1986).

Lugones, Leopoldo, *El Payador* (Otero & Co., 1916).

Lynch, John, *Argentina Dictator: Juan Manuel de Rosas 1829-51* (Oxford University Press, 1981).

Mangan, J. A., *Athleticism in the Victorian and Edwardian School: The Emergence and Consolidation of an Educational Ideology* (Cambridge University Press, 1981).

Maradona, Diego, con Daniel Arcucci y Ernesto Cherquis Bialo, *El Diego* (Yellow Jersey, 2005, trans. Marcela Mora y Araujo).

Martin, Simon, *Football and Fascism: The National Game under Mussolini* (Berg, 2004).

Martínez, Tomás Eloy, *Santa Evita* (Alfred A. Knopf, 1996).

Martínez Estrada, Ezequiel, *X-Ray of the Pampa* (University of Texas Press, 1977).

Mason, Tony, *Passion of the People? Football in South America* (Verso, 1995).

Mazzoni, Tomás, *História do Futebol no Brasil 1894-1950* (Leia, 1950).

McKinstry, Leo, *Sir Alf* (HarperSport, 2006).

Melhuus, Marit; Anne Stolen, Kristi (eds.), *Machos, Mistresses, Madonnas* (Verso, 1996).

Mendelevich, Pablo, *El final* (Ediciones B, 2010).

Menéndez, Eugenio, *Almirante Lacoste ¿quién mató al general Actis?* (El Cid, 1984).

Menotti, César Luis, *Cómo ganamos la Copa del Mundo* (El Gráfico, 1978).

Menotti, César Luis; Cappa, Ángel, *Fútbol sin trampa* (Muchnik, 1986).

Mill, John Stuart, *On Liberty* (Longman, 2007, primera edición 1859).

Miller, Rory; Crolley, Liz (eds.), *Football in the Americas: Fútbol, Futebol, Soccer* (Institute for the Study of the Americas, 2007).

Moores, Ezequiel Fernández, *Breve historia del deporte argentino* (El Ateneo, 2010).

Morales, Víctor Hugo; Perfuno, Roberto, *Hablemos de fútbol* (Booket, Planeta, 2007).

Mosse, G. L., *The Image of Man: The Creation of Modern Masculinity* (Oxford University Press 1996).

Naipaul, V.S., *The Return of Eva Perón* (Knopf, 1980).

Newton, Ronald C., *German Buenos Aires 1900-1932* (Texas University Press, 1977).

Nohlen, Dieter, *Elections in the Americas* (Oxford University Press, 2005).

O'Donnell, Guillermo, «Modernisation and Military Coups», en Lowenthal y Fitch, *Armies and Politics in Latin America*.

Oliveira Santos, Newton César de, *Brasil x Argentina* (Scortecci, 2009).

Oliver, Scott, «The Other Rival, Another Way», en *The Blizzard*, número 4 (marzo de 2012).

Olivera, Eduardo A., *Orígenes de los Deportes Británicos en el Río de la Plata* (L.J. Rosso, 1932).

Pagani, Horacio, *El fútbol que le gusta a la gente* (Al Arco, 2006).

Page, Joseph A., *Perón: A Biography* (Random House, 1988).

Palermo, Vicente; Novaro, Marcos, *Política y poder en el gobierno de Menem* (Editorial Normal, 1996).

Panzeri, Dante, *Fútbol, dinámica de lo impensado* (Paidós, 1967).

— *Burguesía y gangsters en el deporte* (Libera, 1974).

Papa, Antonio; Panico, Guido, *Storia sociale del calcio in Italia* (Il Mulino, 2002).

Perdigão, Paulo, *Anatomía de una derrota* (L.&P.M., 1986).

Pereyra, Enrique Pavón, *Perón 1895–1942: Preparación de una vida para el mando* (Espiño, 1952).

Persson, Gunnar, *Stjärnor på flykt. Historien om Hakoah Wien* (Norstedts, 2004).

Peucelle, Carlos, *Fútbol Todo tiempo e Historia de la Máquina* (Axioma, 1975).

Potash, Robert, *The Army and Politics in Argentina* (Stanford University Press, 1996).

Raffo, Víctor, *El origen británico del deporte argentino* (Gráfica MPS, 2004).

Ritter, Arch R. M. (ed.), *Latin America and the Caribbean: Geopolitics, Development and Culture* (Canadian Association of Latin American and Caribbean Studies, 1984).

Rock, David, *Argentina: 1516-1982* (University of California Press, 1987).

— *Politics in Argentina, 1870-1930: The Rise and Fall of Radicalism* (Cambridge University Press, 1975).

Romero, Amílcar, «Muerte en la cancha», en *Todo es historia*, vol. 209, sept. 1984.

Romero, José Luis, *Argentina: imágenes y perspectivas* (Editorial Raigal, 1956).

Sábato, Ernesto, *Sobre héroes y tumbas* (Sudamericana, 1961).

Sarmiento, Domingo Faustino, *Facundo: civilización y barbarie en las pampas argentinas* (Rarebooksclub, 2012).

Sasturain, Juan, *La patria transpirada: Argentina en los Mundiales 1930-2010* (Sudamericana, 2010).

Scher, Ariel, *La pasión según Valdano* (Capital Intelectual, 2006).

Scher, Ariel; Palomino, Héctor, *Fútbol: pasión de multitudes y de élites* (CISEA, 1988).

Scobie, James, *Buenos Aires: Plaza to Suburb 1870-1919* (Oxford University Press, 1978).

Sebreli, Juan José, *La Era del Fútbol* (Debolsillo, 2005).

Sharpe, Ivan, *40 Years in Football* (Hutchinson, 1952).

Simpson, John; Bennett, Jana, *The Disappeared* (Robson, 1985).

Smith, B. L., «The Argentinian Junta and the Press in the Run-Up to the 1978 World Cup», *Soccer and Society*, 3:1, 69-78.

Smith, Joseph, *Illusions of Conflict: Anglo-American Diplomacy Toward Latin America 1865-1896* (Universidad de Pittsburgh, 2009).

Smith, William C., *Authoritarianism and the Crisis of the Argentina Political Economy* (Stanford University Press, 1989).

Tamburrini, Claudio, *Pase libre: la fuga de la mansión Seré* (Continente, 2002).

Überhorst, Horst (ed.), *Geschichte der Leibesübungen* (Bartels & Wernitz, 1971-89).

Udenio, Enrico, *La hipocresía argentina* (Ensayo, 2007).

Varela, Mirta, *Los hombres ilustres del Billiken. Héroes de los medios y la escuela* (Colihue, 1994).

Vargas, Walter, *Fútbol Delivery* (Al Arco, 2007).

Vickery, Tim, «The Rise of the Technocrats», en *The Blizzard*, número 6 (septiembre de 2012).

Viñas, David, *Indios, ejército y frontera* (Siglo XXI, 1982).

Wagg, Stephen, *The Football World* (Harvester, 1984).

Walsh, Rodolfo, *Operación Masacre* (Ediciones de la Flor, 1972).

Wilson, Jason, *Buenos Aires: A Cultural History* (Interlink, 2012).

Wilson, Jonathan, *The Anatomy of England: A History in Ten Matches* (Orion, 2011).

— *The Outsider: A History of the Goalkeeper* (Orion, 2012).

— *Inverting the Pyramid: The History of Football Tactics* (Orion, 2013).

Winner, David, *Those Feet: A Sensual History of English Football* (Bloomsbury, 2005).

Wirth, John, *The Oil Business in Latin America: The Early Years* (Beard, 2001).

Worswick, Carl, «The Ball and the Gun», en *The Blizzard*, número 7 (diciembre de 2012).

Zubeldía, Osvaldo; Geronazzo, Argentino, *Tactics and Strategy of Football* (Jorge Álvarez, 1965).

Diarios, revistas

Alumni
Buenos Aires Herald
Clarín
Confirmado
Corriere della Sera
Crítica
Daily Express
Daily Mail
Daily Mirror
Daily Record
El Diario
Efdesportes
El Gráfico
El Mundo
El Nacional
El País
El Tiempo
Evening Standard
Gazzetta dello Sport
Guardian
Herald
Il Mattino
Imparcial
L'Équipe

La Capital
La Crónica
La Época
La Gazeta de Tucumán
La Mañana
La Nación (Argentina)
La Prensa
La Razón
La Tribuna
Le Miroir des Sports
Management Deportivo
Manchester Evening News
New Statesman
Página/12
Perfil
Sporting Chronicle
Standard
Sunday Telegraph
Sunday Times
The Economist
The Independent
The Scotsman
The Times
World Soccer

Lista de ilustraciones

1. Silvio Marzolini. (Popperfoto)
2. Antonio Rattin. (Efe/lafototeca.com)
3. Carlos Bilardo. (Getty Images/Popperfoto)
4. General Videla entregando a Daniel Passarella la Copa del Mundo. (Getty Images/AFP)
5. Mario Kempes celebrando un gol. (Getty Images)
6. Ubaldo Fillol. (Efe/lafototeca.com)
7. Ricardo Bochini. (Efe/lafototeca.com)
8. César Luis Menotti. (Action Images/Sporting Pictures)
9. Raúl Gámez pegando a un aficionado inglés. (Getty Images/ Billy Stickland)
10. Diego Maradona con Carlos Bilardo. (Getty Images/Bob Thomas)
11. Diego Maradona. (Getty Images)
12. Gabriel Batistuta. (Getty Images/Laurence Griffiths)
13. Juan Román Riquelme. (AFP Photo/Toru Yamanaka)
14. Carlos Bianchi. (Reuters/Andrea Comas/mk Reuters)
15. Marcelo Bielsa. (AFP Photo/Omar Torres)
16. Lionel Messi. (Action Images/Carl Recine Livepic)

Agradecimientos

$\mathcal{N}$ingún libro de no ficción es otra cosa que un esfuerzo colaborativo. Una vez más, me he conmovido por la cantidad de tiempo y esfuerzo que algunas personas me han ofrecido en la escritura de este libro.

Un agradecimiento especial a Martín Mazur, que, a pesar de circunstancias personales extremadamente difíciles, fue una gran ayuda en el armado de entrevistas, traducción e investigación de archivos. No es una exageración decir que este libro no podría haber sido escrito sin él. Gracias también a Alejandra Altamirano Halle.

Una vez más, Kat Petersen puso su ojo severo y clínico en la corrección del texto. Espero que la inmersión en el mundo curiosamente místico de las portadas de *El Gráfico* haya valido la pena. Gracias también a Rodrigo Orihuelo, quien puso su ojo experto sobre algunas secciones del manuscrito e hizo valiosas sugerencias. También estoy agradecido al editor John English por su trabajo al ordenar mis palabras. En Orion, estoy especialmente agradecido a Alan Samson por su paciencia, sus sugerencias en la racionalización de la narración y su aceptación de que la tangente ocasional en la historia de alambre de púas y los sombreros en el cine argentino inicial añade profundidad. Gracias también a Ian Preece, Paul Murphy y a mi agente, David Luxton, por su apoyo y asesoramiento.

Sé que muchos argentinos pasan la mayor parte de sus días sentados en cafés recordando los viejos tiempos, pero no debían hacerlo por mí, así que gracias a todos los que estuvieron de acuerdo con ser entrevistados, particularmente a aquellos que no intentaron ahorcarme en las discusiones.

El ímpetu para escribir este libro vino de Araceli Alemán y le estoy muy agradecido, por toda su sabiduría, apoyo y generosidad a lo largo de los años y por prestarme numerosos libros.

Gracias también al personal del hospital Saint George, Tooting, sin cuyos esfuerzos no podría haber llegado a terminar el libro.

Tantas personas han ayudado con logística, sugerencias y consejos que es casi inevitable que me olvide de alguien (lo siento), pero gracias por su ayuda de varias maneras y en varias ocasiones a: Marcela Mora y Araujo, Roberto Assaf, Philippe Auclair, Guillem Balagué, Esteban Bekerman, Andrés Campomar, Neil Clack, Daniel Colasimone, Miguel Delaney, Dan Edwards, Ezequiel Fernández Moores, Alex Galarza, Klaus Gallo, Seba García, Rick Glanvill, Cassiano Gobbet, Ian Hawkey, Henrik Hedegűs, Sam Kelly, Sándor Laczkó, Sid Lowe, Ed Malyon, Federico Mayol, Scott Oliver, Gunnar Persson, Joel Richards, Miguel Ryan, Roberto Shaw, Rory Smith, Ivan Soter, Tim Vickery y Pablo Vignone.

Este libro utiliza el tipo Aldus, que toma su nombre
del vanguardista impresor del Renacimiento
italiano, Aldus Manutius. Hermann Zapf
diseñó el tipo Aldus para la imprenta
Stempel en 1954, como una réplica
más ligera y elegante del
popular tipo
Palatino

Ángeles con caras sucias
se acabó de imprimir
un día de otoño de 2018,
en los talleres gráficos de Liberdúplex, s.l.u.
Ctra. BV-2249, km 7,4, Pol. Ind. Torrentfondo
Sant Llorenç d'Hortons (Barcelona)